続・知的財産法最高裁判例評釈大系

小野昌延先生追悼論文集

（平成17年1月1日～平成30年4月30日）

〔含〕知財高裁大合議判決評釈／追悼の辞

青林書院

故 小野昌延先生

謹んで哀悼の意を表し

小野昌延先生に捧ぐ

執筆者一同

小野先生追想

　私が始めて小野昌延先生にお会いしたのは，はるか大昔，昭和44年のことです。当時，私は東大法学部助手になったばかりのペーペーの身分でしたが，小野先生は，今から思うと当時は中堅の弁護士のはずですが，私から見ればすでに実務家を代表する大家であり，はるか雲の上の存在でした。その容貌も大家としての存在感のある先生でした。

　当時，豊崎光衛先生（学習院大）を中心に，北川善太郎先生（京大），染野義信先生（日大），桑田三郎先生（中央大），それに実務界を代表して小野先生が加わり，工業所有権法学会設立の機運が高まっておりました。私はこれらの大先生方の小間使いとして，面倒な雑用を全て引き受けており，要するに庶務係長的な立場でした。小野先生は主として関西でご活躍をされておられたので，普通ならば親しくしていただけないような存在でしたが，学会設立を機会に小野先生ともお近づきになれたことは，私にとっては大変な幸せであり，学会設立という機会に感謝しなければなりません。法学部を卒業して直ちに大学に残り，実務というものを知らないということが，私の研究者としての最大のコンプレックスでしたが，小野先生とお付き合いができたということにより，実務の世界を垣間見ることができ，私の学者人生において非常に大きな糧になりました。小野先生のお力もあり，学者だけではなく，有力な実務家をも加え，成蹊大学で設立総会を開催することができました。その工業所有権法学会は，設立当初は数十名という小所帯ながらも，小野先生のご尽力もあり，それが今では大きな学会に成長し，斯界の有力な研究者や実務家で加盟していない者はいないほどに大発展を遂げました。

　小野先生のお話は，お世辞にも上手とはいえませんでしたが，その書かれたものは実に素晴らしく，特に不正競争防止法に関する数々のご著書・論文は学者にも及びがつかないほどのレベルでした。しかもその執筆された量は，これまた学者ですらできないようなものでした。アメリカのような陪審

制度ではなく，書面を中心にした日本の裁判では，おそらく小野先生の文章力は向うところ敵なしではなかったのではないでしょうか。残念ながら私は，小野先生の裁判に，鑑定等のお手伝いをしたことはありませんでしたが，多くの判決等を通して，学ばせていただきました。

　また今では殆んど忘れられていますが，小野先生は，「無体財産権文献目録」という大部な文献目録の本を執筆されました。これをみれば，知的財産法についてどのような本や論文があるのか，すぐに検索できます。現在ではデータベースが発達しているので，このような本による文献目録は使われなくなりましたが，私の若い頃は，知的財産法（当時は無体財産権法と呼ばれていました）の全てを網羅したこの本は，極めて貴重な存在で，研究にどれほど裨益したか計り知れません。しかも毎年増加してゆく大量の文献を網羅的に追加されておられました。当時，知的財産法に関する文献を網羅的に収集するという作業は，想像を絶する大変な作業であり，私などにはできるものではありませんでした。それがいかに大変な作業であるか，パソコンでデータベースを使用している人には，全く理解できないでしょう。この本がない頃は，国立国会図書館に通い，国会図書館の雑誌文献目録で文献を探すという大変な作業をしておりました。それがこの本のお陰で，自分の机の上で文献を検索できるということが，いかに有りがたいことか，ネット時代に生きている者には想像だにできないでしょう。このような本の編集は，小野先生にとって殆んど利益（勿論金銭的な意味ではありません）にならないにも関わらず，学界あるいは実務界全体の利益のためにこのような編纂事業を続けられたということには，心から頭が下がります。今では使われなくなってしまった本書ですが，このような本を精力的に編纂されたという小野先生の業績は後世に伝えてゆくべきであると思い，ここに特筆する次第です。

　関西のことなので詳しくは知りませんが，小野先生は留学生のために，私財を投げ打って支援をしていたと聞いております。私自身，大学に身を置いていた人間として，恥ずかしい限りではありますが，大学の留学生支援はとても十分とはいえません。政府も留学生の数を増やすことを国策としており

ますが，その支援は全く不十分です。そのような中で個人で留学生を支援するということは，これまた特筆し，後世に伝えるべきであると思います。

　晩年の小野先生は透析治療を受けておられました。実は，私は39年もの間透析治療を受けており，透析に関しては私の方が大先輩です。透析とは週に３回，１回に４～５時間を要する治療です。それは腎臓の代替をする治療ですが，本物の腎臓に比べると一部の機能の代替にすぎず，透析を続けておりますと，不都合な事態が色々と生じてまいります。透析とは，血管から毎分200から300ccの血を吸引し，ダイアライザーと呼ばれる機器で血液中の余分な老廃物と水分を濾過し，それを体内に戻すという治療ですが，単に血液を浄化するという対症療法であり，腎臓を治す治療ではありませんので，透析は終生続けなければなりません。まずは血液を十分吸引できる透析用の太い血管を作る手術から始まりますが，誰でも透析の導入には大きな不安を持つものです。小野先生は，透析を開始する前あたりから私のところに頻繁に電話があり，色々な相談を受けました。小野先生からは，食事療法の問題をはじめ，透析にまつわる数々の問題につき，何時間もの長電話がありました。それまで小野先生とは親しくはさせて頂いてはおりましたが，二人だけで何回も何時間も話をしたのは，この頃が初めてでした。その電話は，勿論最初は透析の話ですが，次第に話が人生の諸事万端に移り，この電話で小野先生を極めて身近に感じることができました。

　近年，小野先生のご体調が特に悪いとは聞いておりませんでしたが，そういえば最近はお電話がないな，と思っておりましたところ，訃報に接し，大変驚きました。長きにわたる先生のご恩に感謝するとともに，ご冥福をお祈り申し上げます。

東京大学名誉教授

中　山　信　弘

Tribute to Prof. Ono

It is with deep sadness that the World Intellectual Property Organization (WIPO) and I learned of the death of Professor Shoen Ono.

Prof. Ono made an invaluable contribution to the development of Intellectual Property (IP) law over the last decades in Japan and provided great insight and advice to IP practitioners throughout the world.

Prof. Ono's pioneering work and studies include research in the area of the protection of trade secrets and their protection by IP laws, which few scholars have studied, beginning soon after Japan underwent an economic reconstruction with revitalized industries in the 1960s. I have no doubt that Prof. Ono's visionary and sensible thoughts, supported by his academic excellence, provided a solid foundation and precious support for innovators and businesses in Japan, who had limited knowledge about the value of trade secrets, to catch up with leading technological powers in the second half of the last century.

As one of the researchers who worked and studied in the area of trade secrets and the protection of confidential information (initially published as Breach of Confidence, 1984), I am fully aware of, and sincerely admire, the value of his pioneering work that preceded such a dynamic period of Japanese innovation, undertaken during the first wave of information technology and digital transformation of the economy, followed by the Internet era, when an interface between trade secrets and published assets of human creativity became a complex issue for IP disciplines.

Prof. Ono and his numerous papers and books in many disciplines of IP law, in particular, unfair competition prevention law and trademark law, covering the Japanese legal system and international comparative studies of IP laws in many jurisdictions, indeed provided a thorough analysis and valuable guidance to IP *vi*   Tribute to Prof. Ono (Francis Gurry)

law practitioners, academicians, and IP policy-makers in Japan, resulting in Japan's decision to accede to the Madrid system a decade ago.

Prof. Ono taught IP law in Japan and volunteered to receive a number of students from ASEAN countries in pursuit of his mission to develop IP law in Asian countries. His generous support and firm commitment to the enhancement of IP systems in developing countries assisted those countries in taking off as emerging Asian economic powers. His global vision is highly appreciated and will be remembered by those nations for many years.

Prof. Ono was greatly appreciated and will be missed by all.

On behalf of WIPO, I sincerely present this short message to you, readers of this commemorative book, with my and our most heartfelt sorrow and condolences.

Francis Gurry

Director General

World Intellectual Property Organization

追悼の辞

　世界知的所有権機関（WIPO）と私は，深い悲しみと共に，小野昌延先生の御逝去を知りました。

　小野先生は，これまでの数十年の間，日本において，知的財産（知財）法の発展に貴重な貢献をし，世界中の知財実務家に卓越した洞察と助言を提供してくださいました。

　小野先生の草分け的な業績と研究には営業秘密の保護及びその知財法による保護が含まれ，それはまだ多くの学者が研究していなかったもので，日本が1960年代に活性化した産業と共に経済復興をした直後から始まったものでした。小野先生の学術的な優秀さに支えられた先見性のある実際的な思考が，営業秘密の価値に関する知識が限られていた日本のイノベーターや企業に対して，前世紀後半に先進技術を有する列強を追い上げるための強固な基盤と貴重な支えを提供したことに疑いはありません。

　営業秘密及び秘密情報の保護（初版「Breach of Confidence」として1984年に出版）の分野で働き研鑽した研究者の一人として，私は，彼の草分け的研究の価値を十分に認識し，心から尊敬しています。その研究は，営業秘密と人類の創作物の公開との調和が知財分野の複雑な問題となる，情報技術と経済のデジタル変革の最初の波，その後のインターネット時代の日本のイノベーションの躍動期に先んじるものでした。

　小野先生は，知財法の様々な分野における多くの論文や基本書の中，特に不正競争防止法及び商標法において，日本の法制度及び多くの法域における知財法の国際比較研究を網羅し，それは，日本における知財法実務家，学者及び知財政策担当者に対して，綿密な分析及び貴重な助言を確実に与え，10年前の日本のマドリッド制度加盟の決定につながるものでした。

小野先生は，日本で知財法を教え，またアジア諸国での知財法を発展させるという使命を追求するためにアセアンの国々から多くの留学生をボランティアで受け入れました。彼の発展途上国における知財システムの強化に対する寛大な支援と揺るがぬ献身は，それらの国々がアジアの新興経済大国として躍進することを助けました。彼のグローバルな視野は高く評価され，それらの国から長年にわたって記憶されることでしょう。

　小野先生は皆に感謝されつつ，惜しまれることでしょう。

　WIPO を代表して，私は，心からの悲しみと哀悼の意を表して，この追悼論文集の読者の皆様に，この短いメッセージを真心を込めて捧げます。

WIPO（世界知的所有権機関）事務局長

フランシス　ガリ

（訳文・WIPO 事務局　毛利峰子）

凡　　例

I　叙述の仕方

叙述は，原文引用の場合を除いて，原則として常用漢字，現代仮名遣いによった。ただし，数字は原文引用中においても算用数字を用いた。

II　法令の表記

法令名の表記は，原文引用の場合を除き，原則として，次のように行った。

(1)　地の文では概ね正式名称で表した。

(2)　カッコ内表記は次のように行った。

(a)　主要な法令は後掲の「法令略語例」により，それ以外のものは正式名称で表した。

(b)　多数の法令条項を引用する場合，同一法令の条項は「・」で，異なる法令の条項は「，」で併記した。それぞれ条・項・号を付し，原則として「第」の文字は省いた。

III　文献の表記

(1)　書籍の名称は，原文引用の場合を除き，原則として正式名称によった。

(2)　頻度の高い書籍や雑誌の名称は，後掲の「主要文献略語例」，「判例集・雑誌等略語例」により表した。

IV　判例の表記

(1)　判例は，原則として，後掲の「判例集・雑誌等略語例」を用いて表した。

(2)　判例の出典表示は，原文引用の場合を除き，原則として，次のように行った。

〔例〕平成29年3月24日，最高裁判所判決，最高裁判所民事判例集71巻3号359頁，マキサカルシトール事件

→最判平29・3・24民集71巻3号359頁〔マキサカルシトール事件〕

x 凡 例

■法令略語例

商標	商標法	特施令	特許法施行令
商標施規	商標法施行規則	不競	不正競争防止法
商標施令	商標法施行令	民	民法
著	著作権法	民訴	民事訴訟法
特	特許法	民保	民事保全法

■判例集・雑誌等略語例

大	大審院	L＆T	Law ＆ Technology
最	最高裁判所	学会年報	日本工業所有権法学会年報
最大	最高裁判所大法廷	金判	金融・商事判例
最〔一小〕	最高裁判所第一小法廷	重判解	重要判例解説
高	高等裁判所	主判解	主要民事判例解説
知財高	知的財産高等裁判所	ジュリ	ジュリスト
地	地方裁判所	曹時	法曹時報
判	判決	知管	知財管理
決	決定	特管	特許管理
民録	大審院民事判決録	特研	特許研究
民集	最高裁判所（または大審院）民事判例集	特技懇	特許庁技術懇話会会報
		パテ	パテント
刑集	最高裁判所（または大審院）刑事判例集	判時	判例時報
		判タ	判例タイムズ
裁判集民事	最高裁判所裁判集民事	判評	判例評論
下民集	下級裁判所民事裁判例集	ぷりずむ	知財ぷりずむ
無体集	無体財産権関係民事・行政裁判例集	法教	法学教室
		法時	法律時報
知財集	知的財産権関係民事・行政裁判例集	法セ	法学セミナー
		民商	民商法雑誌
取消集	審決取消訴訟判決集	民訴雑誌	民事訴訟雑誌
最判解説	最高裁判所判例解説	リマークス	私法判例リマークス

■主要文献略語例

商標審査基準〔改訂第14版〕
　　　　特許庁編『商標審査基準〔改訂第14版〕』（特許庁ホームページ）
商標審査便覧
　　　　特許庁編『商標審査便覧』（特許庁ホームページ）
審査基準
　　　　特許庁編『特許・実用新案審査基準』（特許庁ホームページ）
審判便覧〔第18版〕
　　　　特許庁審判部編『審判便覧〔第18版〕』（特許庁ホームページ）
逐条解説〔第20版〕
　　　　特許庁編『工業所有権法（産業財産権法）逐条解説〔第20版〕』（特許庁ホームページ）

特許判例百選
　　　兼子一編『特許判例百選』（別冊ジュリスト 8 号）（有斐閣，昭41）
特許判例百選〔第 2 版〕
　　　鴻常夫＝紋谷暢男＝中山信弘編『特許判例百選』〔第 2 版〕（別冊ジュリスト86号）
　　　（有斐閣，昭60）
特許判例百選〔第 3 版〕
　　　中山信弘＝相澤英孝＝大渕哲也編『特許判例百選』〔第 3 版〕（別冊ジュリスト170
　　　号）（有斐閣，昭60）
特許判例百選〔第 4 版〕
　　　中山信弘＝大渕哲也＝小泉直樹＝田村善之編『特許判例百選』〔第 4 版〕（別冊ジュ
　　　リスト209号）（有斐閣，平24）
判工
　　　兼子一＝染野義信編著『判例工業所有権法』（第一法規，昭29〜平 2 ）
判工〔 2 期〕
　　　染野義信＝染野啓子編著『判例工業所有権法』〔第 2 期版〕(第一法規，平 3 〜)

執筆者紹介 *xiii*

執筆者紹介（執筆順）

■代表追悼の辞

中山　信弘（なかやま　のぶひろ）
　　　［東京大学名誉教授］

GURRY, Francis（フランシス　ガリ）
　　　［WIPO（世界知的所有権機関）事務局長］

■第1部　判例評釈

金子　敏哉（かねこ　としや）
　　　［明治大学法学部准教授］

潮海　久雄（しおみ　ひさお）
　　　［筑波大学大学院ビジネス科学研究科教授］

今村　哲也（いまむら　てつや）
　　　［明治大学情報コミュニケーション学部准教授］

宮脇　正晴（みやわき　まさはる）
　　　［立命館大学法学部教授］

駒田　泰土（こまだ　やすと）
　　　［上智大学法学部教授］

泉　　克幸（いずみ　かつゆき）
　　　［関西大学総合情報学部教授］

山名　美加（やまな　みか）
　　　［関西大学法学部教授］

小泉　直樹（こいずみ　なおき）
　　　［慶應義塾大学大学院法務研究科教授］

xiv 執筆者紹介

三浦　正広（みうら　まさひろ）
　　　［国士舘大学法学部教授］

茶園　成樹（ちゃえん　しげき）
　　　［大阪大学大学院高等司法研究科教授］

奥邨　弘司（おくむら　こうじ）
　　　［慶應義塾大学大学院法務研究科教授］

島並　　良（しまなみ　りょう）
　　　［神戸大学大学院科学技術イノベーション研究科教授］

小島　　立（こじま　りゅう）
　　　［九州大学大学院法学研究院准教授］

小松　陽一郎（こまつ　よういちろう）
　　　［弁護士・弁理士］

諏訪野　大（すわの　おおき）
　　　［近畿大学法学部教授，
　　　　Visiting Research Fellow,
　　　　Oxford Intellectual Property Research Centre（OIPRC）］

板倉　集一（いたくら　しゅういち）
　　　［甲南大学大学院法学研究科教授］

前田　　健（まえだ　たけし）
　　　［神戸大学大学院法学研究科准教授］

本山　雅弘（もとやま　まさひろ）
　　　［国士舘大学法学部教授］

佐久間　修（さくま　おさむ）
　　　［名古屋学院大学法学部教授］

堀江　亜以子（ほりえ　あいこ）
　　　［中央大学法学部教授］

執筆者紹介　*xv*

山根　崇邦（やまね　たかくに）
　　　［同志社大学法学部教授］

井上　由里子（いのうえ　ゆりこ）
　　　［一橋大学大学院法学研究科教授］

愛知　靖之（えち　やすゆき）
　　　［京都大学大学院法学研究科教授］

井関　涼子（いせき　りょうこ）
　　　［同志社大学法学部教授］

蘆立　順美（あしだて　まさみ）
　　　［東北大学大学院法学研究科教授］

鈴木　將文（すずき　まさぶみ）
　　　［名古屋大学大学院法学研究科教授］

君嶋　祐子（きみじま　ゆうこ）
　　　［慶應義塾大学法学部・法学研究科教授］

帖佐　隆（ちょうさ　たかし）
　　　［久留米大学法学部教授］

大友　信秀（おおとも　のぶひで）
　　　［金沢大学法学系教授］

平嶋　竜太（ひらしま　りゅうた）
　　　［筑波大学大学院ビジネス科学研究科教授］

玉井　克哉（たまい　かつや）
　　　［東京大学先端科学技術研究センター教授・信州大学経法学部教授］

横山　久芳（よこやま　ひさよし）
　　　［学習院大学法学部教授］

xvi 執筆者紹介

辰巳　直彦（たつみ　なおひこ）
　　　［関西大学法学部教授］

吉田　広志（よしだ　ひろし）
　　　［北海道大学大学院法学研究科教授］

青木　大也（あおき　ひろや）
　　　［大阪大学大学院法学研究科准教授］

■第2部　追悼の辞

大貫　雅晴（おおぬき　まさはる）
　　　［ＧＢＣジービック大貫研究所代表，前一般社団法人日本商事仲裁協会理事
　　　（仲裁担当）兼大阪事務所所長］

岡田　春夫（おかだ　はるお）
　　　［弁護士］

阪口　春男（さかぐち　はるお）
　　　［弁護士］

角　　和夫（すみ　かずお）
　　　［阪急阪神ホールディングス株式会社代表取締役会長　グループＣＥＯ］

滝井　朋子（たきい　ともこ）
　　　［弁護士］

堤　　馨正（つつみ　けいせい）
　　　［弁護士・弁理士］

中村　　稔（なかむら　みのる）
　　　［中村合同特許法律事務所　弁護士・弁理士］

畑　　郁夫（はた　いくお）
　　　［元大阪地方裁判所所長，弁護士］

執筆者紹介　*xvii*

牧野　利秋（まきの　としあき）
　　［元東京高等裁判所部総括判事，弁護士］

HALEY, John O.（ジョン　オー　ヘイリー）
　　［William R. Orthwein Distinguished Professor of Law Emeritus
　　（Washington University in St. Louis）］

賀　　湘沙（He, Xiang Sha）（ハ　シャンシャー）
　　［中華人民共和国弁護士］

HEATH, Christopher（クリストファー　ヒース）
　　［Boards of Appeal，European Patent Office］

KOPPENSTEINER, Hans-Georg（ハンス　ゲオルク　コッペンシュタイナー）
　　［LL. M., Berkely
　　Emeritus Professor（University of Salzburg）
　　Austrian and International Commercial and Economic Law and Private Law
　　Member of the Austrian Academy of Sciences.］

LENZ, Ingeborg（インゲボルク　レンツ）
　　［Vorsitzende Richterin am Verwaltungsgericht Hamburg i. R.（ハンブル
　　ク行政裁判所の主任裁判官（退官））］

MAULANA, Insan Budi（インサン　ブディ　マウラナ）
　　［SH., LLM］

RAIDL-MARCURE, Elisabeth（エリザベート　ライデル　マーキュア）
　　［Professor Emerita（Kyoto Sangyo University）］

STEWART, C. W. Robin（シー　ダブリュー　ロビン　スチュアート）
　　［New Zealand lawyer］

WEDLICH, Rainer（ライナー　ウェドリッヒ）
　　［Ret. Head of the Department for Public Order At the Administrative
　　District Office（Landratsamt）Konstanz］

xviii　執筆者紹介

尹　　宣熙（YUN, Sunhee）（ユン　スンヒー）
　［漢陽大学法學專門大學院教授（HANYANG UNIVERSITY, School of Law）］

目　次　*xix*

目　次

小野先生追想……………………………………………………［中山　信弘］／　*i*

Tribute to Prof. Ono …………………………………………［Francis Gurry］／　*v*

（追悼の辞 ……………………………［フランシス　ガリ／（訳）毛利　峰子］）／　*vii*

凡　　例

執筆者紹介

第1部　判例評釈

1 専用実施権設定後の特許権にもとづく差止請求権の行使
　　——生体高分子－リガンド分子の安定複合体構造の探索方法事件
　　（最高裁〔二小〕平成17年 6 月17日判決）
　　………………………………………………………………［金子　敏哉］／　*3*

2 無効審判請求の除斥期間と無効事由（ 4 条 1 項15号）の請求
　　——Rudolf Valentino 事件
　　（最高裁〔二小〕平成17年 7 月11日判決）
　　………………………………………………………………［潮海　久雄］／　*18*

3 拒絶審決取消訴訟係属中の出願分割と同時にする補正の効力
　　——eAccess 事件
　　（最高裁〔一小〕平成17年 7 月14日判決）
　　………………………………………………………………［今村　哲也］／　*27*

4 商標法 4 条 1 項 8 号にいう人の氏名等の「著名な略称」の判断基準
　　——国際自由学園事件
　　（最高裁〔二小〕平成17年 7 月22日判決）
　　………………………………………………………………［宮脇　正晴］／　*38*

xx　目　　次

⑤　訂正審決の確定と無効審決の取消し——クリーニングファブリック事件
　　（最高裁〔三小〕平成17年10月18日判決）
　　……………………………………………………………〔駒田　泰土〕／　*49*

⑥　宗教法人の名称の使用と不正競争防止法２条１項１号及び２号にいう
　　「営業」——天理教豊文教会事件
　　（最高裁〔二小〕平成18年１月20日判決）
　　……………………………………………………………〔泉　　克幸〕／　*61*

⑦　外国における特許を受ける権利の予約承継と特許法35条３項・４項
　　——日立職務発明事件
　　（最高裁〔三小〕平成18年10月17日判決）
　　……………………………………………………………〔山名　美加〕／　*75*

⑧　特許製品の譲渡後の加工・部材の交換と特許権侵害の有無
　　——インクカートリッジ事件
　　（最高裁〔一小〕平成19年11月８日判決）
　　……………………………………………………………〔小泉　直樹〕／　*90*

⑨　映画の著作物の保護期間の延長に関する改正著作権法附則の解釈
　　——映画『シェーン』事件
　　（最高裁〔三小〕平成19年12月18日判決）
　　……………………………………………………………〔三浦　正広〕／　*99*

⑩　特許法104条の３に基づく請求棄却判決と上告審係属中に確定した訂正
　　審決の関係——ナイフの加工装置事件
　　（最高裁〔一小〕平成20年４月24日判決）
　　……………………………………………………………〔茶園　成樹〕／　*111*

11 特許異議申立事件の係属中に複数の請求項についてなされた訂正請求の
効果——発光ダイオードモジュール事件
（最高裁〔一小〕平成20年7月10日判決）
………………………………………………………………［奥邨　弘司］／ *122*

12 結合商標に関する類否判断——つつみのおひなっこや事件
（最高裁〔二小〕平成20年9月8日判決）
………………………………………………………………［島並　　良］／ *135*

13 特許権侵害差止仮処分事件において秘密保持命令の申立てをすることが
できるか（肯定）——液晶テレビ事件
（最高裁〔三小〕平成21年1月27日決定）
………………………………………………………………［小島　　立］／ *148*

14 映画の保護期間と旧著作権法——チャップリン事件
（最高裁〔一小〕平成21年10月8日判決）
………………………………………………………………［小松　陽一郎］／ *161*

15 放送番組の配信サービス行為と自動公衆送信の主体——まねきTV事件
（最高裁〔三小〕平成23年1月18日判決）
………………………………………………………………［諏訪野　大］／ *173*

16 放送番組等の複製物の取得を可能にするサービスの提供者が複製の主体
と解される場合——ロクラクⅡ事件
（最高裁〔一小〕平成23年1月20日判決）
………………………………………………………………［板倉　集一］／ *186*

17 特許権の存続期間の延長の要件——パシーフカプセル事件
（最高裁〔一小〕平成23年4月28日判決）
………………………………………………………………［前田　　健］／ *199*

xxii　目　　次

18　未承認国の著作物の保護義務と不法行為法による補充的救済の可否
　　──北朝鮮映画事件
　　（最高裁〔一小〕平成23年12月8日判決）
　　……………………………………………………………［本山　雅弘］／ *210*

19　ファイル共有ソフトの公開・提供と著作権侵害──Winny 事件
　　（最高裁〔三小〕平成23年12月19日決定）
　　……………………………………………………………［佐久間　修］／ *229*

20　不使用取消しの要件──ARIKA 事件
　　（最高裁〔三小〕平成23年12月20日判決）
　　……………………………………………………………［堀江　亜以子］／ *241*

21　①旧著作権法下で映画製作会社の名義で公表された映画の著作物に関す
　　る存続期間の算定，及び
　　②法の規定の誤解から存続期間が満了したと誤信した場合の「過失」の
　　有無
　　──暁の脱走事件
　　（最高裁〔三小〕平成24年1月17日判決）
　　……………………………………………………………［山根　崇邦］／ *249*

22　歌手の肖像写真等の無断利用と不法行為／パブリシティ権の侵害
　　──ピンク・レディー事件
　　（最高裁〔一小〕平成24年2月2日判決）
　　……………………………………………………………［井上　由里子］／ *271*

23　プロダクト・バイ・プロセス・クレームの解釈と明確性
　　──プラバスタチンナトリウム事件
　　（最高裁〔二小〕平成27年6月5日判決）
　　……………………………………………………………［愛知　靖之］／ *288*

24 存続期間延長登録の要件——ベバシズマブ事件

（最高裁〔三小〕平成27年11月17日判決）

………………………………………………………[井関 涼子] ／ 301

25 商標無効審判の除斥期間経過後に主張された無効の抗弁と権利濫用
——エマックス事件

（最高裁〔三小〕平成29年2月28日判決）

………………………………………………………[蘆立 順美] ／ 316

26 均等論の第5要件——マキサカルシトール事件

（最高裁〔二小〕平成29年3月24日判決）

………………………………………………………[鈴木 將文] ／ 328

27 侵害訴訟の事実審において訂正の再抗弁を主張しなかった特許権者が,
上告審において訂正審決の確定を主張することの許否
——シートカッター事件

（最高裁〔二小〕平成29年7月10日判決）

………………………………………………………[君嶋 祐子] ／ 339

28 特許庁職員の過失により質権設定登録が抹消されたことに対する国家賠
償と民事訴訟法248条の適用——特許原簿質権登録順序過誤事件

（最高裁〔三小〕平成18年1月24日判決）

………………………………………………………[帖佐 隆] ／ 355

29 間接侵害成立要件・104条の3第2項の適用の可否
——一太郎アイコン特許事件

（知財高裁大合議平成17年9月30日判決）

………………………………………………………[大友 信秀] ／ 370

xxiv 目 次

30 サポート要件の明確化と新たな課題——偏光フィルム製造法事件
　　（知財高裁大合議平成17年11月11日判決）
　　　……………………………………………………［平嶋　竜太］／ 378

31 先願主義と補正・訂正の制限——「新規事項追加の禁止」の根拠と範囲
　　（知財高裁大合議平成20年5月30日判決）
　　　……………………………………………………［玉井　克哉］／ 397

32 特許法102条2項と権利者による特許発明の実施の要否
　　——ごみ貯蔵機器事件
　　（知財高裁大合議平成25年2月1日判決）
　　　……………………………………………………［横山　久芳］／ 415

33 FRAND宣言付き標準規格必須特許と権利行使の制限
　　（①事件／知財高裁大合議平成26年5月16日判決）
　　（②事件／知財高裁大合議平成26年5月16日決定）
　　　……………………………………………………［辰巳　直彦］／ 430

34 オキサリプラティヌムの医薬的に安定な製剤——エルプラット事件
　　（知財高裁大合議平成29年1月20日判決）
　　　……………………………………………………［吉田　広志］／ 448

35 特許権消滅後の審決取消訴訟の訴えの利益と進歩性判断における引用発
　　明の認定——ピリミジン誘導体事件
　　（知財高裁大合議平成30年4月13日判決）
　　　……………………………………………………［青木　大也］／ 463

第2部　追悼の辞

小野昌延先生を偲んで……………………………………［大貫　雅晴］／ 481

アジアの人々との懸け橋……………………………………［岡田　春夫］／ *484*

知的財産権関係の第一人者 ………………………………［阪口　春男］／ *486*

小野昌延先生を偲んで…………………………………………［角　　和夫］／ *487*

その後いかがお過ごしでしょうか――小野昌延先生を偲ぶ

　　………………………………………………………………［滝井　朋子］／ *489*

小野昌延先生との思い出………………………………………［堤　　馨正］／ *493*

小野昌延先生のご逝去を悼む ………………………………［中村　　稔］／ *495*

故小野昌延先生を偲ぶ …………………………………………［畑　　郁夫］／ *497*

小野昌延先生を偲ぶ ……………………………………………［牧野　利秋］／ *504*

Dr. Ono Remembrance…………………………………… ［HALEY, John O.］／ *507*

小野先生への追悼文 …………………………［賀　湘沙（He, Xiang Sha）］／ *509*

Memories of Dr. Ono…………………………………… ［HEATH, Christopher］／ *512*

In Memory of Dr. Ono………………… ［KOPPENSTEINER, Hans-Georg］／ *515*

Dr. Shoen ONO – ein unvergeßliches Vorbild …… ［LENZ, Ingeborg］／ *518*

（忘れられない模範である小野先生

　　………［インゲボルク　レンツ／（訳）Elisabeth Raidl-Marcure］／ *522*）

Remembering Dr. Shoen Ono ………………… ［MAULANA, Insan Budi］／ *527*

Dr. Ono and His Vast Legacy as a Lawyer,Academic, and Benefactor

　　………………………………………… ［RAIDL–MARCURE, Elisabeth］／ *529*

DR SHOEN ONO – OBITUARY ESSAY

　　……………………………………………… ［STEWART, C. W. Robin］／ *534*

Dr. ONO – A Magnanimous Mentor ……………… ［WEDLICH, Rainer］／ *538*

小野昌延先生の思い出 ……………………… ［尹　宣熙（YUN, Sunhee）］／ *540*

あとがき

　　……… ［事務局：山上　和則，小松　陽一郎，松村　信夫，三山　峻司］／ *543*

第 1 部

判 例 評 釈

専用実施権設定後の特許権にもとづく差止請求権の行使——生体高分子−リガンド分子の安定複合体構造の探索方法事件

最高裁〔二小〕平成17年6月17日判決
〔平成16年（受）第997号特許権侵害差止請求事件〕
〔民集59巻5号1074頁〕

明治大学法学部准教授　金　子　敏　哉

───────── 事実の概要 ─────────

　X_1（原告・控訴人）は，医薬分子の設計，医薬分子設計に関わる情報の提供等を目的とする株式会社であり，X_2（原告・控訴人・被上告人）はX_1の代表者である。

　X_2は，発明の名称を「生体高分子−リガンド分子の安定複合体構造の探索方法」とする特許権（本件特許権）の特許権者である。X_1は，X_2から本件特許権につき地域を日本全国，期間を特許権の存続期間全部とする専用実施権の設定を受けていた。

　X_1及びX_2（以下，「Xら」という。）は，Y（被告・被控訴人・上告人）が輸入販売するCD−ROM及びこれに記録されたプログラム（Yプログラム）が，本件特許権に係る明細書請求項1記載の発明（本件特許発明）に係る「方法の使用にのみ用いる物」（平成14年改正前の特許法101条旧2号）に該当するとして，CD−ROM・プログラムの販売の差止めを求め提訴した。

　第1審（東京地判平15・2・6民集59巻5号1127頁）は，後述のように，「設定行為により専用実施権者がその特許発明の実施をする権利を専有する範囲については，差止請求権を行使することができるのは専用実施権者に限られ，特許権者は差止請求権を行使することができない」として，X_1の差止請求を棄却した（X_2の請求についても，Yプログラムを用いた測定方法が本件特許発明の技術的範囲に属さないとして請求を棄却）。

　これに対して控訴審（東京高判平16・2・27民集59巻5号1080頁）は，原判決を破

4　第1部　判例評釈

棄し，X₁及びX₂の請求を認容した。

　Yによる上告受理の申立てにつき，最高裁は，専用実施権を設定した特許権者による差止請求の可否（上告受理申立て理由第5）に関してのみ上告を受理した。

<hr>

判　　旨

<hr>

　上告棄却。

　「特許権者は，その特許権について専用実施権を設定したときであっても，当該特許権に基づく差止請求権を行使することができると解するのが相当である。その理由は，次のとおりである。

　特許権者は，特許権の侵害の停止又は予防のため差止請求権を有する（特許法100条1項）。そして，専用実施権を設定した特許権者は，専用実施権者が特許発明の実施をする権利を専有する範囲については，業としてその特許発明の実施をする権利を失うこととされている（特許法68条ただし書）ところ，この場合に特許権者は差止請求権をも失うかが問題となる。特許法100条1項の文言上，専用実施権を設定した特許権者による差止請求権の行使が制限されると解すべき根拠はない。また，実質的にみても，専用実施権の設定契約において専用実施権者の売上げに基づいて実施料の額を定めるものとされているような場合には，特許権者には，実施料収入の確保という観点から，特許権の侵害を除去すべき現実的な利益があることは明らかである上，一般に，特許権の侵害を放置していると，専用実施権が何らかの理由により消滅し，特許権者が自ら特許発明を実施しようとする際に不利益を被る可能性があること等を考えると，特許権者にも差止請求権の行使を認める必要があると解される。これらのことを考えると，特許権者は，専用実施権を設定したときであっても，差止請求権を失わないものと解すべきである。」

<hr>

解　　説

<hr>

　(1)　はじめに

　特許法100条1項は，「特許権者又は専用実施権者」が，「自己の特許権又は専用実施権」を侵害する者に対して差止請求権を有することを定めている。

　特許権者は，業として特許発明の実施をする権利を専有する（特68条本文）。特許権の存続期間中に，第三者が無権原で特許発明を業として実施する行為は，特許権の侵害となる。

　しかし，特許権者により専用実施権が設定された場合，その設定行為で定められ

た範囲内においては，特許権者ではなく（特68条ただし書），専用実施権者が業として特許発明の実施をする権利を専有する（特77条2項）。結果として，専用実施権の効力の範囲内においては，特許権者が特許発明を自ら実施する行為についても専用実施権の侵害となる可能性がある。

それでは，専用実施権を設定した特許権者は，専用実施権の効力の範囲内で特許発明を実施する第三者に対して固有の差止請求権を行使することができるか。

本判決は，この論点（専用実施権を設定した特許権者による差止請求の可否）について，最高裁判決として，特許権者による差止請求権の行使を認めるとの立場を明らかにしたものである。

(2) 議論状況

(a) 学説の状況の概要

専用実施権の制度（特77条）は，旧特許法（大正10年法律第96号）の特許権の制限付き移転（旧特44条1項）に代わるものとして，昭和34年の全面改正において導入された[1]。

本判決以前の学説については，特許権者による差止請求権の行使を認めない見解（否定説）が現行法施行後の初期の学説において一部主張され[2]，また専用実施権の設定契約の内容等（例えば実施料が専用実施権者の売上げに比例する場合等）により特定の内容の場合には差止請求権の行使を認める見解（中間説）も主張されていた[3]。しかし全体としては，差止請求権の行使を一般に認める見解（肯定説）が多数であり[4]，本判決時点では通説といえる状況であった[5]。

本判決以降は，（論拠は様々であるが）本判決を支持し肯定説に立つ見解が支配的となっている[6]が，なお中間説を主張する見解[7]も一部存在する。

これら学説による理由づけについては，本判決の射程の理解と合わせて後で検討する。

(b) 従前の裁判例

従前の下級審判例については，後述(イ)で言及する肯定説を明示的に採用した判決のほかにも[8]，特に理由を示すことなく専用実施権を設定した特許権者による差止請求権の行使を認めた点裁判例が多数存在することが指摘されている[9]。

これに対して，(ロ)否定説の立場による公表裁判例は，本件第一審判決と，これに先立つ同一裁判体による東京地判平14・4・16（平12（ワ）19476号等）〔重量物吊上げ用フック装置事件〕のほかは，見当たらない。

(イ) 肯定説

6 第1部 判例評釈

① 山口地判昭38・2・28下民集14巻2号331頁〔合成浮子事件〕

原告である特許権者が訴外会社（原告が代表者）に実施権を設定した事実が認定されたが，範囲無制限の専用実施権であるか否かは明らかでない，と認定された事案である。

裁判所は，以下の理由により，仮に範囲無制限の専用実施権が設定されていたとしても原告は差止請求権を有することに変わりはないと判断した（結論としては，技術的範囲に属さないことを理由に差止請求が棄却されている。）。

（特許法100条及び77条の）「明文上，特許権者が第三者に対し専用実施権を設定することによつて特許権に基く差止請求権を失うものとは解し難いのみならず，特許権者の専用実施権を設定する関係は，恰かも所有者が所有物を第三者に使用収益せしめる場合の関係に等しく，あくまでも制限的権利の設定に他ならず，右の場合特許権者が差止請求権を失わないのは所有権者が物上請求権を失わないのと同様であると解されるからである。」

② 東京地判昭39・3・18判タ160号133頁〔ズボンの腰裏事件〕

原告はズボンの腰裏地に係る実用新案権者であり，補助参加人に専用実施権を設定していた事案である。原告による実用新案権侵害を理由とする差止等・損害賠償請求が一部認容された*10。

被告側は，原告が補助参加人に専用実施権（地域：日本全国，期間：実用新案権の存続期間中，実施態様：ナイロン・ポリエチレン繊維等を用いたズボンの腰裏地用の生地の製作販売等）を設定していたことを理由に，被告製品のうちポリエステル繊維を使用したものについての差止・廃棄請求が認められないことを主張した。この主張に対して，裁判所は以下のように述べてこの被告の主張を退けている。

「……専用実施権者が設定行為で定めた範囲において，その登録実用新案の実施をする権利を専有するものであることは，実用新案法第16条，第18条の明定するところであるが，これらの規定から，直ちに，設定行為で定めた範囲内において実用新案権者の独占的な地位が失われ，右権利が全く内容の空虚な権利となるものと解さなければならない実質的理由はなく，したがつて，原告は前記差止等の権利を失うものというべきではない……」

③ 東京高判平16・2・27民集59巻5号1080頁〔本件控訴審〕

本件控訴審は，本件第一審の判断のうち，専用実施権を設定した特許権者による差止請求権を否定した点について，特許法100条の文言とともに，以下の実質的な必要性を挙げて，肯定説を採用することを明らかにした。

「特許法100条は，明文をもって『特許権者又は専用実施権者は，自己の特許権又は専用実施権を侵害する者又は侵害するおそれがある者に対し，その侵害の停止又は予防を請求することができる。』と規定している。しかも，専用実施権を設定した特許権者にも，次のとおり，上記権利を行使する必要が生じ得るのであり，上記権利の行使を認めないとすると，不都合な事態も生じ得る。

これらのことからすれば，専用実施権を設定した特許権者も，特許法100条にいう侵害の停止又は予防を請求する権利を有すると解すべきである。専用実施権を設定した特許権者といえども，その実施料を専用実施権者の売上げを基準として得ている場合には，自ら侵害行為を排除して，専用実施権者の売上げの減少に伴う実施料の減少を防ぐ必要があることは明らかである。特許権者が専用実施権設定契約により侵害行為を排除すべき義務を負っている場合に，特許権者に上記権利の行使をする必要が生じることは当然である。特許権者がそのような義務を負わない場合でも，専用実施権設定契約が特許権存続期間中に何らかに理由により解約される可能性があること，あるいは，専用実施権が放棄される可能性も全くないわけではないことからすれば，そのときに備えて侵害行為を排除すべき利益がある。そうだとすると，専用実施権を設定した特許権者についても，一般的に自己の財産権を侵害する行為の停止又は予防を求める権利を認める必要性がある，というべきである。」

　㋺　否定説

④　東京地判平14・4・16（平12（ワ）19476号等）〔重量物吊上げ用フック装置事件〕

特許権者である原告X₁が，原告X₂（設立時はX₁が代表者。裁判時はX₁の息子が代表者）に専用実施権を設定していた事案である。判決文を見る限りでは，被告側は専用実施権を設定した特許権者による差止請求の可否を特に争っていない。

裁判所は，X₁・X₂による特許法102条1項に基づく損害賠償請求を一部認容し[*11]，またX₂の差止請求を認容したが，以下のように判示し，X₁が範囲を無制限とする専用実施権をX₂に設定していることを理由にX₁の差止請求を棄却した。

（特許法68条，77条2項の条文を引用したうえで）これらの条文の文言「に照らせば，特許権について専用実施権が設定された場合には，当該特許権を侵害する第三者に対して差止請求権を行使することができるのは専用実施権者のみであって，特許権者が差止請求権を行使することはできないと解するのが相当である。」

⑤　東京地判平15・2・6民集59巻5号1127頁〔本件第一審〕

本件第一審判決は，専用実施権を設定した特許権者による差止請求権を否定する理由について以下のように，（④判決が挙げた）条文の文言に加えて，特許権者が特

8 第1部 判例評釈

許発明の実施権を有さないことを挙げている。

（特許法77条2項，68条の条文を引用したうえで）「そうすると，特許権に専用実施権が設定されている場合には，設定行為により専用実施権者がその特許発明の実施をする権利を専有する範囲については，差止請求権を行使することができるのは専用実施権者に限られ，特許権者は差止請求権を行使することができないと解するのが相当である。けだし，特許法の規定する差止請求権（同法100条）は，特許発明を独占的に実施する権利を全うさせるために認められたものというべきであって，第三者の請求する特許無効審判の相手方となり，無効審決に対して取消訴訟を提起するなどの特許権の保存行為とは異なり，特許権者といえども，特許発明の実施権を有しない者がその行使をすることはできず，また，行使を認めるべき実益も存しないからである。」

(3) 差止請求の可否に係る理由付けと本判決の射程

以上のように，本判決以前においても，多数の下級審判例において専用実施権を設定した特許権者による差止請求権の行使が認められており，また学説上も肯定説が多数説，あるいは通説といえる状況であった。これに対して④判決及び⑤本件第1審判決は，専用実施権を設定した特許権者による差止請求権の行使を一般に認めないことを判示していた。

このような議論状況において本判決は，最高裁として，専用実施権を設定した特許権者による差止請求権の行使が認められることを明らかにした点に意義を有するものである。

もっとも本判決が判示をした肯定説によるべき理由については本判決の評釈等でも議論があるところであり，本判決後も一部の見解からは，あらゆる場合に特許権者による差止請求権を肯定することについて疑問が呈されている。

そこで以下では，本判決及び他の裁判例・学説による，特許権者による差止請求権を肯定・否定すべき理由付けについて検討する。

(a) 概 観

専用実施権を設定した特許権者の差止請求権を肯定又は否定すべき主な理由は，以下のように，〔形式論・性質論〕（条文の文言や，専用実施権の法的性質・用益物権との類似性を根拠とするもの）と，〔実質論〕（差止請求権の行使を認めることで保護されるべき特許権者の実質的な利益がある（ない）こと，差止請求権の行使を認める（認めない）ことで生じる訴訟手続等での問題点に着目するもの）に大別される。

〔形式論・性質論〕

(イ) 条文の文言（特77条２項・68条ただし書，特100条）

(ロ) 所有権・地上権からのアナロジー

(ハ) 特許権・専用実施権の法的性質

〔実質論〕

・差止請求に係る特許権者の実質的な利益の存在／不存在

(ニ) 侵害排除義務との関係

(ホ) 特許権者の実施料収入への影響

(ヘ) 専用実施権の設定期間満了後に備えて

(ト) 専用実施権が何らかの理由で消滅する可能性に備えて

(チ) 特許権の譲渡価格等への影響

(リ) 特許法77条４項

・訴訟手続上の問題点を避けるため

(ヌ) 被疑侵害者側の応訴負担等

(ル) 専用実施権の内容等について訴訟の入口段階で審理することの問題点

　これらの理由付けのうち，本判決が肯定説を採用する理由として明示的に言及しているものは(イ)特許法100条の文言から否定説を採用すべきとはならないことと，(ホ)実施料収入の確保，(ト)専用実施権が何らかの理由で消滅したときに備えて，の３点である。

　また〔実質論〕のうち，差止請求に係る特許権者の実質的な利益を問題とするものについては，そのような利益が(i)特定の内容の専用実施権（設定契約）についてのみ存在するもの（例えば(ホ)は約定実施料が無償又は固定の場合には妥当しない）と，(ii)専用実施権一般に（極端な例としては，範囲全部・期間無制限・実施料固定又は無償の専用実施権についても）存在するもの（例えば(イ)）がある。

　そして上記〔実質論〕のうちの(i)に分類される考え方を基礎とする見解には，保護に値する実質的な利益が認められる場合があることを理由として一般に差止請求権の行使を認めるもの（肯定説），と，保護に値する実質的な利益が認められる場合に限り行使を認めるべきとするもの（中間説）がある。

(b)　各理由付けについての検討

(イ)　**条文の文言（特77条２項・68条ただし書，特100条）**　　特許権者は業として特許発明の実施をする権利を専有する（特68条）が，専用実施権者が権利を専有する（特77条２項）範囲については，「この限りでない」（特68条ただし書）。

　否定説は，これらの条文の文言から，専用実施権の範囲内において無権限で特許

10 第1部 判例評釈

発明を実施する行為は専用実施権の侵害となるのであって，特許権の侵害とはならないと解する[12]。

これに対して肯定説からは，77条2項・68条ただし書は専用実施権の設定範囲内につき特許権者が実施権をもたないこと[13]（特許権者による特許発明の実施が専用実施権の侵害となること）を意味するにとどまり，無権限での侵害者に対する特許権者の差止請求権を否定したものではないと解されることとなる。

さらに本判決の上告受理申立て理由では，特許法100条が「特許権者又は専用実施権者」と規定している点について，差止請求権を両者のいずれか一方にのみ認めたものと解すべきことを主張している。特許法100条が否定説の根拠とならないことを本判決が述べている点はこの上告人側の主張を退けたものである。

もっとも特許法100条の文言についていえば，「特許権者又は専用実施権者は，自己の特許権又は専用実施権を侵害する者」等に対して差止請求権を行使できることを定めている。この条文の文言からは，特許権者は「自己の特許権」を侵害する者に対して差止請求権を行使できるのであって，専用実施権を侵害する者に対して特許権者が差止請求権を行使することができるわけではないと解される。そこで問題は，特許法100条というよりも77条2項・68条ただし書の解釈，すなわち，専用実施権の効力範囲内での実施が特許権の侵害に当たるか，との点になる。

この点について本判決は，その判示（「特許権の侵害を除去すべき現実的な利益」，「特許権の侵害を放置していると」）において，専用実施権の効力範囲内での実施が特許権の侵害に当たることを前提とした判示を行っている。

条文の文言解釈については，否定説の理解が条文の文言には素直な解釈であるようにも思われるが，後述の特許法77条4項等との関係等も考慮すると，77条2項・68条ただし書，100条の文言から直接結論を導くことができるようなものではないであろう。本判決も，100条を根拠に差止請求権が認められると判断したものというよりも，上告人の主張に対する応答として100条が否定説の根拠にはならないと述べたにすぎないものと理解される。

　(ロ)　所有権・地上権からのアナロジー　　肯定説（特に①〔合成浮子事件〕判決等[14]）からは，特許権と専用実施権の関係が所有権と地上権の関係に類似することを挙げて，地上権を設定した所有権者も不法占拠者等に対して妨害排除請求が可能であること[15]と同様に，特許権者による差止請求権の行使が認められるべきことが主張されている。

しかし，専用実施権が用益物権類似の性質を有するとしても，差止請求権の行使

に関して同様に解することができるかはまた別の問題であり（特許法68条ただし書のような規定が所有権について規定されているわけではない。），このアナロジーによる正当化も肯定説の決定的な根拠とすることは難しいように思われる。

本判決もこの理由付けについては特に言及していない。

㈡　特許権・専用実施権の法的性質　　学説では，実質論と合わせて，特許権・専用実施権そして差止請求権の法的性質[16]についての理論的な検討を行い，専用実施権が設定された特許権[17]にも一定の権利・権能が残されていることを根拠に，当該権能に基づいて特許権者の差止請求権を根拠付けるものがある[18]。

㈡　侵害排除義務との関係　　実質論のうち，侵害排除義務については，否定説・肯定説から若干の言及がされている。

否定説からは，特許権者による差止請求権が肯定されるとすれば，特許権者・専用実施権者双方が侵害争訟提起義務を負わないこととなり，侵害による損害の補償に関して問題が残される，との指摘をする見解[19]がある。

他方③本件控訴審判決は，肯定説を採用すべき実質的な理由の1つとして，特許権者が侵害排除義務を負っている場合を挙げている。

しかし，前者の指摘については，肯定説の下でも契約上の侵害排除義務を当事者の一方に課すことは可能である[20]。また契約上，特許権者に侵害排除義務が課されていることは，当事者が肯定説を前提としていたことを意味するとしても，そのことから肯定説を裁判所が採用すべきことにはならないであろう[21]。

本判決が，侵害排除義務に特に言及しなかった点は妥当なものと考えられる。

㈤　特許権者の実施料収入への影響　　本判決や多くの学説において提示されているとおり，侵害品の流通による専用実施権者の売上減少が特許権者の実施料収入の減少を生じさせる場合，専用実施権者とは別に，特許権者固有の差止請求権を認める必要性が認められよう[22]。

もっとも，このような実施料収入への影響を根拠に差止請求権を肯定する見解に対しては，中間説の立場からは，実施料収入が一括払い，あるいは，無償の場合については差止請求権を認める必要性がないことが指摘されている[23]。

㈥　専用実施権の設定期間満了後に備えて　　特に中間説の論者から，専用実施権の設定期間が特許権の存続期間の一部である場合については，設定期間中に侵害行為が放置されることが設定期間満了後の特許権者の独占的実施の利益取得の余地を損なうことを理由に，差止請求権を肯定すべきことが主張されている[24]。

㈦　専用実施権が何らかの理由で消滅する可能性に備えて　　これに対して，肯

定説からは，本判決のように，何らかの理由（設定契約の解除，取消しなど）で専用実施権が消滅する可能性がある以上，専用実施権消滅後の独占的な利益を確保するためにも，特許権者の差止請求権の行使を認めるべきことが指摘されている[25]。

この理由付けによる場合，範囲及び期間無制限，実施料を無償とする専用実施権を設定した特許権者についても差止請求の必要性を認めるものとなる。

しかし，このような潜在的・抽象的な利益により一般的に差止請求権を肯定することについては，疑問を呈する見解もある[26]。

㈬　特許権の譲渡価格等への影響　　また，専用実施権の設定後も特許権の譲渡や質権の設定が可能であることに鑑み，侵害行為が放置されることが特許権の経済的価値（譲渡代金，質権の評価）に影響を及ぼすことを理由に，差止請求権の行使を認めるべきことも主張されている[27]。

㈪　特許法77条4項　　本判決は言及していないが，近時の肯定説の多くが根拠とするものが，現行特許法77条4項（「専用実施権者は，特許権者の承諾を得た場合に限り，その専用実施権について質権を設定し，又は他人に通常実施権を許諾することができる。」）である[28]。

否定説の立場からは，特許法77条4項の違反は専用実施権者に対する債務不履行責任のみを生じ，許諾を受け実施をした第三者に対する権利行使はなお認められない，との理解も考えられる[29]。

しかし実質的には，特許権者による当該第三者に対する直接の権利行使を認める必要性は高く，また特許法77条4項の文言上も特許権者の承諾なしには通常実施権を許諾できない（第三者に通常実施権が成立しない）ことを前提としたものといえよう。

この特許法77条4項からすれば，専用実施権の効力範囲内での（専用実施権者から許諾を得ていない者も含む）第三者の無権限での実施行為は，特許権の侵害となり，特許権者による差止請求権の行使が認められることを前提としたものと解される。

㈭　被疑侵害者側の応訴負担等　　本件の上告受理申立て理由では，肯定説による場合の訴訟手続上の問題点として，特許権者と専用実施権者から二重に裁判を提起される危険性が指摘されている。

もっともこの点は，特許権の各共有者による差止請求権の行使等でも同様の状況が生じるものであり[30]，訴訟告知や併合，特許権者が専用実施権者である会社の代表者である事案については訴訟上の信義則の活用等[31]による対応がされるべき

ものであって，特許権者の差止請求権を否定する十分な理由とはならないであろう。

(ル)　専用実施権の内容等について訴訟の入口段階で審理することの問題点　　他方，中間説による場合の訴訟手続上の問題点としては，特許権者による差止請求権の可否が，専用実施権設定契約の内容によって左右されることとなるため，訴訟の入口段階で特許権者と専用実施権者の内部関係について審理することの問題点が指摘されている[32]。

この理由付けは中間説についてだけではなく，否定説による場合にも，専用実施権の効力範囲内か否かが特許権者の差止請求権の行使について問題となることとなる。

(c)　小括と本判決の射程

以上，差止請求の可否に関する理由付けを概観してきた。

本判決が挙げる理由 ((イ)100条の文言，(ホ)実施料収入の減少への対応の必要性，(ト)何らかの理由での特許権の消滅後に備えて) に加えて，特に(リ)特許法77条4項の規定，及び(ル)中間説・否定説による場合の訴訟審理上の問題点からすれば，肯定説の立場が妥当であり，範囲・期間が無制限で実施料が固定・無償の専用実施権が設定された場合についても，特許権者による差止請求権の行使が認められるべきであろう。

本判決の射程については，本判決が掲げた実質論が妥当しない事案についても及ぶかについては一部で疑問も呈されている[33]。しかし，実質論のうち(ト)は専用実施権一般に妥当するものであること[34]，本件で差止請求権の行使が認められるに当たり，専用実施権設定契約の内容についての検討がされているわけではないことからすれば，専用実施権とその設定契約の内容の如何を問わず，本判決の射程が及ぶと解されよう[35]。

〔注〕

*1　逐条解説〔第20版〕278頁参照。
　　宮坂昌利「判解」最判解説民事篇平成17年度（上）343頁注(7)は，(特許権者の差止請求権) 否定説の淵源が旧法下の制限付き移転の性質が不明確であったものと推察している。

*2　兼子一＝染野義信『新特許・商標』（青林書院，1960年）155頁，瀧野文三『新工業所有権法講義〔改訂増補版〕』（中央大学，1967年）89頁（専用実施権の効力範囲内での特許発明の実施は，専用実施権ではなく特許権の侵害となるとする），染野義信「特許実施契約」契約法大系刊行委員会『契約法大系Ⅵ特殊の契約(2)』（有斐閣，1963年）387頁（差止・損害賠償請求訴訟の当事者適格について，「専用実施権の範囲内で

14 第1部 判例評釈

の侵害は，特許権者に直接損害を与えないから，理論的には適格を否定することが妥当なようである」と述べる）等を参照。

＊3　吉田清彦「専用実施権設定と特許権による侵害差止請求」パテ33巻11号（1980年）32頁以下参照。新保克芳「権利者・侵害者側が複数の場合の問題点」西田美昭ほか編『民事弁護と裁判実務⑧知的財産権』（ぎょうせい，1998年）も，特許権者が専用実施権の設定料のみ受け取る場合には，差止請求を認めるべき理由がないように思われると述べている。

　　谷口知平「判批」特許判例百選（1966年）154頁以下は，基本的に肯定説に立ちつつ，専用実施権の設定が実質的に特許権の譲渡と同内容といえる場合（実施料が固定額かつ特許権の存続期間全部を対象とするもの）については，差止請求を否定する解釈が妥当といえるかも知れない，と述べている（もっとも，譲渡か専用実施権の設定かは登録の形式によって判断するほかないことも指摘している）。

＊4　否定説・中間説を含む本判決以前の議論状況について，中山信弘編『注解特許法〔第3版〕（上巻）』（青林書院，2000年）665頁以下〔中山信弘〕，岡田洋一「専用実施権を設定した特許権者の差止請求訴訟における原告適格」岡山商科大学法学論叢16号（2008年）104頁以下及び後掲＊5参照。

　　初期の学説についての詳細な検討として，野口良光＝雨宮正彦「専用実施権を設定した特許権者の差止請求権の有無(1)」工業所有権法研究（㈶工業所有権研究所）12巻4号（1966年）20頁以下，佐藤義彦「専用実施権を設定している特許権者の法的地位についての覚書」紋谷暢男教授古稀記念『知的財産権法と競争法の現代的展開』（発明協会，2006年）313頁以下を参照。

＊5　宮坂・前掲＊1・339頁，中山信弘＝小泉直樹編『新・注解　特許法〔第2版〕（中巻）』（青林書院，2017年）1151頁〔鈴木將文〕を参照。

＊6　詳細につき中山＝小泉編・前掲＊5・1152頁〔鈴木將文〕参照。

＊7　駒田泰土「専用実施権を設定した特許権者の差止請求－権利変動の構造分析の観点から」知財年報2007（別冊NBL120号）（2007年）228頁以下を参照。

＊8　なお，名古屋地判昭49・7・25無体集6巻2号202頁〔タイル連設用下版事件〕では，意匠権の侵害を理由とする仮処分命令について，債務者が，債権者（意匠権者）が実施料を得て専用実施権を設定しており，意匠権侵害による損害はこの実施料分であり金銭的補償が可能なため，仮処分命令を取り消すべき特別事情があると主張した。

　　この主張に対して裁判所は，専用実施権を設定した事実のみでは直ちに即時差止めの必要をなくす事情とはなり得ないこととともに，訴外会社が債権者の個人会社であり仮処分命令が取り消された場合に訴外会社の倒産等により債権者に「事後の金銭賠償によっては償うべからざる損害を与えるおそれ」があるとして，仮処分命令取消しの申立てを却下している。

＊9　本件第一審判決に近い時期に専用実施権者と特許権者による差止請求権の行使を両方認めた裁判例について，嶋末和秀「特許権者は専用実施権を設定したことにより差止請求権を喪失するか」特許ニュース11174号（2003年）4頁以下，嶋末和秀「判

1 最高裁〔二小〕平成17年6月17日判決 **15**

批」知管54巻1号（2006年）40頁以下，宮坂・前掲＊1・340頁参照。

＊10 損害賠償額の算定においては，原告の訴外A社に対する通常実施権の設定に係る実施料及び補助参加人に対する専用実施権の設定に係る実施料（いずれも腰裏地のメートルに比例する実施料）を参考に，実施料相当額の損害が認定されている。

＊11 損害賠償請求については，特許法102条1項により，専用実施権登録前の被告製品の譲渡数量分に原告製品の単位当たり利益の額を乗じた金額をX_1の損害額（X_1につき実質的にX_2と一体であることを理由にX_1の実施の能力を認めた。）とし，専用実施権登録後の譲渡数量分について計算した額をX_2の損害額とした。

＊12 兼子＝染野・前掲＊2・155頁，瀧野・前掲＊2・189頁参照。

＊13 例えば，野口良光＝雨宮正彦「専用実施権を設定した特許権者の差止請求権の有無⑵」工業所有権法研究（夢工業所有権研究所）13巻1号（1967年）23頁以下，中山・前掲注⑷664頁以下〔中山信弘〕，重冨貴光「判批」小野昌延先生喜寿記念『知的財産法最高裁判例評釈大系Ⅰ』（青林書院，2009年）720頁等参照。

＊14 入山実「特許権の侵害とその差止請求権」工業所有権研究10巻2号（1964年）12頁以下等を参照。本判決の調査官解説（宮坂・前掲＊1・340頁）も，地上権とのアナロジーからも肯定説が妥当であると述べている。地上権・所有権との対比とともに，実質論を根拠として肯定説にたつものとして小松陽一郎「判批」知管56巻10号（2005年）1460頁・1461頁参照。

＊15 大判大3・12・18民録20輯1117頁は，所有権は地上権の範囲内においてその権能を制限されているにすぎないこと，地上権消滅時には所有権が当然に完全なる無制限の権利に回復することを理由として，地上権を設定した土地所有権者による不法占拠者に対する明渡請求を認容した。駒田・前掲＊7・232頁は，このような所有権の弾力性に基づく説明についての不十分さを指摘している。

＊16 また逆に，⑤本件第一審判決は，④判決が挙げた条文上の根拠に加えて，特許発明を実施する権利こそが差止請求権を根拠付けるとの理解から，否定説を採用している。

＊17 特許庁による逐条解説では，差止請求の可否に言及するものではないが，専用実施権の効力範囲内において特許権が「内容の空虚な権利」となるとの記述が長らくされていた。特許庁編『工業所有権法逐条解説〔改訂版〕』（発明協会，1973年）182頁（初版については直接確認ができなかったが同様の記述と推測される），本判決後の特許庁編『工業所有権法（産業財産権法）逐条解説〔第19版〕』（発明推進協会，2012年）233頁参照。

　なお，第20版（前掲＊1）では「内容の空虚な権利」との従来の表現に代えて，「特許権者は自ら特許発明を実施できなくなる」との記述に置き換えられるとともに，特許権者による差止請求が可能なことについて本判決への言及がされている。

＊18 本判決以前のものとして，野口＝雨宮・前掲＊14・28頁以下（専用実施権設定後も特許権者の「実施許諾権」が背後に退きつつも存在し，この実施許諾権の蹂躙に対して差止請求権を行使できるとする），吉田・前掲＊3・32頁以下（特許権者の実施料収受権能としての収益権能，処分権能（質権の設定や特許権の譲渡）に基づき，これ

16　第 1 部　判例評釈

らの権能が影響を受ける場合（実施料収入の減少・時間的制限のある専用実施権が設
定された特許権の交換価値の減少）に限って，差止請求権の行使を認めるべきとす
る）を参照。

　本判決以後に，帰結の点では吉田説と同様の中間説を主張するものとして駒田・前
掲＊ 7 ・234頁以下（ドイツ法における質的権利分割論（拘束的譲渡論）に基づき，
関係者の具体的な利益に基づき権利内容の質的な部分が分割されるとの理解から，専
用実施権設定契約の内容に照らし，特許権者の側に第三者の侵害を除去する利益が残
存するに限り差止請求権が特許権者に留保されるとする。もっともこの理解により差
止請求権が否定される場合は，実施料が一括払いかつ期間無制限の場合であり，この
ような場合は稀であるとの理解に立っている）がある。

　この他，外川英明「判批」知管54巻 1 号（2004年）65頁は，否定説が，特許料の納
付義務等の特許権者の自己の特許権の維持・管理行為を否定するものであるとの批判
をしている。

＊19　染野・前掲＊ 2 ・387頁参照。

＊20　侵害排除義務は当事者が契約で対応すべき問題であることにつき松本直樹「判批」
　　　判タ1215号（2006年）185頁。

＊21　吉田和彦「判批」法律のひろば2006年 5 月号（2006年）57頁，茶園成樹「判批」ジ
　　　ュリ1313号（2006年）281頁参照。

＊22　ただし，染野啓子「実施契約関係」鈴木忠一＝三ヶ月章『実務民事訴訟講座 5 』
　　　（日本評論社，1969年）252頁は，否定説の立場から，特許権者が専用実施権者の義務
　　　不履行について実施料に係る求償が請求できるために，侵害者に対して直接訴求する
　　　利益がないと解している。

＊23　前掲＊ 3 ，＊ 7 参照。

＊24　谷口・前掲＊ 3 ・155頁，吉田・前掲＊ 3 ・33頁，駒田・前掲＊ 7 ・236頁参照。

＊25　野口＝雨宮・前掲＊14・30頁以下，中山信弘『特許法〔第 3 版〕』（弘文堂，2016
　　　年）358頁，外川・前掲＊18・65頁，中山＝小泉編・前掲＊ 5 ・1154頁〔鈴木將文〕
　　　等参照。

＊26　今村哲也「判批」特許判例百選〔第 4 版〕197頁参照。

＊27　中山＝小泉編・前掲＊ 5 ・1153頁・1154頁〔鈴木將文〕，小島喜一郎「判批」発明
　　　104巻 2 号（2007年）66頁。

＊28　野口・雨宮・前掲＊14・30頁，嶋末和秀「判批」知管54巻 1 号（2006年）42頁，田
　　　村善之『知的財産法〔第 5 版〕』（有斐閣，2010年）344頁，中山＝小泉編・前掲＊
　　　5 ・1153頁〔鈴木將文〕，茶園・前掲＊21・281頁，宮坂・前掲＊ 1 ・340頁，松本・
　　　前掲＊22・185頁，小島・前掲＊27・66頁，重冨・前掲＊13・721頁参照。

＊29　なお，駒田・前掲＊ 7 ・236頁は，実施料が一括払い・期間無制限の専用実施権に
　　　ついてはもはや特許法77条 4 項が適用されないと解すべきとする。しかし，そのよう
　　　な内容の専用実施権であっても，特許権者が当然に第三者への許諾を包括的に容認し
　　　ているとは限らず，専用実施権設定契約における特許法77条 4 項の取扱いはそれ自体
　　　としてその合意内容が問題とされるべきであろう。

＊30　松本・前掲＊22・185頁，岡田・前掲＊4・119頁参照。

＊31　吉田・前掲＊22・57頁，岩谷敏昭「判批」小松陽一郎先生還暦記念『最新判例知財法』（青林書院，2008年）234頁，奥村直樹「判批」パテ60巻9号（2007年）23頁参照。

＊32　宮坂・前掲＊1・341頁参照。

＊33　末吉亙「判批」NBL814号（2005年）5頁（本判決の実質的な根拠が，実施料が一括払いで，特許権者が侵害排除義務を負わず，かつ専用実施権者が侵害を放置しない場合には妥当しないと述べている），小山泰史「判批」L＆T31号（2006年）61頁（最高裁の挙げる二つの実質論以外のどのような場合に差止請求が認められる可能性があるかはいまだ明らかにはされていないとしている）参照。奥村・前掲＊31・22頁・23頁は，本判決の射程について一応検討の余地があるとする。

＊34　杉賢治＝杉山央「判批」知管56巻2号（2006年）258頁，茶園・前掲＊21・281頁参照。

＊35　前掲＊34の各見解のほか，中山＝小泉編・前掲＊5・1152頁〔鈴木將文〕参照。

◆

無効審判請求の除斥期間と無効事由（4条1項15号）の請求——Rudolf Valentino 事件

最高裁〔二小〕平成17年7月11日判決
〔平成15年（行ヒ）第353号審決取消請求事件〕
〔判時1907号125頁〕

筑波大学大学院ビジネス科学研究科教授　**潮　海　久　雄**

事実の概要

「RUDOLPH VALENTINO」の欧文字を横書きし，指定商品を第17類（被服等）とする登録商標の商標権者である上告人Yに対して，被上告人X（バレンチノ）は，商標法47条所定の除斥期間が満了する直前に無効審判を請求した。請求の理由には，商標法4条1項15号違反（以下15号），46条1項により無効であるとのみ述べ，詳細な理由は追って補充すると記載されていた。Yは審判長の命令に応じて所定期間内に，VALENTINOが本件登録商標出願前に著名であったから，商品の出所混同を生じさせる恐れがあると記載した書面を提出した。請求書に条文が明記され，かつ命じられた期間内に具体的理由を記した書面が提出されたという理由で本件商標登録を無効にすべき旨の審決がなされた。

これに対して，Xは，除斥期間内に提示された無効審判請求書には，商標法4条1項8号，11号，15号の記載があるのみで，事実も証拠も記載されていないため，無効理由ごとに1個の請求として特定されていないと主張した。原審（東京高判平15・9・29（平14（行ケ）370号））は，Y表示がわが国で周知であり，請求人の名称に「バレンチノ」の語が含まれていることから，当初請求書の記載には混同を生じるおそれがある無効理由を記載して主張しているのと同視し得，Xの防御や法的安定性に欠けないため，除斥期間を徒過して不適法ではないと判示した。

判　旨

　47条の趣旨は，15号違反の商標登録は無効とされるべきであるが，除斥期間が経過したときは，商標登録により生じた既存の継続的な状態を保護するために，商標登録の有効性を争い得ないとした点にある。15号違反の商標は，本来は商標登録をうけられなかったものであるから，有効性を早期に確定させて商標権者を保護すべき強い要請があるわけではなく，除斥期間内に無効審判が請求され，15号違反の記載があれば既存の継続的な状態は覆されたとみることができる。

　そうすると，当該無効審判請求が除斥期間を遵守したというためには，審判請求書に15号の規定違反の主張の記載で足り，15号に該当する具体的な事実関係等に関する主張の記載までは要しない。

解　説

(1)　問題の所在

　商標法56条1項が準用する特許法131条1項3号は，審判請求人が，請求の趣旨及び請求理由を記載しなければならないと規定している。そこで，この規定どおりに，除斥期間内でなされた無効審判請求においても適用法条を根拠づける具体的な理由や事実の主張を必要とするか，それとも，適用法条の記載のみで足りるかが問題となった。つまり，除斥期間内の無効審判請求の理由として，どの程度の主張が必要であるかである。

　また，適用法条の記載のみで足りるとした理由づけとして，原審のようにY表示が周知であることなど記載以外の事情も考慮するのか，それとも，最高裁判決のように，除斥期間の趣旨から導くのかが問題となる。

　さらにつきつめると，除斥期間の趣旨及び，除斥期間が規定されている各無効理由の根拠が問題となる。そこで，本稿では，除斥期間が経過した登録商標の権利濫用の抗弁の問題（〔エマックス最判〕）についてもふれ，その趣旨について再考したい。

(2)　最高裁判旨の理由づけ──除斥期間──について

(a)　除斥期間の趣旨

　最高裁の判旨の理由は，原審判決と異なり，主に除斥期間の趣旨によっている。つまり，商標法4条1項15号違反の商標は本来登録できず，除斥期間は継続的状態を考慮して無効審判で争えないにすぎず，実体法上の無効理由は残っている以上，

無効理由審判請求書の記載は15号の記載で足りる。このような理解は，除斥期間を経過したからといって損害賠償請求権がただちに消滅したとはいえず，また除斥期間内に必要な権利行使の程度は，権利行使の意思を裁判外で明確に告げることで足り，裁判上の権利行使をするまでの必要はないとする最高裁の考え方に合致する（最判平4・10・20民集46巻7号1129頁）。また，原審のように，法条のみの記載では不適法とすると，除斥期間経過後無効審判を請求することが困難であるためであろう。

　特許法でも，外国において頒布された刊行物記載を理由とする無効審判について，権利が不安定化するため，除斥期間を設けていたが，各国間の情報手段が格段に整備され，諸外国の刊行物も比較的容易に入手し得るようになり昭和62年法律第27号で廃止された（逐条解説〔第20版〕328頁）。特許法と異なり，商標法の無効理由について除斥期間が設けられたのは，特許法の保護対象は発明という技術情報で，先行技術があれば特許権を付与して独占権を与えることは技術の進歩や産業の発展につながらないのに対して，商標法の保護対象は営業上の信用という事実状態で変動し，既存の法律関係を尊重する必要性が高い場面が多いからであろう。

(b)　他の理由づけ

　ただ，調査官解説では，原審の述べるように，商標権者側が，15号違反と記載された審判請求書をうければ防御できる点も考慮している。また，実質的にみて，請求人が外国の会社であり，除斥期間満了直前まで商標登録の存在に気づかないこともあり得るという事情も考慮している（長谷川浩二「重要判例解説」L＆T30号70〜71頁）。

(c)　除斥期間の立法趣旨

　15号以外の除斥期間の趣旨について，特許庁は，過誤登録された場合でも，無効審判請求がなく平穏に経過したときは，その既存の法律状態を尊重し維持するために無効理由たる瑕疵が治癒したとして，無効理由によっては無効審判請求を認めない。除斥期間の判断基準は，その無効理由が公益的な見地から既存の法律状態を覆してまでも無効とすべきかにかかわるとする（逐条解説〔第20版〕1592〜1593頁）。

　したがって，除斥期間が適用される無効理由は，公益的見地がうすい規定と考えられる。商標法3条1項各号（普通名称等），4条1項8号（他人の氏名等），10号（他人の周知表示），11号（他人の登録商標）ないし14号（私益的不登録事由），17号（ぶどう酒盗の産地を表示する標章），15号（他人の商品と混同を生じるおそれがある商標）が掲げられている。

　これに対して，除斥期間が適用されない無効理由は，公益の見地が高いと考えら

れる。すなわち，4条1項1号ないし7号（公序良俗），16号，17号，18号，19号である。まず，公序良俗（7号）や品質誤認表示（16号）は，46条1項5号から7号までの，商標登録後にかかる事由が発生すれば後発的不能が問題となっており，公益的なものであろう。また，前者でも不正競争（不正目的）の場合には，公益に反するとして，除斥期間にかからない。

(3) 除斥期間を有する無効理由の趣旨再考

(a) **判旨についての若干の疑問**

除斥期間の立法趣旨によれば，最高裁判旨の射程は，各無効理由がどこまで公益性があり，継続的状態を保護すべき要請が強いかによることになる。

この点，本判決が理由づけで，15号違反の商標が本来無効であるとしている点には若干の疑問がある。つまり，先行商標との関係が問題となる相対的無効理由が，本来無効であるとすべきものなのだろうか。

たしかに，15号にいう需要者の出所混同のおそれも，商標法の出所表示機能に関わるとすれば公益と考えられる。学説では，商標を全国統一に使用する機能，及び，できる限り商標の併存を防ぎ商標の出所混同のおそれを防ぐべきとする立場（混同防止請求など）から，15号を純粋の私益と考えていない（田村善之『商標法概説〔第2版〕』（弘文堂，2000年）295頁）。しかし，先行商標者の同意があれば一種のライセンスとして，無効にならないとすれば私益に近いとも考えられる。

本判決で，15号違反の商標が本来無効であると述べたのは，外国の著名標識であり，商標取得に不正競争目的が認められる事案，あるいは19号（外国著名標識）の公益に近い事案であったからではないかと考えられる。つまり，たまたま無効審判請求人が主張する事由が15号の公益的見地が薄い事由であったり，不正競争目的（不正目的）の立証が困難で主張しない場合でも，除斥期間が経過しても，本来無効ということを確認したと考えられる。

(b) **判旨の射程**

さらに，先行商標との相対的無効理由である，15号，11号，10号違反についても，本来当該法条違反が無効であるかについて利益状況や無効理由として規定された趣旨が異なり得る。調査官解説は，15号以外の事由以外については，同一に解してよいかを，各無効理由の根拠に照らして検討することが必要としている（長谷川・前掲72頁）。

まず，先行商標との関係が問題となる相対的無効理由はどうか。先行商標が登録商標の場合（11号），たとえば実質的な混同のおそれがなくても本来無効かは，事

案による判断といえる。また，先行商標が周知表示（広知表示）の場合の10号の場合には，たとえば信用の化体しない登録商標の場合（11号）よりも無効といえるかもしれず，事案による相対判断である。つまり，先行商標と本商標の信用の化体の度合い，既存の法律状態をどの程度尊重すべきか，先行商標権者の同意の有無，需要者の混同のおそれをどこまで考慮するかによると考えられる。

(c) 普通名称，記述表示

他方で，除斥期間にかかるとする点で疑問があるのは，普通名称（商標3条1項1号）などの絶対的無効理由である。3条2項で3項1項3号から5号に該当する商標でも，使用された結果需要者であることを認識できる場合には，商標登録を受けることができるとされており，この場面を想定して，除斥期間にかかるとしたのかもしれない。つまり，出願時は普通名称でも，継続的使用により出所表示となった場合には，普通名称の無効審判ができないとしたのかもしれない。また，普通名称のままであれば26条1項により商標権の効力が及ばないので，普通名称の登録商標を無効審判で排除する必要はないと考えたのかもしれない。

もっとも，3条2項が適用される場面は特に商品形態等では多いとはいえないと思われる（小野昌延編『注解商標法〔新版〕（上巻）』（青林書院，2005年）245〜270頁〔末吉執筆〕）。また，3条1項1号を，普通名称など特定の個人に独占させることが不適切であるという趣旨（独占適応説）（田村善之「普通名称と記述的表示」知的財産法政策学研究37号（2012年）152頁・153頁）と考えると，むしろ公益に近いと考えられる。

(4) 他の場面——除斥期間経過後の商標権の行使に対する権利濫用〔エマックス最判〕

(a) エマックス最判とその評価

本判決で問題となった，除斥期間の趣旨及び無効理由の根拠は，除斥期間経過後の商標権の行使に対して，無効審判請求できないにもかかわらず（商標47条1項），無効の抗弁（商標39条，特104条の3）ないし権利濫用の抗弁を主張できるかの場面でも問題になる。

最判平29・2・28民集71巻2号221頁〔エマックス最判〕は，商標法4条1項10号の周知商標権者は，（無効の抗弁を主張できないが），商標登録にかかる不正競争目的の有無にかかわらず，権利濫用の抗弁を主張できるとした。そして，このような権利濫用の抗弁は，周知商標使用者と商標権者との利害が対立する相対的な場面であって，上記の周知商標権者以外の第三者は，商標権者に対して権利濫用の抗弁を主張できないため，除斥期間の趣旨を没却しないとしている。

つまり，最高裁は，キルビー抗弁や特許法104条の3のように権利自体に瑕疵があって，被疑侵害者の誰もが主張し得る抗弁ではなく，最判平2・7・20民集44巻5号876頁〔ポパイ・マフラー〕などの従来の商標の裁判例で認められてきた判例法理，すなわち，不正の目的で商標権を取得した場合（不正目的化型），及び正当に商標が帰属すべき権利者への商標権の行使の場合（正当帰属型）の権利濫用の法理を適用したとしている（清水智恵子・曹時71巻1号159頁）。

つまり，最高裁は，除斥期間をすぎれば，原則として権利濫用の抗弁も主張できないとしないと，除斥期間の趣旨を没却すると考えている。したがって，〔エマックス最判〕は，この場面では，4条1項10号は私益であることを前提としていると考えられる。

この10号についての〔エマックス最判〕の権利濫用による解決手法を一般化すれば，本判決で問題となる15号（他人の商標と混同を生じるおそれがある商標権者）の場合にも，このような相対的な解決をすることが考えられる。つまり，除斥期間が経過しても，15号に当たる者に対してのみ権利濫用として抗弁を対抗され，それ以外の者に対しては過誤登録であっても商標権を権利行使し得る。

この点，混同のおそれを解消する措置（混同防止請求）もなしに，先使用権（商標32条）の効果を超えて，エマックスの権利濫用の抗弁を認めるべきかについて，学説上反対説も根強い（田村善之「判批」WLJ判例コラム115号（2017年）12頁，鈴木將文「判批」L&T77号65頁，宮脇正晴・特研65号（2018年）11頁，愛知靖之・AIPPI 63巻9号822頁）。これらの学説は，需要者の混同のおそれを公益と考えた上で，商標権の発展助成機能や，商標を全国で統一的に使用する商標権者の利益を重視し，先使用権だとその地域のみが併存するにすぎないが，〔エマックス最判〕のような権利濫用の抗弁を先使用権よりも軽い要件で，全国で両方の商標が併存するという広い効果を認めることは，需要者が混同するおそれがあり公益に反し望ましくないと考えているのであろう。

しかし，〔エマックス最判〕の事例は，独自に輸入していた業者が，正当な帰属権限を有する者（エマックスから独占的販売代理店契約を受けた者）との紛争の中で，10号違反で登録した商標権の，正当な権利者に対する権利行使であり（正当帰属型に近い），その後の信用蓄積は保護に値するものか疑わしく，全国で統一的に使用するという登録商標権者の利益があるのか検討の余地があると思われる。また，除斥期間が経過しても実体法上の無効理由は残っているとも考えられ，むしろ正当権限者の既存の法律状態を尊重すべき場面ではないかと考える。さらに商標権設定登

24 第1部 判例評釈

録日から5年を経過して提起された商標権侵害訴訟の中で被告が何も主張できないのは被告の保護に欠ける。また，権利濫用の抗弁は，無効審判請求のように登録商標を除去するという大きな効果ではなく，自らの商標使用を認める旨を主張する抗弁にすぎない以上，より広く認められるべきであろう（拙稿「判批」商標・意匠・不正競争判例百選（別冊ジュリ188号）（2007年）69頁参照）。さらに，つきつめると，同じ商標が当事者間だけ併存することはそれほど公益に反することなのか，再考の余地があると考える。

(b) **侵害訴訟での問題点**

除斥期間の趣旨として，無効理由が私益ならば無効審判請求できないが，無効理由が公益ならば無効審判請求により登録商標を排除できた。これに対して，侵害訴訟での10号（15号）についての権利濫用の抗弁の問題点は，10号が私益ならば権利濫用の抗弁を対抗できないが，10号を公益と考える場合に，権利濫用抗弁を認めると商標が併存して混同のおそれが生じ公益に反する結果となるため，無効審判請求の場合よりもさらに権利濫用の抗弁を認めにくい点である。

もっとも，〔エマックス最判〕にみるように，10号や15号違反での違法な状態で登録された商標に化体する信用蓄積が，第三者の側の信用蓄積や既存の法律状態に比べて保護に値しない場合は，結果的に商標が併存して混同のおそれが生じたとしても，なお権利濫用の抗弁を認めるべき場合があろう（拙稿・前掲「判批」69頁参照）。

また，普通名称（商標3条1項1号）については，商標法26条によって商標権の効力が及ばない。しかし，10号，15号の場合のような同じ商標が併存することによる弊害は小さい。むしろ普通名称を使用する第三者の必要性は高く，公益性が高いといえる。普通名称か微妙な場合，あるいは，3条2項により出所表示化するのを防ぐためにも，除斥期間経過後の無効審判請求，及び，権利濫用の抗弁の主張を認める法政策もあり得る。

(5) **審理対象**

原審判決は最判昭58・2・17判時1082号125頁〔盛光最判〕を参照している。〔盛光最判〕は，10号，15号違反を理由に無効審判を請求し，除斥期間内に引用登録商標を提出していたが，11号違反を除斥期間の経過後に主張した事案で，各無効理由ごとに1個の請求があるとして，無効審判請求の除斥期間経過後における無効理由の追加を許さないとした。つまり，原審判決は，適用法条と証拠の両方を除斥期間内に主張することが必要と解した上で，15号の記載のみでは無効理由ごとに一個の請求として特定された無効審判請求があったと認められないが，請求人の名前に

「バレンチノ」が含まれており，被告の使用する「VALENTINO」の表示が周知である，という記載外の事情から，15号違反の具体的な主張が記載されていることと同視できるとした。

原審判決の引用する〔盛光最判〕は，同一事実，同一証拠を基準として審理の対象を特定した最判昭51・3・10民集30巻2号79頁〔メリヤス編機〕を前提としている。これに対して，本判決が，当該法条にかかわる商標登録査定の違法性を審理対象としている点を指摘する本件評釈もある（田中成志・前掲別冊ジュリ188号83頁）。

しかし，前掲〔メリヤス編機〕は，無効理由は第一次的に特許庁で審理すべきで特許庁の審理を経ていない公知技術につき裁判所が判断することは相当でないとしたものである。また，特許法167条は無効審判における審決の対世的効力の及ぶ範囲を述べたもので，いずれも除斥期間とは別問題であろう（長谷川・前掲71頁）。また，後述の平成10年の補正の制限により新たな無効理由を追加して請求を主張することができなくなったので議論の実益が失われた（田村・前掲書296頁）。

本判決の，「15号の無効理由の記載」のみでも無効審判の審理が15号にしぼられるため，無効理由ごとに1個の請求があるとする〔盛光最判〕には反しないと考えられる（工藤莞司「判批」判時1928号180頁）。また，後述の要旨変更となる補正を禁止した改正の趣旨としての審判の遅延にはならず，被請求人への不意打ちにはならないと考えられる。

(6) 審判請求書の補正

本判決も，除斥期間内に15号違反との記載があれば審判請求が不適法とはならないとのみ述べたにすぎず，15号違反の具体的理由を後に主張する際に，補正命令の期間内に具体的な事実を主張しなかったときは，審判請求は却下される（商標56条1項，特133条1項・3項）。

平成10年法律第51号による特許法の改正により，請求の理由の要旨変更となる無効審判請求書の補正は認められないことになった（商標56条1項，特131条2項）。本判決の事例では補正が認められたが，問題は，改正法のもとで，審判請求書の「15号違反」の記載を具体的な無効理由の主張に変更することが要旨変更にあたり許されないかが問題となる。

要旨変更となる補正を禁止した趣旨は，新事由がいたずらに追加されて，審理が遅延することを防ぐ趣旨である（特許庁総務部総務課『平成10年工業所有権法の解説』（発明協会，2002年）95〜98頁）。しかし，本件のように15号違反と明記されていれば，審判体の命ずる期間内に理由を補充すれば，審理が遅延することはないであろ

う。また，当時は，理由の補充が無制限に認められることを奇貨として，審理の遅延，やり直しを図る弊害が多く，侵害訴訟の判決より遅延することもあったという。しかし，現在は，少なくとも特許権の無効審判請求は迅速に審理されている。

　また，要旨変更の禁止は，理由の要旨を変更する無効審判請求を別途新たに請求させることを前提としており（前掲・平成10年工業所有権法の解説96頁），除斥期間がない場合を想定しているので，除斥期間がある場合には補正の機会を与える余地があろう（長谷川・前掲72頁）。

　さらに，本件評釈では，審判請求書に法条の記載がない場合（〔盛光最判〕）や，「本件審判の理由は追って補充する旨の記載のみ」の場合（東京高判昭53・9・21判タ373号163頁〔協和発酵〕）には要旨変更となり得るが，本判決の事案のように，法条の記載があれば要旨変更にはならないと考えているものもある（工藤・前掲181頁）。

　さらに，平成10年改正の意義は，無効理由を追加する際に手数料を払われることで，真に争うに足りる無効理由が追加されるよううながすとともに，審理の併合，分離を審判官の裁量に委ねることで，効率的な無効審判の運営を図る点にあると理解する学説もある（田村・前掲書300頁）。この学説は，以上の観点から，審判官は当事者が主張しない理由についても職権審理できる（商標56条1項，特153条1項）以上，新たな無効理由として許されない補正が提出されても理由があると考えれば職権審理できる。また，10号と15号のように，事実が同じで適用法条のみが違う場合には新たな無効理由に該当しないとしている。

■参考文献
　長谷川浩二「重要判例解説」L＆T30号67頁，工藤莞司「判批」判時1928号177頁，田中成志・商標・意匠・不正競争判例百選（別冊ジュリ188号）82頁，横山久芳「判批」民商113巻6号103頁。

3 拒絶審決取消訴訟係属中の出願分割と同時にする補正の効力—— eAccess 事件

最高裁〔一小〕平成17年7月14日判決
〔平成16年（行ヒ）第4号審決取消請求事件〕
〔民集59巻6号1617頁〕

明治大学情報コミュニケーション学部准教授　今　村　哲　也

事実の概要

Xは，「」なる商標（以下「本願商標」という。）につき，商標法施行令（平成13年政令第265号による改正前のもの）別表第1のうち「第35類市場調査（以下略）」，「第37類建築一式工事（以下略）」，「第38類移動体電話による通信（以下略）」及び「第42類建築物の設計（以下略）」を指定役務として，商標登録出願（以下「本件出願」という。）をした。なお，その後，Xは第35類の役務群を削除する補正をしている（補正後の指定区分は，第37，38，42類となる。）。

特許庁は，本件出願について，拒絶査定をした上で，Xからの審判請求（不服2001-10868）に対して，本願商標は，先願に係る他人の登録商標と類似しており，指定役務も同一又は類似であるから，商標法4条1項11号に該当することを理由に，請求は成り立たないとの審決（以下「本件審決」という。）をした（なお，類似とされた引用商標（商願11-102650号（登録4571851号））の商標の構成は「eAccess」（標準文字）で，指定区分は第41類，第42類からなる）。

Xは，本件審決の取消しを求める本件訴訟を提起し，本件訴訟提起後，2回にわたって，本件出願に係る指定役務の第37類の一部（「建築一式工事」を除いたもの），第38類及び第42類の役務群につき，商標法10条1項に規定する新たな各商標登録出願（以下，「本件分割出願」という。）をするとともに，各手続補正書により，本件に係る指定役務につき，本件分割出願に係る指定役務を除いた残余の部分に縮減する変更を行った。補正後の本件出願の指定役務は，第37類の「建築一式工事」とな

28 第1部 判例評釈

る。また，本件分割出願はそれぞれ登録に至っている（第42類の分割出願について登録4753792号，第37類（「建築一式を除いたもの」）及び第38類について登録4753830号）。

Xは，本件出願は，本件訴訟提起後，上記分割出願に伴う補正によって，指定役務が減縮されたから，本件審決は，指定役務を誤った結果類似性の判断を誤ったものであると主張している（本件出願の補正後の指定役務は第37類の「建築一式工事」となるので，補正が出願時に遡って効力を生じるのであれば，指定区分が第41類，第42類からなる引用商標とは抵触しないということになる）。

原審（東京高判平15・10・7民集59巻6号1642頁）は，次のとおり判断して，Xの請求を認容した。

(1) 商標法10条1項の定める要件を充足している限り，分割出願がされることによって，原出願の指定商品及び指定役務（以下「指定商品等」という。）は，原出願と分割出願のそれぞれの指定商品等に当然に分割される。それゆえ，原出願の指定商品等について，分割出願の指定商品等として移行する商品等が削除されることは，分割出願自体に含まれ，別個の手続行為を要しない。

出願に係る商標の指定商品等が分割出願によって減少したことは，審決取消訴訟の審理及び裁判の対象がその限りで当然に減少したことに帰するから，審決取消訴訟では，残存する指定商品等について，審決時を基準にして，審理及び裁判をすべきことになる。

(2) 本件出願の指定役務は，本件訴訟提起後に2回にわたって行われた分割出願の結果，「建築一式工事」となっており，そうであるとすると，本願商標と先願に係る他人の登録商標とは，指定役務が同一又は類似であるとはいえないから，本願商標について商標法4条1項11号に該当するとした本件審決の判断は，結果として誤りであり，本件審決のうち「建築一式工事」を指定役務とする部分は，違法として取り消されるべきである。本件審決のその余の部分は，上記2回の分割出願によって，その効力を失っている。

これに対して，Y（特許庁長官）は，上告受理申立てをした。

判　　旨

破棄自判。

「商標法10条1項は，『商標登録出願人は，商標登録出願が審査，審判若しくは再審に係属している場合又は商標登録出願についての拒絶をすべき旨の審決に対する訴えが裁判所に係属している場合に限り，2以上の商品又は役務を指定商品又は指

定役務とする商標登録出願の一部を 1 又は 2 以上の新たな商標登録出願とすることができる。』と規定し，同条 2 項は，『前項の場合は，新たな商標登録出願は，もとの商標登録出願の時にしたものとみなす。』と規定している。また，商標法施行規則22条 4 項は，特許法施行規則30条の規定を商標登録出願に準用し，商標法10条 1 項の規定により新たな商標登録出願をしようとする場合において，もとの商標登録出願の願書を補正する必要があるときは，その補正は，新たな商標登録出願と同時にしなければならない旨を規定している。

　以上のとおり，商標法10条は，『商標登録出願の分割』について，新たな商標登録出願をすることができることやその商標登録出願がもとの商標登録出願の時にしたものとみなされることを規定しているが，新たな商標登録出願がされた後におけるもとの商標登録出願については何ら規定していないこと，商標法施行規則22条 4 項は，商標法10条 1 項の規定により新たな商標登録出願をしようとする場合においては，新たな商標登録出願と同時に，もとの商標登録出願の願書を補正しなければならない旨を規定していることからすると，もとの商標登録出願については，その願書を補正することによって，新たな商標登録出願がされた指定商品等が削除される効果が生ずると解するのが相当である。

　商標登録出願についての拒絶をすべき旨の審決（以下『拒絶審決』という。）に対する訴えが裁判所に係属している場合に，商標法10条 1 項の規定に基づいて新たな商標登録出願がされ，もとの商標登録出願について補正がされたときには，その補正は，商標法68条の40第 1 項が規定する補正ではないから，同項によってその効果が商標登録出願の時にさかのぼって生ずることはなく，商標法には，そのほかに補正の効果が商標登録出願の時にさかのぼって生ずる旨の規定はない。そして，拒絶審決に対する訴えが裁判所に係属している場合にも，補正の効果が商標登録出願の時にさかのぼって生ずるとすると，商標法68条の40第 1 項が，事件が審査，登録異議の申立てについての審理，審判又は再審に係属している場合以外には補正を認めず，補正ができる時期を制限している趣旨に反することになる（最高裁昭和56年（行ツ）第99号同59年10月23日第三小法廷判決・民集38巻10号1145頁参照）。

　拒絶審決を受けた商標登録出願人は，審決において拒絶理由があるとされた指定商品等以外の指定商品等について，商標法10条 1 項の規定に基づいて新たな商標登録出願をすれば，その商標登録出願は，もとの商標登録出願の時にしたものとみなされることになり，出願した指定商品等の一部について拒絶理由があるために全体が拒絶されるという不利益を免れることができる。したがって，拒絶審決に対する

訴えが裁判所に係属している場合に，商標法10条1項の規定に基づいて新たな商標登録出願がされ，もとの商標登録出願について願書から指定商品等を削除する補正がされたときに，その補正の効果が商標登録出願の時にさかのぼって生ずることを認めなくとも，商標登録出願人の利益が害されることはなく，商標法10条の規定の趣旨に反することはない。

　以上によれば，拒絶審決に対する訴えが裁判所に係属している場合に，商標法10条1項の規定に基づいて新たな商標登録出願がされ，もとの商標登録出願について願書から指定商品等を削除する補正がされたときには，その補正の効果が商標登録出願の時にさかのぼって生ずることはなく，審決が結果的に指定商品等に関する判断を誤ったことにはならないものというべきである。これと異なる原審の判断には，判決に影響を及ぼすことが明らかな法令の違反があり，論旨は理由がある。」

解　説

(1)　問題の所在

　商標法における商標登録出願の分割とは，複数の商品・役務が指定された商標登録出願の一部を新たな商標登録出願とすることをいう（商標10条1項）。講学上，もとの商標登録出願のことを原出願（親出願ともいう）といい，新たな商標登録出願のことを分割出願（子出願ともいう）ということが多い。指定商品又は指定役務を分割することができる制度であり，商標の構成のなかから，その要素（たとえば，文字と図形からなる商標から文字部分を抽出するなど）を分割して出願する制度ではない。商標登録出願の分割は，指定商品・役務が複数記載されている場合に，そのうちの1つ又はそれ以上の一部を分割する場合や，指定商品・役務の下位概念について分割する場合がある。

　商標登録出願の分割の主体は，原出願の商標登録出願人（商標10条1項）であり，共同出願の場合は全員で行うことになる。

　商標登録出願の分割の時期は，「商標登録出願人は，商標登録出願が審査，審判若しくは再審に係属している場合又は商標登録出願についての拒絶をすべき旨の審決に対する訴えが裁判所に係属している場合……に限り」（商標10条1項）認められる。実務上は，自発的に行う分割出願よりも，拒絶理由通知を受けた後，その応答のタイミングで分割出願をするケースが多いといわれる[1]。なお，ここで本件との関係で重要な点は，出願の分割が可能な時期には，審決取消訴訟の係属中が含まれている点である。

3　最高裁〔一小〕平成17年7月14日判決　　*31*

図表1　通常出願と分割出願の件数

	2008	2009	2010	2011	2012	2013	2014	2015	2016	2017
通常	116888	109289	112480	107203	118093	116503	122015	137533	142689	164996
分割	1402	1049	716	614	547	684	1921	9470	18729	25314

（出典）　特許庁編『特許庁年次報告書2015年版統計・資料編』44〜45頁，同『2018年版』39頁。

　特許庁の過去10年間の統計（**図表1**参照）をみると，商標の分割出願の件数は，2008年から2013年までは，例年約500件から約1400件の範囲で推移しているが，2014年以降は，通常出願の数とともに，急増している。商標登録出願件数が増加している背景は，「一部の出願人」による大量出願があり，この「一部の出願人」が，大量の分割出願を行っていたといわれている[2]。

　一部の出願人が大量の分割出願ができた背景として，分割出願をしようとする者が，親出願の出願手数料の納付義務を果たしていない場合にもこれを認めることを許容していたことにあった。この点については，平成30年の法改正[3]による商標出願手続の適正化のための措置として，分割出願（商標10条）の要件が強化され，商標法10条1項が規定する商標登録出願の分割要件に，親出願の出願手数料を納付することが追加された。

　商標登録の出願の分割がされた場合，「新たな商標登録出願は，もとの商標登録出願の時にしたものとみなす」と規定されており，分割出願については，出願日が遡及するという効果が発生する（商標10条2項）。すなわち，商標登録出願の分割がなされるのは，新たな出願（分割出願）の出願日がもとの出願（原出願）の日に遡及するという効果が生じ，出願人は原出願の日から先願の地位を確保できるというメリットがあることによる。具体的な出願人の動機としては，拒絶理由との関係で特に問題のない指定商品・役務を分割出願することで，早期に権利化し，親出願の日から先願の地位を確保したいという点にある。

　他方，出願の分割の制度のもとでは，出願が分割されると，新たな出願としての分割出願が生じるとともに，自動的に原出願から分割出願の分割した指定商品・役務が削除されるわけではないので，原出願を生かすためには，原出願から分割した指定商品・役務を取り除くことが必要になる。この点は，商標法施行規則22条2項に定めがあり，「特許出願の分割をする場合の補正」について定める特許法施行規則30条を準用しており，分割出願をする場合には，原出願の補正は，分割出願と同

時にしなければならない。なお，判旨では「商標法施行規則22条４項」として引用されているが，平成23年経済産業省令第72号により，同規定は同規則22条２項に繰り上げされている。

問題は，この分割出願と同時になされる原出願への変更に伴う補正も，もとの出願日にその内容で手続をしたものとみなされるかどうかである。なお，補正の遡及効について，商標法上，これをはっきりと規定した条文はないようであるが，本判決は商標法68条の40第１項を根拠としているものと読める*4。

この点，同じ「補正」であれば，同じように扱うという論理もあり得るところだが，条文の適用上，齟齬が生じる。というのは，前述したように，分割出願は，審決取消訴訟の係属中であっても可能であるが（商標10条１項），商標法は補正可能時期について，「事件が審査，登録異議の申立てについての審理，審判又は再審に係属している場合に限り，その補正をすることができる」（商標68条の40第１項）と定めており，その補正可能時期に，審決取消訴訟の係属中が含まれていないからである。

審決取消訴訟の係属中において分割出願と同時になされる原出願への変更に伴う補正も，商標法68条の40第１項の補正に含むと解すれば，遡及効があることになるし，他方，含まれないと解すれば，原出願について，原則として商標法68条の40第１項の適用の帰結として遡及効はないことになるが，その他の論理で遡及効を認めることができないか問題となる。この点について，どのような解釈をとるべきなのかが，本件の争点である。

なお，特許の場合，分割出願（特44条）は，原出願の補正を行うことができる期間に限られ，補正（特17条１項）は「事件が特許庁に係属している場合に限り」認められるので，分割出願と補正の時期について条文上の齟齬は生じていない*5。

(2) 従来の裁判例

この論点について，従来の下級審の裁判例は，解釈が分かれていた。

(a) 遡 及 説

第一の立場は，遡及を認める考え方である。この考え方は，さらに２つの立場に分けることができる。１つは，審決取消訴訟の係属中において分割出願と同時になされる原出願への変更に伴う補正も，商標法68条の40第１項の補正に含むと解する立場である。もっとも，本件の原審が「商標法68条の40第１項の解釈としては，審決取消訴訟の係属中には，もはや，遡及効を伴うような補正は，許容することはできないものと解さざるを得ない」と述べるように，従来の下級審の裁判例にはこの

考え方をとるものはなかった。原審は，このような立場をとる根拠として，「商標法68条の40第1項は，手続の補正に関する一般規定であるから，分割出願に伴う補正のみでなく，補正一般についても審決取消訴訟係属中に認めることになるような解釈は，審決取消訴訟の審理構造に関わる重大な事項であって，弊害も大きく，軽々に認めることは適当ではない」ことを理由としている。

　もっとも，本件の原判決も含めて，従来のいくつかの判決は，分割出願それ自体によって，原出願の指定商品等の減縮の効果が原出願の出願に遡るとする考え方を，分割出願の法的性質論から導いている（東京高判平15・10・7民集59巻6号1642頁〔本件原審〕，東京高判決平15・10・28判時1841号146頁〔ABIROH事件〕）。

　この立場は，分割出願の法的性質論について，「分割出願は，願書記載の指定商品等を原出願と分割出願との間で分割するというものであるから，商標法10条1項の要件に適合する分割出願がされれば，これによって，原出願についても，指定商品等の変動という分割出願の効力は生じている」という考え方をとる。

　この立場によると，分割出願自体によって，観念上原出願と分割出願の双方の指定商品等について当然にその効果を生じ，その効力発生要件としては補正書の提出を要しないもの，と捉えることになる。端的にいえば，出願の分割が行われる場合，原出願について，商標法68条の40第1項による補正は行われていない，という立場である。そして，「原出願の指定商品等について，分割出願の指定商品等として移行する商品等が削除されることは，観念上は，分割出願自体に含まれ，別個の手続行為を要しない」とする。分割出願は原出願の出願時に遡って効力を有する（商標10条2項）ので，分割出願自体に含まれる原出願の指定商品等の減縮の効果も，原出願の出願に遡るとする考え方をとることになるだろう*6。

　この立場を採用した場合，審決取消訴訟の審判対象については，原判決が述べるように，「登録出願に係る商標の指定商品等が分割出願によって減少したことは，審理及び裁判の対象がその限りで当然に減少したことに帰するから，審決取消訴訟では，残存する指定商品等について，審決時を基準にして，審理及び裁判をすべきことになる。この場合，審決が残存する指定商品等について判断をしているときは，その判断の当否について審理及び裁判をし，審決が判断を加えないでその結論を導いているときは，その点につき当該訴訟で審理判断が可能かを見極めることとなる」。

(b) **非遡及説**

　この立場は，商標登録出願についての拒絶をすべき旨の審決に対する訴えが裁判

所に係属している場合に，分割出願がされ，もとの商標登録出願について指定商品
等を削除する補正がされたときには，その補正の効果が商標登録出願の時に遡って
生ずることはない，とする。本判決が採用する立場である。下級審でも，同様の結
論を採用する判決があり（東京高判平15・10・15（平15（行ケ）64号）），学説でもこ
の説を妥当とする立場も存在した[7]。

この立場の根拠として，本判決は3つの点を挙げている[8]。

第一に，拒絶審決取消訴訟提起後における商標登録の分割出願（商標10条1項）
と同時になされる原出願への変更に伴う補正は，商標法68条の40第1項が規定する
補正ではないので，同項によってその効果が商標登録出願の時に遡って生ずること
はないとする。

第二に，遡及効を認めると，商標法68条の40第1項が，事件が審査，登録異議の
申立てについての審理，審判又は再審に係属している場合以外には補正を認めず，
補正ができる時期を制限している趣旨に反することになる（最判昭59・10・23民集38
巻10号1145頁参照）。

第三に，拒絶審決を受けた商標登録出願人は，審決において拒絶理由があるとさ
れた指定商品等以外の指定商品等について，商標法10条1項の規定に基づいて新た
な商標登録出願をすれば，その商標登録出願は，もとの商標登録出願の時にしたも
のとみなされることになり，出願した指定商品等の一部について拒絶理由があるた
めに全体が拒絶されるという不利益を免れることができる。

この立場を採用する場合，拒絶審決取消訴訟の提起後に，商標登録出願の分割に
伴って出願の指定商品等が減縮されたとしても，その補正の効果が商標登録出願の
時に遡って生ずることはないので，審決が結果的に指定商品等に関する判断を誤っ
たことにはならないことになる[9]。

(3) 本判決の評価

本判決は，同様の論点について争われた下級審の判断が分かれていたところ，最
高裁として判断を示したものである。

判決については，その理由付けについて正面から批判する論説もあるが，むし
ろ，最高裁として判断を明確化したという点を受け止めて，実務上はそれで確定し
たということを前提に，実務上の示唆や制度上の課題について示唆する論説のほう
が多いように思われる[10]。

判決を批判する見解が挙げる点として，分割出願に伴う原出願の削除補正とい
う，商標法68条の40に基づかない補正という概念が出てくる法的根拠がどこにある

のかという点が指摘されている*11。この説は，商標法施行規則22条2項は出願分割に伴う補正を定めているが，施行規則は法律の下位規範であるから，補正が法律に根拠を有することを前提としてその補正をする時期を定めたものにすぎず，施行規則をもって補正の根拠を与えた規定とは解し得ないことを指摘し，最高裁判決が述べる「商標法68条の40に基づかない補正」なるものは法律上の根拠がないとする*12。本件の原判決も，「施行規則は，その法形式上，法の定めた効力要件を加重することはできない」と述べる部分がある。

　しかし，商標法68条の40は，手続の補正に関する一般規定であるとはいえても，商標法における補正の唯一の根拠規定と考える必然性はない。出願の分割を定める商標法10条も，分割出願に伴って原出願の補正があることは当然に想定していると考えられるので，補正の根拠規定の一つとなり得ると解される。だとすれば，商標法施行規則22条2項は，出願の分割を定める商標法10条の想定する前提を確認するものであって，拒絶審決取消訴訟係属中になされたことで「商標法68条の40に基づかない補正」となったとしても，商標法上の根拠を欠くことには必ずしもならないといえるのではないか。

　また，最高裁の結論に反対する立場からは，次のような指摘もある。最高裁の立場によっても，審査，審判の係属中になされた出願分割と同時にする補正は商標法68条の40に基づく補正であって，遡及効を有することになるが，出願分割のなされた時期によって補正の根拠，効果が相違することは，解釈論として不自然であるとの点である*13。

　この点も，時期的制限を定めた規定（商標68条の40）は，手続の補正の制度の存在を前提としているが，そのことは必ずしも，その時期的制限の範囲内に収まらない補正が商標法上存在しないことを意味するわけではないし，そうであるならば，法の定める時期的制限を前提として，異なる時期になされた補正について，異なる効果が生じても不自然ではないともいい得るであろう。

　本判決に対する実務上の示唆については，特に，抽出分割する際の留意点として，この判決に従う場合，遡及効を受けられるのは分割出願のほうだけであるから，拒絶審決取消訴訟係属中に分割出願を行うのであれば，審査・審判等に係属中の場合とは異なって，拒絶理由に該当しないほうの指定商品・役務を分割して，分割出願とする必要があることが挙げられる*14。

　その他，制度上の課題として，商標法においては，分割出願（商標10条1項）の時期的制限と補正（商標68条の40）の時期的制限に整合性がないにもかかわらず，

36 　第 1 部　判例評釈

分割出願に伴う原出願の補正については特許法施行規則を準用するという部分について，商標法は特許法の規定を無条件に準用することが多いという部分について制度的な課題を指摘する見解もある*15。

　本稿で紹介したように，統計的には，分割出願の件数は，通常出願に比べてその数は相対的には少ないものの，その絶対数は相当数ある。本件のように拒絶審決取消訴訟係属中になされる分割出願がどれだけあるのかは不明であるが，分割出願を行うための訴訟提起ということはあり得るし，実際，本件もそのような訴訟提起であったであろうといわれている*16。いずれにせよ，拒絶審決取消訴訟係属中の分割出願というのは，出願人にとってクリティカルな場面で行われるという意味では，実務上，重要な手続といえるであろう。本判決については，こうした手続の場面について，原出願の補正に遡及効はないというルールを最高裁の判例として明確にし，実務上の結論を与えたことになる。それだけでなく，本判決は，特許法の準用規定の多い商標法の制度設計の在り方について，改めて考え直す機会を提供してくれるものともいえるであろう。

〔注〕
＊ 1　眞島宏明『商標の実務』（Lexis Nexis，2009年）151頁参照。
＊ 2　山口和弘「日本および中国の特許・商標関連統計を読み解く」ソウエイヴォイス
　　　April 2018（2018年 4 月） 7 ～ 8 頁参照。
＊ 3　不正競争防止法等の一部を改正する法律（平成30年 5 月30日法律第33号）。
＊ 4　適法な補正について，遡及効があることについて条文上明確な規定はない。西津千
　　　晶・知管56巻 8 号1209頁も，「『手続補正を行えば，その効果は出願時に遡及する。』
　　　と一般的に考えられているのは何を根拠としてのことであろう」と述べる。しかし，
　　　遡及効を認めることについて，学説上は異論がない。茶園成樹編『商標法〔第 2 版〕』
　　　（有斐閣，2018年）116頁，眞島・前掲＊ 1 ・117頁参照。本判決は，「商標法68条の40
　　　第 1 項が規定する補正ではないから，同項によってその効果が商標登録出願の時にさ
　　　かのぼって生ずることはなく」と述べている部分をみると，商標法68条の40第 1 項を
　　　遡及効の根拠として捉えているものと思われる。補正が手続の初めから効力を有しな
　　　いと，観念的には 2 つの手続（補正前の手続と補正後の手続）が併存してしまい，当
　　　初は手続が 1 つであったことと矛盾が生じるため，補正がなされた場合には，初めか
　　　ら効力を有すると考えられる。
＊ 5　小島立「判批」商標・意匠・不正競争判例百選（別冊ジュリ188号）45頁。意匠法
　　　の場合も，同様の齟齬が生じないことについて，西津千晶「判批」知管56巻 8 号1211
　　　頁参照。
＊ 6　原判決は，分割出願それ自体によって，原出願の指定商品等の減縮の効果が原出願
　　　の出願に遡る，と述べているわけではない。「分割出願と審決取消訴訟の審判対象の
　　　変動」という題目の下，原出願に係る商標の指定商品等が分割出願によって減少した

ことで，審理及び裁判の対象が「その限りで当然に減少した」ことに帰するから，審決取消訴訟では，「残存する指定商品等について」，審決時を基準にして，審理及び裁判をすべきことになる，と判断しているにすぎない。とはいえ，「原出願の指定商品等について，分割出願の指定商品等として移行する商品等が削除されることは，観念上は，分割出願自体に含まれ，別個の手続行為を要しない」としており，分割出願は原出願の出願時に遡って効力を有する（商標10条2項）ので，分割出願自体に含まれる原出願の指定商品等の減縮の効果も，原出願の出願に遡るとする考え方（遡及説）を採用していることになるだろう。

＊7　渋谷達紀「ABIROH 事件判批」判評545号（判時1855号）35頁。

＊8　なお，調査官解説では，商標法条約7条との関係について，「標章の登録に関する決定に対する不服申立手続の期間において分割を認めるべき旨を規定しているが，拒絶審決に対する取消訴訟係属中に分割を認め，その分割して新たにされた出願について，もとの出願の出願日及び優先権の利益を維持させれば，商標法条約7条に反することはないものと考えられるから，本判決のような見解を採ったからといって」，同条に反することはないとしている。森義之・最判解説民事篇平成17年度198頁。

＊9　小野昌延＝三山峻司『新・商標法概説〔第2版〕』454頁は，「この補正の効果が出願時に遡及するとすれば，審決取消訴訟提起後に行われた分割出願の結果，先に審決が行った本願商標と引用商標の指定商品・役務が同一又は類似であるから拒絶すべきとした判断は，結果的に誤りであったことになるから審決を取り消す必要が出てくる。しかし，この最判により取消しの必要はなくなった」と述べる。

＊10　市川穣「判批」Lexis 判例速報2巻1号98頁は，「一般論として本判決は是認されるべきものであろう」としつつも，「拒絶査定不服審決の取消訴訟係属中の分割出願は，審決で拒絶理由があるとされた指定商品・役務群以外の指定商品・役務群について新たに登録出願を行う必要があることになるが，従来，このような考え方が確立されていたものとは言えず，本件の被上告人にとっては厳しい判断であったように思われる」とする。

＊11　平尾正樹「判批」パテ59巻8号49頁。

＊12　平尾・前掲＊11・49頁。同様の立場として，村林隆一「判批」民商134巻1号76頁。

＊13　平尾・前掲＊11・50頁。

＊14　眞島・前掲＊1・152頁，平尾・前掲＊11・50頁，平尾正樹『商標法〔第2次改訂版〕』245頁参照。

＊15　上野達弘「判批」平成17年度重判解（ジュリ臨時増刊1313号）283頁，小島・前掲＊5・45頁参照。関連して，中島敏「商標法における特許法準用規定の問題点」特管34巻11号1413頁参照。

＊16　西津・前掲＊5・1212頁参照。

■参考文献

〔注〕に掲げたもののほか，森義之「判批」曹時59巻4号187頁，北薗信孝「判批」行政関係判例解説17年154頁。

商標法4条1項8号にいう人の氏名等の「著名な略称」の判断基準——国際自由学園事件

最高裁〔二小〕平成17年7月22日判決
〔平成16年（行ヒ）第343号審決取消請求事件〕
〔裁時1392号9頁〕

立命館大学法学部教授　宮　脇　正　晴

事実の概要

　Y（被請求人，被告，被上告人）は，「国際自由学園」の文字を横書きして成り，指定役務を「技芸・スポーツ又は知識の教授，研究用教材に関する情報の提供及びその仲介，セミナーの企画・運営又は開催」とする登録商標（平成8年4月26日商標登録出願，平成10年6月5日商標権の設定の登録。以下，この商標を「本件商標」といい，その商標登録を「本件商標登録」という。）の商標権者である。

　X（請求人，原告，上告人）は，大正10年，東京府目白（現在の東京都豊島区西池袋）において，女子のための中等教育機関として設立され，その後，初等部を設立し，現在の東京都東久留米市に移転し，男子部，幼児生活団，最高学部が開設されるなどして一貫教育校となり，現在に至っている。Xは，その名称である「学校法人自由学園」の略称「自由学園」（以下「X略称」という。）を，大正10年以来，教育（知識の教授）及びこれに関連する役務に使用している。

　Xは，設立のころから本件商標の商標登録出願時に至るまで，各種の書籍，新聞，雑誌，テレビ等で度々取り上げられており，これらの記事等において，Xを示す名称としてX略称が用いられている。ただし，これらの記事等の多くは，Xが，大正時代の日本を代表する先駆的な女性思想家であるA及びその夫のBにより，キリスト教精神，自由主義教育思想に基づく理想の教育を実現するために設立されたものであるという歴史的経緯や，Xの独自の教育理念，教育内容に関するものであり，また，主として教育関係者等の知識人を対象とするものであって，学生，生

徒，学校入学を志望する子女及びその者らの父母（以下「学生等」という。）に向けられたものではない。

　X略称は，Xの設立の歴史的経緯，教育の独創性により，教育関係者を始めとする知識人の間ではよく知られているということができる。しかし，学生等との関係では，本件商標の商標登録出願の当時，東京都内及びその近郊において一定の知名度を有していたにすぎず，広範な地域において周知性を獲得するに至っていたと認めることはできない。

　Xは，本件商標がXの名称の著名な略称であるX略称を含むとして，商標法4条1項8号（以下，単に「8号」という。）所定の商標に当たり，商標登録を受けることができないなどと主張して（Xの主張した他の無効理由については紹介を省略する），本件商標登録の無効審判を請求した。特許庁はこれを無効2003－35230号事件として審理し，その結果，審判請求を不成立とする審決をした。

　Xは審決取消訴訟を提起したが，判決[1]は「本件商標である『国際自由学園』は，通常，学校の名称を表示する一体不可分の標章として，称呼，観念されるものと認められること，そして，X商標である『自由学園』は，需要者である全国に散らばっている学生等との関係では，せいぜい東京都内及びその近郊で一定の知名度を有するにすぎず，広範な地域において周知性を獲得しているとはいえないものであることを考慮すれば，本件商標に接する需要者である学生等において，本件商標中の『自由学園』に注意を惹かれ，それがXの一定の知名度を有する略称を含むものと認識するとは認められない。」として，Xの請求を棄却した。Xは上告した。

─────────────── 判　　旨 ───────────────

　本判決は以下のように述べて，原判決を破棄し，本件を知的財産高等裁判所に差し戻した。

　「商標法4条1項は，商標登録を受けることができない商標を各号で列記しているが，需要者の間に広く認識されている商標との関係で商品又は役務の出所の混同の防止を図ろうとする同項10号，15号等の規定とは別に，8号の規定が定められていることからみると，8号が，他人の肖像又は他人の氏名，名称，著名な略称等を含む商標は，その他人の承諾を得ているものを除き，商標登録を受けることができないと規定した趣旨は，人（法人等の団体を含む。以下同じ。）の肖像，氏名，名称等に対する人格的利益を保護することにあると解される。すなわち，人は，自らの承諾なしにその氏名，名称等を商標に使われることがない利益を保護されているの

40 第1部 判例評釈

である。略称についても，一般に氏名，名称と同様に本人を指し示すものとして受け入れられている場合には，本人の氏名，名称と同様に保護に値すると考えられる。」

「そうすると，人の名称等の略称が8号にいう『著名な略称』に該当するか否かを判断するについても，常に，問題とされた商標の指定商品又は指定役務の需要者のみを基準とすることは相当でなく，その略称が本人を指し示すものとして一般に受け入れられているか否かを基準として判断されるべきものということができる。」

「本件においては，……事実関係によれば，Xは，X略称を教育及びこれに関連する役務に長期間にわたり使用し続け，その間，書籍，新聞等で度々取り上げられており，X略称は，教育関係者を始めとする知識人の間で，よく知られているというのである。これによれば，X略称は，Xを指し示すものとして一般に受け入れられていたと解する余地もあるということができる。そうであるとすれば，X略称が本件商標の指定役務の需要者である学生等の間で広く認識されていないことを主たる理由として本件商標登録が8号の規定に違反するものではないとした原審の判断には，8号の規定の解釈適用を誤った違法があるといわざるを得ない。」

解　説

---

(1)　8号の趣旨

(a)　一般論

本判決は，8号の趣旨について，これを人格的利益の保護であると述べている。本判決より少し前に出された最高裁判決[2]も同旨を述べており，学説上も通説であると思われる[3]。8号にいう「他人」に法人等の団体を含めて，その人格的利益（しかも客観的な社会的評価に関するものである「名誉」とは異なるもの）を保護することについては，立法論としては異論のあり得るところである[4]。しかしながら，本判決のいうように，4条1項において，混同防止に関する10号や15号等とは別に8号が設けられていることからすれば，同号の趣旨を自然人の肖像・氏名等の対する人格的利益を保護するものと解さざるを得ず，同号においてそのような氏名と同列に挙げられている法人等の団体の「名称」についても同様に解さざるを得ないと思われる[5]。

(b)　人格的利益の具体的な内容

本判決は，8号で問題となる「人格的利益」の内容として，「自らの承諾なしにその氏名，名称等を商標に使われることがない利益」を挙げている。人格的利益の

ひとつとしての「氏名，肖像を他人に使用されない利益」については，すでに他の最高裁判決*6において承認されていたところであり，本判決後に出された最高裁判決*7においてもそのことは踏襲されている。

　法人の人格的利益については，宗教法人に関するものではあるが，本判決後に出された最高裁判決が，「その名称がその宗教法人を象徴するものとして保護されるべきことは，個人の氏名と同様であるから，宗教法人は，その名称を他の宗教法人等に冒用されない権利を有し，これを違法に侵害されたときは，加害者に対し，侵害行為の差止めを求めることができると解すべきである」と判示している*8。このほか，一般論として法人が人格的権利ないし利益としての名称権を有することや，（同じく一般論として）氏名・名称権の侵害に対して差止請求が可能であることについては，多くの学説や裁判例が認めてきているところである*9。

　これらを併せ考えると，8号の趣旨を，その使用が他人の氏名・名称を冒用するものとして他人の人格的利益を害するおそれのある商標を不登録とすることであると捉えているのが，上記最判の立場であると理解できる*10。

　このような理解に対して，8号はあくまで不登録理由を定めるものであり，同号により不登録となったからといって，その不登録となった商標の使用により現実に他人の人格的利益が害されることまでも防止できるわけではないことを理由に，疑問を呈する学説がある*11。また，本判決後に出された知財高裁判決の中にも，8号の問題とする人格的利益の侵害が商標登録自体により生ずるものであるかのように述べるものがある*12。

　しかし，仮に商標登録それ自体により人格的利益が害されることがあり得るとしても，8号が登録商標の使用に基づく人格的利益を問題としてないと解することは，次に述べるように，適切ではないと思われる。

　第一に，商標権は，出願商標が市場で現実に使用されるものであることを前提に（商標3条1項柱書），その使用を通じた業務上の信用の形成・維持・発展を支援するために与えられものであるから，その使用の結果が他人の人格的利益を害するおそれがあるような商標について，上記支援の対象としてふさわしくないとして，その登録を認めないとすることは合理的であるように思われる。このような商標の登録を認めるよりも，不登録とすることで，商標の独占的・全国的な使用を望む者に対して，他人の氏名・名称等に関する人格的利益を害するおそれのない商標を出願し，使用することを促すほうが望ましいと考えられるからである。

　第二に，登録阻却によりその対象となった商標の使用までもが禁止されるわけで

42 第1部 判例評釈

はないということは，8号に限ったことではなく，他の登録阻却理由にもあてはまることである。すなわち，登録阻却理由の中には，出願商標の使用により生じ得る不利益の防止を問題としていると考えざるを得ないものがある。例えば商標法4条1項15号は出所の混同の防止を目的とするものであり，この点に異論はないと思われるが，商品・役務の出所の混同が生ずるためには現実に登録商標が指定商品・役務について使用されることが必要なはずである[13]。したがって，15号については，同号により出所の混同が起こるような商標の使用自体を禁止できないにもかかわらず，同号が出願商標の使用により生ずる混同の防止を目的とするものであることを認めざるを得ないように思われる。そして，仮にこのことを認めるのであれば，8号についてのみ，同号が出願商標の使用自体を禁止できないという理由で，同号が出願商標の使用により生ずる不利益を問題とし得ないとする立場は一貫性を欠いており，説得的でないということとなろう。

　したがって，8号の問題とする人格的利益侵害には，出願商標の使用の結果生ずるものが少なくとも含まれると解すべきである[14]。

(c)　**出願人側の利益との調整の必要性**

　8号の保護する人格的利益については，以上のように理解できる。人格的利益の侵害を防止するため，8号のような登録を排斥する規定を設けることに一応の合理性を認めることができるが，肖像は別として，氏名・名称等やそれらの略称については，偶然の一致が起こり得ることを考慮する必要がある。

　この種の人格的利益の侵害は，出所混同の有無に関わらず生じ得るものであり，現に8号も需要者の混同を要件としていないが，指定商品・役務に関連する業界とは無関係の（したがって混同のおそれもない），無名の人物や団体の名前がたまたま出願商標に含まれていたために，その出願が拒絶されたり，登録が無効になったりするような事態が頻発するようになると，出願人の予測可能性が著しく害され，出願前に既存の氏名・名称等を調査しなければならない範囲とコストが実施不能なほどまでに増大することとなり，商標登録出願を過度に委縮させることとなろう。したがって，この種の人格的利益に要保護性があるとしても，予測可能性等の出願人側の利益に配慮して，その保護範囲（登録排斥の範囲）を限定することは許されるべきである。

　このような利益衡量は，8号の「名称」に関する判例の解釈に現れている。本判決も指摘するように，同号にいう「人」には法人等の団体も含まれ，同号にいう「名称」とは，そのような団体の名称をいう。この「名称」については，「氏名」と

同様，著名性が要求されていないが，団体名については，芸名等と同様に選択の自由度が高く，第三者の出願商標とバッティングする可能性も高いことから，「名称」を緩やかに捉える場合には，第三者の予測可能性を害し，商標権取得を困難にせしめることとなる。したがって，この「名称」については，可能な限り厳格に解すべきということとなる。

　そこで判例は，株式会社の商号については，「株式会社」の部分を含めて本号にいう「名称」とし，「株式会社」なる文字を除いた部分は「他人の名称の略称」に当たると解している[15]。このように，法人については，その法人の種類を示す文字も含めたもの（「株式会社○○」，「特定非営利活動法人○○」など）が本号の「名称」であると解するのであれば，出願人側としては，法人の設立形態を表す文字列を含む商標さえ出願しなければ，無名の法人により出願商標が拒絶や登録無効に追い込まれる心配がなくなる[16]。

(d)　著名性要件の趣旨

　8号が自然人の肖像や氏名（フルネーム[17]）を含む商標についてはその認知度を問わずに保護する一方で，芸名等やその略称，及び氏名の略称については著名であることを要求しているのも，上記のような利益衡量の結果なのであろう。すなわち，肖像やフルネームが商標として採用されることは稀であり，回避することも容易であろうから，認知度を問わずに保護しても出願する側の不利益は小さいと考えられるのに対し，選択の自由度が比較的高い芸名等やその略称，及び氏名の略称（特に姓のみ）については，第三者がこれを含む商標を採択する可能性も高いといえるから，これらについては著名性を要求して，第三者（出願人）の予測可能性（及び回避可能性）に配慮していると説明できる[18]。本判決は，著名性要件が設けられている趣旨については述べていないが，これについては上記のように理解すべきであろう[19]。

　これに対し，このような利益衡量という視点を採用せず，もっぱら人格的利益保護の観点から著名性要件を説明しようとする学説がある。その説によれば，著名性要件は，略称等が氏名・名称等に代替する社会的機能を果たしているか否かについて問うものであり，仮にそのような機能を果たしているといえるのであれば，氏名・名称等と同様に法的保護を与えるべきとのことである[20]。

　しかしながら，仮に著名性要件がそのような趣旨のものなのであれば，あえて高い知名度を要求しているかのような「著名」という語を法が採用していることの説明が難しいように思われる。同説の論者は，著名性要件について，「著名」という

語にこだわらず，「氏名や名称と同程度に本人を識別・特定する手段としての社会的通用力を有しているか否かという観点から判断すべき」と主張しているが[21]，このような解釈は，次に述べるとおり，（文言と乖離しているのみならず）実質的にも妥当ではない。

　仮に略称が氏名と同程度の社会的通用力があれば氏名と同じ扱いをすべきということなのであれば，例えば特定の市でのみ周知な法人の略称についても著名性を肯定すべきということとなるように思われるが，そのような扱いは商標法4条1項10号（以下単に「10号」という。）の趣旨を潜脱するような帰結を招くおそれがある。10号にいう「需要者の間に広く認識されている」という要件については，一都道府県の単位では充足されず，隣接数県の相当地域にわたって他人の商標が知られていることを要すると解されているからである[22]。もっとも，10号が出願商標の指定商品・役務の需要者にとっての知名度を問題とするのに対し，8号の場合は「需要者」にとらわれない，幅広い層の者に対して知られていることを要するという違いはあるのかもしれない。しかし，仮にそのような違いがあるのだとしても，出願商標の指定商品が一般的に流通している食品などといったような，その需要者の範囲が一般公衆とほぼ変わらないようなものであっても，10号の下では上記のようなより広範囲での知名度が要求されているのであるから，8号によって10号の趣旨が潜脱される危険は否定できない。しかも，8号の場合は10号と異なり指定商品・役務の同一・類似性を要件としていないため，特定の市で略称が有名でさえあれば，その略称の主体の業務と無関係な分野での商標登録出願も認められないことになり，やはり10号の趣旨を潜脱する帰結となるように思われる[23]。

　上記のようなケースで10号の潜脱が起こらないようにしたいのであれば，「著名」の要件を厳しくするほかないが，「特定の市で有名である」ことより厳しい条件を課すのは，無名であっても保護される氏名の場合と著しい乖離を生じさせることになり，このような扱いを出願人側の予測可能性や回避可能性という視点なくして正当化するのは困難であるように思われる。そもそも10号において広範囲な知名度が要求されているのは，出願人側の予測可能性に配慮されているからである[24]。8号の解釈論においても，少なくとも10号と同程度にはそのような配慮をすべきであろう。

(2) 著名性の判断基準

(a) **本判決の立場**

　本判決は，本号にいう「著名」か否かについて，問題の略称が当該「他人」を指

し示すものとして一般に受け入れられているか否かを基準として判断すべきである
としている（本判決は略称の著名性について判断したものであるが，芸名等の著名性の
判断基準についても同様であると思われる。）。この点につき，原判決は，「需要者であ
る学生等」を基準として8号該当性について判断し，その結果同号該当性を否定し
ていたところであるが，本判決は「常に，問題とされた商標の指定商品又は指定役
務の需要者のみを基準とすることは相当で」ないとして原判決を否定している。

　上記のとおり，著名性要件が設けられている趣旨は，出願人の予測可能性（及び
回避可能性）の確保にあると考えられるから，問題となった商標の指定商品・役務
の需要者間での知名度を問題とすることに理由がないわけではない。出願商標の指
定商品・役務の需要者に広く知られている氏名・名称等であれば，その存在を出願
人も通常知っているはずであるから，出願人の予測可能性は保たれると考えられる
からである。このような解釈をとる場合には，8号の「著名」性は，出願商標の指
定商品・役務の分野によってその有無が変わり得る，相対的な概念であるというこ
ととなろう。

　これに対し本判決は，本号の「著名」性を，出願商標の指定商品・役務が何であ
ろうとその有無が変わることのない，絶対的な概念と捉え，その上で出願人の予測
可能性に配慮しているのであろう。すなわち，判例のような「一般に受け入れられ
ているか否か」という基準の下では，出願商標の指定商品・役務の需要者に広く知
られているとはいえないような略称等でも，その需要者層が一般人のごく一部に留
まるようなものであれば，それにより著名性が否定されることはなくなるが，仮に
そのような略称等を著名であるとしたところで，「一般に受け入れられている」略
称等なのであれば，出願人はこれを知っているはずであるから，予測可能性は確保
されることとなる，と本判決は考えたのであろう。

　つまり本判決は，本件商標の需要者である「学生，生徒，学校入学を志望する子
女及びその者らの父母」が一般人のごく一部の層にすぎないとの理解を示している
のであり，それにもかかわらずその他の層においてX略称が知られているか否かに
ついて原審が十分な審理を尽くしていなかったことから，差戻しを命じたと理解で
きる。このように理解するならば，本判決の示す「一般に受け入れられているか否
か」という基準及び本判決の結論は正当なものと評し得る。

(b)　「一般に受け入れられているか否か」の具体的な基準

　以上のとおり，本判決は妥当なものと評し得るが，ではどの程度知られていれば
「一般に受け入れられているか否か」という基準を満たすのかについてまでは本判

46　第1部　判例評釈

決は示しておらず，この点の問題は残る。本判決より前の裁判例の中には，著名性要件充足のためには略称の知名度が「一地方のものでは足らず，全国的なものでなければならない」と判示したものがある[25]が，その上告審において最高裁はこの点については立場を明らかにしていない[26]。

　本判決後に出された知財高裁判決としては，「こんぴら」[27]や「金比羅」[28]の語が香川県の金刀比羅宮の著名な略称であることを肯定したものがあるが，これらの事件においては著名性の地理的な範囲について争われておらず，判決も具体的な基準を示していない。本件の差戻審判決[29]も，結論としてX略称の著名性を肯定しているが，「一般に受け入れられているか否か」についての具体的な基準は示していない。同判決は著名性を肯定するに当たり，多数の辞書，事典及び書籍に，Xの創立の経緯，建学の精神等が記載されていること，多数の書籍等にXの創立者であるAや「自由学園」に関わった有識者に関連して，「自由学園」が取り上げられていることや，テレビ番組で取り上げられていたこと等といった，X略称が全国的に知られていたことをうかがわせる事実を認定しているため，全国的に知られていないような略称について判決がどのように考えていたのかを推測することも難しい。

　学説上は，「社会通念上特定人を指すものとして認識し得る程度の知名度」で著名性要件は充足されるとするものが比較的多数であるが[30]，出願人側の予測可能性を問題とする本稿の立場からは，より厳格に解すべきこととなる。既に述べたとおり，10号で要求されている程度以上の知名度は最低限要求すべきであろう[31]。

〔注〕
＊1　東京高判平16・8・31（平16（行ケ）168号）。
＊2　最判平16・6・8裁判集民事214号373頁。
＊3　小野昌延＝三山峻司編『新・注解商標法（上巻）』（青林書院，2016年）312〜313頁〔小野昌延＝小松陽一郎〕及びそこに掲げる諸文献等を参照。なお，現行法の8号に相当する規定である，旧商標法2条1項5号下の判例や審決例においては，制度趣旨を出所の混同の防止に求める見解が採用されていた。詳細は網野誠『商標〔第6版〕』（有斐閣，2002年）335頁を参照。
＊4　田村善之『商標法概説〔第2版〕』（弘文堂，2000年）217頁参照。
＊5　宮脇正晴「商標法4条1項8号の解釈における基礎的問題の考察」L＆T49号（2010年）52頁。通説とは異なる見解として，田村・前掲＊4・219頁（8号の趣旨を人格的利益の保護としつつも，会社の名称及び著名な略称については稀釈化防止を同号の趣旨とする説）及び関根秀太「判批」小野昌延先生喜寿記念『知的財産法最高裁判例評釈大系〔Ⅱ〕』（青林書院，2009年）268頁以下（8号の趣旨を「氏名等の機能」の保護とする説）がある。これに対する批判については，上記宮脇論文53頁を参

照されたい。

*6　氏名につき，最判昭63・2・16民集42巻2号27頁，肖像につき，最大判昭44・12・24刑集23巻12号1625頁。

*7　最判平17・11・10民集59巻9号2428頁，最判平24・2・2判時2143号72頁。

*8　最判平18・1・20民集60巻1号137頁。

*9　学説・裁判例等については，五十嵐清『人格権法概説』（有斐閣，2003年）148頁以下を参照。

*10　本判決以前に，8号の問題とする人格的利益が「自己の名称等が他人によってみだりに使用されない利益」を含むものであるとした判決として，東京高判平10・1・14知財集30巻1号212頁。

*11　島並良「判批」平成17年度重判解（ジュリ1313号）（2006年）285頁，同「判批」商標・意匠・不正競争判例百選（別冊ジュリ188号）（2007年）25頁及び同「判批」小野昌延先生喜寿記念『知的財産法最高裁判例評釈大系〔II〕』（青林書院，2009年）507頁。この他，横山久芳「判批」判評580号32頁（判時1962号194頁）注(3)も，8号が商標登録それ自体により生ずる人格的利益侵害のみを問題とするものであると主張しているように読める。また，古関宏『商標法概論』（法学書院，2009年）191頁も，8号の問題とする人格的利益の侵害が商標登録によりもたらされるものであるとの理解を示している。

*12　知財高判平21・2・26（平20（行ケ）10309号），知財高判平21・5・26判時2047号154頁，知財高判平28・8・10（平28（行ケ）10066号）など。

*13　例えば，最判平12・7・11民集54巻6号1848頁は（無効審判請求の対象となった）登録商標を指定商品である「『化粧用具，身飾品，頭飾品，かばん類，袋物』に使用するときは」引用商標の保有者との関係で混同を生ずるおそれがあるとして，4条1項15号該当性を肯定している。

*14　以上につき，宮脇・前掲*5・54頁。

*15　最判昭57・11・12民集36巻11号2233頁。

*16　もっとも，このように解しても，権利能力のない社団については，当然ながら法人の種類を示す文字が団体名に含まれることはないから，その団体名と第三者の出願商標とがバッティングするおそれが軽減されることはない。そこで，権利能力のない社団の名称については，法人の名称の上記のような扱いとの均衡を考慮して，「略称」に準じて扱うこととして，著名性を要求する裁判例（東京高判平13・4・26（平12（行ケ）345号）が登場している。

*17　外国人について，ミドルネームがある場合には，これも「氏名」に含まれる。東京高判平14・12・26（平14（行ケ）151号）。

*18　逐条解説〔第20版〕1410頁は，8号が芸名等に著名性を要求する理由として，これらが「ある程度恣意的なものだからすべてを保護するのは行き過ぎ」であることを挙げているが，これは本稿の主張と同旨のものであると理解できる。

*19　以上につき，宮脇・前掲*5・56頁。

*20　横山・前掲*11・189～190頁。

48 第1部　判例評釈

＊21　横山・前掲＊11・191頁。

＊22　東京高判昭58・6・16無体集15巻2号501頁など。

＊23　田村・前掲＊4・220頁も，8号の著名性要件を緩やかに解すると4条1項10号や同15号の趣旨が没却されるおそれがある旨説く。

＊24　田村・前掲＊4・52〜53頁。

＊25　東京高判昭56・11・5民集36巻11号2251頁。

＊26　清永利亮「判解」曹時37巻11号244頁（1987年）。

＊27　知財高判平27・6・18（平26（行ケ）10266号）。

＊28　知財高判平27・6・18（平26（行ケ）10267号）。

＊29　知財高判平17・12・27（平17（行ケ）10613号）。

＊30　松尾和子「判批」民商89巻2号（1983年）101頁，横山・前掲＊11・190〜191頁，久世勝之「判批」小松陽一郎先生還暦記念『最新判例知財法』（青林書院，2008年）422頁など。

＊31　結論同旨：田村・前掲＊4・220頁。

■参考文献

　本文中に掲げたもののほか，上野達弘「判批」商標・意匠・不正競争判例百選（別冊ジュリ188号）22頁。

訂正審決の確定と無効審決の取消し
――クリーニングファブリック事件

最高裁〔三小〕平成17年10月18日判決
〔平成17年（行ヒ）第106号審決取消請求事件〕
〔裁時1398号3頁〕

上智大学法学部教授 　駒 田 泰 土

事実の概要

　Xは，特許権の設定登録時の名称を「包装され，含浸されたクリーニングファブリックおよびその製造方法」とする発明について特許権を有している。Yは，本件特許の請求項1から26までに係る特許について特許無効審判を請求したところ，Xは，請求項の一部を削除して請求項の数を22とすること等を内容とする明細書の訂正を請求した。上記特許無効審判事件につき，特許庁において，上記訂正を認め，本件特許の請求項1から22までに係る特許を無効にすべき旨の審決（以下「本件無効審決」）がされた（平成15年9月22日）。

　Xは，本件無効審決の取消しを求める本件訴訟を提起し，原審は，Xの請求を棄却する旨の判決を言い渡した（平成16年11月30日）。Xは，上告受理の申立てをした（同17年1月7日）。

　Xは，特許請求の範囲の減縮等を目的として，明細書及び図面を訂正することについての審判を請求した（平成16年11月16日）。上記訂正を認める旨の審決（以下「本件訂正審決」）がされ，本件訂正審決は確定した（同17年1月24日）。

　本件訂正審決は，本件特許の発明の名称を「包装され，含浸されたクリーニングファブリックを製造する方法」とし，請求項の一部を削除して請求項の数を4とすること等を内容とする訂正を認めるものであった。

50　第 1 部　判例評釈

<hr>
判　　旨
<hr>

「特許を無効にすべき旨の審決の取消請求を棄却した原判決に対して上告受理の
申立てがされ，その後，当該特許について特許出願の願書に添付された明細書を訂
正すべき旨の審決が確定し，特許請求の範囲が減縮された場合には，原判決の基礎
となった行政処分が後の行政処分によって変更されたものとして，原判決には民訴
法338条 1 項 8 号に規定する再審の事由がある。この場合には，原判決には判決に
影響を及ぼすことが明らかな法令の違反があったものというべきである（最高裁昭
和58年（行ツ）第124号同60年 5 月28日第三小法廷判決・裁判集民事145号73頁，最高裁平
成14年（行ヒ）第200号同15年10月31日第二小法廷判決・裁判集民事211号325頁参照）。

　そして，特許を無効にすべき旨の審決の取消しを求める訴訟の係属中に，当該特
許について特許出願の願書に添付された明細書を訂正すべき旨の審決が確定し，特
許請求の範囲が減縮された場合には，特許を無効にすべき旨の審決を取り消さなけ
ればならない（最高裁平成 7 年（行ツ）第204号同11年 3 月 9 日第三小法廷判決・民集53
巻 3 号303頁，最高裁平成10年（行ツ）第81号同11年 4 月22日第一小法廷判決・裁判集民
事193号231頁参照）から，本件無効審決は，これを取り消すべきものである。

　そうすると，論旨は理由があり，本件については，原判決を破棄し，本件無効審
決を取り消すのが相当である。」

<hr>
解　　説
<hr>

(1)　はじめに

　本判決は，本件訴訟の上告審係属中に本件訂正審決が確定したという事案で，民
訴法338条 1 項 8 号の再審事由を認めて原判決を破棄し，本件無効審決を取り消し
た事例である。平成23年特許法改正により，訂正審判は，無効審判手続が特許庁に
係属してから審決が確定するまでの間一切請求できなくなったので(特126条 2 項)，
本件のような事態は，特異な事実関係を想定しない限り，今日では起こり得ないと
される（塚原朋一「判批」特許判例百選〔第 4 版〕101頁，柴田義明「判批」同百選103
頁）。その意味で，本判決の実務上の意義はかなり薄まったといえるが，以下では，
平成23年改正に至るまでの判例・法改正・学説の展開をたどり，その中で本判決が
いかなる位置を占めるのかを明らかにしたい（後述の⑦判決及び本判決は，絶対的上
告理由と重ならない再審事由の存在は，現行法下では上告理由ではなく上告受理申立ての
理由とされることを明示した点に民訴法学上の意義を有するが，その点にはとくに触れな

いことにする。同様に，侵害訴訟の上告審係属中に訂正審決が確定した場合の再審事由該当性も，ここでは触れない）。

(2) 判例の展開（平成5年改正前）

平成5年特許法改正前においては，無効審判請求と訂正審判請求が全く別個の制度として存立していた。両手続及びその審決取消しの手続が並行して進行した場合，これをいかに調整するかについては，判例により以下のような解決が図られてきた。

まず無効審決が先に確定した場合についてである。最判昭59・4・24民集38巻6号653頁（以下「①判決」）は，訂正審判手続が係属中に無効審決が確定したときは，当該請求は不適法となり，訂正不成立審決取消訴訟係属中に無効審決が確定したときは訴えの利益は失われると判示した。

次に，クレームを減縮する訂正審決が先に確定した場合についてである。最判昭51・5・6判時819号35頁（以下「②判決」）は，無効審判手続の係属中に訂正審決が確定したときは，格別の事情があるときを除いて審判官は当事者双方に弁論の機会を与えなければならず，これを怠ると審決に影響を及ぼす審判手続上の瑕疵があったと評価されるとした。

審決取消訴訟に移行してから訂正審決が確定するようなケースは，無効審決に対する取消訴訟の場合と無効不成立審決に対する取消訴訟の場合とに分かれるが，紙幅の都合上，ここでは前者のみをみていくことにする。東京高裁係属中に訂正審決が確定したというケースでは，少なくない裁判例（たとえば東京高判昭54・4・10判タ395号153頁，東京高判昭54・6・28取消集昭和54年255頁）が，裁判所は訂正後クレームの有効性に係る実体判断に踏み込むべきではなく，直ちに無効審決を取り消すべきという立場に立った。そしてこの見解は，当然取消説と呼ばれるようになる（玉井克哉「判批」判評452号59頁）。

最判昭54・4・13（昭53（行ツ）47号）（以下「③判決」）は，審決取消訴訟の口頭弁論終結後に訂正審決が確定したときは，原判決の基礎となった行政処分が後の行政処分により変更されたものとして再審事由があり，このような場合には「原判決につき判決に影響を及ぼすことの明らかな法令の違背があつたものとしてこれを破棄し」，事件を原審に差し戻すのが相当であるとした。また最判昭60・5・28判時1160号143頁（以下「④判決」）は，審決取消訴訟の上告審係属中に訂正審決が確定したという事案で，③判決と同様の判示をした。③④判決はいずれも審理をさらに尽くす必要性を述べて事件を差し戻しているが，参照可能な④判決後の差戻審判決

52　第1部　判例評釈

は当然取消しの立場に立っている（東京高判昭60・12・23判工2443の5の160頁）。

　当然取消説が援用される背景として，最大判昭51・3・10民集30巻2号79頁の存在がある。同判決は，審判手続において審理判断されなかった公知事実との対比における無効理由は審決取消訴訟の審理対象とならない旨を判示したものである。この法理を前提とすると，無効審決の理由となった引用例を回避する訂正が行われた後，審決取消訴訟において，審判請求人（被告）が新たな引用例を提出して訂正後クレームの無効理由を主張するということは，基本的に許されない。当該引用例をもとに訂正後クレームの特許無効を争うには，いったん審判を経由しなければならないことになる（玉井・前掲58頁，長沢幸男「判解」最判解説民事篇平成11年度183頁）。

　もっとも，訂正後クレームが審判手続において審理判断された引用例と対比してなお無効理由を有すると審判請求人が考えた場合，これを審決取消訴訟において主張しても，前掲最大判が示した法理には抵触しないはずである。したがってこのような場合には，裁判所が訂正後クレームの実体判断に踏み込むことは許されるように思われ，訂正審決が確定すれば当然に取消しという結論にはならないようにも思われよう。

　実際にそのような判断を行ったまれな裁判例の1つが，東京高判平7・8・3判時1550号110頁である。同判決は，無効審決が訂正前クレームに基づいて行われたものであることから，発明の要旨認定に誤りがあったとしつつも，「審決取消訴訟において，審決が違法とされるためには，審決の認定判断の誤りが審決の結論に影響を及ぼすものであることを要し，訂正発明の要旨のとおり発明の要旨を認定しても，審決が引用した公知ないし周知技術と対比して審決と同旨の理由により審決と同一の結論に達するときは，その誤りは審決の結論に何ら影響しないから，審決を違法として取り消すことはできない」とした。そして審決が理由とした引用例との詳細な対比を行い，訂正後クレームの発明はなお当業者が容易に想到できたとして，審決を維持する結論を採用した。

　しかし上告審は同判決を破棄し，次のように判示するに至った（最判平11・3・9民集53巻3号303頁〔以下「⑤判決」〕）。「審決取消訴訟において，審判の手続において審理判断されなかった公知事実との対比における無効原因は審決を違法とし，又はこれを適法とする理由として主張することができないことは，当審の判例とするところである」「明細書の特許請求の範囲が訂正審決により減縮された場合には，減縮後の特許請求の範囲に新たな要件が付加されているから，通常の場合，訂正前の明細書に基づく発明について対比された公知事実のみならず，その他の公知事実

との対比を行わなければ，右発明が特許を受けることができるかどうかの判断をすることができない。そして，このような審理判断を，特許庁における審判の手続を経ることなく，審決取消訴訟の係属する裁判所において第一次的に行うことはできないと解すべきであるから，訂正後の明細書に基づく発明が特許を受けることができるかどうかは，当該特許権についてされた無効審決を取消した上，改めてまず特許庁における審判の手続によってこれを審理判断すべきものである」「もっとも，訂正後の明細書に基づく発明が無効審決において対比されたのと同一の公知事実により無効とされるべき場合があり得ないではなく，原判決は本件がこのような場合であることを理由とするものであるが，本件において訂正審決がされるためには，平成5年法律第26号による改正前の特許法（以下「旧法」という。）126条3項により，訂正後における特許請求の範囲に記載されている事項により構成される発明が特許出願の際独立して特許を受けることができるものでなければならないから，訂正後の明細書に基づく発明が無効審決において対比された公知事実により同様に無効とされるべきであるならば，訂正審決は右規定に反していることとなり，そのような場合には，旧法は，訂正の無効の審判（129条）により訂正を無効とし，当該特許権について既にされた無効審決についてはその効力を維持することを予定しているということができる」「したがって，無効審決の取消しを求める訴訟の係属中に当該特許権について特許請求の範囲の減縮を目的とする訂正審決が確定した場合には，当該無効審決を取り消さなければならないものと解するのが相当である」。

⑤判決は，訂正後クレームに無効理由が存するか否かの実体判断に裁判所が踏み込むことは，審判手続で審理判断されなかった引用例に基づいてこれを行う場合だけでなく，審判手続で審理判断された引用例に基づいて行う場合も許されないと明確に述べるものであり，当然取消説を判例として確立したものである（塚原・前掲100頁）。とくに後者の場合でも実体判断を行うことが許されないとする理由として，訂正の誤りはまずもって訂正無効審判において正されることが制度上予定されており，審決取消訴訟の場で直截に正されることは予定されていない旨を指摘している。

(3) 平成5年改正

当然取消説の下では，クレームを減縮する訂正審決の確定という一事をもって無効審決は取り消され，無効審判手続が再開されることになる。すなわち，特許庁から裁判所，裁判所から特許庁へと事件が往復することになるので（いわゆる「キャッチボール現象」），手続上の無駄と手続遅延を生じさせてしまう。そこで平成5年

に特許法が改正され，無効審判手続が係属している間は訂正審判請求を行えないこととし，代わりに当該手続の中で訂正を請求しうるとする制度が導入された（改正時特126条１項，同134条２項・５項）。また，訂正異議申立制度と訂正無効審判制度が廃止され，不適法な訂正はそれ自体が無効理由とされ，無効審判手続において正すべきものとされた（平成６年には特許付与後異議申立手続を導入する特許法改正が行われたが，無効審判と同様に，異議申立手続の係属中は訂正審判請求を行えないこととされた。改正時特120条の４第２項，同126条１項）。

　もっとも平成５年（及び平成６年）改正法の下では，取消訴訟係属中に訂正審判請求を行うことは何ら禁止されていなかったので，これらの改正が問題を根本的に解決するものでないことは明白であった。⑤判決は傍論として，「現行法においては，123条１項８号において，126条４項に違反して訂正審決がされたことが特許の無効原因となる旨を規定するから，右のような場合には，これを理由として改めて特許の無効の審判によりこれを無効とすることが予定されている」と述べているが，改正法の下で訂正の誤りはまずもって無効審判において正されるべきこと，改正後も当然取消説が妥当すべきことを強調するものである。

(4)　判例の展開（平成５年改正後）

　実際に平成５年改正法の下で当然取消しの立場を採用したのが，最判平11・４・22判時1675号115頁（以下「⑥判決」）である。審決取消訴訟の高裁係属中に訂正審決が確定したという事案で，原判決は当然取消しの立場に立って無効審決を取り消した（東京高判平９・11・19（平８（行ケ）19号））。上告理由として，訂正後クレームには無効審決が理由とした引用例と対比してなお無効理由が認められること，それゆえ無効審決にはその結論に影響を及ぼす事実認定の誤りが存在しないこと，平成５年改正法の趣旨は無効審判の迅速化にあるから，特許権者（原告）が無効審判においてあえて訂正請求をしなかった以上，再度の審判手続を特許権者に保障する必要はないこと等が主張されたが，最高裁は⑤判決と略同旨を述べて上告を棄却している。

　最判平15・10・31判時1841号143頁（以下「⑦判決」）は，取消決定取消訴訟の上告審係属中に訂正審決が確定したという事案で，原判決を破棄して事件を原審に差し戻した。すなわち③④判決の処理にならっており，⑤判決のように自判していない。この処理の違いは，訂正審決の確定時期に基づくものと説明された（訂正審決が口頭弁論終結後に確定したのであれば，主張立証を尽くさせるために事件を原審に差し戻すことが必要とする立場に立ったのではないかと推測された。長沢・前掲192頁注３。

長谷川浩二「判解」Ｌ＆Ｔ23号72〜73頁も参照）。しかし当然取消説に立てば，訂正審決の確定のみによって無効審決の取消しに係る要件は充たされることになるので，当事者がさらに主張立証を尽くす必要はないはずである。ゆえに⑦判決に対しては，民訴法326条に基づいて自判すべきであったとの批判が加えられている（安達栄司「判批」NBL805号90頁）。こうした批判を踏まえたものか，本判決は，本件訂正審決が口頭弁論終結後に確定したにもかかわらず取消しの自判を行っている。

　(5)　学説上の批判

　判例が採用する当然取消説に対しては，有力な学説によって強い批判が加えられてきた。

　(a)　**前掲最大判の射程に基づく批判**

　同説を判例として確立した⑤判決が，無効審判において審理判断されなかった引用例をもとに訂正後クレームの有効性に係る実体判断に踏み込むことは，前掲最大判に抵触すると述べたのは，既述のとおりである。論者は次のように述べて，無効審判において審理判断された引用例に基づいて裁判所が実体判断に踏み込むことは，前掲最大判によって禁じられていないことを強調する。「最大判の判例法理を額面通りに受け取ると，無効審判で現に審理判断され審決の理由となった無効原因について審決取消訴訟で後行的に審理判断することは，同判決のいう『無効審判手続において現実に争われ，かつ，審理判断された特定の無効原因』について審理判断することにほかならないから，それに関する当事者の主張や裁判所の審理の範囲を限定するいわれはない。即ち，前掲最大判は，訂正により新たな公知例について審理判断しなければ結論が得られなくなった場合には無効審決を取消さねばならないとするものではあっても，そうした効果を訂正審決が有さず，無効審決の理由とされた公知例との対比における無効事由の存否が訂正後の特許権について判断できるような場合にまで，一律に無効審決を取消さねばならないとするものではない」（玉井・前掲59頁）。「たしかに，一定の専門技術的な無効事由については，特許庁がまず判断し，裁判所はそれを後行的にのみ審査する，という仕組みが事理に適うと言えよう。前掲最大判は，その意味で首肯することができる。しかしながら，ここでの問題は，そういうことではなく，更に進んで，訂正審決が確定すると，既に特許庁が判断した事項を後行的に審査することすらできなくなるのか，ということである。そのようなことは，右の最大判には含意されていない……」（同61頁）。

　(b)　**制度予定論に対する批判**

　もっとも⑤判決は，無効審判において審理判断された引用例との対比を，前掲最

56 第1部 判例評釈

大判によってではなく，特許法制度が予定していないとの理由によって否定したのは，既述のとおりである。しかしこの点に関しても，次のように様々批判されている。「判決は，この場合は……訂正無効の審判で争うべきものであり，争わないということはそれに当らないものとして，無効審決を取り消さなければならない，とする。法が予定する慎重な紛争解決手続としてはその通りであろうが，手続を設けた趣旨は関係当事者の利益を適正に守ることにある。訂正無効審判手続が，特許請求の範囲が減縮されたことに利害関係を有する当事者の利益を適正に守ることにあるとすると，被上告人が，迅速な紛争解決の利益を優先し，訂正無効の審判で争うことのできる利益を放棄して，審決取消訴訟において無効審決の違法性を争うという選択肢は残されるのではないか。しかも，特許権者である上告人としても，無効審決で引用された公知技術と対比して判断されるという点でその利益に変わるところはないのである」（土肥一史「判批」平成11年度重判解268頁）。「訂正無効審判とは，訂正（審決）自体を無効にすることについての審判であるが……被告（無効審判請求人）は，減縮後のクレームについても無効理由が存在していると主張しているだけであって，決して当該訂正審決を無効としようとしているものではない……。すなわち，減縮後のクレームについて無効理由が存在するとの主張が，たまたま『独立して特許』要件というものを介して，旧法下の訂正無効事由の1つ（「独立して特許」要件違反）にも，実際上当たるともいえるという結果となっているだけであって，被告（無効審判請求人）としては，決して訂正審決自体を無効としようとするものではない……」（大渕哲也「特許法の解釈論・立法論における転機」中山信弘先生還暦記念論文集『知的財産法の理論と現代的課題』42～43頁）。「平成5年改正後……においては，法123条1項8号を理由とする別途の無効審判請求によるべきであるとする……が，これも法的根拠を欠く。被告（無効審判請求人）は，減縮後のクレームについても無効理由が存在していると主張しているだけであるのにもかかわらず，それを，なにゆえ無理に独立特許要件と絡めて，法123条1項8号（訂正要件違反）として扱わなければならず，ひいては，別途の無効審判請求によらなければならないとするのか，その根拠は不明である」（大渕哲也「審決取消訴訟(2)」法教339号119頁。同・前掲「特許法の解釈論・立法論における転機」43～46頁も参照）。

  (c) 前掲最大判に対する批判

  無効審判において審理判断されなかった引用例と訂正後クレームを対比することは前掲最大判に抵触すると縷々指摘されるところであるが，前掲最大判それ自体に対する根本的な批判もなされている。審決取消訴訟の審理範囲を制限する（審決の

際に斟酌されなかった証拠の提出を制限する）うえで同判決が挙げた理由は，(i)審判前置主義が採用されていること，(ii)審決取消訴訟では審決の適法性のみが争われ，原処分である特許又は拒絶査定の適否が直接判断されるものではないこと，(iii)審判手続は明確に特定された争点について審理判断されるという構造になっていること，(iv)この構造に対応した一事不再理の原則が採用されていること，(v)審判手続において当事者の関与の下十分な審理がなされていることを前提に事実審が1審級省略されていることの各点であるが，いずれも当該制限を直截に導くものとはいいがたい（大渕哲也「判批」特許判例百選〔第4版〕98頁）。そこで，当該制限を根拠づけるに当たっては，(i)の趣旨を敷衍しつつ「訴訟の前段階において専門行政庁による慎重な審理判断を受ける利益」（宍戸達徳「判解」最判解民事篇昭和51年度48～49頁）を援用することが一般的である。当然取消説の文脈で前掲最大判が援用されるのも，こうした利益への配慮であろう。しかしこれに対しても，調査官制度等の補助体制が裁判所において整備されている今日では，過剰な配慮であろうとの批判がある。論者は，前掲最大判による一律の審理範囲制限を否定し，「個別の事案において，迅速処理の要請をある程度犠牲にしてでも，（新たに裁判所で判断すべき）技術的専門事項につき，専門官庁である審判官合議体の審理判断を経由すべきほどの高度の利益ないし必要性が存在する場合」に限って，新証拠の提出制限を肯定すればよいとする（大渕哲也『特許審決取消訴訟基本構造論』408頁。大渕・同354頁も参照）。そしてこのようなルールが裁量的処理であることを認めつつも，画一的・硬直的なルールで律すること自体にそもそも無理があるとする（大渕・同357～358頁）。

　なお，平成16年特許法改正に伴って（裁判所の審理範囲を制限しない）特許無効の抗弁が明文規定の根拠をもつこととなったため（特104条の3），論者はこれとの整合性の観点からも前掲最大判を批判している（大渕哲也「特許訴訟・審判制度の現状と今後の課題」ジュリ1326号40頁等）。ただ，侵害訴訟における無効判断は相対的なものであり，審判手続における対世的な無効判断とは質的に異なるものであるから，この観点からの批判には限界があろう（愛知靖之「審決取消訴訟の審理範囲」高林龍ほか『現代知的財産法講座Ⅰ知的財産法の理論的探求』170頁）。

(d)　手続遅延に対する批判

　当然取消説に対する最大の批判は，手続が無駄に遅延するということであろう。同説によると，クレームの些細な減縮であっても，ひとたび訂正審決が確定すれば無効審決は当然に取り消されることになるので，無効審決の確定を長期間にわたって阻止することも可能になると批判されている（大渕・前掲「審決取消訴訟(2)」119

58 第1部 判例評釈

頁）。

(6) 平成15年改正と本判決の位置づけ

　平成15年特許法改正では，無効審判だけでなく審決取消訴訟の係属中も，訂正審判請求は基本的に行えないこととされた。ただし，訴訟提起後90日以内に限って訂正審判請求を行えることとされ（改正時特126条2項），取消訴訟の裁判所は，実際に訂正審判が請求されたか，その見込みがある場合で，「無効審判においてさらに審理させることが相当であると認めるとき」は，口頭弁論を開くことなく決定で審決を取り消すことができるという制度が導入された（改正時特181条2項）。そして訂正審判請求はみなし取下げとなり，決定後に再開する無効審判手続の中で訂正請求に置き換えられることとされた（改正時特134条の3第4項・第5項）。

　この平成15年改正法の下でも，審決取消訴訟の係属中に訂正審決が確定する事態は生じ得た（法定の期間内に訂正審判が請求されたが，訂正審決確定の見込みがないと判断して裁判所が審理を続行し，その見込みに反して訂正審決が確定した場合）。本判決は当然取消説を採用したものであるが，本件は平成15年改正法が適用される事案ではなかったため，同改正法の下で本判決がどのように位置づけられるのかは判然としなかった。

　この点，関連条文である旧181条2項は，訂正前だけでなく訂正後の差戻しにも言及しているように読めることから，平成15年改正は当然取消説を採用するものではないと結論づける見解もある（大渕・前掲「特許法の解釈論・立法論における転機」52〜58頁。木村陽一「平成15年改正特許法における紛争処理制度の改革をめぐって」学会年報27号42頁）。訂正後クレームに無効理由が存在することが明らかな場合にまで，軽々に審判に差し戻すべきではないというのが論者の主張である。この見解を採用すると，⑤⑥判決及び本判決の意義は，平成15年改正の時点で失われたと評価されることになる。

　一方で，旧181条2項にいう「相当であると認めるとき」の差戻しは，審決取消訴訟の初期段階で訂正審判請求がされたという事態を念頭に置くもので，訂正審決確定後を念頭に置くものではないとも解しうる。このように解すると，訂正審決確定後は従来の判例がなお意味をもつ（無効審決は当然に取り消される）と考えることもできよう（とくに本判決に言及していないが，たとえば知財高判平24・3・7（平23（行ケ）10322号）参照）。

　なお第三の見解として，旧181条2項はやはり訴訟の初期段階で訂正審判請求がされた事態を念頭に置くものであるが，訂正審決確定後は当然取消しの結論に至る

のではなく，当該訴訟において訂正審決の適否を直接審理判断することが許される
とする見解もあった。論者はこのような解釈を行う理由として，当然取消説に従っ
て取消判決をすることは，訂正審判請求は認められるべきではないとして裁判所が
審理を続行するといったん判断した意味が失われてしまい，平成15年改正法の趣旨
に悖ると考えられること，従前の判例は同改正によって初めて出現する問題状況を
射程範囲とするものではないことを挙げている（高林龍「無効審判の審決と訂正審決
の確定の先後をめぐる諸問題」紋谷暢男教授古稀記念『知的財産権法と競争法の現代的展
開』306～308頁）。

(7) 平成23年改正

平成15年特許法改正により裁判所は審決取消決定を行えるとされたものの，かえ
って裁判所と特許庁の間で事件が往復するキャッチボール現象が増える結果となっ
てしまったことから，平成23年特許法改正ではこれらの手続が廃止された。代わり
に，訂正審判は無効審判手続が係属したときから審決が確定するまで一切請求でき
ないこととされ（特126条2項），審判長は，無効審決をしようとする場合には当事
者や参加人に対して審決の予告を行い（特164条の2第1項），同時に被請求人（特許
権者）に対して訂正請求をするための相当の期間を指定することとされた（同条2
項）。平成15年改正により廃止された特許異議申立手続が平成26年改正によって復
活した際も，訂正審判請求について同様の時期的制限が設けられている（特126条
2項）。

なお，訂正審判請求がされた後に無効審判請求がされた場合には，実務上は原則
として両審判を同一合議体が行い，無効審判を優先して審理する扱いとされている
（審判便覧〔第18版〕51-22）。

(8) おわりに

平成5年に始まる一連の法改正は，判例が当然取消説を堅持していたために促さ
れたものといえる。⑤判決以前に当然取消説を批判する有力な学説もみられたが，
当該学説においても，無効審判において審理判断された引用例との対比であれば常
に訂正後クレームの有効性に係る実体判断に裁判所が踏み込むことができるとはさ
れておらず，裁判官による確定的な判断に熟さない場合のありうることが認められ
ている（玉井・前掲62頁）。前掲最大判への根本的批判を行う学説においても，すで
にみたように，なお専門行政庁の審理判断を経由すべき場合のありうることが認め
られている。これら批判説は取消訴訟の裁判所に一定の範囲で裁量を認めようとす
るものであるが，手続の安定性を重視する立場からは（長沢・前掲186頁・188頁）受

60 第1部 判例評釈

け入れがたい提案にみえたかもしれない。

　冒頭に記したように，平成23年特許法改正に至って，特異な事実関係の場合を除けば，無効審決取消訴訟の係属中に訂正審決が確定するという事態は生じなくなった（なお，第三者との通謀により訂正が確定した場合について，三村量一「平成23年改正特許法の下における特許関係訴訟のあり方」学会年報35号218頁参照）。それに伴って本判決の実務上の意義もかなり薄まったが，審判制度と審決取消訴訟の関係について理論的に考察し直すことは，現行制度を批判的に検討する上でも依然として有用であろう。

■参考文献
　本判決の評釈として，盛岡一夫「判批」知管56巻12号1905頁，高林龍「判批」平成17年度重判解286頁，田中孝一「判批」平成18年度主判解1245号167頁。

6 宗教法人の名称の使用と不正競争防止法2条1項1号及び2号にいう「営業」——天理教豊文教会事件

最高裁〔二小〕平成18年1月20日判決
〔平成17年（受）第575号名称使用差止等請求事件〕
〔民集60巻1号137頁〕

関西大学総合情報学部教授　**泉　　　克　幸**

事実の概要

　X（原告・被控訴人・上告人）は，Aを教祖とする天理教の教義に基づく宗教活動を行う宗教法人である。Xが包括する教会は教会本部と一般教会とに分けられ，一般教会の数は1万6千を超え，その名称は「天理教○○大教会」又は「天理教○○分教会」と定められている。Xの名称は周知である。

　Y（被告・控訴人・被上告人）の前身は，大正14年6月17日，長野県知事の設置許可により設置された天理教豊文（とよふみ）宣教所であるが，その設置については，Xの前身である天理教管長の同意を得たものであった。天理教豊文宣教所は，その後「天理教豊文分教会」に改められた。なお，同名称中の「豊文」は，その所在地の地名であった長野県諏訪郡豊田村（現諏訪市大字豊田）文出に由来するものである。宗教法人法の施行後，天理教豊文分教会はXとの被包括関係を設定した上，昭和28年7月17日，宗教法人法に基づく宗教法人となった。これがYである。

　Yの代表役員に就任したBは，Xの教義は教祖であるAの教えとは異なったものであると考えるようになり，Aにおける礼拝所の施設や儀式の方法について，天理教教会本部の作成した天理教経典の定めに従わない方針を採るようになった。これに対し，Xは，天理教経典に沿った活動をするようにとの指示をしたが，Bはこれに反発し，被包括関係を廃止する旨の平成13年7月3日付けの通知書をXに送付するとともに，平成15年4月16日，被包括関係の廃止に伴う規則の変更につき長野県知事の認証を受け，Yの名称は「天理教豊文教会」に変更された。

62　第1部　判例評釈

　Ｙは，Ｘとの被包括関係の廃止後も，Ａの教えを記した経典に基づいて宗教活動を継続的に行っており，その際，「天理教豊文教会」の名称を使用している。なお，Ｙは収益事業を行っておらず，近い将来これを行う予定もない。

　Ｘは，「天理教豊文教会」との名称を使用するＹの行為が不正競争防止法2条1項1号又は2号に規定する不正競争に該当し，又はＸの名称権を侵害するものであると主張して，Ｙに対し，「天理教豊文教会」その他の「天理教」を含む名称の使用の差止め，及び名称の登記の抹消登記手続を求めて訴えを提起した。本件の争点は次のとおりである。

　⑴　本件訴えは，「法律上の争訟」（裁3条1項）に当たるか（本案前の申立て）

　⑵　不正競争防止法に基づく請求（不競2条1項2号又は1号）について

　　ア　不正競争防止法の適用の可否

　　イ　同法2条1項2号該当性（著名な商品等表示該当性及び名称の類似性の有無）

　　ウ　同法2条1項1号該当性（周知性及び誤認混同のおそれの有無）

　　エ　Ｙが「天理教豊文教会」との名称を使用することの正当性の有無

　⑶　宗教上の人格権に基づく請求の可否

　第1審[*1]は，争点⑴について，最判昭41・2・8民集20巻2号196頁〔国家試験合否判定訴訟〕を引用し，裁判所法3条1項にいう「法律上の争訟」とは「当事者間の具体的な権利義務ないし法律関係の存否に関する紛争であって，かつ，それが法令の適用により終局的に解決することができるものを指す」と述べたうえで，本件の訴訟物は「ＸのＹに対する不正競争防止法上又は宗教上の人格権に基づく差止請求権の存否であり，具体的権利義務ないし法律関係の存否に関する紛争の形式をとっていることは明らかで……その存否については，法令の適用により終局的に解決できる」と判示し，本件訴えが「法律上の争訟」に当たるとした。争点⑵については，「同法〔不正競争防止法：筆者注。以下同じ〕1条にいう『事業』及び同法3条にいう『営業』とは，広く経済上その収支計算の上に立って行われる事業一般をいい，その種類，対象の如何を問わないものと解すべきである。すなわち，ここでいう『事業』ないし『営業』は，利潤を得る目的の営利事業が中心となるものの，利潤獲得を図らないまでも収支相償を目的とした事業を反復継続して行っている事業であれば，不正競争行為からの保護の必要性が認められるのであるから，広く経済上その収支計算の上に立って行われるべき事業を含むと解するのが相当である」との一般論を示したうえで，宗教法人の業務ないし事業についても，不正競争防止法を適用できる旨を述べ，「Ｘの業務及び事業も広く経済上収支計算の上に立って行

われるものということができる」とした。そして、Yによる名称使用が不正競争防止法2条1項2号及び1号に該当することを認め、また、その行為につき正当性がないと判断し、差止めを認容した（争点(3)は判断していない）。

　続く第2審（原審）*2も、争点(1)のYによる本案前の申立てを排斥し、実体審理に入ったが、以下のとおりの判断を示し、宗教法人の宗教活動は不正競争防止法の各規定にいう「事業」又は「営業」には該当しないと判示した。「同法〔不正競争防止法〕1条の『事業』又は同法2条1項1号、2号、同法3条にいう『営業』とは、単に営利を直接の目的として行われる事業に限らず、事業者間の公正な取引秩序を形成し、その公正な競争を確保する必要が認められる事業を含むというべきであり、したがって、役務又は商品を提供してこれと対価関係に立つ給付を受け、これらを収入源とする経済収支上の計算に基づいて行われる非営利事業もこれに含まれると解される。しかしながら、宗教法人の本来の業務である宗教活動は、教義を広め、儀式行事を行い、信者を教化育成することを内容とするものであり、収益を上げることを目的とするものではなく、信者の提供する金品も、寄付の性格を有するものであって、宗教活動と対価関係に立つ給付として支払われるものではない。このように宗教活動は、これと対価関係に立つ給付を信者等から受け、それらを収入源とする経済収支上の計算に基づいて行われる活動ではない。また、不正競争防止法は、営業（事業活動）の自由が保障される市場経済の下で事業者間に行われる競争を公正の理念に基づいて規制することを目的とするものであるところ、宗教活動について競争を観念することができても、それは、当該宗教法人の布教を通じての信者の拡大や教義の宗教的・哲学的な深化の程度といった市場経済と関わりのない分野においてであって、市場経済の下における顧客獲得上の競争ないしこれに類する競争ではなく、不正競争防止法が公正の理念に基づいて規制しようとする競争には当たらないというほかない」。さらに、争点(3)についても、「他人が同一又は類似の名称を無断で利用して、当該宗教法人の人格的利益を違法に侵害するものと認められるときは、人格権である自然人の氏名権に準じて、その侵害行為の差止めを求めることができると解すべきである」との理解を示したものの、「Yの名称の採択使用は宗教団体の名称決定の自由の範囲を超えた違法なものとは認められず、したがって、Yの名称の使用がXの名称権を違法に侵害するということはできない」と判示し、第1審判決を取り消したうえで、Xの請求を棄却した。Xが上告受理申立て。

64　第1部　判例評釈

判　旨

　上告棄却。

　(1)「不正競争防止法は，営業の自由の保障の下で自由競争が行われる取引社会を前提に，経済活動を行う事業者間の競争が自由競争の範囲を逸脱して濫用的に行われ，あるいは，社会全体の公正な競争秩序を破壊するものである場合に，これを不正競争として防止しようとするものにほかならないと解される。そうすると，同法の適用は，上記のような意味での競争秩序を維持すべき分野に広く認める必要があり，社会通念上営利事業といえないものであるからといって，当然に同法の適用を免れるものではないが，他方，そもそも取引社会における事業活動と評価することができないようなものについてまで，同法による規律が及ぶものではないというべきである。これを宗教法人の活動についてみるに，宗教儀礼の執行や教義の普及伝道活動等の本来的な宗教活動に関しては，営業の自由の保障の下で自由競争が行われる取引社会を前提とするものではなく，不正競争防止法の対象とする競争秩序の維持を観念することはできないものであるから，取引社会における事業活動と評価することはできず，同法の適用の対象外であると解するのが相当である。また，それ自体を取り上げれば収益事業と認められるものであっても，教義の普及伝道のために行われる出版，講演等本来的な宗教活動と密接不可分の関係にあると認められる事業についても，本来的な宗教活動と切り離してこれと別異に取り扱うことは適切でないから，同法の適用対象外であると解するのが相当である。これに対し，例えば，宗教法人が行う収益事業（宗教法人法6条2項参照）としての駐車場業のように，取引社会における競争関係という観点からみた場合に他の主体が行う事業と変わりがないものについては，不正競争防止法の適用の対象となり得るというべきである。不正競争防止法2条1項1号，2号は他人の商品等表示……と同一若しくは類似のものを使用し，又はその商品等表示を使用した商品を譲渡するなどの行為を不正競争に該当するものと規定しているが，不正競争防止法についての上記理解によれば，ここでいう『営業』の意義は，取引社会における競争関係を前提とするものとして解釈されるべきであり，したがって，上記『営業』は，宗教法人の本来的な宗教活動及びこれと密接不可分の関係にある事業を含まないと解するのが相当である。Yが『天理教豊文教会』の名称を使用して実際に行っている活動が，朝夕の勤行，月次例祭等の年中行事などの本来的な宗教活動にとどまっており，Yは現在収益事業を行っておらず，近い将来これを行う予定もないことは前記のとおりで

あるから，上記名称は，不正競争防止法2条1項1号，2号にいう『商品等表示』に当たるとはいえず，上記名称を使用するYの行為は同各号所定の不正競争には当たらないものというべきである。」

(2)「宗教法人も人格的利益を有しており，その名称がその宗教法人を象徴するものとして保護されるべきことは，個人の氏名と同様であるから，宗教法人は，その名称を他の宗教法人等に冒用されない権利を有し，これを違法に侵害されたときは，加害者に対し，侵害行為の差止めを求めることができると解すべきである。」「以上の諸点を総合考慮すると，本件においては，YがXの名称と類似性のある名称を使用することによって，Xに少なからぬ不利益が生ずるとしても，Xの名称を冒用されない権利が違法に侵害されたということはできない。」

解　説

(1)　はじめに

不正競争防止法（以下，「不競法」ともいう）2条1項1号及び2号は，他人の商品等表示（人の業務に係る氏名……その他の商品又は営業を表示するもの）と同一若しくは類似の商品等表示を使用し，又はその商品等表示を使用した商品を譲渡するなどの行為を「不正競争」として規定し，これを規制している。ここでいう「営業」が営利事業を指すことはいうまでもないが，非営利事業も該当するのか，該当する場合にその範囲はどこまでかということが問題となり得る。本判決は，不競法2条1項1号及び2号にいう「営業」の解釈を宗教活動との関係において最高裁が明らかにし，そのことによって不競法の適用範囲の限界を画定したという意味で意義がある。

このほか本判決は，本件訴えが「法律上の争訟」（裁3条1項）に当たるか（争点(1)）及び宗教上の人格権に基づく請求の可否（争点(3)）についても重要な判断を行っているが，本稿では紙幅の関係から，主として不競法に関する判断（争点(2)）に焦点を当てて検討する[3]。

(2)　従来の判決例と学説

1号等にいう「営業」に非営利事業が該当するかどうかについては，本判決以前には否定的な見解をとる裁判例も旧くにはみられるが[4]，裁判所はこれを肯定し，様々な非営利事業が「営業」に該当するとの判断を行ってきた。まず，京橋中央病院事件[5]において判決は，「病院を経営する医師が営利事業を目的とする商人でないことは，社会通念上，いうまでもないところではある」としつつも，「同法

〔不競法〕にいわゆる営業とは，単に営利を目的とする場合のみならず，広く経済上その収支計算の上に立って行われるべき事業をも含むと解するを相当とする」との一般論を示したうえで，「一般に，病院経営が経済上その収支計算の上に立って行わるべき事業であることは，われわれの社会通念上，明らかなところであるから，これを右にいわゆる営業というも何ら妨げなく，したがって，このような事業体に附せられる名称についても，不正競争防止法の適用があるものと解すべき」と判示し，病院経営が「営業」に該当し，不競法の適用を受けることを認めた。次に，都山流尺八教会事件*6において裁判所は，「同法〔不競法〕の保護の対象となる『営業』を固有の意味の『営利事業』に限定するのは狭きに失するものというべく営利を目的としない個人又は法人その他の団体の行う事業についても，それが広く経済上その収支計算の上に立って行われる事業であれば，同法による保護を認めるのが相当で，学術，技術等の振興，発展を目的とする公益法人にあっても，その直接の目的とするところは営利そのものではないけれども，その事業に右にいう程度の経済性が認められる限り，同法にいう『営業』に該当するものと解すべきものである」と判示して，抗告人が行う尺八楽の演奏会開催，教授者の養成といった事業に関して，営業該当性を肯定した。また，少林寺拳法事件*7において裁判所は，「同法条項〔現1号〕にいう『営業』とは単に営利を目的とする業務だけではなく，広く経済上収支の計算を立て経済秩序の一環として行われる事業いいかえれば商工業のみならず農林水産業等の原始産業はもとより病院，学校その他の社会福祉，文化活動上の事業をも含むと解すべきである」と述べたうえで，原告の行う拳法普及事業（少林寺拳法の研究，演武会・大会の開催，図書パンフレット機関誌の刊行等）も，1号の「営業」に当たるとの理解を示した。

　このほか，花柳流名取事件*8及び清派音羽流事件*9では，家元が行う日本舞踊の普及事業（対価を得て行う自らの舞踊活動，門弟を指導し授業料等の対価を得る教育活動，門弟に芸名を認許し受験料や名取料等の対価を得る活動）について，ひまわり園事件*10では授産施設運営業について，また，呉青山学院事件*11では教育事業（私立学校の経営）について，いずれも現1号にいう「営業」に該当することを認めている。そして，これらの事件及び前記の都山流尺八事件，少林寺拳法事件のいずれもが，問題となっている事業の「営業」該当性を判断する際に，細かな言い回しに違いはあるにせよ，京橋中央病院事件が用いた「経済上その収支計算に立って行われるか」という基準に基づいている*12。

　宗教法人が行う事業が不競法上の「営業」に該当するか否かについて直接判断し

た事例は本件の1審及び2審以前にはないが，参考となるものとして泉岳寺事件*13がある。同事件は，全国的に知られた寺院である泉岳寺が，東京都地下鉄浅草線の駅名に「泉岳寺」を使用する行為は不競法2条1項1号に該当する等を主張し，東京都に対して差止めを求めたものである。控訴審である東京高等裁判所は，泉岳寺のような宗教法人が都営地下鉄事業を行うことは法的にあり得ないことから，「仮に〔傍点は筆者〕，控訴人〔泉岳寺〕主張のように宗教法人としての控訴人の行う関連事業が同法2条1項1号の営業に当たる場合があるとしても」，混同を生ずるおそれがないことを理由に，泉岳寺の主張を排斥した。判決文の言い回し，あるいは論理構成からわかるとおり，本件は泉岳寺の事業について，「営業」該当性を判断したわけでも，その該当性を肯定したものでもない。

　以上のように，判例は「営業」に該当する事業分野を徐々に拡大していったが，学説も，こうした傾向あるいは個々の判決例を明確に反対するものはなく*14，「営業」を広く解釈しているといってよい。いずれも，1号との関係での記述であるが，①「営業とは経済的対価をうることを目的とする事業である。したがって，商業及び工業のみならず，鉱業・林業・農業・水産業などのいわゆる第1次産業や，病院などの医療・衛生及び美容事業，法律事務所・特許事務所・デザイン事務所など自由業や，文化事業や慈善事業なども，『営業』に該当する」*15，②「『営業』とは，本法においては営利事業に限定されず，経済的対価をえることを目的とする事業を広く指す。判例〔京橋中央病院事件ほか〕は，『……広く経済上その収支計算の上に立って行われるべき事業をも含む……』といっているが，収支計算に重きをおく必要はない。商業，工業のほか，原始産業，病院・予備校の経営，文化活動上の事業，法律事務所，社会福祉事業などをも含む。国，地方公共団体，特殊法人，公益法人などが目的達成のために行う事業や付随事業も例外ではない」*16と説くものがある。また，③「経済活動の一環として継続的，反復的に行われる活動を意味し，その意味で固有の営業の概念，すなわち，利益を得る目的をもって継続的，反復的に行われる営利活動よりも広いものと理解すべきである」*17とか，④「経済活動を営む事業体同士が取引において類似の表示を用いる場合，それらの事業体が営利企業であろうが，非営利企業であろうが，取引において混同が生じることがあることには変わりなく，特にこれを区別する合理的理由に欠ける。取引社会における事業活動であれば，ここにいう『営業』の要件を満足すると解すべきであろう」*18，⑤「営利を直接の目的としない事業であっても，その事業活動が何らかの形で取引秩序（競業秩序）の形成に関与しており，不正競争の目的たる公正な競争

68 第1部 判例評釈

を期待することができる事業者であれば，一応，不正競争防止法上の『営業』に該当すると考えてよいであろう」[19]といった理解がある。さらに，「営業上の利益」（不競3条・4条）との関係での記述として，⑥「営業とは，営利目的のために同種の行為を反復的又は継続的に行うことをいう。営利目的とは，本来は資本の増殖を図る目的をいうが，不正競争防止法上は，少なくとも収支相償うことを前提として事業が行われていれば足りると解釈される」[20]との考え方が出されている。

（3）**本 判 決**

本判決の1審は，従来の判決例の考え方を踏襲して「収支計算」という基準に基づき，不競法にいう「事業者」及び「営業」に宗教法人の業務ないし事業も含まれると判断し（その根拠の1つとして，宗教法人法25条が宗教法人に対し，宗教活動以外の事業実施の有無を問わず財産目録と収支計算書を作成し，これを事務所に備え付ける等の義務を課していることを指摘する），Xも予算を編成したうえで当該予算に従って支出を行い，支出の結果について決算を行っている等の理由から，X業務及び事業は1号・2号にいう「営業」に該当すると判断した。2審（原審）も「経済収支上の計算に基づいて行われる」という文言は用いたものの，「役務又は商品を提供してこれと対価関係に立つ給付を受ける」という限定を付し，宗教活動はそうした活動ではないとして「営業」に該当しないとの判断を行った。1審，2審に対し，本判決は，「取引社会における競争関係を前提とするか」ということを，「営業」該当性を判断する際の重要な基準であるとの理解に立った上で，本来的な宗教活動とこれと密接不可分の関係にある事業はそのような意味での「営業」には該当せず，Yはそうした事業のみを行っているため，Yの用いる名称が1号・2号にいう「商品等表示」には当たらず，Yの行為は1号・2号所定の不正競争に当たらないとの結論を導いた。

「収支計算」を基準として用いる1審（及び従来の判決例）の理解に対しては，「少なくとも法人の事業であれば，寄付金や補助金等に基づく事業も含め無限定に『営業』に当たると認めることになり，基準としては緩すぎる」[21]という批判がある[22]。また，「〔1審判決が，〕宗教法人の本来の業務（宗教活動）が『経済上その収支計算の上に立って行われるもの』とした点，とりわけ『宗教法人は，宗教活動以外の事業実施の有無を問わず，財産目録と収支計算書を作成し，これを事務所に備付ける等の義務を負うこととされている』ことをその根拠の1つに挙げている点は，奇異な感が否めない。前示の〔呉青山学院事件〕，〔京橋中央病院事件〕，〔ひまわり学園事件〕のような，学校，病院，福祉施設や，〔都山流尺八教会事件〕，〔花

6 最高裁〔二小〕平成18年1月20日判決 *69*

柳流事件〕……〔清派音羽流事件〕,〔少林寺拳法事件〕のような,文化,芸術,ス
ポーツ活動とも同列に扱うことはできない」*23との見解も出されている*24。他方
で,2審の判断についても,「対価に立つ給付」が「営業」該当性の主たる要件だ
とすると,「宗教法人以外にも会費収入や寄付金収入で運営を行っている公益法人
があり,これらについても,それだけで不正競争防止法の適用外と解される恐れが
あるので,必ずしも適切とはいえないのではないか」*25との見解が示されてい
る*26。

　本判決は,本来的な宗教活動とこれと密接不可分の関係にある事業については
「営業」に当たらないとの判断を下したわけであるが,その背景には本判決が述べ
るように,「宗教儀礼の執行や教義の普及伝道活動等の本来的な宗教活動に関して
は,営業の自由の保障の下で自由競争を前提とするものではな」いとの考え方ある
いは基本的な価値観があったように思われる。確かに,このような宗教活動は市場
における競争を前提とした経済活動とは異質あるいは別次元のものであるので,こ
うした考え方は正当なものであると思われる。その意味では,「〔『収支計算』という
基準は捨て去ったものの〕本判決の判断は,営利企業による商業活動以外の分野にも
広く不正競争防止法の適用を認めてきた従来の学説,裁判例の趨勢を否定するもの
ではなく,宗教法人の宗教活動という,取引社会とはおよそ異質な対象について,
その適用範囲を画したものと理解される」*27という指摘は,的を射たものといえよ
う。他の学説においても,本判決に対して明示的に反対する意見は見当たらず,概
ね好意的な評価をしている*28。

　本判決以降の下級審判決も,本判決の考えに従っているようである。たとえば,
花柳流花柳会事件*29では,日本舞踊の一派である花柳流の宗家家元より名取名を
認許された花柳流の全名取を構成員とする権利能力なき社団である「花柳会」とい
う名称について,本判決の「役務又は商品を提供してこれと対価関係に立つ給付を
受け,これらを収入源とする経済収支の計算に基づいて行われる非営利事業も含む
ものと解される」という基準を用いて,その「営業」性を肯定する判断を行ってい
る。

(4) 残された問題

　本判決が,本来的宗教活動及びこれと密接不可分の関係にある事業(以下,「本来
的宗教活動等」ともいう)については不競法の適用がなく,同法1号・2号の「営
業」に該当しないとの判断をしたことについては,前述したように妥当なものであ
ったと評価できよう。もっとも,本判決の判断には以下のような問題が残されてい

70 第1部 判例評釈

る。すなわち，本件はX，Yが共に本来的宗教活動のみを行う事業者であった（以下，1号・2号を主張する事業者を「原告」，される事業者を「被告」という）。これに対し，被告は収益事業（例えば，本判決が挙げる駐車場業）を行うが，原告は本来的宗教活動等のみを行っている場合，原告の事業は「営業」に該当しないから1号・2号の要件を満たさず，原告は1号・2号の主張を行い得ないという問題である*30。

　このような場合は，本判決の立場に従えば，名称権によって対処されることになるのであろう*31。しかしながら，こうしたケースでも被告の行う収益事業は原告の表示の周知性なり著名性に対する不当なただ乗りであり，不競法が保護すべき「公正な競争」（不競1条）を害する可能性がある。また，原告の立場から見た場合も，被告の収益事業によって原告の本来的宗教事業に悪影響（需要者の誤認混同，原告表示の希釈化・汚染化）が生ずる可能性がある。それゆえ，こうしたケースでも，原告の1号・2号の主張を認めることが適切だと思われる。本判決は「営業」該当性の判断に際し，「取引社会における競争」という基準を提示したが，この判断基準を上記にいう「公正な競争」の意味ないし言い換えであると捉えることで，本判決を前提にしても，原告が本来的宗教事業しか行っていないケースにおいて，1号・2号の主張が可能であると解することができよう（なお，本件は原告，被告ともに収益事業を行っていない事案であって，そうしたケースでは不競法が保護すべき競争が存在しないため，ここで示した理解と本判決は矛盾しないと考えることができよう）*32。

　また，収益事業を行う事業者（原告）の商品等表示が周知又は著名であった場合，当該商品等表示と同一又は類似の名称を用いて本来的宗教活動を行う者（被告）に対して，1号・2号の主張を行うケースも，本判決を前提とすると，被告の表示が「営業」に該当しないとの結論も導かれるかもしれない。しかし，こうしたケースでも，上述したような理解に基づけば，原告の商品等表示が混同，希釈化，汚染化といった実害を受ける可能性があり，他方で，被告の行為は，信用が化体した他人の表示を不当にただ乗りしないという「公正な競争」（本判決の言葉でいえば「取引社会における競争」）に悪影響を及ぼす若しくは反するのものであり，そのような行為はたとえ本来的宗教行為であっても，不競法が規制対象とする「営業」と観念することが適切かつ可能と考えられる。

　なお，「営業」概念を広く理解する立場に立った場合，憲法によって保障された信教の自由（憲20条1項）が害される可能性が高まる。それゆえ，1号・2号の規

制を及ぼす場合であっても，被告の宗教活動にできる限り支障が生じない工夫が必要となる。具体的には，不競法19条1項2号（自己の氏名の善意使用）の活用があり得る。同号にいう，「氏名」は「自然人の氏名」であると理解されているが*33，少なくとも類推適用は可能であろう*34, *35。

〔注〕

＊1　東京地判平16・3・30判時1859号135頁〔天理教豊文教会事件1審〕。

＊2　東京高判平16・12・16判時1900号142頁〔天理教豊文教会事件2審〕。本控訴審判決の評釈として，青山紘一「判批」判評565号（判時1915号）（2006年）51頁がある。

＊3　本判決の解説・評釈として，宮坂昌利「判解」L＆T32号（2006年）96頁，同「判解」ジュリ1330号（2007年）139頁，同「判解」最判解説民事篇平成18年度（上）（2009年）123頁，大家重夫「判批」発明103巻10号（2006年）46頁，鈴木將文「判批」平成18年度重判解（ジュリ臨増1332号）（2007年）265頁，小松一雄「判批」商標・意匠・不正競争判例百選（別冊ジュリ188号）（2007年）120頁，宮脇正晴「判批」小松陽一郎先生還暦記念論文集『最新判例知財法』（青林書院，2008年）477頁，武田典浩「判批」愛知学院大学宗教法制研究所紀要51号（2011年）81頁など。

＊4　例えば，「研数学館事件」（東京地判昭36・7・15下民集12巻7号1707頁）は，予備校業務において，「研数学館」なる名称を使用する原告が，被告による「東京研数学館」なる名称の使用の差止めを求めた事案であった。判決は，「いわゆる予備校なるものの業務が一般に営利を目的とするものないし営業的行為というべきでないことはいうまでもないが……」などと述べ，商法上の商号保護及び不競法の規定の準用を求めた原告の主張を認めなかった（ただし，被告の類似名称の使用によって先に一定の名称を使用していた原告の利益が害されることを理由に差止請求を認めている）。学説は，本件の事案では不競法の準用あるいは類推適用が妥当であったと説くものが多い（豊崎光衛「判批」判評42号（判時274号）（1961年）8頁，10頁，椎原国隆「判批」ジュリ293号（1964年）100頁，102～103頁，岩本慧「判批」商事法務306号（1964年）130頁，132頁）。また，「オリンピック標章事件」（東京地決昭39・9・25下民集15巻9号2293頁）は1号・2号の事例ではないが，五論マークを利用した提灯等を配布・使用する債権者が，日本オリンピック委員会（JOC）による当該配布・使用行為の妨害の禁止を求めた仮処分事件において，裁判所は，「不正競争防止法に関する主張は，JOCが営業をなすものでなく，同法が保護の対象として予定する営業上の利益を有するものではなく，有すべきものでもないことに鑑み，これを採り得ない」と判断している。

＊5　東京地判昭37・11・28下民集13巻11号2395頁〔京橋中央病院事件〕。

＊6　大阪高決昭54・8・29判タ396号138頁〔都山流尺八教会事件〕。

＊7　大阪地判昭55・3・18無体集12巻1号65頁〔少林寺拳法事件〕。

＊8　大阪地決昭56・3・30無体集13巻1号507頁〔花柳流名取事件〕。なお，本件は抗告されたが，1審の考え方が維持され，却下されている（大阪高決昭56・6・26（昭56（ラ）160号））。

72 第1部 判例評釈

＊9 大阪地判平7・9・28知財集27巻3号580頁〔清派音羽流事件〕。本件はその後，控訴棄却（大阪高判平9・3・25知財集29巻1号348頁），さらに上告棄却（最判平10・12・18（平9（オ）1191号））となっている。

＊10 大阪地判平10・2・26（平10（ワ）10947号）〔ひまわり園事件〕。

＊11 東京地判平13・7・19判タ1123号271頁〔呉青山学院事件〕。

＊12 本文で触れたものも含めて判決例については，小野昌延＝松村信夫『新・不正競争防止法〔第2版〕』（青林書院，2015年）157頁以下，小野昌延編『新・注解 不正競争防止法〔第3版〕（下巻）』（青林書院，2012年）889頁以下〔南川博茂〕など参照。

＊13 東京地判平8・10・28判時1512号11頁〔1審〕，東京高判平8・7・24判時1597号129頁〔2審〕。なお，本件は上告されたが棄却されている（最判平9・2・13（平8（オ）2263号））。

＊14 京橋中央病院事件・前掲＊5の評価として，喜多川篤典「判批」商標・商号・不正競争判例百選（別冊ジュリ14号）182頁，183頁は，「わが不正競争防止法にいう『営業』はわが商法にいう『営業』よりもっと幅が広く，判旨のいう如く広義の企業体と考えるに何らの支障がないのみならず，むしろ妥当なのではないかとさえ考えられる」と述べる。なお，営業該当性について否定的態度を示した研修学館事件・前掲＊4につき，田村善之『不正競争法概説〔第2版〕』（有斐閣，2003年）74頁注(1)は，「本文上の根拠が不明確なこともあって，現在ではその先例的価値は失われている」との理解を示す。また，オリンピック標章事件・前掲＊4についても，小野昌延編『新・注解 不正競争防止法〔第3版〕（上巻）』（青林書院，2012年）157頁〔三山峻司〕は，「その後の判例の傾向からすると，上記事件にも救済の可能性がある」と指摘する。

＊15 小野＝松村・前掲＊12・156頁。

＊16 今村成和＝丹宗昭信＝実方謙二＝厚谷襄児編『注解 経済法（下巻）』（青林書院，1985年）849頁〔満田重昭〕。

＊17 竹田稔＝服部誠『知的財産権訴訟要論（不正競業・商標編）』（発明推進協会，2018年）45頁。

＊18 田村・前掲＊14・68頁。

＊19 松村信夫『新・不正競業訴訟の法理と実務』（民事法研究会，2014年）34頁。

＊20 渋谷達紀『不正競争防止法』（発明推進協会，2014年）57頁。

＊21 鈴木・前掲＊3・266頁。

＊22 この批判と関連して，宮脇・前掲＊3は，判例が従来採用してきた「収支計算」という基準には，1号が規律しようとする「混同」の問題が生ずる可能性のあるケースを，もれなく対象に含めるという積極的な意義があったという理解を示す（482頁及び488頁注(13)参照）。

＊23 青山・前掲＊2・54頁。この見解は，「収支計算」を基準とすることそのものではなく，その適用の誤りを指摘しているのかもしれない。

＊24 このほか，鈴木・前掲＊3・266頁は，1審が求める「反復継続性」の要件も，一回的行為も規律する必要性から不要であると述べる。

＊25　青山・前掲＊2・55頁。鈴木・前掲＊3・266頁，宮脇・前掲＊3・484頁も，同じ問題点を指摘する。なお，本判決以降の事例であるが，動物福祉活動を行うNPO法人である原告を「事業者」（不競1条）と認め，原告が用いる表示を「商品等表示」（営業表示）に当たるとしたものに，アークエンジェルズ事件（大阪地判平21・4・23（平19（ワ）8023号））がある。この判決では，「経済上の収支計算の上に立った事業であれば，営利目的のある事業と同様にその競争秩序を維持すべきであり，同法によって保護するのが相当」等の表現を用いて，不競法1条における「事業者」該当性を判断している。

＊26　2審の判断を直接評価したものではなく，広く判例及び学説に向けたものであるが，江口順一＝満田重昭「現行不正競争防止法の基本問題〔その二〕」学会年報10号（1987年）92頁〔満田〕は，「果たしてこの収支計算のもとにおいて行われる事業とか，対価をえて行う事業とか言う限定に妥当性があるのだろうかという事を申しますと，どうもそうは言えないのではなかろうかという気がします」と述べている。

＊27　宮坂・前掲＊3・最判解説137頁。鈴木・前掲＊3・266頁もこの理解を肯定的に引用する。さらに，小松・前掲＊3・121頁も，「本判決は，宗教活動については不正競争防止法上の『営業』該当性を否定したが，同法の『営業』概念について，営利事業であるかどうかにかかわらず，競争秩序を維持すべき取引社会の事業活動を広く含むとする立場に立つものであり，基本的にはこれまでの下級審裁判例や学説の趨勢と異なるわけではない」と，同旨を述べる。

＊28　鈴木・前掲＊3・266頁は，「本判決は……『営業』の意義を『取引社会における事業活動』と捉える立場を示した。この一般的基準は妥当なものといえよう」，「本判決は……宗教法人の本来的宗教活動及びこれと密接不可分の関係にある事業は『営業』に当たらないとした，この結論も妥当と考える」と述べる。このほか，大家・前掲＊3は，「『取引社会における事業活動と評価することができないようなものについてまで』不競法の規律が及ばないことにした」等の本判決の考え方に対し，「賛成したい」と述べる（52頁）。ただし，本判決が本来的な宗教活動と密接不可分の関係にある事業として不競法の適用がなく，「営業」に該当しないと判断した出版業については，公益法人の収益事業として法人税が課せられるものの1つに挙げられていることを理由に（法人税法7条・2条13号，法人税法施行令5条1項12号参照），不競法の適用を認めるべきではないかと説いている（53頁）（もっとも，法人税法施行令5条1項12号は「出版」について「特定の資格を有する者を会員とする法人がその会報その他これに準ずる出版物を主として会員に配布するために行うもの及び学術，慈善その他公益を目的とする法人がその目的を達成するため会報を専らその会員に配布するために行うものを除く」と規定するので，宗教法人の出版物の多くはこの除外規定に該当するように思われる）。

＊29　東京地判平24・6・29（平23（ワ）18147号）〔花柳流花柳会事件〕。本件は，その後に控訴されたが棄却されている（知財高判平25・2・28（平24（ネ）10064号））。

＊30　本判決は被告であるYについてのみ「商品等表示」該当性を検討しているが，1号・2号の規定から明らかなように，原告の「商品等表示」該当性も1号・2号の成

74   第1部　判例評釈

立には問われることになる。

＊31　鈴木・前掲＊3・266頁は，本判決を前提とした場合，Yがその後に収益事業を開始した場合にはXとしては自己の名称（「天理教」）は営業表示とはいえず不競法の適用はなく，名称権侵害を問うことになると述べる。

＊32　宮脇・前掲＊3・485～487頁も，被告のみが収益事業を行っているケースで問題となるのは，本判決の言葉を借りれば，被告の「取引社会」における活動の規制の可否であること，また，名称権の問題とすることは「取引社会」における競争秩序の維持が全うされないおそれがある等，必ずしも適切な処理ではないといった点を指摘し，このようなケースでも，不競法の適用により解決すべきであると説く。また，武田・前掲＊3・101頁も，被告のみが営利活動を行っている場合には不競法の適用があり得ることを指摘する（ただし，その根拠とする前掲＊13・泉岳寺事件は，宗教法人の事業が「営業」に該当することを明示的に認めた事例ではない）。

＊33　小野＝松村・前掲＊12・483頁など。

＊34　宮脇・前掲＊13・487頁は，「同号の趣旨は人格権の一発現形態である氏名の使用にかかる，いわば不正競争防止法外在的な利益と，競争秩序の維持という同法内在的な利益との調整を図ることにもあるものと解される。宗教法人にも自然人の氏名権と同様に名称権という人格権を認めるのであれば，その行使の一形態である名称の使用に対しても同号を適用ないし類推適用することで，宗教法人の名称使用の利益との調整を図ることは，同号の趣旨に沿うものと思われる」と述べる。説得的な指摘であると思われる。

＊35　渋谷達紀「知的財産法判例の動き」『知財年報2006』（別冊 NBL116号）（2006年）3頁，34頁は，本判決の評価として，不競法19条1項2号の存在を指摘したうえで，「宗教法人の名称を宗教活動およびこれと密接不可分の関係にある活動に限定して使用する者も，不正の目的がないといえるから，やはり不正競争防止法の適用を除外されるべきだということを明らかにした判決と見てもよい。本判決は，『商品等表示』の解釈を縷々述べており，その解釈例として位置づけられることになるであろうが，むしろ適用除外規定の拡張的解釈例と見るのが適切であるようにも思われる」と述べる。

■参考文献

本文中に掲げたもののほか，野口恵三「判批」NBL837号（2006年）60頁，田近肇「判批」岡山大学法学会雑誌56巻2号（2007年）161頁，五十嵐清「宗教団体の名称使用権をめぐって」知的財産法政策学研究14号（2007年）1頁，髙部眞規子「不正競争防止法の守備範囲」牧野利秋先生傘寿記念論文集『知的財産権　法理と提言』（青林書院，2013年）897頁。

外国における特許を受ける権利の予約承継と特許法35条3項・4項——日立職務発明事件

最高裁〔三小〕平成18年10月17日判決
〔平成16年（受）第781号補償金請求事件〕
〔民集60巻8号2853頁・判時1951号35頁〕

関西大学法学部教授　山　名　美　加

事実の概要

X（原告・控訴人・被控訴人・被上告人）は，総合電気メーカーであるY（被告・被控訴人・控訴人・上告人）の従業員（中央研究所の主管研究員等）として，他の従業員と共同で，多数の職務発明を行ったが，レーザー光を利用して情報を記録媒体に記録再生する装置等に関する発明について（以下，「本件発明1」「本件発明2」「本件発明3」という。）は，Yとの間で，外国の特許に係る分も含めて，その特許を受ける権利をYに譲渡する旨の契約を締結した（以下，「本件譲渡契約」という。）。

Yは，当該発明について，外国においても特許出願し，本件発明1につきアメリカ合衆国，カナダ，イギリス，フランス及びオランダの各国において，本件発明2及び3につきアメリカ合衆国，ドイツ，イギリス，フランス及びオランダの各国において特許を取得した。そして，Yは本件各発明について，複数の企業との間で本件各発明の実施を許諾する契約を締結し，その実施料を収受するなどして利益を得た。

一方で，Yは本件譲渡契約提携当時，発明をした従業員に対し，特許出願時及び設定登録時において一定額の賞金を授与するとともに，実施効果の顕著なものについてその功績の区分に応じた賞金を授与するという内容の「発明，考案に関する表章規定」を定めていたが，平成3年6月までに，発明をした従業員に対し，わが国及び外国における特許出願時，わが国及び外国における特許権設定登録時，社内における実績成績が顕著であって業績に貢献したとみとめられたとき，第三者に実施

76　第1部　判例評釈

権を許諾し実施料収入を得たときなどに所定の基準に従って算定された補償金を支払うという内容の「発明考案等取扱規則」，「発明考案等に関する補償規定」及び「発明考案等に関する補償基準」（以下，「本件規定」という。）を定めた。そして，本件規定に基づき，Yは，Xに対し，当該発明の特許を受ける権利の譲渡の対価として，本件発明1につき合計231万8000円，本件発明2につき合計5万1400円，本件発明3につき合計1万700円の賞金又は補償金を支払ったが，XはYを退職後，その対価では，特許法35条3項所定の相当の対価としては不十分であるとして，Yに対し，その不足額の支払を求めたのが本件である。

　本件では，Xは，Yが外国で取得した特許の実施料収入をも基礎に含めて請求金額を算定したことから，外国の特許を受ける権利にも特許法35条3項・4項が適用されるのか，また，その前提として，外国の特許を受ける権利の譲渡の対価請求の準拠法をわが国の法律とすることができるのか等，が争点となった。

　第一審（東京地判平14・11・29判時1807号33頁）は，各国特許権が，その成立，移転，効力等につき当該国の法律によって定められ，特許権の効力が当該国の領域内においてのみ認められるという，いわゆる属地主義の原則（最判平9・7・1〔BBS特許並行輸入事件〕*1）に照らすと，わが国の職務発明にあたるような事案について，外国における特許を受ける権利の使用者・従業者間の帰属，譲渡，譲渡に対する対価の支払義務等については，それぞれの国の特許法を準拠法として定められるべきものとし，特許法35条が外国における特許を受ける権利に適用又は類推適用されることはないとし，外国特許の実施料を対価算定の基礎に含めず，約3490万円（発明1につき3494万円，発明2につき13万8000円，発明3につき3万666円）の支払を求める限度でXの請求を認容した。

　これに対して，原審（東京高判平16・1・29*2）は，本件譲渡契約中の外国の特許を受ける権利の譲渡の合意における「対価」に関する問題の法的性質を契約の問題であるとし，日本法人であるYと日本に在住しYの従業員として勤務していた日本人であるXが日本において締結した本件譲渡契約の成立及び効力についての準拠法について，当事者の明示の意思は存在しないが，黙示の意思を推認し，それが日本であることが明らかであるから，法例7条1項（平成18年法律第78号により改正，平成19年1月1日より施行された法の適用に関する通則法7条）により，日本法であるとした上で，仮に法例7条が適用されず，条理によるとしても，従業者であるXが労務を供給し，使用者であるYが本社をおき，本件発明が行われた日本法が準拠法となると示した。そして，特許法35条は特許法を構成すると同時に労働法規として

の意味をも有する規定であり，職務発明の譲渡についての「相当の対価」は，外国の特許を受ける権利等にも関するものも含めて，使用者と従業者が属する国の産業政策に基づき決定された法律により一元的に決定されるべき事項であるとの判断を示し，特許法35条を適用し，Yに対して外国の特許を受ける権利等に関するものも含めての「相当の対価」として，本件発明1につき1億6284万6300円，本件発明2につき13万1750円，本件発明3につき2万5666円，合計1億6300万3761円をXに支払うよう命じた。

判　　旨

上告棄却。

(1)　判旨1――相当対価請求の準拠法

「外国の特許を受ける権利の譲渡に伴って譲渡人が譲受人に対しその対価を請求できるかどうか，その対価の額はいくらであるかなどの特許を受ける権利の譲渡の対価に関する問題は，譲渡の当事者がどのような債権債務を有するのかという問題にほかならず，譲渡当事者間における譲渡の原因関係である契約その他の債権的法律行為の効力の問題であると解されるから，その準拠法は，法例7条1項の規定により，第一次的には当事者の意思に従って定められると解するのが相当である。」

(2)　判旨2――35条における「特許を受ける権利」は外国におけるものも含むのか

「本件において，上告人と被上告人との間には，本件譲渡契約の成立及び効力につきその準拠法を我が国の法律とする旨の黙示の合意が存在するというのであるから，被上告人が上告人に対して外国の特許を受ける権利を含めてその譲渡の対価を請求できるかどうかなど，本件譲渡契約に基づく特許を受ける権利の譲渡の対価に関する問題については，我が国の法律が準拠法となるというべきである。」

「我が国の特許法が外国の特許又は特許を受ける権利について直接規律するものではないことは明らかであり（……パリ条約4条の2参照），特許法35条1項及び2項にいう『特許を受ける権利』が我が国の特許を受ける権利を指すものと解さざるを得ないことなどに照らし，同条3項にいう『特許を受ける権利』についてのみ外国の特許を受ける権利が含まれると解されることは，文理上困難であって，外国の特許を受ける権利の譲渡に伴う対価の請求について同項及び同条4項の規定を直接適用することはできないといわざるを得ない。

しかしながら，同条3項及び4項の規定は，職務発明の独占的な実施に係る権利

78 第1部 判例評釈

が処分される場合において，職務発明が雇用関係が使用関係に基づいてされたものであるために，当該発明をした従業者等と使用者等とが対等の立場で取引することが困難であることにかんがみ，その処分時において，当該権利を取得した使用者等が当該発明の実施を独占することによって得られると客観的に見込まれる利益のうち，同条4項所定の基準に従って定められる一定範囲の金額について，これを当該発明をした従業者等において確保できるようにして当該発明をした従業者等を保護し，もって発明を奨励し，産業の発展に寄与するという特許法の目的を実現することを趣旨とするものであると解するのが相当であるところ，当該発明をした従業者等から使用者等への特許を受ける権利の承継について両当事者が対等の立場で取引をすることが困難であるという点は，その対象が我が国の特許を受ける権利である場合と外国の特許を受ける権利である場合とで何ら異なるものではない。そして，特許を受ける権利は，各国ごとに個別の権利として観念し得るものであるが，その基となる発明は，共通する一つの技術的創作活動の成果であり，さらに，職務発明とされる発明については，その基となる雇用関係等も同一であって，これに係る各国の特許を受ける権利は，社会的事実としては，実質的に一個と評価される同一の発明から生じるものであるということができる。また，当該発明をした従業者等から使用者等への特許を受ける権利の承継については，実際上，その承継の時点において，どの国に特許出願をするのか，あるいは，そもそも特許出願をすることなく，いわゆるノウハウとして秘匿するのか，特許出願をした場合に特許が付与されるかどうかなどの点がいまだ確定していないことが多く，我が国の特許を受ける権利と共に外国の特許を受ける権利が包括的に承継されるということも少なくない。ここでいう外国の特許を受ける権利には，我が国の特許を受ける権利と必ずしも同一の概念とはいえないものもあり得るが，このようなものも含めて，当該発明については，使用者等にその権利があることを認めることによって当該発明をした従業者等と使用者等との間の当該発明に関する法律関係を一元的に処理しようというのが，当事者の通常の意思であると解される。そうすると，同条3項及び4項の規定については，その趣旨を外国の特許を受ける権利にも及ぼすべき状況が存在するというべきである。

　したがって，従業者等が特許法35条1項所定の職務発明に係る外国の特許を受ける権利を使用者等に譲渡した場合において，当該外国の特許を受ける権利の譲渡に伴う対価請求については，同条3項及び4項の規定が類推適用されると解するのが相当である。」

解　説

(1)　本判決の意義

本件は，外国における特許を受ける権利が発明者たる従業者から使用者に譲渡された場合において，当該従業者は使用者に対し，日本国特許法の定める相当対価の請求権を行使することができるのかについて，最高裁が判断した最初の事例である*3。

外国における特許を受ける権利の譲渡対価請求をめぐる主な論点としては，特許法35条3項が外国特許を受ける権利にも直接適用されるのか，あるいは，国際私法により準拠法を決定するのか，国際私法により準拠法を決定する場合には，どの法を準拠法とするのか，各国特許を受ける権利を包括的に単一の法により一元的に規律するか，複数の法による多元的規律を是とするのか，が挙げられてきた。

本件においては，特許法35条は直接適用することはせず，当該対価請求の可否は，国際私法により譲渡契約の準拠法によるものとして日本法を準拠法とした上で（本件は，「法の適用に関する通則法」（平成18年法律第78号。以下，「通則法」という。）施行前の事案であるため，当時の国際私法の主な法源であった「法例」の下で，準拠法の決定にあたっては，外国における特許を受ける権利の譲渡対価の問題を譲渡契約の問題と法性決定し，法例7条1項（「法律行為ノ成立及ヒ効力ニ付テハ当事者ノ意思ニ従ヒ其何レノ国ノ法律ニ依ルヘキカヲ定ム」）により当事者が黙示的に合意した法である日本法を準拠法とした上で），「相当の対価」の支払を認める日本の特許法35条3項は外国特許を受ける権利を対象としていないものの，特許法35条3項が類推適用できるとして，結果として各国特許を受ける権利は一元的に規律されるということを明確にした。

本件第一審では否定された特許法35条3項の適用が，控訴審では肯定され，本上告審では，技巧的な手法により「類推適用」という判断が出された点，多くの意見が唱えられているが注目すべきところである。なお，特許法35条は平成16年改正及び平成27年改正によって大幅にその内容が改正されているが，本件は改正前の旧規定を適用しているため，旧規定に即して言及するものとする。各改正については，後記(6)の解説で言及する。

(2)　問題の所在

日本国特許法35条1項において「職務発明」とは，従業者のなした発明のうち，その性質上使用者の業務範囲に属し，かつ，その発明をするに至つた行為がその使

用者における従業者の現在又は過去の職務に属するものを指す。わが国の特許法においては，大正10年法から現行法に至るまで，特許を受ける権利を従業員に原始的に帰属させることを前提に（ただし，平成27年改正により，特許を受ける権利については，使用者への原始帰属も認めることとなった（特35条新3項）），使用者は，従業者又は第三者が職務発明について特許権を取得した場合には，無償の法定通常実施権を取得するほか（同条1項），あらかじめ契約や勤務規則等において，特許権を受ける権利又は特許権の使用者への譲渡（承継）や専用実施権の設定を定めておくことができ（同条2項），使用者が従業者からその権利の承継を受けた場合には，従業者には相当の対価を請求する権利が与えられてきた（同条3項。平成27年改正によって，「相当の対価」は「相当の利益」へ変更（特35条新4項））。そして，その対価の額は，その発明により「使用者等が受けるべき利益」の額とその発明がされるについて使用者等が貢献した程度を考慮して定められるものとされてきた（同条4項）。

　だが，わが国でなされた職務発明を外国に出願する場合も，同条3項が適用できるのかは，法文上は明確でなかったので，多くの議論を喚起した。3項がこれらの権利も含むものと解釈すると，対価算定の基礎となる「使用者等が受けるべき利益」に外国での利益も含まれ，「相当の対価」自体がさらに高額化する可能性が出てくるからである。

　外国特許を受ける権利に35条3項を適用又は類推適用できるのか，あるいは，適用はなく，当事者の契約に委ねて処理するのかを問題とする際，その前提として，35条の性質をどのように捉えるのかが重要となる。

　同条を力の弱い従業者たる発明者保護のための労働法的性格が強い強行規定とすれば，契約で準拠法を定める余地は少なく，わが国でなされた職務発明については，外国への出願であっても35条が適用されると考えられる。だが，35条は弱者保護の観点から片面的強行法規と解されている点からも（使用者と従業者による対価額の合意が合理性に欠ける場合には，その効力を否定し，従業者に対価請求権を与えている），完全な意味での労働法的性格の規定とはいえない側面もある。

　一方で，同条を契約法的要素が強い規定とすれば，当事者の意思により準拠法を定めて判断するということにもなるが，35条の基本構造から，完全に契約に委ねて処理するということも難しい側面が指摘されてきた*4。

(3)　判例の動向——多元説と一元説

　外国における特許を受ける権利に係る相当対価請求をめぐる判例の動向を分類すると，大きく分けて，本件第1審に示されたように，外国における特許を受ける権

利に係る相当対価請求は，各々の国の特許法によって処理すべきである（属地主義の適用を受けるべき問題）とする多元的処理説（以下，「多元説」）と，本件控訴審判決に示されたように特許法35条の規定により一元的に処理すべきとする一元的処理説（以下，「一元説」），つまり特許法35条の適用について消極説と積極説に大別できるであろう*5。

多元説は，職務発明に係る特許を受ける権利の帰属・承継の問題は，その対象となっている権利の準拠法によるので，外国において特許を受ける権利には，その外国の特許法が適用され，わが国の特許法35条は，わが国の特許を受ける権利にのみ適用され，外国における特許を受ける権利には適用されないとするものである。本件1審，「大塚製薬事件」（東京地判平18・9・8裁判所ホームページ*6）がこの立場にある。

一方で一元説は，特に職務発明に係る特許を受ける権利の承継についての対価請求は，承継の効力発生要件や対抗要件の問題とは異なる承継に関する契約の成立・効力の問題であるとする。そして，その法律関係と最も密接に関連する準拠法は譲渡契約ないし労働契約の準拠法であるとして，その準拠法は法例7条によりいずれにせよ日本法とする。仮にそうでなくとも絶対的強行法規である従業者と使用者間の利害調整をする労働法規として特許法を捉え，特許法35条3項・4項が外国の特許を受ける権利にも適用され，相当の対価請求が可能になるとする説もある*7。すなわち，この問題は，法的性質としては，労働契約に属するべきものであり，固有の特許法問題ではなく，属地主義の原則とは切り離すべきものとする主張である。一元説に立つ判例としては，「味の素事件」（東京地判平16・2・24*8）や「三菱電機事件」（東京地判平18・6・8*9）がある。

だが，結果として一元説に立つ本件控訴審では，「使用者と従業者が属する国の産業政策に基づき決定された法律により一元的に決定されるべき事項」とされるが，味の素事件，三菱電機事件では，雇用契約準拠法が日本法である場合を想定している等，どのような場合に特許法35条が適用されるかという点では，一致を見ているとはいい難かった*10。

本判決は，傍論として，特許権についての属地主義の原則に照らし，登録国説を是とし，特許法35条の適用について，わが国の特許法が特許を受ける権利について直接規律するものではないとの多元説に一見寄りつつも，具体的な解決においては，35条3項・4項の類推適用という形を通して，一元説に立ったものであるといえる。その後の判例（東京地判平19・1・30〔キヤノン職務発明事件〕*11，知財高判平

25・1・31〔アステラス製薬・ハルナール事件〕[12]）も，本判決に即した判断を行っている[13]。

(4) 学 説

学説においても多元説と一元説に即した様々な説が提唱されているが，学説を論点で分けると，本件一審が立脚する多元説（各国特許権の登録国法説）は，特許を受ける権利の譲渡対価を，特許権の独立・効力に関する問題又はこれに密接に関連する問題と捉えた上で，属地主義の原則ないし特許独立の原則などに基づき，各国の特許法における権利帰属の態様の多様性の分析も根拠にしつつ，各国特許法によるべきと主張する[14]。

一方，一元説においては，特許法35条を国家の強い政策実現を求める絶対的強行法規と捉えて，職務発明活動の中心が日本であれば，外国において特許を受ける権利についても，同条が直接適用するという説（直接適用説）[15]，さらに，職務発明の問題を使用者と従業者の雇用関係から捉え，従業者保護のため労務給付地法などを準拠法として，一元的に処理すべきことを主張する説（労働関係説）[16]，そして，原審判決の立場でもある，特許を受ける権利の譲渡対価の問題を譲渡契約の問題と捉えた上で，準拠法の決定を法例7条1項により，一次的には当事者の意思に従って定められると解するのが相当であるとする説（譲渡契約説）が唱えられてきた。労働関係説では，当事者関係に国家が強行法により介入すべき特殊関係がある点に特徴を有する[17]。

だが，職務発明に関する規定は，各国で統一されているものではないために，職務発明について，多元説（本件1審）が根拠とした属地主義の原則に即して，国ごとに異なる法規を適用するとすれば，当事者にとっては予見可能性を欠くことになる。そして，そのような状況の下で，属地的な準拠法選択を是としてしまえば，日本の特許法35条が予約承継の規定まで置いているにもかかわらず，選択される国によっては，そのような制度を欠いているため同様の効果が認められず，使用者の期待を裏切るということが生じる。そのため，企業の発明規定に権利承継の定めがあり，それに対する特許法35条3項の対価算定条項がある場合，外国における特許出願についてもそれを適用するという一元説が，学説としては，優勢であったと思われる[18]。

(5) 判旨について

(a) **準拠法の選択手法**について

本判決が最終的に立場として採用した一元説による判断自体には異論はない。し

かしながら，その手法としては，検討に値する点がいくつかある。そのうちの1つ目が，準拠法の選択手法である。その根拠については，本判決では，本来は，特許を受ける権利の譲渡に伴う対価請求の額のような問題，債権的法律行為の効力の問題の準拠法は法例7条1項（現通則法7条）によって，当事者意思によって定められることが相当としつつも（譲渡契約説），特許を受ける権利がどのように取り扱われ，どのような効力を有するのかという問題は，そのような譲渡当事者間の譲渡原因関係の問題と区別すべきであるとして，そこに属地主義の原則を導入し，特許権が登録される国の法を選択することを相当とした。そして，その上で，本件では，譲渡契約の準拠法をわが国の法律とする旨の「黙示の合意」が存在することが認められるので，最終的には，外国の特許を受ける権利を含めてその譲渡の対価を請求できるかどうか等，当該譲渡契約に基づく特許を受ける権利の譲渡対価に関する問題については，日本法を準拠法とすべきであると判断したのである。

　だが，もし，当事者が明示の契約によって他の国の法を準拠法に指定していた場合は，本件の解釈に従えば，指定された外国法が準拠法となる。仮に日本での特許を受ける権利も含めて対価請求についても一切を外国法を準拠法とする旨の契約が使用者と従業者間で締結されていれば，相当の対価の事後的請求を認める特許法35条そもそもの制度趣旨とは乖離する結果を生じさせることになるだろう[19]。

　本判決では，特許を受ける権利の譲渡について，債権関係と物権関係に分断した考えが示され，債権的契約については法例7条1項により準拠法を定め，物権関係については，登録国法によるものであること，つまり，同一の発明について譲渡契約等の準拠法が日本であり，特許権が登録される国が外国である場合（逆もあり）は特許法35条1項・2項と3項・4項が分断されて，部分的に適用されることの可能性が示されたが，分断適用には抵触法的観点からそれを疑問視する見解もある[20]。

　だが，この点については，職務発明の帰属や対価の算定問題は，国家の主権の問題や，行政処分等の国家行為の問題ではなく，単なる私人間の法律関係の問題であると捉えて，属地主義の範疇外のものと考えることを是とすべきであり，使用者と従業者間の労使関係に最も密接な関係を有する国の法を適用される準拠法とすることで，いずれの国での特許を受ける権利が譲渡の対象かに関係なく，一元的に処理すべきであるとする見解が本質的には妥当であると考える[21]。

(b) 特許法35条3項・4項の類推適用について

　さらに，本判決が示した外国の特許を受ける権利の譲渡に伴う対価請求について

の特許法35条３項及び４項の規定適用の理由づけについても，検討すべき点がある。本判決では，①従業者・使用者が対等の立場で取引することが困難である点を踏まえて，日本であろうと外国であろうと特許を受ける権利に関する立場には差がない点，②特許を受ける権利の基礎となる発明が共通する一つの技術的創作活動の成果であり，雇用関係等も同一であることから，それに係る各国の特許を受ける権利は社会的事実としては，実質的に一個と評価される同一発明から生じるものである点，③外国の特許を受ける権利も含め，包括的に承継されることが少なくなく，当該発明をした従業者と使用者間の法律関係を一元的に処理しようというのが当事者間の通常の意思である点を挙げて，特許法35条３項・４項の規定が最終的に類推適用されると示している。

　しかしながら，その根拠については，説得的とはいい難い[22]。例えば，従業者・使用者間の交渉力の差については，原始的に使用者に権利を帰属させる法制を有する国（特許を受ける権利を従業者に帰属させない国，例えば英国やフランス）[23]と日本ではそもそも前提が異なっているにもかかわらず，「交渉力の差」を持ち出して，理由付けすることの是非には疑問がある。さらに，雇用形態，請負型の研究者雇用にあたっては雇用された外国人研究者の立場が常に弱いとはいい難い状況も観念される。そして，類推適用の根拠として示される３点は，その射程が広く，準拠法が日本法である限り，35条３項がほぼ自動的に類推適用されるのではないか，との危惧も示される[24]。日本特許については，従業者が権利者となり，外国特許についてのみ使用者が権利者となるという合意がなされていた場合（一元的処理をしないという明確な合意）については，類推適用を回避できるはずであろうが，示される類推適用の射程の広さには疑問がある。これに対しては，日本に企業の開発拠点を誘致する際の負の要素に働くのではとの懸念も示されている[25]。

　また，国際私法学者からは，国際私法により指定された準拠法として日本法が適用される場合には，日本法上の規定は，本来的・直接的適用がされるのでなく，借用法源として，借用的・間接的に適用されるにすぎず，一度準拠法を決定しておいて，その後，再び外国における特許を受ける権利の問題を検討すること，類推適用の議論自体を不可解とする見解も示されている[26]。

　また，一方で，35条１項・２項にいう特許を受ける権利がわが国のそれに限定されなければならないとしても，そのことのみを理由に，３項の直接適用を否定すべきではなく，同一条文中の同一文言，１項・２項及び３項の趣旨の違いを前提に，各規程の趣旨に即して，異なる解釈を認めることを是とする見解，むしろ，35条の

明文で何ら限定がなされていない「特許を受ける権利」について限定解釈を行って法の欠缺を作っておきながら，それを類推適用という例外で補う手法を問題とし，直接適用を是とする意見もあるが[27]，外国の特許を受ける権利の譲渡に伴う対価請求についての特許法35条3項及び4項の類推適用については，その適用要件も含めて検討すべき点が多い。

(6) 特許法35条の改正と本判決の射程

本件係争中に，特許法35条をめぐっては大きな改正が平成16年，平成27年に行われた。様々な要因から退職者が元の企業に対して，受け取った対価が相当な対価としては不十分であるとして提起される訴訟が急増し，社内で定められた職務発明規定に基づいての対価の支払に対しても，事後的に裁判所が相当対価の額の相当性について全面的に審査するという従来の職務発明制度は，企業にとっては，リスクとして捉えられるようになり，産業界からは，法改正を求める声が高まったのがその背景にある。

平成16年改正においては，従業者への特許を受ける権利の原始帰属と相当対価請求権という枠組みは維持したままで，労働法のプロセスの合理性を重視する考え方（プロセス審査）が採用され（特35条新4項[28]），これにより，協議や意見聴取等を通して従業者を対価決定プロセスに関与させることとし，新4項のいう定めがない場合又は定めにより対価を支払うことが不合理的である場合にのみ，新5項の実体的基準が適用され，「その発明により使用者等が受けるべき利益の額，その発明に関連して使用者等が行う負担，貢献及び従業者等の待遇その他の事情を考慮して」裁判所が事後的に相当対価の追加的支払を認めるということになった。「対価決定に至るプロセスの不合理性」をまずは裁判所の判断軸に置くということで，企業の予測可能性を確保するとともに，従業者も対価決定に至るプロセスへの関与を通しての納得感を高めるということで紛争を未然に防ぐことが期待されての改正であったといえる。

しかしながら，平成16年改正を経ても，産業界からは特許を受ける権利そのものを従業者帰属から法人帰属へ転換するよう求める声が上がった。その理由としては，手続の不合理性についての裁判所の判断基準が明確でなく，さらに手続は合理的であったとしても対価が少なすぎるとして追加的支払を求めて訴訟を提起される可能性があり[29]，裁判所が相当対価を認定することになれば，平成16年改正を経ても，判断の基本的枠組みは変わっていないため，高額な追加支払を命じられる可能性を懸念するものであった[30]。

86 第1部 判例評釈

　そのような産業界からの要望を受けて実現したのが平成27年改正である。本改正により，「従業者等がした職務発明については，契約，勤務規則その他の定めにおいてあらかじめ使用者等に特許を受ける権利を取得させることを定めたときは，……その特許を受ける権利は，その発生した時から当該使用者等に帰属する」（特35条新3項），と権利の法人帰属という選択肢が使用者に与えられることとなった。

　その一方で，企業がいかに従業者のモチベーションを引き上げるようなインセンティブ施策を講じるかが課題となり，結果として，改正法は使用者に権利が原始的に帰属した場合であっても，「相当の利益」を請求する権利を従業者に与えるものとなった（特35条新4項）。だが，ここでも平成16年改正で導入された手続重視のプロセス審査枠組みは踏襲されており（特35条新5項），相当対価請求に係る手続等が不合理とされない限り，裁判所の事後的介入はなされないことになっている（特35条新7項）。

　外国の特許を受ける権利の譲渡に伴う対価請求についての35条適用問題は，平成16年改正がなされる際にも産業構造審議会等において議論がなされた経緯がある。しかしながら，前述したように，判例，学説の対立が存する中では，制度改正としては見送られた*31。そして，平成27年改正においても立法的措置はとられるに至らなかった。日本企業の一層のグローバル化が進展する中にあって，改正後も，使用者が特許を受ける権利を譲渡される場合であっても，使用者が特許を受ける権利を原始取得する場合であっても，本判決の争点は依然，解釈問題として残されたままである。なぜなら，35条3項・4項（特35条新4項・7項）は強行規定ではなく，準拠法選択規則により，日本法が選択されて初めて適用される規定であると考えられるので，本判決のように譲渡契約が個別に締結されている場合だけでなく，職務発明規定等による使用者の一方的意思表示により特許を受ける権利を承継させた場合にも法例7条1項（通則法7条）により，一次的には当事者の意思に従って準拠法が定められるからである*32。平成27年改正後に個別契約又は職務発明規定により，使用者が原始的に権利を取得する旨の定めが置かれたとしても，この点は変更されないために，35条3項・4項の適用において示された解釈問題は依然として検討され続けることになるだろう*33。

　本判決は，改正法施行前の外国における特許を受ける権利をめぐる35条の適用可能性について類推適用という一定の方向性を示した点においては大いに評価されるところであるが，その手法においては，課題もあるため，改正後の時代に即したより明確な方向性の確立が期待されるところであろう。

〔注〕
* 1　民集51巻6号2299頁・判時1612号3頁。
* 2　判時1848号25頁。
* 3　職務発明について従業者個人名義で米国出願され，特許が取得された後に会社にそ
　　れを譲渡する旨の黙示の合意が成立するのかが争われた事案において，特許法35条を
　　適用し，特許を受ける権利ないし特許出願権を会社に譲渡する旨の黙示の合意の成立
　　を否定した事例としては，〔FM信号復調装置Ⅰ事件〕があるが（最判平7・1・24
　　判工［2期］1278頁），特許法35条が外国における特許を受ける権利の譲渡に適用さ
　　れるかについて，直接争われた事例としては，本件が最初のものとなる。
* 4　中山信弘『特許法』（弘文堂，2016年）84頁。
* 5　渡辺惺之「職務発明による外国で特許を受ける権利の移転対価の請求問題」L＆T
　　38号11頁，申美穂「判批」Lexis判例速報8号79頁。
* 6　評釈として，森本晋「判批」発明103巻12号52頁。
* 7　櫻田嘉章・ジュリ1332号293頁。
* 8　判時1853号38頁・判タ1147号111頁，判例評釈，申美穂「判批」ジュリ1298号184
　　頁，田村善之「判批」平成16年度重判解（ジュリ臨時増刊1291号）295頁。
* 9　判時1966号102頁。
*10　渡辺・前掲＊5・注10。
*11　判時1971号3頁。
*12　判タ1413号199頁。
*13　髙部眞規子編著『最新裁判実務大系⑽知的財産権訴訟Ⅰ』（青林書院，2018年）138
　　頁。
*14　竹田和彦「職務発明の帰属と対立をめぐる問題」法律のひろば56巻2号38頁・44
　　頁，同「職務発明の対価について－青色LED東京地裁判決を中心に」知管54巻6号
　　908頁，相澤英孝「職務発明をめぐって」ジュリ1265号5頁，西谷裕子「職務発明と
　　外国で特許を受ける権利について」法学（東北大学）69巻5号760頁・769頁，熊谷健
　　一「外国における特許を受ける権利についての相当の対価」ジュリ1291号268頁，花
　　村征志「国際私法における職務発明」清和法学研究3巻1号199頁。
*15　陳一「特許法の国際的適用問題に関する一考察」金沢法学46巻2号82頁，土田道夫
　　「職務発明とプロセス審査－労働法の観点から－」田村善之＝山本敬三編『職務発
　　明』（有斐閣，2005年）204頁，横溝大「職務発明を巡る国際的法適用関係」知的財産
　　法政策学研究18号211頁，河野俊行「外国特許を受ける権利に対する特許法35条の適
　　用可能性について（一）」民商132巻4＝5号600頁，同「外国特許を受ける権利に対
　　する特許法35条の適用可能性について（二・完）」民商132巻6号857頁，862頁。
*16　牧野利秋＝君嶋裕子「日本における職務発明と外国特許出願」特許ニュース11005
　　号1頁・6頁，小泉直樹「特許法35条の外国特許権に対する適用」L＆T19号28頁・
　　33頁，田村善之『知的財産法〔第5版〕』（有斐閣，2010年）529頁，茶園成樹「職務
　　発明の相当の対価」知管53巻11号1756頁。
*17　高杉直・ジュリ1370号254頁。

88　第1部　判例評釈

＊18　田村善之「職務発明に係る特許を受ける権利の承継の対価の準拠法」ジュリ1291号
　　296頁，増井和夫＝田村善之『特許判例ガイド〔第2版〕』（有斐閣，2000年）445頁，
　　小泉直樹「特許法35条の適用範囲」民商128巻4＝5号574～575頁，牧野＝君嶋・前
　　掲＊15・6頁，茶園・前掲＊15・1756頁，高畑洋文「判批」ジュリ1261号200頁，駒
　　田泰土「判批」ジュリ1276号168～169頁等。

＊19　島並良「外国で特許を受ける権利の承継対価について日本特許法35条が類推適用さ
　　れた事例」L＆T34号47頁。

＊20　横溝大「特許法上の職務発明」国際私法判例百選〔第2版〕107頁，同「職務発明
　　を巡る国際的法適用関係」知的財産法政策学研究18号217頁

＊21　田村善之「職務発明に関する抵触法上の課題」知的財産法政策学研究5号8頁・10
　　頁，茶園・前掲＊15・756頁。

＊22　島並・前掲＊18・51頁。

＊23　各国における職務発明の規律については，大友信秀「特許法35条に基づき外国の特
　　許を受ける権利の譲渡対価が認められた事例」判評584号22頁。

＊24　宮脇正晴「職務発明につき外国で特許を受ける権利の譲渡に対する相当対価請求」
　　知管57巻10号1669頁。

＊25　渡辺・前掲＊5・19頁。

＊26　高杉直「職務発明に基づく外国特許を受ける権利の譲渡対価の準拠法」ジュリ1370
　　号255頁。

＊27　宮脇・前掲＊23・1668頁。

＊28　土田道夫「職務発明とプロセス審査−労働法の観点から」田村＝山本編・前掲＊
　　14・『職務発明』146頁。井上由里子「平成27年職務発明制度改正についての一考察」
　　特研60号19頁。

＊29　特許庁「企業等における手続事例集」別冊NBL96号においては，「手続が合理的で
　　あっても最終的に支払われる対価の額が過度に定額である場合には不合理と評価され
　　る余地がある」とされる（8～9頁）。

＊30　「相当性」の判断についての合理的基準説と適正額基準説との対立については，横
　　山久芳「職務発明と労働法−特許法学の立場から」ジュリ1302号103頁・107頁注6。

＊31　特許庁総務部総務課制度改正審議会編『産業財産権法の解説−平成16年特許法等の
　　一部改正』（発明協会，2004年）168頁，谷口由記「日本企業の中国派遣社員の職務発
　　明の利益請求と準拠法」パテ69巻16号178頁。

＊32　法例の下では，労働契約であっても，単なる契約であっても，法例7条に基づくも
　　のであったが，通則法の下では，一般の契約に関する通則法7条，8条のほか，通則
　　法12条（労働契約の特則）が規定されたことから，労働関係においては，条理でな
　　く，明文の規定を根拠に判断できることになった。特許を受ける権利の譲渡契約が労
　　働契約の定義に該当するかは別としても，従業者の保護が必要とされる事案では，通
　　則法12条の下で，事案に応じた適切な判断が期待できるとされる。一方で，通則法7
　　条の下，外国法が準拠法として選択された場合であっても，その適用の結果が，わが
　　国の公序良俗違反とされる場合には，通則法42条により，その適用効果が排除され，

日本法が適用され得ると考えられる。高杉・前掲＊25・ジュリ1370号255頁。
＊33　深根拓寛＝松田誠司＝杉村光嗣＝谷口はるな『実務解説　職務発明』（商事法務，
　2016年）206頁。

特許製品の譲渡後の加工・部材の交換と特許権侵害の有無——インクカートリッジ事件

最高裁〔一小〕平成19年11月8日判決
〔平成18年（受）第826号特許権侵害差止請求事件〕
〔民集61巻8号2989頁〕

慶應義塾大学大学院法務研究科教授　**小　泉　直　樹**

事実の概要

　X（原告・控訴人・被上告人）は，インクジェットプリンタ用のインクタンクの発明（以下「本件発明」）に関し，特許権を有する者であり，本件発明の実施品であるインクタンク（以下「X製品」）を製造・販売している。Y（被告・被控訴人・上告人）は，本件発明の技術的範囲に属するインクタンク（以下「Y製品」）を，訴外Aから輸入し，わが国において販売している。Y製品は，インク消費後の使用済みのX製品を利用して，その内部を洗浄し，新たにインクを注入するなどの工程を経て製品化されたリサイクル品である。Xが，Yに対し，本件特許権に基づき，Y製品の輸入，販売等の差止め及び廃棄を請求した。第一審（東京地判平16・12・8判時1889号110頁）はXの請求を棄却したが，原審（知財高判平18・1・31判時1922号30頁）が原判決を取り消し，Xの請求を認容したため，Yが上告受理申立てをし，受理された。

判　旨

　上告棄却。
一　「特許権者又は特許権者から許諾を受けた実施権者（以下，両者を併せて『特許権者等』という。）が我が国において特許製品を譲渡した場合には，当該特許製品については特許権はその目的を達成したものとして消尽し，もはや特許権の効力は，当該特許製品の使用，譲渡等（特許法2条3項1号にいう使用，譲渡等，輸出

若しくは輸入又は譲渡等の申出をいう。以下同じ。）には及ばず，特許権者は，当該特許製品について特許権を行使することは許されないものと解するのが相当である。」

二　「特許権者等が我が国において譲渡した特許製品につき加工や部材の交換がされ，それにより当該特許製品と同一性を欠く特許製品が新たに製造されたものと認められるときは，特許権者は，その特許製品について，特許権を行使することが許されるというべきである。そして，上記にいう特許製品の新たな製造に当たるかどうかについては，当該特許製品の属性，特許発明の内容，加工及び部材の交換の態様のほか，取引の実情等も総合考慮して判断するのが相当であり，当該特許製品の属性としては，製品の機能，構造及び材質，用途，耐用期間，使用態様が，加工及び部材の交換の態様としては，加工等がされた際の当該特許製品の状態，加工の内容及び程度，交換された部材の耐用期間，当該部材の特許製品中における技術的機能及び経済的価値が考慮の対象となるというべきである。」

三　「我が国の特許権者等が国外において譲渡した特許製品につき加工や部材の交換がされ，それにより当該特許製品と同一性を欠く特許製品が新たに製造されたものと認められるときは，特許権者は，その特許製品について，我が国において特許権を行使することが許されるというべきである。そして，上記にいう特許製品の新たな製造に当たるかどうかについては，特許権者等が我が国において譲渡した特許製品につき加工や部材の交換がされた場合と同一の基準に従って判断するのが相当である。」

解　　説

(1)　消尽の抗弁

　物の発明，物の生産方法の発明の効力は，その物の使用，譲渡に及ぶ。特許法2条1項1号，3号はたんに「使用，譲渡等」と規定しており，文言上は，特許権者が有する特許製品の使用，譲渡等についての権利は，最初の譲渡だけでなく，その特許製品の転用，転売行為についても含むように読める。

　しかしながら，特許権者又は実施権者によって譲渡された特許製品の転用，転売行為については，特許権はその目的を果たしたものとして及ばないと解されている（消尽）。判旨第一点は，最判平9・7・1〔BBS事件〕を引用しつつ，この趣旨を明らかにしている。特許製品について譲渡を行う都度特許権者の許諾を要するとすると，市場における特許製品の円滑な流通が妨げられ，かえって特許権者自身の利

92 第1部 判例評釈

益を害し，ひいては特許法1条所定の特許法の目的にも反することになる一方，特許権者は，特許発明の公開の代償を確保する機会が既に保障されているものということができ，特許権者等から譲渡された特許製品について，特許権者がその流通過程において二重に利得を得ることを認める必要性は存在しない（二重利得の禁止）というのがその理由である。

消尽は，特許権者の利得の機会の保障と取引の安全との調和をどのように図るかという利益衡量であり，特許製品の譲渡があった場合に適用される信義則を一定の類型に対して定型化して，特許権者による権利行使を制限するものと位置づけられる。

特許権の専用権を制限する判例法理であるが，特許権侵害訴訟においては，被告の抗弁事由としてはたらく。原告特許権者が被告に対して特許品の使用，譲渡の差止請求を行う場合，請求原因として，原告が特許権を有すること，及び，被告が特許製品を使用，譲渡していることを主張立証する。これに対して，被告は，抗弁として，当該特許製品が特許権者によって適法に譲渡されたものであるとの事実を主張することができる。

⑵ 「新たに製造」の再抗弁

消尽が成立するのは特許権者が譲渡した特許製品そのものに限られる。特許権者等がわが国において譲渡した特許製品につき加工や部材の交換がされ，それにより当該特許製品と同一性を欠く特許製品が新たに製造されたものと認められるときは，特許権者は，その特許製品について，特許権を行使することが許される。判旨第二点，第三点はこのことを説示するものである。

上記のとおり，消尽の根拠は特許製品の円滑な流通及び二重利得の禁止にあるところ，この根拠は，特許権者等が譲渡した特許製品そのものについてのみ妥当し，当該特許製品がいったん効用を終えるなどして加工，部材の交換を経て新たな特許製品として製造され再生した場合は，当該新製造特許製品の使用，譲渡に関する特許権者の利得は最初に譲渡された特許製品に対する利得とは別途認められることになる。

特許製品の新たな製造に当たるかどうかについては，当該特許製品の属性，特許発明の内容，加工及び部材の交換の態様のほか，取引の実情等も総合考慮して判断するのが相当であり，当該特許製品の属性としては，製品の機能，構造及び材質，用途，耐用期間，使用態様が，加工及び部材の交換の態様としては，加工等がされた際の当該特許製品の状態，加工の内容及び程度，交換された部材の耐用期間，当

該部材の特許製品中における技術的機能及び経済的価値が考慮の対象とされる。なお，「新たに製造」の再抗弁は，特許製品の使用，譲渡行為に関するものであり，特許製品の「生産」とは別個の概念である。

原告特許権者が被告に対して特許製品の使用，譲渡の差止請求を行う場合，請求原因として，原告が特許権を有すること，及び，被告が特許製品を使用，譲渡していることを主張立証する。これに対して，被告は，抗弁として，当該特許製品が特許権者によって適法に譲渡されたものであるとの事実を主張立証することができる。

被告のこの抗弁に対して，特許権者は，特許権者又は実施権者が譲渡した特許製品について加工，部材の交換がなされ，「新たに製造」されたことを再抗弁として主張できる。

本件は，使用済みプリンタ用インクタンクにインクを充填したリサイクル品の使用，譲渡が特許権侵害にあたるかが問題となった事例である。被告は消尽の成立を主張した。裁判所は，本件使用済みインクタンクにインクを再充填した場合，プリンタ本体の故障を生ずるおそれがあり，使いきりを想定していること，再充填のためにはタンクに穴を開ける必要があること，費消されたインクを再充填する際，洗浄することによりタンクの機能が回復すること（「特許製品の属性」にかかる事情），そして，加工により，本件発明の本質的部分に係る構成を再充足させ，開封前のインク漏れ防止という作用効果を新たに発揮すること等（「特許発明の内容」にかかる事情）等を考慮したうえで，被告の行為は特許製品を「新たに製造」する行為にあたるとして，原告の請求を認容している。

(3) 特許製品の譲渡――所有権留保

本判決にいう「特許製品の譲渡」の意義が問題となった事例として，大阪地判平26・1・16（平24（ワ）8071号：特許権侵害等差止請求事件）〔薬剤分包用ロールペーパ事件〕がある。

同事件における原告は，薬剤分包用ロールペーパ（以下「原告製品」という。）を製造販売している。被告が製造，販売する被告製品は，原告製品の分包紙が費消された後に残った使用済み芯管を回収し，それに分包紙（グラシン紙又はセロポリ紙からなる薬剤分包用シート）を芯管の円筒部外周に巻き直すことによって製品化したものである。原告製品の芯管をそのまま使用しているため，被告製品の芯管にも，原告の付した本件各登録商標が付されたままとなっている。

原告は，原告製品を販売する際に，顧客との間で，原告製品の芯管について無償

94　第1部　判例評釈

で貸与するものであり，その所有権を原告に留保する旨の合意をしていること，原告製品自体やその梱包材，広告等においても芯管の所有権が原告にあることを明記していることが認められる。また，実際に，最近3年間で約97％もの原告製品の芯管を回収していることから，最終的な顧客である病院や薬局だけでなく，卸売業者も含め，これらの表示を十分に認識していることが認められる。判決は，このような事実認定を前提に，原告が，顧客に対し，原告製品の分包紙を譲渡したことは認められるものの，原告製品の芯管を譲渡しているとまでは認めがたいというべきである（原告製品は芯管と分包紙に分けることができ，原告は，芯管に巻いた分包紙のみを譲渡し，芯管については，所有権を留保し，使用貸借をしていると認めるのが相当である。）。そうすると，原告製品のうち分包紙は顧客の下で費消されており，この部分について本件特許権の消尽は問題とならないし，芯管については消尽の前提を欠いているから，この点に関する被告の主張には理由がないとされた。

　(4)　新たに製造

　(a)　前掲・薬剤分包用ロールペーパ事件においては，本判決にいう「新たに製造」にあたるかも争点となった。この点について，同事件判決は，「特許製品の属性についてみると，原告製品及び被告製品の分包紙が消耗部材であるのと比較すれば，芯管の耐用期間が相当長いことは明らかである。他方で，分包紙を費消した後は，新たに分包紙を巻き直すことがない限り，製品として使用することができないものであるから，分包紙を費消した時点で製品としての効用をいったんは喪失するものであるといえる。また，証拠（甲10）によれば，原告製品は，病院や薬局等で医薬品の分包に用いられることから高度の品質が要求されるものであり，厳密に衛生管理された自社工場内で製造されていることが認められる。同様に，証拠（甲12～14，乙5）によれば，被告製品も，被告が製造委託した工場において高い品質管理の下で製造されていることが認められる。これらのことからすれば，顧客にとって，原告製品（被告製品）は上記製品に占める分包紙の部分の価値が高いものであること，需要者である病院や薬局等が使用済みの芯管に分包紙を自ら巻き直すなどして再利用することはできないため，顧客にとって，分包紙を費消した後の芯管自体には価値がないことも認められる。そうすると，特許製品の属性としては，分包紙の部分の価値が高く，分包紙を費消した後の芯管自体は無価値なものであり，分包紙が費消された時点で製品としての本来の効用を終えるものということができる。芯管の部分が同一であったとしても，分包紙の部分が異なる製品については，社会的，経済的見地からみて，同一性を有する製品であるとはいいがたいものとい

うべきである。被告製品の製造において行われる加工及び部材の交換の態様及び取引の実情の観点からみても，使用済みの原告製品の芯管に分包紙を巻き直して製品化する行為は，製品の主要な部材を交換し，いったん製品としての本来の効用を終えた製品について新たに製品化する行為であって，かつ，顧客（製品の使用者）には実施することのできない行為であるといえる。以上によれば，使用済みの原告製品の芯管に分包紙を巻き直して製品化する行為は，製品としての本来の効用を終えた原告製品について，製品の主要な部材を交換し，新たに製品化する行為であって，そのような行為を顧客（製品の使用者）が実施することもできない上，そのようにして製品化された被告製品は，社会的，経済的見地からみて，原告製品と同一性を有するともいいがたい。これらのことからすると，被告製品は，加工前の原告製品と同一性を欠く特許製品が新たに製造されたものと認めるのが相当である。被告製品を製品化する行為が本件特許発明の実施（生産）にあたる旨の原告の主張には理由がある。」とした。「新たに製造」の要件の具体的あてはめを示した例として参考になろう。

　(b)　知財高判平27・11・12判時2287号91頁〔生海苔異物除去機事件〕は，特許権者である原告が，被告の製造・販売・輸出等している生海苔異物除去機（「被告装置」）が上記発明の技術的範囲に属すること，その部品の製造・販売等について間接侵害が成立すること，また，被告装置の部品「本件固定リング」や「板状部材」の交換行為が特許権侵害を構成すること等を主張して，被告に対し，被告装置やその部品の製造・販売・輸出等の差止め及びその廃棄，並びに部品交換行為等の差止めを求めるとともに，損害賠償等を請求した事案である。第一審判決は，結論として，特許権侵害を認め，差止・廃棄請求の一部を認容するとともに，損害賠償請求及び不当利得請求を一部認容した。両当事者が控訴したところ，控訴審判決も同様に特許権侵害を認め，差止めの範囲及び損害額を一部変更したほかはほぼ第一審判決と同じ内容の判決をした。知財高裁は，「一審被告が，ユーザーに対して，被告装置の補充部品として，本件固定リング及び本件板状部材を供給し，部品の交換を行っていることは，前提事実のとおり，当事者間に争いがないところ，一審原告は，被告装置に対して，効用を失った本件固定リング又は本件板状部材を，新しい本件固定リング又は本件板状部材に交換する行為を前提に，かかる行為の『生産』該当性を主張するものと解される。製品について加工や部材の交換をする行為であっても，当該製品の属性，特許発明の内容，加工及び部材の交換の態様のほか，取引の実情等も総合考慮して，その行為によって特許製品を新たに作り出すものと認められる

ときは，特許製品の『生産』（特許法2条3項1号）として，侵害行為に当たると解するのが相当である。本件固定リング及び本件板状部材は，被告装置の使用（回転円板の回転）に伴って摩耗するから，このような摩耗によって上記突出部を失い，共回り，目詰まり防止の効果を喪失した被告装置は，本件各発明の『共回りを防止する防止手段』を欠き，もはや『共回り防止装置』には該当しない。そうすると，『表面側の突出部』，『側面側の突出部』を失った被告装置について，新しい本件固定リング及び本件板状部材の両方，あるいは，いずれか一方を交換することにより，新たに『表面側の突出部』，『側面側の突出部』を設ける行為は，本件各発明の『共回りを防止する防止手段』を備えた『共回り防止装置』を新たに作り出す行為というべきであり，特許法2条3項1号の『生産』に該当する。」とした。

⑸　方法の発明の場合

　本件の上告受理申立て理由には方法の発明の消尽に関するものも含まれていたが，排除されており，判断は示されなかった。このため，方法の発明の消尽については，原審である知財高裁大合議判決がいまだリーディング・ケースということになる。

　知財高裁は，特許権者又は特許権者から許諾を受けた実施権者が，特許発明に係る方法の使用にのみ用いる物（特101条4号）又はその方法の使用に用いる物（我が国の国内において広く一般に流通しているものを除く。）であってその発明による課題の解決に不可欠なもの（同条5号）を譲渡した場合において，譲受人ないし転得者がその物を用いて当該方法の発明に係る方法の使用をする行為，及び，その物を用いて特許発明に係る方法により生産した物を使用，譲渡等する行為については，特許権者は，特許権に基づく差止請求権等を行使することは許されない。その理由は，①　譲受人は，これらの物，すなわち，専ら特許発明に係る方法により物を生産するために用いられる製造機器，その方法による物の生産に不可欠な原材料等を用いて特許発明に係る方法の使用をすることができることを前提として，特許権者からこれらの物を譲り受けるのであり，転得者も同様であるから，これらの物を用いてその方法の使用をする際に特許権者の許諾を要するということになれば，市場における商品の自由な流通が阻害されることになり，②　特許権者は，これらの物を譲渡する権利を事実上独占しているのであるから（特101条），将来の譲受人ないし転得者による特許発明に係る方法の使用に対する対価を含めてこれらの物の譲渡価額を決定することが可能であり，特許発明の公開の代償を確保する機会は保障されているからであるとしている。

(6)　特許製品の部材が譲渡された場合

　本件は，特許製品の全体が譲渡された場合に関するものであり，特許製品の部材が譲渡された場合については残された問題となっていた。この点を明らかにしたのが知財高判平26・5・16判タ1402号166頁〔アップル・サムスン事件〕である。同判決は，特許権者又は専用実施権者が，わが国において，特許製品の生産にのみ用いる物（第三者が生産し，譲渡する等すれば特許法101条1号に該当することとなるもの。以下「1号製品」。）を譲渡した場合には，当該1号製品について特許権はその目的を達成したものとして消尽し，もはや特許権の効力は，当該1号製品の使用，譲渡等には及ばず，特許権者は，当該1号製品がそのままの形態を維持する限りにおいては，当該1号製品について特許権を行使することは許されない。しかし，その後，第三者が当該1号製品を用いて特許製品を生産した場合においては，特許発明の技術的範囲に属しない物を用いて新たに特許発明の技術的範囲に属する物が作出されていることから，当該生産行為や，特許製品の使用，譲渡等の行為について，特許権の行使が制限されるものではない。

　なお，このような場合であっても，特許権者において，当該1号製品を用いて特許製品の生産が行われることを黙示的に承諾していると認められる場合には，特許権の効力は，当該1号製品を用いた特許製品の生産や，生産された特許製品の使用，譲渡等には及ばない。同様の理は，わが国の特許権者（関連会社などこれと同視するべき者を含む。）が国外において1号製品を譲渡した場合についても，同様にあてはまる。黙示に承諾をしたと認められるか否かの判断は，特許権者について検討されるべきものではあるが，1号製品を譲渡した通常実施権者が，特許権者から，その後の第三者による1号製品を用いた特許製品の生産を承諾する権限まで付与されていたような場合には，黙示に承諾をしたと認められるか否かの判断は，別途，通常実施権者についても検討することが必要となる，とした。

　小野先生は，実務家としてのお仕事がお忙しい中，神戸大学等において多くの学生大学院生をご指導され，また，工業所有権法学会とドイツ・マックスプランク研究所との交流に尽力されました。筆者は昭和63年（1988年）に神戸大学法学部に知的財産法分野の初めての専任教員として迎えていただきましたが，その際，小野先生という偉大な実質的前任者がおられることは，誇りでありまた身の引き締る思いでした。六甲山の2つの山荘のテラスで，これまでそしてこれからの知財の事事をお話いただいたのが昨日のことのようです。私が志半ばで去った後，幸いなこと

98 第1部 判例評釈

に，井上由里子，島並良，前田健と綺羅星のごとき俊英が神戸大学の知財を盛り上げてくれており，これもすべて，小野先生が築かれた礎あってのことと思います。先生にいただいた数々の御厚誼に感謝しますとともに，そのご冥福を心よりお祈りいたします。

映画の著作物の保護期間の延長に関する改正著作権法附則の解釈——映画『シェーン』事件

最高裁〔三小〕平成19年12月18日判決
〔平成19年（受）第1105号著作権侵害差止等請求事件〕
〔民集61巻9号3460頁〕
（第1審：東京地判平成18年10月6日民集61巻9号3500頁，原審：知財高判平成19年3月29日民集61巻9号3536頁）

国士舘大学法学部教授　**三　浦　正　広**

―――――――――― 事実の概要 ――――――――――

　本件は，米国において1953（昭和28）年5月27日に公開された映画『シェーン』（以下「本件映画」という。）が収録されたDVD商品の製造及び販売をめぐり，旧著作権法下で公表された映画の著作物の保護期間が公表後50年で満了するのか，それとも映画の著作物の保護期間を公表後70年に延長した改正著作権法（平成15（2003）年法律第48号）が適用されて70年まで延長されるのかが争われた事案である。

　映画DVDの製造，販売業者であるY（被告，被控訴人，被上告人）らは，本件映画の著作権の保護期間は，公表後50年を経過した2003（平成15）年12月31日に満了したのであるから，映画の著作物の保護期間を公表後70年に延長する改正著作権法の施行日である平成16年1月1日には著作権はすでに消滅しており，改正著作権法附則2条により，本件映画の保護期間が延長されることはないと主張した。

　改正著作権法附則2条は，「改正後の著作権法……第54条第1項の規定は，この法律の施行の際現に改正前の著作権法による著作権が存する映画の著作物について適用し，この法律の施行の際現に改正前の著作権法による著作権が消滅している映画の著作物については，なお従前の例による」とする経過措置を規定していた。

　これに対して，本件映画の著作権者であると主張するX（原告，控訴人，上告人）は，本件映画には，改正著作権法54条1項が適用され，公表後70年，すなわち，平成35年12月31日午後12時まで存続することになるから，本件映画の著作権は消滅していない，Yらの行為は本件映画の著作権（複製権及び頒布権）を侵害するとして，

100　第1部　判例評釈

Yらに対し，本件映画のマスターフィルムの廃棄，DVDの製造，販売の差止め，廃棄（著112条）及び損害賠償（民709条・719条1項）等を請求した。

　第1審の東京地裁[1]は，改正著作権法附則2条の解釈として，平成15年12月31日の保護期間が満了する映画の著作物には，改正著作権法54条1項は適用されず，本件映画の著作権は，平成15年12月31日が満了した時点で消滅していると判示してXの請求を棄却した。原審の知財高裁[2]も，地裁判決と同様の理由によりXの控訴を棄却したため，Xは，改正著作権法附則2条に関する原審の解釈には誤りがあるなどと主張して上告した[3]。

判　　旨

　上告棄却。

　「本件経過規定中の『……の際』という文言は，一定の時間的な広がりを含意させるために用いられることもあり，『……の際』という文言だけに着目すれば，『この法律の施行の際』という法文の文言が本件改正法の施行日である平成16年1月1日を指すものと断定することはできない。しかし，一般に，法令の経過規定において，『この法律の施行の際現に』という本件経過規定と同様の文言（以下『本件文言』という。）が用いられているのは，新法令の施行日においても継続することとなる旧法令下の事実状態又は法状態が想定される場合に，新法令の施行日において現に継続中の旧法令下の事実状態又は法状態を新法令がどのように取り扱うかを明らかにするためであるから，そのような本件文言の一般的な用いられ方（以下『本件文言の一般用法』という。）を前提とする限り，本件文言が新法令の施行の直前の状態を指すものと解することはできない。」

　「本件経過規定における本件文言についても，本件文言の一般用法と異なる用いられ方をしたものと解すべき理由はなく，『この法律の施行の際現に改正前の著作権法による著作権が存する映画の著作物』とあるのは，本件改正前の著作権法に基づく映画の著作物の保護期間が，本件改正法の施行日においても現に継続中である場合を指し，その場合は当該映画の著作物の保護期間については本件改正後の著作権法54条1項が適用されて原則として公表後70年を経過するまでとなることを明らかにしたのが本件経過規定であると解すべきである。そして，本件経過規定は，『この法律の施行の際現に改正前の著作権法による著作権が消滅している映画の著作物については，なお従前の例による』と定めているが，これは，本件改正法の施行日において既に保護期間の満了している映画の著作物については，本件改正前の

著作権法の保護期間が適用され，本件改正後の著作権法の保護期間は適用されない
ことを念のため明記したものと解すべきであり，本件改正法の施行の直前に著作権
の消滅する著作物について本件改正後の著作権法の保護期間が適用されないこと
は，この定めによっても明らかというべきである。したがって，本件映画を含め，
昭和28年に団体の著作名義をもって公表された独創性を有する映画の著作物は，本
件改正による保護期間の延長措置の対象となるものではなく，その著作権は平成15
年12月31日の終了をもって存続期間が満了し消滅したというべきである。」

<hr>

解　説

(1)　本判決の意義及び位置づけ

　本件の主要な論点は，旧著作権法下で公表され，平成15（2003）年12月31日で保
護期間が満了する映画の著作物について，公表後70年に延長する改正著作権法（平
成16年1月1日施行）が適用されるか否か，本件映画『シェーン』が「この法律の
施行の際現に改正前の著作権法による著作権が存する映画の著作物」（著附則2条）
に該当するか否か，その解釈が争われた事案である。

　本件のように，映画DVDの販売をめぐり，映画の著作物の保護期間の算定方法
について争いが生じた4件の事例がある。これらの事例は，公表後70年とする改正
著作権法の適用を否定し，保護期間の満了を認めた判例（『ローマの休日』事件*4
及び本件『シェーン』事件）と，映画の著作物の著作者を認定したうえで，著作者の
死亡時を算定して保護期間は満了していないとした判例（チャップリン事件及び黒澤
映画事件）に分類される。保護期間の満了を認めた前者の裁判例は，現行著作権法
54条1項の規定の趣旨と同様に，算定方法の例外として著作物の公表時を起算点と
して保護期間を算定しているのに対し，保護期間の満了を否定した後者の裁判例
は，映画の著作物の著作者を特定することができる場合に算定方法の原則に立ち返
り，著作者の死亡時を起算点として計算している。これら4件の事例に関する映画
は，いずれも旧著作権法下において公開されたものであり，保護期間の算定にあた
っては旧法が適用されることになる。後述するように，旧法における映画の著作物
の保護期間については現行著作権法とは大きく異なる構成となっている。しかも，
前者の裁判例では，保護期間の延長措置について定めた改正著作権法の附則（本件
経過規定）の解釈の問題が加わり，問題をより複雑なものとしている。さらに，前
者の裁判例の2つの事例においても，『ローマの休日』事件と『シェーン』事件と
ではその論点や理論構成が異なっている。本稿では，これら4件の判例を比較検討

102 第1部 判例評釈

しながら解説することとする*5。

(2) 旧著作権法における映画の著作物の保護期間

旧著作権法（明治32年法律第39号，以下「旧法」という。）22条の3は，「活動写真術又ハ之ト類似ノ方法ニ依リ製作シタル著作物……ノ保護ノ期間ニ付テハ独創性ヲ有スルモノニ在リテハ第3条乃至第6条……ノ規定ヲ適用シ」と規定し，映画の著作物の保護期間は，独創性の有無で区別され，独創性があるものについては，旧法3条に規定されている保護期間の原則にしたがい，著作者の生存間及びその死後30年間継続することになっていた（旧法22条の3後段）。そして，団体名義の著作物については「官公衙学校社寺協会会社其ノ他団体ニ於テ著作ノ名義ヲ以テ発行又ハ興行シタル著作物ノ著作権ハ発行又ハ興行ノトキヨリ30年間継続ス」と規定されていたが，著作権法の改正に伴う2度の暫定延長措置（昭和42年法律第87号，昭和44年法律第82号）により公表後33年まで保護されることになっていた（旧法6条）。その後，旧法は昭和46（1971）年1月1日施行の現行著作権法（昭和45年法律第48号）の制定により全部改正された。現行著作権法は，映画の著作物の保護期間を原則として公表後50年までの間存続すると定めるとともに，著作権法附則2条1項は，「改正後の著作権法……中著作権に関する規定は，この法律の施行の際現に改正前の著作権法……による著作権の全部が消滅している著作物については，適用しない」と規定していた。

したがって，昭和28（1953）年に団体の著作名義をもって公表された独創性を有する映画の著作物は，旧法により，公表後33年を経過するまで，すなわち昭和61（1986）年12月31日まで保護されることとなり，さらに，昭和46年1月1日施行の現行著作権法により，公表後50年を経過するまで，すなわち，平成15年12月31日まで保護されることとなった。そして，平成15年の著作権法改正（平成15年法律第48号）により，映画の著作物の保護期間は，原則として公表後70年を経過するまでの間存続することとなった（平成15年著作権法改正後の著54条1項）。

現行著作権法は，保護期間の起算点について，原則として著作者の死亡時を基準とするが，映画の著作物等については例外として公表時を基準とする（著54条1項）。また，映画の著作物の保護期間については，団体名義の著作物の保護期間に関する著作権法53条が適用されず（著54条3項），その公表名義が団体名義であっても，著作権法54条1項により，原則として公表後70年を経過するまでの間存続することになる。ところが，旧法には，保護期間の原則と例外，団体名義の著作物との関係に関する現行法のような明確な規定がないため，映画の著作物の公表名義との

関係において，その保護期間の起算点が著作者の死亡時か映画の公表時かは定かではなく，解釈に委ねられる＊6。

(3) 団体名義で公表された映画の著作物の著作権の保護期間

本件映画『シェーン』と同じく昭和28（1953）年に公開されたアメリカ映画『ローマの休日』『第十七捕虜収容所』のDVD商品について，その著作権の保護期間が満了しているかが争点となった『ローマの休日』事件では，当該映画が団体名義で公表された著作物であるかどうかについて議論されていない。当該映画について，判決は，平成16年1月1日から施行される改正著作権法が適用されることはなく，その著作権は，公表後50年にあたる平成15年12月31日の保護期間の満了とともに消滅していると判示していた。

映画『ローマの休日』及び『シェーン』は，いずれも昭和28（1953）年に公開されたアメリカ映画であり，両事件の原告はアメリカ合衆国カリフォルニア州の「パラマウント・ピクチュアズ・コーポレーション」である。これらの映画の著作物の保護期間については，平成16年（2004年）1月1日施行の改正著作権法が適用されることはなく，平成15年（2003年）12月31日の保護期間の満了とともに，その著作権は消滅するという結論は同じであると考えてよいが，『ローマの休日』事件では，映画の著作物の公表名義についての議論はなされていないのに対し，本件では，映画『シェーン』が，旧法下において団体の著作名義をもって公表された独創性を有する映画の著作物であるという前提で，その保護期間について議論が行われている。

旧法において，団体名義の著作物の保護期間は，「発行又ハ興行ノトキヨリ30年間」（旧法6条）とされ，自然人の場合より短期の保護期間が規定されていた＊7。映画の著作物が，必ずしも団体名義で公表されておらず，著作者を特定することが可能である場合は，その保護期間は著作者の死亡時を基準とすることは旧法の解釈としても可能である。後述するチャップリン事件及び黒澤映画事件において，判決は，それらの映画の著作物の著作者を認定し，著作者の死亡時を基準として保護期間を算定している。

本件映画『シェーン』が，平成15年著作権法改正法附則2条の経過規定における「この法律の施行の際現に改正前の著作権法による著作権が存する映画の著作物」として，改正後の著作権法54条1項の適用が認められるとすれば，その保護期間は平成35（2023）年12月31日まで存続することになるが，「この法律の施行の際現に改正前の著作権法による著作権が消滅している映画の著作物」として，改正後の著

104　第1部　判例評釈

作権法54条1項の適用が認められないとすれば，保護期間は延長されずに，平成15
年12月31日をもってその著作権はすでに消滅したことになる。

　これについて，著作権法の所管官庁である文化庁は，昭和28年に公表された映画
の著作物は，平成15年著作権法改正後の著作権法54条1項の規定の適用を受け，保
護期間が20年延長されるとの見解を示していた*8。ところが，本件『シェーン』
事件に先立ち，『ローマの休日』事件に関する東京地決平成18年7月11日は，文化
庁の見解とは異なり，当該映画の著作物の保護期間は平成15年12月31日で満了し，
平成16年1月1日から施行される改正著作権法が適用されて保護期間が延長される
ことはなく，その著作権は公表後50年の保護期間の満了とともに消滅するという判
断を示した*9。

　「本件映画の保護期間の終期の計算については，本件映画が公表された日の属す
る年の翌年である昭和29年から起算する（著57条）。そして，改正前の著作権法54
条1項によれば，映画の著作物の著作権は，公表後50年を経過するまでの間存続す
るから，年による暦法的計算をして（民143条1項），50年目に当たる平成15年が経
過するまでの間存続することになる。期間は，その末日の終了をもって満了する
（民141条）から，改正前の著作権法の下では，本件映画の著作権は，平成15年の末
日である同年12月31日の終了をもって，存続期間の満了により消滅する。

　本件改正法は，平成16年1月1日から施行され（附則1条），本件改正法附則2
条は，『この法律の施行の際』と規定しているところ，『施行の際』とは，附則1条
の施行期日を受けた平成16年1月1日を指すものである。そして，附則2条の規定
は，この法律の施行期日である平成16年1月1日において，現に改正前の著作権法
による著作権が存する映画の著作物か，又は，現に改正前の著作権法による著作権
が消滅している映画の著作物かによって適用を分ける趣旨のものと解される。

　本件映画の著作権は，改正前の著作権法によれば，上記のとおり，平成15年12月
31日の終了をもって存続期間が満了するから，本件改正法が施行された平成16年1
月1日においては，改正前の著作権法による著作権は既に消滅している。よって，
本件改正法附則2条により，本件改正法の適用はなく，なお従前の例によることに
なり，本件映画の著作権は，既に存続期間の満了により消滅したものといわざるを
得ない」と判示して文化庁の見解を否定した。

　⑷　旧著作権法の解釈における映画の著作物の著作者の認定可能性

　『シェーン』事件においては，団体名義で公表された映画の著作物の保護期間の
算定について，旧法6条を適用したものの，結果的には，平成15年の改正著作権法

による保護期間の70年延長は認められなかった。

ところが，その後のチャップリン事件*10及び黒澤映画事件*11において，判決は，それらの映画の著作物の著作者を認定し，著作者の死亡時を基準として保護期間を算定している。そして，それぞれの事件の著作者であるチャールズ・チャップリン及び黒澤明の死亡時を基準とすると，それら映画の著作物の保護期間は未だ満了していないという結論に至る。

チャールズ・チャップリンが制作し，1919年（大正8年）から1952年（昭和27年）にかけて公開された映画（『サニー・サイド』『街の灯』『モダン・タイムス』『独裁者』等9作品）の著作権者であるX（原告，被控訴人，被上告人）が，それらの映画を複製して販売した業者Y（被告，控訴人，上告人）に対し，複製権，頒布権侵害を理由に，複製，頒布の差止め，在庫品の廃棄及び損害賠償を請求した事案において，Xが，当該映画にはチャップリンの著作者名表示があり，その保護期間は，チャップリンの死後50年まで存続すると主張したのに対し，Yは，当該映画の著作権は映画製作会社に帰属し，旧法6条，52条2項により，公表後33年を経過した時点ですでに消滅していると主張した。

第1審の東京地裁は，当該各映画には「製作・監督・脚本・音楽：チャールズ・チャップリン」という説明や，「Written and Produced by CHARLES CHAPLIN」等のクレジット表示があることから，当該各映画はいずれもチャップリンが著作者であることを示すものと解されるので，旧法6条は適用されないと判示した。結論として，チャップリンは1977（昭和52）年12月25日に死亡しているので，その保護期間は，旧法9条により，死亡の翌年から起算して38年間，すなわち2015（平成27）年12月31日まで保護されるとして，Xの請求をほぼ認容した*12。原審の知財高裁も，「本件9作品は，いずれも，チャップリンが映画著作物の全体的形成に創作的に寄与した者であって，チャップリンが旧法3条の『著作者』に当たるものというべきであり，しかも，団体の著作名義をもって公表された著作物であるともいえないから，映画『シェーン』の場合とは事案を異にするものであって，これと同列に論ずることはできない」と判示して，第1審判決と同様の結論を導いている*13。

Yは，当該各映画の著作者は団体たる映画製作会社のみであり，仮にそうでないとしても，各映画は団体の著作名義で公表されたものであるから，旧法による著作権の存続期間については，旧法6条が適用され，各映画の著作権は，存続期間の満了により消滅したと主張して上告した。

106 第1部 判例評釈

これについて最高裁は，まず旧法下における映画の著作物の著作者について，「旧法の下において，著作物とは，精神的創作活動の所産たる思想感情が外部に顕出されたものを意味すると解される。そして，映画は，脚本家，監督，演出者，俳優，撮影や録音等の技術者など多数の者が関与して創り出される総合著作物であるから，旧法の下における映画の著作物の著作者については，その全体的形成に創作的に寄与した者がだれであるかを基準として判断すべきであって，映画の著作物であるという一事をもって，その著作者が映画製作者のみであると解するのは相当ではない。また，旧法の下において，実際に創作活動をした自然人ではなく，団体が著作者となる場合があり得るとしても，映画の著作物につき，旧法6条によって，著作者として表示された映画製作会社がその著作者となることが帰結されるものでもない。同条は，その文言，規定の置かれた位置にかんがみ，飽くまで著作権の存続期間に関する規定と解すべきであり，団体が著作者とされるための要件及びその効果を定めたものと解する余地はない。……本件各映画については，チャップリンがその全体的形成に創作的に寄与したというのであり，チャップリン以外にこれに関与した者の存在はうかがわれないから，チャップリンがその著作者であることは明らかである。」と述べ，さらに，そのような映画の著作物の保護期間について，「著作者が自然人である著作物の旧法による著作権の存続期間については，当該自然人が著作者である旨がその実名をもって表示され，当該著作物が公表された場合には，それにより当該著作者の死亡の時点を把握することができる以上，仮に団体の著作名義の表示があったとしても，旧法6条ではなく旧法3条が適用され，上記時点を基準に定められると解するのが相当である。……本件各映画は，自然人であるチャップリンを著作者とする独創性を有する著作物であるところ，……本件各映画には，それぞれチャップリンの原作に基づき同人が監督等をしたことが表示されているというのであるから，本件各映画は，自然人であるチャップリンが著作者である旨が実名をもって表示されて公表されたものとして，その旧法による著作権の存続期間については，旧法6条ではなく，旧法3条1項が適用されるというべきである」と述べ，原判決と同様に，保護期間は，著作者であるチャップリンの死後38年，すなわち2015（平成27）年12月31日まで存続すると判示した[14]。

著作権法の原則では，著作者は「著作物を創作する者」であるが（著2条1項2号），総合芸術といわれる映画の製作にあたっては数多くの者が関与するため，現行法は著作者を明確化するために例外規定を設け，「映画の著作物の著作者は，……制作，監督，演出，撮影，美術等を担当してその映画の著作物の全体的形成に

創作的に寄与した者」と規定した（著16条）。また，劇場用映画の製作には巨額の製作費が投じられることから，権利者の利害対立による市場流通が阻害されないように，映画の著作物の著作権は，映画の製作について発意と責任を有する映画製作者に帰属することとされている（著2条1項10号・29条）。そして，最高裁は，旧法における映画の著作物の著作者の解釈においても，この現行法の規定を準用した解釈論を展開する。

　すなわち，これらチャップリン映画の特徴として，いずれもチャップリンが原作，脚本，制作ないし監督，演出，主演等を単独で行い，その発案から完成に至るまでの制作活動のほとんどすべてをチャップリンが行っており，その内容においても，チャップリン自身の演技，演出等を通じて，彼の思想，感情が顕著に表現されている。このような映画製作の実態を見極めたうえで，最高裁は，当該各映画の全体的形成に創作的に寄与した者はチャップリンであると認定した。

　前述したように，現行法では，映画の著作物が団体名義であると否とにかかわらず，著作権法54条1項の規定が適用され，公表後70年間保護されることになっている。ところが，旧法では映画の著作物の独創性の有無及び公表名義の相違によってその保護期間が異なる。

　なお，現行法施行前に公表された映画の著作物の著作権の保護期間については，権利者の既得権を保護する必要から，旧法による保護期間（著作者の死後38年）が新法による保護期間より長いときは，より長い旧法の保護期間に関する規定が適用されることとなっている（著附則7条）。同様に，平成15年の著作権法改正においても，附則3条（平成15年法律第85号）により，旧法が適用される映画の著作物について，旧法による著作権の保護期間が，この改正法による保護期間（公表後70年）より長くなるときは，より長いほうの保護期間が適用されることになっている。したがって，当該事件の原判決が判示しているように，著作物としての独創性を有するとされた当該各映画の著作者がチャップリンであることが認定されると，その保護期間の起算点はチャップリンの死亡時ということになり，保護期間は2015（平成27）年12月31日まで存続することになる[15]。

　旧法の解釈においても，保護期間の満了により著作物が公有となる場合も含めて，著作者の利益は，その著作物の公正な利用との関係において保護され得るものである。そのような意味においても，現行法の立法趣旨及び旧法との関係についての経過規定を踏まえた最高裁判決の結論及び理由づけは，この事件のような旧法におけるいわゆる劇場用映画の保護期間に関する解釈としては合理的な解釈であると

108　第1部　判例評釈

いえよう。

　また，このチャップリン事件と同様に，黒澤明監督の映画『静かなる決闘』（昭和24（1949）年公表）及び『羅生門』（昭和25（1950）年公表）のDVD商品の販売に関し，当該映画著作物の保護期間が満了しているか否かについて旧法の解釈が問題となった事案において，知財高裁は＊16，第1審の判決とほぼ同様に＊17，まず旧法における映画の著作物の著作者について，「著作者となり得る者は原則として自然人であり，これを前提として上記の劇場用映画の製作実態を踏まえて旧著作権法の下における映画の著作物の著作者となるべき者を検討するならば，少なくとも制作，監督，演出，撮影，美術等を担当して映画の著作物の全体的形成に創作的に寄与した者は，当該映画の著作物の著作者であると解するのが相当であり，新著作権法附則4条の規定もこのような解釈を妨げる趣旨のものではない……。……そして，黒澤監督は本件映画の監督を務め，脚本の作成にも参加するなどしており，本件映画は黒澤監督の一貫したイメージに沿って製作されたものであると認められる……から，黒澤監督は本件映画の全体的形成に創作的に寄与した者であり，著作者の一人であると認められる」と判示した。

　次に，当該映画の保護期間の算定について，「本件映画における『大映株式會社製作』との表示は映画製作者が旧大映であることを示すものであり，『監督黒澤明』との表示が本件映画の著作者を示すものであると認めるのが相当であるから，本件映画は著作者の実名を表示して興行された著作物であり，旧著作権法6条にいう団体名義の著作物に当たらない……。したがって，本件映画の著作権の存続期間は，旧著作権法3条が適用されるものと解される。……そして，本件映画が独創性を有する映画の著作物であること，黒澤監督が平成10年に死亡したことは当事者間に争いがないから，本件映画の著作権の存続期間は，旧著作権法によれば，22条の3，3条，9条，52条1項により，少なくとも著作者の1人である黒澤監督の死亡した年の翌年である平成11年から起算して38年間存続するので，平成48年12月31日まで存続する」という判断を示した＊18。

　なお，平成30（2018）年12月30日にTPP（環太平洋パートナーシップ）協定が発効すると同時に，保護期間を延長する改正著作権法（平成28年法律第108号）が施行され，著作権の保護期間は，原則として著作者の死後70年まで存続することとなった（著51条2項）。

〔注〕

＊1　東京地判平18・10・6民集61巻9号3500頁。

＊ 2　知財高判平19・3・29民集61巻9号3536頁。

＊ 3　本件最高裁判決の評釈・解説として，宮坂昌利・ジュリ1358号162頁，蘆立順美・知管58巻9号1199頁，辰巳直彦・判時2011号193頁，吉田和彦・法律のひろば61巻11号66頁，蘆立順美・平成19年度重判解（ジュリ臨時増刊1354号）295頁，久々湊伸一・知的財産法研究50号1号16頁，宮坂昌利・曹時62巻1号269頁，今村哲也・速報判例解説（法セ増刊）3号235頁，坂本三郎・平成20年度重判解（別冊判夕25号）242頁，野口祐子・著作権判例百選〔第4版〕（別冊ジュリ198号）156頁，作花文雄・コピライト588号14頁，宮坂昌利・ジュリ増刊〔最高裁時の判例6平成18～20年〕442頁，宮坂昌利・最判解民事篇平成19年度（下）940頁，山口敦子・法と政治（関西学院大学）62巻4号197頁。

＊ 4　東京地決平18・7・11判時1933号68頁〔『ローマの休日』事件〕。

＊ 5　半田正夫＝松田政行編『著作権法コンメンタール2〔第2版〕』（勁草書房，2015年）第53条および第54条〔三浦正広〕参照。

＊ 6　この旧著作権法における映画の著作物の保護期間の解釈の不明確さに基づく誤認について，過失の有無が争われた事例がある。〔暁の脱走事件〕＝東京地判平21・6・17判夕1305号247頁，知財高判平22・6・17裁判所ホームページ，最判平24・1・17判時2144号115頁，知財高判平24・5・9（差戻控訴審）判時2162号118頁。

＊ 7　この旧著作権法6条の趣旨について，「団体には自然人の如く生死を考え得られないから，この場合も法律は，発行又は興行した時から30年間と言う短期保護期間を適用することにしている（著作権法第6条）。団体にも自然人の死に相当する解散ということが考えられるが，もし法人が解散しなければ保護期間は永久と言うことになって不合理であるから，上記の如き建前とせざるを得ないのである。団体名義で発行した著作物中に数個の論文があるとして，そのうちに著作者の実名を掲げた論文がありとせば，当該論文には上記の短期保護期間が適用されないで，長期の原則期間の適用を見る。……そこで法律は，単に団体名義だけで発行されて，自然人の著作者名が掲げられていない出版物が存立することを想定して，保護期間に関してのみ第6条の規定を設けたものと考える」という説明がなされている（小林尋次『現行著作権法の立法理由と解釈－著作権法全文改正の資料として－』（文部省，1958年）198頁。

＊ 8　文化庁長官官房著作権課「著作権法の一部を改正する法律について」コピライト508号（2003年）24頁。

＊ 9　東京地決平18・7・11判時1933号68頁〔『ローマの休日』事件〕。

＊10　〔チャップリン事件〕＝東京地判平19・8・29判時2021号108頁（一部認容，一部棄却），知財高判平20・2・28判時2021号96頁（控訴棄却）及び最決平21・10・8判時2064号120頁（上告棄却）。

＊11　〔黒澤映画事件（原告：東宝）〕＝東京地判平19・9・14裁判所ホームページ（請求認容），知財高判平20・7・30裁判所ホームページ（控訴棄却）及び最決平21・10・8（棄却，不受理），〔黒澤映画事件（原告：角川映画）〕＝東京地判平19・9・14判時1996号123頁（請求認容），知財高判平20・7・30判夕1301号280頁（控訴棄却）及び最決平21・10・8（棄却，不受理）。

110 第1部 判例評釈

＊12　東京地判平19・8・29判時2021号108頁。第1審評釈として，吉田正夫＝狩野雅
　　澄・コピライト562号49頁。

＊13　知財高判平20・2・28判時2021号96頁。原審評釈として，吉田正夫＝狩野雅澄・コ
　　ピライト573号30頁，小松陽一郎・知管59巻8号1035頁，道垣内正人・ジュリ1395号
　　172頁，金子敏哉・著作権判例百選〔第4版〕（別冊ジュリ198号）158頁。

＊14　最判平21・10・8判時2064号120頁。最高裁判決に関する評釈として，生田哲郎＝
　　森本晋・発明106巻12号38頁，三浦正広・平成21年度重判解（ジュリ臨時増刊1398
　　号）306頁，作花文雄・コピライト588号14頁，内田剛・東海法学44号1頁，三浦正
　　広・民商143巻3号378頁。

＊15　ただし，当該各映画のうち『殺人狂時代』（1947年公開）及び『ライムライト』
　　（1952年公開）の2作品については，旧法による著作権の存続期間が満了する日が平
　　成15年改正法54条1項の規定による期間の満了する日よりも前の日となるので，同法
　　附則3条は適用されず，それぞれ2017年，2022年12月31日まで存続するものとされ
　　た。

＊16　知財高判平20・7・30判タ1301号280頁。

＊17　東京地判平19・9・14（原告：角川映画）判時1996号123頁。評釈として，吉田正
　　夫＝狩野雅澄・コピライト562号49頁，駒田泰土・速報判例解説（法セ増刊）2号283
　　頁。同じく黒澤映画事件（原告：東宝）に関する東京地判平19・9・14裁判所ホーム
　　ページもこの判決と同旨である。

＊18　平成15年改正著作権法によると，54条1項，附則2条（平成15年法律第85号）及び
　　著作権法附則7条（昭和45年法律第48号）により，当該映画の著作権は公表の年の翌
　　年から70年間存続するので，『静かなる決闘』は令和元年12月31日まで，『羅生門』は
　　令和2年12月31日まで存続することとなる。そうすると，平成15年改正著作権法附則
　　3条により，これらの映画の著作権は，少なくとも令和18年12月31日まで存続するこ
　　ととなる。この控訴審に関する評釈として，吉田正夫＝狩野雅澄・コピライト573号
　　30頁，大西勝滋・平成21年度主判解（別冊判タ29号）268頁。なお，上告は棄却，不
　　受理となっている（最決平21・10・8判例集未登載）。

10 特許法104条の3に基づく請求棄却判決と上告審係属中に確定した訂正審決の関係——ナイフの加工装置事件

| 最高裁〔一小〕平成20年4月24日判決
〔平成18年（受）第1772号特許権に基づく製造販売禁止等請求事件〕
〔民集62巻5号1262頁・判時2068号142頁・判タ1317号130頁〕

大阪大学大学院高等司法研究科教授　茶　園　成　樹

事実の概要

　Xは，発明の名称を「ナイフの加工装置」とする特許権（以下，この特許を「本件特許」といい，この特許権を「本件特許権」という。）を有している。他方，Y_1は，自動刃曲加工システム（以下「本件製品」という。）を製造，販売し，Y_2は，これをY_1から購入して販売している。

　Xは，本件特許権に基づき，Yらに対し，本件製品の製造，販売の差止め・損害賠償を求める本件訴訟を提起した。Xは，当初，本件製品は願書に添付した明細書（以下「本件明細書」という。）の特許請求の範囲の請求項1（以下「請求項1」という。）に係る発明（以下「第1発明」という。）の技術的範囲に属する旨主張し，Yらは，第1発明に係る特許には明らかな無効理由があり，本件特許権に基づく差止め・損害賠償の請求は権利の濫用に当たる旨主張した。なお，Y_1は，上記特許について無効審判を請求したところ，審判官は，第1発明についての特許を無効とする旨の審決をした。

　Xは，本件製品は本件明細書の特許請求の範囲の請求項5（以下「請求項5」という。）のうち請求項1を引用する部分に係る発明（以下「第5発明」という。）の技術的範囲にも属する旨を追加的に主張した。Yらは，上記主張は時機に後れた攻撃防御方法として却下されるべきである旨主張するとともに，第5発明に係る特許についても明らかな無効理由がある旨主張した。

　第1審（大阪地判平16・10・21（平13（ワ）9403号））は，本件製品が第1発明・第

112 第1部 判例評釈

5発明の技術的範囲に属するか否かについて判断することなく，第1発明に係る特許・第5発明に係る特許には特許法123条1項1号の無効理由が存在することが明らかであり，本件特許権に基づく差止め・損害賠償の請求は権利の濫用に当たり許されないとして，Xの請求をいずれも棄却する旨の判決を言い渡した。

　Xは，第1審判決に対して控訴をした上，請求項5について，特許請求の範囲の減縮を目的とする訂正審判請求をした。Yらは，第1発明に係る特許・第5発明に係る特許には明らかな無効理由が存在する旨主張したが，裁判所法等の一部を改正する法律（平成16年法律第120号）が施行され，特許法104条の3が本件に適用されるようになったことに伴い，Yらの上記主張は，同条1項に基づく主張として取り扱われた。

　Xは，上記訂正審判請求を取り下げ，請求項5について，再度，訂正審判請求をした。また，Xは，第1発明についての特許に係る無効審決が確定したことから，本件製品が第1発明の技術的範囲に属する旨の主張を撤回した。これにより，本件訴訟における審理の対象は，第5発明に係る特許のみということになった。

　上記訂正審判請求について，審判官は，請求不成立審決を行い，Xは，同請求を取り下げた。原審が口頭弁論を終結した後，Xは，3度目の訂正審判請求をした。

　原審（大阪高判平18・5・31（平16（ネ）3586号））は，Xの控訴をいずれも棄却する旨の判決を言い渡した。原判決は，本件製品が第5発明の技術的範囲に属するか否かについて判断することなく，第5発明に係る特許には無効理由が存在することが明らかであって，特許無効審判により無効にされるべきものと認められるから，XはYらに対して本件特許権を行使できない（特104条の3第1項）旨判示したものである。

　Xは，平成18年6月16日，上告・上告受理の申立てをした。そして，同月26日，3度目の訂正審判請求を取り下げ，同日付け審判請求書により，4度目の訂正審判請求をした。また，同年7月7日，上記訂正審判請求を取り下げ，同日付け審判請求書により，請求項5について，特許請求の範囲の減縮及び明りょうでない記載の釈明を目的として，5度目の訂正審判請求（以下「本件訂正審判請求」という。）をした。審判官は，審理の結果，同年8月29日，本件明細書の訂正をすべき旨の審決（以下「本件訂正審決」という。）をし，同審決はそのころ確定した。本件訂正審決は，請求項5のうち請求項1を引用していた部分の訂正（以下「本件訂正」という。）を含むものであって，本件訂正に関しては特許請求の範囲の減縮に当たる。

　Xは，本件の上告受理申立て理由書の提出期間内に本件訂正審決が確定し，請求

項5に係る特許請求の範囲が減縮されたという本件の事実関係の下では，原判決の基礎となった行政処分が後の行政処分により変更されたものとして，民事訴訟法338条1項8号に規定する再審事由があるといえるから，原判決には判決に影響を及ぼすことが明らかな法令の違反がある（民訴325条2項）と主張した。

判　　旨

上告棄却。

(1)　**再審事由の存否について**

「原審は，本件訂正前の特許請求の範囲の記載に基づいて，第5発明に係る特許には特許法29条2項違反の無効理由が存在する旨の判断をして，Yらの同法104条の3第1項の規定に基づく主張を認め，Xの請求を棄却したものであり，原判決においては，本件訂正後の特許請求の範囲を前提とする本件特許に係る無効理由の存否について具体的な検討がされているわけではない。そして，本件訂正審決が確定したことにより，本件特許は，当初から本件訂正後の特許請求の範囲により特許査定がされたものとみなされるところ（特許法128条），前記のとおり本件訂正は特許請求の範囲の減縮に当たるものであるから，これにより上記無効理由が解消されている可能性がないとはいえず，上記無効理由が解消されるとともに，本件訂正後の特許請求の範囲を前提として本件製品がその技術的範囲に属すると認められるときは，Xの請求を容れることができるものと考えられる。そうすると，本件については，民訴法338条1項8号所定の再審事由が存するものと解される余地があるというべきである」。

(2)　**特許法104条の3について**

「しかしながら，仮に再審事由が存するとしても，以下に述べるとおり，本件においてXが本件訂正審決が確定したことを理由に原審の判断を争うことは，XとYらとの間の本件特許権の侵害に係る紛争の解決を不当に遅延させるものであり，特許法104条の3の規定の趣旨に照らして許されないものというべきである」。

(a)　「特許法104条の3第1項の規定が，特許権の侵害に係る訴訟（以下『特許権侵害訴訟』という。）において，当該特許が特許無効審判により無効にされるべきものと認められることを特許権の行使を妨げる事由と定め，当該特許の無効をいう主張（以下『無効主張』という。）をするのに特許無効審判手続による無効審決の確定を待つことを要しないものとしているのは，特許権の侵害に係る紛争をできる限り特許権侵害訴訟の手続内で解決すること，しかも迅速に解決することを図ったもの

114　第1部　判例評釈

と解される。そして，同条2項の規定が，同条1項の規定による攻撃防御方法が審理を不当に遅延させることを目的として提出されたものと認められるときは，裁判所はこれを却下することができるとしているのは，無効主張について審理，判断することによって訴訟遅延が生ずることを防ぐためであると解される。このような同条2項の規定の趣旨に照らすと，無効主張のみならず，無効主張を否定し，又は覆す主張（以下『対抗主張』という。）も却下の対象となり，特許請求の範囲の減縮を目的とする訂正を理由とする無効主張に対する対抗主張も，審理を不当に遅延させることを目的として提出されたものと認められれば，却下されることになるというべきである」。

(b)　「Xは，第1審においても，Yらの無効主張に対して対抗主張を提出することができたのであり，上記特許法104条の3の規定の趣旨に照らすと，少なくとも第1審判決によって上記無効主張が採用された後の原審の審理においては，特許請求の範囲の減縮を目的とする訂正を理由とするものを含めて早期に対抗主張を提出すべきであったと解される。そして，本件訂正審決の内容やXが1年以上に及ぶ原審の審理期間中に2度にわたって訂正審判請求とその取下げを繰り返したことにかんがみると，Xが本件訂正審判請求に係る対抗主張を原審の口頭弁論終結前に提出しなかったことを正当化する理由は何ら見いだすことができない。したがって，Xが本件訂正審決が確定したことを理由に原審の判断を争うことは，原審の審理中にそれも早期に提出すべきであった対抗主張を原判決言渡し後に提出するに等しく，XとYらとの間の本件特許権の侵害に係る紛争の解決を不当に遅延させるものといわざるを得ず，上記特許法104条の3の規定の趣旨に照らしてこれを許すことはできない」。

本判決には泉徳治判事の意見が付されている。

解　説

(1)　はじめに

本判決は，特許権侵害訴訟の被告による特許法104条の3第1項に基づく無効主張を採用して特許権者の請求を棄却した控訴審判決がされた後に，当該特許権に係る特許請求の範囲の減縮を目的とする訂正審判が請求され，その訂正を認める審決が確定した場合において，それが再審事由となる余地を認めながら，特許法104条の3の趣旨に照らし，特許請求の範囲の減縮を目的とする訂正を理由とする無効主張に対する対抗主張も，審理を不当に遅延させることを目的として提出されたもの

と認められれば，却下されるべきであると解して，訂正審決が確定したことを理由に控訴審の判断を争うことは，原審の審理中にそれも早期に提出すべきであった対抗主張を原判決言渡し後に提出するに等しく，これを許すことはできないとしたものである。

(2)　無効の抗弁と訂正の再抗弁

(a)　**無効の抗弁**

かつては，一般的に，行政行為の公定力や特許庁と裁判所の権限分配論に基づいて，特許権に無効理由が存在する場合であっても，無効審判における無効審決が確定しない限り，当然その効力を失うものではなく，侵害訴訟を審理する裁判所において特許の有効性を判断することはできないと解されていた。

これに対して，最判平12・4・11民集54巻4号1368頁〔キルビー事件〕は，「特許の無効審決が確定する以前であっても，特許権侵害訴訟を審理する裁判所は，特許に無効理由が存在することが明らかであるか否かについて判断することができると解すべきであり，審理の結果，当該特許に無効理由が存在することが明らかであるときは，その特許権に基づく差止め，損害賠償等の請求は，特段の事情がない限り，権利の濫用に当たり許されないと解するのが相当である」と判示した。そして，具体的判断として，「本件特許には無効理由が存在することが明らかであり，訂正審判の請求がされているなど特段の事情を認めるに足りないから，本件特許権に基づく損害賠償請求が権利の濫用に当たり許されない」とした。この抗弁は，「キルビー抗弁」と呼ばれるのが通例である。そして，平成16年の裁判所法等の一部を改正する法律による改正によって，キルビー事件最判の考え方を発展的に明文化するものとして，特許が「特許無効審判により無効にされるべきものと認められるとき」は，その特許権を行使することはできないとする，いわゆる「無効の抗弁」を定める特許法104条の3が新設された。

(b)　**訂正の再抗弁**

キルビー事件最判は，無効理由の存在が明らかであれば，「特段の事情がない限り」，権利濫用に当たると述べており，「特段の事情」として，「訂正審判の請求がされている」ことを例示している。よって，特許が無効理由を有していても，訂正審判請求又は訂正請求がされていて，その訂正が認められて無効理由が解消し，訂正後の特許請求の範囲に被疑侵害物件（方法）が含まれることになるような場合には，キルビー抗弁は認められないことになる*1。このような訂正の取扱いは，無効の抗弁の場合も，キルビー抗弁の場合と同様になると解されており，通常，「訂

正の再抗弁」と呼ばれている。

訂正の再抗弁の要件は，一般的に，①適法な訂正審判請求又は訂正請求が行われていること，②その訂正によって，被疑侵害者が主張している無効理由が解消されること，③被疑侵害物件（方法）が訂正後の特許発明の技術的範囲に属することである[2]。

上記①の要件について，本判決は何も述べていないが，泉徳治判事の意見では，無効の抗弁を成立させるためには，既に無効審判が請求されているまでの必要がないことと同様に，無効の抗弁の成立を妨げるためには，既に訂正審判を請求しているまでの必要はないと述べられている。しかしながら，学説上も，侵害訴訟で審理される訂正が実際に行われることを促すために，適法な訂正審判請求又は訂正請求が行われていることを要求する見解が多い[3]。ただし，平成23年改正によって訂正を行う機会が限定されていることを考慮して，近時の下級審裁判例には，「特許権者による訂正請求等が法律上困難である場合には，公平の観点から，その事情を個別に考察し，適法な訂正請求等を行っているとの要件を不要とすべき特段の事情が認められるときには，当該要件を欠く訂正の再抗弁の主張も許される」と述べるものがある[4]。また，最判平29・7・10民集71巻6号861頁〔シートカッター事件〕は，訂正審判請求・訂正請求をすることができなかったという事情が存在した事案において，現に訂正審判請求・訂正請求をしていなくても訂正の再抗弁を主張することができる場合があることを示した。

(3) **再審事由の存否について**

(a) **本判決の検討**

以前は，侵害訴訟で特許権者の請求を認容する判決が確定し，その後，無効審決が確定した場合には，民事訴訟法338条1項8号が定める再審事由（「判決の基礎となった民事若しくは刑事の判決その他の裁判又は行政処分が後の裁判又は行政処分により変更されたこと」）になるものと解されていた[5]。よって，この場合，被疑侵害者は確定判決を取り消して請求棄却判決を得ることができる。また，侵害訴訟が上告審係属中に無効審決が確定した場合には，上告審において破棄判決を得ることができる。

この点は，侵害訴訟において特許の有効性が審理できないとされていた時代には異論はなかったが，上記のようにキルビー事件判決及び平成16年改正により被疑侵害者が特許の有効性を争うことができるようになってからは，侵害訴訟の請求棄却判決の確定後に無効審判請求不成立審決が確定した場合に再審事由に当たらないと

解されることとの均衡等を考慮して，請求認容判決の確定後に無効審決が確定した場合にも再審事由となることを否定的に解する見解も主張されるようになった*6。

　侵害訴訟の請求認容あるいは請求棄却判決が確定した後に，無効審決ではなく，特許請求の範囲を減縮する訂正審決が確定した場合に再審事由になるかどうかについても類似の問題がある*7。

　こうした中で，本件では，無効の抗弁に基づく請求棄却判決が上告された後に，特許請求の範囲を減縮する訂正審決が確定した場合における再審事由の存否が問題となったのであるが，本判決は，「本件については，民訴法338条１項８号所定の再審事由が存するものと解される余地があるというべきである」，「仮に再審事由が存するとしても」と述べて，再審事由が存在するかどうかについて明確にしなかった*8。その理由として，調査官解説では，特許権者が訂正審決が確定したため再審事由が存するとして控訴審の判断を争うことは，以下に検討するように，104条の３の趣旨に反し許されないとされたことから，この点についてあえて判断を示す必要がなかったためと考えられると説明されている*9。

(b)　本判決以後の動きについて

　侵害訴訟の判決確定後に無効審決や訂正審決が確定した場合に再審事由の存在が認められることになると，紛争が蒸し返され，侵害訴訟における審理の充実に反することとなる。そこで，平成23年改正により，104条の４が新設され，侵害訴訟・補償金請求訴訟の終局判決が確定した後に，無効審決・訂正審決等が確定したときは，当該訴訟の当事者であった者は，当該終局判決に対する再審の訴え等において，当該審決等が確定したことを主張することができないと規定された。

　再審の訴え等において確定したことを主張することができない，「当該特許の願書に添付した明細書，特許請求の範囲又は図面の訂正をすべき旨の決定又は審決」は，①「特許法第104条の４に規定する訴訟の確定した終局判決が当該特許権者，専用実施権者又は補償金の支払の請求をした者の勝訴の判決である場合」においては，「当該訴訟において立証された事実以外の事実を根拠として当該特許が同法第114条第２項の取消決定により取り消されないようにするためのものである決定又は特許無効審判により無効にされないようにするためのものである審決」，②「特許法第104条の４に規定する訴訟の確定した終局判決が当該特許権者，専用実施権者又は補償金の支払の請求をした者の敗訴の判決である場合」においては，「当該訴訟において立証された事実を根拠として当該特許が同法第114条第２項の取消決定により取り消されないようにするためのものである決定又は特許無効審判により

118　第1部　判例評釈

無効にされないようにするためのものである審決」である（特104条の4第3号，特施令8条）。これらの明細書等の訂正をすべき旨の決定・審決が，侵害訴訟の判決確定後に確定しても，侵害訴訟の当事者であった者は，そのような決定・審決が確定したことを主張することができず，再審事由があるといえないことになるため，再審開始の決定を受けることができず（民訴346条1項参照），再審請求をしても決定により棄却されることとなる（民訴345条2項）。

　104条の4は侵害訴訟等の判決確定後に審決等が確定した場合を対象としており，本件のような，侵害訴訟等の上告審係属中に審決等が確定した場合は対象としていない。その場合の取扱いは裁判所の判断に委ねられたのである＊10。

　この点について，前掲シートカッター事件最判は，侵害訴訟において口頭弁論終結時までに訂正の再抗弁を主張することなく敗訴した特許権者が，上告審係属中に特許請求の範囲の減縮を目的とする訂正審判を請求し，訂正審判が確定した場合において，訂正審決の確定により再審事由があるといえるから，原判決には判決に影響を及ぼすことが明らかな法令の違反があると主張した事案において，「特許権者が，事実審の口頭弁論終結時までに訂正の再抗弁を主張しなかったにもかかわらず，その後に訂正審決等が確定したことを理由に事実審の判断を争うことは，訂正の再抗弁を主張しなかったことについてやむを得ないといえるだけの特段の事情がない限り，特許権の侵害に係る紛争の解決を不当に遅延させるものとして，特許法104条の3及び104条の4の各規定の趣旨に照らして許されないものというべきである」と判示した。

　この判決は，本判決と同じく，侵害訴訟の上告審係属中に訂正審決が確定した場合の再審事由の存否について明らかにしなかった。そのうえ，本判決に類似して，訂正審決の確定を理由に事実審の判断を争うことは，104条の3及び104条の4の趣旨に照らし許されないと判断した。

⑷　特許法104条の3について

　特許法104条の3第2項は，同条1項による攻撃・防御の方法については，民事訴訟法157条とは異なり，時機に後れたものでなくても，審理を不当に遅延させることを目的として提出されたものと認められるときは，裁判所は却下することができると規定している。無効の抗弁の濫用的な提出を防止して，紛争の迅速な解決が阻害されないようにするものである＊11。この目的の達成のためには，無効の抗弁だけでなく，訂正の再抗弁についても濫用防止が図られる必要がある。そのため，本判決が「特許請求の範囲の減縮を目的とする訂正を理由とする無効主張に対する

対抗主張も，審理を不当に遅延させることを目的として提出されたものと認められれば，却下されることになる」と述べたことは，妥当である。この点は，シートカッター事件最判も踏襲している。

　そして，本判決は，原審の審理において早期に対抗主張を提出すべきであったとしたうえで，Xが対抗主張を原審の口頭弁論終結前に提出しなかったことを正当化する理由は何ら見出すことができないことに基づいて，訂正審決の確定を理由として原審の判断を争うことは許されないと判断した。これに対して，学説の多くは，訂正の再抗弁については，これが特許請求の範囲の減縮という重大な効果を生じるものであることや訂正後の特許請求の範囲の記載内容を具体的表現により画定しなければならないこと等を考慮して，「審理を不当に遅延させることを目的」としたものかどうかの判断は慎重に行うべきであると主張し，本判決の判断に批判的である[12]。

　もっとも，その後のシートカッター事件最判では，特段の事情がない限り，訂正審判が確定したことを理由に事実審の判断を争うことは許されないと述べられた。「特段の事情」とは，「事実審の口頭弁論終結時までに訂正の再抗弁を主張しなかった」ことに関するもので，「やむを得ないといえるだけの」ものでなければならないのであり，極めて例外的な場合にしか認められないであろう[13,14]。

　平成23年改正により新設された特許法104条の4の文言上，再審の訴え等と同様に，上告審係属中における審決等の確定の主張を一切制限する考え方[15]は採用し難いであろうが，同条によって紛争の一回的解決がこれまで以上に指向されていることの影響を受けて，一般的に，侵害訴訟等の上告審係属中に審決等が確定した場合に，その審決等の確定を理由に事実審の判断を争うことは，原則的に認められないようになるのではなかろうか。

〔注〕

＊1　髙部眞規子「判解」最判解説民事篇平成12年度442〜443頁。

＊2　知財高判平21・8・25判時2059号125頁〔切削方法事件〕，東京地判平21・2・27判時2082号128頁〔筆記具のクリップ取付装置事件〕，東京地判平19・2・27判タ1253号241頁〔多関節搬送装置事件〕。

＊3　反対：岩坪哲「特許無効の抗弁に対する訂正の位置づけ」AIPPI 52巻4号35頁，福井宏司＝木村達矢「判批」知管55巻2号224頁，合路裕介「特許無効の抗弁とは何か」小松陽一郎先生古稀記念『特許権侵害紛争の実務－裁判例を踏まえた解決手段とその展望』464頁。

＊4　知財高判平26・9・17判時2247号103頁〔共焦点分光分析事件〕。また，知財高判平

120 第1部 判例評釈

29・3・14（平28（ネ）10100号）〔魚釣用電動リール事件〕は、「特許に無効理由が存在する場合であっても、①適法な訂正請求（又は訂正審判請求）がされ（訂正請求及び訂正審判請求が制限されるためにこれをすることができない場合には、訂正請求（又は訂正審判請求）できる時機には、必ずこのような訂正を請求する予定である旨の主張）、②上記訂正により無効理由が解消されるとともに、③訂正後の特許請求の範囲に対象製品が属するときは、特許法104条の3第1項により権利行使が制限される場合に当たらない」と述べた。産業構造審議会知的財産分科会特許制度小委員会「我が国の知財紛争処理システムの機能強化に向けて」（2017年3月）11頁は、共焦点分光分析事件判決の判示内容を引用し、この点から「実務上の問題は解消されていると考えられる」と述べている。

＊5　平成16年改正法の立案担当者もそのように解していた。近藤昌昭＝齊藤友嘉『司法制度改革概説2（知的財産関係二法／労働審判法）』63頁。

＊6　髙部眞規子『実務詳説　特許関係訴訟〔第3版〕』219～220頁参照。

＊7　笠井正俊「特許無効審判の結果と特許権侵害訴訟の再審事由」民訴雑誌54号46～49頁参照。

＊8　和久田道雄「判解」最判解説民事篇平成20年度（上）261頁、若林諒「判批」L＆T43号113頁。

＊9　和久田・前掲＊8・262頁。なお、泉判事の意見では、「本件訂正審決が確定し、特許請求の範囲が減縮されたことにより、特許査定が当初から減縮後の特許請求の範囲によりされたものとみなされるに至ったとしても、民訴法338条1項8号所定の再審事由には該当しないから、原判決につき判決に影響を及ぼすことが明らかな法令の違反があるとすることはできないと考える」と述べられている。

＊10　産業構造審議会知的財産政策部会「特許制度に関する法制的な課題について」（2011年2月）29～30頁は、「事実審口頭弁論終結後、判決確定前に確定した審決の遡及効等を一律制限し、事実審口頭弁論終結後に確定した審決は、一切特許権侵害訴訟において考慮されないよう法定までしなくても、裁判所において個別事案に応じた適切な対応が期待できる」と述べていた。

＊11　近藤＝齊藤・前掲＊5・60頁、逐条解説〔第20版〕333～334頁。

＊12　愛知靖之「判批」速報判例解説4号188頁、小島立「判批」平成20年度重判解304頁、鈴木將文「判批」民商140巻3号341～342頁、吉田和彦「判批」法律のひろば62巻2号67～68頁、高橋元弘「判批」AIPPI53巻10号19～21頁、岩坪哲「判批」ＮＢＬ888号30～31頁、角田政芳「判批」知管61巻2号224～225頁、重冨貴光「特許権侵害争訟におけるダブル・トラック現象と判決効」判タ1292号53頁。反対：大野聖二「判批」平成22年度主判解（別冊判タ32号）299頁。

＊13　大寄麻代「判解」L＆T78号68頁。この事件では、事実審の口頭弁論終結時までに訂正の再抗弁が主張されなかったが、仮に事実審で訂正の再抗弁が主張されていた場合にも、同様に訂正審判が確定したことを理由に事実審の判断を争うことはできないと判断されるように思われる。田村善之「判批」WLJ判例コラム125号15頁、前田健「判批」判評718号18頁。大寄・前掲70頁も参照。

* 14　大寄・前掲＊13・67頁は，シートカッター事件最判について，平成23年改正を踏ま
えて，本判決の趣旨をより推し進め，一般化したものと評価している。
* 15　中島基至「無効論」髙部眞規子編『特許訴訟の実務〔第2版〕』156～157頁，三村
量一「平成23年改正特許法の下における特許関係訴訟のあり方」学会年報35号209～
210頁，飯村敏明「平成23年度特許法等改正が民事訴訟実務に与える影響について－
再審制限を中心として－」民訴雑誌59号105頁。

■参考文献
　本文中に掲げたもの。

122 第1部 判例評釈

11 特許異議申立事件の係属中に複数の請求項についてなされた訂正請求の効果——発光ダイオードモジュール事件

最高裁〔一小〕平成20年7月10日判決
〔平成19年（行ヒ）第318号特許取消決定請求事件〕
〔民集62巻7号1905頁〕

慶應義塾大学大学院法務研究科教授 **奥 邨 弘 司**

⎛ **事実の概要** ⎞

　X（上告人）は，「発光ダイオードモジュールおよび発光ダイオード光源」なる名称の発明（請求項1から4）に係る特許第3441182号（以下「本件特許」）の特許権者である。本件特許は，平成15年6月20日に設定登録がなされたが，同年12月26日に異議申立人である訴外Zによって，特許異議の申立てがなされた。Zは，請求項1から4は，いずれも進歩性を欠く旨を主張した。

　そこでXは，平成15年の特許法改正（平成15年法律第47号*1）（以下，平成15年改正前の特許法の条文は，旧を付して表記する）前の特許法旧120条の4第2項の規定に基づき，明細書の特許請求の範囲の訂正を請求した（以下，「本件訂正」）。本件訂正の訂正事項aからdは，請求項1から4をそれぞれ訂正するものであり，その内，訂正事項bは，請求項2中の「嚙み合わせ嵌め」を「機械的嚙み合わせ接続」などと訂正することを求めるものであった。しかしながら，特許庁は，訂正事項bは，特許請求の範囲を実質上拡張するものであって訂正の要件を満たさないとして，他の訂正事項については判断することなく，訂正事項bのみならず，本件訂正の全部を認めなかった。

　そのため，異議申立てについては，本件訂正前の特許請求の範囲の記載に従って特定される発明をもとに検討されることになり，結果，すべての請求項が進歩性を欠くとして，本件特許を取り消す旨の決定（以下，「本件決定」）がなされた。

　本件決定を受け，Xが，その取消しを求める訴えを提起したところ，原審である

11　最高裁〔一小〕平成20年7月10日判決　*123*

知財高裁は*²，「訂正事項bが訂正の要件に適合しない以上，訂正事項a，c，dについて判断することなく，本件訂正を認めなかった本件審決に，訂正事項a，c，dに関する訂正要件の判断を遺漏した違法があるということはできない。」として，Xの請求を棄却した。その理由として知財高裁は，「願書に添付した明細書又は図面の記載を複数箇所にわたって訂正することを求める訂正審判の請求又は訂正請求において，その訂正が特許請求の範囲に実質的影響を及ぼすものである場合（すなわち訂正が単なる誤記の訂正であるような形式的なものでない場合）には，請求人において訂正（審判）請求書の訂正事項を補正する等して複数の訂正箇所のうち一部の箇所について訂正を求める趣旨を特定して明示しない限り，複数の訂正箇所の全部につき一体として訂正を許すか許さないかの審決又は決定をしなければならず，たとえ客観的には複数の訂正箇所のうちの一部が他の部分と技術的にみて一体不可分の関係になく，かつ，一部の訂正を許すことが請求人にとって実益のあるときであっても，その箇所についてのみ訂正を許す審決又は決定をすることはできないと解するのが相当である（前記最高裁昭和55年判決（筆者注：最判昭55・5・1民集34巻3号431頁。以下，本稿では昭和55年最判）参照）。そしてこの理は，原告のいう改善多項制の下でも同様に妥当するというべきである」ところ，本件訂正に係る訂正請求書をみても，複数の訂正箇所のうち一部の箇所について訂正を求める趣旨を特定して明示しておらず，本件訂正請求は不可分一体のものであったと解さざるを得ないため，と説示した。

　これを受けて，Xが上告受理申立てを行ったところ，受理され，本判決に至った。

<hr>
判　　旨
<hr>

　破棄自判（一部破棄自判一部棄却）。

　「特許法は，一つの特許出願に対し，一つの行政処分としての特許査定又は特許審決がされ，これに基づいて一つの特許が付与され，一つの特許権が発生するという基本構造を前提としており，請求項ごとに個別に特許が付与されるものではない。このような構造に基づき，複数の請求項に係る特許出願であっても，特許出願の分割をしない限り，当該特許出願の全体を一体不可分のものとして特許査定又は拒絶査定をするほかなく，一部の請求項に係る特許出願について特許査定をし，他の請求項に係る特許出願について拒絶査定をするというような可分的な取扱いは予定されていない。このことは，特許法49条，51条の文言のほか，特許出願の分割と

いう制度の存在自体に照らしても明らかである。一方で，特許法は，複数の請求項に係る特許ないし特許権の一体不可分の取扱いを貫徹することが不適当と考えられる一定の場合には，特に明文の規定をもって，請求項ごとに可分的な取扱いを認める旨の例外規定を置いており，特許法185条のみなし規定のほか，特許法旧113条柱書き後段が『二以上の請求項に係る特許については，請求項ごとに特許異議の申立てをすることができる。』と規定するのは，そのような例外規定の一つにほかならない（特許無効審判の請求について規定した特許法123条１項柱書き後段も同趣旨）。

　このような特許法の基本構造を前提として，訂正についての関係規定をみると，訂正審判に関しては，特許法旧113条柱書き後段，特許法123条１項柱書き後段に相当するような請求項ごとに可分的な取扱いを定める明文の規定が存しない上，訂正審判請求は一種の新規出願としての実質を有すること（特許法126条５項，128条参照）にも照らすと，複数の請求項について訂正を求める訂正審判請求は，複数の請求項に係る特許出願の手続と同様，その全体を一体不可分のものとして取り扱うことが予定されているといえる。

　これに対し，特許法旧120条の４第２項の規定に基づく訂正の請求（以下『訂正請求』という。）は，特許異議申立事件における付随的手続であり，独立した審判手続である訂正審判の請求とは，特許法上の位置付けを異にするものである。訂正請求の中でも，本件訂正のように特許異議の申立てがされている請求項についての特許請求の範囲の減縮を目的とするものについては，いわゆる独立特許要件が要求されない（特許法旧120条の４第３項，旧126条４項）など，訂正審判手続とは異なる取扱いが予定されており，訂正審判請求のように新規出願に準ずる実質を有するということはできない。そして，特許異議の申立てがされている請求項についての特許請求の範囲の減縮を目的とする訂正請求は，請求項ごとに申立てをすることができる特許異議に対する防御手段としての実質を有するものであるから，このような訂正請求をする特許権者は，各請求項ごとに個別に訂正を求めるものと理解するのが相当であり，また，このような各請求項ごとの個別の訂正が認められないと，特許異議事件における攻撃防御の均衡を著しく欠くことになる。以上の諸点にかんがみると，特許異議の申立てについては，各請求項ごとに個別に特許異議の申立てをすることが許されており，各請求項ごとに特許取消しの当否が個別に判断されることに対応して，特許異議の申立てがされている請求項についての特許請求の範囲の減縮を目的とする訂正請求についても，各請求項ごとに個別に訂正請求をすることが許容され，その許否も各請求項ごとに個別に判断されるものと考えるのが合理的であ

る。

　……前掲最高裁昭和55年5月1日第一小法廷判決は，いわゆる一部訂正を原則として否定したものであるが，複数の請求項を観念することができない実用新案登録請求の範囲中に複数の訂正事項が含まれていた訂正審判の請求に関する判断であり，その趣旨は，特許請求の範囲の特定の請求項につき複数の訂正事項を含む訂正請求がされている場合には妥当するものと解されるが，本件のように，複数の請求項のそれぞれにつき訂正事項が存在する訂正請求において，請求項ごとに訂正の許否を個別に判断すべきかどうかという場面にまでその趣旨が及ぶものではない。

　以上の点からすると，<u>特許異議申立事件の係属中に複数の請求項に係る訂正請求がされた場合，特許異議の申立てがされている請求項についての特許請求の範囲の減縮を目的とする訂正については，訂正の対象となっている請求項ごとに個別にその許否を判断すべきであり，一部の請求項に係る訂正事項が訂正の要件に適合しないことのみを理由として，他の請求項に係る訂正事項を含む訂正の全部を認めないとすることは許されないというべきである。</u>」（下線筆者）

解　説

(1)　本判決の意義

　複数の訂正事項を含む訂正の請求中に，訂正の要件を満足する訂正事項と満足しないものが混在する場合，要件を満足するものに限って訂正を認めるのか（すなわち可分的な取扱いを認めるのか。以下，「可分説」），それともすべてを一体として訂正を認めないのか（すなわち一体不可分として取り扱うのか。以下，「一体不可分説」）。

　この問題について，特許庁は，訂正審判請求に関して一体不可分説を一貫して採用してきたが，かつての裁判例には，それと異なる判断を示すものもあったとされる＊3。しかし，実用新案登録に係る訂正審判請求に関する昭和55年最判は，一体不可分説を採用し，「実用新案登録を受けることができる考案は，一個のまとまつた技術思想であつて，実用新案法39条の規定に基づき実用新案権者が請求人となつてする訂正審判の請求は，実用新案登録出願の願書に添付した明細書又は図面……の記載を訂正審判請求書添付の訂正した明細書又は図面……の記載のとおりに訂正することについての審判を求めるものにほかならないから，右訂正が誤記の訂正のような形式的なものであるときは事の性質上別として，本件のように実用新案登録請求の範囲に実質的影響を及ぼすものであるときには，訂正明細書等の記載がたまたま原明細書等の記載を複数箇所にわたつて訂正するものであるとしても，これを

一体不可分の一個の訂正事項として訂正審判の請求をしているものと解すべく，これを形式的にみて請求人において右複数箇所の訂正を各訂正箇所ごとの独立した複数の訂正事項として訂正審判の請求をしているものであると解するのは相当でない。」旨の判断を示した。

その後，昭和62年の特許法改正（昭和62年法律第27号）によって，改善多項制が導入されたが，この問題に関する特許庁の実務に変更はなかった*4。また，併合出願に関する訂正審判についての裁判例*5でも一体不可分説が採用されるなど，昭和55年最判の趣旨が敷衍されてきた。しかし，平成14年になって，改善多項制下での出願に係る特許に関する無効審判手続においてなされた，複数の請求項に対する訂正請求について，可分説を採用して請求項ごとに判断すべきとする裁判例*6があらわれた。さらに，その後の東京高裁及び知財高裁の判決には，一体不可分説を維持するものと，可分説を採用するものが，入り混じるようになり*7，結果，一体不可分説が「実務上完全に定着したものと思われていた*8」この問題に再び注目が集まることとなった。本件は，このような状況下で争われたものであり，この問題に一応の終止符を打ったという点で，当時大きな意義を有した。

ところで，昭和55年最判の事実関係と本件のそれとを比べると，①実用新案登録と特許の違い，②訂正審判と異議申立ての違い，③複数の請求項が概念できない請求の範囲についての複数の訂正と複数の請求項それぞれに対応する訂正との違い，をあげることができる*9。これに関して，①については格別，②及び③のような相違があっても，昭和55年最判の趣旨があてはまり，本件でも，一体不可分説を採用すべきとするのが，本件決定及び原審判決の立場である。一方，本判決は，前記相違も踏まえて，本件の場合は，可分説を採用すべきとの判断を示した。その意味で本判決は，昭和55年最判の射程を明らかにしたということができる*10。また，本判決は，長年続いてきた特許庁の実務に大きな影響を与えることとなり，さらには，本判決が残した課題の解決のために，後述する法改正が行われることとなった。

(2) 検討の視点

本判決については，既に多数の先行研究が存在し*11，かつ，最高裁調査官の解説*12も公刊されている。そこで，本稿では，それらを踏まえながら，検討を進めたい。

前提として，本判決のポイントをまとめると次のようになる。

①　1つの特許出願に対して，1つの特許がなされるのが，原則である。

② 1つの特許出願に複数の請求項が含まれる場合も，①の原則に従い，すべての請求項が一体不可分のものとして扱われる。よって，複数の請求項のうち，一部だけ特許査定し，他は拒絶査定するというような可分的な取扱いはできない。

③ ①の原則を貫徹した結果，②のような帰結となるのが不適切な場合について，特許法は，明文の例外規定を設けて可分的な取扱いを認めている。

④ 訂正審判請求の場合，複数の請求項に対する訂正を求めていても，全体を一体不可分のものとして扱わなくてはならない。

　　理由　1：この場合に可分的な取扱いを認める例外規定が存在しない。

　　　　　2：訂正審判請求は，新規出願に準じる実質を有する。

⑤ 特許異議申立事件継続中の訂正請求の場合，請求項ごとに個別に訂正請求をすることが許され，その許否も請求項ごとに個別に判断される。

　　理由　1：この場合の訂正請求は，特許異議申立事件における付随的手続である。

　　　　　2：訂正審判手続とは異なる取扱いが予定されている。

　　　　　3：請求項ごとに申立てができる特許異議申立てへの防御手段としての実質を有するため，請求項ごとに個別に訂正ができないと，攻撃防御の均衡を著しく欠く。

⑥ 昭和55年最判の趣旨は，特許請求の範囲の特定の請求項につき複数の訂正事項を含む訂正請求がされている場合には妥当するが，複数の請求項のそれぞれにつき訂正事項が存在する（複数の）訂正請求にはあてはまらない。

(3) 肯定的評価

先行研究に共通するのは，判決要旨（「判旨」下線部）に相当する⑤に対する肯定的評価である[13]。確かに，一体不可分説を採用することは，時として，極端な結果をもたらし，特許権者にとって酷となる。本件でいえば，訂正事項ｂ（請求項2を訂正するもの）が訂正の要件を満たさないとされた結果，他の訂正事項（訂正事項ａ，ｃ，ｄ）についても，一体不可分に扱われ，訂正が認められなかった。しかも本件の場合，各請求項は，いずれも訂正されないと進歩性を欠く状態であったため，結果的に，特許が全部取り消される帰結となった。

これが可分説なら，訂正事項ｂが訂正の要件を満たさなかったとしても，他の訂正事項のうち，要件を満たすものについては訂正が認められ，その結果，いずれかの請求項でも進歩性を有するようになるのであれば，当該請求項については，特許

128 第1部 判例評釈

は維持されたであろう*14。

　その意味では，先行研究が指摘するように「特許権者の保護を十分に図るという観点から，訂正請求について一部訂正（請求項ごと）肯定説を採用したことは評価できる*15」といえる。もっとも，このような極端な事態となり得るのには，訂正が認められないと，請求項のすべてが特許要件を欠くような状況に，本件があったことも少なからず影響している。逆にいうと，本件は，一体不可分説の問題点が顕在化しやすい事例であったということができよう。

　ところで，⑤に関連していえば，昭和55年最判を維持しつつ⑤の結論に至るためには，同最判を⑥のように整理するのは自然なことであったと思われる。よって，⑤への肯定的評価は，⑥の肯定的評価も導くことになる*16。

　(4)　批判的見解

　先行研究が批判するのは，訂正審判請求に関して説示した④の部分と，その理由としてあげられた④－2，さらには，異議申立事件における訂正請求が訂正審判請求とは制度的に異なる位置づけにあるとした⑤－2についてである。

　④について，もっとも厳しく批判するのは，三村弁護士である。その論文では，④は傍論であって下級審を拘束せず，「知財高裁が，これと異なる見解，すなわち訂正審判請求についても請求項基準説（筆者注：本稿における可分説）を採用すべき旨の見解の判決をすることは判例違反ではない*17」とし，また，「誤解に基づくものと思われる」「本来不要なものであったばかりでなく，今後の特許審判及び取消訴訟の実務の運用に無用な混乱を与える結果を招くものと評価せざるを得ない*18」と述べている。他の先行研究も（表現はもう少し穏当ではあるが）同じく④について批判している*19。

　このように批判を集める④であるが，本判決が，そのような見解に至った背景には，特許出願については一体不可分で特許査定（又は拒絶査定）を行わざるを得ないところ，訂正審判請求は一種の新規出願としての実質を有する（④－2）から，同様に一体不可分で判断せざるを得ないという発想があるように思われる。

　しかしながら，前記発想のベースとなる④－2自体について，批判が少なくない（そのような理解もできなくはないと指摘するものは，一部に限られる*20）。例えば，訂正審判請求が認められなかったとしても，そのことで当然に特許が無効になるわけではないことを考えると「『新規出願』の実質を有するというのはやや比喩が，過ぎる*21」などの厳しい指摘が見られる*22。しかも，本判決は，訂正審判請求が④－2のように位置づけられる証左として，独立特許要件の存在をあげているが，そ

の点にも批判が集まっている。確かに，本判決の時点では，訂正審判請求には課されている独立特許要件が，異議申立手続における訂正請求には課されていなかった。しかしながら，平成11年の特許法改正（平成11年法律第41号）前の時点では，前記訂正請求にも同要件は課されていたのであり，しかも同要件が課されなくなったのは，審理の遅滞を避けるためであって，前記訂正請求と訂正審判請求とが法的な性質を異にするからではない，と指摘されているからである*23。

　以上の点について，調査官解説は，④－2が批判を招いていることを認めつつも，④－2については，本来，「訂正審判手続が特許査定……のやり直しという実質を有する*24」という趣旨に理解されるべきと反論している。ただ，繰り返しになるが，訂正審判請求が認められなかったとしても，そのことで直ちに特許が無効になるわけではないことを考えれば，「やり直し」と捉えることも依然として「比喩が過ぎる」といわざるを得ないように思われる。なお，独立特許要件に関する批判に対して，調査官解説は直接の反論を行っていない*25。

　次に，訂正審判請求と異議申立手続における訂正請求を性質の異なるものと位置づけること（④，④－2及び⑤－2）に対する批判のポイントは，概ね次の2点になろう。すなわち，④沿革を考えれば，訂正審判請求と異議申立手続（及び無効審判手続）における訂正請求はむしろ起源を同一にするものであること*26，回訂正審判請求が，無効主張に対する特許権者による防御として機能する場面は存在し*27，⑤－3は，訂正請求のみならず訂正審判請求についてもあてはまること*28，である。

　以上2点の指摘内容は，それ自体は妥当なものと考える。しかしながら，本判決に対する正しい批判となり得ているのかは，検討の必要があるのかもしれない。すなわち，本判決の立場からすれば，前記④回のとおりだとして，ではなぜ，訂正審判請求には，可分の取扱いを可能とする条文上の手当てが存在しないのだろうか，ということにならないだろうか。逆にいえば，本判決のいう特許法の基本構造に照らす限り，条文上の手当てが存在しないということは，いかなる意味でも可分の取扱いを許さないという立法上の意思の表れではないのか，との問題意識である。もっといえば，そのような基本構造の中で，解釈による対応として許されるのは，せめて何らかの条文上の手がかりがあるといい得る場合に限られる──本件でいえば，異議申立自体には可分の取扱いを許す明文の規定があるため，訂正請求をその付随的手続とみるなら（⑤－1），訂正請求にも可分の取扱いを許す条文上の手がかりが存在するといえる一方*29，訂正審判請求についてはそのような捉え方をす

130 第1部　判例評釈

る条文上の余地が存在しない——のではないか，という解釈態度である。そして，このことは，⑦⑬の指摘に対して，調査官解説が直接の応答を示さず，他の理由づけは副次的なものであって，本判決の理由づけの根幹は，特許法の基本構造であるとしている点*30に示唆されているようにも思われるのである*31, *32。

　このような解釈態度には批判もあり得ようが，一方で，1つの見識として評価することも可能だろう。もっとも，このような立場をとれば，生じる課題に対して，解釈で対応する余地は小さくなり，立法的対応に大きく依存しなければならなくなる*33。この点も大いに議論のあるところだろうが，少なくとも，特許法の中でも特に手続に関わる部分については，やむを得ない部分もあると思われる（次項(5)参照）。

　(5)　本判決の与える影響と法改正

　⑤から明らかなように，本判決は，特許異議申立手続における訂正請求の場合に限って判断をしたものである*34。しかしながら，平成15年の特許法改正（平成15年法律第47号）によって，特許異議申立手続は廃止されてしまった。もっとも，先行研究は，特許異議申立手続における訂正請求と，無効審判における訂正請求が，特許法上同一の位置づけにあるとして，本判決の趣旨は，無効審判における訂正請求にも同じく妥当するものと指摘しており*35，調査官解説もそのように述べる*36。

　本判決は，この点についての直接的な判断を行っていないが，「特許法は，複数の請求項に係る特許ないし特許権の一体不可分の取扱いを貫徹することが不適当と考えられる一定の場合には，特に明文の規定をもって，請求項ごとに可分的な取扱いを認める旨の例外規定を置いており……特許法旧113条柱書き後段が『2以上の請求項に係る特許については，請求項ごとに特許異議の申立てをすることができる。』と規定するのは，そのような例外規定の一つにほかならない（特許無効審判の請求について規定した特許法123条1項柱書き後段も同趣旨）。」と説示し，あえて括弧書で無効審判請求の場合に言及している。本判決がいう特許法の基本構造——先に分析したように，結局は，可分的な取扱いを許す，何らかの条文上の手がかりが存在するかどうか——に照らして考えれば，この言及は，無効審判手続における訂正請求についても本判決の趣旨があてはまることを強く示唆するものといえよう。

　ところで，判決要旨を詳細に見ると，本判決は，特許異議申立手続において複数の請求項に関して訂正請求がなされた場合のすべてについて述べているわけではなく，あくまでも「特許異議の申立てがされている請求項についての特許請求の範囲

の減縮を目的とする訂正について」判断しているにすぎない。そのため，特許異議申立手続（又は無効審判手続）における訂正請求であっても，㋐特許異議の申立てがなされていない（又は無効審判の対象でない）請求項についてのものをどのように取り扱うか，㋑特許請求の範囲の減縮を目的としない訂正（誤記の訂正，明瞭でない記載の釈明，その他）についてどうするか，は議論の余地があった*37,*38。また，先行研究などの批判はあるものの，本判決を素直に読む限り，訂正審判請求については，依然として，一体不可分説で取り扱われるものと理解された。

　これらのいわば残された課題*39に対処するに際しては，「明細書等の一覧性欠如」や「明細書の束の発生」に代表されるような，第三者の監視負担の増大をいかに軽減するかについても配慮する制度的対応が必要であり，解釈上の対応を超える部分が少なくない*40。そこで，産業構造審議会における議論が重ねられ*41，平成23年の特許法改正（平成23年法律第63号）によって，原則として，訂正審判における訂正は請求項ごとに行うことができ（特126条），無効審判が請求項ごとに請求された場合の訂正請求は請求項ごとに行わなければならないこととされた（特134条の2第2項及び第3項など）*42,*43。さらに，平成26年の特許法改正（平成26年法律第36号）で異議申立手続が改めて導入されたが，その場合の訂正請求も，無効審判手続の場合と同様とされた（特120条の5第2項及び第3項など）。つまり，本判決の判決要旨及び前述した残された課題は，いずれも法改正という形で立法的に解決されたことになり，本判決は概ねその使命を終えたということができる。

　もっとも，本判決が，昭和55年最判の「趣旨は，特許請求の範囲の特定の請求項につき複数の訂正事項を含む訂正請求がされている場合には妥当するものと解される」と説示した点は，今も実務に影響を与えている。具体的には，特許庁の『審判便覧』（〔第17版〕51-14「2．訂正の内容の審理」及び54-05「1．訂正審判の審理」）が「最終的な訂正の適否判断については，訂正の請求の単位に応じて行う。つまり，請求項ごとの請求については請求項ごとに，一群の請求項ごとの請求については一群の請求項ごとに，それぞれ訂正の適否を判断する。……請求項ごと又は一群の請求項に関する訂正事項がA，B，Cの3つあり，訂正事項Aのみが訂正要件を満たさないときは，当該請求項ごと又は一群の請求項に係る訂正が認められないこととなる。」としている点に反映されている。

〔注〕
＊1　施行日は，平成16年1月1日。
＊2　知財高判平19・6・29民集62巻7号1939頁。

132 第1部 判例評釈

＊3　平嶋・後掲＊11・257頁参照。

＊4　三村・後掲＊11・2頁，宮坂・後掲＊12・397頁及び平嶋・後掲＊11・257頁参照。

＊5　東京高判平4・11・5判時1470号137頁。

＊6　知財高判平14・10・31判時1821号117頁。

＊7　三村・後掲＊11・16～18頁，熊谷・後掲＊11・5～9頁，平嶋・後掲＊11・257頁
　　及び西島ほか・後掲＊11・32～35頁参照。

＊8　宮坂・後掲＊12・397頁。

＊9　宮坂・後掲＊12・396頁参照。

＊10　宮坂・後掲＊12・400頁参照。

＊11　村林隆一「判批」ぷりずむ6巻71号131頁，三村量一「改善多項制の下におけるク
　　レーム訂正」知的財産法政策学研究22号1頁，眞壽田順啓「判批」判時2039号178
　　頁，熊谷健一「判批」L＆T44号22頁，吉田和彦「判批」法の支配154号85頁，<u>熊谷
　　健一「判批」AIPPI54巻3号2頁</u>，熊谷健一「判批」平成20年度重判解（ジュリ臨時
　　増刊1376号）305頁，田中昌利「判批」特研48号71頁，盛岡一夫「判批」知管59巻12
　　号1643頁，平嶋竜太「判批」速報判例解説（法セ増刊）5号255頁，山崎由紀子「判
　　批」知的財産法政策学研究32号249頁，松田一弘「判批」特許判例百選〔第4版〕（別
　　冊ジュリ209号）92頁及び西島孝喜＝吉田和彦＝高石秀樹「判批」中村合同特許法律
　　事務所編『知的財産訴訟の現在－訴訟代理人による判例評釈』25頁など。また，知財
　　高判平21・11・19（平21（行ケ）10157号）に係る判例評釈であるが，本判決につい
　　ても詳しく分析しているものとして山内貴博「判批」AIPPI 55巻6号2頁がある。
　　なお，特に断りのない限り，本稿で熊谷教授の判例評釈を参照するときは，下線を付
　　した文献を対象とする。

＊12　宮坂昌利「判解」L＆T42号96頁，宮坂昌利「判解」ジュリ1375号117頁，宮坂昌
　　利「判解」曹時62巻11号172頁，宮坂昌利「判解」最高裁時の判例VI（平成18～20
　　年）（ジュリ増刊）440頁及び<u>宮坂昌利「判解」最判解説民事篇平成20年度391頁</u>。な
　　お，特に断りのない限り，本稿で宮坂元最高裁調査官の判例解説を参照するときは，
　　下線を付した文献を対象とする。

＊13　例えば，三村・前掲＊11・22頁は「正当というべきである」と評価しているし，盛
　　岡・前掲＊11・1645頁も，本判決を「結論において正当であると解する」としてい
　　る。

＊14　なお，本判決では，請求項1についての特許の取消しを取り消したが，これは本判
　　決が，訂正後の請求項1が，進歩性を有する旨，認めたことを意味しない。本判決は
　　単に，訂正事項bが訂正の要件を欠くからといって，訂正事項aが訂正の要件を満足
　　するかどうかを判断することなく訂正を認めなかったことが誤りだったといっている
　　にすぎず，その誤りの結果としての請求項1に関する特許の取消しを取り消したので
　　ある。なお，本件特許の最終的な帰結については，西島ほか・前掲＊11・27頁参照。

＊15　眞壽田・前掲＊11・33頁。

＊16　例えば，盛岡・前掲＊11・1646頁は「妥当である」とし，（⑤を肯定的に評価す
　　る）平嶋・前掲＊11・258頁も「合理的判断を示し，実質的にも妥当な結論を導出し

たものと評価できるであろう」とする。

*17　三村・前掲*11・26頁。さらに、「最高裁が、同判決の見解を改めて訂正審判請求についても請求項基準説を採る場合には、小法廷において、請求項基準説を肯定する判決をすることが可能である」とも指摘する。また、村林・前掲*11・135〜136頁も参照。

*18　三村・前掲*11・24頁。

*19　例えば、眞壽田・前掲*11・34頁は「本来的に訂正審判請求についての判示が必要であったかどうか疑問である」とし、盛岡・前掲*11・1647頁も「必要ではなかった」とする。西島ほか・前掲*11・38頁も「言及する必要はなかったと思われる」とする。

*20　眞壽田・前掲*11・34頁は「当事者系の審判と異なり、審判請求人により特許庁を相手にして、原明細書を訂正明細書に置き換えたいという一個の請求がなされると考えることもでき、一種の新出願の性質を有すると解し得ないこともない。」と消極的ながら肯定する。山内・前掲*11・14頁も消極的に肯定する。

*21　西島ほか・前掲*11・38頁。

*22　三村・前掲*11・23頁及び熊谷・前掲*11・12頁も参照。

*23　三村・前掲*11・23頁、熊谷・前掲*11・12頁、西島ほか・前掲*11・39頁、眞壽田・前掲*11・34頁、盛岡・前掲*11・1646頁、村林・前掲*11・136頁及び山内・前掲*11・14頁参照。

*24　宮坂・前掲*12・398頁。

*25　宮坂・前掲*12・402頁脚注13は、「副次的な理由と考えられる」とのみ応答する。

*26　三村・前掲*11・23頁、熊谷・前掲*11・12頁、西島ほか・前掲*11・40頁、平嶋・前掲*11・258頁、山内・前掲*11・13頁及び山崎・前掲*11・269頁脚注33参照。

*27　山内・前掲*11・13頁参照。

*28　西島ほか・前掲*11・41頁、山内・前掲*11・13頁及び山崎・前掲*11・270頁参照。

*29　西島ほか・前掲*11・36頁は、⑤－1について、「その意味するところは、必ずしも明らかではない」とするが、本稿のような立場で考えると、むしろ重要な説示ということになる。また、西島ほか・前掲*11・38頁は、条文の根拠がないという点では、訂正審判請求も訂正請求も同じではないか、とするが（山内・前掲*11・14頁も同旨）、本文のように考えれば、必ずしも同じ状況にあるとはいえないことになろう。

*30　宮坂・前掲*12・402頁脚注11及び13参照。

*31　改善多項制の導入に関連付けた指摘も、本判決の正しい批判となり得ているか検討の余地があることになる。本判決の立場では、改善多項制の導入で問題が生じるとするならば、なぜそれに対する条文上の手がかりが用意されていないのか、ということになるからである。宮坂・前掲*12・399〜400頁の記述も、このような理解と整合的なように思われる。

*32　本稿の立場では、本判決を正しく批判するには、本判決のいう特許法の基本構造自

134 第1部 判例評釈

体に遡って批判する必要があると思われる。すなわち，複数の請求項に係る出願の場合，拒絶査定自体，可分説でよいのではないか，との批判である。その意味で，例えば，三村・前掲＊11・4頁及び西島ほか・前掲＊11・38頁の指摘は，本判決への根本的な批判と考える。もっとも，政策的な観点から考えて，特許出願における拒絶査定まで可分説であるべきかは，別論である（山崎・前掲＊11・271頁参照）。

＊33　その意味で，制度改正による対応を提案する熊谷教授の指摘（熊谷・前掲＊11・13頁参照）は正鵠を射ていたと考える。

＊34　平嶋・前掲＊11・258頁参照。

＊35　三村・前掲＊11・23頁，熊谷・前掲＊11・12頁及び眞壽田・前掲＊11・33頁。

＊36　宮坂・前掲＊12・399頁参照。

＊37　㋐については，三村・前掲＊11・25頁も調査官解説（宮坂・前掲＊12・400頁）も，本判決の趣旨は妥当せず，一体不可分説による取扱いになるだろうと指摘する。なお，三村・前掲＊11・25頁は，無効審判の対象となっている請求項と対象となっていない請求項に対する訂正請求がなされている場合，後者についての訂正が，訂正の要件を満足しないために認められなかったとしても，前者についての訂正は（要件を満たす限り）認めるのが，本判決の趣旨に適うとする。

＊38　㋑について，調査官解説（宮坂・前掲＊12・400頁）は，誤記の訂正は，昭和55年最判に照らして可分説で取り扱うことが可能であり（昭和55年最判は「訂正が誤記の訂正のような形式的なものであるときは事の性質上別として」と述べている），明瞭でない記載の釈明については，特許請求の範囲の減縮に伴い発明の詳細な説明の記述を訂正するような場合は特許請求の範囲の減縮目的の訂正と同様に扱うべき，などとする。

＊39　本判決後の状況について，山内・前掲＊11・11頁以降及び山崎・前掲＊11・274頁以降参照。

＊40　宮坂・前掲＊12・401頁及び402頁脚注16並びに松田・前掲＊11・93頁参照。

＊41　産業構造審議会知的財産政策部会『特許制度に関する法制的な課題について平成23年2月』46〜52頁参照。

＊42　松田・前掲＊11・93頁参照。

＊43　なお，一群の請求項については，一群として取り扱うこととされた。また，一群での取扱いが不適当な場合に，特許権者が，一群関係を解消するような訂正を行うことも可能とされた。松田・前掲＊11・93頁も参照。

12 結合商標に関する類否判断
——つつみのおひなっこや事件

最高裁〔二小〕平成20年9月8日判決
〔平成19年（行ヒ）第223号審決取消請求事件〕
〔裁時1467号7頁・裁判集民事228号561頁・判時2021号92頁・判タ1280号114頁〕

神戸大学大学院科学技術イノベーション研究科教授　島　並　　良

事実の概要

　(1)　Y（上告人，原審被告）は，「つつみのおひなっこや」の文字を標準文字で横書きしてなり，指定商品を第28類「土人形および陶器製の人形」（以下「本件指定商品」という。）とする登録商標（以下「本件商標」といい，その商標登録を「本件商標登録」という。）の商標権者である。

(本件商標)

　X（原審原告，被上告人）は，いずれも指定商品を第28類「土人形」として，「つゝみ」の太文字を横書きしてなる商標（以下「引用商標1」という。）及び「堤」の太文字1字からなる商標（以下「引用商標2」といい，引用商標1と併せて「引用各商標」という。）の商標権者である。

つゝみ　　　　　　　堤
(引用商標1)　　　(引用商標2)

　なお，引用各商標に係る商標登録出願については，当初，ありふれた氏である「堤」あるいはこれを認識させる「つゝみ」の文字を普通に用いられる方法で表してなるものにすぎず，商標法（以下，法という。）3条1項4号に該当するなどとし

136 第1部 判例評釈

て拒絶査定がされた。しかし，これに対する不服審判において，明治以来継続して商品「土人形」に使用された結果，需要者がYの業務に係る商品であることを認識することができるに至ったから同条2項（使用による顕著性獲得）に該当するとして，引用各商標のそれぞれにつき商標登録を認めるべきものであるとの審決がされ，引用各商標は平成3年に商標登録をされるに至った。

(2) 仙台市堤町（現同市青葉区堤町）で製造される土人形は，江戸時代の堤焼に始まり，「おひなっこ」，「つつみのおひなっこ」とも呼ばれていたが，昭和初期に入ってからは「堤人形」と呼ばれるようになった。上記土人形（以下，仙台市堤町で製造される堤焼の人形を「堤人形」という。）を製造する人形屋は，かつては13軒を数えるほどの全盛期を迎えて明治に至ったが，次第に廃業が目立つようになり，大正期には2軒だけとなった。そして，昭和期にはXの父Cだけが堤人形を製造するようになり，その技術はXに承継された。他方，Yの祖父Dは，遅くとも昭和56年には堤人形を製造するようになり，その技術は，Yの父Eを経てYに承継された。

(3) Xは，平成18年に，本件商標登録が法4条1項11号等の規定に違反してされたものであるとして無効審判を請求したところ，特許庁において，本件商標は引用各商標のいずれにも類似しないから法4条1項11号に該当せず，Xの主張するその余の無効理由も認められないとして，審判請求を不成立とする審決（以下，「本件審決」という。）がされた。

そこでXが，本件審決の取消訴訟を提起。原審（知財高判平19・4・10裁判所ホームページ）は，次のとおり判断して，本件商標について法4条1項11号該当性を否定した本件審決の判断部分は誤りであるとして，Xの請求を認容した。すなわち——，本件審決の当時，堤人形は，仙台市堤町で製造される堤焼の人形として，本件指定商品である「土人形および陶器製の人形」の販売業者等の取引者にはよく知られていた。そして，本件商標の構成中の「おひなっこや」の文字部分は，これに接する者に「ひな人形」である「おひな」，東北地方の方言などにみられる接尾語である「こ」及び特定の職業やそれを営む者を表す語である「や」から成る語であると認識されるものと認められる。そうすると，本件商標の構成中，「つつみ」の文字部分からは，地名，人名としての「堤」ないし堤人形の「堤」の観念が，「おひなっこや」の文字部分からは，「ひな人形屋」の観念が，それぞれ生じ，全体としては，「堤」という土地，人物の「ひな人形屋」あるいは堤人形の「ひな人形屋」との観念が生じるものと認められる。したがって，本件商標は，「つつみ」と「おひなっこや」とが組み合わされた結合商標として認識されるものであるが，そ

の構成において「つつみ」の文字部分を分離することができないほど一体性がある
ものと認めることはできないから，冒頭の「つつみ」の文字部分のみが分離して認
識され，そこから，地名，人名としての「堤」ないし堤人形の「堤」の観念を生じ
るとともに，「ツツミ」のみの称呼をも生じるものと認められる。他方，引用各商
標からは，いずれも地名，人名としての「堤」ないし堤人形の「堤」の観念を生じ
るとともに，「ツツミ」の称呼を生じる。そうすると，本件商標と引用商標１がそ
の外観の一部において類似するにすぎないこと，本件商標と引用商標２がその外観
において類似するものとはいえないことを考慮しても，本件商標と引用各商標は全
体として類似する商標であると認められるから，本件商標は引用各商標との間で法
４条１項11号に該当する，──というものである。
　　Yが上告。

判　　旨

破棄差戻し。
　「法４条１項11号に係る商標の類否は，同一又は類似の商品又は役務に使用され
た商標が，その外観，観念，称呼等によって取引者，需要者に与える印象，記憶，
連想等を総合して，その商品又は役務に係る取引の実情を踏まえつつ全体的に考察
すべきものであり」（最判昭43・２・27民集22巻２号399頁〔氷山印事件〕参照），「複数
の構成部分を組み合わせた結合商標と解されるものについて，商標の構成部分の一
部を抽出し，この部分だけを他人の商標と比較して商標そのものの類否を判断する
ことは，その部分が取引者，需要者に対し商品又は役務の出所識別標識として強く
支配的な印象を与えるものと認められる場合や，それ以外の部分から出所識別標識
としての称呼，観念が生じないと認められる場合などを除き，許されないというべ
きである」（最判昭38・12・５民集17巻12号1621頁〔リラタカラヅカ事件〕，最判平５・
９・10民集47巻７号5009頁〔SEIKO EYE 事件〕参照）。
　「これを本件についてみるに，本件商標の構成中には，称呼については引用各商
標と同じである『つつみ』という文字部分が含まれているが，本件商標は，『つつ
みのおひなっこや』の文字を標準文字で横書きして成るものであり，各文字の大き
さ及び書体は同一であって，その全体が等間隔に１行でまとまりよく表されている
ものであるから，『つつみ』の文字部分だけが独立して見る者の注意をひくように
構成されているということはできない。また，……引用各商標は平成３年に商標登
録されたものであるが，Yの祖父は遅くとも昭和56年には堤人形を製造するように

138 第1部 判例評釈

なったというのであるから，本件指定商品の販売業者等の取引者には本件審決当時，堤人形は仙台市堤町で製造される堤焼の人形としてよく知られており，本件商標の構成中の『つつみ』の文字部分から地名，人名としての『堤』ないし堤人形の『堤』の観念が生じるとしても，本件審決当時，それを超えて，上記『つつみ』の文字部分が，本件指定商品の取引者や需要者に対し引用各商標の商標権者であるXが本件指定商品の出所である旨を示す識別標識として強く支配的な印象を与えるものであったということはでき」ない。「さらに，本件商標の構成中の『おひなっこや』の文字部分については，これに接した全国の本件指定商品の取引者，需要者は，ひな人形ないしそれに関係する物品の製造，販売等を営む者を表す言葉と受け取るとしても，『ひな人形屋』を表すものとして一般に用いられている言葉ではないから，新たに造られた言葉として理解するのが通常であると考えられる。そうすると，上記部分は，土人形等に密接に関連する一般的，普遍的な文字であるとはいえず，自他商品を識別する機能がないということはできない。

　このほか，本件商標について，その構成中の『つつみ』の文字部分を取出して観察することを正当化するような事情を見いだすことはできないから，本件商標と引用各商標の類否を判断するに当たっては，その構成部分全体を対比するのが相当であり，本件商標の構成中の『つつみ』の文字部分だけを引用各商標と比較して本件商標と引用各商標の類否を判断することは許されないというべきである。」。

　「そして，……本件商標と引用各商標は，本件商標を構成する10文字中3文字において共通性を見いだし得るにすぎず，その外観，称呼において異なるものであることは明らかであるから，いずれの商標からも堤人形に関係するものという観念が生じ得るとしても，全体として類似する商標であるということはできない。」。

解　説

(1)　意　義

　商標法4条1項11号は，商標の不登録事由として，「当該商標登録出願の日前の商標登録出願に係る他人の登録商標又はこれに類似する商標であつて，その商標登録に係る指定商品若しくは指定役務……又はこれらに類似する商品若しくは役務について使用をするもの」を挙げる。同号違反は，拒絶理由（法15条1号），無効理由（法46条1項1号）となる。

　無効審判請求不成立審決取消訴訟である本件の争点は，本件商標「つつみのおひなっこや」と，その商標登録出願前に出願されていた引用商標1「つゝみ」，引用

商標 2「堤」との類似性である。本件の前提となる特許庁における本件審決は両商標の類似性を否定していたところ，取消訴訟では原判決（第 1 審）が類似性を肯定，そして本判決（上告審）がこれを否定するという経緯を辿った。このように判断が分かれた主な要因は，本件商標「つつみのおひなっこや」が「つつみ」と「おひなっこや」からなる，いわゆる結合商標であるところ，類否判断にあたって引用各商標と対比すべきは，本件商標の全体「つつみのおひなっこや」か，それともその一部である「つつみ」かという点にある。

　結合商標における，いわゆる全体観察と分離（要部）観察の選択については，後述のとおり先例も多い。本判決は，商標の類否判断の一般的手法，及び結合商標の観察手法に関する先例を踏まえつつ，全体観察と分離観察の選択について一事例を付加するものである。

　(2)　先例からみた位置付け

　(a)　**氷山印事件最判との関係**

　商標の類否判断について一般的手法を提示した最初の最高裁判例として，本判決も引用する最判昭43・2・27民集22巻 2 号399頁〔氷山印事件〕がある。

　同判決は，まず，「商標の類否は，対比される両商標が同一または類似の商品に使用された場合に，商品の出所につき誤認混同を生ずるおそれがあるか否かによって決すべきであるが，それには，そのような商品に使用された商標がその外観，観念，称呼等によって取引者に与える印象，記憶，連想等を総合して全体的に考察すべく，しかもその商品の取引の実情を明らかにしうるかぎり，その具体的な取引状況に基づいて判断するのを相当とする。」として，商品出所の誤認混同のおそれこそが商標の類否判断における究極的な基準となり，それは商標の外観，観念，称呼や商品の取引実情その他の諸事情の全体的考察から判断されることを明らかにした。その上で，同判決はさらに，「商標の外観，観念または称呼の類似は，その商標を使用した商品につき出所の誤認混同のおそれを推測させる一応の基準にすぎず，従って，右三点のうちその一において類似するものでも，他の二点において著しく相違することその他取引の実情等によって，なんら商品の出所に誤認混同をきたすおそれの認めがたいものについては，これを類似商標と解すべきではない。」として，商標の類否を決する主要事実は商品出所に関する誤認混同のおそれであること，そしてそれを支える間接事実として，両商標の外観，観念，称呼の類似性や取引実情があることを示した[1]。

　この氷山印事件最判は，結合商標を対象とした判断ではなく，つつみのおひなっ

140　第1部　判例評釈

こや事件では問題とならなかった取引実情を商標の外観，観念，称呼と並んで考慮すべしと述べた点にこそ意義のある先例である[2]。しかし，同判決は，上述のとおり商標の類否判断に関する一般性の高い原則を述べており（したがって，商標の類否が問題となるその後の裁判例では，常に引用される），また諸要素の全体的考察の必要性にも言及していることから[3]，本判決で引用されたものであろう。

(b)　リラタカラヅカ事件最判との関係

本判決は，さらに，結合商標を対象とする最高裁判例を2件，引用している。もっとも，その2件の最高裁判例は，結合商標の類否判断手法について，次のとおり異なる立場に立つものである。

その1つ目は，最判昭38・12・5民集17巻12号1621頁〔リラタカラヅカ事件〕である。この判決は，図形（リラと称する抱琴の絵）と文字（「寶塚」，「リラタカラヅカ」，「LYRATAKARAZUKA」）からなる結合商標である本願商標と，引用商標「寶塚」について（指定商品はいずれも石鹸），前者を分離観察することで要部として「寶塚」を認定し，両商標の類似性を肯定したものである。

同判決は，一般論として，「商標はその構成部分全体によって他人の商標と識別すべく考案されているものであるから，みだりに，商標構成部分の一部を抽出し，この部分だけを他人の商標と比較して商標そのものの類否を判定するがごときことが許されない……。しかし，簡易，迅速をたっとぶ取引の実際においては，各構成部分がそれを分離して観察することが取引上不自然であると思われるほど不可分的に結合しているものと認められない商標は，常に必らずしもその構成部分全体の名称によって称呼，観念されず，しばしば，その一部だけによって簡略に称呼，観念され，一個の商標から二個以上の称呼，観念の生ずることがあるのは，経験則の教えるところである……。しかしてこの場合，一つの称呼，観念が他人の商標の称呼，観念と同一または類似であるとはいえないとしても，他の称呼，観念が他人の商標のそれと類似するときは，両商標はなお類似するものと解するのが相当である。」としている[4]。

このリラタカラヅカ事件の最高裁判決は，先行する最判昭36・6・23民集15巻6号1689頁〔三桝事件〕と並んで，結合商標の類否判断において全体観察を原則としながら，例外であるはずの分離観察の途を広く認めたものである。実際に，これら2つの最判は，事案へのあてはめとしても，結合商標の一部について要部と認定して商標の類似性を肯定している。ただし，その後に，商標の類否判断に関する一般論を展開した上記氷山印事件最判が出されたこと，及び次に述べるとおり，結合商

標の類否判断について分離観察の射程を限定したSEIKO EYE事件最判が出されたことから，リラタカラヅカ事件最判の現在における先例的な価値は低いと思われる。

　そのため，つつみのおひなっこや事件最判が，このリラタカラヅカ事件最判を先例として引用した理由は，必ずしも明らかではない。あえて両最判を整合的に読むとするならば，リラタカラヅカ事件最判は「簡易迅速を尊ぶ商取引の実際」が分離観察の根拠とされていることから，つつみのおひなっこや事件においてはこうした商取引の実際（氷山印事件最判にいう取引実情と同趣旨のものであろう）に照らしてもなお，分離観察を正当化できないと判断されたということだろうか。

(c)　SEIKO EYE事件最判との関係

　本判決が引用する結合商標に関する2つ目の最高裁判決は，最判平5・9・10民集47巻7号5009頁〔SEIKO EYE事件〕である。この判決は，縦方向の輪郭を横方向の輪郭に対し短く表示した十字形輪郭内に「eye」の欧文字を大きく太く表し，その下に小さく「miyuki」の欧文字を表示してなる本願商標と，引用商標（「SEIKO EYE」）について（指定商品はいずれも眼鏡），後者を全体観察することで両商標の類似性を否定したものである。

　このSEIKO EYE事件の最高裁判決は，特に一般論は展開していないものの，原判決が引用商標「SEIKO EYE」について分離観察をして「EYE」を要部と認定したのに対し，最高裁はこれを否定して「SEIKO EYE」を一体として捉え，全体観察を行っている*5。その際，原判決は「EYE」が「一般性，普遍性のある文字であるからといって自他商品を識別する機能がないとはいえない」としたが，同判決は逆に，そう認定判断するためには「具体的取引の実情においてこれが出所の識別標識として使用されている等の特段の事情が認められ」ることが必要であるとして，分離観察（ひいては両商標の類似性）を主張する側に，そのような例外的な判断手法を採るべきことの立証責任を負わせた。先述したリラタカラヅカ事件最判が結合商標の分離観察について広範な適用余地を認めたのに対して，SEIKO EYE最判はその射程を制約したものであり，全体観察を採る本判決がこれを先例として引用したことは当然であろう。

(d)　小僧寿し事件最判との関係

　最後に，本判決は引用していないが，同じく結合商標に関する重要な先例として，最判平9・3・11民集51巻3号1055頁〔小僧寿し事件〕がある。この判決は，フランチャイズチェーン「小僧寿し本部」の加盟店であり，自らも傘下に加盟店を

組織するＹが企業グループを示す名称として使用する未登録のＹ標章（「小僧寿し」「KOZO」「KOZOSUSHI」「KOZOSUSHI」等の各標章）と，Ｘの保有する既登録のＸ商標（「小僧」を縦書きにしてなる）との類否が，商標権侵害訴訟において争われたものである。原判決（高松高判平6・3・28民集51巻3号1222頁）は，上記リラタカラヅカ事件最判に従って分離観察を行い，「『小僧』と『寿し』を分離するのが取引上不自然であると思われるほど不可分に結合しているとはいえない」とした上で，「小僧寿し」の要部は「小僧」であるから本件商標と類似するとした。

　それに対して最高裁は，上記氷山印事件最判を引用した上で，「商標の類否は，同一又は類似の商品に使用された商標が外観，観念，称呼等によって取引者，需要者に与える印象，記憶，連想等を総合して全体的に考察すべきであり，かつ，その商品の取引の実情を明らかにし得る限り，その具体的な取引状況に基づいて判断すべきものである。右のとおり，商標の外観，観念又は称呼の類似は，その商標を使用した商品につき出所を誤認混同するおそれを推測させる一応の基準にすぎず，したがって，右三点のうち類似する点があるとしても，他の点において著しく相違するか，又は取引の実情等によって，何ら商品の出所を誤認混同するおそれが認められないものについては，これを類似商標と解することはできないというべきである」とした。その上で，具体的なあてはめとして，「本件商標と右Ｙ標章とを対比すると，外観及び称呼において一部共通する部分〔筆者注：小僧〕があるものの，Ｙ標章中の右部分は独立して出所の識別標識たり得ず，右Ｙ標章から観念されるものが著名な企業グループである小僧寿しチェーン又はその製造販売に係る本件商品であって，右は商品の出所そのものを指し示すものであることからすれば，右Ｙ標章の付された本件商品は直ちに小僧寿しチェーンの製造販売に係る商品であると認識することのできる高い識別力を有するものであって，需要者において商品の出所を誤認混同するおそれがあるとは認められないというべきである。」として，需要者を人的基準とした出所の識別性の有無に着目した上で，全体観察により商品の出所を誤認混同するおそれがあるとは認められず両標識は非類似であるとした。

　この小僧寿し事件最判は，商標登録の場面（審査，拒絶査定不服審判，及び無効審判）でこれまで展開されてきた商標の類否判断（法4条1項11号）の基準が，侵害訴訟における商標の類否判断（法37条各号）においても妥当することを明示したものである。また，結合商標を構成する一部要素が出所の識別性を有するかどうかという観点から分離観察の可否を判断している点（結論として否定）でも意義がある。おそらく，侵害訴訟における既登録商標と未登録標章の類否判断に関する裁判例で

あることから，つつみのおひなっこや事件最判では同判決は引用されていないが，全体観察と分離観察の選択基準という点では，本件においても先例としての価値が高い判例であったといえる。

(3) 審査基準

特許庁の商標審査基準〔改訂第14版〕では，「商標の類否においては，全体観察のみならず，商標の構成部分の一部を他人の商標と比較して類否を判断する場合がある。」（第3の十の1.(2)(ア)）との一般論に加えて，結合商標の類否判断について次のとおり細かな基準が設定されている（第3の十の4.(2)(ア)，ただし具体例は省略）。

「結合商標の類否は，例えば，次のように判断するものとする。ただし，著しく異なった外観，称呼又は観念を生ずることが明らかなときは，この限りでない。

①　識別力を有しない文字を構成中に含む場合　　指定商品又は指定役務との関係から，普通に使用される文字，慣用される文字又は商品の品質，原材料等を表示する文字，若しくは役務の提供の場所，質等を表示する識別力を有しない文字を有する結合商標は，原則として，それが付加結合されていない商標と類似する。

②　需要者の間に広く認識された商標を構成中に含む場合　　指定商品又は指定役務について需要者の間に広く認識された他人の登録商標と他の文字又は図形等と結合した商標は，その外観構成がまとまりよく一体に表されているもの又は観念上の繋がりがあるものを含め，原則として，その他人の登録商標と類似するものとする。ただし，その他人の登録商標の部分が既成の語の一部となっているもの等を除く。

③　商標の構成部分中識別力のある部分が識別力のない部分に比較して著しく小さく表示された場合であっても，識別力のある部分から称呼，観念を生ずるものとする。

④　商標の一部が，それ自体は自他商品・役務の識別力を有しないものであっても，使用により識別力を有するに至った場合は，その識別力を有するに至った部分から称呼，観念を生ずるものとする。」

これら①～④の基準は，要するに，商標の一部要素に識別力が認められる場合には当該一部（要部）を商標類否判断の対象とするものである。前述のとおり，商品出所の誤認混同のおそれを商標類否の究極的な判断基準とする氷山印事件最判，及び結合商標に関する全体観察と分離観察の選択基準について識別性に着目した小僧

144 第1部 判例評釈

寿し事件最判に照らして，いずれの審査基準も正当であろう。

（4） 学　　説

　商標の類否判断に関する学説の展開は，概ね上記氷山印最判等の実務の運用を承認するものであり[6]，さらにその上で，取引実情をどの程度取り込めるか等に関する議論が見られる程度である[7]。また，結合商標の類否判断についても，学説は上記各先例を基本的には支持しており，全体観察の原則とその例外としての分離観察という一般的な枠組みに対して，特段の異説はみられない。

（5） 検　　討

（a）　**一般論について**

　本判決は，結合商標の類否判断に際して全体観察を原則とした上で，例外的に一部要素の分離観察が許される場合として，①その部分が取引者，需要者に対し商品又は役務の出所識別標識として強く支配的な印象を与えるものと認められる場合と，②それ以外の部分から出所識別標識としての称呼，観念が生じないと認められる場合の2つを例示している。

　これらは，商標を構成する一部要素の識別性に着目する点では，商標の主たる機能が商品出所の識別にあることに鑑みて妥当であり，また上記小僧寿し事件最判にも合致するものである。もっとも，結合商標のうち識別性のない構成要素を除いた残部に常に識別性があるとは限らない（各構成要素がいずれも識別性を欠き，結果として商標全体にのみ識別性があることもあり得る）から，例外的に分離観察が許される場合を例示するものとして②を挙げることには疑問が残る（①のみで足りたのではないかと思われる。）[8]。

（b）　**あてはめについて**

　本判決が，そのあてはめにおいて本件商標「つつみのおひなっこや」の全体観察を採り，「つつみ」のみの分離観察を採らなかった理由は，①本件商標のうち「つつみ」の文字部分だけが独立して見る者の注意をひくように構成されているということはできないこと，②本件商標のうち「つつみ」の文字部分は，需要者等に対し引用各商標の商標権者であるXが本件指定商品の出所である旨を示す識別標識として強く支配的な印象を与えるものであったということはできないこと，③本件商標のうち「おひなっこや」の文字部分は，新たに造られた言葉として需要者等に理解され，土人形等に密接に関連する一般的，普遍的な文字であるとはいえず，自他商品を識別する機能がないということはできないことの3点である。

　このうち①については，本件商標が格助詞「の」を挟んで前半「つつみ」と後半

「おひなっこや」からなることからすれば、「つつみ」を分離して認識することも不可能ではない（実際，本件の原判決はそのように認定した。）。しかし，本件商標がすべて平仮名の標準文字のみからなり，さらには各文字の大きさと書体が同一であるという外観に照らすと，本件商標における「つつみ」の独立性は確かに弱いだろう。また，②については，XのみならずYの祖父も昭和56年以降は堤人形を製造していたというのであるから，本件審決時（平成18年）[9]に「つつみ」がXを指し示す商標として弱い識別性しかないとされても致し方あるまい。さらに，③についても，「おひなっこや」が需要者には造語であると認識されるという事実認定を前提とするならば，その識別性をすべて否定することは困難であった。

以上のとおり，①～③の諸事情が，いずれも本件商標につきその一部である「つつみ」のみの分離観察を否定する方向に作用する要素として考慮されることは妥当であり，これら諸事情を前提とする限り，商標の類否判断にあたり本件商標を一体として全体観察を行った本判決の結論は正当なものと解される。

(6) おわりに

結合商標の類否判断にあたっては，初期のリラタカラヅカ事件最判において分離観察の可能性が広く認められたものの，商標の類否判断一般に関する氷山印事件最判を経て，その後のSEIKO EYE事件，小僧寿し事件，そして本件つつみのおひなっこや事件では，いずれも最高裁は分離観察を行った原判決を覆して全体観察を採るに至った。現在では，商標登録の場面であるか商標権侵害の場面であるかを問わず，あくまで全体観察が原則であり，結合商標の一部に需要者にとっての識別性がある場合に限り，そこを要部とした分離観察が例外的に認められることに異論はないだろう。

このような，商標のもつ識別性の所在に着目した全体観察と分離観察の選択基準は，商標が商品・役務の出所を識別する機能を主に担うものであり，したがって商標の類否が商品・役務の出所の誤認混同のおそれを主要事実として判断される（商標の外観，観念，称呼や取引実情はそれを支えるあくまで間接事実にすぎない）ことからすれば，正当なものと思われる。

なお，本件は，差戻後の第1審（知財高判平21・1・27裁判所ホームページ）において，法4条1項11号以外の取消事由についてもすべて失当とされ，請求棄却により終結している。

〔注〕

＊1　その上で，2つの商標の称呼（本願商標「ひょうざん」と引用商標「しょうざん」）

146 第1部 判例評釈

が比較的近似していても，外観と観念において著しく異なり，かつ，本願商標の指定商品である硝子繊維糸の現実の取引実情（商標の称呼のみによって商標を識別することはほとんどない）に基づいて判断すれば，両商標を非類似とした原審判決は正当として是認し得るとした。

＊2　商標の類否判断において取引実情を考慮すること自体は，それ以前の最高裁判例（最判昭35・9・13民集14巻11号2135頁〔蛇の目事件〕，最判昭35・10・4民集14巻12号2408頁〔シンガー事件〕）においても承認されていたが，それら先例があくまで商標の外観・観念・称呼の対比によって類否を判断する際の補助資料として取引実情を考慮しているのに対して，同判決においては，外観・観念・称呼とは区別されそれらと独立に考慮される要素としての位置が取引実情に対して与えられている。

＊3　ただし，ここでいう全体的考察の対象は，「商標がその外観，観念，称呼等によって取引者に与える印象，記憶，連想等」であるから，（分離観察と対置される意味での）商標を構成する各要素の全体観察とは文脈が異なる。

＊4　その上で，原判決がリラの図形と「宝塚」なる文字とはそれらを分離して観察することが取引上不自然であると思われるほど不可分的に結合しているものではないから，本願商標よりはリラ宝塚印の称呼，観念のほかに，単に宝塚印なる称呼，観念も生ずることが少なくないと認めて，引用商標たる「宝塚」と称呼，観念において類似すると判断したことは，正当であって，所論の違法はないと結論づけた。

＊5　その上で具体的には，「『SEIKO』の文字と『EYE』の文字の結合から成る審決引用商標が指定商品である眼鏡に使用された場合には，『SEIKO』の部分が取引者，需要者に対して商品の出所の識別標識として強く支配的な印象を与えるから，それとの対比において，眼鏡と密接に関連しかつ一般的，普遍的な文字である『EYE』の部分のみからは，具体的取引の実情においてこれが出所の識別標識として使用されている等の特段の事情が認められない限り，出所の識別標識としての称呼，観念は生じず，『SEIKO EYE』全体として若しくは『SEIKO』の部分としてのみ称呼，観念が生じるというべきである。」とした。

＊6　参照，田村善之『商標法概説〔第2版〕』（弘文堂，2000年）111頁以下，網野誠『商標〔第6版〕』（有斐閣，2002年）431頁以下，小野昌延＝三山峻司編『新・注解商標法（上巻）』（青林書院，2016年）356頁以下〔工藤莞司＝樋口豊治執筆〕。

＊7　観察手法に関する本判決とは直接の関係がないため，本稿では取り上げない。なお，商標の類似性と商品・役務の類似性の相互関係，及びこれら類似性判断に取り込める取引実情の具体性の程度については，島並良「登録商標権の物的保護範囲(1)(2)」法学協会雑誌114巻5号63頁，同8号54頁（1997年）を参照のこと。

＊8　後掲参考文献・吉田50頁。

＊9　ただし，本件における法4条1項11号該当性の時的基準は，本件商標の登録査定時（平成16年）であり，本来はこの時点での事情を考慮すべきであった（後掲参考文献・吉田51頁）。

■参考文献

本判決の評釈・解説として，板倉集一・判評604号（判時2039号）182頁，村林隆一・ぷ

りずむ75号56頁，鈴木將文・平成20年度重判解（ジュリ臨時増刊1376号）307頁，本田順一・知管59巻7号857頁，蘆立順美・速報判例解説5号271頁，吉田和彦・法律のひろば62巻11号43頁，中平健・平成21年度主判解（別冊判タ29号）258頁，許清・知的財産法政策学研究34号407頁，愛知靖之・商事法務1963号53頁がある。また，本判決に至るまでの商標の類否判断手法に関する最高裁判例の変遷を概観するものとして，宍戸充「最高裁判例にみる商標の類否の本質」パテ70巻10号（2017年）46頁が，さらに，本判決後の知財高裁の関連裁判例を多数紹介するものとして，中所昌司「『つつみのおひなっこや』最高裁判決後の文字結合商標の類否に関する判例」パテ69巻7号（2016年）80頁がある。

◆

148　第1部　判例評釈

13　特許権侵害差止仮処分事件において秘密保持命令の申立てをすることができるか（肯定）──液晶テレビ事件

最高裁〔三小〕平成21年1月27日決定
〔平成20年（許）第36号秘密保持命令申立て却下決定に対する抗告棄却決定に対する許可抗告事件〕
〔民集63巻1号271頁〕

九州大学大学院法学研究院准教授　**小　島　　　立**

<hr>

事実の概要

　本件は，特許権等の侵害差止めを求める仮処分命令申立事件において，特許法105条の4第1項に基づく秘密保持命令の申立てが許されるか否かが争われた事案である。

　本件の基本事件は，平成19年10月19日に，A（債権者）がX（申立人・抗告人・抗告人）を債務者とし，Xによる液晶テレビ及び液晶モニターの輸入，販売等がAの特許権を侵害すると主張して，その差止め等を求めた特許権仮処分命令申立事件である（以下，この申立てに係る事件を「本件仮処分事件」という。）。本件仮処分事件においては，平成19年11月8日に，Xが立ち会うことができる審尋の期日が開かれ，その後も同期日が続行されている。

　Xは，本件仮処分事件係属中の平成20年3月18日に，本件仮処分事件において提出することを予定している準備書面等にXの保有する営業秘密が記載されているとして，特許法105条の4第1項に基づき，上記営業秘密について，Aの代理人又は補佐人であるY1らに対する秘密保持命令の申立て（以下「本件申立て」という。）をした。

　なお，本件仮処分事件については，原々決定（東京地決平20・4・14金判1315号62頁）後の平成20年5月30日に，AからYに対する本案訴訟（平成20年（ワ）第14530号特許権侵害差止等請求事件）が提起され，本件仮処分事件と並行して審理が進められている（本決定の3日後の平成21年1月30日に，Aの請求を一部認容する旨の第一審判

決が言い渡された。本判決言渡し後に，本件仮処分事件は取り下げられたようである*1。）。

本件の争点は，本件仮処分事件のような民事保全手続において秘密保持命令（特105条の4第1項）を発することができるか，ということである。

Xは，「民事訴訟」という用語は，狭義では判決手続を指すが，広義では仮処分手続等を含めて用いられるとされているから，単に，「訴訟において」という特許法105条の4第1項の文言のみからは，仮処分手続において秘密保持命令が適用されないと解釈することはできない，特許権侵害訴訟事件において当事者が保有する営業秘密を保護する必要性は，仮処分手続であろうと，本案手続であろうと相違はなく，「訴訟において」を本案手続に限定する合理的な理由はない，基本事件のような特許権侵害差止仮処分手続は，仮処分命令が発令されると，本案以上に被疑侵害者に対してダメージを与えるものであり（本案で差止命令がなされても執行停止の手続を採り得るが，仮処分に対しては極めて例外的な場合を除いて，このような手続は採り得ない。），被疑侵害者に対して営業秘密を秘密として保持する利益を与えつつ，防御を十分に行い得るようにする必要性は，本案以上に高いなどとして，本件仮処分事件は，特許法105条の4第1項の「特許権又は専用実施権の侵害に係る訴訟」に該当すると主張した。

原々審（東京地決平20・4・14金判1315号62頁）は次のように判断して，本件申立てを却下した。

「特許法105条の4第1項の秘密保持命令の趣旨は，『特許権又は専用実施権の侵害に係る訴訟』において，営業秘密を含む準備書面や証拠について，刑事罰（筆者注：特許法200条の2の秘密保持命令違反の罪）及び両罰規定（筆者注：特許法201条1項の両罰規定）の担保をもって，当該訴訟の追行の目的以外の目的での使用や訴訟関係人以外の者への開示を禁止することにより，営業秘密の保護を強化するとともに，営業秘密の訴訟手続への顕出を容易化することにあるものと解される。

そうすると，民事保全法1条に規定する『民事保全』は，特段の事情のない限り，特許法105条の4第1項の『特許権又は専用実施権の侵害に係る訴訟』に該当しないと解するのが相当である。」

「本件〔仮処分〕事件は，特許権侵害差止等請求訴訟を本案とし，その権利関係につき仮の地位を定める仮処分命令（民事保全法23条2項）を求めるものであるところ，仮の地位を定める仮処分命令は，本案判決が確定するまでの間，本案の請求内容を暫定的に実現することをも可能とするものであって，債務者に重大な影響を

150 第1部 判例評釈

与えるおそれがあり，また，仮の地位を定める仮処分命令は，原則として，口頭弁論又は債務者が立ち会うことができる審尋期日を経なければ発令することができないとされている（同法23条4項本文）。しかし，他方で，『その期日を経ることにより仮処分命令の申立ての目的を達することができない事情』があるときは，口頭弁論又は債務者が立ち会うことができる審尋期日を開かなくともよいとされていること（民事保全法23条4項ただし書），保全すべき権利又は権利関係及び保全の必要性の立証は疎明で足りるが（同法13条2項），疎明の即時性の要請から（同法7条が準用する民事訴訟法188条），仮の地位を定める仮処分命令申立事件において，口頭弁論を開いた場合であっても，証拠調べの期日を定めて行う証人尋問，文書提出命令の申立て，調査嘱託の申立て，送付嘱託の申立て等は許されないものと解されることに照らすならば，特許権侵害差止等請求訴訟を本案とする仮の地位を定める仮処分命令の発令に関する手続であるからといって，特許権の侵害に係る『訴訟』と同視し得る手続であると直ちにいうことはできない。

　また，一件記録を精査しても，本件〔仮処分〕事件において，X主張の本件各情報につき秘密保持命令を認めなければ，著しく不合理な結果を招くことになるなどの特段の事情も認められない。」

　Xは抗告したものの，原審（知財高決平20・7・7判時2015号127頁）は次のように判断して，本件抗告を棄却した。

　「特許法105条の4第1項にいう『特許権又は専用実施権の侵害に係る訴訟』に本件特許権仮処分命令申立事件が含まれるのであれば秘密保持命令を発することができるが，含まれないのであれば秘密保持命令を発することはできないことは明らかである。

　そして，当裁判所は，以下に述べる理由により，『特許権又は専用実施権の侵害に係る訴訟』とは本案訴訟のみであって本件のような特許権仮処分事件は含まれないと解するから，本件仮処分手続においては秘密保持命令を発することはできないことになる。

　(ア)　上記法文は『特許権又は専用実施権の侵害に係る訴訟』という表現を用いており，これに民事保全法という，民事訴訟法とは別個の手続法で運営される仮処分手続を含むと解することは，法の名宛人である国民の立場からすると，相当の困難を伴うと考えられること。ちなみに，民事保全法の適用される民事保全手続においては，訴訟のように公開の法廷で審理されることが必須の要件ではなく（任意的口頭弁論，民事保全法3条），非公開で審理されるのが通例であり，また本件のような

仮地位仮処分事件である重大な事案であっても，債務者審尋の手続を経ることが絶対的な条件ではなく，仮処分申立ての目的を達することができない特段の事情があるときは，債務者を審尋することなく仮処分命令を発することさえできること（23条4項），仮処分における証拠方法及び心証の程度は疎明であって（13条），裁判所は，即時に取り調べることができる証拠調べしかすることができないこと（7条，民訴法188条），仮処分命令は暫定的な命令であることを前提に，裁判所は債権者に担保を立てさせて命令を発することを通例としていること等の，本案訴訟とは異なる事情がある。

　(イ)　もし立法者において秘密保持命令の制度を本件のような仮処分手続にも適用があると考えたのであれば，秘密保持命令の規定が新設された平成16年法律第120号による特許法改正において，例えばＸも指摘する特許法168条の第2項が規定するように『訴えの提起又は仮差押命令若しくは仮処分命令の申立てがあった場合』等と，仮処分手続においても秘密保持命令を発することができるような規定を設けることが十分に可能であったと考えることができること。

　(ウ)　前記のとおり，秘密保持命令制度は，懲役刑を含む刑罰による抑止力をもって秘密保持の実効性を担保するものであるところ，特許権等侵害訴訟のみならず民事保全手続にも特許法105条の4の適用を肯定することは，これを否定した場合に比し処罰範囲の拡大を招来することになるところ，刑罰法規の謙抑性及び明確性の趣旨に鑑みれば，実質的に処罰範囲の拡大を招来する法解釈は差し控えるべきであること。」

　「以上によれば，秘密保持命令に係る特許法105条の4等の規定は，民事保全手続に適用することはできないと解すべきであるから，民事保全手続において特許法105条の4第1項の規定する秘密保持命令の発令をすることはできないことになる。Ｘは，本件のような特許権仮処分命令手続にも特許法105条の4等の定める秘密保持命令制度の適用がある旨及びそれが適用されない場合の不都合を強く主張するが，立法論としてはともかく，上記……において説示したとおり，独自の見解であって，採用することができない（原決定は，『特段の事情』があれば仮処分手続において秘密保持命令を発し得る余地がある旨述べるが，当裁判所は，『特段の事情』の有無にかかわらず仮処分手続においては秘密保持命令を発することはできないと解する。）。」

　Ｘから許可抗告の申立てがあり，原審はこれを許可した。

152 第1部 判例評釈

判　　旨

原決定破棄，原々決定取消し。本件を原々審に差戻し。

「特許権又は専用実施権の侵害に係る訴訟において，提出を予定している準備書面や証拠の内容に営業秘密が含まれる場合には，当該営業秘密を保有する当事者が，相手方当事者によりこれを訴訟の追行の目的以外の目的で使用され，又は第三者に開示されることによって，これに基づく事業活動に支障を生ずるおそれがあることを危ぐして，当該営業秘密を訴訟に顕出することを差し控え，十分な主張立証を尽くすことができないという事態が生じ得る。特許法が，秘密保持命令の制度（同法105条の4ないし105条の6，200条の2，201条）を設け，刑罰による制裁を伴う秘密保持命令により，当該営業秘密を当該訴訟の追行の目的以外の目的で使用すること及び同命令を受けた者以外の者に開示することを禁ずることができるとしている趣旨は，上記のような事態を回避するためであると解される。

特許権又は専用実施権の侵害差止めを求める仮処分事件は，仮処分命令の必要性の有無という本案訴訟とは異なる争点が存するが，その他の点では本案訴訟と争点を共通にするものであるから，当該営業秘密を保有する当事者について，上記のような事態が生じ得ることは本案訴訟の場合と異なるところはなく，秘密保持命令の制度がこれを容認していると解することはできない。そして，上記仮処分事件において秘密保持命令の申立てをすることができると解しても，迅速な処理が求められるなどの仮処分事件の性質に反するということもできない。

特許法においては，『訴訟』という文言が，本案訴訟のみならず，民事保全事件を含むものとして用いられる場合もあり（同法54条2項，168条2項），上記のような秘密保持命令の制度の趣旨に照らせば，特許権又は専用実施権の侵害差止めを求める仮処分事件は，特許法105条の4第1項柱書き本文に規定する『特許権又は専用実施権の侵害に係る訴訟』に該当し，上記仮処分事件においても，秘密保持命令の申立てをすることが許されると解するのが相当である。」

解　　説

⑴　本決定の意義

本決定の意義は，最高裁として，特許権又は専用実施権の侵害差止めを求める仮処分事件（以下，「特許権等侵害差止仮処分事件」という。）において，特許法105条の4第1項に基づく秘密保持命令の申立てが許されると判断した点にある。特許法

105条の4第1項柱書き本文が「特許権又は専用実施権の侵害に係る訴訟」（以下，「特許権等の侵害訴訟」という。）において秘密保持命令の申立てが認められると規定しているため，当該侵害「訴訟」に特許権又は専用実施権の侵害差止めを求める「仮処分事件」が含まれるべきかどうか，ということが本件の争点となった。

　本稿では，特許法における秘密保持命令の意義，及び，秘密保持命令の申立人が主張すべき事実について確認した後に，本件の争点についての検討を行う。

(2)　特許法における秘密保持命令の意義

　裁判所法等の一部を改正する法律（平成16年法律第120号）に伴って，特許法をはじめとする知的財産法に秘密保持命令についての規定が新設され，平成17年4月1日から施行された。

　従来，知的財産権侵害訴訟に提出される営業秘密の漏洩を防止する手段としては，民事訴訟法92条の定める「秘密保護のための閲覧等の制限」[2]，不正競争防止法2条1項7号以下の定める営業秘密の不正利用等への規制，当事者間で締結される秘密保持契約などが存在したものの[3]，それらによる保護では不十分であるという認識が示されていた[4]。また，日米で並行して特許権侵害訴訟が提起された場合に，米国の訴訟手続では「保護命令（Protective Order）」によって営業秘密の保護が図られるにもかかわらず，日本の訴訟手続には米国の保護命令に対応する手段が存在しないため，両国での訴訟対応に苦慮する事態も生じていたといわれている[5]。

　平成16年の法改正によって特許法に導入された秘密保持命令は，特許権等の侵害訴訟において，営業秘密を含む準備書面や証拠について，当該訴訟の追行の目的以外の目的への使用や訴訟関係人以外の者への開示を禁ずることにより，営業秘密を訴訟手続に顕出することを容易にし，営業秘密の保護及び侵害行為の立証の容易化を図り，併せて審理の充実を図るものである[6]。秘密保持命令の名宛人の違反行為には刑事罰を伴うため（特200条の2・201条1項），この刑事罰による威嚇によって営業秘密保護の実効性が高まることが期待されている[7]。

　特許法における秘密保持命令は，特許権等の侵害訴訟において，主に特許発明（主として方法の発明）との対比を行うために適用が検討される[8]。そこでは，①具体的態様の明示義務（特104条の2）により，被告が自己の製造する製品の構造や実施する方法の内容を任意に証拠として提出する場合，②書類提出命令（特105条1項本文）に従い，被告が書類を提出する場合，③営業秘密が記載された書類についての書類提出命令の申立てがされ，その書類について書類の保持者において提出

154 第1部 判例評釈

を拒む正当な理由があるかどうかをインカメラ手続で判断する場合（特105条3項），④当事者尋問，証人尋問を行うに際し，公開停止を検討すべき陳述要領記載文書を提出する場合（特105条の7第4項）などが想定されている[9]。

本件においては，営業秘密保有者である債務者Xが，被疑侵害物品であるX製品の構造，物性等を開示するために[10]，「最先端技術の結晶である液晶テレビないし液晶モニターに搭載された液晶モジュールの構造，形状，駆動方法」という営業秘密について秘密保持命令の申立てを行っている[11]。

「事実の概要」において前述したとおり，本件仮処分事件については，AからXに対する本案訴訟が提起され，本件仮処分事件と並行して審理が進められている。本案訴訟の東京地裁判決[12]を見ると，Xが輸入，販売等を行う液晶テレビ及び液晶モニターに搭載されている液晶モジュール又はその駆動方法が，Aの保有する特許権に係る特許発明（発明の名称を「液晶表示装置」とする特許番号第3901721号の特許及び特許番号第3872798号の特許，発明の名称を「液晶表示装置及びその駆動方法」とする第3744714号の特許）の構成要件を充足し，技術的範囲に属するかどうか，という点が争点となっている[13]。本件仮処分事件においても，本案訴訟と同様の争点について争われたことが予想される。

債務者Xとしては，「特許権者が侵害の行為を組成したものとして主張する物又は方法の具体的態様を否認する」ときは，「自己の行為の具体的態様を明らかにしなければならない」（特104条の2）。Xは，本件仮処分事件においても，被疑侵害物品とされるX製品の構造，Xが実施する方法等について主張するべく証拠を提出したいと考えたものの，当該証拠に営業秘密が含まれているため，本件秘密保持命令の申立てを行ったことが想像される。したがって，本件の状況は，秘密保持命令の適用が検討される上記①の場合に該当するものと考えられる。

なお，仮処分事件においては，証拠の即時性（民訴188条）との関係から，在廷しない人証の採用，文書提出命令の申立てなどは認められない[14]。このことからも，特許権等侵害差止仮処分事件において秘密保持命令の申立てがなされるのは，専ら上記①の場合であると予想される。

(3)　秘密保持命令の申立人が主張すべき事実について

秘密保持命令の申立人が主張すべき事実は，特許法105条の4第1項1号及び2号に加えて，申立人が保有する情報が営業秘密（不競2条6項）の要件を満たすべきであることに鑑みると，以下のとおりである[15]。

すなわち，①申立人が特許権又は専用実施権の侵害に係る訴訟の当事者であるこ

と＊16，②既に提出され若しくは提出されるべき準備書面に申立人の保有する情報が記載され，又は既に取り調べられ若しくは取り調べられるべき証拠の内容に申立人の保有する情報が含まれていること，③申立人の保有する情報が秘密として管理されていること，④申立人が保有する情報が有用であること，⑤申立人が保有する情報が公に知られていないこと，⑥申立人の保有する情報が特許権又は専用実施権の侵害に係る訴訟の追行の目的以外の目的で使用され，又は申立人の保有する情報が開示されることにより，申立人の保有する情報に基づく申立人の事業活動に支障を生ずるおそれがあり，これを防止するため申立人の保有する情報の使用又は開示を制限する必要があること，である＊17。

本件においては，上記①から⑥の事実のうち，①及び⑥の「訴訟」という文言について，Ｘが本件の申立理由の中で，「仮処分事件」も「訴訟」に含まれ，本件仮処分事件において秘密保持命令が発令されるべきであると述べていることから，この点が争点として顕在化したものと考えられる。

(4)　特許権等侵害差止仮処分事件における秘密保持命令申立ての可否

(a)　原審及び原々審における判断について

本件においてＸは前述のように主張していたものの，原々審決定が出される約1ヵ月半前の平成20年2月28日に行われた東京地裁知財部と日本弁護士連合会知的財産制度委員会との意見交換会において，東京地裁の裁判官（当時）は，仮処分事件における秘密保持命令の申立てに対して否定的な見解を示していた＊18。そこでは，①「訴訟」という用語は仮処分事件を含まないと解されること，②証拠の即時性（民保13条2項，民訴188条）に適合しないこと，③刑罰適用の可否が明確ではないこと，④本案訴訟で進行させればよく仮処分事件において無理に適用する必要はないことの4点を理由に，仮処分事件において秘密保持命令の申立てを認めることに消極的な見解が述べられていた＊19。

原々審決定は，上記の意見交換会で示された考えを採用しており＊20，原審の知財高裁も基本的にそれに追随している＊21。原審は，「〔原々決定は〕『特段の事情』があれば仮処分手続において秘密保持命令を発し得る余地がある旨述べるが，当裁判所は，『特段の事情』の有無にかかわらず仮処分手続においては秘密保持命令を発することはできないと解する」と述べており，原々審よりも厳しい判断を示しているといえるかもしれない。結果的に，原々審と原審の両審級において，秘密保持命令の申立てが認められる「訴訟」に「仮処分事件」は含まれないと判断され，Ｘの主張は認められなかった。

156 第1部 判例評釈

(b) **本決定の判断について**

特許権等侵害差止仮処分事件における秘密保持命令の申立てについて，原審及び原々審が消極的な判断をしていたところ，最高裁は本決定においてXの申立てを認める判断を行ったことが注目される。

本決定は，特許権等侵害差止仮処分事件においても，特許権等侵害差止めを求める本案訴訟と同様に秘密保持命令の申立てを認める実質的な必要性が認められる（意見交換会において示された前記理由④に関する）とともに，秘密保持命令を認めても仮処分手続の迅速性が損なわれることもなく（前記理由③に関する），また，特許法において用いられている「訴訟」という文言に仮処分手続が含まれることもある（前記理由①に関する）と述べており，東京地裁の裁判官（当時）が挙げていた前記4つの理由のうち，刑事罰を除いた3つの理由について，正反対の判断を示したと考えられる。なお，本決定は，刑事罰の問題については特に言及していない。

(c) **特許権等侵害差止めを求める本案訴訟と仮処分事件の関係について**

本決定も述べるように，「訴訟」という文言の解釈だけからは，特許法105条の4第1項が規定する「訴訟」に「仮処分」が含まれるべきかどうかということを判断するのは難しそうである。そうである以上は，特許権等侵害差止めの本案訴訟と仮処分事件に，どのような類似点と相違点があるのかということの探求を通じて，秘密保持命令の申立てを特許権等侵害差止めの仮処分事件において認める理由が存在するのかどうか，ということを判断するしかないであろう。

特許権等侵害差止めの仮処分事件は，本案訴訟の認容判決で命ぜられるのと同じ内容の不作為義務を債務者に課すもので，いわゆる満足的仮処分に属し，民事保全法上の仮の地位を定める仮処分（民保23条2項）に当たる[22]。仮処分が認められれば，被疑侵害者である債務者は，製品の製造販売等の停止を余儀なくされるとともに[23]，保全処分の執行停止（民保27条1項）が認められることも稀であるため[24]，債務者への打撃は極めて大きい。したがって，特許権等侵害差止めの仮処分事件においては，被保全権利に関する審理に特に慎重さが求められる傾向が強く，仮処分事件の審理と本案訴訟との審理との間にほとんど差異が見られないといわれている[25]。

また，特許権等侵害差止めの仮処分事件と本案訴訟が同一の裁判所に継続し，仮処分事件の審尋手続と本案訴訟の弁論又は弁論準備手続が同時並行的に進んでいくことも珍しくない[26]。裁判所が特許権侵害かつ特許権の有効性についての心証を形成した場合には，和解に至らなければ，その後に本案訴訟において損害論につい

て審理される*27。このような状況のもとで，特許権等侵害差止仮処分事件において秘密保持命令の申立てが認められないとすれば，債務者としては仮処分認容決定の影響の甚大さに鑑みて積極的に反論や反証を行う必要がある*28にもかかわらず，それを行えない可能性が高まる。

　確かに，仮処分事件と本案訴訟が並行して提起されている場合には，本案訴訟において秘密保持命令が発せられた場合には，その判断が仮処分事件にも影響するから，仮処分事件において秘密保持命令の申立てを認める必要はないという考えもあるかもしれない*29。しかし，特許権等侵害差止めの仮処分事件のみが申し立てられ，本案訴訟が提起されないこともあるはずであり，しかも本案訴訟を提起するかどうかの選択は債権者に委ねられている*30。前述のとおり，特許権等侵害差止めの仮処分が認められた場合の債務者に与える影響は非常に大きいため，仮処分事件の審理を充実したものとするために，秘密保持命令の申立てを認めることが望ましい場合もあると思われる。そうであれば，特許権侵害等差止めの仮処分事件と本案訴訟における秘密保持命令の申立てについて区別すべき実益はあるのだろうかという疑問が生じる。

　特許権侵害等差止仮処分事件において秘密保持命令の申立てを消極的に解する理由の一つとして，証拠の即時性（民訴188条）が挙げられていた。しかし，前述のとおり，特許権侵害等差止仮処分事件において秘密保持命令の申立てがなされるのは，専ら債務者が具体的態様の明示義務（特104条の2）により，債務者が自己の製造する製品の構造や実施する方法の内容を任意に証拠として提出する場合*31であると予想される。そうであれば，債務者が手持ちの証拠を速やかに提出できる状況において秘密保持命令の申立てがなされることが期待されているはずであり，秘密保持命令の発令により審理の迅速性が著しく害される場合には，裁判所が秘密保持命令の利用を認めないと判断すれば足りるようにも思われる*32。

　(5)　結　語

　特許権侵害訴訟においては，証拠が被告側に偏在していることが多いため，本件で被疑侵害者（債務者）に求められた具体的態様の明示義務（特104条の2）などに加えて，原告が適切な立証を行えるようにするための証拠収集手続の改善についても模索が続けられている*33。証拠収集手続の充実は営業秘密保持者の営業秘密の保護と併せてなされるべきものであり，その意味で秘密保持命令に寄せられる期待は大きい。

　これまでのところ秘密保持命令の申立ては低調であるものの，秘密保持命令制度

の存在自体が，当事者間における円滑な秘密保持契約の締結や任意の書証提出を促進しているという評価もなされている[34]。特許権侵害等差止仮処分事件における秘密保持命令のあり方についても，実務的及び理論的な考察がさらに深められていくことを期待したい。

〔注〕
*1　山田真紀「判解」最判解説民事篇平成21年度（上）102頁注(1)の記述を参照。
*2　民事訴訟法92条の定める「秘密保護のための閲覧等の制限」は，「訴訟記録の閲覧等」（民訴91条）に対する例外規定である。
*3　中山信弘＝小泉直樹編『新・注解特許法〔第2版〕（中巻）』（青林書院，2017年）2259頁〔大野聖二＝井上義隆〕。
*4　中山＝小泉編・前掲＊3・2259頁〔大野＝井上〕。また，牧野利秋ほか「《座談会》知的財産高等裁判所設置法及び裁判所法等の一部を改正する法律について」知管55巻4号（2005年）481頁〔飯村敏明発言〕は，「秘密を保持している当事者が，証拠を提出すれば訴訟に勝てるけれども，証拠を提出すると，秘密が第三者に漏れて不利益を受けるというようなパターンでは，秘密保持契約を締結しようというインセンティブが原告に働かないので，秘密保持契約を結んだ上で証拠を提出する方法が，必ずしも功を奏しませんでした」と述べる。
*5　中山＝小泉編・前掲＊3・2260頁〔大野＝井上〕。
*6　逐条解説〔第20版〕344頁。
*7　伊藤眞ほか「《座談会》司法制度改革における知的財産訴訟の充実・迅速化を図るための法改正について（下）」判タ1262号（2004年）6頁〔中山信弘発言〕。
*8　髙部眞規子『実務詳説　特許関係訴訟〔第3版〕』（金融財政事情研究会，2016年）62頁，中武由紀「立証の容易化と営業秘密」髙部眞規子編著『知的財産権訴訟Ⅰ』（青林書院，2018年）87頁。
*9　髙部・前掲＊8・62頁。
*10　民集63巻1号287頁。
*11　民集63巻1号286頁。
*12　東京地判平21・1・30（平20（ワ）14530号）〔液晶テレビ事件〕。
*13　AとXは，2007年から，日本，韓国，米国，及び欧州で両者が保有する液晶パネルに関係する特許についてグローバルな特許権侵害訴訟を展開していた。この点については，佐伯真也「シャープとSamsungが液晶関連の特許訴訟で和解」日経エレクトロニクス（2010年2月8日）〔https://tech.nikkeibp.co.jp/dm/article/NEWS/20100208/180026/〕及びそこにリンクが貼られている記事を参照されたい。
*14　大西勝滋「特許権の仮処分」髙部眞規子編『特許訴訟の実務〔第2版〕』（商事法務，2017年）305頁。
*15　秘密保持命令の申立書の例は，髙部・前掲＊8・65頁。
*16　髙部・前掲＊8・62頁は，特許法105条の4第1項の条文の構造から，営業秘密を保持している当事者の相手方当事者が秘密保持命令を申し立てることはできないと述

13　最高裁〔三小〕平成21年1月27日決定　*159*

べる。
* 17　中武・前掲 * 1・89頁は，秘密保持命令の発令要件に，「申立ての時までに秘密保持命令の名宛人が当該準備書面の閲読又は同号に規定する証拠の取調べ若しくは開示以外の方法により当該営業秘密を取得し，又は保有していたものでないこと」（特105条の4第1項柱書ただし書）を挙げているが，この要件事実については，秘密保持命令の申立人が立証責任又は疎明責任を負うものではないであろう。「申立ての時までに秘密保持命令の名宛人が当該準備書面の閲読又は同号に規定する証拠の取調べ若しくは開示以外の方法により当該営業秘密を取得し，又は保有していた」ことについての立証責任又は疎明責任は，秘密保持命令の申立人の反対当事者に課せられているはずである。
* 18　「東京地裁知財部と日弁連知的財産制度委員会との意見交換会（平成19年度）」判タ1271号（2008年）10頁〔中島基至発言〕。
* 19　山田・前掲 * 1・96頁。
* 20　なお，原々決定の合議体には，前掲 * 18に掲げた座談会で発言を行った東京地裁の裁判官（当時）は含まれていない。
* 21　原決定についてのコメントは，判時2015号127頁以下を参照。
* 22　大西・前掲 * 14・301頁。
* 23　大西・前掲 * 14・304頁。
* 24　大西・前掲 * 14・311頁。
* 25　大西・前掲 * 14・302頁。
* 26　大西・前掲 * 14・302頁。
* 27　服部誠「特許権侵害と仮処分」牧野利秋ほか編『知的財産法の理論と実務(2)特許法Ⅱ』（新日本法規，2007年）142頁。
* 28　服部・前掲 * 27・143頁。
* 29　原決定に対する判時2015号128頁のコメント。
* 30　中山＝小泉編・前掲 * 3・2267頁〔大野＝井上〕。
* 31　高部・前掲 * 8・62頁。
* 32　服部・前掲 * 27・134頁。
* 33　高部眞規子「証拠収集をめぐる特許法改正」ジュリ1525号（2018年）44頁。
* 34　中武・前掲 * 8・96頁。

■参考文献

本文中に掲げたもののほか，
・安達栄司「判批」金判1326号（2009年）17頁
・佐藤祐介「判批」判時2054号（2009年）170頁
・越山和広「判批」速報判例解説（法セ増刊）5号（2009年）141頁
・川嶋四郎「判批」法セ662号（2010年）130頁
・我妻学「判批」私法判例リマークス40号（2010年）126頁
・三山峻司「判批」知管60巻4号（2010年）613頁
・土肥一史「判批」平成21年度重判解（ジュリ臨時増刊1398号）（2010年）302頁

160　第1部　判例評釈

・河野正憲「判批」判タ1326号（2010年）63頁
・松本直樹「判批」平成21年度主判解（別冊判タ29号）（2010年）256頁
・椙山敬士「判批」特許判例百選〔第4版〕（別冊ジュリ209号）（2012年）184頁
・濱田陽子「判批」民事訴訟法判例百選〔第5版〕（別冊ジュリ226号）（2015年）259頁

14 映画の保護期間と旧著作権法
——チャップリン事件

最高裁〔一小〕平成21年10月8日判決
〔平成20年（受）第889号著作権侵害差止等請求事件〕
〔裁判集民事232号25頁〕

弁護士・弁理士　小松陽一郎

事実の概要

　原告（被控訴人，被上告人・相手方）は，チャールズ・チャップリンが単独で原作，脚本，制作ないし監督，演出，主演（一部は除く。）等をし，その発案（一部は除く。）から完成に至るまでの制作活動のほとんど又は大半を同人が行い制作された９本の映画（「サニーサイド」，「偽牧師」，「巴里の女性」，「黄金狂時代」，「街の灯」，「モダン・タイムス」，「殺人狂時代」，「独裁者」，「ライムライト」であり，1919年から1952年にかけて公開された。以下「本件映画」といい，これら映像のクレジットには，「Written and Produced（あるいは Directed）by CHARLES CHAPLIN」等の表示がなされており，また一部の作品には，米国著作権局において，著作者としてチャップリンではなく「チャールズ・チャップリン・フィルム・コーポレーション」等として登録されているものもある。）の著作権者が，本件映画の DVD を複製・販売等していた者（被告ら，控訴人ら，上告人・上告受理申立人ら）に対し，複製・頒布の差止めや損害賠償等の請求をしたところ，１審（東京地判平19・8・29判時2021号108頁）は，著作者はチャップリン（昭和52年（1977年）死亡）であり，旧著作権法３条が適用される（同６条は適用されない。）ことによりその著作権の保護期間は満了していないとして差止請求を認容（損害賠償については一部認容）し，原審（知財高判平20・2・28判時2021号96頁）も控訴を棄却したので，控訴人らは，上告及び上告受理申立てをした。そして，上告受理申立てについては受理され（上告は棄却），下記判決がなされた*1。

162　第1部　判例評釈

判　　旨

　上告棄却。

　⑴　「旧法の下において，著作物とは，精神的創作活動の所産たる思想感情が外部に顕出されたものを意味すると解される。そして，映画は，脚本家，監督，演出者，俳優，撮影や録音等の技術者など多数の者が関与して創り出される総合著作物であるから，旧法の下における映画の著作物の著作者については，その全体的形成に創作的に寄与した者がだれであるかを基準として判断すべきであって，映画の著作物であるという一事をもって，その著作者が映画製作者のみであると解するのは相当ではない。また，旧法の下において，実際に創作活動をした自然人ではなく，団体が著作者となる場合があり得るとしても，映画の著作物につき，旧法6条によって，著作者として表示された映画製作会社がその著作者となることが帰結されるものでもない。同条は，その文言，規定の置かれた位置にかんがみ，飽くまで著作権の存続期間に関する規定と解すべきであり，団体が著作者とされるための要件及びその効果を定めたものと解する余地はない。

　これを本件についてみるに，上記事実関係によれば，本件各映画については，チャップリンがその全体的形成に創作的に寄与したというのであり，チャップリン以外にこれに関与した者の存在はうかがわれないから，チャップリンがその著作者であることは明らかである。」

　⑵　「旧法の下において，独創性を有する映画の著作物の著作権の存続期間については，旧法3～6条，9条の規定が適用される（旧法22条ノ3）。

　旧法3条は，著作者が自然人であることを前提として，当該著作者の死亡の時点を基準にその著作物の著作権の存続期間を定めることとしている。しかし，無名又は変名で公表された著作物については，著作者が何人であるかを一般世人が知り得ず，著作者の死亡の時点を基準にその著作権の存続期間を定めると，結局は存続期間が不分明となり，社会公共の利益，法的安定性を害するおそれがある。著作者が自然人であるのに団体の著作名義をもって公表されたため，著作者たる自然人が何人であるかを知り得ない著作物についても，同様である。そこで，旧法5条，6条は，社会公共の利益，法的安定性を確保する見地から，これらの著作物の著作権の存続期間については，例外的に発行又は興行の時を基準にこれを定めることとし，著作物の公表を基準として定められた存続期間内に著作者が実名で登録を受けたときは，著作者の死亡の時点を把握し得ることになることから，原則どおり，著作者

の死亡の時点を基準にこれを定めることとしたもの（旧法 5 条ただし書参照）と解される。そうすると，著作者が自然人である著作物の旧法による著作権の存続期間については，当該自然人が著作者である旨がその実名をもって表示され，当該著作物が公表された場合には，それにより当該著作者の死亡の時点を把握することができる以上，仮に団体の著作名義の表示があったとしても，旧法 6 条ではなく旧法 3 条が適用され，上記時点を基準に定められると解するのが相当である。

　これを本件についてみるに，本件各映画は，自然人であるチャップリンを著作者とする独創性を有する著作物であるところ，上記事実関係によれば，本件各映画には，それぞれチャップリンの原作に基づき同人が監督等をしたことが表示されているというのであるから，本件各映画は，自然人であるチャップリンが著作者である旨が実名をもって表示されて公表されたものとして，その旧法による著作権の存続期間については，旧法 6 条ではなく，旧法 3 条 1 項が適用されるというべきである。団体を著作者とする旨の登録*2がされていることや映画の映像上団体が著作権者である旨が表示されていることは，上記結論を左右しない。」

　(3) 「所論引用の最高裁平成19年（受）第1105号同年12月18日第三小法廷判決・民集61巻 9 号3460頁は，自然人が著作者である旨がその実名をもって表示されたことを前提とするものではなく，旧法 6 条の適用がある著作物であることを前提として平成15年法律第85号附則 2 条の適用について判示したものにすぎないから，本件に適切でない。」

解　説

(1)　**本件での争点**

(a)　本件映画 9 本は，チャップリンによって制作等されたものであり，1919年から1952年にかけて公開・公表されている。一方，チャップリンは（昭和52年（1977年））に死亡している。

　事実審（原審）の口頭弁論が終結された平成19年（2007年）から遡ると，本件映画の公開後55年から88年経過し，チャップリン死亡後約30年経過していることとなる（なお，著作権法57条により，保護期間の計算方法としては，死亡時や公表時等の属する年の翌年から起算する暦年主義がとられている。）。

(b)　わが国における著作権法は，明治32年（1899年）制定の旧著作権法（以下「旧法」という。）と昭和45年（1970年）制定の現行著作権法（以下「現行法」という。）からなるので，時期的に見て本件映画の著作権法上の保護期間の始期（起算点）に

は，旧法が適用されることとなる。なお，旧法22条ノ2，旧法22条ノ3で，独創性のある映画[3]には旧法3条ないし6条が適用され，その存続期間は，旧法3条では死後30年間（その後38年間に延長），旧法6条では興行後30年間（その後33年間に延長）とされていた[4]。

本件映画の公開時期に着目すると，最も遅い公開時期である1952年（「ライムライト」）の場合には，現行法（立法時の存続期間は50年）が適用されるが，映画の存続期間が70年に延長されたのは平成15年（2003年）改正であり，それまでにライムライトの著作権の存続期間は消滅し，本件映画の著作財産権はパブリック・ドメインになる。

これに対し，チャップリンの死亡時期（1977年）に着目すると，現行法が適用され，さらに存続期間が70年に延長され，ライムライトは2022年まで存続することとなる[5]。

そこで，本件では，旧法3条と旧法6条のいずれが適用されるかが争点となった。

⑵　映画の著作物

⒜　**現行法10条，16条，29条等**

「映画の著作物」は，著作権法により例示された著作物の1つであり（著10条1項7号），映画の著作物の著作者（著16条，ただし書との関係では著15条），映画の著作物の著作権の帰属（著29条），映画の著作物の保護期間（著54条）などで映画の著作物という用語が使用され，「映画の著作物」には，「映画の効果に類似する視覚的又は視聴覚的効果を生じさせる方法で表現され，かつ，物に固定されている著作物を含むものとする。」（著2条3項）と規定されているが，積極的に定義をしている条項はない。

なお，16条は，「映画の著作物の著作者は，その映画の著作物において……，制作，監督，演出，撮影，美術等を担当してその映画の著作物の全体的形成に創作的に寄与した者とする。……」と規定している。しかし，旧法においてこのような規定はなく，現行法の立法過程においても，「その映画の著作物の全体的形成に創作的に寄与した者」[6]との定義はなされたものの誰を著作者とするかは例示しないこととされた[7]。

現行法では，映画の著作物の「著作者」について，職務著作に該当する場合は使用者たる法人等（著15条）であり[8]，そうでない場合は，上記のとおり映画の著作物の全体的形成に創作的に寄与した者（著16条）としている。

したがって，1本の映画についてプロデューサー，映画監督，ディレクター等の複数の著作者（モダン・オーサー）が発生し得る。そして，映画の著作物の「著作権」の帰属については，その著作者が映画製作者に対してその制作に参加することを約束している場合には，映画製作者に帰属する（著29条1項）。しかしながら，映画の著作物の保護期間については，著作者の死亡時を起算点とする死亡時起算主義はとっておらず，公表時起算主義によっている（著54条1項・3項）ので，現行著作権法のみが適用される創作性ある映画の著作権の保護は比較的明確である。もっとも，旧法では，現行法54条のような規定は存在しなかった。

(b) **映画の著作物の制作**

今日の映像コンテンツの制作態様には種々の多様性が存在すると考えられ，映画制作に参加する制作，監督，演出，撮影，美術等について，いわゆるモダン・オーサーといわれる多数の者が担当するが[9]，本件映画のような劇場上映用映画の大半は，映画の制作資金，劇場公開時の費用，撮影場所の提供などについて多数の会社が組合方式で参加する「制作委員会方式」によって制作され，その著作権の帰属が具体的に合意されている[10]。

(3) 旧法における「映画の著作物の著作者」と本判決[11]

(a) 本判決は，「映画は，脚本家，監督，演出者，俳優，撮影や録音等の技術者など多数の者が関与して創り出される総合著作物であるから，旧法の下における映画の著作物の著作者については，その全体的形成に創作的に寄与した者がだれであるかを基準として判断すべきであって，映画の著作物であるという一事をもって，その著作者が映画製作者のみであると解するのは相当ではない。」と判示した。

(b) この点については，原審でも，「一般に，映画の著作物の場合，その製作において，脚本，制作，監督，演出，俳優，撮影，美術，音楽，録音，編集の担当者など多数の者が関与して創り出される総合著作物であり，その中に，関与した多数の者の個別的な著作物をも包含するものであるが，映画として一つのまとまった作品を創り出しているのであるから，旧法においても，映画著作物の全体的形成に創作的に寄与した者が映画著作物の著作者であるというべきであり，この者が旧法3条の『著作者』に当たるものと解すべきである。」として16条の「映画著作物の全体的形成に創作的に寄与した者」と同じ表現をして実質的には同じ規範を示しており，映画一般の実質的定義として妥当である。

そして，本件では，チャップリンが，本件各映画については，「その全体的形成に創作的に寄与したというのであり，チャップリン以外にこれに関与した者の存在

166 第1部 判例評釈

はうかがわれないから，チャップリンがその著作者であることは明らかである。」
としている。

(c) 旧法3条へのあてはめ

旧法3条1項は，「発行又ハ興行シタル著作物ノ著作権ハ著作者ノ生存間及其ノ
死後30年間継続ス」と規定し，生前公表著作物の著作権は著作者の死後30年間（同
52条1項により38年）継続すると規定しており，死亡を起算点としていることから
自然人を前提としている。なお，無名・変名著作物に関する旧法5条ただし書も，
（自然人が）「……実名ノ登録ヲ受ケタルトキハ第3条ノ規定ニ従ウ」としている。

この点，本判決も，「旧法3条は，著作者が自然人であることを前提として，当
該著作者の死亡の時点を基準にその著作物の著作権の存続期間を定めることとして
いる。」と的確に指摘している。

したがって，チャップリンの本件映画については，旧法3条が適用され，現行著
作権法及び改正著作権法により存続期間が満了していないこととなる*12。

(d) 旧法6条の「団体」の意義

旧法6条が適用されると，本件映画の存続期間が消滅していることとなる（戦時
加算の問題には触れない。）。そして，旧法3条が上記のとおり自然人について規定し
たものであるから，旧法6条が，法人について規定したものと解することが可能
か，あるいは，旧法3条より優先適用される可能性があるかを検討することとな
る。

(イ) 旧法6条は，「官公衙学校社寺協会会社其ノ他団体ニ於テ著作ノ名義ヲ以テ
発行又ハ興行シタル著作物ノ著作権ハ発行又ハ興行ノトキヨリ30年間継続ス」と規
定しており，団体著作物の著作権は興行等の公表から30年間（同52条2項により33
年間）継続することとなる。ここでは，団体名義で興行等がなされた場合の規定と
なっている。

(ロ) 旧法がそもそも法人著作を認めていたかについては，本判決は触れられてい
ない。

原審では，「旧法6条の解釈として，同条が法人著作を認めた規定であるとする
考え方がある。しかし，上記のとおり，旧法6条は，保護期間に関する旧法3条ない
し6条のうちの1つであって，旧法があえてこのような位置に法人著作の規定を
置いたとは考えにくい。しかも，旧法において，旧法6条のほかに『団体』につい
て触れた規定はない。なお，昭和45年改正法15条は，『法人その他使用者（以下こ
の条において『法人等』という。）の発意に基づきその法人等の業務に従事する者が

職務上作成する著作物……で，その法人等が自己の著作の名義の下に公表するもの
の著作者は，その作成の時における契約，勤務規則その他に別段の定めがない限
り，その法人等とする。』との職務著作に関する規定を置いているところ，同法附
則４条は，『新法第15条及び第16条の規定は，この法律の施行前に創作された著作
物については，適用しない。』と規定している。以上によれば，旧法においては，
原則に戻って，自然人が著作者となると解するほかなく，旧法６条が法人著作を認
めた規定とはいいがたい。」

「なお，旧法１条は，『文書演述図画建築彫刻模型写真演奏歌唱其ノ他文芸学術若
ハ美術（音楽ヲ含ム以下之ニ同ジ）ノ範囲ニ属スル著作物ノ著作者ハ其ノ著作物ヲ複
製スルノ権利ヲ専有ス』と規定し，旧法13条１項は，『数人ノ合著作ニ係ル著作物
ノ著作権ハ各著作者ノ共有ニ属ス』と規定しているが，『著作物ノ著作者』として
いるのみである。元来，著作物とは，自然人である著作者が実際にした著作活動に
よって創作された文芸，学術，美術等の作品をいい，著作者とは，実際に著作活動
をした者をいい，著作とは著作物を創作することをいうのであって，この点は旧
法，昭和45年改正法を通じて変わりがないものというべきである。」と詳細な判断
を示した。

すなわち，原審は，概要，旧法６条は，①団体名義での著作物の公表の場合の保
護期間を規定したものである，②ⓐ３条から６条までは保護期間に関する規定であ
り，その位置に法人著作の規定を置いたとは考えられない，ⓑ旧法には６条以外に
「団体」に関する規定がない，ⓒ現行法附則４条は，（職務著作に関する）現行法15
条の規定は「この法律の施行前に創作された著作物については適用しない」と規定
している，等を指摘して法人著作を認めた規定とはいい難く，③本件映画の一部に
法人名義の著作者登録があるが，旧法６条が適用されるのは自然人の実名義での公
表，無名又は変名での公表に当たらない場合をいうと解する，としたものである。

法人著作一般に関しては，旧法６条の条文体裁自体があいまいであり，旧法下で
法人著作を認めるかどうかに関して賛否両論があり，いずれとも決着していなかっ
た*13。

立法者意思について，旧法22条ノ３（昭和６年改正）の立法担当者小林尋次氏に
よれば，法人が著作者となることはあり得ないとされていたことが紹介されている
が*14，旧法そのものの立法担当者であった水野錬太郎法学博士は，小林説とは異
なり，「原始著作権は自然人に属するものにして法人はその著作権を継承したるに
過ぎずというにあり。この説も又一理ありと雖も我が著作権法に於いては法人の原

168　第1部　判例評釈

始著作権を認むるものの如し（第6条）」[15]と明確に法人著作を肯定している。

　また，東京高判昭57・4・22無体集14巻1号193頁（龍溪書舎事件。なおその上告審である最判昭59・3・9判決速報00002728も，原審の判断を正当として是認できる，として上告を棄却している。）は，旧法下でも「第6条の如き規定の存在していたことからみて，……法人等が原始的に著作権を取得する」ことを肯定しており，本件と同種判決である知財高判平20・7・30裁判所ホームページ〔黒澤明DVD事件〕[16]も，上記東京高裁判決を引用して，旧法下での法人著作を肯定している。

　もともとは，規定ぶりがあいまいであり，より根本的には，法人擬制説と法人実在説の対立が背後にあったと推察されるが，時代の流れとともに法人実在説が有利になっていったこと，著作者の概念そのものが大陸法系諸国におけるローマ・ゲルマン概念（著作権を Author's Right として自然人のみを著作者になり得るとする）と，英米法系諸国におけるアングロ・サクソン概念（Copyright として，著作物に投資等する法人を著作者とする。）の二大潮流があるとされているが[17]，あいまいな条文上の一方の立場に立って自然人しか著作者になれないとするスタンスは疑問である（なお，自然人しか著作者になれないとすると，旧法6条は実体と齟齬する場合の規定となってしまうのではないか。）。

　(e)　旧法6条と旧法3条についての本判決

　本判決は，独創性を有する映画の著作物の著作権の存続期間については，旧法3～6条，9条が適用されるが（旧法22条ノ3），自然人と無名・変名に関する旧法5条に注目し，「無名又は変名で公表された著作物については，著作者が何人であるかを一般世人が知り得ず，著作者の死亡の時点を基準にその著作権の存続期間を定めると，結局は存続期間が不分明となり，社会公共の利益，法的安定性を害するおそれがある。著作者が自然人であるのに団体の著作名義をもって公表されたため，著作者たる自然人が何人であるかを知り得ない著作物についても，同様である。」とし，「旧法5条，6条は，社会公共の利益，法的安定性を確保する見地から，これらの著作物の著作権の存続期間については，例外的に発行又は興行の時を基準にこれを定めることとし，著作物の公表を基準として定められた存続期間内に著作者が実名で登録を受けたときは，著作者の死亡の時点を把握し得ることになることから，原則どおり，著作者の死亡の時点を基準にこれを定めることとしたもの（旧法5条ただし書参照）と解される。」として，自然人の実名がわかる場合には，「当該自然人が著作者である旨がその実名をもって表示され，当該著作物が公表された場合には，それにより当該著作者の死亡の時点を把握することができる以上，仮に団

体の著作名義の表示があったとしても，旧法6条ではなく旧法3条が適用される」
として，旧法3条を原則とすることで両条文を整理した。

そして本件映画については，チャップリンが著作者であることが実名をもって表
示・公表されているので，団体で登録されていることや映画の映像上団体が著作権
者である旨が表示されていても*18，すなわち映画のクレジット等に自然人と法人
が併記されていても旧法3条が優先適用されるとした。

旧法の条文の位置関係などから解決原理を直接に導き難いところ，本判決は，旧
法5条・6条は社会公共の利益や法的安定性を確保する見地から例外的に発行・興
行の時を基準とするが，自然人である著作者が実名で表示されている場合には，そ
の死亡時を把握できる以上，旧法3条を適用する，というものであり，明快な論理
である。

ただ，旧法でも法人著作を肯定できるとした見解をとった場合には，逆の論理も
可能ではないかとの疑問も残るところである。

あるいは，本件ではチャップリン一人が著作者であることが明確な事案である
が，「全体的形成に創作的に寄与した者」の評価対象者が複数おり，その創作的な
寄与の程度の評価が微妙な場合には，本判決の射程距離から離れると思われる。ま
た，例えば，映画のクレジット等に，映画制作会社が著作者として表示され，さら
に総監督等が複数著作者の一人として表示されているような場合であれば，共同著
作者（旧法13条）となりその処理が複雑となる。旧法3条2項では，合著作の場合
は最終に死亡した者の死後30年という規定はあるが，これは明確に自然人同士の場
合を規定しているだけであり，法人と自然人の共有の場合は規律し難い（現行51条
等も同じ）。旧法3条ができるだけ著作者を保護しようとする趣旨と解するなら同
条を類推して処理することが妥当であり，この場合は，存続期間の長いほうに従う
ということになろう*19。

(4)　最判平19・12・18民集61巻9号3460頁〔シェーン事件〕との関係

(a)　本件とシェーン事件との相違

本判決は，上記シェーン事件最高裁判決との関係について，同判決は，「自然人
が著作者である旨がその実名をもって表示されたことを前提とするものではなく，
旧法6条の適用がある著作物であることを前提として平成15年法律第85号附則2条
の適用について判示したものにすぎないから，本件に適切でない。」として排斥し
た。

確かに，シェーン事件では，旧法3条は議論されておらず法人（パラマウント・

170 第1部 判例評釈

ピクチャズ・コーポレーション）が著作者として表示されているとの前提事実で旧法6条における団体名義の著作物の保護期間について判断がなされており，前提事実等について当事者間に争いはなかったようであり，弁論主義との関係でもこの判示部分自体は正しいと思われる。

　(b)　もっとも，通常の映画では，監督がその映画の著作物の全体的形成に創作的に寄与しており，映画のクレジット等で監督名がでないことはない。実際にも，「シェーン」では，「Produced and Directed by GEORGE STEVENS」の表示がある。そうすると，シェーン事件（いわゆる1953年問題といわれていた）でも，（当事者の主張があれば）本件同様に，旧法3条が適用されるべきであったとの解釈の可能性があり，今後は，自然人である著作者（の一人）を特定することができれば，その保護期間は著作者の死亡時を基準として計算されることとなり，かかる観点から過去の映画をチェックすれば保護期間がさらに伸びることも可能ではないかと思われる。

〔注〕

＊1　本件は，リヒテンシュタイン公国において設立された法人から，日本法人に対する，英国国民であったチャップリンの映画作品の著作権の侵害に基づく訴えであり，国際裁判管轄と準拠法の問題もあるが，ベルヌ条約3条，著作権法6条3号，法例11条1項（法の適用に関する通則法附則3条4項により法例が適用）等から，日本での日本法による適用が認められている（原審も1審のこの部分を肯定）。

＊2　米国では著作権性について審査を経たうえで登録される（米国著作権法410条）。雇用著作については201条。

＊3　大判昭12・11・20法律新聞4204号3頁は，「著作物」について「著作者の精神的所産たる思想内容の独創的表現たることを要す」として，現行法2条1項1号の著作物の定義と実質的に同様のものとしている。

＊4　その後の存続期間が少し延長された経緯については，例えば，半田正夫＝松田政行編『著作権法コンメンタール2〔第2版〕』（勁草書房，2015年）683頁〔三浦正広〕参照。

＊5　なお，既得権保護のため存続期間が50年に延長された現行法，70年に延長された平成15年改正法と旧法との関係では，附則により，現行法や改正法施行時点で存続期間が消滅していない場合には，原則としてそのまま延長される。

　　なお，平成30年（2018年）12月30日にTPP11協定が発効し，映画以外の著作権の存続期間が70年に延長されたが，映画の著作物はそのままである。

＊6　「映画の著作物の全体的形成に創作的に寄与した者」について判断した裁判例として，例えば，東京地判平14・3・25判時1789号141頁〔宇宙戦艦ヤマト事件〕，東京地判平15・1・20判時1832号146頁〔超時空要塞マクロス事件〕，知財高判平18・9・13判時1956号148頁〔グッドバイ・キャロル事件〕。

＊7　旧法下における議論と現行法立法時における議論について，例えば，半田正夫＝松田政行編『著作権法コンメンタール1〔第2版〕』（勁草書房，2015年）738頁〔小林康恵〕参照。

＊8　俳優等の実演家等に認められる著作隣接権に15条を類推適用できるかについて，小倉秀夫＝金井重彦編著『著作権法コンメンタール』（LexisNexis，2013年）350頁〔小松陽一郎〕。

＊9　16条は，原著作者や脚本家などのいわゆるクラシカル・オーサーは別途保護することとしている。なお，映画以外にも，最〔一小〕判平14・4・25裁判集民事206号361頁は，中古ゲームソフトも映画の著作物に含まれるとした。

＊10　半田＝松田編・前掲＊4・『著作権法コンメンタール2〔第2版〕』128頁〔岡邦俊〕。なお，「劇場映画における権利関係」について説明するものとして，山崎茂雄＝立岡浩『映像コンテンツ産業の政策と経営』（中央経済社，2006年）157頁。

＊11　判例評釈として，作花文雄「旧法下で創作された映画の著作物の著作者及び保護期間に関する考察：旧法映画をめぐる二つの最高裁判決（『チャップリン』・『シェーン』）が残した制度の不安定性と規則の歪み〈POINT OF VIEW〉」コピライト588号14頁，生田哲郎＝森本晋「1919年から1952年までの間に公表された映画の著作権の存続期間がいまだ満了していないと判断された事例〈知的財産権判例ニュース〉」発明106巻12号38頁，内田剛「旧著作権法による著作権の存続期間は，自然人が著作者である旨がその実名をもって表示され著作物が公表された場合には，著作者の死亡の時点を基準に定められるとした事例：チャップリン事件：上告審〈判例研究〉」東海法学44号1頁，三浦正広「旧著作権法における映画の著作物の著作者と著作権の保護期間〈判例紹介〉」民商143巻3号378頁，金子敏哉「旧法下の映画の保護期間〔チャップリン事件：上告審〕」著作権判例百選〔第5版〕（別冊ジュリ231号）184頁，藤田晶子「旧法下の映画の保護期間〔チャップリン事件：上告審〕」著作権判例百選〔第6版〕（別冊ジュリ242号）160頁など。

＊12　本判決は，「本件映画1〜7の著作権の存続期間は，平成15年法律第85号附則3条，昭和45年法律第48号附則7条，旧法22条ノ3，3条1項，9条，52条の規定により，いずれも少なくとも平成27年（2015年）12月31日までとなり，他方，本件映画8，9の著作権の存続期間は，平成15年法律第85号附則2条，昭和45年法律第48号附則7条，旧法22条ノ3，3条1項，9条，52条，著作権法54条1項の規定により，少なくともそれぞれ平成29年（2017年）12月31日まで，平成34年（2022年）12月31日までとなる。」と判示している。

＊13　半田正夫＝松田政行編『著作権法コンメンタール3〔第2版〕』（勁草書房，2015年）796頁〔作花文雄〕は，詳細に各説を紹介している。加戸守行『著作権法逐条講義〔5訂新版〕』776頁も，旧法時代の解釈が定かでなかった，とされている。なお，半田正夫『著作権法概説〔第15版〕』64頁は，本件判決とは逆に，規定形式上は（法人著作）肯定説に若干有利であったと解すべきであろう，とされている。

＊14　加戸・前掲＊13。小林尋次『現行著作権法の立法理由と解釈』96頁。

＊15　法政大学特別法36年度講義録『著作権法』80頁。なお，水野錬太郎『著作権法要

172 第1部 判例評釈

義』（これは，旧法の施行直前である明治32年5月5日に出版されたものである）29
頁では，旧法6条のところで「大学一覧を帝国大学の著作として発行し，内務省の統
計年鑑を内務省の著作として発行する」という例をあげている（いずれも国立国会図
書館近代デジタルライブラリー）。同氏が起草者であった事実について，文化庁監修
『著作権法百年史』118頁。

＊16　黒澤明監督の「姿三四郎」，「羅生門」等では，「東宝映画株式会社・製作配給」等
の表示と「監督　黒澤明」，「演出　黒澤明」等の表示がある。したがって，著作者の
表示としては映画会社ではないとされており，事実関係は本件と共通している。この
知財高裁判決の原審である東京地判平19・9・14（平19（ワ）11535号）判時1996号
123頁の判例評釈として，諏訪野大「映画の著作物の著作権保護期間について旧著作
権法が適用され，監督の死後38年に当たる平成48年まで著作権が存続すると判示され
た事例」発明2008年6号58頁，駒田泰土「旧著作権法施行時に制作，公表された映画
について，その著作権の存続期間が満了していないとされた事例」TKC ローライブ
ラリー速報判例解説知的財産法 No.5，吉田正夫＝狩野雅澄・コピライト562号49頁。
　　旧著作権法下の映画著作物の著作者の意義と保護期間：黒澤映画 DVD 無断頒布事
件。

＊17　先野直邦「法人著作の概念」半田正夫教授還暦記念『民法・著作権法の諸問題』
502頁，齋藤博『著作権法〔第2版〕』132頁等。

＊18　例えば，本件映画の「独裁者」では，映画のクレジットに，「WRITTEN &
DIRECTED by CHARLES CHAPLIN」とともに「COPYRIGHT MCMXI CHARLES
CHAPLIN FIRM CORPORATION」という表示もあった。なお，職務著作（著15
条）の要件を充足すれば法人も著作者となり得るとして，知財高判平22・6・17裁判
所ホームページ〔暁の脱走事件〕。

＊19　田村善之『著作権法概説〔第2版〕』271頁，なお，潮海久雄『職務著作制度の基礎
理論』（東京大学出版会，2005年）25頁参照。

15 放送番組の配信サービス行為と自動公衆送信の主体——まねき TV 事件

最高裁〔三小〕平成23年1月18日判決
〔平成21年（受）第653号著作権侵害差止等請求事件〕
〔民集65巻1号121頁〕

近畿大学法学部教授,
Visiting Research Fellow, Oxford Intellectual Property Reseach Centre (OIPRC)
諏訪野　大

事実の概要

X_1ないしX_6[1]（債権者・抗告人・原告・控訴人・上告人。以下,「Xら」と総称することがある。）は,放送事業者である。

X_1は,「バラエティー生活笑百科」及び「福祉ネットワーク」, X_2は,「踊る！さんま御殿！！」, X_3は,「関口宏の東京フレンドパーク II」, X_4は,「MUSIC FAIR21」, X_5は,「いきなり！黄金伝説。」, X_6は,「ハロー！モーニング。」（これらを総称して,以下,「本件番組」という。）の各放送（以下,「本件放送」と総称する。）について送信可能化権を有する。

Xらは,本件放送を自ら企画し,同企画に基づき自社内（X_1については協会内）で制作し,それぞれ自らの「制作著作」である旨を表示して,放送している。

Y（債務者・被抗告人・被告・被控訴人・被上告人）は,コンピュータ及びコンピュータ付属機器の製造,販売,保守,管理及び修繕,放送設備の開発,設計,運用及びコンサルティング,並びに電気通信事業法に基づく電気通信事業等を業とする株式会社である。

Yは,「まねき TV」という名称で,Yと契約を締結した者（以下「利用者」という。）がインターネット回線を通じてテレビ番組を視聴することができるようにするサービス（本件サービス）を有料で提供している。

本件サービスにおいては,ソニー株式会社製の商品名「ロケーションフリー」の

174 第1部 判例評釈

構成機器であるベースステーションを用い，インターネット回線に常時接続する専用モニター又はパソコン等を有する利用者が，インターネット回線を通じてテレビ番組を視聴することができる。

　ロケーションフリーは，地上波アナログ放送のテレビチューナーを内蔵し，受信する放送を利用者からの求めに応じデジタルデータ化し，このデータを自動的に送信する機能を有する機器（以下「ベースステーション」という。）を中核とする。

　ロケーションフリーの利用者は，ベースステーションと手元の専用モニター等の端末機器を，インターネットを介して1対1で対応させることにより，ベースステーションにおいてデジタルデータ化されて手元の端末機器に送信される放送を，当該端末機器により視聴することができる。

　その具体的な手順は，①利用者が，手元の端末機器を操作して特定の放送の送信の指示をする，②その指示がインターネットを介して対応関係を有するベースステーションに伝えられる，③ベースステーションには，テレビアンテナで受信された地上波アナログ放送が継続的に入力されており，上記送信の指示がされると，これが当該ベースステーションにより自動的にデジタルデータ化される，④次いで，このデータがインターネットを介して利用者の手元の端末機器に自動的に送信される，⑤利用者が，手元の端末機器を操作して，受信した放送を視聴するというものである。

　Yは，本件サービスを行うに当たり，利用者から入会金3万1500円，月額使用料5040円の支払を受けて，利用者がYから本件サービスを受けるために送付した利用者の所有するベースステーションを，Y事業所内に設置し，分配機等を介してテレビアンテナに接続するとともに，ベースステーションのインターネットへの接続を行っている。

　本件サービスの利用者は，ベースステーションと対応関係を有する手元の端末機器を操作することにより，ベースステーションの設置された地域の放送を視聴することができる。

　Xらは，それぞれ，Yに対し，Yが行う本件サービスが，本件放送に係るXらの著作隣接権としての送信可能化権（著99条の2。以下，単に「送信可能化権」という場合は，同条が定める送信可能化権をいう。）を侵害していると主張して，本件放送の送信可能化行為の差止めを求める各仮処分命令を申し立てた。

　この仮処分事件については，下記の理由により，Xらの申立てを却下する決定がなされた（東京地決平18・8・4（平18（ヨ）22022号ないし22027号。平18（ヨ）22022

号については判タ1234号278頁，平18（ヨ）22027号事件については判時1945号95頁)）。

　すなわち，送受信の主体について，「本件サービスは，利用者の所有するベースステーションを債務者の事務所に設置保管して，放送波を受信するものではあるが，それに使用される機器の中心をなすベースステーションは，名実ともに利用者が所有するものであり，その余は汎用品であって，特別なソフトウェアも使用していないものであるから，放送波は，利用者が各自の所有するベースステーションによって受信しているものといわざるを得」ず，「本件サービスにおいては，利用者が，自己の所有するベースステーションによって，放送波を受信し，自己の専用モニター又はパソコンから視聴したい放送を選択し，当該放送を上記ベースステーションによってデジタルデータ化した上，上記専用モニター又はパソコンに対し，デジタルデータ化した放送データを送信しているものであ」り，「これを利用者の立場からみれば，ソニー製のロケーションフリーテレビを債務者に寄託することにより，その利用が容易になっているにすぎない」として，送受信の主体を利用者であるとした。

　また，「本件サービスにおけるベースステーションからの放送データの送信の主体をYと評価することはできないから，ベースステーションによる放送データの送信は，1主体（利用者）から特定の1主体（当該利用者自身）に対してされたものである。そうすると，ベースステーションによる送信は，不特定又は特定多数の者に対するものとはいえ，これをもって『公衆』に対する送信ということはでき」ず，「本件サービスにおける個々のベースステーションは，『自動公衆送信装置』には当たらない」とした。

　送信可能化該当性について，「『自動公衆送信し得る』のはデジタルデータ化された放送データのみであり，アナログのままの状態ではインターネット回線を通じて『送信』することができないから，仮にアナログの放送波がベースステーションに流入しているとしても，その放送波の流入によっては，……『自動公衆送信し得る』ようにしたものとはいえない。また，放送データは，利用者の選択があった場合のみ送信し得る状態になり，デジタルデータ化するのは利用者が所有するベースステーションであることからすれば，Yが利用者の選択によることなく放送データをベースステーションに入力しているということはできない。そして，利用者が選択しない限り本件放送がデジタルデータ化されていることを認めるに足りず，仮にそれがデジタルデータ化されているとしても，利用者から選択がされない以上，その放送データは送信されることのないものであるから，『自動公衆送信し得る』よ

うにしたとはいえ」ず，「ベースステーションをインターネット回線に接続した結果，利用者が選択した放送データのみを当該利用者自身が所有するベースステーションから自己の専用モニター又はパソコンに送信しているのであって，特定の1主体に送信しているといわざるを得ないから，『自動公衆送信し得る』ようにしたとはいえない。なお，債務者がベースステーションをインターネット回線に接続することは，利用者に代わって，その手足として行っているものである」と述べ，Yが「自動公衆送信し得る」ようにしたということはできないとした。

　Xらは，上記却下決定について抗告を申し立てた（平18（ラ）10009号ないし10014号）。なお，Xらは，本件番組についてXらが著作権を有しており，Yが行う本件サービスが本件番組についてXらが著作権者として有する公衆送信権（著23条1項。以下，単に「公衆送信権」という場合は，同条が定める公衆送信権をいう。）を侵害していると主張して，本件番組の公衆送信行為の差止めを求める仮処分の申立てを追加する旨の申立ての趣旨の変更を申し立てた。

　送信可能化権に基づく申立てについては，以下の理由により，抗告が棄却され，公衆送信権に基づく追加の申立てについては訴えの変更に関する民事訴訟法143条に違反するとして却下する決定がなされた（知財高決平18・12・22裁判所ホームページ）。

　すなわち，自動公衆送信装置該当性について，「ベースステーションによって行われている送信は，個別の利用者の求めに応じて，当該利用者の所有するベースステーションから利用者があらかじめ指定したアドレス（通常は利用者自身）宛てにされているものであり，送信の実質がこのようなものである以上，本件サービスに関係する機器を一体としてみたとしても，『自動公衆送信装置』該当性の判断を左右するものではない」として否定した。

　送信可能化行為については，「ベースステーションは『1対1』の送信を行う機能のみを有するものであって，『自動公衆送信装置』に該当するものではないから，Yがベースステーションにアンテナを接続したり，ベースステーションをインターネット回線に接続したりしても，その行為が送信可能化行為に該当しないことは明らかである」るとして否定した。

　Xらは，上記決定に対して許可抗告を申し立てたが，抗告を許可しないとの決定がなされた（知財高決平19・1・31（平18（ラ許）10006号ないし10011号））。

　Xらは，Yに対し，Yの提供する本件サービスが，本件放送についてXらが放送事業者として有する送信可能化権を侵害し，また，Xらが著作権者として有する公衆送信権を侵害している旨主張して，Yの送信可能化行為及び公衆送信行為の差止

め等を求めて，訴えを提起した。

第1審裁判所は，以下の理由により，Xらの請求を棄却した（東京地判平20・6・20民集65巻1号247頁）。

すなわち，「本件サービスにおいては，各利用者が，自身の所有するベースステーションにおいて本件放送を受信し，これを自身の所有するベースステーション内でデジタルデータ化した上で，自身の専用モニター又はパソコンに向けて送信し，自身の専用モニター又はパソコンでデジタルデータを受信して，本件放送を視聴しているものというのが相当であ」り，「本件サービスにおいて，本件放送をベースステーションにおいて受信し，ベースステーションから各利用者の専用モニター又はパソコンに向けて送信している主体は，各利用者であるというべきであって，Yであるとは認められない」と述べ，「ベースステーションは，各利用者から当該利用者自身に対し送信をする機能，すなわち，『1対1』の送信をする機能を有するにすぎず，不特定又は特定多数の者に対し送信をする機能を有するものではないから，本件サービスにおいて，各ベースステーションは『自動公衆送信装置』には該当しない」とし，送信可能化権侵害を否定した。

また，「ベースステーションないしこれを含む一連の機器が『自動公衆送信装置』に該当するということはできず，ベースステーションから行われる送信は『公衆送信』に該当するものではな」く，「自動公衆送信し得るのはデジタルデータ化された放送データのみであり，アナログ放送波のままでは，インターネット回線を通じて『送信』することができ」ず，「アンテナ端子とベースステーションとを接続することにより，アナログ放送波がベースステーションに流入しているとしても，その放送波の流入によっては，自動公衆送信し得るようにしたものとはいえない」として，公衆送信権侵害を否定した。

Xらが控訴した。

原審裁判所は，以下の理由により，控訴を棄却した（知財高判平20・12・15民集65巻1号353頁）。

すなわち，「ベースステーションはいわば『1対1』の送信を行う機能しか有していないものである。そうすると，個々のベースステーションが，不特定又は特定多数の者によって直接受信され得る無線通信又は有線電気通信の送信を行う機能を有する装置であるということはできないから，これをもって自動公衆送信装置に当たるということはでき」ず，「仮に，本件サービスにおいて，放送番組を利用者に送信しているのがYであると仮定したとしても，個々のベースステーションを自動

178 第1部 判例評釈

公衆送信装置に擬するのであれば，個々のベースステーションごとに，当該ベースステーションが，Ｙにとって不特定又は特定多数の者によって直接受信され得る送信を行う機能を有するといえなければならない。……ベースステーションからの送信は，その所有者である利用者が発する指令により，当該利用者が設置している専用モニター又はパソコンに対してのみなされるものであり，かつ，……当該利用者（当該ベースステーションの所有者）は，Ｙとの間で，本件サービスに関する契約を締結し，その契約の内容として，当該ベースステーションをＹの事業所（データセンター）に持参又は送付した者であるから，このような者が，Ｙにとって不特定又は特定多数の者といえないことは明らかである」とし，Ｙが送信可能化行為を行っているということはできないと判示した。

また，「Ｙがテレビアンテナから各ベースステーションに本件番組に係るアナログ放送波を送信し，各利用者がそれぞれのベースステーションにおいてこれを受信するだけでは，各利用者（公衆の各構成員）が本件番組を視聴等することによりその内容を覚知することができる状態にはなら」ず，「Ｙの上記送信行為が『公衆によって直接受信されること』を目的とするものであるということはできず，したがって，これをもって公衆送信（有線放送）ということはできない」として公衆送信権侵害を否定した。

Ｘらが上告。

判　　　旨

破棄差戻し。

「著作権法が送信可能化を規制の対象となる行為として規定した趣旨，目的は，公衆送信のうち，公衆からの求めに応じ自動的に行う送信（後に自動公衆送信として定義規定が置かれたもの）が既に規制の対象とされていた状況の下で，現に自動公衆送信が行われるに至る前の準備段階の行為を規制することにある。このことからすれば，公衆の用に供されている電気通信回線に接続することにより，当該装置に入力される情報を受信者からの求めに応じ自動的に送信する機能を有する装置は，これがあらかじめ設定された単一の機器宛てに送信する機能しか有しない場合であっても，当該装置を用いて行われる送信が自動公衆送信であるといえるときは，自動公衆送信装置に当たるというべきである。」

「自動公衆送信が，当該装置に入力される情報を受信者からの求めに応じ自動的に送信する機能を有する装置の使用を前提としていることに鑑みると，その主体

は，当該装置が受信者からの求めに応じ情報を自動的に送信することができる状態
を作り出す行為を行う者と解するのが相当であり，当該装置が公衆の用に供されて
いる電気通信回線に接続しており，これに継続的に情報が入力されている場合に
は，当該装置に情報を入力する者が送信の主体であると解するのが相当である。」

　「各ベースステーションは，インターネットに接続することにより，入力される
情報を受信者からの求めに応じ自動的にデジタルデータ化して送信する機能を有す
るものであり，本件サービスにおいては，ベースステーションがインターネットに
接続しており，ベースステーションに情報が継続的に入力されている。Ｙは，ベー
スステーションを分配機を介するなどして自ら管理するテレビアンテナに接続し，
当該テレビアンテナで受信された本件放送がベースステーションに継続的に入力さ
れるように設定した上，ベースステーションをその事務所に設置し，これを管理し
ているというのであるから，利用者がベースステーションを所有しているとして
も，ベースステーションに本件放送の入力をしている者はＹであり，ベースステー
ションを用いて行われる送信の主体はＹであるとみるのが相当である。そして，何
人も，Ｙとの関係等を問題にされることなく，Ｙと本件サービスを利用する契約を
締結することにより同サービスを利用することができるのであって，送信の主体で
あるＹからみて，本件サービスの利用者は不特定の者として公衆に当たるから，ベ
ースステーションを用いて行われる送信は自動公衆送信であり，したがって，ベー
スステーションは自動公衆送信装置に当たる。そうすると，インターネットに接続
している自動公衆送信装置であるベースステーションに本件放送を入力する行為
は，本件放送の送信可能化に当たるというべきである。」

　「本件サービスにおいて，テレビアンテナからベースステーションまでの送信の
主体がＹであることは明らかである上，……ベースステーションから利用者の端末
機器までの送信の主体についてもＹであるというべきであるから，テレビアンテナ
から利用者の端末機器に本件番組を送信することは，本件番組の公衆送信に当たる
というべきである。」

　「ベースステーションがあらかじめ設定された単一の機器宛てに送信する機能し
か有しないことのみをもって自動公衆送信装置の該当性を否定し，Ｙによる送信可
能化権の侵害又は公衆送信権の侵害を認めなかった原審の判断には，判決に影響を
及ぼすことが明らかな法令の違反があ」る。

180 第1部　判例評釈

解　説

(1)　本判決の意義

　本判決は，2日後に出されたロクラクⅡ事件最高裁判決（最〔一小〕判平23・1・20民集65巻1号399頁）*2ともに，最高裁が侵害主体の範囲について新たな判断を示したものであると位置づけられる。

　複製や演奏等の支分権の効力範囲に含まれる行為を実際に行った者ではなく，複製等をさせる環境を提供する者が著作権を侵害したと構成することについては，クラブキャッツアイ事件最高裁判決（最〔三小〕判昭63・3・15民集42巻3号199頁）が示した，いわゆる「カラオケ法理」に基づいて肯定される事例が多く蓄積されてきたことは周知のとおりである（東京地（中間）判平15・1・29判時1810号29頁〔ファイルローグ事件〕，東京地判平19・5・25判時1979号100頁〔MYUTA 事件〕，大阪高判平19・6・14判時1991号122頁〔選撮見録事件〕など）。

　カラオケ法理は，①著作物（を格納した媒体や伝達するための機器）の管理と②営業上の利益の2点に着目し，その両方を満たしたときに，著作権侵害を認めるという理論であるが，本判決はそのような理論構成をとらずに，個々の機器や行為に着目して，著作権法の規定に合致するかどうかによって判断した。

　本判決によって，単に上記2要件だけではなく，総合的・規範的判断がなされるようになったといえる（中山信弘『著作権法〔第2版〕』609頁）。

　また，事実の概要で記したとおり，仮処分から控訴審判決まで，下級審裁判所は一貫してＹの行為が送信可能化及び公衆送信に該当しないと判断しており*3，最高裁において初めてその判断が覆った点も注目に値しよう。

　なお，最高裁による差戻し後の控訴審判決（知財高判平24・1・31判時2142号96頁）では，Ｙの送信可能化権及び公衆送信権の侵害が認められた。同判決に対するＹの上告については，上告棄却・上告理由不受理の決定がなされており（最〔二小〕決平25・2・13（平24（オ）831号・平24（受）1007号）），差戻し後の控訴審判決が確定している。

(2)　自動公衆送信（装置）該当性

(a)　自動公衆送信と関連する語の定義

　本件で問題となっているのは，放送事業者の著作隣接権としての送信可能化権と著作権としての公衆送信権である。しかし，両者とも，ベースステーションが自動公衆送信装置に該当するかどうかという点が重要であることで共通している。

そこで，本判決の自動公衆送信装置の該当性に関する考え方について，検討を行う。

自動公衆送信装置とは，公衆の用に供する電気通信回線に接続することにより，その記録媒体のうち自動公衆送信の用に供する部分（公衆送信用記録媒体）に記録され，又は当該装置に入力される情報を自動公衆送信する機能を有する装置をいう（著2条1項9号の5）。

同号に用いられた語で他の規定によって定義がなされているものは，公衆，公衆送信，自動公衆送信の3つである。

公衆とは，通常，不特定多数の者を示すが，著作権法においては，特定かつ多数の者を含むものとされている（著2条5項）。

公衆送信とは，公衆によって直接受信されることを目的として無線通信又は有線電気通信の送信を行うことをいう（著2条1項7号の2）。

自動公衆送信とは，公衆送信のうち，公衆からの求めに応じ自動的に行うもの（放送又は有線放送に該当するものを除く。）をいう（著2条1項9号の4）。

この4者の関係を整理すると，①自動公衆送信は公衆送信の一種であるため，本件では自動公衆送信に該当するかどうかを考察すればよく，公衆送信について別個に検討する必要はない，②自動公衆送信に該当しなければ，自動公衆送信装置に該当しない，③ただし，公衆に該当しなければ，そもそも他の3者に該当しない，となろう。

(b) 自動公衆送信における公衆

自動公衆送信とは，公衆によって直接受信されることを目的として無線・有線電気通信の送信を，公衆からの求めに応じ自動的に行うものをいい，公衆が特定かつ多数の者も含むものであることは既述のとおりである。

したがって，自動公衆送信における公衆とは，自身で自動公衆送信装置に対して求めた送信を直接受信する不特定・特定の多数の者ということになる。

ベースステーションが自動公衆送信装置に該当するかどうかという点について，本判決は，原判決と異なり，肯定している。したがって，本判決の立場では，ベースステーションに対して送信を求め直接受信する不特定・特定の多数の者が公衆に該当するはずである。

この点，本判決は，「公衆の用に供されている電気通信回線に接続することにより，当該装置に入力される情報を受信者からの求めに応じ自動的に送信する機能を有する装置は，これがあらかじめ設定された単一の機器宛てに送信する機能しか有

しない場合であっても，当該装置を用いて行われる送信が自動公衆送信であるといえるときは，自動公衆送信装置に当たる」といい，特に「これがあらかじめ設定された単一の機器宛てに送信する機能しか有しない場合であっても」との部分は注目に値する。

このことは，自動公衆送信（装置）該当性の判断をする際に，公衆に該当する不特定・特定の多数の者の有無が考慮されていないということを示している。換言すれば，公衆該当性の充足を保留し，本来であれば，まだ自動公衆送信に該当すると認められない状態であるにもかかわらず，自動公衆送信該当性を認めてしまい，自動公衆送信であるならば公衆に該当する特定・不特定の多数の者が存在するという理論構成を，本判決はとっている。

例えば，不法行為による損害賠償責任（民709条）の有無を考えるに当たり，権利・利益の侵害と損害との間の因果関係については保留した上で，故意・過失，権利・利益の侵害，損害を認定することで，損害賠償責任があるとし，損害賠償責任があるのだから，侵害と損害との間の因果関係も存する，といった解釈はとらないはずである。

(c) 送信主体の認定

本判決は，「何人も，Ｙとの関係等を問題にされることなく，Ｙと本件サービスを利用する契約を締結することにより同サービスを利用することができるのであって，送信の主体であるＹからみて，本件サービスの利用者は不特定の者として公衆に当たるから，ベースステーションを用いて行われる送信は自動公衆送信であ」るとし，Ｙが送信主体であることを前提としてベースステーションを用いて行われる送信は自動公衆送信であると認める。したがって，Ｙが送信主体に該当しなければ，利用者は公衆に当たらなくなる。

Ｙが送信の主体であることについて本判決は，「自動公衆送信が，当該装置に入力される情報を受信者からの求めに応じ自動的に送信する機能を有する装置の使用を前提としていることに鑑みると，その主体は，当該装置が受信者からの求めに応じ情報を自動的に送信することができる状態を作り出す行為を行う者と解するのが相当であり，当該装置が公衆の用に供されている電気通信回線に接続しており，これに継続的に情報が入力されている場合には，当該装置に情報を入力する者が送信の主体である」と述べた上で，「Ｙは，ベースステーションを分配機を介するなどして自ら管理するテレビアンテナに接続し，当該テレビアンテナで受信された本件放送がベースステーションに継続的に入力されるように設定した上，ベースステー

ションをその事務所に設置し，これを管理しているというのであるから，利用者が
ベースステーションを所有しているとしても，ベースステーションに本件放送の入
力をしている者はＹであり，ベースステーションを用いて行われる送信の主体はＹ
である」とする。

　本判決が述べるように，送信主体を，当該装置が受信者からの求めに応じ情報を
自動的に送信することができる状態を作り出す行為を行う者であり，当該装置が公
衆の用に供されている電気通信回線に接続しており，これに継続的に情報が入力さ
れている場合には，当該装置に情報を入力する者が送信の主体であるとすれば，確
かにＹは送信主体に該当する。

　しかし，この定義の仕方について疑問がないわけではない。

　ロケーションフリーを購入し，本件サービスを利用せず，自身でベースステーシ
ョンを設置・管理している場合も，当該装置が公衆の用に供されている電気通信回
線に接続しており，これに継続的に情報が入力されている場合に該当する。したが
って，自身でベースステーションを設置・管理している者が，当該装置に情報を入
力する者，つまり送信主体に該当する。Ｙが侵害者となっていることから，自身で
ベースステーションを設置・管理している者も侵害者になる可能性があると解され
る余地が生ずることになりかねない。

　おそらく，本判決は，「送信の主体であるＹからみて，本件サービスの利用者は
不特定の者として公衆に当たる」と述べており，自身でベースステーションを設
置・管理している者は，Ｙとは異なり，不特定の者として公衆に当たる本件サービ
スの利用者というものが存在しないことから，自動公衆送信に該当せず，最終的に
送信可能化権や公衆送信権の侵害者にはならないという結論を導くものと思われ
る。

　しかし，上記(2)(b)ですでに述べているとおり，自動公衆送信に該当するために
は，公衆に該当する者が存在することが前提である。その要件について自動公衆送
信該当性を判断する際には含めずに，自動公衆送信の主体に該当する者について先
に判断を示した後に，送信主体にとって本件サービスの利用者が公衆に該当するか
ら，全体として自動公衆送信に当たるとするのは，自動公衆送信の定義の要件充足
を示さずになされた判断であり，条文の解釈が恣意的なものになるおそれが生じよ
う。

(3)　本判決の射程

　本判決の射程について，結論からいえば，非常に狭いものであると解するべきで

ある。

まず，仮に本判決の結論を是認するとしても，要件の１つである公衆についての判断を留保した上での自動公衆送信（装置）の認定という理論構成が他の事案にも及ぶことは，その都度の事案で恣意的な解釈を生じさせるおそれがある。

本判決の「当該装置が公衆の用に供されている電気通信回線に接続しており，これに継続的に情報が入力されている場合には，当該装置に情報を入力する者が送信の主体である」とする送信主体の定義を一般化してしまうと，クラウドサービスの提供者が該当することとなり，大きな影響を及ぼしてしまうことに対しての懸念も指摘されている（中山・前掲613頁）。

したがって，ロケーションフリー，あるいは，類似の機能を有する機器を用いて，アナログ地上波テレビ番組をデジタルデータ化してインターネットを通じて顧客に転送する事例に限定されるべきであろう（高林龍『標準著作権法〔第３版〕』287頁）。

ロケーションフリー自体，すでに生産が中止されており，またテレビのアナログ地上波も停止され，デジタルに完全移行されており，本件サービスに対するニーズももはや存在しないと思われる。

　(4)　おわりに

本判決は，権利侵害の主体者の認定について，カラオケ法理以外の理論を提供し，新たな判断基準を示したという点で大変重要なものであることは疑いがない。

他方，その理論構成には，疑問が残り，他の事案に射程が及ばないようにすべきであることは既述のとおりである。

現在，テレビ局が運営・提供するインターネットの動画サイトやスマートフォンのアプリにより，都道府県を越えて，また，放送時間とは異なる時間にテレビ・ラジオ番組が視聴・聴取できる時代となった。ロケーションフリーの購入層が求めていた視聴形態は，国内的には，相当程度，達成されたといえよう。

他方，国外在住の日本人，あるいは外国人にとって，日本のテレビ番組を視聴したいというニーズは根強い。実際，欧州・中東・ロシアを対象に，日本の番組を放映する衛星放送があるが[4]，２チャンネル体制のため，限られた番組の放映とならざるを得ない。国外の企業が，インターネットを通じて，日本の各テレビ局の番組をリアルタイムで流しているが[5]，権利関係については不透明な面が否めず，今後はその対応が課題となることが考えられる。

〔注〕

＊1　債権者・抗告人・原告・控訴人であったAは，控訴後の平成20年10月1日，商号を変更し，同日の会社分割（新設分割）により設立されたX₄に放送事業等に関し有していた権利義務を承継させたことにより，新設会社であるX₄が，Aの訴訟を引受承継し，Aは，訴訟から脱退した。

＊2　ロクラクⅡ事件最高裁判決については，本書**16**を参照。

＊3　事実の概要において，若干冗長になっても仮処分決定から原審判決まで決定文・判決文の内容を引用したのは，この点を確認するためである。

＊4　JSTV（https://www.jstv.co.uk/programme/index.php）。

＊5　例えば，インターネットを通じて，東京キー局，BS，CS（GREEN CHANNEL などの有料チャンネルも含まれている。）に加え，関西準キー局も網羅した全94局のライブ放送及び7日間全番組録画再生可能とするサービスを提供する企業がある（http://www.isakuraiptv.cpm）。筆者は利用したことがなく，実際にどのようなものであるか，各テレビ局とはどのような関係なのか詳細について知見を有しないが，一定以上の顧客を獲得しているということである。

■参考文献

本文中に掲げたもの。

186 第1部 判例評釈

16 放送番組等の複製物の取得を可能にするサービスの提供者が複製の主体と解される場合——ロクラクⅡ事件

最高裁〔一小〕平成23年1月20日判決
〔平成21年（受）第788号著作権侵害差止等請求事件〕
〔民集65巻1号399頁〕

甲南大学大学院法学研究科教授　**板 倉 集 一**

<hr>

事実の概要

　Xら（原告・被控訴人・附帯控訴人・上告人）は，東京在局5社，静岡在局4社及び日本放送協会（NHK）の併せて10の放送事業者である。Y（被告・控訴人・付帯被控訴人・被上告人）は，デジタル情報家電製品のマーケティング，企画，設計，製造，販売等を目的とする株式会社である。Yは，地上波アナログ放送を受信できるテレビチューナーを搭載し，デジタル録画機能，インターネット機能を有するハードディスクレコーダー「ロクラクⅡ」の2台のうち1台を「親機ロクラク」として国内に設置し，受信するテレビ放送を入力し，利用者に貸与又は譲渡しているもう1台の「子機ロクラク」により放送されるテレビ番組の複製を可能とするサービス（以下，「本件サービス」という。）を提供しており，本件サービスの利用者は，手元に設置した子機ロクラクを操作し，離れた場所に設置した親機ロクラクで受信した地上波アナログ放送のテレビ番組を複製し，複製した番組データを子機ロクラクに送信して，接続したテレビ等のモニタで再生してテレビ番組を視聴することができる。

　Xらは，Yの行為は，Xらが著作権を有し，若しくは有していた各テレビ番組（以下，「本件番組」という。），又はXらが著作隣接権を有し，若しくは有していた各テレビ放送（以下，「本件放送」という。）に係る音又は影像をそれぞれ複製する行為に該当するから，YはXらの複製権（著21条・98条）を侵害するとして，本件番組及び本件放送の複製の差止め，損害賠償を請求した。

16 最高裁〔一小〕平成23年1月20日判決 *187*

　本件の争点は，サービス提供者であるＹによる複製行為の有無，すなわち，本件番組及び本件放送に係る音又は影像の複製行為を行う者は，サービス提供者たるＹか，それともサービスの利用者のいずれであるのかにある。

　第一審判決は，争点について，本件番組及び本件放送に係る音又は影像の複製行為を行う者はＹであると認めた。Ｙが控訴し，Ｘらは原判決中の棄却部分を不服として附帯控訴に及んだ。控訴審は，争点について，本件サービスは，利用者の自由な意思に基づいて行われる私的使用のための複製を容易にするための環境，条件等の提供行為にすぎないとし，Ｙが本件番組及び本件放送に係る音又は影像の複製行為を行っているものと認めることはできないとし，その余については判断するまでもなく，Ｘらの請求は全部理由がないとして，原判決中，Ｙ敗訴部分を取り消した上，当該取消しに係るＸらの請求及び附帯控訴をいずれも棄却した。Ｘらから上告。

<hr>

判　　旨

<hr>

破棄差戻し。

　「放送番組等の複製物を取得することを可能にするサービスにおいて，サービスを提供する者（以下『サービス提供者』という。）が，その管理，支配下において，テレビアンテナで受信した放送を複製の機能を有する機器（以下『複製機器』という。）に入力していて，当該複製機器に録画の指示がされると放送番組等の複製が自動的に行われる場合には，その録画の指示を当該サービスの利用者がするものであっても，サービス提供者はその複製の主体であると解するのが相当である。すなわち，複製の主体の判断に当たっては，複製の対象，方法，複製への関与の内容，程度等の諸要素を考慮して，誰が当該著作物の複製をしているといえるかを判断するのが相当であるところ，……サービス提供者は，単に複製を容易にするための環境等を整備しているにとどまらず，その管理，支配下において，放送を受信して複製機器に対して放送番組等に係る情報を入力するという，複製機器を用いた放送番組等の複製の実現における枢要な行為をしており，複製時におけるサービス提供者の上記各行為がなければ，当該サービスの利用者が録画の指示をしても，放送番組等の複製をすることはおよそ不可能なのであり，サービス提供者を複製の主体というに十分であるからである。」

〔裁判官金築誠志の補足意見〕

　「著作権法21条以下に規定された『複製』，『上演』，『展示』，『頒布』等の行為の

主体を判断するに当たっては，……単に物理的，自然的に観察するだけで足りるものではなく，社会的，経済的側面をも含め総合的に観察すべきものであって，このことは，著作物の利用が社会的，経済的側面を持つ行為であることからすれば，法的判断として当然のことであると思う。

　このように，『カラオケ法理』は，法概念の規範的解釈として，一般的な法解釈の手法の一つにすぎないのであり，これを何か特殊な法理論であるかのようにみなすのは適当ではないと思われる。したがって，考慮されるべき要素も，行為類型によって変わり得るのであり，行為に対する管理，支配と利益の帰属という二要素を固定的なものと考えるべきではない。」

　「法廷意見が指摘するように，放送を受信して複製機器に放送番組等に係る情報を入力する行為がなければ，利用者が録画の指示をしても放送番組等の複製をすることはおよそ不可能なのであるから，放送の受信，入力の過程を誰が管理，支配しているかという点は，録画の主体の認定に関して極めて重要な意義を有するというべきである。」

　「提供されるサービスは，わが国のテレビ放送を自宅等において直接受信できない海外居住者にとって利用価値が高いものであることは明らかであるが，そのような者にとって，受信可能地域に親機を設置し自己管理することは，手間や費用の点で必ずしも容易ではない場合が多いと考えられる。そうであるからこそ，この種の業態が成り立つのであって，親機の管理が持つ独自の社会的，経済的意義を軽視するのは相当ではない。本件システムを，単なる私的使用の集積とみることは，実態に沿わないものといわざるを得ない。」

　「本件で提供されているのは，テレビ放送の受信，録画に特化したサービスであって，Ｙの事業は放送されたテレビ番組なくしては成立し得ないものであり，利用者もテレビ番組を録画，視聴できるというサービスに対して料金を支払っていると評価するのが自然だからである。その意味で，著作権ないし著作隣接権利用による経済的利益の帰属も肯定できるように思う。」

解　　説

---

(1)　**本判決の意義**[1]

(a)　本判決は，地上波アナログのテレビ放送を受信して，テレビ番組を複製し，複製した番組データをインターネットにより送信してテレビ番組を視聴することができるサービスが著作権侵害に当たるか否かについて，これを肯定し，侵害の主体

をサービス提供者としたことに意義がある。放送事業者は放送番組について著作権者として複製権（著21条）を有する場合があるし，著作隣接権者（著89条3項）として放送又は放送に係る音又は影像を録音・録画等の方法により複製する権利（複製権）を専有している（著98条）*2ことから無断で複製等すれば著作権又は著作隣接権の侵害となる。

(b)　サービス提供者を複製の主体とする本判決については，最判昭63・3・15民集42巻3号199頁〔クラブキャッツアイ事件〕以来の「規範的利用主体論」によることを再確認したとする見解（小泉直樹「判批」判時2123号（判評633号）182頁，田中豊「判批」著作権判例百選〔第5版〕（別冊ジュリ231号）193頁）がある一方，サービス提供者の管理・支配下にある自動的利用機器と対象コンテンツをサービス利用者の使用に供する場合には機器の操作を利用者が行うとしてもサービス提供者を物理的利用行為主体（直接利用行為主体）と評価できるとして*3，カラオケ法理等の規範的侵害主体論に立ち入ることなくサービス提供者を物理的利用行為主体としたと理解する見解の対立がある（金子敏哉「判批」速報判例解説9号285頁，前田健「判批」パテ64巻15号103頁）。なお，本判決では，サービス利用者が複製主体となるか否かについて判断することなく，サービス提供者を行為者と認定している（高林龍「判批」著作権判例百選〔第6版〕（別冊ジュリ242号）167頁）。

(c)　また，本判決は，サービス提供者が複製主体と評価される1つの「場合」を想定して判断をした判決設定事例*4である。

(2)　侵害の主体に関する議論の経緯

(a)　本件サービスにおいては，親機ロクラクのデジタル録画機能を利用してアナログのテレビ番組等をデジタルデータとして圧縮録画するものであるから「録音，録画その他の方法により有形的に再製」（著2条1項15号）しており，著作権法上の複製が行われていることになり，この点について争いはないが，複製主体が本件サービス利用者であれば，複製が私的使用目的である限り複製権侵害とならないものの（著30条1項・102条1項），複製主体が本件サービス提供者であれば私的使用目的とはいえないため複製権の侵害となる*5。

(b)　サービス提供者の侵害主体性を認めた本判決以前の裁判例を一瞥すると，①カラオケボックスによる客の歌唱について歌唱（演奏）の主体を経営者とした事例（東京地判平10・8・27判時1654号34頁〔カラオケボックス事件〕，東京高判平11・7・13判時1696号137頁〔同控訴審〕），②東京地判（中間判決）平15・1・29判時1810号29頁，東京地判（終局判決）平15・12・17判時1845号36頁〔ファイルローグ事件〕，③

知財高決平17・11・15（平17（ラ）1007号）〔録画ネット事件〕，④サービス提供業者の提供ソフトを用いて，利用者が自己のパソコンで圧縮した楽曲データを業者のサーバーにアップロードし，利用者が携帯電話にダウンロードできるサービスについて複製行為の主体をサービス提供者と認定した事例（東京地判平19・5・25判時1979号100頁〔MYUTA事件〕），⑤集合住宅の入居者が各戸に設置されたビューワーから共用部分に設置された集合住宅向けハードディスクレコーダーシステムのサービス提供者に複製権（著21条），公衆送信権・送信可能化権（著23条）の侵害を認証した事例（大阪高判平19・6・14判時1991号122頁〔選撮見録事件〕），⑥動画投稿，視聴サービスにおいて，許諾を得ていない動画が利用者によりサーバーにアップされたが，サービス提供者を複製権及び公衆送信権・送信可能化権侵害の主体と認定した事例（知財高判平22・9・8判時2115号102頁〔TVブレイク事件〕），⑦最判平23・1・18判時2103号124頁〔まねきTV事件〕，⑧東京地判平23・9・5判時2153号93頁〔ジェーネットワークサービス事件〕等がある。

(3) 侵害行為主体性の認定に係る学説

(a) 侵 害 者

侵害行為主体性の議論は差止請求の相手方が誰かをめぐって展開してきた*6。差止請求に係る「侵害する者」（著112条1項）には，著作権者の権利範囲の利用行為を無断で行う者，又はみなし侵害行為者（著113条）が該当する。幇助者・教唆者に対する差止請求の成否については賛否が分かれている。

(b) 手 足 論

手足論（道具論）は，物理的行為主体ではなく，規範的行為主体を差止請求の相手方として包摂する理論であるが，密接な支配関係によって他者に物理的利用行為を行わせている場合に規範的にみればこれを行わせた者が自己の手足として利用していると評価できる程度に管理・支配していれば，利用行為主体と評価される*7。裁判例では，「一般に，ある行為の直接的な行為主体でない者であっても，その者が，当該行為の直接的な行為主体を『自己の手足として利用して右行為を行わせている』と評価し得る程度に，その行為を管理・支配しているという関係が認められる場合には，その直接的な行為主体でない者を当該行為の実質的な行為主体であると法的に評価し，当該行為についての責任を負担させることも認め得るものということができる」とする（東京地判平12・5・16判時1751号149頁〔スターデジオⅡ事件〕）。

(c) カ ラ オ ケ 法 理

「カラオケ法理」は，カラオケ伴奏による歌唱に演奏権が及ぶか，すなわち，演奏権侵害の主体の判断基準について，①客の歌唱が経営者たる店の管理下にあること（管理性），及び②カラオケにより店が「営業上の利益」を得ていること（利益性）を要件として，著作権法上は顧客による歌唱を店の歌唱と同視できるとして店に演奏権侵害の主体性を規範的に認める（最判昭63・3・15民集42巻3号199頁〔クラブ・キャッツアイ事件〕)*8。本判決の補足意見によると「カラオケ法理」とは，「物理的，自然的には行為の主体といえない者について，規範的な観点から行為の主体性を認めるものであって，行為に対する管理，支配と利益の帰属という2つの要素を中心に総合判断するもの」である。この法理は，「手足型行為主体と認定できるほどの強度の管理支配性がない場合」にも物理的利用行為主体性を認定する手法である点で手足論による判断と異なる（大渕哲也「判批」・前掲別冊ジュリ198号191頁）。カラオケの法理は，カラオケスナックからカラオケルームへ，そして，カラオケ以外の事例へと展開していくことになる。もっとも，カラオケ法理以前においても手足論として，演奏権侵害の主体を規範的に捉え，経営者とする考え方が，名古屋高決昭35・4・27下民集11巻4号940頁〔中部観光事件〕以来，実務においてすでに定着していた（高林・前掲167頁，板倉集一「判批」著作権判例百選〔第3版〕（別冊ジュリ157号）210頁）。しかし，クラブ・キャッツアイ事件の採用したカラオケの法理は従前の手足論とは異なって，物理的行為者による行為が著作権制限規定（著38条）によって適法とされる場合でも著作権法上の規律の観点から物理的行為の管理・支配者を著作権の侵害の主体とした点に特色がある（奥邨弘司「著作権侵害の教唆・幇助・間接侵害」知財研フォーラム87号40頁）。

　その後，カラオケ法理は，インターネット上でPeer to Peerによって音楽著作物のMP3ファイルを利用者同士が交換できる中央管理型サーバーを提供するサービスを運営している業者について，サービスがプロバイダーの管理の下に行われていること（管理性）及び将来におけるサービスの有料化を企図し，広告収入を得ているなどのサービス提供がプロバイダーの営業上の利益となっていること（利益性）から侵害の主体性を認める裁判例が現れ（前掲ファイルローグ事件），さらに，カラオケ法理による「違法行為への転換機能が活用」され，テレビチューナー付のパソコンをインターネットに接続してテレビ放送の録画を行うサービスの提供者の侵害主体性を認める裁判例（東京地決平16・10・7判時1895号120頁〔録画ネット事件〕，東京地決平17・5・31（平16（モ）15793号）〔同仮処分異議事件〕，知財高決平17・11・5（平17（ラ）10007号）〔同抗告審〕）へと展開していく。他方，サービスの利用

192 第1部　判例評釈

者自身が市販の機器を購入し，これをサービス提供者に送付させてサービスを提供
した事例では，侵害の主体をサービスの利用者と認めた裁判例も現れ（東京地決平
18・8・4判時1945号95頁〔まねきTV仮処分事件〕，知財高決平18・12・22（平18（ラ）
10012号）〔同抗告審〕，東京地判平20・6・20（平19（ワ）5765号）〔同本案〕），最高裁
は，転送サービスがユーザーと1対1対応であるとしても設置管理をしているのは
サービス提供者であるとして侵害主体性を認め，原判決を破棄して事件を原審に差
し戻した裁判例（最判平23・1・18（平21（受）653号）〔まねきTV事件〕，知財高判平
24・1・31判時2142号96頁〔差戻控訴審〕）や侵害の主体性を認容する本判決が現れた
ことで，改めて「カラオケ法理」との関係が問われることとなっている。

　(4)　カラオケ法理の問題点

　カラオケ法理によると，①手足論で認められる直接侵害主体を超えて擬制的に侵
害の主体を拡張することになり，差止請求の相手方が拡張されるも，その法的根拠
が明らかでないこと及び要件設定の根拠や内容が曖昧であるとして直接侵害者の外
延が不明確になること，②直接侵害者について侵害が不成立でもサービス提供者に
侵害が成立し得るので直接侵害者の侵害成立を前提とする視点が欠落しがちとなる
こと等が指摘されている（大渕・前掲191頁，同「著作権間接侵害の基本的枠組（前）・
(中)・(後)」著作権研究38号2頁・同39号301頁・同40号229頁，上野達弘「いわゆる『カ
ラオケ法理』の再検討」紋谷暢男教授古稀記念『知的財産法と競争法の現代的展開』（以
下，「カラオケ法理」で引用）783頁，同「著作権法における『間接侵害』」ジュリ1326号
81頁）。

　(5)　本件判決とカラオケ法理との関係

　(a)　本件サービスにおいて複製に使用される親機ロクラクを管理・支配している
のはサービス提供者であるYといえる。Yが管理・支配するものではないとすれ
ば，カラオケの法理との関係でYの複製主体性を認めることは困難となる。親機ロ
クラクの管理・支配については，第一審は，Yが大多数の親機ロクラクを管理・支
配していると事実認定したが，原判決はY敗訴のこの部分を取り消し，Yの管理・
支配を仮定して検討し，適法な私的使用のための複製を容易にするための環境や条
件等を提供しているにすぎないとしてYは複製主体とはいえないとし，管理・支配
によらずに判断をしている。上告審ではサービス提供者が複製主体と評価される1
つの「場合」を管理・支配等枠組みを採用して判断し，本件事案がこの「場合」に
該当するかどうかを判断させるために事件を知財高裁に差し戻している。

　(b)　本判決がカラオケ法理を承認したものかどうかについては見解が分かれる。

カラオケ法理を承認したとする見解（上野達弘「判批」民商149巻1号42頁，小泉・前掲判時2123号183頁）。これに対して，本判決はカラオケ法理を承認したとはいえないとする見解（柴田義明「判批」L＆T51号111頁，上山浩「判批」NBL947号7頁，鈴木将文「判批」知管61巻10号1563頁，奥邨弘司「まねきTV・ロクラクⅡ事件最判後の著作権の間接侵害論－ネットワーク型サービスの場合に焦点を当てて」パテ64巻11号94頁以下，前田・前掲パテ64巻15号103頁，岡村久通「判批」NBL959号72頁，大滝均「判批」パテ64巻8号46頁，萩野泰三「判批」ぷりずむ102号49頁）があり，コンテンツの提供・機器への入力を重視した直接的な利用行為主体の認定に係る判断とする（金子・前掲速報判例解説9号286頁）。

　(c)　本判決は，管理性はともかく利益性に係る事情が考慮されておらず，一般的な考慮要素として，「複製の主体の判断に当たっては，複製の対象，方法，複製への関与の内容，程度等の諸要素を考慮して，誰が当該著作物を複製しているといえるかを判断するのが相当である」と判示している*9。

　(d)　本判決法廷意見は，クラブ・キャッツアイ事件を参照していないことから，複製主体認定について規範的解釈を承認し，カラオケ法理を積極的に承認したものでも明確に否定したものでもなく，また，金築判事の補足意見は，法廷意見から踏み込んだ個人的見解と見るべきとする見解がある*10。

　金築判事の補足意見は，①クラブキャッツアイ事件と本件との関係，②利用行為主体の判断は，物理的，自然的側面だけでなく，社会的，経済的側面も含め総合的に観察すべきこと，③カラオケ法理は，法概念の規範的解釈として，一般的な法解釈手法の1つにすぎないこと，④カラオケ法理は，適法な私的使用を違法なものに転化するものではないこと，⑤法廷意見が指摘するように，複製機器に放送番組等の情報入力行為がなければ，サービス利用者が複製することは不可能であるから，利用主体の認定には放送の受信，入力の過程を誰が管理，支配しているかが重要であること，⑥ロクラクⅡの機能は，海外居住者にとって利用価値が高く，サービス利用者による親機の設置・管理は手間や費用の点で容易でないから親機の管理が有する社会的，経済的意義を軽視すべきではないこと，⑦サービスの利用者はテレビ番組の録画・視聴サービスに料金を支払っており経済的利益の帰属が肯定できることを指摘している。本件については，管理・支配のみで利用主体の認定ができること，物理的，自然的側面だけでなく，社会的，経済的側面を総合的に判断するものとしている。

　(6)　管理・支配性

194 第1部　判例評釈

（a）　先の一般的考慮要素を判決設定事例以外の事例にどのように適用して複製主体を認定するかについて，本判決は判示していない。本判決は判決設定事例について，①サービス提供者が管理・支配下において，テレビアンテナで受信した放送を複製の機能を有する機器に入力していることが「枢要な行為」であり，②その複製機器に録画指示がされると自動的に放送番組等の複製が行われるという2点を考慮しており（上野・前掲民商149巻1号45頁），サービス提供者の行為によってサービスの利用者は著作物を取得できることになる（柴田・前掲L＆T51号110頁，小泉・前掲判時2123号183頁）。

（b）　どのような場合に管理・支配下にあるといえるか。本判決後の差戻控訴審では，本件サービスは，サービス提供者が利用者に親機ロクラクの設置場所を提供することを当然の前提としたサービスであり，サービスの継続には，サービス提供者自ら若しくは取扱業者又はハウジング業者を補助者とし，又は共同して親機ロクラクを設置・管理していると判示している。また，技術的困難性を指摘する裁判例として，東京地判平19・5・25判時1979号100頁〔MYUTA事件〕は，「ユーザが個人レベルでCD等の楽曲の音源データを携帯電話で利用することは，技術的に相当程度困難であり，……その複製行為は，専ら，原告（サービス提供者：筆者注）の管理下にある本件サーバにおいて行われるものであることに照らせば，……複製行為の主体は，原告というべきであり，ユーザということはできない。」と判示しており，サービスの利用者にとって複製が技術的困難性を伴う場合に，複製行為主体性の判断はサービス提供者の行為が複製を可能とするものであるかどうかを管理・支配の要素として考慮すべきことになる（小泉・前掲判時2123号183頁）。金築判事の補足意見の指摘する「社会的，経済的側面」とは，ロクラク機器の果たす機能をサービス利用者が実現することが相当困難である場合としているが，クラブキャッツアイ事件にこれを適用した場合には，カラオケ装置の設置は実現が相当困難な場合とはいえないからサービス提供者たる店を侵害行為の主体とみることが困難となり，カラオケ法理は「一般的な法解釈手法」とはいえないことになる可能性がある（吉田和彦「判批」法の支配164号64頁）。

（c）　枢要な行為とは，判決設定事例において，「自らの支配下において，著作物を取得してこれを複製機器に提供」する行為が「複製の実現における枢要な行為」であって，「複製の実現に対して因果関係のある行為が枢要な行為」ではなく，「行為と複製の実現との間に因果関係があるといえるとしても（例えば，電源の供給，単なる機器の提供，複製のための場所の提供等），その行為をした者が直ちに複製主体」

となるわけではない（柴田・前掲Ｌ＆Ｔ51号111頁）。

（d）　サービス提供者がその支配下において複製機器に放送番組を入力していることが重視されているが，入力行為は，テレビアンテナと複製機器を接続する行為であるから，実際に，入力しているのは放送電波を送信するテレビ局であるとみることもでき（帖佐・前掲ぶりずむ102号55頁），そもそも入力行為が複製主体認定における決め手となる「枢要な行為」といえるかという疑問が指摘されている（鈴木・前掲知管61巻10号1568頁，金子・前掲速報判例解説９号287頁）。

（7）　侵害行為の主体性

（a）　本判決では，サービス提供者の利益性が考慮されていない（上野・前掲民商149巻１号45頁）。「利益性」は責任の要件であるから，行為主体性の認定において問題とすることが理論的に困難であるとの指摘がある（大渕・前掲別冊ジュリ198号191頁，吉田和彦・前掲法の支配164号64頁）。また，機器にアンテナを立てて受信した電波を複製機器に接続しておく行為を複製の実現における枢要な行為とした法的評価に対して疑問が出されている（鈴木・前掲知管61巻10号1568頁，平嶋竜太「判批」法とコンピュータ30号３頁，高林龍・前掲別冊ジュリ242号167頁）。

（b）　本判決については，情報技術を活用したビジネスの発展に対する影響も懸念されている（中山信弘ほか「座談会：著作権法は何をめざすのか」Ｌ＆Ｔ51号14頁以下，田村善之「著作権法に対する司法解釈のありかた－美術鑑定事件・ロクラク事件等を題材に－」曹時63巻５号1054頁，鈴木・前掲知管61巻10号1568頁，帖佐・前掲ぶりずむ102号54頁，松本隆一「判批」ぶりずむ100号19頁，岡邦俊・JCAジャーナル58巻３号74頁以下，大滝・前掲パテ64巻８号54頁）。知的財産の保護は，本来，ビジネスの発展のためでもあるが行き過ぎた保護がビジネスの発展を阻害するという皮肉な結果を生じる可能性が否定できないであろう。

（c）　さらに，サービス提供者だけでなくサービス利用者についても侵害行為主体性が肯定されるのであろうか。本判決は，サービス提供者が複製の主体となることを認めているが，サービスの利用者が複製の主体となるか否かについては何ら判示していない（柴田・前掲Ｌ＆Ｔ51号111頁以下，同「判批」ジュリ1423号40頁）。

（8）　ロクラクⅡ事件の射程範囲

（a）　本判決は，サービス提供者が複製対象となる情報を機器に入力して提供していることが射程の及ぶ「場合」となる（高林龍「判批」ジュリ1440号284頁）。すなわち，①放送番組等の複製物を取得することを可能にするサービスであること，②サービス提供者が，その管理・支配下において，テレビアンテナで受信した放送を複

製機器に入力していること，③複製機器に録画の指示がされると放送番組等の複製が自動的に行われることという三つの要件を満たす場合にのみ及ぶことになり，利用者の録画指示及び視聴がインターネット技術を利用していなくても本判決の射程内となる（田中豊「判批」前掲別冊ジュリ231号193頁）。本判決の具体的適用範囲は「比較的狭いもの」であり（吉田・前掲法の支配164号66頁），テレビ放送番組の入力が枢要な行為に該当し，これを管理・支配下で行うサービス提供者が著作物の利用主体ということになり（小泉・前掲判時2123号184頁），本件の設定事例の下での判断に限定されるものと思われる。

　(b)　本判決以降における最近の侵害の主体に係る裁判例には，クラブキャッツアイ事件及び本判決を引用してライブハウスの経営者らを著作物の演奏主体（著作権侵害主体）に当たるとするものがある。音楽の著作物の著作権管理団体Ⅹ（原告・控訴人）が著作権を管理している楽曲をＹら（被告・被控訴人）が共同経営しているライブハウスにおいて出演者等に演奏させる行為について，「誰が著作物の利用主体に当たるかを判断するに当たっては，利用される著作物の対象，方法，著作物の利用への関与の内容，程度等の諸要素を考慮し，仮に著作物を直接演奏する者でなくても，ライブハウスを経営するに際して，単に第三者の演奏を容易にするための環境等を整備しているにとどまらず，その管理，支配下において，演奏の実現における枢要な行為をしているか否かによって判断するのが相当である」としたうえで，「物理的，自然的な観点にとどまらず，規範的な観点から行為の主体性を検討判断するのが相当であるところ，そもそも本件店舗が，Ⅹ管理著作物の演奏が想定されるライブハウスであり，ライブを開催することで集客を図り，客から飲食代を徴収していること，本件店舗にアンプ，スピーカー，ドラムセットなどの音響設備等が備え付けられていることからすれば，Ｙらが現に演奏楽曲を選定せず，また，実演を行っていないとしても，Ⅹ管理楽曲の演奏の実現における枢要な行為を行っているものと評価するのが相当である」と判示している（知財高判平28・10・19（平28（ネ）10041号）〔Live Bar XYZ → A事件〕）。出演者の演奏を容易にするための環境等の整備行為をしているライブハウスの経営者について，本判決の侵害主体性の判断基準である「著作物の対象，方法，著作物の利用への関与の内容，程度等の諸要素」を考慮して侵害に係る「枢要な行為」を認定し，「物理的，自然的には行為の主体といえない者について，規範的な観点から行為の主体性を検討判断」しており，本判決において侵害の主体性の判断について示された判断基準は本判決の判決設定事例を超えた事例に適用される法理として新たな展開を見せているように思わ

16 最高裁〔一小〕平成23年1月20日判決 *197*

れる。

〔注〕

＊1　本文中に掲載した文献のほか，【上告審について】丹羽繁夫「判批」NBL947号1頁，小泉直樹「まねき TV・ロクラクⅡ最判の論理構造とインパクト〈特集／まねきTV・ロクラクⅡ最判のインパクト〉」ジュリ1423号6頁，田中豊「利用（侵害）主体判定の論理：要件事実論による評価〈特集／まねき TV・ロクラクⅡ最判のインパクト〉」ジュリ1423号12頁，上原伸一「放送事業者の著作隣接権と最高裁判決のインパクト〈特集／まねき TV・ロクラクⅡ最判のインパクト〉」ジュリ1423号19頁，奥邨弘司「米国における関連事例の紹介：番組リモート録画サービスとロッカーサービスの場合〈特集／まねき TV・ロクラクⅡ最判のインパクト〉」ジュリ1423号25頁，山田真紀「まねき TV 最高裁判決の解説及び全文〈特集／まねき TV・ロクラクⅡ最判のインパクト〉」ジュリ1423号32頁，小坂準記＝金子剛大「判批」L＆T52号60頁，松田政行「著作権をめぐる最近の視点・論点〈特集／著作権をめぐる最近の諸問題〉」自由と正義62巻8号35頁，上村哲史「判批」企業会計63巻8号148頁，大西千尋「判批」NBL960号44頁，岩瀬ひとみ「判批」民事判例3号180頁，三村量一＝松田俊治＝藤本祐太郎ほか・「判批」知財研フォーラム85号59頁，松本司「判批」ぷりずむ103号14頁，荻野泰三「判批」ぷりずむ103号20頁，高林龍「判批」平成23年度重判解（ジュリ臨時増刊1440号）283頁，著作権委員会「クラウドサービスと著作権：最高裁判決の解釈を踏まえその影響について」知管62巻6号751頁，平野惠稔「判批」『実務に効く知的財産判例精選』（ジュリ増刊）176頁，【差戻控訴審について】岡邦俊「判批」JCA ジャーナル59巻3号54頁，【控訴審について】帖佐隆「判批」パテ62巻6号29頁，早川篤志「判批」パテ62巻11号120頁，岡邦俊「判批」JCA ジャーナル56巻3号62頁，宮脇正晴「判批」平成22年度重判解（ジュリ臨時増刊1398号）308頁，今村哲也「判批」速報判例解説（法セ増刊）6号251頁，田中豊「判批」前掲別冊ジュリ198号194頁，佐藤豊「判批」知的財産法政策学研究26号75頁，丹羽繁夫「判批」NBL935号86頁，Branislav Hazucha＝佐藤豊訳「判批」知的財産法政策学研究26号113頁，村林隆一「判批」ぷりずむ100号85頁，【第一審について】青木大也「判批」ジュリ1394号109頁，宮川美津子「判批」平成21年度主判解270頁，岡邦俊「判批」JCA ジャーナル55巻8号74頁，【仮処分決定について】帖佐隆「判批」ぷりずむ57号7頁，岡邦俊「判批」JCA ジャーナル54巻9号52頁，【差戻上告審について】横山久芳「放送番組の録画視聴サービスの適法性をめぐる日独最高裁判決の比較的検討－Save.TV 事件判決及びロクラク2事件判決を契機として」学習院大学法学会雑誌49巻2号97頁等多数にのぼる。

＊2　なお，本件では争われていないが，著作権者が専有する公衆送信権，送信可能化権（著23条1項），又は伝達権（著23条2項）が問題になる場合，著作隣接権者が専有する送信可能化権（著99条の2第1項），又は放送を受信して映像を拡大する特別の装置を用いて伝達する場合という限定はあるが伝達権（著100条）が問題となる場合もある（最判平23・1・18民集65巻1号121頁〔まねき TV 事件上告審〕）。

＊3　「ジュークボックス法理」といわれる（大渕哲也「著作権侵害に対する救済(1)－著

作権の間接侵害(1)」法教356号142頁以下）。

＊4　上野達弘「判批」民商149巻1号39～40頁は「判決設定事例」とし，小泉直樹・前掲判時2123号182頁及び田中豊・前掲別冊ジュリ231号193頁は「場合判例」としている。

＊5　なお，本件では，上告受理決定により廃除されたが，親機ロクラクが「公衆の使用に供することを目的として設置されている自動複製機器」（著30条1項1号）に該当すれば，著作権の制限規定の適用が除外され侵害となる（上野・前掲民商149巻1号38頁）。

＊6　著作権侵害の幇助者・教唆者に対しては，民法の共同不法行為の法理（民719条2項）により責任を問うことはできるが，伝統的理解では損害賠償請求のみで差止請求が認められず，直接侵害行為が違法となることが前提なので，直接侵害者が私人や営利目的を欠くと著作権侵害が成立しなくなるためカラオケの法理により適法行為を裁判所の判断で違法行為に転換する機能があることは否めない（田村・前掲曹時63巻5号1031頁）。

＊7　大渕・前掲別冊ジュリ198号190頁は，「強度の管理支配性等」とする。

＊8　田村・前掲曹時63巻5号1054頁は，権利を拡張する方向での解釈の是非に関するものと位置づける。

＊9　本件第一審判決は，クラブ・キャッツアイ事件の最高裁判決に言及しつつ，「支配管理性，利益の帰属等の諸点を総合考慮して判断すべき」としており，①サービスの目的，②支配管理性，③利益性を考慮して複製行為の主体をサービス提供者としている（同旨，知財高決平17・11・15（平17（ラ）10007号）〔録画ネット事件〕）。

＊10　上野・前掲民商149巻1号44頁，奥邨・前掲パテ64巻11号94頁，金子・前掲速報判例解説9号285頁，前田・前掲パテ64巻15号105頁，上山・前掲NBL947号6頁。

17 特許権の存続期間の延長の要件
——パシーフカプセル事件*[1]

| 最高裁〔一小〕平成23年 4 月28日判決
〔平成21年（行ヒ）第326号審決取消請求事件〕
〔民集65巻 3 号1654頁〕

神戸大学大学院法学研究科准教授 **前 田 健**

―――――――――――――――――――――――――――――

事実の概要

　本件は，医薬品にかかる薬事法（平成26年改正により「医薬品，医療機器等の品質，有効性及び安全性の確保等に関する法律」に題名変更。以下，これを「薬機法」と略すことがある。）14条 1 項の定める製造販売の承認を受けたＸが，この承認を受けるために自らの特許権につき特許発明の実施をすることができない期間があったとして，その特許権の存続期間の延長登録の出願をしたところ，拒絶査定及び拒絶査定不服審判請求不成立審決を受けたため，この審決の取消しを求める事案である。

　本件で延長を求められた特許権は，発明の名称を「放出制御組成物」とし（特許第3134187号。以下，「本件特許権」という。），その請求項 1 は，「薬物を含んでなる核が，⑴水不溶性物質，⑵硫酸基を有していてもよい多糖類，ヒドロキシアルキル基またはカルボキシアルキル基を有する多糖類，メチルセルロース，ポリビニルピロリドン，ポリビニルアルコール，ポリエチレングリコールから選ばれる親水性物質および⑶酸性の解離基を有し pH 依存性の膨潤を示す架橋型アクリル酸重合体を含む被膜剤で被覆された放出制御組成物」というものである。いわゆるドラッグデリバリーシステム（以下「DDS」ともいう。）に関する発明である。

　本件で延長登録の理由とされた処分（以下，「本件処分」という。）は，「パシーフカプセル30mg」という医薬品（以下，「本件医薬品」という。）についてのＸに対する製造販売の承認である。本件医薬品は，有効成分を「塩酸モルヒネ」とし，効能及び効果を「中等度から高度の疼痛を伴う各種癌における鎮痛」としている。本件

処分より前に,「オプソ内服液5mg・10mg」という有効成分と効能・効果が本件
医薬品と同一の医薬品(以下,「本件先行医薬品」という。)について,製造販売の承
認が(第三者に対し)出されていた(以下,「本件先行処分」という)。本件先行医薬
品は,本件特許権のいずれの請求項に係る特許発明の技術的範囲にも属しない。

　特許庁は,本件先行処分が存在したことを理由として,Xの延長登録出願に拒絶
査定を下した。Xの拒絶査定不服審判に対しても,特許法67条の3第1項1号に規
定する拒絶の理由があるとして不成立審決を下した(以下,「本件審決」という。)。
すなわち,同一の有効成分(物),同一の効能・効果(用途)を有する医薬品が本件
処分以前にすでに承認されていたから,効能効果以外の剤型などの変更の必要上新
たな処分を受ける必要が生じたとしても,本件特許権の特許発明の実施に本件処分
を受けることが必要であったとは認められないと判断した。

　原判決(知財高判平21・5・29(平20(行ケ)10460号))は,審決を取り消すべき
ものと判断して次のように述べた。まず原判決は,審決は先行処分を理由として存
続期間が延長された特許権の効力がどの範囲まで及ぶかという観点(特68の2)
から特許法67条の3第1項1号の検討をしているが,先行処分を理由として存続期
間が延長された特許権の効力がどの範囲まで及ぶかという点は,特許発明の実施に
政令で定める処分を受けることが必要であったか否かとの点と,常に直接的に関係
する事項であるとはいえないとする。そのうえで,特許法67条の3第1項1号にい
う「その特許発明の実施に政令で定める処分を受けることが必要であった」との事
実が存在するといえるためには,①「政令で定める処分」を受けたことによって禁
止が解除されたこと,及び②「政令で定める処分」によって禁止が解除された当該
行為が「その特許発明の実施」に該当する行為に含まれることの両者が成立するこ
とが必要であるとする。そして,本件処分によって本件発明の実施に当たる行為が
解除されたことが認められるから,特許法67条の3第1項1号の拒絶理由「その特
許発明の実施に政令で定める処分を受けることが必要であったとは認められないと
き」には該当しないと判断した。原判決は,本件先行処分の存在は,Xにとって,
本件発明の技術的範囲に含まれる医薬品について薬事法所定の承認を受けない限
り,本件発明を実施することができなかった,法的状態の解消に対し何らかの影響
を及ぼすものとはいえないから,「処分を受けることが必要であった」と認められ
ない理由とはならないと判断した。

　これに対しY(特許庁長官)が上告受理申立てをした。最高裁は,これを受理し
たうえ,次のとおり上告を棄却した。

17　最高裁〔一小〕平成23年4月28日判決　*201*

判　　旨

　特許権の存続期間の延長登録出願の理由となった薬事法14条1項による製造販売
の承認（以下「後行処分」という。）に先行して，後行処分の対象となった医薬品（以
下「後行医薬品」という。）と有効成分並びに効能及び効果を同じくする医薬品（以
下「先行医薬品」という。）について同項による製造販売の承認（以下「先行処分」と
いう。）がされている場合であっても，先行医薬品が延長登録出願に係る特許権の
いずれの請求項に係る特許発明の技術的範囲にも属しないときは，先行処分がされ
ていることを根拠として，当該特許権の特許発明の実施に後行処分を受けることが
必要であったとは認められないということはできないというべきである。なぜなら
ば，特許権の存続期間の延長制度は，特許法67条2項の政令で定める処分を受ける
ために特許発明を実施することができなかった期間を回復することを目的とすると
ころ，後行医薬品と有効成分並びに効能及び効果を同じくする先行医薬品について
先行処分がされていたからといって，先行医薬品が延長登録出願に係る特許権のい
ずれの請求項に係る特許発明の技術的範囲にも属しない以上，上記延長登録出願に
係る特許権のうち後行医薬品がその実施に当たる特許発明はもとより，上記特許権
のいずれの請求項に係る特許発明も実施することができたとはいえないからであ
る。そして，先行医薬品が，延長登録出願に係る特許権のいずれの請求項に係る特
許発明の技術的範囲にも属しないときは，先行処分により存続期間が延長され得た
場合の特許権の効力の及ぶ範囲（特68条の2）をどのように解するかによって上記
結論が左右されるものではない。
　本件先行医薬品は，本件特許権のいずれの請求項に係る特許発明の技術的範囲に
も属しないのであるから，本件において，本件先行処分がされていることを根拠と
して，その特許発明の実施に本件処分を受けることが必要であったとは認められな
いということはできない。

解　　説

---

〔1〕　本判決の意義

　本判決は最高裁として特許権の存続期間の延長要件についての判断を示し，当時
の特許庁審査基準を否定して，この後の延長登録に関する実務の変更の先鞭をつけ
た意義がある。本判決を受けて，特許庁は平成23年12月28日に審査基準を改訂し，
延長要件の判断基準を変更したが，その審査基準もさらに最判平成27年11月17日

202 第1部 判例評釈

（本書24判決）で否定され，平成28年３月24日に審査基準が改訂されて現在に至っている。

　延長要件について本判決が判断した点はごく限られた論点についてのものにすぎない。本判決が判断したのは，先行処分があるときの延長の可否であるが，そのうち先行医薬品が延長登録出願に係る特許権のいずれの請求項に係る特許発明の技術的範囲にも属しないときには，先行処分の存在が延長要件を否定する理由とはならないとの点についてである。先行医薬品が特許発明の技術的範囲に属しているときに，一般的にどう扱うべきかについては，本判決は一切の沈黙を守っている。この点についての最高裁の立場を明らかにしているのは，本書24判決のほうである。

　とはいえ，本判決はその後の議論を喚起し実務の大きな変更の原因となったという点では，その影響は非常に大きい。

(2)　延長要件をめぐる議論の展開

(a)　本判決以前の状況

　平成23年12月改訂以前の審査基準（以下「旧々審査基準」という。）では，有効成分及び効能・効果を同じくする医薬品に対する先行処分があったときには，特許法67条の３第１項１号の拒絶理由があると解されてきた。この審査基準の取扱いは本判決以前の裁判例によっても概ね承認されていた[2]。

　この取扱いは，特許法68条の２の解釈として延長された特許権の効力が及ぶ範囲は有効成分と効能・効果を同じくする範囲に及ぶということを前提にして[3]，有効成分と効能・効果を同じくする範囲では１回限り延長を認めるという考え方を基礎にするものである[4]。このような結論が異論なく受け入れられてきた背景には，医薬品の剤形のみの変更承認など些細な違いの承認を受けるたびに延長登録が認められることは，①特許権の保護として過剰であるという価値判断，あるいは②後発医薬品の参入を遅らせることとなり，後発医薬品製造者との利害調整の観点から存続期間の延長が認められる場合を抑制すべきであるという政策判断があったと考えられる[5]。

　しかしながら，旧々審査基準のとった基準は有効成分や効能・効果に特徴がある特許発明に関しては妥当するとしても，それ以外の発明には延長による保護を放棄する結論となり[6]，上記の政策的判断を前提にしても，正当化が困難なことが明らかになってきた。製剤技術に特徴のある発明（本件のような DDS はその一例）や用法・用量に特徴のある発明の場合，過去に同一の有効成分，効能・効果の医薬品の承認があるというだけで延長が否定されてしまい，一度も特許発明の実施ができ

たことがなかったとしても延長できない帰結となる点が不合理ではないかと指摘されていた。このようなこともあって本判決直前には，学説の多くが旧々審査基準を批判していた*7。

(b) 本判決後の審査基準の改訂

本判決は，出願の理由となった処分に先行する処分がある場合でも，その医薬品が延長登録出願に係る特許権のいずれの請求項に係る特許発明の技術的範囲にも属しないときは，当該特許権の特許発明の実施に延長登録出願の理由となった承認を受けることが必要であったとは認められないとはいえないと判断した。仮に本件について，先行処分を理由に延長を否定すると，先行医薬品では特許発明を全く利用していないのに，延長登録出願が拒絶されるという結論となる。このような結論は，後述の学説のいかなる立場に立とうとも，正当化することが困難な結論であった。本判決はそのような不合理な実務を改めるものであるが，旧来の実務を必要な限りで否定しただけで，新たな全体像を示すことはしなかった*8。

旧々審査基準を否定され，特許庁は同年12月28日に新しい審査基準（以下「旧審査基準」という。）に改訂した。それによれば，医薬品に関して特許法67条の3第1項1号にいう「その特許発明の実施に政令処分を受けることが必要であったとは認められないとき」とは，①本件処分の対象となった医薬品の製造販売の行為が延長登録の出願に係る特許発明の実施行為に該当しない場合，又は，②延長登録の出願に係る特許発明のうち，本件処分の対象となった医薬品の「発明特定事項（及び用途）に該当する事項」によって特定される範囲が，先行処分によって実施できるようになっていた場合である。

上記のうち，①は平成23年最高裁判決の判示をそのまま取り入れるものである。②は，特許庁は，旧々審査基準から採用されていた一定の範囲では1回限り延長を認めるという考え方，及びその「一定の範囲」は特許法68条の2の延長された特許権の効力と連動しているという基本的立場を維持するものである。そして，その「一定の範囲」として，特許庁は「発明特定事項に該当する事項」という新たな区切りを持ち出したということになる。

(c) ベバシズマブ事件最高裁判決（本書[24]判決）と審査基準改訂

これに対し，本書[24]判決は，「先行処分と出願理由処分とを比較した結果，先行処分の対象となった医薬品の製造販売が，出願理由処分の対象となった医薬品の製造販売をも包含すると認められるときには，延長登録出願に係る特許発明の実施に出願理由処分を受けることが必要であったとは認められないこととなる」との立場

を明らかにした。そして，特許庁の旧審査基準について「飽くまで先行処分と出願理由処分とを比較して判断すべきであり，特許発明の発明特定事項に該当する全ての事項によって判断すべきものではない」と述べて明確にこれを否定した。

本書**24**判決は，本判決と同じく，延長登録制度は，政令処分を受けることが必要であったために「特許発明の実施をすることができなかった期間を回復」することを目的とするものと述べている。「実施をすること」ができたかどうかということに文字どおり着目するのであれば，どのような実施の禁止が解除されたのかをメルクマールとするのが論理的帰結であり，それをさらに敷衍するならば，薬機法としてどのような行為の禁止が解除されているのかを追究する考え方を採用すべきことになる。

もっとも，ベバシズマブ事件最判が，先行処分と出願理由処分の実質的同一性をあくまで薬機法の観点から決める立場をとっているのか，それとも何らかの特許法上の観点を加味してそれを修正することもあり得るという立場をとっているのかは必ずしも明らかではない。同判決の述べるところに照らせば，薬機法の観点で禁止が解除された範囲を探求すると理解するのが素直であろうが，なお議論の余地はある。

この判決を受けて，平成28年3月24日に改訂された審査基準（以下「現行審査基準」ということがある。）は，基本的にベバシズマブ事件判決の一般的説示をそのまま審査基準の内容としている。現行審査基準は，延長登録出願に係る特許発明の種類や対象ごとに，何が「実質的同一性に直接関わる事項」となるのかをある程度明示している点に特徴がある。それによると，物の発明の場合は，審査事項は「成分，分量，用法，用量，効能及び効果」を含み，製造法の発明はそれに加えて製造方法に関する事項を含み，製剤の発明の場合は製剤に関する事項を含む*9。

現行審査基準も，ベバシズマブ事件判決と同様，先行処分と出願理由処分の実質的同一性をあくまで薬機法の観点から決めるのか，それとも何らかの特許法上の観点を加味してそれを修正することもあり得るのかは不明である。例えば，成分，分量，用法・用量，効能・効果が共通するが製剤が異なる医薬品について先行処分があったときに，延長を受けることができるのかは必ずしも明らかではない。純粋な薬機法の観点からは，基本的には，出願理由処分の対象となった医薬品の製造販売の禁止は製剤を異にする先行処分によっては解除されていなかったと解することになるから（そのような医薬品の製造販売には新たに処分を受けることが必要であったから），延長は認められるということになりそうである。しかし，審査基準は，その

ような場合に延長を否定する可能性について含みを残している。

(d) 学説の状況と本判決の位置づけ

学説には延長登録の要件について，「禁止解除説」と「独占の機会説」の２つの考え方が有力に主張されていた[10]。

禁止解除説とは，特許法67条の３第１項１項にいう「その特許発明の実施」を「出願理由処分にかかる特許発明の実施」と解するものである。すなわち，先行処分を受けた段階ではいまだ禁止が解除されておらず，出願理由処分を受けて初めて禁止が解除された特許発明の実施があるときに，「必要があった」と認める考え方である。現在の判例・審査基準はこの理解を前提にしている。禁止解除説の正当化根拠は，延長登録制度の趣旨は，あくまで「実施」ができなかった期間を回復することにある点に求められる。この立場に基づけば，出願理由処分によって禁止が解除されたとされる行為が，先行処分によって既に禁止が解除されていたかどうかが問題となる。

禁止解除説は，論理的に考えれば，先行処分で禁止が解除されたのは，薬機法上いかなる行為であったのかを追究して判断されることになる。これが「処分説」と呼ばれる考え方である[11]。これは，あくまで実施ができなかった事実を根拠として，延長を認めるという立場であるといえる。一方，旧審査基準は，薬機法に基づく処分により禁止が解除された範囲は，処分の対象となった医薬品の承認書に記載された事項のうち「発明特定事項に該当する全ての事項」によって特定される医薬品の製造販売等の行為の範囲だとしていた。これは，薬機法により実際に禁止が解除された範囲より広い範囲が，特許法67条の３第１項１号との関係では「禁止が解除された」と評価する考え方であり，「特定事項説」といわれる。直ちには納得し難い論理であり，判例によって完全に否定された考え方ではあるが，このような考え方に特許庁が固執し続けた背景には，前述の延長を何度も認めることは望ましくないとの政策判断があったのだろうと推測される[12]。

一方，独占の機会説は，禁止解除説の理解する制度趣旨は本制度の本来の目的とはそぐわないとみなし，旧々・旧審査基準を支えてきた「政策判断」にもう少し理論的な説明を与えようと試みるものである。

独占の機会説は，特許権の保護する利益は特許発明を独占的に実施し得る地位と捉えたうえで[13]，延長登録制度は，「特許発明の実施をすることができない期間」中に，当該実施に係る市場を独占し利益を回収する機会がおよそなかった不利益を回復することにあると捉えるものである[14]。

206 第1部 判例評釈

　独占の機会説の考え方は次のように説明できよう。あらゆる行為は法律で禁じられない限り自由に行うことができるのが原則であり，何人も特許権がなくても発明を自由に実施することができるのが原則である。一方，特許権が存在する場合，特許権者はなお引き続き発明の自由な実施が可能だが，排他権によって他の者は特許権者の許諾なしに特許発明の実施を自由に行うことができなくなる。特許権者が特許権の保護する独占の利益を享受するには，発明の「自由な実施」と「排他権」の2つが揃う必要がある*15。すなわち，「自由な実施」が認められて初めて市場を独占し利益を回収できる可能性が生じ，「排他権」を他人に行使し得てその独占を維持できるのである。しかし，特許発明の実施の禁止が解除されていない状況下にあっては，「排他権」としての特許権の効力自体には何の制限も生じていないものの（もっとも行使し得る相手はいないが），前提であった「自由な実施」が失われており，したがって独占の利益を享受できないことになる。独占の機会説は，この独占による利益を受けることができなかった不利益を回復するのが，存続期間の延長登録制度の目的であると理解するのである。

　そして，独占の機会説は，「その特許発明の実施に政令処分を受けることが必要であった」とは，「先行処分と同種の（市場を同じくする）医薬品に係る特許発明の実施に政令処分を受けることが必要であった」と理解する*16。つまり，既に先行処分を受けることで延長登録を受ける機会があり，独占の機会がなかったことによる不利益を回収する機会が既にあった範囲には，二度の延長は認めないという考え方である。この考え方は，一定の範囲では一度しか延長を認めないことが望ましく，細分化された延長が何度も繰り返されることは望ましくないとの政策判断を前提に，禁止解除説の論理に頼らずに，それを理論化しようと試みるものである。

　現在の判例・実務が禁止解除説をとっていることは明らかであり，独占の機会説は採用されていない。確かに，本判決が説く延長登録制度の趣旨は禁止解除説に親和的なものである一方で，その結論自体は，独占の機会説をとったとしても導き得るものである。しかし，結局，ベバシズマブ事件最判によって禁止解除説をとることが明らかにされるに至っている。最高裁判決が禁止解除説を採用した理由は，現行法の条文の文言は，そのように理解することが最も素直であるということに尽きるように思われる。

⑶　今後の課題

　延長要件については，本判決の後に，ベバシズマブ事件最高裁判決が出されたことによって，実務的には一応の決着を見たこととなっている*17。すなわち，医薬

品の製造販売承認を受けるたびに，実質的同一性が認められる例外的な場合を除き，それが製剤の変更等のわずかな一部変更処分であっても延長を受けられるということになる*18。このような状況を受けて，最近の関心は，むしろ延長された特許権の効力についての議論に移っているともいえる（本書34事件）。この点につき，延長された特許権の効力は，出願理由処分の対象である医薬品そのものには限られず，ある程度広がりをもつという理解が一般的である。本書34判決の示した考え方もそのような理解を前提としている。

　現在の判例法理の理解として，延長要件と効力範囲の関係については，延長された特許権の効力範囲と延長登録要件は一切連動することがないという理解が一般的である*19。本判決は，「先行処分により存続期間が延長され得た場合の特許権の効力の及ぶ範囲（特許法68条の2）をどのように解するかによって上記結論が左右されるものではない」と述べているものの，この説示が連動論を一般的に否定する意図があったかどうかは解釈の余地がある。しかし，ベバシズマブ事件最高裁判決で示された延長要件の基準を前提にする限り，連動論は採用されていないと解するのが素直であるし，現在の審査基準も連動論は放棄している。

　しかし，このような連動論の否定は条文の文言を前提とした解釈論としてはもはや確立していると認めざるを得ないとしても，その政策的妥当性については疑問の声もある*20。すなわち，先行処分による延長の効力が及び得る範囲の医薬品に対し，再度処分を受けたことによる延長を認める帰結をとると，同じ医薬品について重ねてさらに延長された特許権の効力が及ぶことがあり得る。これを後発医薬品メーカーの立場からいえば，自らの医薬品に効力が及ぶ特許権の終期が予想できない状態が続くことになる*21。これらの点を懸念するならば，効力の範囲と要件を連動させ，1つの範囲については1回の延長のみとするのが適当であろう。かといって，現状の延長要件を前提に連動論をとると，延長された特許権の効力が極めて狭い断片的な範囲にしか生じない。そうだとすると互いに市場において競合する医薬品の間で複数の延長期間が生じる可能性は残ることになり，いわゆるプロダクトホッピング*22が行われる場合などには後発医薬品メーカーにとって実質的に参入の機会は妨げられることになる。

　そうすると，例えば市場において競合する医薬品の範囲について，延長は1回のみという制度の構築が考えられる*23。これは，かつての特許庁審査基準において（不合理な点も多々含んでいたものの）とられていたものであるが，現行法の解釈としては最高裁判決を前提にせざるを得ない以上，採用することが困難であることは

認めざるを得ない。しかし，立法論としては是非検討すべきであり，より議論を深める必要があると考えられる。

〔注〕

* 1　本稿は，前田健「本件判批」AIPPI 57巻 3 号（2012年） 2 頁，前田健「先行する製造販売承認と存続期間延長登録要件」民商152巻 2 号（2016年）160頁，前田健「存続期間が延長された場合の特許権の効力」L ＆ T 77号（2017年）70頁において筆者が既に論じた内容を，本書のためにアップデートしたものである。

* 2　東京高判平10・ 3 ・ 5 判時1650号137頁，東京高判平12・ 2 ・10判時1719号133頁，知財高判平17・ 5 ・30判時1919号137頁，知財高判平17・10・11（平17（行ケ）10345号），知財高判平17・11・16判タ1208号292頁，知財高判平19・ 1 ・18（平17（行ケ）10724号），知財高判平19・ 7 ・19判時1980号133頁，知財高判平19・ 9 ・27（平19（行ケ）10016号）。

* 3　新原浩朗『改正特許法解説』（有斐閣，1987年）106頁。

* 4　田村善之「特許権の存続期間延長登録の要件について～アバスチン最高裁判決の意義」WLJ 判例コラム63号（2016年） 3 頁も同様の整理をする。

* 5　山田真紀「判解」最判解説民事篇平成23年度（上）（法曹会，2014年）445～446頁参照。

* 6　山田・前掲＊ 4 ・448頁。

* 7　井関涼子「特許権の存続期間延長登録と薬事法上の製造承認」同志社法学60巻 6 号（2009年）83頁，松居祥二「薬事法の交錯する特許権存続期間延長制度の問題点　平成18年（行ケ）第10311号期間延長出願拒絶審決取り消し請求事件判決と関連問題の研究－ DDS 学の成果や製剤の評価の妥当性－」AIPPI54巻 9 号（2009年）541頁，平嶋竜太「特許権存続期間延長制度に係る規定の合理的解釈－最近の知財高裁判決の提示する方向性を契機とした考察」L ＆ T 46号（2010年）45頁など。

* 8　山田・前掲＊ 4 ・452～453頁。

* 9　『新審査基準』第Ⅸ部「特許権の存続期間の延長」3.1.1(1)(ⅱ) c 。

*10　前田・前掲＊ 1 （2016年）168～171頁。

*11　田中「判解」L ＆ T 71号（2016年）84頁，平嶋・前掲＊ 6 ・55頁，井関涼子「アバスチン（ベバジズマブ）事件」ジュリ1475号（2015年）62頁など。

*12　政策判断の内容については，前掲＊ 4 参照。本判決後であるが，日本製薬工業協会知的財産委員会「審査基準改定案及び期間延長制度に対する意見書」（2016年 1 月13日第 8 回審査基準専門委員会 WG 宮内委員提出資料） 4 頁は「登録要件が処分単位……まで細分化される（と），多くの問題点が発生することが予想される。」と指摘されており，実質論としてはなお，このような考え方に支持があることがうかがえる。

*13　前田健「特許権の本質と存続期間の延長登録」神戸法学雑誌65巻 1 号（2015年） 8 頁。

*14　前田・前掲＊12・11～12頁。

*15　田村善之「特許権の存続期間延長登録制度の要件と延長後の特許権の保護範囲につ

いて－アバスチン事件最高裁判決・エルプラット事件知財高裁大合議判決の意義とその射程－」知的財産法政策学研究49号（2017年）400頁以下。

*16 前田・前掲*12・24〜25頁。

*17 知財高裁ウェブサイト（http://www.ip.courts.go.jp）の判例データベースを検索する限り，本書24判決以降，この論点についての判決は出ていないようである（2019年5月1日最終検索）。

*18 ただし，わずかな変更の場合に延長を否定した例として，知財高判平26・5・30（平25（行ケ）10399号），知財高判平26・9・25（平25（行ケ）10326号）参照。

*19 田村・前掲*15・399頁。

*20 立法論として井関涼子「特許権存続期間延長登録制度の在り方－『オキサリプラチン』事件知財高裁大合議判決をふまえて」法時89巻8号（2017年）15頁。またオキサリプラチン判決が連動論を指向しているとみるものとして，篠原勝美「延長登録を受けた特許権の効力－実務家の視点から」ジュリ1509号（2017年）56頁。

*21 前田・前掲*12・24頁，井関・前掲*16・15頁。

*22 鞠山尚子「製薬会社によるプロダクトホッピングの反トラスト法上の評価」特研64号（2017年）44頁。

*23 制度のあるべき姿としては，前田・前掲*12で論じたとおりである。立法論まで視野に入れるのであれば，このような制度を目指すべきと考える。

■参考文献

本文中に掲げたものほか，山田真紀・L＆T53号63頁，山田真紀・曹時66巻8号63頁，小泉直樹・ジュリ1429号102頁，諏訪野大・平成23年度重判解（ジュリ臨時増刊1440号）279頁，井関涼子・特許判例百選〔第4版〕（別冊ジュリ209号）120頁，重冨貴光・知管62巻5号641頁。また，本書24事件，本書34事件及びそこで掲げる文献を参照。

210 第1部 判例評釈

18 未承認国の著作物の保護義務と不法行為法による補充的救済の可否——北朝鮮映画事件

最高裁〔一小〕平成23年12月8日判決
〔平成21年（受）第602号・第603号著作権侵害等差止請求事件〕
〔民集65巻9号3275頁〕

国士舘大学法学部教授 **本 山 雅 弘**

事実の概要

　北朝鮮の行政機関であるX₁は，北朝鮮において製作された映画（本件各映画）について，北朝鮮の法令に基づく著作権を有している。映像等の配給・管理等を目的とする有限会社X₂は，X₁との契約（本件契約）に基づき，本件各映画につき，日本国内における独占的な利用及び第三者に対する利用許諾等について許諾を受けた。北朝鮮は平成15年1月にベルヌ条約の加入書を国際事務局に寄託し，同条約は同年4月に北朝鮮で効力を生じた。わが国は，北朝鮮を国家として承認しておらず，他国における効力発生の場合とは異なり，北朝鮮に同条約の効力が生じた旨の告示の事実はない。他方，放送法に基づく放送事業者であるYは，平成15年12月のニュース番組において，本件各映画のうち，2時間を超える劇映画（本件映画）に関し，北朝鮮における映画を利用した国民に対する洗脳教育の状況を報ずる目的で，本件映画の主演を務めた女優が本件映画の製作状況等についての思い出を語る場面と本件映画の一部とを組み合わせた内容の約6分間の企画を放送した。同企画において，本件映画の映像が合計2分8秒間放送された（本件放送）。Yは，本件放送についてXらの許諾を得ていなかった。

　Xらは，第一審において，Yの行為が，X₁の著作権ないしX₂の利用許諾権の侵害にあたるとして，本件各映画に関する放送の差止めと不法行為に基づく損害賠償を請求するとともに，控訴審においては予備的に，Yの本件放送の行為は，著作権侵害にあたらないとしても，Xらが本件映画の利用について有する法的保護に値

18　最高裁〔一小〕平成23年12月8日判決　*211*

する利益の侵害にあたるとして，不法行為に基づく損害賠償請求を追加した。これ
に対しYは，北朝鮮国民の著作物はわが国が条約により保護の義務を負う著作物
（著6条3号）にあたらない旨，また，控訴審での予備的請求に関し，一般不法行為
の成立余地は，著作物の利用が公序良俗違反といえるほどに強い反社会性や違法性
を有する場合に限定されるべきところ，本件放送は不法行為にあたらない旨，反論
した。

　第一審判決（東京地判平19・12・14）は，わが国と未承認国である北朝鮮との間に
はベルヌ条約上の権利義務関係は生じないことから，本件各映画はわが国が保護の
義務を負う著作物にあたらない旨を判示し，Xらの請求を棄却した。他方，原判決
（知財高判平20・12・24）は，ベルヌ条約上の保護義務（主位的請求）については第一
審と同様の判断を示す一方で，一般不法行為の成否（予備的請求）については，著
作物利用に関する不法行為の成立余地を公序良俗に反する場合に限定したY主張を
排斥し，「当該利用行為が社会的相当性を欠くものと評価されるときは，不法行為
法上違法とされる場合があると解するのが相当」と判示して，本件映画の日本国内
での利用を独占的に管理支配していたX₂について，Yの本件放送の行為に対する
救済を認めた（予備的損害賠償請求の一部認容）。

　XらとYが上告したところ，最高裁は，原審判決のY敗訴部分を破棄し，Xらの
請求をいずれも棄却した。

判　　旨

---

(1)　**本件映画についてわが国はベルヌ条約上の保護義務を負うか**

　「一般に，我が国について既に効力が生じている多数国間条約に未承認国が事後
に加入した場合，当該条約に基づき締約国が負担する義務が普遍的価値を有する一
般国際法上の義務であるときなどは格別，未承認国の加入により未承認国との間に
当該条約上の権利義務関係が直ちに生ずると解することはできず，我が国は，当該
未承認国との間における当該条約に基づく権利義務関係を発生させるか否かを選択
することができるものと解するのが相当である。

　これをベルヌ条約についてみると，同条約は，同盟国の国民を著作者とする著作
物を保護する一方（3条(1)(a)），非同盟国の国民を著作者とする著作物については，
同盟国において最初に発行されるか，非同盟国と同盟国において同時に発行された
場合に保護するにとどまる（同(b)）など，非同盟国の国民の著作物を一般的に保護
するものではない。したがって，同条約は，同盟国という国家の枠組みを前提とし

て著作権の保護を図るものであり，普遍的価値を有する一般国際法上の義務を締約
国に負担させるものではない。

　そして，前記事実関係等によれば，我が国について既に効力を生じている同条約
に未承認国である北朝鮮が加入した際，同条約が北朝鮮について効力を生じた旨の
告示は行われておらず，外務省や文部科学省は，我が国は，北朝鮮の国民の著作物
について，同条約の同盟国の国民の著作物として保護する義務を同条約により負う
ものではないとの見解を示しているというのであるから，我が国は，未承認国であ
る北朝鮮の加入にかかわらず，同国との間における同条約に基づく権利義務関係は
発生しないという立場を採っているものというべきである。

　以上の諸事情を考慮すれば，我が国は，同条約3条(1)(a)に基づき北朝鮮の国民の
著作物を保護する義務を負うものではなく，本件各映画は，著作権法6条3号所定
の著作物には当たらないと解するのが相当である。最高裁昭和49年（行ツ）第81号
同52年2月14日第二小法廷判決・裁判集民事120号35頁は，事案を異にし，本件に
適切ではない。」

　(2)　**本件放送の行為は不法行為にあたるか**

　「著作権法は，著作物の利用について，一定の範囲の者に対し，一定の要件の下
に独占的な権利を認めるとともに，その独占的な権利と国民の文化的生活の自由と
の調和を図る趣旨で，著作権の発生原因，内容，範囲，消滅原因等を定め，独占的
な権利の及ぶ範囲，限界を明らかにしている。同法により保護を受ける著作物の範
囲を定める同法6条もその趣旨の規定であると解されるのであって，ある著作物が
同条各号所定の著作物に該当しないものである場合，当該著作物を独占的に利用す
る権利は，法的保護の対象とはならないものと解される。したがって，同条各号所
定の著作物に該当しない著作物の利用行為は，同法が規律の対象とする著作物の利
用による利益とは異なる法的に保護された利益を侵害するなどの特段の事情がない
限り，不法行為を構成するものではないと解するのが相当である。」

　「これを本件についてみるに，本件映画は著作権法6条3号所定の著作物に該当
しないことは前記判示のとおりであるところ，X₂が主張する本件映画を利用する
ことにより享受する利益は，同法が規律の対象とする日本国内における独占的な利
用の利益をいうものにほかならず，本件放送によって上記の利益が侵害されたとし
ても，本件放送がX₂に対する不法行為を構成するとみることはできない。

　仮に，X₂の主張が，本件放送によって，X₂が本件契約を締結することにより
行おうとした営業が妨害され，その営業上の利益が侵害されたことをいうものであ

ると解し得るとしても，前記事実関係によれば，本件放送は，テレビニュース番組において，北朝鮮の国家の現状等を紹介することを目的とする約6分間の企画の中で，同目的上正当な範囲内で，2時間を超える長さの本件映画のうちの合計2分8秒間分を放送したものにすぎず，これらの事情を考慮すれば，本件放送が，自由競争の範囲を逸脱し，X₂の営業を妨害するものであるとは到底いえないのであって，X₂の上記利益を違法に侵害するとみる余地はない。

　したがって，本件放送は，X₂に対する不法行為とはならないというべきである。」

<hr>

解　　　説

(1)　**本判決の意義**

　本件は，解釈論としては全く異なる2つの論点を，それぞれ別個の判決要旨とする最高裁判例である。一方の論点は，わが国の未承認国である北朝鮮がベルヌ条約に事後（わが国に効力発生後）に加入した場合に，北朝鮮国民の著作物について，わが国はベルヌ条約上の保護義務を負うかという問題であり，他方の論点は，著作権法の保護を受けない著作物が，他者の無断利用に関して，なお不法行為法（民709条）による補充的救済を受け得るかという問題である。前者は，未承認国の多数国間条約上の主体性という国際法の解釈問題に関し，後者は，著作権法と不法行為法の交錯問題に関し，最高裁が初めて判断を示したものである。いずれも，重要な先例的意義を有する判例と解される。

(2)　**判旨(1)──未承認国の著作物につきベルヌ条約上の保護義務を負うか**

　著作権法6条は，同法の保護を受ける著作物を規定し，日本国民の著作物（1号），最初に国内で発行された著作物（2号）のほか，「条約によりわが国が保護の義務を負う著作物」（3号）を挙げる。ベルヌ条約3条(1)(a)は，同盟国の国民を著作者とする著作物が，同条約により保護される旨を規定する。北朝鮮はベルヌ条約の同盟国であるが，日本の未承認国であることから，本件各映画が「条約によりわが国が保護の義務を負う著作物」（著6条3号）に該当するか否かを判断する前提として，未承認国である北朝鮮との間にベルヌ条約上の権利義務関係が生ずるか否かが問題となる。

　問題の焦点は，条約上の義務ないし権利義務関係の存否にある。かつて未承認国であった東ドイツの法人に，旧商標法が定めた外国人の権利享有に関する相互主義に基づき，権利享有を認めその無効審判請求を肯定した最判昭52・2・14裁判集民

事120号35頁は，旧商標法の解釈を示すものであり，本判決と事案を異にする（山田真紀・最判解説民事篇平成23年度（下）733頁）。

(a) 事後加入の未承認国は条約上の権利義務関係の主体となるか

原判決と本判決は，北朝鮮との関係での権利義務関係を否定し，本件各映画についてベルヌ条約上の保護義務を否定する結論で異ならない。異なるのは，その結論を導く論理の筋道である。

原判決は，国家承認の意義に関する創設的効果説（国家承認と国際法上の主体性を直結させる考え方）を基本とする一方で（濱本正太郎「原判決判批」国際法判例百選〔第2版〕35頁，臼杵英一「原判決判批」ジュリ1376号323頁），「条約当事国間の単なる便益の相互互換の範疇を超えて，国際社会における普遍的な価値の実現を目的」とする義務との関係では，例外的に国際法主体性の発生の余地を認めつつ，ベルヌ条約には「普遍的に尊重される価値」は認め難いとしてその例外余地を認めず，北朝鮮との権利義務関係の発生を否定したものと解される。この論理の筋道に照らし，北朝鮮との権利義務関係を否定する決定的根拠は，国家承認の意義（創設的効果説）に関する基本的な考え方であった。

これに対し本判決は，未承認国との権利義務関係の発生の有無を，国家承認の意義とは切り離して検討する一方で（江藤淳一「本判決判批」新判例解説Watch11号313頁），多数国間条約上の義務を，未承認国との間に「権利義務関係が直ちに生ずる」「普遍的価値を有する一般国際法上の義務」とそのように解されない義務とに大別する。そして，この後者に類される義務については未承認国との権利義務関係の発生を「選択」し得るとしたうえで，ベルヌ条約上の義務は「普遍的価値を有する一般国際法上の義務」とは異なる旨の判断のもとで，北朝鮮のベルヌ条約加入時におけるその効力発生に関する告示の欠如（横溝大「第一審判批」知的財産法政策学研究21号270頁は，北朝鮮のベルヌ条約加入について通常行われるはずの外務省告示を欠く旨を指摘する），北朝鮮国民の著作物の保護義務否定に関する政府見解を論拠として，北朝鮮との権利義務関係の発生を否定したものと解される。この論理の筋道に照らし，北朝鮮との権利義務関係を否定する決定的根拠は，ベルヌ条約の性質（普遍的価値を有する一般国際法の否定）を前提とする，政府見解に基づく「選択」である。

このように，北朝鮮との権利義務関係を否定した論理とその決定的根拠は，主要な点に限ってみても，国家承認の効果の位置づけや政府見解への依拠の点で，原判決と本判決の双方で異なっている。

国家承認の意義をめぐっては，国は既存国家の承認を経て初めて国際法上の主体

性が認められるとする創設的効果説と，国家の要件を備えた国には直ちに同主体性が認められるとする宣言的効果説との対立があった（江藤・前掲312頁）。

本判決に国家承認の意義に関する判示は認められない。とはいえ，上記のとおり，原判決の創設的効果説の基本的立場に立つ論理を修正した点に照らせば，宣言的効果説の立場を採用したものと解されよう（北村朋史「本判決判批」著作権判例百選〔第6版〕221頁）。原判決が示した創設的効果説の基本的立場に対しては，国際法学の観点から，「現在，学説はもとより，国際判例・国家実行……とも，宣言的効果説でほぼ一致している」（濱本・前掲35頁）との批判がなされていたところである。

本判決後に現れた知財高判平24・12・25判時2221号94頁〔北朝鮮PCT出願事件〕は，北朝鮮国民のPCTに基づく国際特許出願の有効性の吟味にあたり，本件と同様に事後加入した北朝鮮との多数国間条約（PCT）上の権利義務関係の存否に関し，創設的効果説によるものではなく，本判決を引用し，当該権利義務関係の発生を「選択」できる旨を判示している。

(b)　北朝鮮との権利義務関係の判断手法

北朝鮮との権利義務関係の存否に関し，本判決の判断枠組みを示せば，①ベルヌ条約上の義務が一般国際法上の義務に該当すれば格別，そうでない限り，②権利義務関係の発生は選択可能とするものである。

(イ)　ベルヌ条約上の義務は一般国際法上の義務に該当するか　　本判決は，ベルヌ条約の該当性を考察する一般国際法を，普遍的価値を有するものに限定する。この点には，そのような限定の妥当性の問題も含め，国際法学説の指摘がある（江藤・前掲314頁，北村・前掲221頁）。

他方，国際法学の観点からは，さらに，多数国間条約上の義務が「一般国際法上の義務」に該当すれば，もはや「条約上の義務」から離れるとの指摘がある（江藤・前掲314頁，北村・前掲221頁）。このような国際法学説の指摘を前提とすると，著作権法6条3号の「条約により」負う保護義務のみを検討すれば足りる本件では，当該条約上の義務が一般国際法上の義務となる場合に，当該義務は，本件事案の解決に際して無関係となろう（北村・前掲221頁もこの問題点を指摘する）。同条号がわが国に課すのは，条約上の保護義務にすぎず，一般国際法の義務はそこに含まれないと解されるからである。同条号を解説する学説も，もっぱら「条約」との関係に限定する（加戸守行『著作権法逐条講義〔六訂新版〕』93頁以下）。

よって，ベルヌ条約上の義務が「普遍的価値を有する一般国際法上の義務」に該

当するか否かを検討する本判決の「格別」論は，未承認国に対する国際法の適用可能性（未承認国との間に生ずる国際法上の権利義務関係の有無）という一般論との関係では，その結論に直結する意味があっても，「条約」との関係で権利義務関係の存否が問われた本件事案では，その意味は著作権法6条3号の適用可能性を問う前提論にとどまるものといえる。したがって，ベルヌ条約は「普遍的価値を有する一般国際法上の義務を締約国に負担させるものではない」との判示部分は，同条号の解釈を示したものではなく，その解釈は，政府見解等を論拠に，ベルヌ条約の北朝鮮への適用を「選択」的に否定した判示部分にのみ，表れていると解される。よって，本判決が示した著作権法6条3号の解釈（ベルヌ条約上の権利義務関係の否定）は，条約種類との関係でいえば，一般国際法に該当しない多数国間条約との関係にのみ妥当し，その義務が一般国際法上の義務にあたる多数国間条約との関係には，その射程は及ばないものと解される。

　本判決は，ベルヌ条約の「普遍的価値を有する一般国際法」該当性を吟味して，同条約の具体的な諸規定を根拠に，著作権保護が「同盟国という国家の枠組みを前提」とすることから，同条約が一般国際法に該当しない旨を判示する。ベルヌ条約が，「同盟国という国家の枠組みを前提」とすることは，加盟国に「同盟」を形成させ，「著作物に関する著作者の権利の保護」の国際規範を，国際社会全体との関係では排他的に「同盟国」にのみ適用する点（ベルヌ条約1条）からも，すでに自明であろう。国際法学の観点からも，ベルヌ条約が普遍的価値を有する一般国際法上の義務を締約国に負担させるものではないことは「ほとんど自明」との評価がある（横溝大「本判決判批」著作権判例百選〔第5版〕237頁）。

　このように本判決は，ベルヌ条約それ自体の普遍性の有無を，国際社会全体に対するものとして検討したように窺われる。これに対し，国際法学説には，ベルヌ条約の個別条項が，「当事国の共通利益の実現を目的と」する「そもそも二国間の権利義務関係に還元することのできない義務」を定める場合には，条約社会全体に対する義務として，当該条項の未承認国への自動的な適用を可能とする見解もある（北村・前掲221頁，同・ジュリ1453号280頁）。本判決前の学説にも，個別の条項ごとに未承認国への自動的な適用の可能性を示唆する見解もみられた（田村善之「民法の一般不法行為法による著作権法の補完の可能性について」コピライト607号40頁）。

　このような観点からすれば，本件で問題となるベルヌ条約3条(1)(a)について，当事国の共通利益を否定することは容易でないように思われる。同条項で保護資格を得た著作者は，ベルヌ条約5条(1)の適用を受け，内国民待遇の原則的保護を受ける

からである。内国民待遇の原則が妥当するからこそ，応用美術の保護（2条(7)）や保護期間の不一致（7条(8)）といった相互主義が妥当すべき場面は，別途例外的に規定されるのであろう。3条の保護に関する原則的条項のうちに相互主義的な例外的解釈の余地を見出すことは困難と思われる。

とはいえ，このような個別条項の解釈が妥当するとしても，解釈対象が「一般国際法」ではなく「条約」である以上，その適用による権利義務関係の存否は「選択」の問題に帰着するとするのが，本判決の判旨と解される。そこには，個別条項の「解釈」からは一義的には導き難い政策的な「選択」も含まれるということであろう。例えば，条約改正に全会一致を求めるベルヌ条約27条(3)は，未承認国にも適用があるものと解するのが相当といえる（第1審を引用して原判決も同旨）。当事国間の利害関係を超えた，条約の組織的維持に関する条項だからである。そのような個別の条項ごとに異なる適用の選択も許されるというのが，最判が述べた「選択」の意味するところと解される。

　㋺　未承認国との間の権利義務関係の発生を選択し得るか　本判決の論理に照らせば，多数国間条約上の権利義務の発生を未承認国との間では選択し得るとするその根拠は，当該多数国間条約上の義務が「普遍的価値を有する一般国際法上の義務」に該当しないとの一事に求められることになる。この点については，前記のとおり「普遍的価値」による限定の点を除けば（江藤・前掲314頁，北村・前掲221頁），国際法学説の評価にも，異論はみられない。すなわち，条約上の権利義務関係は慣習国際法上の権利義務関係とは異なり，当事国間の合意があってはじめて生ずる「裁量的」な関係であるというのが，その肯定的評価の根拠である（北村・前掲221頁，他に横溝・前掲百選237頁も，未承認国との権利義務関係の発生の有無をわが国の選択に委ねた「本判決の一般論は支持できる」としている）。

　もっとも，本判決が，「権利義務発生の有無」の選択にあたり政府見解に依拠した点については，検討の余地を指摘する見解もある（諏訪野大「本判決判批」判評648号15頁）。批判的見解は，とりわけ，未承認国毎に政府見解によって権利義務関係について異なる帰結が生じ得ることを疑問視する（横溝・前掲百選237頁）。

　他方，政府見解への依拠に肯定的な見解は，外交関係の処理と条約締結が内閣の専属的な権限（憲73条2号・3号）である点にその根拠を求める（横山久芳「本件判批」民商146巻6号548頁）。本判決の調査官解説も，この点につき，外交関係の処理に関する内閣の権限を指摘し，同様の考え方を示している（山田・前掲732頁）。また，本判決後に現れた前掲・知財高判平24・12・25〔北朝鮮PCT出願事件〕は，特

許の国際出願に関する PCT との関係で，本件と同様に事後加入した北朝鮮との権利義務関係の存否の検討にあたり，本判決を引用しつつ，政府見解に依拠する判断手法を踏襲し，当該権利義務関係の発生を否定している。

憲法上の外交政策，条約締結の権限は内閣に属するから，その政府見解は有権的意味を有する。仮に政府が締結した条約の効果を個別に裁判所が再吟味し得るとしたら，三権分立の原則に抵触するうえに，条約が規律する国際関係に照らしわが国の国際的信用を損なう結果にもなりかねない。また，ベルヌ条約がそうであるように，当該条約が私人間の国際的紛争の解決を目的とするものであるとしても，権利義務関係の承認は当該未承認国との関係で，当該未承認国における自国民の処遇によっては自国の国益を損なわせかねない。すると，国益の保全を最も考慮しやすい立場と権限をもつ政府の見解に従って，未承認国ごとにその権利義務関係の発生の有無を選択することには，合理性が認められよう。国際法学説にも，英米法系を含む諸国の裁判実務として，未承認国との権利義務関係の判断が，行政府の外交政策と条約の政治的解釈を妨げない範囲で行われる旨を指摘する見解がある（臼杵・前掲323頁）。

(3) 判旨(2)──著作権の保護を受けない著作物の利用について不法行為法による補充的救済は認められるか

(a) **本判決の意義**

知的財産法の保護対象とならない情報，あるいは保護対象となり得ても保護期間の経過等により知的財産法の保護が及ばない情報が，別途不法行為法の救済対象となり得るかの問題は，知的財産法と不法行為法の交錯に関する解釈論として，しばしば紛争の対象とされ，また学説でも議論されてきた（田村善之「知的財産権と不法行為」『新世代知的財産法政策学研究の創成』3頁，同・前掲コピライト26頁，窪田充見「不法行為法と知的財産法の交錯」著作権研究36号29頁など）。また，不競法2条1項3号の形態模倣規制のように，不法行為法による補充救済を認めた裁判例（東京高判平3・12・17知財集23巻3号808頁）をベースとして，新たな知的財産法の立法を得たケースもある。本判決は，著作権法の保護が及ばない保護対象（著作物）に関して，この解釈論に対して最高裁として初めての判断を示したものである。

原判決がYの本件放送の行為に不法行為の成立を認めたのに対し（損害賠償請求の一部認容），本判決は否定した。その判断を分けた決め手のひとつは，本件放送の量的評価方法の相違にある（小泉直樹「本判決判批」ジュリ1437号7頁）。本件放送について，原判決が「約6分間のテレビ番組中で2分間を超える放送……は相当な

時間の利用」としたのに対し，本判決は「２時間を超える長さの本件映画のうちの合計２分８秒間分を放送したものにすぎず」とした。原判決との結論相異の背景として，本件放送に関する事実評価の相違は見逃すべきではない。

他方，この事実評価の点とは異なり，当該事実に適用すべき不法行為の成否の判断基準について，本判決はそれをどう解釈している判例と解すべきかという問題がある。従来の裁判例の対立も，知的財産法の補充という特殊な文脈におけるこの点の法解釈の相違にあった。

本判決の先例的意義を理解する上でとりわけ重要なのは，この不法行為の成否に関する基準なり要件に関する従来の裁判例の対立に対して，いかなる立場を示した判例と解すべきかの点にある。

(b) 本判決の位置づけ——従前の解釈論との関係

(ア) 従来の解釈論の概観　　従来の裁判例の解釈論には，大別して，２つの考え方が見られた。

一方は，知的財産法の保護法益に軸足を置く観点から，知的財産法の保護の及ばない対象・行為に関して不法行為法による補充的救済の余地を極めて厳格に解し，例外的に，詐害性ある行為に対してのみ救済を認める考え方である。

裁判所の判示には，「市場における競争は本来自由であるべきことに照らせば，著作権侵害行為や不正競争行為に該当しないような行為については，当該行為が市場において利益を追求するという観点を離れて，殊更に相手方に損害を与えることのみを目的としてなされたような特段の事情が存在しない限り，民法上の一般不法行為を構成することもない（東京地判平14・9・5判時1811号127頁〔サイボウズ事件〕）」，「被告の行為は，意匠権侵害に該当せずかつ不正競争防止法２条１項３号所定の不正競争行為にも該当しないところ，このような場合において，民法709条所定の不法行為が成立するためには，ことさら相手方に損害を与えることを意図して，法律上保護に値する相手方の営業上の利益を，著しく不公正な方法により侵害したといい得ることが必要（東京地判平15・10・31判時1849号80頁〔換気口用フィルタ事件〕）」，「著作権法等によって，原告に排他的な権利が認められない以上，第三者がこれらを利用することは，本来自由であるといえる。不正に自らの利益を図る目的により利用した場合あるいは原告に損害を加える目的により利用した場合など特段の事情のない限り，インターネット上に公開された情報を利用することが違法となることはない（東京地判平16・3・24〔YOL 事件〕）」等の表現がみられる（傍点は筆者）。

つまり，知的財産法のそれとは異なる保護法益を基本的に顧慮せず（潮見佳男

「判批」コピライト538号53頁），知的財産法の保護が及ばない情報は「利用自由」との原則を出発点として，例外的に，デッドコピーによる競合市場での加害的な廉価販売のような詐害性ある行為を，競争の観点を離れた不法行為とみる見方である（横山・前掲書553頁）。象徴的には「特段の事情」といった言葉が用いられる。こうした裁判例の考え方を，便宜的に「詐害型」の不法行為論と称しよう。

　これに対し，他方の考え方は，知的財産法の保護法益に軸足を置くのではなく，むしろ，当該保護法益とは異なる投資利益なり営業利益の観点から，たとえ知的財産法の保護法益の観点からすれば自由利用に委ねられるべき対象に対しても，その不法行為法による補充的救済の余地を検討し，その救済を肯定するものである。

　裁判所の判示には，「必ずしも著作権など法律に定められた厳密な意味での権利が侵害された場合に限らず，法的保護に値する利益が違法に侵害がされた場合であれば不法行為が成立するものと解すべきである。……被控訴人の……行為は，社会的に許容される限度を越えたものであって，控訴人の法的保護に値する利益を違法に侵害したものとして不法行為を構成するものというべき（知財高判平17・10・6〔YOL事件控訴審〕）」，「著作権法の保護を受けられないとしても，故意又は過失により控訴人各文献に極めて類似した文献を執筆・発行することにつき不法行為が一切成立しないとすることは妥当ではない。……他人の文献に依拠して別の文献を執筆・発行する行為が，営利の目的によるものであり，記述自体の類似性や構成・項目立てから受ける全体の印象に照らしても，他人の執筆の成果物を不正に利用して利益を得たと評価される場合には，当該行為は公正な競争として社会的に許容される限度を超えるものとして不法行為を構成する（知財高判平18・3・15〔通勤大学法律コース事件控訴審〕）」，「利用された著作物の客観的な価値や経済的な利用価値，その利用目的及び態様並びに利用行為の及ぼす影響等の諸事情を総合的に考慮して，当該利用行為が社会的相当性を欠くものと評価されるときは，不法行為法上違法とされる場合があると解するのが相当（原判決）」の表現がみられる。

　つまり，たとえ知的財産法の保護が及ばない対象・行為についても，その情報利用を原則自由とするのではなく，知的財産法の保護法益とは異なる法益が探求され，当該保護法益に関しては，知的財産法の例外的観点からではなく，当該保護法益の独自の保護要請に照らした補充救済を探ろうとする見方である（横山・前掲555頁）。「詐害型」が求めたデッドコピーや競合市場での加害的な廉価販売等の要件は厳格に求められず（宮脇正晴「判批」Ｌ＆Ｔ34号61頁），象徴的には社会的な許容限度といった言葉が用いられる。こうした裁判例の考え方を，便宜的に「許容限度

型」の不法行為論と称しよう。

　(ｲ)　本判決　　本判決は，著作権法の保護と不法行為法による補充救済との関係に関して，「著作権法は，著作物の利用について……その独占的な権利と国民の文化的生活の自由との調和を図る趣旨で，……独占的な権利の及ぶ範囲，限界を明らかにしている。同法により保護を受ける著作物の範囲を定める同法6条もその趣旨の規定であると解されるのであって，ある著作物が同条各号所定の著作物に該当しないものである場合，当該著作物を独占的に利用する権利は，法的保護の対象とはならないものと解される。したがって，同条各号所定の著作物に該当しない著作物の利用行為は，同法が規律の対象とする著作物の利用による利益とは異なる法的に保護された利益を侵害するなどの特段の事情がない限り，不法行為を構成するものではないと解するのが相当である。」と判示した。

　すなわち，三文構成からなるこの判旨は，著作権法の趣旨を特定し（第一文），当該趣旨のもとでの著作物の独占利用の権利（利益）については著作権法以外での法的保護を否定する一方で（第二文），著作権法の規律利益と異なる法益の侵害については，これを「特段の事情」として，不法行為成立の余地を認めるものである（第三文）。

　ここに読み取り得るのは，著作権法の保護が及ばない著作物の利用行為は，著作権法の規律利益（保護法益）との関係では不法行為法の救済を受けないけれども，著作権法の保護法益と異なる法益侵害が存在するといった「特段の事情」が認められる場合には，その補充救済の可能性を認めるという考え方である。

　この判旨は，既存の知的財産法の保護法益とは異なる「法益」の存在を捉えたうえで，その不法行為法による補充救済を認める考え方を示すものといえる。これは，従来の裁判例に照らせば，知的財産法の保護法益とは異なる法益を前提とする点で，「許容限度型」の不法行為論に親和的なものと解される。逆に，専ら知的財産法の保護法益の観点から，既存の知的財産法の保護が及ばない情報は「利用自由」との原則を出発点とする「詐害型」不法行為論とは，基本的な立場を異にするように思われる。

　本判決の調査官解説は，本件判旨の考え方と整合する先例として，公立図書館の職員による図書廃棄について，著作権法の保護法益とは異なる法益の救済の観点から，当該図書の著作者の人格的利益の侵害を認めた最高裁判決（最判平17・7・14民集59巻6号1569頁）に言及する（山田・前掲734頁）。このような先例との関連付けも，本判決が，既存の知的財産法の保護法益とは異なる法益を探求する「許容限度

型」不法行為論の裁判例と，共通の考え方に立つことを意味しよう。

知的財産法，たとえば著作権法の保護法益は，その保護要件（著2条1項1号）に現れるとおり，客体における創作的要素である。創作的要素としての知的成果物ともいえる。創作は投資を伴うこともあるが，著作権法は条文に照らすかぎり，投資や労力を直接の保護法益（保護要件）としているとは解されない。考えてみれば，著作権法は，そうした保護法益の無断利用（用益）を違法とすべき行為類型・態様を，権利種類や権利制限を通じて定め，全体で，「権利」に関する不法行為の体系を差止請求や刑事責任を伴うものとして明らかにしていると見ることもできる。しかし，その保護法益は，保護と不保護の決定を含め，あくまで「創作促進」という特定の政策的観点から切り取ったものにすぎず，他の保護法益の存在を否定することは困難であるし，既存の知的財産法がその存在を否定しているとも解し難い（窪田・前掲36頁も，著作権の周辺にあるが著作権としては拾い上げられない保護法益の存在を指摘する）。創作保護が知的財産の中にあっても一面的な保護法益の実現にすぎないことは，投資利益を保護すると解される不競法2条1項3号（形態模倣規制）の存在がすでに示すところであろう。また，知的財産基本法2条1項1号の定義によれば，既存の知的財産法の保護が及ばない「その他の……情報」法益としての「知的財産」が存在するようにも読める。

すると，知的財産法の保護が及ばない情報には原則的に保護法益が欠けるものとして原則「利用自由」と解することは（「詐害型」の不法行為論），知的財産法の観点からの価値判断にすぎず，保護救済される保護法益に限定を設けない不法行為法の観点（もちろん，あらゆる経済的利益が保護法益となるわけではないことについては，不法行為法学説の指摘がある。窪田・前掲34頁）からすれば，既存の知的財産法に固有の保護法益とは異なる保護法益を捉える本判決の考え方は（「許容限度型」の不法行為論），妥当なものと解されよう。

本判決が判旨(2)の「仮に……」の段落で，本件放送によるX₂の営業妨害を否定しているのも，その説示によれば，本件放送にX₂に対する「詐害性」が欠けるからではなく，本件放送による本件映画（2時間超）の利用時間（2分8秒）の少なさや，その目的・態様の正当性に照らし，本件放送に「社会的な許容限度」を超えるものは認め難いと判断したからであると解することも十分可能であろう。

なお，本判決以前に，物（競走馬）の無体物の面（名称）の無断利用との関係で，著作権法等の保護と不法行為法の補充救済の関係について判断した最高裁判決として，最判平16・2・13民集58巻2号311頁〔ギャロップレーサー事件〕がある。同判

旨は，「競走馬の名称等の無断利用行為に関する不法行為の成否については，違法と
される行為の範囲，態様等が法令等により明確になっているとはいえない現時点に
おいて，これを肯定することはできない」と述べる。これは，競走馬の名称等の知的
財産法の保護が及ばない情報の不法行為法による保護（違法行為の範囲，態様等）は，
裁判例の蓄積・立法等の時間の経過によって明確にされ得ることをいうものと解さ
れ（茶園成樹「知的財産法の現状と課題（質疑応答）」学会年報30号165頁も同旨と解され
る。），「許容限度型」の不法行為論に馴染む本判決の立場とも，矛盾しないであろう。

　(ウ)　本判決から「詐害型」不法行為論を導き得るか　　これに対し学説には，本
判決を，「許容限度型」の不法行為論を明確に否定し（横山・前掲558頁），不法行為
の成立を，たとえば特定営業主体に対する恣意的な営業妨害に限定する，「詐害
型」不法行為論の立場を明らかにしたものと解する見解がある（三村量一「一般不
法行為」牧野利秋ほか編『知的財産訴訟実務大系Ⅲ』367頁，369頁）。

　しかし，そのように解し得るかについては，いくつかの疑問もある。

　第一に，本判決は不法行為が成立する「特段の事情」の中身を述べていない。確
かに，本判決は「特段の事情」という，従来の裁判例が「詐害型」の補充救済を認
める場合に用いられた文言を使用する。しかし，補充救済を可能とする類型を考察
するうえでは，それが肯定される場合の具体的な判断枠組なり要件論が重要となる
が，そもそも本判決が示すのは，補充救済を肯定する命題ではなく，その否定命題
である。むしろ，その具体的な判示からは，先に整理したとおり，知的財産法のそ
れとは異なる保護法益の侵害を「特段の事情」と読むことが可能である。少なくと
も，そこにデッドコピーなり競合市場での廉価販売等の明確な詐害意図を読み込む
ことは困難である。すると本判決のみからは，補充救済が認められる類型を「詐害
型」に特定することは難しいように思われる。

　第二に，本件事案の特殊性である。本判決が排斥した原判決は，補充救済の可能
性について「許容限度型」不法行為論をさらに緩和した裁判例とも解される。同類
型の裁判例に位置づけ得る〔通勤大学法律コース事件控訴審〕（以下，先行事件）と
原判決を比較した不法行為法学説が，この点を指摘する。

　まず原判決の保護法益の根拠は，「著作物それ自体として客観的な価値を有す
る」点に求められていたが，この点は，「保護法益の実質的価値」において，著作
物性が否定された情報に関して保護法益を認めた先行事件と「大きく異なる」とい
う（窪田・前掲40頁）。つまり，本判決のように，知的財産法のそれとは異なる保護
法益を探求する立場から見れば，原判決は法益特定の段階で，知的財産法の保護法

益と重複する「著作物それ自体の価値」を特定した点において，すでに修正すべき内容を有したことを意味する。また原判決は，行為態様の評価の点でも先行事件とは異なっていた。まず被疑違法行為としてのＹのニュース報道は，先行事件における類似書籍の出版行為と比較して，その営利性との関係は「かなり希薄」であった（窪田・前掲40頁）。さらに原判決には，先行事件が認定した他人の成果物の不正利用による利得の認定が見られない（窪田・前掲41頁）。それにもかかわらず，「社会的相当性を欠く」として本件放送の不法行為該当性を認めた原判決の判断は，もはや，「著作権法的な判断枠組み」との評価を避け難いとされる（窪田・前掲42頁）。いわば実質的な先祖返りである。

　要するに，原判決には，〔通勤大学法律コース事件控訴審〕と比較して，保護法益の把握と行為態様の把握のいずれも含めた不法行為の判断構造の全体において，著作権法の判断構造との混淆が，よりあからさまに認められたのである。

　このような，不法行為の成立に導く判断構造・判断要件の特殊性を前提とすると，原判決には，ある種のＸら救済に関する価値判断の先行も推測されるところであろう（横山・前掲557頁）。いずれにせよ，本判決が修正した原判決は，先行する〔YOL 事件控訴審〕や〔通勤大学法律コース事件控訴審〕が示した類の「許容限度型」の不法行為論とは，必ずしも同列には位置づけ得ないと考えられる。すると，本判決は，あくまで，「許容限度型」をさらに緩和した原判決の判断を排斥した事件と解すべきこととなるから，これをもって，「許容限度型」不法行為論それ自体を否定した判例と解することは，自明ではないように思われる。

　第三に，本判決の約２ヵ月後に現れたパブリシティ権最判（最判平24・2・2民集66巻2号89頁〔ピンク・レディー事件〕）との整合性である。パブリシティ権の成否をめぐる解釈は，まさに知的財産法の不法行為法による補充問題にも位置づけ可能であり（窪田充見「不法行為法学から見たパブリシティ－生成途上の権利の保護における不法行為法の役割に関する覚書」民商133巻4＝5号737頁），また，この最判自身もパブリシティ権を知的財産権として位置づけていることは，調査官解説（中島基至・最判解説民事篇平成24年度（上）28頁）に明らかである。

　同最判は，歌手の歌唱中の肖像写真が無断で週刊誌に掲載使用された行為との関係で，当該肖像が不法行為法上の救済を受け得るかの問題が争われた事件において，その救済が可能な場合を判示したものである。

　救済の可否が問われた肖像のパブリシティ価値（顧客吸引力）は，人格権法の観点からは，肖像の人格的利益を保護法益とする，肖像権の保護対象とならない利益

と位置づけられ（中島・前掲29頁，38頁，77頁），また，知的財産法の観点からは，歌手の歌唱（実演）の創作的要素を保護法益とする，著作隣接権（著89条1項）の保護対象とならない利益と位置づけられる（加戸・前掲565頁によれば，実演の瞬間的映像に著作隣接権は及ばない）。いずれにせよ，既存法の保護対象とならない肖像情報のパブリシティ価値（保護法益）に関し，補充的な不法行為法上の保護を，その肯定命題のかたちで判示したのがこの最判である。

　ところが，その情報保護に関する肯定命題の示すところには，情報の「利用自由」を前提として例外的な「詐害型」行為に限定して保護を認めようとするメッセージを読み取ることはできないのである。同最判は，パブリシティ権の侵害要件として，「肖像等を無断で使用する行為は，〔1〕肖像等それ自体を独立して鑑賞の対象となる商品等として使用し，〔2〕商品等の差別化を図る目的で肖像等を商品等に付し，〔3〕肖像等を商品等の広告として使用するなど，専ら肖像等の有する顧客吸引力の利用を目的とするといえる場合に，パブリシティ権を侵害するものとして，不法行為法上違法となる」と判示する。

　調査官解説によれば，肖像権とは別途，不法行為法による救済が承認される理由の中核は，保護法益の相違にある（中島・前掲29頁）。パブリシティ価値に精神的利益とは異なる保護法益を見出し得るものと考えたから，最高裁は，肖像権の保護法益の観点に基づく保護要否の価値判断にとらわれることなく，パブリシティ権の補充的救済を導くことができたのであろう。換言すれば，既存法の保護を受けない情報は「利用自由」という，もっぱら既存法の保護法益の観点から導かれる見方ではなく，既存の人格権法・知的財産法の保護を受けない情報について，パブリシティ価値という，独自の保護法益を見出しそこに着眼したからこそ，例外的な「詐害型」行為に限定することなく，違法行為類型を，その肯定命題として示すことができたのであろう。

　このパブリシティ権最判を，情報の不法行為法による補充的救済の解釈について，先例たる本判決と整合するべき判例と解するとすれば，本判決の趣旨を，知的財産法の保護が及ばない情報に関して，もっぱら知的財産法の保護法益の観点から，情報の原則的な「利用自由」と「詐害型」不法行為に対する例外的救済とを認めた先例と解することは妥当とはいい難いこととなろう。むしろ，当該情報に関し，知的財産法の保護法益とは異なる保護法益の観点から，その補充救済の検討余地を別途承認したものと解するのが妥当ということになろう。

　なお，パブリシティ権最判の調査官解説は，物のパブリシティ権の補充的保護の

検討に際して，本判決を引用し，「強い詐害性が認められる場合」を違法評価の一つの要件とする（中島・前掲54頁）。しかし，この詐害性要件がいかなる理由で要請されるかについて説明はない。補充救済に詐害性要件を要する理由が示されず，むしろ自らが肖像利益に関しパブリシティ価値の補充救済を認めた判旨に，その詐害性の要件が表れていないとしたら，当該詐害性の要件を不法行為法の補充救済の場面に一般的妥当性を有するものと解することは，困難というべきであろう。

(c) **不法行為法の補充救済が認められる「特段の事情」とは**

本判決を「詐害型」不法行為論の立場に明確に立つものと解されないとすると，不法行為法の救済が認められる「特段の事情」をどう解すべきかが問われる。

この点に関する基本的な考え方として，知的財産法の保護が及ばない状況において不法行為の成否が検討される場面には，「何らかの知的財産法の影響を受けた判断枠組みを通じて問題が処理され」ることを妥当と見るべきとの見解がある（窪田・前掲著作権研究46頁）。知的財産法の補充として不法行為法の救済が問われる場面とは，「情報」財の保護が問われる場面という点で，知的財産法が規律する場面と異ならないのであるから，その補充的救済の判断構造に知的財産法的な発想が見られ，あるいはそれが適用されることには，一定の合理性があるように思われる。

では，さらにその具体的な判断枠組みはどうあるべきかの問題である。この点，本判決は，「許容限度型」の不法行為論のなかでもさらに成立要件を緩和したと解される原判決の判断を排斥したものであるから，その不法行為成立を否定した意味も，原判決との関係で限定的に捉えることが可能であろう。

このような前提に立って，改めて，原判決と相対化する観点から，〔通勤大学法律コース事件控訴審〕の判断構造を見直そう。すると，その不法行為承認の判断枠組み，すなわち「他人の文献に依拠して別の文献を執筆・発行する行為が，営利の目的によるものであり，記述自体の類似性や構成・項目立てから受ける全体的印象に照らしても，他人の執筆の成果物を不正に利用して利益を得たと評価される場合には，当該行為は公正な競争として社会的に許容される限度を超えるものとして不法行為を構成する」という定式が，すでに不法行為の救済場面を「かなり限定している」，との不法行為法学説の指摘（窪田・前掲著作権研究46頁）は，補充救済を認め得る「侵害行為態様」を検討するうえで，示唆的であるように思われる。他方で，〔通勤大学法律コース事件控訴審〕における保護法益としての「投資」の捉え方が，〔YOL事件控訴審〕と比較して緩やかにすぎる旨の知的財産法学説の指摘（宮脇・前掲64頁，田村・前掲「知的財産権と不法行為」32頁）は，補充救済を認め得

る「保護法益」を検討するうえで，示唆的であるように思われる（横山久芳「創作投資の保護」学会年報30号134頁以下は，「詐害型」類型とは異なる不法行為の成立要件について総合的に検討している。）。

　また，不法行為法の補充救済を認め得る「特段の事情」の解釈に際しては，補充救済の可否の結論を保護対象（著作物等）と非保護対象で分けるべきかという論点もあり得よう。本判決は，あくまで保護対象（著作物）の補充保護の問題を扱った事件であるが，非保護対象にも本件（補充救済否定）の射程を及ぼす見解がある（横山・前掲民商557頁，三村・前掲370頁）。他方，非保護対象にも射程を及ぼすことに消極的な見解もある（上野達弘「著作権法に関する最高裁判決の射程」コピライト686号28頁）。

　この点，本判決の判旨を，情報利用に関する保護法益の相違に補充救済の根拠を求めるものと解すれば，当該情報が保護対象か非保護対象かの相違は，補充救済の可否を決するうえで有意な基準にならないと解されよう。とはいえ，情報創作に要する「投資」の不法行為法による保護すら必ずしも容易でない実情に照らすならば（蘆立順美「データベースの保護」著作権研究36号78頁），投資保護の立法も容易には実現され難いと考えられる。また，既存の知的財産法の要件には「投資」が要されないのであるから，決定された長期の権利行使によってもその回収に不足を来たすほどの投資からなる保護対象は，現実には稀であるとも考えられる。こうした事情を考慮すれば，結果的には，補充救済を受けるのは非保護対象になることが多くなるのではないかと思われる。

　では，保護対象が，その保護期間を満了した場合や権利制限規定に該当する利用行為の対象とされた場合の補充救済はどう考えるべきか。知的財産法の保護対象となるということは，結果的には，独占的な投資回収を可能とする法的地位を得ることを意味するから，補充救済の保護法益を投資利益とした場合，保護対象と非保護対象を同列に論ずることも妥当ではないであろう。つまり，非保護対象の補充救済と，保護対象が保護期間満了なり権利制限で保護を受けない場合の補充救済とは，その基準は異なってもよいのではないかと思われる。保護期間満了や権利制限は，一定の独占的な利益回収期間を用尽したこと，あるいは利益回収に優先する利用公益が存在することを意味するからである。これを，非保護対象が独占的な利益回収の機会保障を得ていないことと比較すると，両者の利益状況には差があるように思われる。

　たとえば，知的財産法の保護期間中に独占的な利益確保を怠ったような場合に

228 第1部 判例評釈

は，たとえ当該保護期間中に投資回収が行われなかったとしても，模倣行為は違法
性を帯びない旨を判示する裁判例もある（東京高判平12・2・24判時1719号122頁〔エ
レクトリック・ギター事件〕）。その判断の根拠には，模倣行為の実質的な容認，言い
換えれば独占的な利益回収機会の放棄があるように思われる。このように，保護期
間中に利益回収を図らない場合に，その満了後に補充救済は認め難いのであるか
ら，保護期間中にあるいは権利行使として権利制限に該当しない利用行為に関して
一定の利益回収が行われていれば，保護期間が満了しあるいは権利制限に該当する
場合の利用行為に，さらに投資利益を保護法益とする補充的救済が認められること
は，一層困難であると解すべきであろう。

　もっとも，不競法2条1項3号が不正競争行為として規制する形態模倣の行為
は，すでに投資利益に関して補充救済の対象となった不法行為をベースにするもの
と解されるから，その保護対象である「形態」がその最初の販売日から3年経過後
（不競19条1項5号イ）に，さらに不法行為法の補充救済を受けることは，基本的に
困難であると考えられる。

　この点に関し，本判決後に現れた裁判例には，書道用和紙のデッドコピー品に関
し，形態模倣の救済期間経過後の補充救済を，「商品形態の模倣行為がされたとし
ても，それが……たとえば著しく不公正な手段を用いて他人の営業活動上の利益を
ことさらに侵害し，その結果看過できない損害を与えたというような公正な自由競
争秩序を著しく害するような特段の事情が認められるものでない限り，一般不法行
為法上も違法とは評価できないものと解するのが相当」と判示して，否定する事例
がある。補充的保護が求められた保護法益が，すでに形態模倣規制の制度によって
保護された投資利益と同種の利益なのであるから，本稿が理解する本判決の趣旨に
照らしたとしても，不法行為法の補充救済を承認し得る「特段の事情」は見出し難
いことになろう。

◆

19 ファイル共有ソフトの公開・提供と著作権侵害——Winny 事件

最高裁〔三小〕平成23年12月19日決定
〔平成21年（あ）第1900号著作権法違反幇助被告事件〕
〔刑集65巻9号1380頁〕

名古屋学院大学法学部教授　**佐久間　修**

事実の概要

　ファイル共有ソフト「Winny（ウィニー）」を制作したXは，同ソフトを改良した最新版を自分の管理するウェブサイトに公表することで，インターネットを利用する不特定多数人に提供した。正犯者のA及びBは，上記 Winny をダウンロードした上，テレビゲームや映画のコンテンツを，その著作権者から許諾を得ることなしに，自動的に不特定多数のインターネット利用者へ公衆送信が可能な状態にした。A及びBは，著作権法の公衆送信権侵害により有罪となったが[1]，Xは，Winny の公開・提供によりAらの犯行を助長したとして，著作権法違反の幇助で起訴された。

　第1審判決は，Winny の提供が正犯者の犯行を促進したほか（有形的幇助），その匿名化機能を通じて精神的にも助長したものの（無形的幇助），Winny それ自体が価値中立的技術である以上，その提供が違法な幇助にあたるかは，「①その技術の社会における現実の利用状況や②それに対する認識，③さらに提供する際の主観的態様如何による」とした。その上で，「Winny を含むファイル共有ソフトが著作権を侵害する態様で広く利用されており，Winny が社会においても著作権侵害をしても安全なソフトとして取りざたされ」る状況を認識・認容したにもかかわらず，その最新版を公開して不特定多数人に入手可能にした以上，幇助犯（従犯）にあたるとした[2]。

　他方，第2審判決は，Winny のファイル共有機能や匿名化機能が著作権侵害に

230 第1部 判例評釈

も利用される反面，たとえ不特定多数人に提供した場合にも，「ソフトを違法行為の用途のみに又はこれを主要な用途として使用させるようにインターネット上で勧めてソフトを提供する場合に（のみ）幇助犯が成立する」と述べて，従犯の成立を否定した*3。

決定要旨

　刑法62条1項の従犯は，他人の犯罪に加功する意思をもって，有形又は無形の方法で他人の犯罪を容易にする行為である。したがって，他人の犯罪を助長することを認識・認容しつつ，現に正犯の遂行を促進すれば足りる。第2審判決が，正犯の犯行を積極的に勧めた場合に限定したのは，刑法62条の解釈を誤ったものである。しかし，開発途上のソフトを無償で不特定多数人に公開・提供しつつ，利用者の意見を聴取しながら開発を進めるという方法は，ソフトの開発方法として特異なものでない。したがって，従犯が成立するためには，一般的可能性を超える具体的な侵害利用状況が必要であり，犯人がその旨を認識・認容しなければならない。

　そこで，①ソフトの提供者が，当該ソフトを利用して行われる具体的な著作権侵害を認識・認容したにもかかわらず，その公開や提供をした結果，現に著作権侵害が行われた場合，又は，②当該ソフトの性質，客観的な利用状況及び提供方法などから，当該ソフトの入手者の中で例外的といえない者が，当該ソフトを著作権侵害に利用する蓋然性が高いと認められ，かつ，提供者がそのことを認識・認容しながら公開・提供を行った結果，現に著作権侵害（正犯行為）に利用された場合に限り，当該ソフトの公開・提供が著作権侵害の幇助にあたる。

　本件は，①の場合に該当しないので，②の場合を考えるならば，客観的には，例外的といえない範囲の者が著作権侵害に利用する蓋然性が高い状況下で公開・提供していた。しかし，被告人は，常時，著作権侵害に利用しないように警告を発するなど，そうした客観的状況を認識・認容していたとはいえず，著作権法違反にかかる幇助犯の故意を認めがたい。もっとも，大谷剛彦裁判官の反対意見では，警告のメッセージを発していた事実は，自らの提供行為の危険性を認識したからであって，Xが特に違法目的の利用を抑制する手立てを講じなかった以上，高度の蓋然性をもって侵害的利用を認識・認容していたとする。

解　説

⑴　中立的幇助をめぐる議論

(a) 正犯（著作権侵害）とその幇助

　最高裁は，第２審の無罪判決を是認したが，第１審判決と同様，幇助の成立要件については，従前の枠組みを維持した。すなわち，第２審の限定的な解釈では，インターネット上で不特定多数人に当該ソフトを公開・提供する場合，特に違法な用途に使うように勧めたことが前提となるため，結局，正犯者に犯行を決意させる教唆と重なってしまい，せいぜい支援するだけの従犯との違いが不明確になるからである*4，*5。

　他方，第１審判決及び最高裁決定と第２審判決の間には，共通する部分も少なくない。たとえば，(イ)著作権法には，共犯規定の適用を排除する特別な定めがなく，間接（的）侵害であっても，同法119条２項２号（自動複製器機を使用させる罪）や，同120条の２第１号（技術的保護手段回避の罪）だけが処罰されるわけでない。また，(ロ)刑法62条は，特定人に対する個別的な働きかけに限っておらず，不特定多数人に対する幇助も認められるし*6，(ハ)客観的にも，不特定多数人がWinnyを著作権侵害に利用する状況下で，Winnyの公開・提供を続けた以上，価値中立的というだけでは，従犯の成立を否定できないという。

(b) 正犯による違法利用の蓋然性

　しかし，こうした枠組みは，もっぱら刑法総論の見地から，従属的共犯である幇助の限界を論じたにとどまり，それと呼応して，Winny事件をめぐる判例研究のほとんどが，価値中立的幇助の可罰性を検討してきた。その際，従犯の客観的要件としては，まず，正犯者が当該ソフトを犯行に利用する客観的状況や高度の蓋然性が必要とされるが，第１審の有罪判決にあっても，外部への提供行為が違法な幇助にあたるかどうかは，当該ソフトの利用状況やこれをめぐる共犯者の認識，さらに提供する際の主観的態様によると判示された。その意味では，各審級が示した判断の枠組みは，それほど異ならないのである。

　しかし，著作権法の専門家からは，こうした刑法学者のアプローチに対して，数々の疑問が提起されている。たとえば，Winnyが著作権侵害に特化した技術でない以上，一般的な著作権侵害の可能性だけでは足らず，共犯事例においても，法益侵害の現実的危険に相当する具体的事情が問題となるという。したがって，正犯を通じた間接的な結果惹起である従犯については，その前提となるべき正犯行為や法益侵害の内実を検討しなければ，従犯の成立範囲を決定できないであろう。

(c) ソフトの開発とその提供

　さて，ファイル共有ソフトを開発する行為それ自体は，価値中立的である。しか

232 第1部 判例評釈

し，本件では，Winny を不特定多数の第三者に提供した事実が問題となっている[7]。ペティナイフや金属バットはもちろん，ただのボールペンや杖であっても，正犯者が殺傷目的に利用するのを予見しつつ，あえて凶行の道具として提供したならば，従犯が成立し得る（最高裁決定の①の場合である）。したがって，日常生活上のありふれた道具であることが，当然に従犯の成立を妨げるわけではない。同様にして，金融機関による融資であっても，犯行の準備資金として提供したならば，従犯となる[8]。この点で，著作権等侵害罪について，コンピュータ・ソフトの提供を特別扱いする理由は，何ら存在しない。

(2) 不特定多数人に対する中立的幇助

(a) **価値中立性と許された危険**

一部の学説は，最高裁決定を批判して主観面だけで判断したという[9]。しかし，本件の特徴が，不特定多数人に当該ソフトを公開・提供した点にある以上，客観的な幇助行為はもちろん，主観的要素として，公開・提供にかかる X の認識内容を吟味したのは当然である。むしろ客観・主観の双方に着目しつつ，どのようにして可罰的幇助を絞り込むかが問われる。

その際，価値中立的な技術に分類される場合，当該ソフトの公開・提供も，当然に「許された危険」とみる見解がある[10]。しかし，現に相手方（正犯者）が違法目的に利用するのを知りつつ，積極的に犯行の道具を提供したならば，いかに社会的に有用な技術であっても，それだけで免責されるわけでない。実際，本件ソフトのように，著作権者侵害にあたる違法な利用が40パーセントを超える状況下では，不特定多数人に対する一括提供は，当然には「許されない」のである[11]。まして，法規制を免れる目的で高度な匿名化機能を付与したならば，そもそも，当該ソフトの価値中立性が否定されるであろう[12]。

なるほど，ソフト提供の社会的有用性が違法利用の危険性を上回るとき，許された危険として，（従犯の）可罰的違法性が欠けることもある[13]。しかし，社会全体として有用であっても，そのことが個別事例における第三者侵害まで，許容することにはならない[14]。しかも，刑法上の「許された危険」は，行為者が適切に危険を制御できることが前提であって，危険の増大を放置したならば，もはや「許された危険」といえないのである。したがって，X が格別の防止措置をとらないまま，不特定多数人に当該ソフトを提供し続けた行為は，「許されない危険」となる[15]。

(b) **不特定多数人への公開・提供**

本件では，インターネット上で Winny を公開（提供）した点が問題になった。

仮に隠し持っていた拳銃やナイフを，第三者が勝手に持ち出して凶器に使用しても，銃刀法違反になるのはともかく，当然に従犯が成立するわけでない。しかし，本件のXは，Winnyを自ら進んで提供しており，その意味で，ソフトの開発それ自体と提供を区別しなければならない。また，一部の刑法学説は，暴行・傷害などの伝統的犯罪において，幇助の相手方を特定人に限定してきたが[16]，本件のようなインターネット犯罪では，不特定多数人に対する共犯を認めるのが多数説である[17]。

　そもそも，発信者の匿名性がネット社会の特徴であるならば，相手方を個人として特定することは，刑事責任を追及する際の必要条件とならない[18]。まして片面的従犯のように，相互的な意思連絡が欠ける幇助であれば，なおさらである。したがって，正犯者と幇助者が直接に面談したり，電話などで連絡を取り合う必要はなく，正犯者の氏名・年齢や住所などの個人情報を知り得たかどうかは，従犯の構成要件該当性に影響しない。他方，最高裁決定が述べたように，不特定多数人に対する提供では，一部の者が違法目的に利用しても，ただちに従犯が成立するわけでない。しかも，違法利用の蓋然性を踏まえた全体的な観察方法による，確率論的な危険性の大小だけでは，従犯の成否を決定できないのである[19]。

　なるほど，刑法学説の中には，違法利用の蓋然性が乏しいとき，規範的にみて「非例外性と結果発生の危険性」や「危険の中心でない」という理由で従犯の成立を否定するものがある[20]。しかし，不特定多数人に対する幇助が，特定人に対する場合と比較して，当然に正犯（結果）惹起の危険性を低下させるわけでない。そもそも，「例外的であるか」又は「危険の中心であるか」という基準は曖昧であって，これらが正犯に至る事前の危険を問うものであるとしても，正犯の着手後に犯罪を実現する因果性に着目するならば，実際に公衆送信権の侵害を可能にした以上，客観的にも「危険の中心」にほかならず，いわゆる因果的共犯論からは，「結果発生の危険性が乏しい」とはいえないのである[21]。

(c)　幇助の故意

　また，インターネット上で不特定多数人に提供する行為は，ある種の離隔犯にあたる。その意味で，幇助行為と正犯結果の客観的な関連性が問題となりやすい[22]。そこで，最高裁決定は，不特定多数人に公開・提供した場合，一般的可能性を超える具体的な侵害利用状況を重視した上で，主観面においても，当該ソフトの提供者が，そうした状況を正しく認識・認容しなければならないとする。しかし，社会的にみて違法利用がごく少数であっても，たまたま幇助者が違法な利用を

認識・認容しつつ，あえて犯行の道具を提供したならば，なお従犯は成立し得るであろう。

　さらに，一部の刑法学説は，全体的考察として非例外的な者による違法利用の蓋然性を要求した上で，正犯の不法に対する確定的な認識が必要であるとして，違法利用の実態にかかる具体的認識を要求する*23。しかし，客観面において，違法利用の蓋然性を問題としながら，その主観面である故意の内容をめぐって，通常の故意を超える確定的かつ明確な犯罪事実の認識を求めるのは，首尾一貫しないのではなかろうか。

(3) 従犯の成立要件

(a) 客観的な促進作用

　そもそも幇助とは，正犯者の行為を物理的ないし精神的に支援することで，間接的に構成要件該当事実を惹起する行為である。したがって，当該行為が正犯の遂行を促進したならば，少なくとも，従犯の客観的要件を充足したことになる。現にWinny 事件では，当該ソフトを公開・提供したことで，公衆送信権の侵害という法益侵害の危険性を高めている。その際，正犯者にそれ以外の代替的手段が存在したことは重要でない。

　そもそも，「価値中立的」と評価することは，可罰的幇助でないとする結論の言い換えにすぎない。換言すれば，価値中立的という言葉自体，ある種のラベリングであって，それだけで刑事罰から解放する明確な基準たり得ないのである*24。しかも，Winny のもつ高度な匿名化機能からして，同種のファイル共有ソフトと比較するならば，犯罪に利用されやすい道具であったといえよう。

(b) 違法利用の蓋然性と幇助の故意

　かようにして，当該ソフトの提供が正犯者の犯行を促進した以上，幇助の因果性に欠けるところはない。しかし，不特定多数のインターネット利用者に対しては，全体として「犯罪を行う客観的兆候」がみられるとしても，それだけで従犯の成立を決定するべきでない*25。もちろん，不特定多数人に向けた一括提供は，たとえ低い確率にとどまるとしても，全体として違法利用のリスクを高めるであろう*26。その意味では，こうしたリスクを軽減する特別な措置を講じなければ，むしろ，従犯を成立させる方向に傾くことになる。

　そこで，つぎに問題となるのは，幇助者が正犯の惹起をどこまで認識・認容したかである。この点は，提供の相手方が特定人であるか，不特定多数人であるかにかかわらない。最高裁によれば，Xがファイル共有ソフトを提供した際，違法目的に

利用される蓋然性の認識・認容がなかったとされる。しかし，Xが警告のメッセージを発したとしても，著作権侵害を抑制する手だてを講じないまま公開を続けていた以上，幇助の故意を認めた大谷裁判官の反対意見が説得的であろう[*27]。

(c) 違法性阻却事由

そもそも，利用状況の認識に応じて故意を決定するのは，個人が将来の客観的状況まで見通すのは困難である以上，故意の認定に不確定要因を持ち込むことになる。また，通常人であれば，第三者による違法な利用を未必的に認識・認容することが少なくない[*28]。最高裁の論理では，こうした認識・認容があった点に加えて，当該ソフトを一般に公開して不具合を修正する手法が例外的でないとすれば，ほとんどの場合に故意が認められることになる。そのため，技術者のソフト開発を萎縮させるとして，最高裁の判断枠組みに疑問を提起する向きもある[*29]。

なお，社会的有用性と対抗利益の調整という個別的評価を持ち出して，違法性阻却事由を認める見解もあるが[*30]，すでに社会的には「許されない危険」と評価されたにもかかわらず，再度，違法論にあって社会的有用性を考慮するならば，同一の要素を重ねて評価することになりかねない。

(4) 著作権の性格と公衆送信権の侵害

(a) 刑法上の共犯と著作権等の間接侵害

以上，Winny事件をめぐる判例評釈の多くは，価値中立的ソフトの取扱いを論じてきたが，そこでは，公衆送信権の侵害という特性に着目することなく，もっぱら従犯の成立限界を検討している。なるほど，著作権法上の罰則は，刑法典の共犯規定を排除しておらず，刑法62条が適用されるのは，処罰規定の解釈として当然であろう[*31]。仮に「間接侵害」にあたる類型を刑事罰から解放するのであれば，刑法典総則の例外規定を設けることが望ましい[*32]。

しかし，正犯行為が著作権等の侵害であって，共犯の処罰根拠を法益侵害の間接的惹起に求めるならば，保護法益である著作権等の意義を論じないまま，共犯の成立範囲を確定することはできない。立法論としては，特に悪質な場合に限って特別の犯罪類型を設けることで，ファイル共有ソフトの公開・提供を限定的に処罰する途も残されている。実際，知的財産法の専門家からは，上述した最高裁決定が著作権法上の議論を反映していないと批判される[*33]。そこで，以下には，著作権法をめぐる近時の動向も踏まえつつ，著作権等に対する間接侵害をどのように防ぐかを考えてみたい[*34]。

(b) 一般公衆を対象とした犯罪

236　第1部　判例評釈

　さて，著作物は，社会一般に向けた表現手段の一つであり，公衆の目に触れるの
を前提とする[35]。また，こうした特性から，著作物の不正利用や改ざんなどの侵
害形態も，不特定多数人を対象とすることが予定されている。コンピュータ・プロ
グラムなどのデジタル著作物も，一般人の利用に供される点では，パブリックドメ
イン（公共財）として，文化の形成や社会の発展に寄与するものと考えられる。す
なわち，著作物は，不正競争防止法上の営業秘密のように，他者から秘匿すること
で保護される情報資産でなく，また，刑法上の財物のように，物理的な支配を想定
したものでもない[36]。

　したがって，著作物については，私的使用のための複製や各種の合法的利用が規
定される一方，公衆送信権侵害のように，権利者の許可なしに流通させたり，勝手
に改変して発表するなど，オリジナルの価値を損なう行為が禁じられる。すなわ
ち，公衆に向けた表現手段である著作物については，常に不特定多数人の関与が予
定されるため，Winny事件にあっても，不特定多数のユーザーによる侵害利用の
可能性を全体的に考察することで，当該ソフトの一括提供のもつ法益侵害性が重視
されたわけである[37]。

(c)　保護法益としての著作権

　なるほど，近年では，デジタル著作権を純然たる財産権とみる見解が有力であ
り[38]，著作権等侵害罪が親告罪であることから（著123条1項），著作権等を単なる
私的利益とみる見解も少なくない[39]。しかし，被害者の告訴を訴訟条件としたこ
とが，ただちに著作権等を個人的法益とみる根拠とはならない[40]。また，最近の
法改正により，犯人が利得目的や加害目的で著作権法119条1項の罪を犯した場
合，同法123条1項の規定が適用されないなど（著123条2項），著作権等侵害罪の一
部が非親告罪化されたのである[41]。

　そもそも，著作物が一般公衆に向けられた表現であることから，表現の自由や通
信の自由にもかかわるように，憲法上も，フェアユースの権利やユーザーライツの
概念との調整が問題となる[42]。かようにして，著作権法は，「著作者等」私人の権
利保護にとどまらず，「文化の発展に寄与する」側面が認められる。そうである以
上，著作権等侵害罪も，純然たる私的利益の侵害だけでなく，公共財である著作物
の法的保護を危うくする要素が含まれる。本件において，Xが当該ソフトを公開し
た狙いとして，現行の著作権法秩序を攪乱する側面があったならば，それだけ違法
性を高めることにもなろう。

(d)　ソフトの一括提供と判例の射程範囲

本件が公衆送信権の侵害事例であったように，著作物に関する権利を侵害する場合には，それらの間接侵害も含めて，不特定多数人を対象とする場合が一般であろう。その際，公衆に向けられた表現物の公正な利用を阻害する方法としては，不正利用を可能ないし容易にする道具を不特定多数人にばらまく行為が考えられる。まさしく悪意のある利用者が跳梁跋扈するインターネットの世界では，こうした方法が，最も効率的な侵害手段となるのであって，特定の相手方に働きかける場合よりも，遥かに甚大な被害を招来するのである。

その意味でも，Xは，最小の努力（ないしリスク）で，最も被害の大きい方法を選択しており，通常の幇助と同列に論じることはできない[43]。他方，不特定多数人に対する一括提供が珍しくないと述べた最高裁が，こうした侵害方法に着目しつつ，蓋然性という全体的考察を用いたとすれば[44]，他の幇助事例に及ぼす影響は少ないであろう。結局，Winny事件は，中立的幇助の問題にとどまらない反面，インターネット上で不特定多数人に一括提供する方法で公衆送信権を侵害する事案に限った判断枠組みになっており，その射程範囲は広くないのである[45]。

〔注〕

[1] 京都地判平16・11・30判時1879号153頁。正犯者の有罪判決については，岡村久道「判批」メディア判例百選240頁以下，岡田好史「ファイル共有ソフトを用いて映画のデータをダウンロード可能にする行為と送信可能化権侵害罪」専修法学論集95号187頁以下などを参照されたい。

[2] 京都地判平18・12・13判タ1229号105頁。

[3] 大阪高判平21・10・8季刊刑事弁護61号182頁。

[4] 同旨，上野幸彦「判批」日本法学76巻3号198頁，穴沢大輔「判批」季刊刑事弁護70号99頁など。そのほか，原審の限定方法に疑問を提起したものとして，島田聡一郎「判批」刑事法ジャーナル22号65頁，豊田兼彦「判批」刑事法ジャーナル22号57頁などがある。

[5] また，幇助の公訴時効をめぐって，新たに当該ソフトが犯行に利用されたとき，その都度共犯になるため，公訴時効が完成しないという指摘もあるが，違法な公開・提供を続けていた以上，その刑事責任が問われるのは当然であって，この点でも，控訴審の判断は誤っている。また，岡村久道「判批」NBL848号41頁以下は，Xが著作権侵害の事実を認識・認容しながら，あえて公開・提供を継続したとする。

[6] 過去の判例によれば，誰が正犯者であるかを認識する必要はないし（大判昭10・2・13刑集14巻83頁），正犯者と幇助者の間で，相互的な意思連絡は不要とされる（大判大14・1・22刑集3巻921頁）。

[7] 今日では，開発自体と公開・提供を分けて考えるのが一般である。たとえば，佐久間修「判批」ビジネス法務4巻9号64頁以下，同「判批」NBL979号34頁以下，池松慧「著作権侵害行為の関与者の刑事処罰－Winny事件を中心に－」Law & Practice

9号224頁など。

＊8　大阪高判平7・7・7判時1563号147頁。そのほかにも，速度違反自動監視装置（オービス）の写真撮影を免れるべく特殊なナンバープレートカバーを製作・販売した者が，道路交通法違反の幇助犯とされている（大阪地判平12・6・30高刑集53巻2号103頁）。

＊9　たとえば，岡邦俊「ファイル交換ソフトの開発・提供者について幇助の故意がないとして無罪を維持」JCAジャーナル59巻2号80頁，大友信秀「判批」著作権判例百選〔第6版〕193頁など。また，林幹人「判批」平成24年度重判解154頁参照。

＊10　園田寿「判批」刑事法ジャーナル22号48頁，上野・前掲日本法学76巻3号210頁など。

＊11　同旨，小野上真也「判批」法時80巻1号117頁など。

＊12　豊田兼彦「狭義の共犯の成立要件について」立命館法学310号258～262頁は，より匿名性機能を高めた最新版のウィニーを提供した点で，著作権法違反の正犯行為に適合する行為とされる。また，豊田・前掲刑事法ジャーナル22号57～58頁参照。

＊13　林幹人『判例刑法』176頁。

＊14　なお，曲田統「判批」研修801号6頁参照。

＊15　永井善之「判批」新判例解説Watch刑法5号（法セ増刊11号）154頁，曲田・前掲研修801号7頁。

＊16　大谷實『刑法講義総論〔新訂第4版〕』443頁，佐久間修『刑法総論』390頁など。たとえば，現場助勢罪（刑206条）が不特定人に対する「あおり」行為であるため，共犯としての幇助は，特定人に対する行為に限定されるのである。

＊17　たとえば，林幹人「判批」NBL930号27頁，佐久間・前掲NBL979号36頁，豊田兼彦「不特定者に対する幇助犯の成否」立命館法学327＝328号569頁など。

＊18　なるほど，インターネットの匿名性と不特定多数人を対象とすることは，本来，別個の概念であるが，事実上，特定人に犯行の道具を提供するとき，本来の匿名性は失われるであろう。さらに，匿名の人間であっても，直接に連絡を取り合って道具を提供すれば，むしろ，犯罪の共謀があったとして，共同正犯になる可能性も否定できない。

＊19　曲田・前掲研修801号4～6頁。

＊20　島田聡一郎「判批」刑事法ジャーナル32号150～151頁，豊田兼彦「幇助犯における『線引き』の問題について－Winny事件を素材として－」立命館法学345＝346号470～472頁。

＊21　曲田・前掲研修801号8頁。

＊22　たとえば，曲田・前掲研修801号9頁は，正犯不法に対する質的関連性ないし近接性が強い場合にのみ従犯の成立を肯定する。

＊23　曲田・前掲研修801号10頁。

＊24　加藤俊治「判批」警察学論集65巻4号167頁。

＊25　同旨，鎮目征樹「ウィニー（Winny）事件最高裁決定の問題点－刑事法の視点から－客観面としての侵害利用状況の要求について－」法とコンピュータ31号66頁。

*26 島田・前掲刑事法ジャーナル32号150頁，豊田・前掲立命館法学345＝346号468頁。

*27 これが学説の多数説である。たとえば，門田成人「判批」法セ686号127頁，小島陽介「判批」判例セレクト2012〔Ⅰ〕32頁など。ただし，事実の認識はあっても，認容が欠けたとする見方もある（島田・前掲刑事法ジャーナル32号152頁）。

*28 池松・前掲 Law & Practice 9号211頁。

*29 秋田真志「最高裁，Winny 開発者に無罪」季刊刑事弁護70号95頁は，最高裁がいう「一般的可能性を超える具体的な侵害利用状況」といっても，ソフト開発者にとっていかなる場合に幇助犯が成立するのかが不明であるという。

*30 十河太朗「判批」平成19年度重判解174頁，松原久利「判批」判時2199号（判評658号）27頁など。

*31 なお，著作権法120条の２第１号（技術的保護手段回避装置等の製造等）の規定は，正犯の処罰を前提としない独立従犯にあたるが，それだけで任意的共犯規定の適用を排除しないというのが，多数説である。ただし，一部の刑法学説は，ソフトウエアの開発・提供では，直接的な法益侵害者である正犯だけを処罰すればよいという（園田・前掲刑事法ジャーナル22号49頁）。

*32 また，桑野雄一郎「判批」著作権判例百選〔第５版〕227頁は，特別刑法では幇助を類型化して正犯とする場合が多いものの，それだけで刑法典の共犯規定を排除する理由にならないとする。もっとも，刑法８条によれば，「その法令に特別の規定」がない限り，他の刑罰法令にも刑法典第１編の規定が適用されるが，当該法令の目的を達成するために必要な場合，明文の規定がなくてもよいとされる。

*33 大友信秀「Winny が提起した著作権法と新しい時代の関係」法セ663号９頁は，単に幇助の限界を論じるだけでなく，著作権法のあり方そのものを問うべきだとされる。

*34 すでに佐久間・前掲 NBL979号39頁において，Winny 事件が公衆送信権の侵害である以上，共犯論の問題にとどまらず，どのような規制が知的財産権の保護に適するかを検討すべきだと述べたところである。

*35 思想又は感情の表現物である著作物の意義については，作花文雄『詳解著作権法〔第２版〕』82頁以下，半田正夫『著作権法概説〔第14版〕』72頁以下，松村信夫＝三山峻司『著作権法要説〔第２版〕』15頁以下，中山信弘『著作権法〔第２版〕』44頁以下など参照。

*36 その意味で，著作権は「閉じられた権利」でなく，「開かれた権利」であるといえよう。

*37 刑法学説の中には，こうした全体的考察を避けるべく，当該ソフトを提供先がどのような集団であるかを問う向きもあるが（鎮目・前掲法とコンピュータ31号54頁），これも集団の特性からみた全体的考察の１つであろう。他方，たとえ少数者であっても，犯罪目的に利用されるのを承知した上で当該ソフトを提供したとき，なお幇助犯が成立し得るように，幇助行為と正犯結果の個別的な因果性は否定されないのである（豊田・前掲立命館法学345＝346号467頁）。

*38 大友・前掲法セ663号８頁など。近年では，プログラムやデータベースなど，著作

240 第 1 部　判例評釈

者人格権を守るという性格から脱却して，経済的財貨としての性格が強まったとされる（中山信弘『著作権法〔第 2 版〕』 9 頁以下参照）。

＊39　岡・前掲 JCA ジャーナル59巻 2 号81頁，鎮目・前掲法とコンピュータ31号68頁など。実際，Winny 事件の第 1 審の弁護人は，著作権法119条 1 項違反が親告罪であるため（同法123条 1 項），被害者による告訴の不存在を争ったが，いずれも斥けられている。

＊40　刑法典においても，刑事訴追を被害者の意思に委ねた親告罪が，すべて私的利益を対象としているわけではない。

＊41　なお，詳細については，桑野雄一郎「非親告罪化」ジュリ1528号34頁以下参照。

＊42　山口いつ子「表現の自由と著作権」論究ジュリ25号61頁以下。桑野・前掲著作権判例百選〔第 5 版〕227頁も，著作権侵害で問題となる行為の多くが，表現の自由に関わるという。

＊43　仮に特定の相手方に当該ソフトを提供したならば，その間の共謀を認定して共同正犯となる場合も考えられる。

＊44　なお，矢野直邦「最高裁判所判例解説」曹時66巻10号262頁（注31）参照。

＊45　同旨，水落伸介「判批」法学新報120巻 3 ＝ 4 号572頁。

20 不使用取消しの要件——ARIKA 事件

> 最高裁〔三小〕平成23年12月20日判決
> 〔平成21年（行ヒ）第217号審決取消請求事件〕
> 〔民集65巻9号294頁〕

中央大学法学部教授 **堀江亜以子**

事実の概要

Xは，ゲームソフトの企画，制作，販売等を業とする株式会社であり，指定役務を商標法施行令別表第1（平成13年政令第265号による改正前のもの。以下「政令別表」という。）第35類及び第41類の区分に属する登録第4548297号の登録商標（平成13年1月22日商標登録出願，平成14年3月1日商標権の設定の登録。以下，この登録商標を「本件商標」といい，その商標登録を「本件商標登録」という。）の商標権者である。

Xは，自社のウェブサイトにおいて，自社が開発したゲームソフトを紹介するのに併せて，本件商標を表示して，平成16年10月12日，自社が開発に携わりAが販売するゲームソフトにつき，その発売日，プレイヤー人数，価格等を表示し，また，平成17年1月23日，自社が開発したゲームソフトに用いられた楽曲を収録したBの販売する音楽CDにつき，その内容，仕様，価格，発売日，購入方法等を表示した（以下，これらの商品を「本件各商品」といい，これらの表示行為を「本件各行為」という。）。利用者は，上記ウェブサイトを介して，本件各商品を販売する上記の各会社のウェブサイトを閲覧し，同ウェブサイトにおいて本件各商品を購入することができるようになっていた。

Yは，本件商標登録につき，平成19年3月15日，商標法50条1項に基づき，指定役務のうち第35類に属する「広告，経営の診断及び指導，市場調査，商品の販売に関する情報の提供，ホテルの事業の管理，広告用具の貸与」（以下「本件対象役務」という。）についての不使用を理由に，本件対象役務に係る本件商標登録を取り消

242 第1部 判例評釈

すことについて審判を請求し，同年4月4日にその旨の予告登録がされた。

　上記審判の請求につき，特許庁において，平成20年9月26日，上記予告登録前3年以内に日本国内において商標権者，専用使用権者又は通常使用権者のいずれかが本件対象役務のいずれかについての本件商標の使用をしていたことは証明されておらず，その使用をしていないことについて正当な理由があることが明らかにされていないとして，本件対象役務に係る本件商標登録を取り消すべき旨の審決がされた（以下，この審決を「本件審決」という。）。本件審決の理由は，Xの提出した「会社案内」・「インターネットのホームページ」は，いずれも自社の商品ないし自社の開発した商品の広告にすぎないから，本件商標を「商品の販売に関する情報の提供」の役務について使用していると認められないというものである。これに対し，Xが同審決の取消しを求めて提訴した。

　原審は，Xが，平成17年1月23日には，Bが製作，販売する音楽CDについての内容及び購入方法等について，本件商標を表示してXのホームページに掲載し，また平成16年10月12日には，同じく本件商標を表示したXのホームページにAの販売するゲームソフトの発売日，価格等を表示し，Aのホームページのゲームの購入画面等にリンクさせていることが認められ，前記予告登録前3年以内に日本国内において本件指定役務についての本件商標の使用をしていたと認められるから，本件対象役務のいずれかについての本件商標の使用をしていたことの証明がないとした本件審決は誤りであるとして，Xの請求を認容した。

　Y上告。

判　　旨

　破棄自判。

「(1)　商標登録出願は，商標の使用をする商品又は役務を，商標法施行令で定める商品及び役務の区分に従って指定してしなければならないとされているところ（商標法6条1項，2項），商標法施行令は，同区分を，『1967年7月14日にストックホルムで及び1977年5月13日にジュネーヴで改正され並びに1979年10月2日に修正された標章の登録のための商品及びサービスの国際分類に関する1957年6月15日のニース協定』1条に規定する国際分類（以下，単に『国際分類』という。）に従って定めるとともに，各区分に，その属する商品又は役務の内容を理解するための目安となる名称を付し（同令1条，別表），商標法施行規則は，上記各区分に属する商品又は役務を，国際分類に即し，かつ，各区分内において更に細分類をして定めている

（商標法施行令1条，商標法施行規則6条，別表）。また，特許庁は，商標登録出願の審査などに当たり商品又は役務の類否を検討する際の基準としてまとめている類似商品・役務審査基準において，互いに類似する商品又は役務を同一の類似群に属するものとして定めている。

　そうすると，商標法施行規則別表において定められた商品又は役務の意義は，商標法施行令別表の区分に付された名称，商標法施行規則別表において当該区分に属するものとされた商品又は役務の内容や性質，国際分類を構成する類別表注釈において示された商品又は役務についての説明，類似商品・役務審査基準における類似群の同一性などを参酌して解釈するのが相当であるということができる。」

「(2)　本件指定役務は，本件商標登録出願時に施行されていた商標法施行規則別表（平成13年経済産業省令第202号による改正前のもの。以下『省令別表』という。）第35類3に定める『商品の販売に関する情報の提供』を意味するものと解されるので，上記(1)に説示したところを踏まえて，省令別表第35類3に定める『商品の販売に関する情報の提供』の意義について検討する。

　政令別表第35類は，その名称を『広告，事業の管理又は運営及び事務処理』とするものであるところ，上記区分に属するものとされた省令別表第35類に定められた役務の内容や性質に加え，本件商標登録の出願時に用いられていた国際分類（第7版）を構成する類別表注釈が，第35類に属する役務について，『商業に従事する企業の運営若しくは管理に関する援助又は商業若しくは工業に従事する企業の事業若しくは商業機能の管理に関する援助を主たる目的とするもの』を含むとしていること，『商品の販売に関する情報の提供』は，省令別表第35類中の同区分に属する役務を1から11までに分類して定めているうちの3において，『経営の診断及び指導』，『市場調査』及び『ホテルの事業の管理』と並べて定められ，類似商品・役務審査基準においても，これらと同一の類似群に属するとされていることからすれば，『商品の販売に関する情報の提供』は，『経営の診断及び指導』，『市場調査』及び『ホテルの事業の管理』と同様に，商業等に従事する企業の管理，運営等を援助する性質を有する役務であるといえる。このことに，『商品の販売に関する情報の提供』という文言を併せて考慮すれば，省令別表第35類3に定める『商品の販売に関する情報の提供』とは，商業等に従事する企業に対して，その管理，運営等を援助するための情報を提供する役務であると解するのが相当である。そうすると，商業等に従事する企業に対し，商品の販売実績に関する情報，商品販売に係る統計分析に関する情報などを提供することがこれに該当すると解されるのであって，商品

244 第1部 判例評釈

の最終需要者である消費者に対し商品を紹介することなどは，『商品の販売に関する情報の提供』には当たらないというべきである。」

「(3) なお，本件商標登録の出願時に用いられていた前記国際分類を構成する類別表注釈では，第35類に属する役務について，平成9年1月1日に発効した改訂によって，『他人の便宜のために各種商品を揃え（運搬を除く。），顧客がこれらの商品を見，かつ，購入するための便宜を図ること』が同類に属する役務に含まれる旨の記載が追加されており，その後，平成18年法律第55号により，商標の使用対象となる役務として『小売及び卸売の業務において行われる顧客に対する便益の提供』が追加されて（商標法2条2項），これに伴い，商標法施行令別表第35類に小売又は卸売の業務において行われる顧客に対する便益の提供の役務が追加され，商標法施行規則別表第35類にも，接客，カタログを通じた商品選択の便宜を図ることなど商品の最終需要者である消費者に対して便益を提供する役務が商標の使用対象となる役務として認められるようになったなどの経緯がある。しかしながら，本件商標登録の出願時には，上記の法令の改正はいまだ行われていなかったのであって，上記の経緯を考慮しても，本件商標登録の出願時に，消費者に対して便益を提供する役務が，上記の法令の改正等がされる以前から定められている省令別表第35類3の『商品の販売に関する情報の提供』に含まれていたものと解する余地はないというべきである。」

「(4) そこで，本件各行為について検討すると，前記事実関係によれば，本件各行為は，Xのウェブサイトにおいて，Xが開発したゲームソフトを紹介するのに併せて，他社の販売する本件各商品を消費者に対して紹介するものにすぎず，商業等に従事する企業に対して，その管理，運営等を援助するための情報を提供するものとはいえない。したがって，本件各行為により，Xが本件指定役務についての本件商標の使用をしていたということはできない。」

解　説

---

(1) 本判決の意義

　商標法50条1項は，不使用取消審判制度について，「継続して3年以上日本国内において商標権者，専用使用権者又は通常使用権者のいずれもが各指定商品又は指定役務についての登録商標の使用をしていないときは，何人も，その指定商品又は指定役務に係る商標登録を取り消すことについて審判を請求することができる」と規定している。商標法上の保護は，商標の使用によって蓄積された信用に対して与

えられるのが本来的な姿であるから，一定期間登録商標の使用をしない場合には保護すべき信用が発生しないかあるいは発生した信用も消滅してその保護の対象がなくなるのであり，そのような不使用の登録商標に対して排他独占的な権利を与えておくのは国民一般の利益を不当に侵害し，かつその存在により権利者以外の商標使用希望者の商標の選択の余地を狭めることとなるから，請求をまってこのような商標登録を取り消すというのが，その立法趣旨であるとされる（逐条解説〔第20版〕1596頁）。

　もっとも，3年以上の商標の不使用を証明することは事実上不可能であり，これを審判請求人に課すことは，悪魔の証明をさせることにほかならない。そのため，2項は，「前項の審判の請求があつた場合においては，その審判の請求の登録前3年以内に日本国内において商標権者，専用使用権者又は通常使用権者のいずれかがその請求に係る指定商品又は指定役務のいずれかについての登録商標の使用をしていることを被請求人が証明しない限り，商標権者は，その指定商品又は指定役務に係る商標登録の取消しを免れない。ただし，その指定商品又は指定役務についてその登録商標の使用をしていないことについて正当な理由があることを被請求人が明らかにしたときは，この限りでない」として，商標権者側に，3年以内に日本国内において商標使用をしたことの立証責任を負わせている。その際，審判請求人は自分で必要とする指定商品・役務だけについて取消請求をするべきであると考えられるので，被請求人は，取消請求に係る指定商品又は指定役務のいずれかについての使用の事実を証明すれば足りる（逐条解説〔第20版〕1600頁）。この点において，指定商品又は指定役務ごとの請求であると考えられる無効審判とは異なる。

　不使用取消審判の請求は，各指定商品又は指定役務についてすることができるが，この「各指定商品又は指定役務」の単位は請求人が定めるものであって，出願人が願書に記載した指定商品・指定役務の表現形式によって形式的に定めるのではなく，その記載されている指定商品・指定役務の包括概念に含まれる商品・役務に従って実質的に定めることができるものである（小野昌延＝三山峻司編『新・注解商標法（下巻）』1430頁〔後藤晴男＝平山啓子〕）。しかし，各区分に示されている商品又は役務の内容については，特許庁が示している解説などにより詳細が明らかになっているものと，そうでないものとが混在する。本判決は，従来，その内容が明らかにされていなかった，商標法施行規則別表第35類3「商品の販売に関する情報の提供」の意味を明らかにした点に意義がある。

　(2)　「商品の販売に関する情報の提供」の意味

246 第1部 判例評釈

　商標登録出願は，商標の使用をする商品又は役務を商標ごとに（商標6条1項），政令の定める区分に即して指定することを求める（同条2項）。その区分は政令別表に定められ，各区分に属する商品又は役務はニース協定1条に規定する国際分類に即して定められている（商標施令2条（旧1条））。さらに，商標法施行規則は，各区分に属する商品又は役務を，国際分類に即し，かつ，各区分内においてさらに細分類をして定め（商標施令2条，商標施規6条，別表），また，特許庁は，商標登録出願の審査などに当たり商品又は役務の類否を検討する際の基準としてまとめている『類似商品・役務審査基準』において，互いに類似する商品又は役務を同一の類似群に属するものとして定めている。

　これらのことから，本判決は，「商標法施行規則別表において定められた商品又は役務の意義は，商標法施行令別表の区分に付された名称，商標法施行規則別表において当該区分に属するものとされた商品又は役務の内容や性質，国際分類を構成する類別表注釈において示された商品又は役務についての説明，類似商品・役務審査基準における類似群の同一性などを参酌して解釈するのが相当である」として，商品・役務の解釈基準を示したものである。

　そして，これらの資料に基づいた解釈に加え，「商品の販売に関する情報の提供」という文言を併せ考慮して，「省令別表第35類3に定める『商品の販売に関する情報の提供』とは，商業等に従事する企業に対して，その管理，運営等を援助するための情報を提供する役務であると解するのが相当であ」り，「商業等に従事する企業に対し，商品の販売実績に関する情報，商品販売に係る統計分析に関する情報などを提供することがこれに該当すると解されるのであって，商品の最終需要者である消費者に対し商品を紹介することなどは，『商品の販売に関する情報の提供』には当たらない」と判示した。

　これに対し，原審では，「商品の販売に関する情報の提供」という文言について詳細に検討することなく，Xによる本件各行為の存在をもって商標の使用があった旨の判断を行っており，このような判断方法については批判が呈されていた（峯唯夫・知管59巻11号1413頁，宮田金雄・特許ニュース12733号）。

　登録商標の指定商品又は指定役務は，当該登録商標の権利範囲を画するものであるといえるから，本判決のような不使用取消審判の場合のみならず，侵害訴訟においても，その指定商品又は指定役務の範囲に何が含まれるのかが明らかにされなければならない。その名称は必ずしも，商標法施行規則別表に定められた商品・役務の名称と同一であるとは限らないが，同一である場合には，特段の事情がなけれ

ば，別表に定められた商品・役務を意味するものと解することができる（山田真紀・曹時66巻10号158頁）。この点において，本判決における解釈手法は妥当なものであるといえる（山田・前掲158頁，酒迎明洋・知的財産法政策学研究43号281頁）。

(3) 小売等役務登録制度との関係

商標法上，「商品」及び「役務」に関する定義規定はないが，商品に関しては「商取引の目的たり得るべきもの，特に動産をいう。」，役務に関しては「他人のために行う労務又は便益であって，独立して商取引の目的たりうべきものをいう。」と解されている（逐条解説〔第20版〕1390頁）。いずれも，それ自体が取引の対象とされるものでなければならず，このため，従来は，独立して商取引の目的とはならない「小売」役務は指定役務に含まれないものと解されていた（東京高判平12・8・29判時1737号124頁，東京高判平13・1・31判時1744号120頁）。

しかし，外国において「小売」を役務に含める潮流から，本判決にもあるとおり，本件商標登録出願時に用いられていた前記国際分類を構成する類別表注釈では，第35類に属する役務について，平成9年1月1日に発効した改訂によって，「他人の便宜のために各種商品を揃え（運搬を除く。），顧客がこれらの商品を見，かつ，購入するための便宜を図ること」が同類に属する役務に含まれる旨の記載が追加された。そして，平成18年法律第55号により，商標の使用対象となる役務として「小売及び卸売の業務において行われる顧客に対する便益の提供」が追加されることとなった（商標2条2項）。そして，これに伴って商標法施行令別表第35類に「小売又は卸売の業務において行われる顧客に対する便益の提供」の役務が追加され，商標法施行規則別表第35類にも，接客，カタログを通じた商品選択の便宜を図ることなど商品の最終需要者である消費者に対して便益を提供する役務が商標の使用対象となる役務として認められるようになった。

しかし，本件商標登録出願の時には，上記の小売等役務登録制度導入のための法改正はいまだ行われておらず，本判決は，本件商標登録の出願時に，消費者に対して便益を提供する役務が，上記の法令の改正等がされる以前から定められている省令別表第35類3の「商品の販売に関する情報の提供」に含まれていたものと解する余地はない，としてしている。

もっとも，本件商標が，平成18年改正後に出願されたものであったとしても，本件各行為が，「小売及び卸売の業務において行われる顧客に対する便益の提供」に該当すると解される可能性は少ないのではなかろうか。確かに，小売等役務登録制度が登録の対象としているのは，商品の販売に付随して行われるサービスであり，

248 第1部 判例評釈

本件各行為は実際に，商品の販売に付随して行われたインターネット上の販売サービスであるということができる。これは，商標施行規則別表第35類26に属する「楽器及びレコードの小売又は卸売の業務において行われる顧客に対する便益の提供」とも解し得るところである。しかし，Xの行う本件各行為はむしろ，Xの販売する商品の広告にすぎない。自らの商品の広告は，第35類1に区分されている「広告」の対象とはならない。これもまた「商品の販売に関する情報の提供」と同じく，広告代理店業など，他人の商品・役務に関する広告を対象とするものである。

さらに，商標審査便覧28.01も，「小売等役務は，小売及び卸売の業務において行われる総合的なサービス活動を一の役務として扱うものであり，個々の便益の提供を一の役務とするものではない」とし，小売等役務か，事業支援の役務なのかが明確でない場合には，いずれの役務を意図したものであるかを確認するものとしている。そうすると，小売等役務登録制度の有無にかかわらず，「商品の販売に関する情報の提供」の解釈に変更はないものと考えられる（酒迎・前掲285頁）。

■参考文献

　本文中に掲げたもののほか，本判決の評釈として，
　・山田真紀・Ｌ＆Ｔ55号63頁
　・山田真紀・最判解説民事篇平成23年度（下）799頁
　・西村雅子・判時2166号163頁
　原審の評釈として，
　・三嶋景治・日本大学知財ジャーナル4号75頁

|21| ①旧著作権法下で映画製作会社の名義で公表された
映画の著作物に関する存続期間の算定，及び
②法の規定の誤解から存続期間が満了したと誤信した
場合の「過失」の有無——暁の脱走事件

最高裁〔三小〕平成24年1月17日判決
〔平成22年（受）第1884号差止等請求事件〕
〔裁判集民事239号601頁・判時2144号115頁・判タ1367号109頁〕

同志社大学法学部教授 山 根 崇 邦

事実の概要

　(1)　X（東宝株式会社，原告＝被控訴人＝上告人）は，映画の製作，興行等を業と
する会社である。一方，Y（株式会社コスモ・コーディネート，被告＝控訴人＝被上告
人）は，ビデオ等の企画・製作・販売等を業とする会社であり，著作権の存続期間
の満了した映画を複製したDVD商品を安価で販売する業者である。

	作品名	監督	映画製作者	公開年
本件映画1	暁の脱走	谷口千吉	新東宝株式会社	1950年
本件映画2	また逢う日まで	今井正	X	1950年
本件映画3	おかあさん	成瀬巳喜男	新東宝株式会社	1952年

　Yは，上記の本件映画1〜3（以下，本件映画1〜3を併せて「本件各映画」とい
う。）について，その著作権の存続期間が既に満了したものと考え，本件各映画を
複製したDVD商品（以下，「本件各DVD商品」という。）を海外で作成し，遅くと
も2007年1月ころから，輸入，販売していた。
　これに対しXは，本件各映画の著作権は現在もなお存続しており，Yが当該著作

権の保有者Xに無断で本件各DVDを輸入する行為はXの著作権を侵害する行為とみなされる（著113条1項1号）と主張して，Yに対し，本件各DVD商品の製造，輸入，頒布の差止め，在庫品等の廃棄，及び損害賠償を請求した。

(2) 本件映画1は，新東宝株式会社が製作したものであり，そのオープニングの冒頭部分では，新東宝の標章とともに「新東宝映画」との表示がされ，その後，題名，製作スタッフ，出演者等の表示がされ，最後に「監督　谷口千吉」との表示がされている。また，本件映画1のポスターにおいては，新東宝の標章及び「新東宝興行株式会社配給」との記載とともに，「監督・谷口千吉」との記載がされている。

本件映画2は，Xが製作したものであり，そのオープニングの冒頭部分では，Xの標章とともに「東宝株式会社」との表示がされ，その後，題号，製作スタッフ，出演者等の表示がされ，最後に「演出　今井正」との表示がされている。また，本件映画2のポスターにおいては，「東宝株式会社製作・配給」との記載とともに，「今井正監督作品」との記載がされている。

本件映画3は，新東宝株式会社が製作したものであり，そのオープニングの冒頭部分では，新東宝の標章とともに「新東宝映画」との表示がされ，その後，題名，製作スタッフ，出演者等の表示がされ，最後に「監督　成瀬巳喜男」との表示がされている。また，本件映画3のポスターにおいては，新東宝の標章及び「新東宝の良心特作」との記載とともに，「監督　成瀬巳喜男」との記載がされている。

以下，谷口千吉，今井正，成瀬巳喜男の三氏を併せて，「本件各監督」という。

(3) 本件各映画はいずれも，旧著作権法（明治32年法律第39号，以下「旧法」）下で創作され，公表されたものである。また，本件各映画が，旧法22条ノ3後段にいう独創性を有する映画の著作物である点に争いはない[1]。旧法22条ノ3後段によれば，独創性を有する映画の著作物の著作権の存続期間は，その公表（興行）が著作者の実名をもってなされたか，団体の著作の名義をもってなされたかによって異なる。具体的には，前者の場合，その存続期間は，当該著作者の生存期間及びその死後38年間とされる（旧法3条・52条1項）のに対し，後者の場合，その存続期間は，公表後33年間とされる（旧法6条・52条2項）。

これを本件各映画にあてはめると次のようになる。

第1に，本件各監督を著作者の一人としてその実名をもって公表された著作物であるとした場合について。旧法に基づけば，本件映画1の著作権は，少なくとも，著作者の一人である谷口が死亡した2007年の翌年から起算して38年後の2045年12月31日まで存続し，本件映画2の著作権は，少なくとも，今井が死亡した1991年の翌

年から起算して38年後の2029年12月31日まで存続し，本件映画3の著作権は，少なくとも，成瀬が死亡した1969年の翌年から起算して38年後の2007年12月31日まで存続する（旧法22条ノ3後段・3条・52条1項）。その上で，新著作権法（昭和45年法律第48号，以下「新法」）附則2条1項，7条，及び平成15年改正法附則2条，3条によれば，平成15年改正法の施行の際現に著作権が存する旧法下の映画の著作物については，旧法に基づく保護期間又は公表後70年（平成15年改正法54条1項）の，いずれか長い方が適用される。その結果，本件映画1・2の著作権に関しては，前述した旧法の存続期間が適用されるのに対し，本件映画3の著作権に関しては，公表後70年の存続期間が適用され，2022年12月31日まで存続することになる。

　第2に，映画製作会社（Xないし新東宝株式会社）を著作者としてその著作の名義をもって公表された著作物であるとした場合について。旧法に基づけば，本件各映画の著作権の存続期間は，公開年の翌年から起算して33年後の12月31日まで，すなわち，本件映画1・2については1983年12月31日まで，本件映画3については1985年12月31日までとなる（旧法22条ノ3後段・6条・52条2項）。その上で，新法附則2条1項，7条によれば，新法の施行の際現に著作権が存する旧法下の映画の著作物については，旧法に基づく保護期間又は公表後50年（新法54条1項）の，いずれか長いほうが適用される。その結果，本件各映画のいずれについても公表後50年の存続期間が適用され，本件映画1・2の著作権については2000年12月31日まで，本件映画3の著作権については2002年12月31日まで存続することになる。

	本件各監督を著作者としてその実名をもって公表された著作物とした場合の存続期間	映画製作会社を著作者としてその著作名義をもって公表された著作物とした場合の存続期間
本件映画1	2045年12月31日まで	2000年12月31日まで
本件映画2	2029年12月31日まで	2000年12月31日まで
本件映画3	2022年12月31日まで	2002年12月31日まで

　(4)　このように，本件各映画の著作者及び著作の名義をどのように考えるかによって，2007年1月ころに行われたYによる本件各DVD商品の輸入行為が，本件各

252 第1部 判例評釈

映画の著作権の存続期間内になされた行為といえるか否かが変わることになる。そのため，この点が主たる争点となった。すなわち，Ｘは，本件各映画は本件各監督を著作者の一人としてその実名をもって公表された著作物であり，その著作権の存続期間には旧法３条が適用される（Ｙの行為＝存続期間内）と主張したのに対し，Ｙは，本件各映画は映画製作会社を著作者としてその著作の名義をもって公表された著作物であって，その著作権の存続期間には旧法６条が適用される（Ｙの行為＝存続期間外）と主張したのである。

(5) 第１審の東京地判平21・6・17判タ1305号247頁は，本件各映画の著作者は本件各監督であり，本件各映画はその著作者の実名をもって公表された著作物であるから，その著作権の存続期間に適用される旧法の規定は旧法３条であると判示した。その上で，著作権侵害の成立を認め，Ｘの差止め，廃棄請求を認容するとともに，損害賠償請求についても一部認容した。

(6) これに対し，原審の知財高判平22・6・17（平21（ネ）10050号）は，旧法下において製作された映画の中には，職務著作によって映画会社が原始的に著作者となり，旧法６条の適用を受けるものが相当数あったと解されるとしつつも，本件各映画に関しては，職務著作の要件の立証が不十分なため，本件各監督を含む多数の自然人が著作者になるといわざるを得ず，旧法３条が適用される旨判示した。その上で，著作権侵害の成立を認め，Ｘの差止め，廃棄請求を認容した。しかしながら，損害賠償請求に関しては，「Ｙが，その著作権の存続期間が満了したものと考えた点に過失はなく，損害賠償責任を負わない」として，これを棄却した。

判　　旨

破棄差戻し（なお，上告審では，Ｙが原判決中のＸ勝訴部分（差止・廃棄請求認容部分）について不服申立てをしなかったため，著作権侵害に係るＹの過失の有無のみが審理判断の対象とされた）。

「旧法下の映画の著作者については，その全体的形成に創作的に寄与した者が誰であるかを基準として判断すべきであるところ（最高裁平成20年（受）第889号同21年10月８日第一小法廷判決・裁判集民事232号25頁），一般に，監督を担当する者は，映画の著作物の全体的形成に創作的に寄与し得る者であり，本件各監督について，本件各映画の全体的形成に創作的に寄与したことを疑わせる事情はなく，かえって，本件各映画の冒頭部分やポスターにおいて，監督として個別に表示されたり，その氏名を付して監督作品と表示されたりしていることからすれば，本件各映画に

相当程度創作的に寄与したと認識され得る状況にあったということができる。」

「他方，Ｙが，旧法下の映画の著作権の存続期間に関し，上記……アないしウの考え方〔ア．旧法下の映画については，著作権の存続期間について一律に旧法６条が適用される。イ．本件各映画は，団体名義で興行された映画であるから，著作権の存続期間については，旧法６条の適用のある団体名義の著作物に当たる。ウ．本件各映画は，職務著作として，実際に創作活動をした本件各監督ではなく，映画製作者であるＸ又は新東宝が原始的に著作権を取得し，著作権の存続期間については，旧法６条が適用される。〕を採ったことに相当な理由があるとは認められないことは次のとおりである。

すなわち，独創性を有する旧法下の映画の著作権の存続期間については，旧法３条～６条，９条の規定が適用される（旧法22条ノ３）ところ，旧法３条は，著作者が自然人であることを前提として，当該著作者の死亡の時点を基準にその著作物の著作権の存続期間を定めるとしているのである。旧法３条が著作者の死亡の時点を基準に著作物の著作権の存続期間を定めることを想定している以上，映画の著作物について，一律に旧法６条が適用されるとして，興行の時点を基準にその著作物の著作権の存続期間が定まるとの解釈を採ることは困難であり，上記のような解釈を示す公的見解，有力な学説，裁判例があったこともうかがわれない。また，団体名義で興行された映画は，自然人が著作者である旨が実名をもって表示されているか否かを問うことなく，全て団体の著作名義をもって公表された著作物として，旧法６条が適用されるとする見解についても同様である。最高裁平成19年（受）第1105号同年12月18日第三小法廷判決・民集61巻９号3460頁は，自然人が著作者である旨がその実名をもって表示されたことを前提とするものではなく，上記判断を左右するものではない。そして，旧法下の映画について，職務著作となる場合があり得るとしても，これが，原則として職務著作となることや，映画製作者の名義で興行したものは当然に職務著作となることを定めた規定はなく，その旨を示す公的見解等があったこともうかがわれない。加えて，Ｙは，本件各映画が職務著作であることを基礎付ける具体的事実を主張しておらず，本件各映画が職務著作であると判断する相当な根拠に基づいて本件行為に及んだものでないことが明らかである。

そうすると，Ｙは，本件行為の時点において，本件各映画の著作権の存続期間について，少なくとも本件各監督が著作者の一人であるとして旧法３条が適用されることを認識し得たというべきであり，そうであれば，本件各監督の死亡した時期などの必要な調査を行うことによって，本件各映画の著作権が存続していたことも認識し得たというべきである。

以上の事情からすれば，Ｙが本件各映画の著作権の存続期間が満了したと誤信していたとしても，本件行為についてＹに少なくとも過失があったというほかはない。」

「以上によれば，原審の前記判断には，判決に影響を及ぼすことが明らかな法令の違反がある。論旨は理由があり，原判決中，Ｘ敗訴部分は破棄を免れない。そこで，Ｘの損害等について更に審理を尽くさせるため，同部分につき本件を原審に差し戻すこととする。」

差戻審の知財高判平24・5・9判時2162号118頁は，Ｙには過失があるとの最高裁の判断を前提に，Ｘの損害賠償請求について第1審と同様の賠償額を認容した。

解　説

(1)　はじめに

本件は，いわゆる格安DVDをめぐる一連の訴訟の一端をなす事例である[*2]。

本件の上告審において直接の争点とされたのは，①旧法下において映画製作会社の名義で興行された本件各映画の著作権の存続期間につき，(団体の著作名義をもって興行された著作物の著作権の存続期間を定めた) 旧法6条が適用されると誤解し，本件各映画の保護期間は既に満了したものと誤信して，本件各映画の複製物（本件各DVD商品）を輸入，頒布した行為について，過失が認められるか否かである。もっとも，かかる過失の有無の判断の前提には，②本件各映画の著作者は誰か，③本件各映画の著作権の存続期間に適用される旧法の規定はどの規定か，という問題が重要な争点として横たわっている。

本件では，第1審から上告審に至るまで，上記②③の点に関しては裁判所の判断（結論）が一致している。すなわち，②本件各監督が本件各映画の著作者の一人であり，③本件各映画はその著作者である本件各監督の実名をもって公表された著作物であるから，本件各映画の著作権の存続期間に適用される規定は旧法3条であって，旧法6条ではないというわけである。しかし，そのような状況において，上記①の点に関しては，本件の第1審・上告審と原審とで裁判所の判断が分かれた点に本件訴訟の特徴がある（第1審・上告審は過失を肯定，原審は過失を否定）。

確かに，一連の格安DVD訴訟の中で，著作権侵害を認めつつも過失を否定した裁判例は，本件の原審判決しかない[*3]。その意味で，本件の原審判決が突出していることは否めない。それゆえ，これを破棄した点に本件上告審判決（以下，「本判決」）の意義を見いだすこともできよう。しかし，本件の原審判決が著作権侵害を

認めたのは，Ｙの立証が不十分だったからにすぎない。もし証拠が十分であれば，本件各映画につき旧法6条が適用され，保護期間の満了により非侵害になった可能性があることを原審判決は示唆している。こうした視点には，本件各映画が公開された1950年代の映画法制の運用実態，とりわけ映画の著作者をめぐる当時の学説・裁判例の立場及び映画製作会社の実務に対する鋭い洞察が含まれているように思われる。なぜなら，1950年代においては，映画製作会社が自己の著作の名義をもって興行した映画の著作物の著作権は当該映画製作会社に原始的に帰属し，その存続期間は旧法6条により興行の時から30年間となるとする見解が多数を占めていたのであり，Ｘ自身も日本映画連合会／日本映画製作者連盟（通称映連）の映画法制審議会（委員長：Ｘ取締役馬淵威雄）を通じてそのような見解を明確に提示していたからである。

　そこで以下では，1920年代後半から1960年代前半にかけての旧法所管官庁の実務，学説，裁判例，映連加盟各社の運用等を参照しながら，本判決について検討することにしたい。

(2) 本件原審判決

　まずは本件原審の判断を確認しておこう。前述のとおり，原審は，著作権侵害の成立を認めながらもＹの過失を否定した。本判決の整理によれば，原審はその理由を旧法下の映画の著作者をめぐる法解釈の不明確性，すなわち「旧法下の映画については，映画を製作した団体が著作者になり得るのか，どのような要件があれば団体も著作者になり得るのかをめぐって，学説は分かれ，指導的な裁判例もなく，本件各監督が著作者の一人であったといえるか否かも考え方が分かれ得る」点に求めている。

　実際，原審は，本件各映画の著作者の判断に当たって，「旧著作権法の下における映画の著作物の著作者については，その全体的形成に創作的に寄与した者がだれであるかを基準として判断すべきものと解される」としつつも（最判平21・10・8裁判集民事232号25頁「チャップリン」の基準を踏襲），旧法下では監督等の自然人ではなく映画製作者がその映画の著作者であるとされる場合もあったと考えられるとして，その双方の観点から判断を行っている。そして，検討の結果，本件各監督は，チャップリンのように本件各映画の発案から完成に至るまでの制作活動のすべて又は大半を行ったとは到底認められず，「本件各映画の全体的形成に創作的に寄与した者の一人にすぎない」としつつも，「〔Ｘないし新東宝につき〕新著作権法15条1項の要件が証拠不十分のため，認められないとすれば，本件各映画の著作権は，本

256 第1部 判例評釈

件各監督を含む多数の自然人に発生したものといわざるを得ない」と判示している。

こうした原審の説示からは，本件各監督を含む多数の自然人を本件各映画の著作者と認めたものの，もし本件において職務著作に関する証拠が十分に提出されていれば[4]，映画製作者であるXないし新東宝を本件各映画の著作者と認めた可能性があることが窺える。実際，原審判決には，後者のほうが当時の実情に即した解釈であることを示唆しているように読める箇所がある。それゆえ，原審が，「結果的に著作者の判定を誤り，著作権の存続期間が満了したと誤信したとしても，Yに過失があったとして損害賠償責任を問うべきではない」（本判決による原審の要旨）とした背景には，こうした点の考慮もあったのではないかと推察される。

(3) 本 判 決

これに対し，本判決は，「Yは，本件行為の時点において，本件各映画の著作権の存続期間について，少なくとも本件各監督が著作者の一人であるとして旧法3条が適用されることを認識し得たというべきであり，そうであれば，本件各監督の死亡した時期などの必要な調査を行うことによって，本件各映画の著作権が存続していたことも認識し得たというべきである」として，著作権侵害にかかるYの過失を肯定した。本判決はその理由を次の2点に求めている。

(a) **本件各監督の著作者性**

第1に，本件各監督が本件各映画の著作者の一人であることを疑わせるような事情が存在しない点である。本判決によれば，「一般に，監督を担当する者は，映画の著作物の全体的形成に創作的に寄与し得る者であり，本件各監督について，本件各映画の全体的形成に創作的に寄与したことを疑わせる事情はな（い）」。また，本件各映画の冒頭部分やポスターにおける監督としてのクレジット表示に照らせば，本件各監督が「本件各映画に相当程度創作的に寄与したと認識され得る状況にあった」と判断している。

こうした本判決の説示は，チャップリン事件との事案の相違を強調し，「本件各監督が著作者の一人であったといえるか否かも考え方が分かれ得る」とした原審の判断を否定するものといえる。その意味で本判決は，チャップリン[5]や黒澤明[6]のように監督以外の役割に関与していなくても，通常の映画監督として映画の著作物の全体的形成に創作的に関与していれば，新法下と同様，旧法下でも映画の著作物の著作者として認められることを明らかにしたものと捉えることができよう（もっとも，こうした判断が1950年代当時のXを含む映連加盟各社の実務と齟齬する点につ

き，後記(3)(b)(ロ)(v)）＊7。

(b) 本件各映画の著作権の存続期間に関するYの解釈を示す公的見解等の不存在

　第2に，本件行為の時点において，Yが主張するような旧法下の映画の著作権の存続期間に関する解釈を示す公的見解，有力な学説，裁判例（以下，「公的見解等」）が存在したとは認められない点である。本判決によれば，旧法下の映画の著作権の存続期間に関するYの主張・解釈とは，次のようなものである＊8。

> ア　旧法下の映画については，著作権の存続期間について一律に旧法6条が適用される。
> イ　本件各映画は，団体名義で興行された映画であるから，著作権の存続期間については，旧法6条の適用のある団体名義の著作物に当たる。
> ウ　本件各映画は，職務著作として，実際に創作活動をした本件各監督ではなく，映画製作者であるX又は新東宝が原始的に著作権を取得し，著作権の存続期間については，旧法6条が適用される。

　(イ)　本判決は，上記アないしウの考え方を採ることの相当性を順に検討している。このうち，アの考え方を採ることに相当な理由がないことは明らかである。本判決も指摘するとおり，旧法22条ノ3自体が，独創性を有する旧法下の映画の著作権の存続期間につき旧法3条～6条・9条が適用されることを明記しているからである。仮に，映画製作者の著作の名義をもって興行された旧法下の映画について映画製作者がその著作者となると解する場合でも，映画製作者が個人の場合には，旧法6条ではなく旧法3条が適用されることに異論はない＊9。

　(ロ)　問題はイ・ウの考え方を採ることの相当性についてである。なぜなら，本判決の説示とは裏腹に，それらの考え方を示す有力な学説が存在したからである。また，イ・ウの考え方そのものではないにせよ，本件映画1・2と同じ1950年に公開された新東宝（当時の商号は株式会社新東宝）製作の映画「銀座三四郎」（監督・市川崑）について，映画製作会社（新東宝）が原始的著作権者となるとする裁判例も存在したからである（大阪地決昭25・2・4判例集未登載〔沢田直也『仮処分随想』（布井書房，1952年）98頁以下所収〕「銀座三四郎」，債権者X）。以下，順に検討しよう。

　（i）　例えば，柳井義男『活動写真の保護と取締』（有斐閣，1929年）をみてみよう。柳井は，戦前の旧法の所管官庁であった内務省警保局図書課において映画の検閲・著作権実務を担当していた人物である。本書は，柳井が現職事務官として警保

局の実務を映画会社の著作権・興行権管理担当者や関係省庁向けに解説した書籍であり，当時の内務省警保局の見解を知ることができる文献であるとされる[10]。

　本書において柳井は，映画の著作者及びその著作権の存続期間について次のように説明している。「撮影監督は自己の計算に於て『フィルム』を製作する場合がない訳ではないが，多くは個人又は法人と民法上の委託契約（通常委託撮影と云はれてゐる）若は雇傭契約を結んで，之が製作に当るのが普通である。」「この場合は雇傭者又は委託者が『フィルム』の著作者となるのである。其の訳はかうである。委託契約に付て云ふならば，受託者たる撮影監督の行為は，委託者の製作行為即創作行為を代理する行為であつて，代理の法理に従ひ当然委託者の行為と看做されるのである。」「又雇傭契約の場合に付て云ふならば，撮影監督は一定の報酬を得て他人に雇用せられ，最初から他人の事業として『フィルム』製作の仕事に当つてゐるのである。であるから，彼の行為は元来固有の精神働作と見ることは出来ないのであつて，従つて製作せられた『フィルム』の著作者はその雇傭者といふことになるのである。現在の『フィルム』製作者と撮影監督との関係は多くは此の関係である。」[11]

　「『フィルム』の製作……は個人の場合もあるが，多くは会社なり団体なりで製作することが多い。従つて，『フィルム』に付ては著作権の存続期間が製作主体の異なるに従つて違つて来ることになる。即発行又は興行したる個人製作の『フィルム』に付ては，著作権は著作者の生存間及其の死後30年間継続するのであるが，官公衙，学校，社寺，協会，会社，其の他団体に於て著作の名義を以て発行又は興行したる『フィルム』に付ては，著作権は発行又は興行のときから30年間継続するのである。（法第3条第1項，同第6条）」[12]

　このように柳井は，当時，映画会社等が撮影監督と委託契約又は雇用契約を結んで映画を製作する場合が多くみられたとした上で（後者の方がより一般的とされる），この場合には委託者又は雇用者である映画会社等がその映画の著作者となるとする。そして，このようにして製作された映画がその映画会社等の著作の名義をもって興行された場合には，旧法6条が適用され，その著作権は興行の時から30年間存続すると説明している。こうした内務省警保局の実務に関する柳井の説明は，まさに前記イ・ウの考え方を示すものといえる。

　(ii)　次に，榛村専一『著作権法概論』（厳松堂書店，1933年）をみてみよう。榛村は，著作権法，出版法，新聞法制の大家であり[13]，長年，文藝家協会の顧問弁護士を務めた人物でもある。

本書において榛村は，映画の著作者及びその著作権の存続期間について次のように説明している。「〔シナリオ作家や監督等〕数人の共働に成る『フィルム』の著作権は極めて複雑なものであるが，……〔昭和6年改正は〕各共働者間の権利関係に付ては何等特別の規定を設けなかつたから，一般の原則に依り特約なき限り各共働者の共有に属するものと解するの外ない（13条）」*14。

「然し官公衙，学校，社寺，協会，会社，その他の団体はその役員，社員又は被傭者などの同時的又は継続的共働行為に因って作成した著作物を，団体の著作名義を以て発行又は興行するときは，之に因りその団体が恰も著作者なるかの如く当然原始的に著作権を取得する。」*15，「これ等の場合には，著作権は法律上一種の擬制に依り，実際の著作者でない者が恰も著作したと同様に，その者に当然原始的に帰属するのである。従って著作者の人格的権利の享有や保護期間の計算などに付ても実際の著作者は標準とならない。」*16，「〔それゆえ，『フィルム』の〕著作権は『フィルム』を……映画製作会社が著作の名義を以て発行又は興行したときは，その発行又は興行の翌年から30年間継続する（6条，9条）。」*17

このように榛村は，シナリオ作家や監督等が映画の著作物の実際の著作者となる旨を示唆しつつも，その映画を映画製作会社が自己の著作の名義をもって興行した場合には，法律上の一種の擬制により，その著作権は映画製作会社に当然原始的に帰属し，かつその存続期間についても，実際の著作者は基準とならず，旧法6条・9条が適用される結果，興行の翌年から30年間となると説明している。こうした榛村の説明は，まさに前記イの考え方を示すものといえる。

　(iii)　続いて，城戸芳彦『著作権法と著作権条約』（全音楽譜出版社，1954年）をみてみよう。城戸は，旧法下において文部省の著作権審査会委員，著作権法改正案起草審議会副委員長，著作権制度審議会委員を歴任し，1950年には文部省から著作権法改正に向けた改正私案の作成依頼をも受けた著作権法の大家の弁護士である。また，1963年6月から1970年12月まで最高裁判事も務めた。本書は，『著作権法改正私案』（文部省管理局，1950年）を書き終えた城戸が，旧著『著作権法研究』（新興音楽出版社，1943年），『音楽著作権研究』（全音楽譜出版社），『著作権条約』（文部省）を改訂し，それらを1冊にまとめたものである。

本書において城戸は，映画の著作者及びその著作権の存続期間について次のように説明している。「〔旧法22条ノ3前段にいう映画の著作物の〕『著作者』……とは何人を指すか法文上いささか疑いがあるが，立法趣旨並びに前述の職務上の著作等の理論及び慣習等よりして，原則として映画会社等の映画企業者を言うものと解すべき

……である。けだし……映画そのものは映画企業者のために製作されたものであり，且つその映画は企業者の著作名義をもって公表されるものであるからである。」*19

「独創性を有する映画の著作権の保護期間は，第3条ないし第6条及び第9条の規定の適用により，……団体著作名義の映画は，発行又は興行のときより，30年間保護され……る。」*20

このように城戸は，映画の著作物の著作者について，旧法の規定は必ずしも明確ではないものの，旧法22条ノ3の立法趣旨，職務著作等の理論及び当時の慣習等に照らせば，原則として映画会社等の映画企業者をいうと解すべきだとしている。また，そのように解することが，映画製作に関与する者の意図に合致し，かつ団体名義著作としての性質にも合致することを併せて指摘している。そして，このようにして製作された映画がその映画会社等の著作の名義をもって興行された場合には，旧法6条が適用され，その興行の時から30年間保護されると説明している。こうした城戸の説明もまた，前記イ・ウの考え方を示すものといえる（ただし，ウに関して城戸は，映画会社等が著作者となる根拠を職務著作に直接求めているわけではない。あくまで立法趣旨，職務著作等の考え方，実務慣行，各関与者の意図，団体名義著作としての性質を総合的に考慮して，映画会社等の著作者性を基礎づけている）*21。

(iv) 次に，大阪地決昭25・2・4判例集未登載〔沢田直也『仮処分随想』（布井書房，1952年）98頁以下所収〕「銀座三四郎」をみてみよう（なお，沢田直也判事はこの事件の担当裁判官）。本件は，債権者X（東宝株式会社）が，1950年1月29日から新東宝製作映画「銀座三四郎」（監督・市川崑）を上映する阪神10興行館（債務者）に対し，Xが保有する（X主張）当該映画の上映権の侵害を理由に，上映の差止めを求めた事件である。Xは1948年8月に新東宝と映画製作配給契約を締結し，新東宝製作映画の配給を共同で行っていたが，契約の有効期間の更新をめぐるトラブルから新東宝が自主配給を開始したため，訴訟となった。

大阪地裁は，次のように判示して，Xの申立てを棄却した。「映画の著作権が何人に属するか，特にその部分的権利である複製権，発行権，興行〈上映〉権等の帰属については理論上も事実の認定についても種々複雑困難な問題が生じるけれども，これらの権利は凡て原始的には映画製作会社に帰属し……，著作者以外の者が著作者との契約によって将来の著作物の著作権を取得すると定めた場合には，著作者以外の者は原始的に著作権者となるものではなく，一旦著作者に発生帰属した著作権を著作者より譲渡せられることによってはじめて承継著作権者となるのであ

り，更に原始的著作権者たる映画製作会社がその製作にかかる映画フィルムの配給
や上映の権利を他人に認めた場合にも，特段の理由のない限り，それは著作権乃至
その部分権の譲渡ではなく，著作物利用の契約であって，原始的著作権者はなおそ
の権利を喪失〔しない〕……と解すべきである」。

「前記の契約書からでは，Xが新東宝の製作する映画フィルムについて前記のよ
うな意味における著作権乃至その部分権を有するという事実を認めるに足らず，却
てXは新東宝からその製作した映画フィルムのプリントの配給をうけてXが更にこ
れを全国の上映館に配給するという著作物利用の許諾を得ているにすぎないと認め
られ……るから，Xは著作権にもとづく権利行使をなしうるものではない。」

このように大阪地決昭25・2・4「銀座三四郎」は，映画の著作権はすべて映画
製作会社に原始的に帰属するとの一般論を明確に述べている[22]。そして，これを
同事件にあてはめ，映画「銀座三四郎」の著作権はその製作会社である新東宝に原
始的に帰属するところ，前記映画製作供給契約の内容は，当該映画の著作権を新東
宝からXに譲渡するものとは認められないから，Xは，当該映画の著作権（上映
権）に基づく上映の差止めをなし得るものではないと判示している。こうした決定
内容は，前記ウの考え方のうち，「実際に創作活動をした本件各監督ではなく，映
画製作者であるX又は新東宝が原始的に著作権を取得する」という考え方をまさに
示すものといえる。とりわけこの事件は，債権者がX（東宝）であり，映画の公開
年（1950年）も本件映画1・2と同一であり，映画製作会社（新東宝）も本件映画
1・3と同一である点で，本件と事案が共通しており，本件各映画の著作者・原始
的著作権者を考える際にまずもって参照されるべき裁判例であるように思われる。

旧法下においても，この大阪地裁の決定は有力な裁判例として捉えられていたこ
とが窺える。例えば，日本映画連合会映画法制審議会『映画法制審議会報告書（映
画著作権に関する諸問題）』（日本映画連合会，1957年）16頁は，映画著作権の帰属に関
する各国の見解を列挙する中で，この決定を「製作者を著作者とする説」を採った
わが国の判例として位置づけている。また，伊藤信男編『著作権関係法令・判例・
文献総覧』（文部省，1956年）125〜126頁[23]も，この決定を旧法22条ノ3に関する
判例として位置づけている。いわく，「映画の著作権は何人に帰属するかという問
題は，……現在のところ，大体において，企業者たる映画製作会社に帰属せしめる
ことに異論はないようである。」「本件は，この点きわめてはっきりと，映画製作者
につき原始的に著作権が発生することを認めた。」「このように映画著作権の帰属に
ついて明瞭に見解を示した判例は他に見当らない」。さらに，久々湊伸一「映画著

作者決定のための一考察」著作権研究創刊号66頁（1967年）も，次のようにこの決定に言及している。「映画著作権が認められる場合に，それでは一体映画の著作者は誰れであるか。」「映画著作物の場合には，製作行為が極めて複雑であるところから，『これらの権利はすべて原始的に映画製作者に帰属する』〔注で大阪地裁昭和25年2月4日決定を引用〕と見ることも故なしとしないのである。」

（v）　続いて，①前掲『映画法制審議会報告書（映画著作権に関する諸問題）』，②日本映画製作者連盟映画法制審議会『映画法制審議会報告書』（日本映画製作者連盟，1960年），③同『映画法制審議会報告書』（日本映画製作者連盟，1962年），及び④日本映画製作者連盟映画法制審議会・著作権法改正対策委員会『映画法制審議会・著作権法改正対策委員会報告書』（日本映画製作者連盟，1964年）をみてみよう。

映画法制審議会は，映連加盟各社に共通する映画著作権問題の審議，立案及び調査研究を目的として，日本映画連合会（1957年6月に日本映画製作者連盟に改組）内に設けられた専門機関である（1953年2月設立）。基本的に月1回を例会として，1967年まで継続的に委員会が開催された。委員会の構成員は，松竹，X，大映，新東宝，東映の5社からなり，1957年より日活がこれに加わった。1961年に新東宝が映連を脱退したため，最終的には松竹，X，大映，東映，日活の5社に落ち着いた。委員長は，全期間，X取締役の馬淵威雄氏が務めた。馬淵氏はこの間，文部省の著作権制度調査会委員，著作権制度審議会委員を歴任し，映画法制審議会の意見を文部省に伝達する重要な役割を担った。上記報告書①は1953～1956年度，報告書②は1957～1960年度，報告書③は1961年度，報告書④は1963年度の各審議結果をまとめたものである[*24]。

映画法制審議会は，映画の著作者について次のように説明している。「委員会は左の諸点〔イ・ロ・ハ〕について確信を得るにいたった。イ．映画会社はその製作する映画の著作者である。ロ．映画会社は製作した映画の著作権を原始的に取得するものであって，製作関係者との契約その他によって承継取得するものでない。ハ．従って，映画会社はその製作した映画の著作財産権の主体となるばかりでなく，著作人格権の主体でもあり，従ってその帰属権，公表権，現状維持権，変更権を有する。」[*25]

また，監督との関係については次のように説明している。「〔戦前において監督等は〕会社の製作する映画がその会社の著作物であること，……したがって製作会社は映画著作の主体であることを，確信していた。」「〔敗戦後，旧作映画の再上映に対する追加報酬を請求する監督等に対し〕劇映画製作5社は，請求者の経済的事情に同

調して，ある程度，かれらの要求に応じた」が，それはあくまで「会社が製作映画の著作者であるとの主張を堅持」した上での「『挨拶料』の形式において」にすぎない*26。同様に，旧作映画のテレビ配給における監督等への追加報酬の支払に関しても，「〔監督等に〕放映のための許諾を得る必要はない」が，「〔監督等に〕テレビ用再編集の任に当らせ〔る関係上〕，その謝礼として支払う」ことにしたものにすぎず，「映連5社は，自社製作映画の著作者である」という「根本態度」に揺らぎはない*27。

その上で，映画法制審議会は，映画製作者の著作者としての地位を法律に明記するよう文部省に働きかけている。例えば，1954年11月に，「映画の製作の企業主体が映画著作者であり，従って著作人格権および著作財産権の主体であることを明確にしていただきたい。」とする要望書を著作権法改正特別委員会に提出している*28。また，1963年3月には，「〔映画は〕製作者の一貫した著作活動によって成立する単一の著作物であります。」「〔映画の〕著作主体は当然のこととして製作者であると私どもは確信しており，現行著作権法第22条ノ3，4もすでに私どもの確信を認めているものと存じます。」「製作者は製作した映画を具体的契機として，原始的に映画著作権を取得するものと確信いたします。」「監督の……業績は雇用その他の契約からいっても，当然に，製作者に帰属するものと，私どもは確信しております。」とする意見書を著作権制度審議会第4小委員会に提出している*29。

一方，映画の著作権の存続期間については次のように説明している。「映画連盟加盟各社は，その製作する映画を，それぞれ自社の著作名義をもつて発行または興行しております。このように会社の著作名義をもつて発行または興行された映画の著作権は，発行または興行のときから30年間継続するにすぎません（著作権法第6条）。」「保護期間の終了とともに，……著作物は公有に帰します。」「〔もっとも〕映画著作物が公有に帰しても，上映用プリントがなければ利用することはできません。ネガやプリントは，原則として映連各社がそれぞれ所有しています。しかも，ネガやポジの所有権は映画著作権の消滅後も永久に存続します。」「〔したがって〕会社は，その所有する上映用プリントを使用して著作権の消滅した映画を発行または興行することができます。」*30。

以上のように，映画法制審議会を通じてXは，首尾一貫して，映画の著作者は映画会社等の映画製作者以外にないこと*31，旧作映画の再上映やテレビ配給における監督等への追加報酬は挨拶料や謝礼にすぎず，映画会社が著作者であるという立場に揺らぎはないこと，映画会社の著作の名義をもつて興行された映画の著作権は

264 第1部 判例評釈

旧法6条により興行の時から30年間継続するにすぎないこと，そのため，映画の著作権消滅後は上映用プリントの所有権に基づく管理が重要になることを主張している。こうしたX（及び映連加盟各社）の主張もまた，上記イ・ウの考え方を示すものといえる。

(vi) 次に，蕚優美『条解著作権』（港出版社，1961年）をみてみよう。蕚は，1944年まで特許局審判長，出願課長，登録課長，商工省工務官等を歴任した人物であり，戦後は蕚工業所有権研究所主宰・弁理士として工業所有権関連の著作を多数発表している。その意味で蕚は，著作権法の専門家というわけではない。しかし本書は，蕚が，城戸芳彦『著作権法研究』（新興音楽出版社，1943年），同『著作権法と著作権条約』（全音楽譜出版社，1954年），榛村専一『著作権法概論』（巌松堂書店，1933年），勝本正晃『日本著作権法』（巌松堂書店，1940年），伊藤信男編『著作権関係法令・判例・文献総覧』（文部省，1956年），小林尋次『現行著作権法の立法理由と解釈』（文部省，1958年）の6冊を特に参考にして執筆した書籍であり＊32，本件各映画が公開された1950年代を含む当時の理解を確認するには適している。

本書において蕚は，映画の著作者及びその著作権の存続期間について次のように説明している。「わが国の通説は，映画フィルムの著作権が，原則としてフィルム製作者，又は映画会社等の映画企業者に帰属するものとしている。」「しかしこのように解するときは，わが著作権法が自然人たる著作者に一定の保護を与えることによってその創作意欲を高揚せしめもって文化社会の向上発展に寄与せしめようとする根本趣旨に反することになることは必定である。」＊33，「故に，通説の解するが如く映画著作権は映画企業者が原始的に取得するものとなすべきではな〔い。〕」＊34

「〔映画著作権の保護期間に関しては〕独創性を有するものは，第3条ないし第6条及び第9条の規定が適用される結果，……団体著作名義の映画は，発行又は興行のときより30年間保護される。」「映画フィルにおける著作権者は，製作者すなわち映画製作について必要な配備をした者である。この製作者が通例映画企業体であるとされることはすでに述べたとおりである。従って映画企業体が法人であるときは，通説に従えば当該映画著作権の保護期間は発行又は興行したときより30年間ということになるが，私は前述の如く，原始的には映画監督が映画著作権を取得するものと解する」＊35。

このように蕚は，自説としては，映画の著作者は映画監督であり，その実名を表示して興行した場合には，旧法3条により，当該映画の著作権はその映画監督の生存中及び死後30年間存続するとしている。しかしその一方で蕚は，このような見解

が一般的な考え方とは異なることを認めている。すなわち，蕚によれば，当時の通説は，映画会社等の映画企業者が映画著作権を原始的に取得するものと解していたという。そして，映画著作権の保護期間に関しても，映画会社の著作名義をもって興行された映画には旧法6条が適用される結果，興行の時から30年間となると解していたとする。こうした蕚の説明もまた，1961年当時の通説が前記イ・ウの考え方に近いことを示すものである（ただし，ウに関して蕚は，当時の通説が映画企業体を映画の原始的著作権者とする根拠を職務著作に求めていたとは述べていない）。

　もちろん，蕚のいう「通説」が何を意味するのかは問題である。もっとも，既にみたように，蕚が参考にした6冊の著作のうち，城戸2冊，榛村，伊藤の各著作は映画会社が映画の著作権を原始的に取得するとの見解・裁判例を提示していたのであり*36，蕚はこれらをもって当時の通説と理解していたものと考えられる。

　(vii)　最後に，内務省警保局図書課事務官として昭和6年改正（旧法22条ノ3新設）を担当した小林尋次（1928-1936年同事務官）の見解をみてみよう。小林は，「著作者は自然人に限るとすることが正論であるとするならば，映画会社は法人であるから，これを著作者と断定することは妥当を欠く。そこで昭和6年の立法当時は著作者は映画監督であると一応断定し，完成された映画の著作権は映画監督が，原始取得するものであるが，彼は映画会社の被傭者乃至専属契約下に在る者であるから，契約に基き，映画著作権は映画完成と同時に映画会社に移るものとする意見に統一して，国会に臨んだのであるが，国会では本件に関する質問を受けなかったので，答弁説明の機会なくして終った」と述べている*37。

　この小林の見解を昭和6年改正の立法者意思として捉える裁判例もあるが（東京地判平19・9・14判時1996号123頁［黒澤角川1審］），適切ではない。第1に，同改正の責任者であった赤木朝治（内務省衛生局長）は，1936年6月6日に内務省で開催された映画著作権懇談会において，映画会社が映画の著作権を原始的に取得する場合があることを当局の責任者として認めている（同席した小林も異論を述べていない）。いわく，「〔原則〕自然人でなければ著作者としてはならない，〔映画製作者が〕法人である場合には，当該創作者たる自然人から譲渡を受けなければならぬ。尤も〔映画〕会社の名に於て会社の著作として出した場合には，〔映画〕会社に著作権が生じます……やはり〔映画〕会社が権利を持たうとする場合には，さういふ譲渡の形式に依るか，然らずんば〔映画〕会社を著作名義として発行するといふことにしたいと考へます。」（下線筆者）*38。第2に，小林が改正担当官として執筆した22条ノ3の立法解説では，映画の著作物の著作者について全く言及がない*39。第3

266   第1部 判例評釈

に，前段落の引用文献において小林自身，改正時の内務省内の意見統一が大議論の末の「一応」のものにとどまることを認めている。それゆえ，小林の見解を立法者意思として捉えることは妥当でないように思われる。

　(ハ)　こうしてみると，旧法下の映画の著作権の存続期間に関するYの解釈を示す公的見解等が存在したとは認められないとする本判決の判示は，前記イ・ウの考え方に関しては説得力に欠けるように思われる。

　第1に，本判決は，前記イの考え方に関して，「団体名義で興行された映画は，自然人が著作者である旨が実名をもって表示されているか否かを問うことなく，全て団体の著作名義をもって公表された著作物として，旧法6条が適用されるとする見解」を示すような公的見解等が存在したとは認められないとしているが，前記(3)(b)(ロ)(ii)のとおり，これは榛村の見解そのものである。すなわち，榛村によれば，映画製作会社が著作の名義をもって映画を興行したときは，その映画の著作権は法律上一種の擬制により，実際の著作者ではない者があたかも著作したと同様に，映画製作会社に当然原始的に帰属するのであり，保護期間の計算についても実際の著作者は基準とならず，監督等の実名が表示されていたとしても旧法6条が適用されるとするのである。

　また，前記(3)(b)(ロ)(iii)(v)(vi)のとおり，城戸説や夢のいう1961年当時の通説，それにXを含む当時の映連加盟各社の運用は，映画会社の製作した映画が映画会社の著作の名義をもって興行された場合には，当該映画会社が著作者・原始的著作権者となり，かつその著作権の保護期間に関しては，旧法6条が適用されるとするのである。ここでは監督等の著作者性が否定されており，その実名が表示されているか否かによって旧法6条の適用の有無が変わるわけではない*40。

　第2に，本判決は，前記ウの考え方に関して，「旧法下の映画について，職務著作となる場合があり得るとしても，これが，原則として職務著作となることや，映画製作者の名義で興行したものは当然に職務著作となること」を示す公的見解等が存在したとは認められないとしているが，前記(3)(b)(ロ)(i)のとおり，これは柳井の見解そのものである。すなわち，柳井によれば，1929年当時，映画会社が撮影監督と雇用契約又は委託契約を結んで映画を製作するのが一般的であり，この場合，雇用者又は委託者である映画会社が著作者・原始的著作権者となるとともに，当該映画が映画会社の著作名義をもって興行された場合には旧法6条の保護期間が適用される，とするのである。また，前記(3)(b)(ロ)(v)のとおり，Xを含む当時の映連加盟各社も同様の見解を採っていたのである。

加えて，前記(3)(b)(ロ)(iii)(vi)のとおり，城戸説や夢のいう1961年当時の通説は，特に職務著作を要件とすることなく，「映画会社が原始的に著作権を取得し，著作権の存続期間については，旧法6条が適用される」とする考え方を示していたのである。

さらに，前記(3)(b)(ロ)(iv)のとおり，大阪地決昭25・2・4は，本件映画1・2と同じ1950年に公開され，本件映画1・3と同じ新東宝が製作した映画「銀座三四郎」について，実際に創作活動をした市川崑監督ではなく，映画製作者である新東宝が原始的に著作権を取得すると判示していたのである。そして，この決定は，旧法下において有力な裁判例として位置づけられていたのである。

(4) おわりに

以上の検討から浮き彫りとなるのは次のような問題である。すなわち，本件の上告審では，Yが原審判決中のX勝訴部分について不服申立てをしなかった。そのため，本判決は，〈本件各映画は本件各監督を著作者の一人としてその実名をもって公表された著作物であり，その著作権の存続期間には旧法3条が適用される〉ことを前提として，著作権侵害にかかるYの過失の有無を判断している。しかしながら，旧法下の有力な学説や裁判例，Xを含む映連加盟各社の当時の運用に照らせば，この前提自体に疑義があるのではないか。それゆえ，Yが本件行為の時点で非侵害との解釈を採用したことに相当な理由がないとした本判決の結論にも，再考の余地があるのではないか[41]。

本稿が今後の議論の呼び水になれば望外の喜びである。

〔注〕

＊1　旧法22条ノ3は次のように規定している。「活動写真術又は之と類似の方法に依り製作したる著作物の著作者は文芸，学術又は美術の範囲に属する著作物の著作者として本法の保護を享有す。其の保護期間に付ては独創性を有するものに在りては第3条乃至第6条及第9条の規定を適用し之を欠くものに在りては第23条〔写真著作権の保護期間：発行後10年間〕の規定を適用す。」（下線筆者）

＊2　格安DVD訴訟の全体像につき，辻居幸一＝小和田敦子・後掲参考文献137頁参照。

＊3　例えば，東京地判平19・8・29判時2021号108頁〔チャップリン1審〕，東京地判平21・7・31（平20（ワ）6849号）〔黒澤東宝損害賠償〕，知財高判平21・1・29判タ1304号282頁〔黒澤松竹2審〕，知財高判平21・9・15（平21（ネ）10042号）〔黒澤角川損害賠償2審〕では，過失が肯定されている。

＊4　原審は次のように付言している。「当審においては，原審〔第1審〕でY訴訟代理人を務めた弁護士が控訴状提出後に辞任し，新たに訴訟代理人が委任されず，しかも，Yの代表者は手術を伴う入院加療により，簡潔な控訴理由書を提出し，第1回口

頭弁論期日に出頭してこれを陳述したほかは，何ら主張立証をしなかったため，Yの主張立証は不十分にすぎ，事案の具体的な真相，時代背景等の解明がはなはだ不十分であり，そうした事実関係を前提としての判断にならざるを得なかったものである。」

*5　知財高判平20・2・28判時2021号96頁〔チャップリン2審〕参照。

*6　知財高判平20・7・30判タ1301号280頁〔黒澤角川2審〕参照。

*7　辻居＝小和田・前掲*2・122頁。

*8　こうした本判決によるYの主張の整理が，第1審判決におけるYの主張の整理と相違している点につき，金子敏哉・後掲参考文献228頁注21）。

*9　柳井義男『活動写真の保護と取締』（有斐閣，1929年）103～104頁，城戸芳彦『著作権法と著作権条約』（全音楽譜出版社，1954年）163頁。

*10　加藤厚子「柳井義男『活動写真の保護と取締』解説」牧野守監修『日本映画論言説体系第Ⅱ期　映画のモダニズム期第12巻　活動写真の保護と取締（柳井義男）』（ゆまに書房，2004年）1頁・3頁。

*11　柳井・前掲*9・118～119頁。

*12　柳井・前掲*9・103～104頁。

*13　本書の元になった『著作権法（現代法学全集第29・30・32・33巻）』（日本評論社，1930年）のほか，『新聞紙法（現代法学全集第34・35巻）』（日本評論社，1930年），『出版法（現代法学全集第36巻）』（日本評論社，1931年）等の著作がある。

*14　榛村専一『著作権法概論』（巌松堂書店，1933年）83～84頁。

*15　榛村・前掲*14・90～91頁。

*16　榛村・前掲*14・93頁。

*17　榛村・前掲*14・83頁。

*18　榛村は職務上の著作と団体名義著作を区別している（こうした区別はその後の学説や著作権制度審議会でも踏襲された）。榛村によれば，前者は，契約に基づく監督等から映画会社への著作権の移転をもたらすにとどまるが，後者の団体名義著作が成立する場合には，著作権は映画会社に原始的に帰属し，存続期間についても旧法6条が適用されるとする（前掲*14・84頁，92～93頁・83頁）。旧法下における団体名義著作と職務上の著作の区別について詳しくは，拙稿「著作権法15条1項をめぐる系譜的考察」学会年報39号73～83頁・116～123頁（2016年）。

*19　城戸・前掲*9・124～125頁。城戸芳彦『著作権法研究』（新興音楽出版社，1943年）273～274頁にも同旨の記述がある。

*20　城戸・前掲*9・163頁。城戸・前掲*19・301頁も同旨。

*21　このほかにも城戸は，『著作権法改正私案』（文部省管理局，1950年）において，映画に企業者の著作名義を表示した場合には，その企業者を映画の著作者とみなす規定の新設を提案している（同37～38頁）。

*22　決定が，映画会社が原始的著作権者となり，著作者以外の者は原始的に著作権者となるものではないと述べていることからすれば，映画会社を著作者と捉えているものと解される。

*23　本書は，文部省から依嘱を受けた伊藤信男氏（元内務省警保局図書課著作権掛主

21　最高裁〔三小〕平成24年1月17日判決　　*269*

任・弁護士）が，旧法の各条文に関係する諸外国の法令，判例，文献を収録・編纂したものである。その序において，文部省社会教育局著作権課は次のように述べている。「本書は，著作権に関する既存の判例をことごとく収め，また関係法令，文献についても主要なものは漏らすことなく集録しており，この種の刊行物としてはわが国において最初のものであると言って過言ではない。著作権に関する貴重な資料として参考に供したいと考える。」

＊24　映画法制審議会の報告書は，管見の限り，『映画法制審議会報告書』又は『映画法制審議会・著作権法改正対策委員会報告書』という名称で計8冊刊行されている。これらの報告書は，文部省や映画関係者に広く配布されていたようである。

＊25　日本映画連合会映画法制審議会『映画法制審議会報告書（映画著作権に関する諸問題）』（日本映画連合会，1957年）9〜10頁。

＊26　日本映画連合会映画法制審議会・前掲＊25・62〜65頁。日本映画製作者連盟映画法制審議会『映画法制審議会報告書』（日本映画製作者連盟，1960年）1〜2頁も同旨。

＊27　日本映画製作者連盟映画法制審議会・著作権法改正対策委員会『映画法制審議会・著作権法改正対策委員会報告書』（日本映画製作者連盟，1964年）Ⅲ頁・94〜95頁。

＊28　日本映画連合会映画法制審議会・前掲＊25・41頁。

＊29　日本映画製作者連盟映画法制審議会・著作権法改正対策委員会・前掲＊27・103〜104頁。

＊30　日本映画製作者連盟映画法制審議会『映画法制審議会報告書』（日本映画製作者連盟，1962年）84〜85頁。

＊31　馬淵威雄「映画著作者は製作者以外にはない」ジュリ329号（1965年）42頁も参照。

＊32　蕚優美『条解著作権』（港出版社，1961年）4頁。

＊33　蕚・前掲＊32・174〜175頁。

＊34　蕚・前掲＊32・176頁。

＊35　蕚・前掲＊32・177頁。

＊36　勝本正晃『日本著作権法』（厳松堂書店，1940年）の立場は若干曖昧である。勝本はまず，「映画フィルムの著作権は原則として，フィルム製作者（Producer），又は製作名義人なる映画会社其他に属するものと解すべく，之等と，前掲の各種の操作担当者間には，雇傭，委任等の関係が存するものと解すべきである」としている（102〜103頁）。これが原始的帰属を意味するのかどうかであるが，独創性を有する映画の著作権の存続期間の記述をみると，旧法3条が適用される旨の記述しかない（103頁）。そうすると勝本説は，著作者はあくまで映画脚本作者や映画監督者等の操作担当者であり，映画会社等はこれらの者からその著作権を契約により取得するとの立場であると解される。勝本正晃「映画の著作権」同『現代文化と著作権』（雄渾社，1956年，初出1938年）334頁も参照。

＊37　小林尋次『現行著作権法の立法理由と解釈』（文部省，1958年）115頁。

＊38　赤木朝治ほか「映画著作権懇談会」日本映画昭和11年8月号（1936年）84頁。

＊39　小林尋次「著作権法中改正法律に就て」法時3巻6号（1931年）50〜53頁。

＊40　蕚・前掲＊32・98頁も参照（団体名義の著作物の一部について著作者の実名が表示

されている場合，その一部については旧法6条の適用が排除されるか，という問いを立てた上で，旧法6条はこのような複雑な法律関係の発生を防止することにその立法趣旨があるものと考えられるから，旧法6条の適用は排除されないと説明している）。

*41　作花文雄「旧法映画をめぐる裁判例の蓄積と規律の不安定性」コピライト595号（2010年）52～53頁，岡邦俊・後掲参考文献82～83頁，佐田元眞己・後掲参考文献97～102頁，板倉集一・後掲参考文献211頁。

■参考文献
本判決に関する評釈として以下のものがある。
・小泉直樹・ジュリ1439号（2012年）6頁
・金子敏哉・新判例解説 Watch（法セ増刊）11号（2012年）225頁
・岡邦俊・JCA ジャーナル59巻6号（2012年）80頁
・佐田元眞己・ぷりずむ10巻117号（2012年）89頁
・才原慶道・平成24年度重判解269頁
・岡野功・パテ66巻14号（2013年）106頁
・中村合同特許法律事務所編『知的財産訴訟の現在：訴訟代理人による判例評釈』（有斐閣，2014年）117頁〔辻居幸一＝小和田敦子〕
・小泉直樹ほか編『著作権判例百選〔第5版〕』（有斐閣，2016年）210頁〔板倉集一〕
・小泉直樹ほか編『著作権判例百選〔第6版〕』（有斐閣，2019年）182頁〔三山裕三〕

22 歌手の肖像写真等の無断利用と不法行為／パブリシティ権の侵害——ピンク・レディー事件

最高裁〔一小〕平成24年2月2日判決
〔平成21年（受）第2056号損害賠償請求事件〕
〔民集66巻2号89頁・判時2143号72頁・判タ1367号97頁〕

一橋大学大学院法学研究科教授 **井上由里子**

事実の概要

　本件は，著名な芸能人であるXら（原告，控訴人，上告人）が，Xらを被写体とする写真を無断で週刊誌に掲載した出版社Y（被告，被控訴人，被上告人）に対し，Xらの肖像が有する顧客吸引力を排他的に利用する権利が侵害されたと主張して，不法行為に基づく損害賠償を請求した事案である。

　Xらは，女性デュオ「ピンク・レディー」を結成し歌手として活動し，昭和50年代に幅広い世代の支持を受け，その曲の振り付けをまねることが全国的に流行した。

　出版社Y（被告，被控訴人，被上告人）は，平成19年に発行した女性週刊誌（縦26cm，横21cmのAB変型判，約200頁。以下，「本件雑誌」という。）に，「ピンク・レディーdeダイエット」と題する記事（以下，「本件記事」）を掲載した。本件記事は，前年秋頃にダイエットに興味をもつ女性を中心に流行していたピンク・レディーの曲の振り付けを利用したダイエット法を解説することなどを内容とする計3頁の記事で，文章やイラストに加え，Xらを被写体とする14枚の白黒写真（縦2.8cm×横3.6cmないし縦8cm×10cm）（以下，「本件各写真」）が使用されていた。本件各写真はかつてXらの承諾を得てY側カメラマンにより撮影されたものだが，本件雑誌への掲載はXらに無断でなされた。

　第一審（東京地判平20・7・4判時2023号152頁）は，「芸能人等の氏名，肖像等の使用行為がパブリシティ権を侵害する不法行為を構成するか否かは，その使用行為

272 第1部 判例評釈

の目的，方法及び態様等を全体的かつ客観的に考察して，その使用行為が当該芸能人等の顧客吸引力に着目し，専らその利用を目的とするものであるといえるか否かによって判断すべきである」と判示したうえで，本件各写真の使用はＸらの顧客吸引力に着目し専らその利用を目的とするものであると認めることはできず，Ｘらのパブリシティ権を侵害するとはいえないとして，Ｘらの請求を棄却した。

控訴審（知財高判平21・8・27判時2060号137頁）は，「著名人の氏名，肖像の使用が違法性を有するか否かは，著名人が自らの氏名・肖像を排他的に支配する権利と，表現の自由の保障ないしその社会的に著名な存在に至る過程で許容することが予定されていた負担との利益衡量の問題として相関関係的にとらえる必要があるのであって，その氏名・肖像を使用する目的，方法，態様，肖像写真についてはその入手方法，著名人の属性，その著名性の程度，当該著名人の自らの氏名・肖像に対する使用・管理の態様等を総合的に観察して判断されるべきもの」であるとしたうえで，本件事案へのあてはめにおいて違法性を否定し，控訴を棄却した。

Ｘらが上告及び上告受理申立てをしたところ，上告受理決定がなされた。

判　　旨

上告棄却。

(1)　パブリシティ権の法的性質と侵害の判断基準

「人の氏名，肖像等（以下，併せて『肖像等』という。）は，個人の人格の象徴であるから，当該個人は，人格権に由来するものとして，これをみだりに利用されない権利を有するものと解される（氏名につき，最高裁昭和58年（オ）第1311号同63年2月16日第三小法廷判決・民集42巻2号27頁，肖像につき，最高裁昭和40年（あ）第1187号同44年12月24日大法廷判決・刑集23巻12号1625頁，最高裁平成15年（受）第281号同17年11月10日第一小法廷判決・民集59巻9号2428頁各参照）。そして，肖像等は，商品の販売等を促進する顧客吸引力を有する場合があり，このような顧客吸引力を排他的に利用する権利（以下『パブリシティ権』という。）は，肖像等それ自体の商業的価値に基づくものであるから，上記の人格権に由来する権利の一内容を構成するものということができる。他方，肖像等に顧客吸引力を有する者は，社会の耳目を集めるなどして，その肖像等を時事報道，論説，創作物等に使用されることもあるのであって，その使用を正当な表現行為等として受忍すべき場合もあるというべきである」。

「そうすると，肖像等を無断で使用する行為は，〔1〕肖像等それ自体を独立して鑑賞の対象となる商品等として使用し，〔2〕商品等の差別化を図る目的で肖像等を商

品等に付し，〔3〕肖像等を商品等の広告として使用するなど，専ら肖像等の有する顧客吸引力の利用を目的とするといえる場合に，パブリシティ権を侵害するものとして，不法行為法上違法となると解するのが相当である」。

　(2)　事案へのあてはめ

　「これを本件についてみると，……Ｘらは，昭和50年代に子供から大人に至るまで幅広く支持を受け，その当時，その曲の振り付けをまねることが全国的に流行したというのであるから，本件各写真のＸらの肖像は，顧客吸引力を有するものといえる」。

　「しかしながら，……本件記事の内容は，ピンク・レディーそのものを紹介するものではなく，前年秋頃に流行していたピンク・レディーの曲の振り付けを利用したダイエット法につき，その効果を見出しに掲げ，イラストと文字によって，これを解説するとともに，子供の頃にピンク・レディーの曲の振り付けをまねていたタレントの思い出等を紹介するというものである。そして，本件記事に使用された本件各写真は，約200頁の本件雑誌全体の３頁に使用されたにすぎない上，いずれも白黒写真であって，その大きさも，縦2.8cm，横3.6cmないし縦８cm，横10cm程度のものであったというのである。これらの事情に照らせば，本件各写真は，上記振り付けを利用したダイエット法を解説し，これに付随して子供の頃に上記振り付けをまねていたタレントの思い出等を紹介するに当たって，読者の記憶を喚起するなど，本件記事の内容を補足する目的で使用されたものというべきである」。

　「したがって，Ｙが本件各写真をＸらに無断で本件雑誌に掲載する行為は，専らＸらの肖像の有する顧客吸引力の利用を目的とするものとはいえず，不法行為法上違法であるということはできない」。

　(3)　補足意見

　本判決は全員一致によるものであったが，金築誠志裁判官の補足意見が付されている。

　「肖像等の無断使用が不法行為法上違法となる場合として，本判決が例示しているのは，ブロマイド，グラビア写真のように，肖像等それ自体を独立して鑑賞の対象となる商品等として使用する場合，いわゆるキャラクター商品のように，商品等の差別化を図る目的で肖像等を商品等に付する場合，肖像等を商品等の広告として使用する場合の三つの類型であるが，これらはいずれも専ら顧客吸引力を利用する目的と認めるべき典型的な類型であるとともに，従来の下級審裁判例で取り扱われた事例等から見る限り，パブリシティ権の侵害と認めてよい場合の大部分をカバー

できるものとなっている」。「これら三類型以外のものについても，これらに準ずる程度に顧客吸引力を利用する目的が認められる場合に限定することになれば，パブリシティ権の侵害となる範囲は，かなり明確になる」。

「なお，原判決は，顧客吸引力の利用以外の目的がわずかでもあれば，『専ら』利用する目的ではないことになるという問題点を指摘しているが，例えば肖像写真と記事が同一出版物に掲載されている場合，写真の大きさ，取り扱われ方等と，記事の内容等を比較検討し，記事は添え物で独立した意義を認め難いようなものであったり，記事と関連なく写真が大きく扱われていたりする場合には，『専ら』といってよく，この文言を過度に厳密に解することは相当でないと考える」。

解　　説

(1)　本判決の意義

芸能人等著名人の氏名・肖像等の顧客吸引力は大きな経済的価値を有しており，その利活用はエンターテインメント・ビジネスの不可欠な要素となっている。「パブリシティ権」は，こうした顧客吸引力ある著名人の氏名・肖像等の利用をコントロールするために生み出された法理論である。

成文法に明文の定めのないパブリシティ権は，昭和50年代から下級審裁判例の蓄積により形成されてきた。「パブリシティの権利（right of publicity）」の発祥の地は米国であり，わが国でも「パブリシティ権」という米国由来の語が定着している。

本判決は，人の氏名・肖像等が有する顧客吸引力を排他的に利用する権利として「パブリシティ権」を承認した初めての最高裁判決である。パブリシティ権を「人格権に由来する権利の一内容」と位置づけるとともに，侵害成立の判断基準を示した点で重要な意義を有している。

もっとも，本件は不法行為に基づく損害賠償請求がなされた事案であり，パブリシティ権に基づく差止請求の可否について直接判断を示した事例ではない。また，結論としてパブリシティ権侵害を否定しており，パブリシティ権侵害に基づく損害賠償額の算定方法などを示したものでもない。パブリシティ権の内容についてはなお不分明な点が多く残されており，権利の内包と外延の明確化は今後の学説・裁判例の発展に委ねられている。

(2)　判例によるパブリシティ権の生成・発展

(a)　米国での「パブリシティの権利」の誕生

わが国に影響を与えたといわれている米国では，どのような経緯でパブリシティ

の権利が誕生したのだろうか。

パブリシティの権利は，沿革をたどると，19世紀末に新たな権利として認知された「プライバシーの権利」[1]から派生した権利である。「パブリシティの権利」が生まれたのは，プロ・スポーツやハリウッド映画などエンターテインメント・ビジネスが隆興を極め，著名スポーツ選手や芸能人の氏名・肖像等の経済的利用価値が著しく高いものとなった1950年代のことである。

1953年，著名なプロ野球選手の肖像写真の利用に関して争われた Haelan Laboratories, Inc. 事件判決[2]において，リーガル・リアリズム法学の主導者の一人として知られる Jerome Frank 判事は，「プライバシーの権利」とは別個独立の「パブリシティの権利」をコモンロー上の財産的権利として認めた。翌1954年，著作権法の泰斗である Melville B. Nimmer 教授が「パブリシティの権利」の根拠と内容について論じた論文[3]を発表した。同論文が「パブリシティの権利」の理論的基礎を築いたといわれている[4]。

(b) **下級審裁判例での「パブリシティ権」の承認**

米国の学説・裁判例の影響を受け[5]，わが国でも1970年代になって著名人の氏名・肖像等の利用についてパブリシティ権を実質的に肯定する裁判例が現れるようになった[6]。

パブリシティ権という言葉こそ用いていないものの，実質的に最初の例とされているのは，1976年の東京地判昭51・6・29判時817号23頁〔マーク・レスター事件〕である。俳優のマーク・レスターが映画「小さな目撃者」での出演場面をタイアップ広告に無断で利用されたことに対して不法行為に基づく損害賠償を請求したという事案で，裁判所は，芸能人はプライバシーの権利が制限される一方，自らの勝ち得た名声により，人格的利益とは別に，自己の氏名や肖像を対価を得て第三者に専属的に利用させる経済的利益を有するとしたうえで，本人の承諾の範囲を超えてその氏名や肖像を営業活動に利用する行為は不法行為を構成するなどと述べ，損害賠償請求を認容している。

これを契機に，著名人の肖像の無断利用について仮処分を認めた事例が続き[7]，東京地判平元・9・27判時1326号137頁〔光 GENJI 事件〕では，「パブリシティ権」という語が初めて用いられている。

マークレスター事件判決は損害賠償請求を認めたものであるが，本案訴訟で差止請求を認めた最初の事例は東京高判平3・9・26判時1400号3頁〔おニャン子クラブ事件（控訴審）〕である。アイドル・グループのおニャン子クラブの氏名・肖像を

無断で用いたカレンダーを販売する行為に対して，裁判所は，芸能人の氏名，肖像のもつ顧客吸引力は当該芸能人の獲得した名声，社会的評価，知名度等から生ずる独立した経済的利益ないし価値として把握することが可能であって，当該芸能人はかかる顧客吸引力をもつ経済的利益ないし価値を排他的に支配する財産的権利を有するとし，「パブリシティ権」という言葉は用いなかったものの，当該財産的権利に基づいて損害賠償とともに差止請求も認容した。

氏名・肖像等の利用についての人格的利益や，人格権，プライバシーの権利などとの関係で不明瞭な点は残されていたが，顧客吸引力ある著名人の氏名・肖像等の利用に係る財産的利益を保護する権利として「パブリシティ権」は定着し，その法的権利性を前提とした多くの下級審裁判例が蓄積されていった。

パブリシティ権侵害の典型とされるのは，宣伝広告利用型（前掲マーク・レスター事件），商品化利用型（前掲おニャン子クラブ事件（控訴審））であるが，様々な利用態様，紛争類型でパブリシティ権侵害の成否が争われている*8。平成10年代以降は，雑誌や書籍など出版物への使用を巡る多くの紛争が裁判所に持ち込まれていた*9。

(c) 最高裁による「物のパブリシティ権」の否認

宣伝広告や商品化事業への活用が可能な顧客吸引力のある客体は，芸能人等の氏名・肖像に限らない。一般に広く知られた動物や事物などの「物」にも，商品の販売等を促進する顧客吸引力が存する場合がある。人の氏名・肖像等の利用についての「パブリシティ権」が定着するにつれ，顧客吸引力ある「物」についてパブリシティ権を主張する例が現れた*10。

最高裁まで争われたのが，GIなどに出走する実在の競走馬の名前を使用した競馬ゲームを販売する行為について馬の所有者がパブリシティ権を主張して差止・損害賠償を請求した事案である*11。

最判平16・2・13民集58巻2号311頁〔ギャロップレーサー事件（上告審）〕は，大要，以下のように述べて「物のパブリシティ権」を否定した。物の名称の使用など，物の無体物としての面の利用に関しては，商標法，著作権法，不正競争防止法等の知的財産権関係の各法律が，一定の範囲の者に対し，一定の要件の下に排他的な使用権を付し，その権利の保護を図っているが，その反面として，その使用権の付与が国民の経済活動や文化的活動の自由を過度に制約することのないよう，各法律は権利の発生原因，内容，範囲，消滅原因等を定め，その排他的な使用権の及ぶ範囲，限界を明確にしており，上記各法律の趣旨，目的に鑑みると，競走馬の名称

が顧客吸引力を有するとしても，法令等の根拠もなく競走馬の所有者に対し排他的な使用権等を認めることはできない，と。

(d)　本判決におけるパブリシティの権利の承認

以上にみたように，顧客吸引力のある著名人等の氏名・肖像等の利用について，下級審レベルで「パブリシティ権」が承認され定着していった。最高裁では，「物のパブリシティ権」を否定した例はあるのみで，著名人等の氏名・肖像等について「パブリシティ権」を正面から承認した最高裁判決は本件判決が初めてである。

(3)　パブリシティ権の法的性質

パブリシティ権は，どのような法的性質をもつのであろうか。パブリシティ権は人格権の一種とされるプライバシーの権利から派生して発展したという沿革を有する。その法的性質については，一方にはその出自である人格権との牽連性を強調するアプローチと，他方には人格権と区別される財産的権利であることを強調するアプローチの双方があり得る[12]。実際，わが国の学説も，人格権説と財産権説に大別される[13]。

(a)　人格権説

人格権説は，パブリシティ権を人格権の一種と捉える。氏名・肖像等の利用に関する人格権には人格的利益の保護と財産的利益の保護の両方が含まれるとする一元的な構成である[14]。

人格権説の下では，一身専属性を有する人格権の性格から譲渡性が否定され，本人の死によって権利は消滅し相続性が否定されるのが一般である[15]。人格権を根拠とすれば制定法の明文の根拠がなくとも差止めが認められやすいという実務上の利点もある[16]。また，人格権と位置づける以上，「物のパブリシティ権」は否定されることになる。

(b)　財産権説

これに対して，財産権説は，人格的利益の保護とは独立した財産的権利としてパブリシティ権を把握する。人の氏名・肖像等の利用について，人格権と財産権を二元的に把握する考え方である[17]。「排他的に支配する財産的権利を有する」とした前掲おニャン子クラブ事件（控訴審）がその例であり，財産権の排他性に基づく差止請求を認めるところに特徴がある。

人格権のくびきから解き放たれて，譲渡性，死後の権利の存続の有無・相続性などについて，論者各々がバラエティに富んだ権利の内容を提唱している[18]。

パブリシティ権の名の下で争われる著名人の氏名・肖像等に経済的利益を生む顧

278 第1部 判例評釈

客吸引力があることは紛れもない社会的事実である。しかし，顧客吸引力があり経済的価値が認められるというだけで，知的財産諸法など法令上の根拠なしに排他性ある財産権を認めることは物権法定主義に反することになるとの批判がある[19]。

(c) 本判決の意義

(イ) 物の名称や影像についてパブリシティ権を否定した前掲ギャロップ・レーサー事件（上告審）は，法令上の根拠もなく安易に排他的権利を認めることは許されないと判示した。その理由づけは，財産権説に対する批判にも重なるところがあり，同判決以降は人格権説が下級審裁判例で主流になっていった[20]。

本判決は，パブリシティ権を「人格権に由来する権利」とした本判決が人格権説と財産権説のいずれを採ったかといえば，人格権説と解するのが一般的な理解である[21]。

ただ，「人格権に由来する権利」の具体的意味内容は必ずしも明白といえない。本判決の調査官解説では，本判決を人格権説に位置づけながら，パブリシティ権は「母権たる人格権と『へその緒』でつながってはいるものの，……財産的利益を保護する知的財産権」であるとし，二元論的構成をとったものと説明されている[22]。本判決の示したパブリシティ権の法的性質についての理解には論者によって相違があることに留意が必要である[23]。

(ロ) 「人格権に由来する権利」としてのパブリシティ権はどのような姿になるのだろうか。救済手段，死後の権利の帰趨・相続性，譲渡性，芸能人の所属するプロダクションの訴権の有無など，従来学説で論じられてきた論点について検討をしておこう[24]。

救済手段について，本判決は不法行為に基づく損害賠償請求の事案であるものの，人格権に由来する「排他的権利」であると判示しており，パブリシティ権に基づく差止請求も認められると考えてよいだろう[25]。実際，本判決後，差止請求を認めた下級審裁判例が現れている[26]。

損害賠償請求に関しては，人格権に基づき財産的な損害の損賠賠償も認められるかという問題がある。この点，侵害の対象となる権利が人格権だからといって生ずる損害が非財産的なものにとどまるとは限らず，人格権由来のパブリシティ権に基づいて財産的損害の賠償を請求することに支障はないと解されている[27]。

死後の権利の存続・相続性については，人格権に由来する権利である以上，死者のパブリシティ権を認めることは一般的には困難であり，相続性も否定されることになろう[28]。もっとも，本人の死亡によりあらゆる法的保護が消滅するわけでは

なく，不正競争防止法などにより実質的に保護を受ける余地がある*29。

　人格権説の下ではパブリシティ権の譲渡性は否定するのが自然であるが，肖像等の独占的ライセンス契約は有効たり得るし*30，独占的ライセンスに関する解釈論により芸能人の所属するプロダクションの訴権を認めることも可能であろう*31。

　こうしてみると，人格権に由来する権利と位置づけた場合に，パブリシティ権の内容が実務の要請から大きく乖離した不合理なものになる心配はなさそうである。

(4)　パブリシティ権侵害の判断基準

(a)　従来の下級審裁判例及び学説

　顧客吸引力ある氏名・肖像等のどのような使用行為がパブリシティ権侵害を構成するのだろうか。従来の裁判例・学説は下記のように分かれていた。

　(イ)　「専ら」基準説　　本件第一審判決は，「他人の氏名・肖像等を使用する目的，方法及び態様を全体的かつ客観的に考察し，上記利用が当該芸能人の顧客吸引力に着目し，専らその利用を目的とするものであるといえるか否かによって判断すべきである」と判示している。これがいわゆる「専ら」基準であり，近時の下級審裁判例で主流となっていた*32。

　「専ら」基準説は，表現の自由等を害することのない範囲におさまるようパブリシティ権の内容の限界づけを図るものである。個別の事案ごとに顧客吸引力の保護と表現の自由との直接の利益衡量を図る後述の総合考慮説の判断手法と比べて，表現の自由の確保に配慮した手法といえる。ただ，「専ら」性の判断も様々な関連要素を総合考慮するというものであり，予測可能性が必ずしも高いとはいえない*33。

　(ロ)　利用類型限定説　　「専ら」性という規範的な判断基準だけでは予測可能性を確保するのに十分とはいえず，特に出版物への利用について表現の自由への萎縮効果が生じるという問題意識から，多くの学説は，侵害を構成する具体的な利用類型を特定することでパブリシティ権を限界づけようとしてきた。それが利用類型限定説であり，一般には，宣伝広告利用型と商品化利用型のいずれかに該当する場合に限るべきであるとされていた*34。下級審裁判例では，東京地判平17・8・31判タ1208号247頁〔＠ブブカ事件〕がこの基準を採用している。

　(ハ)　総合考慮説　　表現の自由等との衡量の手法において，「専ら」基準説やそれにさらに限定をかけようとする利用類型限定説とは原理的に異なるアプローチをとるのが総合考慮説である。

　本件の控訴審判決は，「著名人が自らの氏名・肖像を排他的に支配する権利と，

表現の自由の保障ないしその社会的に著名な存在に至る過程で許容することが予定されていた負担との利益衡量の問題として相関的にとらえる必要があるのであって，その氏名・肖像を使用する目的，方法，態様，肖像写真についてはその入手方法，著名人の属性，その著名性の程度，当該著名人の自らの氏名・肖像に対する使用・管理の態様等を総合的に観察して判断されるべき」であると判示している[35]。このように，総合考慮説は，パブリシティ権と表現の自由の直接的な利益衡量を行う判断手法である。

　総合考慮説は，裁判所が個別事案に対するきめ細かな衡量を行うので，結論の具体的妥当性を向上させる。他方で，事前に結論を予測するのは容易でなく予測可能性は低くならざるを得ない。パブリシティ権の保護と表現の自由の保障との直接的な利益衡量は，結果として表現の萎縮効果を深刻化させるという問題が指摘されている[36]。

　㈡　商業的利用基準説　　東京高判平18・4・26判時1954号47頁〔ブブカ・スペシャル7事件（控訴審）〕は，「著名な芸能人の名声，社会的評価，知名度等，そしてその肖像等が出版物の販売促進のために用いられたか否か，その肖像等の利用が無断の商業的利用に該当するかどうか」を基準として示し，雑誌への肖像写真の利用についてパブリシティ権侵害を認めた。

　出版物のほとんどは営利で販売されている。「商業的利用」に該当するか否かという緩やかな基準を設定するこの説に対しては，表現の自由が脅かされるという批判がある[37]。

(b)　グラビア的使用とパブリシティ権侵害

　ここまでみてきたように，パブリシティ権侵害の判断基準は，パブリシティ権と表現の自由の保障とのバランスをいかにして図るかという観点から議論がなされてきた。最も先鋭にこの問題が浮かび上がるのは，出版物への利用である。

　出版物への利用でも，特定のアイドルの写真集であればパブリシティ権侵害を肯定することに異論はほとんどない。だが，雑誌の一部に肖像写真が利用される，いわゆるグラビア的使用について学説は分かれる。グラビア的使用につき一律にパブリシティ権侵害を否定する見解もあるが[38]，多くは，一定の場合には侵害が認められるという立場に立つ。白黒・カラーの別，写真の大きさ，加工の有無や程度，雑誌全体に比した頁数の多寡，付される記事やコメントの内容や写真との関係性，などの点で様々なグラビア的使用があり得るところ，どのような基準でパブリシティ権侵害の成否を判断していくのかが論じられていた[39]。

(c) **本判決の意義**

(イ)　以上のように下級審裁判例・学説において，パブリシティ権侵害の成否の判断基準は分かれていたが，本判決は，「専ら」基準説を採ったうえで，パブリシティ権侵害となる行為類型として3つの類型を例示列挙した。「肖像それ自体を独立して鑑賞の対象となる商品等として使用」する場合（第1類型），「商品等の差別化を図る目的で肖像等を商品等に付」す場合（第2類型），及び「肖像等を商品等の広告として使用する」場合（第3類型）の3つである。

金築裁判官の補足意見は，第1類型についてブロマイドやグラビア写真，第2類型についてキャラクター商品を具体例として挙げ，例示された類型の具体化を図っている[40]。また，3類型以外のものについては，これらに準ずる程度に顧客吸引力を利用する目的が認められる場合に限って侵害を肯定すべきものであるとし，行為類型の拡大に歯止めをかけている。

(ロ)　第1類型と第2類型は，従来の学説でいう商品化利用型[41]，第3類型は宣伝広告利用型に対応すると解される。

総じてみると，本判決の提示した判断基準は，3類型とそれに準ずる範囲に利用類型を絞り込み権利の外延の明確性を可及的に高めることで，表現の自由等に対する萎縮効果が生じないよう配慮したものである。表現の自由等との直接の利益衡量を行う総合考慮説はもとより，利用類型の縛りのない「専ら」基準説と比較しても，表現の自由に対する弊害を抑制する基準が採用されたと評価できる[42]。実質的には利用類型限定説をとったものといい得るだろう。

(ハ)　だが，グラビア的使用の限界事例については，本判決で示された基準によっても結論を事前に予測することは容易でない。

グラビア的使用については，補足意見が第1類型の例として挙げてはいるものの法廷意見では何ら言及がない。本件は雑誌の中の一つの記事の内容を補足する目的で白黒の小さなサイズの写真が使用された事案で，第1類型該当性を否定しやすいものだったが，顧客吸引力の利用の程度のより大きいグラビア的使用事例でどこからパブリシティ権の侵害になるのか，本判決は明確な基準を提示しているとはいえない[43]。本判決後も，学説の議論が続いている[44]。こうした限界事例の取扱いについて今後の事例の蓄積を待つ必要がある[45]。

〔注〕

＊1　「プライバシーの権利（right of privacy）」は，メディアの発達に伴い著名人の私生活を暴露するイエロー・ジャーナリズムが横行した19世紀末に生まれた権利であ

る。Samuel Warren & Louis Brandeis, *The Right to Privacy*, 4 HARVARD L. REV. 193（1890）が「放っておいてもらう権利（right to be let alone)」を内実とする「プライバシーの権利」をコモンロー上の権利として構成したことが発展のきっかけとなった。

＊2　Haelan Laboratories, Inc. v. Topps Chewing Gum Inc., 202 F2d. 286（2nd Cir. 1953).

＊3　Melville B. Nimmer, *The Right of Publicity*, 19 LAW AND CONTEMPORARY PROBLEMS 203（1954).

＊4　もっとも，パブリシティの権利が実際に米国の裁判所で受容され，あるいは立法により保護が図られるようになるのは1970年代になってからのことである。また，現在でもその根拠や内容について州ごとに違いがみられる。米国のパブリシティの権利の歴史と現状については，J. Thomas McCarthy, THE RIGHTS OF PUBLICITY & PRIVACY, 2d, 2019 ed.. 米国法に関する邦語の紹介・分析として，内藤篤＝田代貞之『パブリシティ権概説〔第3版〕』（木鐸社，2014年）65～72頁，82～90頁参照。

＊5　伊藤正己『プライバシーの権利』（岩波書店，1963年）は，米国のプライバシーの権利を本格的にわが国に紹介した文献であり，プライバシーの権利から派生したパブリシティの権利についても言及している。

＊6　ちなみに，プライバシーの権利については，前掲マークレスター事件より10余年早い1960年代に登場する。東京地判昭39・9・28判時817号23頁〔宴のあと事件（第一審)〕がプライバシーの権利を承認し，その後の法理の展開のきっかけとなった。「権利」としてのプライバシー権を承認した最高裁判決はないが，最高裁判所第三小法廷平成29年1月31日決定〔検索情報削除請求事件〕は，「個人のプライバシーに属する事実をみだりに公表されない利益は，法的保護の対象となるというべきである」とする。

　　パブリシティ権も含めたプライバシーの権利のわが国での発展の経緯と法理の分析については，竹田稔『プライバシー侵害と民事責任（増補改訂版)』（判例時報社，1998年）参照。

＊7　東京地決昭53・10・2判タ372号97頁〔王選手事件〕，東京地決昭61・10・9判時1212号142頁〔中森明菜事件〕等。

＊8　プロダクションと芸能人との間で芸名の使用を巡って争われた東京地判平4・3・30判タ781号282頁〔加勢大周事件〕，著名な詩人の氏名のバス停の名称への無断使用に関する横浜地判平4・6・4判タ788号207頁〔土井晩翠事件〕，パチンコ機への歌手の人物絵の無断使用に関する東京地判平17・6・14判時1917号135頁〔矢沢永吉事件〕，タレントの氏名の飲食店商号への無断使用に係る東京地判平22・4・28〔河合我聞事件〕などがある。

＊9　東京地判平10・1・21判タ997号245頁〔キング・クリムゾン事件（第一審)〕，東京高判平11・2・24〔キング・クリムゾン事件（控訴審)〕，東京地判平11・2・29判時1715号76頁〔中田英寿事件〕，本件第一審判決，本件控訴審判決，東京地判平17・8・31判タ1208号247頁〔@ブブカ事件〕，東京地判平16・7・14判時1879号71頁〔ブ

ブカスペシャル７事件（第一審）〕，東京高判平18・4・26判時1954号47頁〔ブブカスペシャル７事件（控訴審）〕，東京地判平22・10・21〔ペ・ヨンジュン事件〕。

＊10　「物のパブリシティ権」に関する文献として，伊藤真「物のパブリシティ権」田倉整先生古稀記念『知的財産をめぐる諸問題』（発明協会，1996年）507頁，新井みゆき「物のパブリシティ権」同志社法学52巻３号（2000年）160頁。

＊11　同種の事例が同時期に，東京と名古屋で争われ，東京では地裁（東京地判平13・8・27判タ1071号283頁〔ダービースタリオン事件（第一審）〕），高裁（東京高判平14・9・12判タ1141号187号〔ダービースタリオン事件（控訴審）〕）とも物のパブリシティ権を否定したのに対し，名古屋では地裁（名古屋地判平12・1・19〔ギャロップレーサー事件（第一審）〕）・高裁（名古屋高判平13・3・8判タ1071号294頁〔ギャロップレーサー事件（控訴審）〕）とも肯定し，対照的な結論となった。両事件の控訴審判決の双方について上告及び上告受理申立てがなされ，最高裁判決に至ったものである。

＊12　米国では，前述のとおり Nimmer 教授がパブリシティの権利は人格的権利とは別個独立の財産的権利であると明言するのに対し，RESTATEMENT (SECOND) OF TORTS の起草者でもあった William L. Prosser 教授は，プライバシーの権利を，①私事への立ち入り，②本人を当惑させる私的事実の暴露，③公衆に誤解を与える公表，④人の氏名や肖像の営利利用の４類型に分類し，第４類型に対応するパブリシティの権利をプライバシーの権利の一種と位置づけていた（William L. Prosser, *Privacy*, 48 CALIF. L. REV. 383 (1960)）。

＊13　法的性質論に関する学説と対応する文献の詳細については，上野達弘「パブリシティ権をめぐる課題と展望」高林龍編『知的財産法制の再構築』（日本評論社，2008年）185頁，189頁以下，後掲・中島・曹時1185頁以下参照。

＊14　たとえば，渡邊修「人格メルクマールの利用権－人格権の一元的構成に関する覚書」法学60巻６号286頁。

＊15　人格権説であれば常にこのように解されているわけではない。たとえば，本山雅弘「パブリシティ権の権利構成の展開とその意味に関する覚書」国士舘法学45号（2012年）57頁，84頁は，ドイツ法も参照しつつ相続性を肯定する。

＊16　ただし，後掲・中島・曹時1186頁の指摘するように，人格権の性質を有するものであっても，「権利」として位置づけられているもの（「名誉権」（最大判昭61・6・11民集40巻４号872頁），「氏名権」（最判昭63・2・16民集42巻２号27頁，最判平18・1・20民集60巻１号137頁））がある一方，「利益」と位置づけられるにとどまるものがあった（「みだりに前科等に係る事実を公表されない利益」（最判平6・2・8民集48巻２号149頁），「みだりに容ぼう等を撮影，公表されない利益」（最判平17・11・10民集59巻9号2428頁））。この点からみると，本判決は，肖像に関する人格的利益を権利として初めて承認した最高裁判決である。

＊17　たとえば，前掲＊6・竹田285頁。

＊18　たとえば，死後の存続期間について，阿部浩二「パブリシティの権利と不当利得」『注釈民法⒅』（有斐閣，1991年）554頁，588頁は，著作権法の規定を類推して定める

べきであると説き，牛木理一『キャラクター戦略と商品化権』（発明協会，2000年）422頁は，営利的に利用される限り存続するとする。前掲＊6・竹田288頁は，信義則や権利濫用法理で不当な行使を封ずれば足りるとする。

＊19　パブリシティ権が無限定に拡大することを懸念して，制定法である不正競争防止法の標識関連の規定に基礎を置いて構成すべきだとする見解として，井上由里子「『パブリシティの権利』と標識法体系」学会年報25号（2001年）37頁がある。この説に対しては，商品化利用型はともかく，宣伝広告利用型について保護を図ることが難しいという難点が指摘されている（前掲＊13・上野192頁参照）。

＊20　たとえば，前掲＊8・東京地判平17・6・14〔矢沢永吉事件〕はパブリシティ権の根拠は人格権にあるとする。本件控訴審判決のほか，前掲＊9・東京地判平22・10・21〔ペ・ヨンジュン事件〕，前掲＊8・東京地判平22・4・28〔河合我聞事件〕は，「人格権に由来する権利」と判示している。

＊21　後掲・田村・ライブ講義知的財産法538頁。

＊22　後掲・中島・曹時1187頁。もっとも二元的構成といっても財産的権利であるパブリシティ権の相続や譲渡を認めるとしているわけではない（同1211頁以下）。

＊23　後掲・上野411〜413頁。

＊24　調査官による解説として後掲・中島・曹時1211〜1224頁以下参照。

＊25　後掲・中島・曹時1219頁。

＊26　東京地判平25・4・26〔嵐お宝フォトブック事件（第一審）〕，知財高判平25・10・16〔嵐お宝フォトブック事件（控訴審）〕。

＊27　窪田充見「不法行為法学から見たパブリシティ」民商133巻4＝5号727頁参照。

＊28　人格権説で相続を認める見解もあることは前述のとおり。

＊29　本人の死後も遺族や関連団体により肖像等の利用・管理が継続されている場合には，不正競争防止法の商品等表示の混同惹起行為に関する2条1項1号，著名標示冒用行為に関する2号による保護の可能性がある。また，品質誤認惹起行為該当性を認めた例もある（平成30年改正前同法13号（現20号）の適用を認めた東京地判平23・10・11〔マイケル・ジャクソン事件〕）。

＊30　知財高判平20・2・25〔プロ野球選手契約事件〕。

＊31　後掲・中島・曹時1213頁以下。

＊32　同基準を採ったものとして，前掲＊9・東京高判平11・2・24〔キング・クリムゾン事件（控訴審）〕，前掲＊9・東京地判平16・7・14判時1715号76頁〔中田英寿事件〕，前掲＊9・東京地判平16・7・14判時1879号71頁〔ブブカスペシャル7事件（第一審）〕，前掲＊9・東京地判平22・10・21〔ペ・ヨンジュン事件〕）。

＊33　後掲・奥邨274頁は，こうした観点から，「総合衡量型『専ら』基準」と呼ぶ。

＊34　たとえば，田村善之『不正競争防止法概説〔第2版〕』（有斐閣，2005年）513頁。そのほかの学説について後掲・中島・曹時1189頁以下。もっとも，利用類型限定説の下で，どこまでが宣伝広告利用型及び商品化利用型に含まれるかという理解は論者によって相違があり，特に雑誌や書籍への利用についての限界事例については見解が分かれる。

*35 前掲＊8・東京地判平17・6・14〔矢沢永吉事件〕もこの基準を採用する。

*36 後掲・橋谷41号253頁以下参照。

*37 内藤篤「判批」判タ1214号24頁。なお，ブブカスペシャル7事件は，女性アイドルの脇の下の写真を集めて雑誌に掲載した事案で，パブリシティ権侵害ではなく人格権や人格的利益侵害で処理されるべき事案であったとの指摘がある（後掲・田村・法時2頁）。

*38 後掲・田村・法時4頁。

*39 後掲・内藤＝田代113頁参照。

*40 後述のとおり，本判決の判断枠組みの下で，グラビア写真が第1類型に含まれうるかという点については議論が分かれている。

*41 調査官解説は，第1類型の典型例として，ブロマイド，ポスター，ステッカー，シール，写真集，画像の配信サービス等を挙げ（後掲・中島・曹時1200頁以下），第2類型は肖像等の有するキャラクター価値を「商品化」するもので，具体例として，Tシャツ，マグカップ，ポーチ，ストラップ，タオル，下敷き，カレンダー，キーホルダー，マグネット，スポーツ用具，切手，食品，インターネットのプロバイダサービスなど多種多様なものが想定されるとし，タレントの紹介等を中心とするキャラクターブックや実在の人物の肖像を採用したキャラクターゲームも第2類型に含まれるとする（後掲・中島・曹時1204頁以下）。

*42 後掲・竹田18頁，後掲・橋谷41号305頁。

*43 後掲・田村・法時4頁。後掲・内藤・NBL25頁は，メディア利用での侵害の成否について回答を避けた「残念な判決」であると評する。

*44 後掲・中島・曹時1203頁は，補足意見がグラビアを第一類型の該当例として例示していることについて，第1類型に該当するというためには「『独立して』鑑賞の対象となる商品等として使用」，すなわち「独立鑑賞性」要件の充足が求められており，グラビア写真のすべてについてパブリシティ侵害が成立することにはならないとする。そして，「写真の大きさ，取り扱われ方等と，記事の内容等を比較検討し，記事は添え物で独立した意義を認め難いようなものであったり，記事と関連なく写真が大きく扱われていたりする場合」にのみ，独立性要件を充たし第1類型該当性が肯定されるとする（後掲・中島・曹時1201頁）。

　これに対して，グラビア写真が「独立して鑑賞の対象」となるようなものであったとしても，雑誌全体の数ページにとどまる場合，はたして「独立して鑑賞の対象となる『商品等としての使用』」といい得るのかは明確でないとの批判がある（後掲・内藤・NBL18頁）。

*45 本判決後の出版物への利用に関する下級審裁判例として，次のようなものがある。アイドル・グループのフォトブックに関する事案で，前掲＊26・東京地判平25・4・26〔嵐お宝フォトブック事件（第一審）〕及び前掲＊26・知財高判平25・10・16〔嵐お宝フォトブック事件（控訴審）〕は，第1類型のパブリシティ権侵害を肯定し，差止め及び損害賠償を認めている。読者からの投稿写真を主として掲載する雑誌に，複数の女性芸能人のカラー肖像写真が利用された事案で，東京地判平25・4・26判タ

1416号276頁〔ENJOYMAX 事件〕は，サイズが小さい写真でも独立鑑賞性は認められ，写真に添えられたコメントは筆者の願望，推測を述べるにすぎないなどとして第1類型該当性を肯定し，パブリシティ権侵害を認めた（芸能活動開始前の写真や私生活における写真についてはパブリシティ権侵害は否定され，プライバシー権侵害の成立が認められている）。東京地判平27・1・29〔週刊実話事件（第一審）〕及び知財高判平27・8・5〔週刊実話事件（控訴審）〕は，女性芸能人の上半身の肖像写真に裸の胸部のイラストを合成し性的表現を含むコメントなどを付したものを，男性週刊誌の巻末に近いモノクログラビアページに掲載した事案で，パブリシティ権侵害を否定している。

■参考文献

本判決の評釈として，中島基至「調査官解説」曹時65巻5号1179頁，同・L＆T56号68頁，同・ジュリ1445号88頁，同・最判解説民事篇平成24年度（上）18頁，奥邨弘司「判批」平成24年度重判解274頁，橋谷俊「判批」知的財産法政策学研究41号231頁・同42号297頁，田村善之「判批」法時84巻4号1頁，内藤篤「判批」NBL976号17頁，上村哲史「判批」企業会計64巻7号156頁，松尾弘「判批」法セ691号154頁，中島健「判批」明治学院法科大学院ローレビュー17号57頁，竹田稔「判批」コピライト614号16頁，吉田和彦「判批」法律のひろば65巻7号56頁，伊藤真「判批」法セ697号6頁，辰巳直彦「判批」民商147巻1号38頁，久保野恵美子「判批」ジュリ臨時増刊1453号85頁，斉藤博「判批」リマークス46号50頁，安藤奈穂子「判批」知管63巻3号323頁，福本布紗「判批」法時85巻9号118頁，王冷然「判批」東北大学／法学77巻4号116頁，横山経通「判批」ジュリ増刊221頁，横山経通「パブリシティ権」小泉直樹＝末吉亘編『実務に効く知的財産判例精選』（有斐閣，2014年）221頁，遠藤史啓「判批」神奈川法学46巻2・3号95頁，水野謙「判批」法教408号133頁，上野達弘「判批」新・判例解説 Watch（法セ増刊）15号273頁，福井健策＝鈴木里佳「判批」新聞研究730号52頁，松田俊治＝中島慧「判批」知財研フォーラム89号62頁，和田光史「判批」CIPIC ジャーナル207号18頁，松尾和子「判批」牧野利秋先生傘寿記念『知的財産権−法理と提言』（青林書院，2013年）1135頁，宮脇正晴「判批」法セ692号10頁，同・L＆T58号69頁，宮下佳之＝宮内知之「判批」Journalism 264号14頁，石井美緒「判批」法律論叢85巻6号1頁，渋谷達紀「判批」ぷりずむ123号22頁，後藤浩士「判批」日本経大論集42巻2号310頁。

その他，本判決後の文献として，斉藤邦史「パブリシティ権に基づく顧客吸引力の保護」日本知財学会知財学ゼミナール編集委員会編『知的財産イノベーション研究の諸相』（コンテンツ・シティ出版，2014年），内藤篤＝田代貞之『パブリシティ権概説〔第3版〕』（木鐸社，2014年）109頁以下，上野達弘「人のパブリシティ権」吉田克己＝片山直也編『財の多様化と民法学』（2014年）399頁，田村善之『ライブ講義知的財産法』（2012年）532頁以下，中島基至「人格権の体系と展開（ピンク・レディー判決）まで」飯村敏明先生退官記念『現代知的財産法−実務と課題』（発明推進協会，2015年）1263頁，谷有恒「パブリシティ権についての考察」飯村敏明先生退官記念『現代知的財産法−実務と課題』（発明推進協会，2015年）1275頁，宮脇正晴「混雑外部性とパブリシティ権」飯村敏明先生退官記念『現代知的財産法−実務と課題』（発明推進協会，2015年）1299頁，堀江亜以子「パ

ブリシティ権侵害と損害賠償」渋谷達紀教授追悼記念『知的財産研究の輪』（発明推進協会，2016年）747頁，中島基至「パブリシティ権」牧野利秋＝飯村敏明＝髙部眞規子＝小松陽一郎＝伊原友己編『知的財産訴訟実務大系Ⅲ』（青林書院，2014年）331頁。

288　第1部　判例評釈

23 プロダクト・バイ・プロセス・クレームの解釈と明確性——プラバスタチンナトリウム事件

最高裁〔二小〕平成27年6月5日判決
〔①事件（平成24年（受）第1204号）特許権侵害差止請求事件〕
〔②事件（平成24年（受）第2658号）特許権侵害差止請求事件〕
〔民集69巻4号700頁・904頁〕

京都大学大学院法学研究科教授　**愛　知　靖　之**

事実の概要

　本件は，特許が物の発明についてされている場合において，クレームにその物の製造方法の記載があるいわゆるプロダクト・バイ・プロセス・クレームに係る特許権を有するX（両事件の原告・控訴人・上告人）が，Y₁（①事件の被告・被控訴人・被上告人）の製造販売とY₂（②事件の被告・被控訴人・被上告人。以下，Y₁とY₂をまとめて「Y」という。）の輸入販売に係る医薬品はXの特許権を侵害しているとして，Yに対し，当該医薬品の製造販売・輸入販売の差止め及びその廃棄を求めた事案である。

　両事件においてXが侵害されたと主張する特許権は，発明の名称を「プラバスタチンラクトン及びエピプラバスタチンを実質的に含まないプラバスタチンナトリウム，並びにそれを含む組成物」とする特許に係るものであり，そのクレームの請求項1の記載は次のとおりである（以下，請求項1に係る発明を「本件発明」という。）。
「次の段階：
　　a）プラバスタチンの濃縮有機溶液を形成し，
　　b）そのアンモニウム塩としてプラバスタチンを沈殿し，
　　c）再結晶化によって当該アンモニウム塩を精製し，
　　d）当該アンモニウム塩をプラバスタチンナトリウムに置き換え，
　　そして
　　e）プラバスタチンナトリウム単離すること，

を含んで成る方法によって製造される，プラバスタチンラクトンの混入量が0.5重量％未満であり，エピプラバの混入量が0.2重量％未満であるプラバスタチンナトリウム。」

　Yの製品は，プラバスタチンラクトンの混入量が0.5重量％未満であり，エピプラバの混入量が0.2重量％未満であるプラバスタチンナトリウムを含有しているが，その製造方法は，少なくとも「ａ）プラバスタチンの濃縮有機溶液を形成」することを含むものではない。

　①事件の第１審（東京地判平22・３・31民集69巻４号735頁）と控訴審（知財高判平24・１・27民集69巻４号822頁。大合議判決）はいずれも，本件発明の技術的範囲をクレーム記載の製法により生産された物に限定して特許権侵害を否定し，Xの請求を棄却した。また，②事件の第１審（東京地判平23・７・28民集69巻４号941頁）は，本件発明の要旨を製法限定することなく認定しつつ進歩性欠如を理由とする無効の抗弁を認めて特許権侵害を否定したのに対し，控訴審（知財高判平24・８・９民集69巻４号1029頁）は，大合議判決と同様に，発明の要旨を製法限定した上で，第１審と同じく進歩性欠如を理由に侵害を否定した。両事件について，Xが上告受理申立て。最高裁は，①事件で特許発明の技術的範囲について，②事件で発明の要旨認定について，それぞれ判断を行った（以下，①事件の判決と②事件の判決をまとめて「本判決」という。）。

<hr>

判　旨

　①事件と②事件で判旨は基本的に同様であるので，以下では①事件の判旨のみ紹介する（「したがって」の段落以降の「特許発明の技術的範囲」や「特許発明の技術的範囲を確定」という言葉を「発明の要旨」や「発明の要旨を認定」に読み替えれば②事件の判旨となる）。

　「願書に添付した特許請求の範囲の記載は，これに基づいて，特許発明の技術的範囲が定められ（特許法70条１項），かつ，同法29条等所定の特許の要件について審査する前提となる特許出願に係る発明の要旨が認定される……という役割を有しているものである。そして，特許は，物の発明，方法の発明又は物を生産する方法の発明についてされるところ，特許が物の発明についてされている場合には，その特許権の効力は，当該物と構造，特性等が同一である物であれば，その製造方法にかかわらず及ぶこととなる。

　したがって，物の発明についての特許に係る特許請求の範囲にその物の製造方法

290 第1部 判例評釈

が記載されている場合であっても，その特許発明の技術的範囲は，当該製造方法により製造された物と構造，特性等が同一である物として確定されるものと解するのが相当である。」

「ところで，特許法36条6項2号によれば，特許請求の範囲の記載は，『発明が明確であること』という要件に適合するものでなければならない。特許制度は，発明を公開した者に独占的な権利である特許権を付与することによって，特許権者についてはその発明を保護し，一方で第三者については特許に係る発明の内容を把握させることにより，その発明の利用を図ることを通じて，発明を奨励し，もって産業の発達に寄与することを目的とするものであるところ……，同法36条6項2号が特許請求の範囲の記載において発明の明確性を要求しているのは，この目的を踏まえたものであると解することができる。この観点からみると，物の発明についての特許に係る特許請求の範囲にその物の製造方法が記載されているあらゆる場合に，その特許権の効力が当該製造方法により製造された物と構造，特性等が同一である物に及ぶものとして特許発明の技術的範囲を確定するとするならば，これにより，第三者の利益が不当に害されることが生じかねず，問題がある。すなわち，物の発明についての特許に係る特許請求の範囲において，その製造方法が記載されていると，一般的には，当該製造方法が当該物のどのような構造若しくは特性を表しているのか，又は物の発明であってもその特許発明の技術的範囲を当該製造方法により製造された物に限定しているのかが不明であり，特許請求の範囲等の記載を読む者において，当該発明の内容を明確に理解することができず，権利者がどの範囲において独占権を有するのかについて予測可能性を奪うことになり，適当ではない。

他方，物の発明についての特許に係る特許請求の範囲においては，通常，当該物についてその構造又は特性を明記して直接特定することになるが，その具体的内容，性質等によっては，出願時において当該物の構造又は特性を解析することが技術的に不可能であったり，特許出願の性質上，迅速性等を必要とすることに鑑みて，特定する作業を行うことに著しく過大な経済的支出や時間を要するなど，出願人にこのような特定を要求することがおよそ実際的でない場合もあり得るところである。そうすると，物の発明についての特許に係る特許請求の範囲にその物の製造方法を記載することを一切認めないとすべきではなく，上記のような事情がある場合には，当該製造方法により製造された物と構造，特性等が同一である物として特許発明の技術的範囲を確定しても，第三者の利益を不当に害することがないというべきである。

以上によれば，物の発明についての特許に係る特許請求の範囲にその物の製造方法が記載されている場合において，当該特許請求の範囲の記載が特許法36条6項2号にいう『発明が明確であること』という要件に適合するといえるのは，出願時において当該物をその構造又は特性により直接特定することが不可能であるか，又はおよそ実際的でないという事情が存在するときに限られると解するのが相当である。」

なお，本判決には，千葉勝美裁判官の補足意見，山本庸幸裁判官の意見がある。

解　説*1

(1) 本判決の意義

本判決は，「プロダクト・バイ・プロセス・クレーム」（以下，「PBP クレーム」という）の解釈について，物同一説（製造方法の記載は，単に物を特定する手段にすぎず，あくまで物の発明である以上，クレームに記載された製造方法に限定して解釈する必要はなく，製造方法は異なるが物として同一であれば技術的範囲や発明の要旨に含まれるとする見解）に立ちつつ，従来さほど重視されてこなかった明確性要件（特36条6項2号）を用いて，PBP クレームの審査・有効性判断を厳格に行い，審査段階で不要な PBP クレームを淘汰するという従来の議論には見られなかった新たな考え方を提示し，実務にも大きな影響を与えている。

AI・IoT 時代を迎え，今後，出願件数の増加が見込まれる「学習済みモデル」の発明について，「『学習方法』すなわち『いかにして学習用モデルに対するパラメーターセットを生成するか』を記載して，いわゆる『プロダクト・バイ・プロセス・クレーム』様の形式を外観上呈することになる。」*2と指摘するものも存在するところであり，新たな技術分野でも PBP クレーム（のようなクレーム）が出現することも予想される。本判決の内容と射程を確定することがますます重要な現代的課題となっているのである。

(2) PBP クレームの解釈

(a) 発明の要旨認定と技術的範囲画定におけるクレーム解釈手法の統一

本判決は，PBP クレームの解釈手法について，①事件と②事件でいずれも物同一説をとることを明らかにし，PBP クレームに限ってではあるが，両場面におけるクレーム解釈手法の統一を図ったものと評価できる*3。

出願人は特許権の取得により無断実施の排斥を求める発明の範囲をクレーム（特許請求の範囲）として記載したのであり，これが特許庁の審査対象となる。反対に

いえば，出願人自身が権利化を欲し特許庁が要旨認定した範囲で審査が行われ，それに基づいて特許権が付与された以上は，特許庁が要旨認定した範囲が，（均等論の適用がある場合を除き）成立した特許権の効力範囲，すなわち，技術的範囲となる。両場面でクレーム解釈手法を違えることにより，クレームの範囲に広狭が生じてしまうことは，特許制度の趣旨に反する[4]。PBP クレームという限定された範囲とはいえ，最高裁判決として両場面での解釈手法を一致させたことの意義は大きい。

(b) 物同一説に基づくクレーム解釈

原判決が，要旨認定と技術的範囲画定の両場面で製法限定説（クレームに製造方法を記載した以上，クレーム記載の製造方法によって製造された物のみが，技術的範囲や発明の要旨に含まれるとする見解）を原則とする立場に立ったのに対し，本判決は物同一説に立つことを明らかにした。「特許が物の発明についてされている場合には，その特許権の効力は，当該物と構造，特性等が同一である物であれば，その製造方法にかかわらず及ぶ」という判示などからは，物の発明という発明のカテゴリを重視し，物の発明である以上は当然に物として同一である限り特許権の効力が及ぶとの理解も垣間見える。しかしながら，発明のカテゴリは単なる立法技術として採用されたにすぎず，発明のカテゴリを重視して権利範囲を導くかのような判旨を批判する見解も多い[5]。

もっとも，より実質的な理由としては，物として新規であるが，構造や特性で特定できず，特定方法が製法しかないという PBP クレームでは，新規な製法を生み出したという点ではなく，（一定の有用性をもった）新規な物それ自体を生み出したという点に産業の発達に対する寄与が認められるため，その寄与に応じた保護を与えるために，（製法に限定することなく）物として同一である限り保護を認めるべきだとの考え方が背後にあるとの評価もできそうではある[6]。

(3) PBP クレームと明確性要件

(a) 明確性要件の活用

(ｲ) 本判決の趣旨——権利範囲の明確化 本判決によれば，物同一説を前提としつつ，PBP クレームのすべてについて，その有効性を認めてしまうと，当業者がクレームの記載から発明内容を明確に理解できず，特許権者が排他権をどの範囲にまで及ぼすことができるのかに関する予測可能性が奪われるため，第三者の利益が不当に害されるおそれがある。すなわち，物の発明にその製法が記載されている場合，「当該製造方法が当該物のどのような構造若しくは特性を表しているのか」，

又は,「物の発明であってもその発明の要旨を当該製造方法により製造された物に限定しているのか」が不明確になるというのである。従来の裁判例の多くが明確性要件の意義を権利範囲の明確化においていたとされているところ[*7],権利範囲についての当業者の予測可能性を奪うような PBP クレームは同要件を充足しないとする本判決の立場は極めて明快である。

　他方で,出願人・特許権者としては,「出願時において当該物の構造又は特性を解析することが技術的に不可能であったり,……出願人にこのような特定を要求することがおよそ実際的でない場合」(以下「不可能・非実際的事情」という。)には,物同一説を前提とした PBP クレームを許容しても「第三者の利益を不当に害することがない」とも述べられている。

　ひと口に PBP クレームといっても,製法が記載される理由やその記載の方法も様々である[*8]。クレームの全体にわたって製法が記載されるケースもあれば,クレームの一部に製法の記載が含まれているにすぎないケースもある。製法の記載の意義も常に一義的に明確となっているわけでもない。それゆえ,権利範囲が必ずしも明確ではない PBP クレームも生まれ得るところ,明確性要件を厳格に運用してこなかった従来の審査実務では,そのような PBP クレームも直ちに拒絶されるわけではなかった。その代わりに,本判決前の審査実務は,物同一説の立場に立って発明の要旨を広く認定することにより,製法限定説に基づく狭い要旨認定よりも公知技術と抵触しやすくし,新規性・進歩性が欠如する可能性を高めていた。これにより,出願人側に,拒絶回避のために,公知技術との違いを説明させる中でクレームの記載の趣旨を明確にさせたり,発明の要旨を特定の製法で生産される物に限定させたりする(製法限定を行わせる)ことを通じて,PBP クレームの権利範囲の明確性をある程度確保することができた。しかしながら,常に公知技術との抵触が起こるわけではなく,場合によっては拒絶理由通知が出されないまま権利が成立することもあり得る。従来の運用では,このような場合に,裁判所の判断を待つまではクレームの記載の趣旨が明確とはならず,権利範囲に対する当業者の予測可能性が損なわれる可能性が残ってしまう[*9]。そこで,最高裁は,権利範囲の予測可能性をさらに高めるために,明確性要件を活用し,常に審査段階でクレームに記載された製法の意義について審査させることで,権利範囲の明確化を進め,不要・不明確な PBP クレームの淘汰を図ろうとしたと考えることができる[*10]。このことは,判旨が,「予測可能性」・「第三者の利益」を重視し,これらを直接の理論的根拠に据えて判断基準を定立していることからも窺われる。このような本判決の立場自体は

極めて妥当なものと評価できる。

　しかしながら，本判決が肝心の明確性要件の判断基準を不可能・非実際的事情の存否においた点は，理論面・実務面双方に大きな課題を残すことになった。まず，理論面では，「権利範囲の明確化・予測可能性の確保」と「不可能・非実際的事情」の存否との間には論理的な結びつきがないと評価せざるを得ない。不可能・非実際的事情の存在が認められたとしても，それにより直ちに，「当該製造方法が当該物のどのような構造若しくは特性を表しているのか」が明確となるわけではない。不可能・非実際的事情自体は，出願人がクレームに製法を記載した理由にすぎず，そのような事情自体はクレームには直接反映されない。不可能・非実際的事情というクレーム外在的な事情とクレームそれ自体の明確性が直ちに結びつくわけではないのである[11]。たとえ不可能・非実際的事情が認められようとも，それだけで直ちにクレームの意義・権利範囲の明確化が図られるわけではない。当該事情があるからといって，それだけで「第三者の利益を不当に害することがない」とはいえないはずである。もっとも，明確性要件を出願人・特許権者と当業者の利益衡量の場と位置づけ，不可能・非実際的事情がある場合にも，クレームの記載の意義は依然として明確ではないため，第三者は不利益を受けているものの，出願人としては他に発明を特定する手立てがない以上，製法の記載を認めないことにより被る出願人・特許権者の不利益のほうが大きくなるため，このような PBP クレームは許容すべきであるというのが最高裁の真意であり，第三者の利益を「不当に」害することがないと述べているところにその趣旨が現れているということはできるかもしれない[12]。しかし，明確性要件にこのような利益衡量的判断を担わせることの妥当性は疑わしい。

　㈡　本判決の射程——権利範囲が不明確な PBP クレーム　　いずれにせよ，本判決が重視しているのは，権利範囲が不明確で当業者の予測可能性を害するような PBP クレームを明確性要件によって淘汰するという点にあることは間違いない。そうすると，反対に，クレームに製法の記載が含まれているとしても，権利範囲がそれ自体として明確な場合には，不可能・非実際的事情の存否の判断に立ち入るまでもなく，明確性要件を充足すると考えても，直ちに本判決の趣旨に反するわけではないことになる[13]。

　そもそも，PBP クレームに（形式的に）該当するか否かは，物の製造に関する「時間的な流れに従って生じる複数の現象，行為等の組合せ」など，「技術的思想の実現に伴い，時間的な要素を含むか否か」によって判断されることになろう[14]。

しかしながら，たとえ，物クレームにその物の製法に関する「時間的な要素」（経時的要素）が含まれているが故に，形式的には PBP クレームに該当するとしても，上記の本判決の趣旨に反しないような PBP クレームについては，不可能・非実際的事情の存否を問うことなく，明確性要件を肯定して差し支えない。PBP クレームであるから直ちに原則として明確性要件違反となるわけではなく，明確性要件の本来の趣旨に従い，発明の内容・権利範囲がそれ自体として明確な場合には，文字通り明確性要件を充足するのである。

　実際に，特許庁も，「特に，『その物の製造方法が記載されている場合』の類型，具体例に形式的に該当したとしても，明細書，特許請求の範囲，及び図面の記載並びに当該技術分野における出願時の技術常識を考慮し，『当該製造方法が当該物のどのような構造若しくは特性を表しているのか』……が明らかであるときには，審査官は，『その物の製造方法が記載されている場合』に該当するとの理由で明確性要件違反とはしない。」と述べている[15]。

　さらに，本判決後の知財高裁判決においては，「プロダクト・バイ・プロセス・クレームが発明の明確性との関係で問題とされるのは，物の発明についての特許に係る特許請求の範囲にその物の製造方法が記載されているあらゆる場合に，その特許権の効力が当該製造方法により製造された物と構造，特性等が同一である物に及ぶものとして特許発明の技術的範囲を確定するとするならば，その製造方法が当該物のどのような構造又は特性を表しているのかが不明であることなどから，第三者の利益が不当に害されることが生じかねないことによるところ，特許請求の範囲の記載を形式的に見ると経時的であることから物の製造方法の記載があるといい得るとしても，当該製造方法による物の構造又は特性等が明細書の記載及び技術常識を加えて判断すれば一義的に明らかである場合には，上記問題は生じないといってよい。そうすると，このような場合は，法36条6項2号との関係で問題とすべきプロダクト・バイ・プロセス・クレームと見る必要はないと思われる。」と述べて，不可能・非実際的事情の判断を行うことなく明確性要件の充足を認めた判決（知財高判平28・9・20（平27（行ケ）10242号）〔二重瞼形成用テープまたは糸及びその製造方法〕。知財高判平28・11・8（平28（行ケ）10025号）〔ロール苗搭載樋付田植機と内部導光ロール苗〕も同旨）や，「PBP 最高裁判決は，物の発明についての特許に係る特許請求の範囲にその物の製造方法が記載されている場合に，出願時において当該物をその構造又は特性により直接特定することが不可能であるか又はおよそ実際的でないという事情（以下「不可能・非実際的事情」という。）が存在するときに限り，当該

特許請求の範囲の記載が特許法36条6項2号にいう明確性要件に適合する旨判示するものである。このように，PBP最高裁判決が上記事情の主張立証を要するとしたのは，同判決の判旨によれば，物の発明の特許に係る特許請求の範囲にその物の製造方法が記載されている場合には，製造方法の記載が物のどのような構造又は特性を表しているのかが不明であり，特許請求の範囲等の記載を読む者において，当該発明の内容を明確に理解することができないことによると解される。そうすると，特許請求の範囲にその物の製造方法が記載されている場合であっても，当該製造方法の記載が物の構造又は特性を明確に表しているときは，当該発明の内容をもとより明確に理解することができるのであるから，このような特段の事情がある場合には不可能・非実際的事情の主張立証を要しないと解するのが相当である。」と述べ，同じく明確性要件を肯定した判決（知財高判平28・9・29（平27（行ケ）10184号）〔ローソク〕）がある。さらに，知財高判平29・12・21（平29（行ケ）10083号）〔旨み成分と栄養成分を保持した無洗米〕も，同様に「特許請求の範囲に物の製造方法が記載されている場合であっても，……当該製造方法が当該物のどのような構造又は特性を表しているのかが，特許請求の範囲，明細書，図面の記載や技術常識から一義的に明らかな場合には，第三者の利益が不当に害されることはないから，明確性要件違反には当たらない。」と判示している*16。

　以上のように，権利範囲についての予測可能性を損なうようなPBPクレームを明確性要件により淘汰するというのが本判決の趣旨であるところ，上記の知財高裁判決や特許庁ハンドブックは，たとえ形式的にPBPクレームに該当したとしても，権利範囲についての予測可能性を害さないようなクレームは不可能・非実際的事情の存否にかかわらず明確性要件違反とはならないとすることで，本判決の射程を限定したと評価することができよう。クレームに接した当業者から見て権利範囲が不明確なPBPクレームであるからこそ，その字句どおり「明確性」要件が問題となるのであって，明細書や審査経過等も参酌した上で当業者の通常の理解を基にすれば，クレームから権利範囲が明らかであるという場合には，本判決の射程外となり，不可能・非実際的事情の存否を審査・判断することなく，明確性要件を充足すると考えるべきである*17, *18。一連の知財高裁判決は，不可能・非実際的事情の判断を必要とするようなPBPクレームをかなり狭くとらえることで，本最高裁判決の射程をできるだけ限定しようとする姿勢も窺えるところである*19。

(b) 不可能・非実際的事情の判断

　本判決によれば，クレームに製法の記載を含み，かつ，それが物のどのような構

造・特性を表しているのかが不明であるなど権利範囲が不明確な PBP クレームについては，製法による特定をせざるを得なかった不可能・非実際的事情があるか否かという次の段階の判断が行われることになる。本判決によれば，この不可能・非実際的事情の存否こそが PBP クレームにおける明確性要件判断の中核をなす。

　もっとも，とりわけ「非実際的事情」の存否，すなわち，「特許出願の性質上，迅速性等を必要とすることに鑑みて，特定する作業を行うことに著しく過大な経済的支出や時間を要するなど，出願人にこのような特定を要求することがおよそ実際的でない場合」に当たるか否かの判断は容易ではない。例えば，発明者・出願人の規模等（個人・零細企業か大企業か）によって，解析にかけられるコストや時間が異なるため，非実際的かどうかの判断が個別の事情に大きく左右されることにより，判断の安定性が損なわれる。そこで，判断主体を当業者においた上で[20]，「発明の属する技術分野における技術常識も考慮する」（下線省略）[21]ことにより判断の客観化が志向されている。しかしながら，このような判断手法では，個人・零細企業の資力・設備等を前提にすれば特定作業に過大なコストや時間を要するために現実に非実際的事情が存在していたとしても，当業者を基準とすれば，特定作業を要求することが非実際的ではなかったと判断されることがあり得るかもしれないが，その妥当性は慎重に検討する必要があるだろう。

　また，出願人・特許権者側が不可能・非実際的事情の存在を立証する[22]ことにも困難さが伴う。そこで，「出願人がこれを積極的かつ厳密に立証することは事柄の性質上限界があるので，これを厳格に要求することはできず，合理的な疑問がない限り，これを認める運用となる可能性が大き」い（千葉補足意見）であるとか，「『不可能・非実際的事情』が存在することについての出願人の主張・立証の内容に，合理的な疑問がない限り（通常，拒絶理由通知時又は拒絶査定時に，審査官が具体的な疑義を示せない限り），審査官は，不可能，非実際的事情が存在するものと判断する」（下線省略）[23]といった指摘がされている。さらに，主張立証責任の分配を工夫するという対処もあり得る[24]。

（c）訂正による対処

　特に本判決以前に既に特許権の成立が認められている PBP クレームについては，そのままでは明確性要件違反の無効理由を内包することになるという極めて重大な結果を招来しかねないため，これを回避するために訂正による対処が必要となる。

　例えば，製法に特徴のある PBP クレームを，製法クレームに変更（カテゴリ変

298　第1部　判例評釈

更)する訂正については,訂正前後で発明が解決しようとする課題・解決手段は同一であり,クレームの実質に変更はないし,物の発明と製法の発明とでは,実施行為（特2条3項）の範囲は実質的に同一であるため,このようなカテゴリ変更を伴う訂正も許容されると考えられる[25]。

　あるいは,PBPクレームを構造・特性で特定した物クレームに訂正することも「明瞭でない記載の釈明」として認められるべきであろう。このような訂正が行われても,訂正前後で,侵害となる実施行為の範囲も同一であり,権利範囲が物として同一の範囲にまで及ぶという点にも変更はなく,クレームの実質的拡張・変更に当たらないからである。ただし,特定の構造・特性が当初明細書等に開示されておらず,新規事項の追加禁止に該当すると判断されるケースはあり得ると思われる。

〔注〕

＊1　本稿は,愛知靖之「プロダクト・バイ・プロセス・クレームの解釈と有効性－権利範囲の明確化・第三者の予測可能性確保という観点から－」L&T別冊2号（2016年）64～74頁,同「プロダクト・バイ・プロセス・クレームの解釈と明確性要件」別冊パテ20号（2018年）33～53頁を基にしている。

＊2　酒井將行「AI・IoT技術によるビジネスモデルに対する知的財産権」別冊パテ20号（2018年）253頁。

＊3　菊池絵理「調査官解説」最判解説民事篇平成27年度（上）（2018年）283頁。

＊4　愛知靖之『特許権の制限法理』（商事法務,2015年）25～27頁。

＊5　前田健「プロダクト・バイ・プロセス・クレームの有効性と訂正の可否－プラバスタチンナトリウム事件最高裁判決とその後の課題－」AIPPI60巻8号（2015年）710～711頁,潮海久雄「判批」IPマネジメントレビュー18号（2015年）41頁,吉田広志「判批」平成27年度重判解（2016年）264頁,田村善之「プロダクト・バイ・プロセス・クレームの許容性と技術的範囲：行為規範と評価規範の役割分担という視点から－プラバスタチンナトリウム事件最高裁判決からの検討－」知的財産法政策学研究48号（2016年）305頁など。

＊6　菊池・前掲＊3・283頁も,「物の発明について,……当該物を構造,特性等により直接特定することが不可能な場合等があるが,そのような新規で有用な物についても物の発明として保護する必要がある」と述べている。

＊7　前田健『特許法における明細書による開示の役割－特許権の権利保護範囲決定の仕組みについての考察』（商事法務,2012年）45～54頁。

＊8　吉田広志「プロダクト・バイ・プロセス・クレイムの特許適格性と技術的範囲(1)」知的財産法政策学研究12号（2006年）248～251頁。

＊9　小島立「いわゆる『プロダクト・バイ・プロセス・クレーム』についての一考察」L&T70号（2016年）17頁,田村・前掲＊5・298～301頁。

＊10　井関涼子「プロダクト・バイ・プロセス・クレームの取扱い」L&T70号（2016年）5～6頁,小島・前掲＊9・14～16頁も参照。

*11 前田・前掲＊5・713頁, 鈴木將文「判批」民商152巻1号（2015年）54〜55頁, 井関・前掲＊10・8頁, 吉田・前掲＊5・265頁, 田村・前掲＊5・307頁。南条雅裕「プロダクト・バイ・プロセス・クレーム大合議判決の判断枠組みの, 審査における要旨認定への適合性についての一検討」別冊パテ9号（2013年）143〜144頁も参照。

*12 座談会「プロダクト・バイ・プロセス・クレーム最高裁判決に関する座談会」AIPPI60巻10号（2015年）876頁〔中山一郎発言〕, 鈴木・前掲＊11・55頁。

*13 設樂隆一「PBP最高裁判決と実務上の課題」L＆T73号（2016年）41〜42頁。

*14 菊池・前掲＊3・286〜287頁。

*15 特許庁『特許・実用新案審査ハンドブック』2204.1.⑴。

*16 なお, 本件の特許発明と特許権者を同じくする「旨み成分と栄養成分を保持した精白米または無洗米の製造装置」なる特許発明について, 同じく明確性要件が争点となった類似事件で, 知財高判平29・9・21（平28（行ケ）10236号）は, 結論として明確性要件充足を否定した。しかし, この判決はクレームに製法の記載が含まれているとの認定を行っておらず, PBPクレームに係る明確性要件について判示したものではない。

*17 田村・前掲＊5・312〜317頁も参照。

*18 なお, 本判決後の一連の知財高裁判決は,「当該製造方法が当該物のどのような構造若しくは特性を表しているのか」が明らかな場合には明確性要件を充足すると述べるのみであるが, 私見では, 本判決がいう「物の発明であってもその発明の要旨を当該製造方法により製造された物に限定している」ことが明らかな場合にも, 不可能・非実際的事情の存否を判断することなく明確性要件を肯定してよいと考えている。詳細は, 愛知・前掲＊1・L＆T別冊2号68〜71頁, 愛知・前掲＊1・別冊パテ20号46〜49頁を参照。

*19 以上のような知財高裁判決の動向について,「知財高裁の大合議のルールを全面的に書き換えた最高裁判決に対する知財高裁からの抵抗」と評するものもある（田村善之「知財高裁大合議と最高裁の関係に関する制度論的考察－漸進的な試行錯誤を可能とする規範定立のあり方－」曹時69巻5号（2017年）37〜38頁。

*20 菊池・前掲＊3・287頁。

*21 特許庁『特許・実用新案審査ハンドブック』2205.1.⑴。

*22 明確性要件を含む記載要件の主張立証責任は原則として出願人・特許権者が負担する（明確性要件ではなく, 実施可能要件に関する判決であるが, 東京高判平15・3・10（平13（行ケ）140号）〔畳のクセ取り縫着方法及び畳縫着機〕, 知財高判平18・2・16（平17（行ケ）10205号）〔結晶ラクチュロース三水和物とその製造法〕。さらに, サポート要件について知財高判平17・11・11判時1911号48頁〔偏光フィルムの製造法大合議〕）。したがって, PBPクレームにおける明確性要件の充足（＝不可能・非実際的事情の存在）も出願人・特許権者が主張立証責任を負担することとなる（菊池・前掲＊3・287〜288頁）。

*23 特許庁『特許・実用新案審査ハンドブック』2205.1.⑵。

*24 田村・前掲＊5・326〜327頁は, 製法以外の特定方法が存在することの証明責任は

拒絶や無効を主張する側にあるとし，他方で，他の特定方法が主張された場合に，それが不可能であるとか，非実際的であるという事実については，出願人・特許権者側が証明責任を負担すべきと述べる。

*25 実際に，特許庁も，審判においてこのような訂正を認めている（訂正2016－390005，無効2015－800173）。

■参考文献

本文中に掲げたもののほか，本判決の評釈として，生田哲郎＝佐野辰巳・発明112巻9号（2015年）40頁，中川淨宗・発明112巻12号（2015年）44頁，岡田吉美・特研60号（2015年）43頁，医薬・バイオテクノロジー委員会・知管65巻10号（2015年）1393頁，岩瀬吉和・民事判例11号（2015年）124頁，佐竹勝一・AIPPI 60巻12号（2015年）2頁，吉田和彦・法の支配180号（2016年）131頁，柴大介・パテ69巻2号（2016年）61頁，三村淳一・日本大学法学部知財ジャーナル9号（2016年）89頁，高林龍・判時2293号（2016年）169頁，角渕由英・パテ69巻9号（2016年）71頁。

24 存続期間延長登録の要件——ベバシズマブ事件

最高裁〔三小〕平成27年11月17日判決
〔平成26年（行ヒ）第356号審決取消請求事件〕
〔民集69巻7号1912頁〕

同志社大学法学部教授　**井 関 涼 子**

事実の概要

X（原告・被上告人）は，癌治療のための組成物について本件特許発明を有しており，医薬品医療機器等法（平成25年改正前は薬事法。改正前後を通じてこの題名を用いる。）による製造販売承認（処分）を受けるために，本件特許発明の実施をすることができない期間があったとして，特許権の存続期間の延長登録出願をしたところ，拒絶査定，拒絶査定不服審判請求不成立審決を受けた。原審知財高判（大合議）はこの審決を取り消したため，Y（被告・上告人〔特許庁長官〕）が上告受理申立てをしたものが本件である。

Xは，延長登録出願の理由となった本件処分を受けた医薬品と対象及び効能・効果が同一の医薬品で本件特許権の同一の請求項に属するものについて先行処分を受けており，先行処分は用法・用量を「他の抗悪性腫瘍剤との併用において，通常，成人には，ベバシズマブとして1回5mg/kg（体重）又は10mg/kg（体重）を点滴静脈内投与する。投与間隔は2週間以上とする。」とするところ，本件処分では「他の抗悪性腫瘍剤との併用において，通常，成人にはベバシズマブとして1回7.5mg/kg（体重）を点滴静脈内注射する。投与間隔は3週間以上とする。」とする点のみが相違するものであった。

本件審決（不服2011-8105号）は，特許庁審査基準に従い，処分の対象となった医薬品の「発明特定事項に該当する事項」を備えた先行医薬品についての先行処分が存在する場合には，特許発明のうち，処分の対象となった医薬品の「発明特定事

項に該当する事項」によって特定される範囲は，先行処分によって実施できるように
なっていたといえ，特許法67条の３（現67条の７）第１項１号の拒絶理由が生じ
るとして，請求不成立とした。

　原審知財高判（大合議）平26・5・30（民集69巻7号1952頁参照）は，存続期間延
長登録制度の趣旨は，特許発明を実施する意思及び能力があってもなお特許発明を
実施することができなかった特許権者に対して，処分を受けるために必要であった
期間，存続期間を延長することにより，特許発明を実施できなかった不利益の解消
を図ることにあるとした。この制度趣旨に照らし，特許法67条の３（現67条の７）
第１項１号により出願を拒絶するためには，①「政令で定める処分を受けたことに
よっては，禁止が解除されたとはいえないこと」（第１要件），又は，②「『政令で
定める処分を受けたことによって禁止が解除された行為』が『その特許発明の実施
に該当する行為』には含まれないこと」（第２要件）のいずれかを選択的に論証す
ることが必要となるとした。そして，第１要件は，医薬品医療機器等法による医薬
品の審査事項の各要素を形式的に適用して判断するのではなく，存続期間の延長登
録制度を設けた特許法の趣旨に照らして実質的に判断することが必要であり，医薬
品の成分を対象とする特許については，処分を受けることによって禁止が解除され
る「特許発明の実施」の範囲は，上記審査事項のうち「名称」，「副作用その他の品
質」や「有効性及び安全性に関する事項」を除いた事項（成分，分量，用法，用量，
効能，効果）によって特定される医薬品の製造販売等の行為であるとした。

　本件では，本件処分の特定の用法・用量による特許発明の実施について本件処分
により初めて禁止が解除されたのであって，法67条の３（現67条の７）第１項１号
の拒絶理由には該当しないとした。

<hr>
判　　旨
<hr>

上告棄却。

　「特許権の存続期間の延長登録の制度は，政令処分を受けることが必要であった
ために特許発明の実施をすることができなかった期間を回復することを目的とする
ものである。法67条の３（筆者注：現67条の７）第１項１号の文言上も，延長登録
出願について，特許発明の実施に政令処分を受けることが必要であったとは認めら
れないことがその拒絶の査定をすべき要件として明記されている。これらによれ
ば，医薬品の製造販売につき先行処分と出願理由処分がされている場合について
は，先行処分と出願理由処分とを比較した結果，先行処分の対象となった医薬品の

製造販売が，出願理由処分の対象となった医薬品の製造販売をも包含すると認められるときには，延長登録出願に係る特許発明の実施に出願理由処分を受けることが必要であったとは認められない」。「出願理由処分を受けることが特許発明の実施に必要であったか否かは，飽くまで先行処分と出願理由処分とを比較して判断すべきであり，特許発明の発明特定事項に該当する全ての事項によって判断すべきものではない。」

　「前記のとおりの特許権の存続期間の延長登録の制度目的からすると，延長登録出願に係る特許の種類や対象に照らして，医薬品としての実質的同一性に直接関わることとならない審査事項についてまで両処分を比較することは，当該医薬品についての特許発明の実施を妨げるとはいい難いような審査事項についてまで両処分を比較して，特許権の存続期間の延長登録を認めることとなりかねず，相当とはいえない。そうすると，先行処分の対象となった医薬品の製造販売が，出願理由処分の対象となった医薬品の製造販売を包含するか否かは，先行処分と出願理由処分の上記審査事項の全てを形式的に比較することによってではなく，延長登録出願に係る特許発明の種類や対象に照らして，医薬品としての実質的同一性に直接関わることとなる審査事項について，両処分を比較して判断すべきである。」

　本件特許発明は，「医薬品の成分を対象とする物の発明であるところ，医薬品の成分を対象とする物の発明について，医薬品としての実質的同一性に直接関わることとなる両処分の審査事項は，医薬品の成分，分量，用法，用量，効能及び効果である。」。本件先行処分と本件処分とを比較すると，先行医薬品と本件医薬品は用法・用量を異にし，「本件先行処分によっては，XELOX療法とベバシズマブ療法との併用療法のための本件医薬品の製造販売は許されなかったが，本件処分によって初めてこれが可能となったものである。」

　「以上の事情からすれば，本件においては，先行処分の対象となった医薬品の製造販売が，出願理由処分の対象となった医薬品の製造販売を包含するとは認められない。」

解　説

(1)　問題の所在

　特許権の存続期間延長登録制度とは，特許発明の実施につき「政令で定める処分」を受けることを要するために，特許発明の実施をすることができない期間があった場合に，その期間分の存続期間を延長するものである。特許権の存続期間延長

304　第 1 部　判例評釈

登録の要件は，特許法67条 4 項に，その特許発明の実施について，「政令で定める処分」を受けることが必要であるために，その特許発明の実施をすることができない期間があったこととして定められ，これを受けて延長登録出願の拒絶理由（特67条の 7 第 1 項 1 号）は，「その特許発明の実施に……政令で定める処分を受けることが必要であったとは認められないとき」と規定する。そこで，出願理由処分に先行する処分があった場合に，当該特許発明の実施に出願理由処分を受けることが必要であったかを巡り，本号にいう「その特許発明の実施」の意味が問題となる。当該処分の対象となった医薬品の製造販売等と解するならば，処分を得なければ実施が不可能であったからこそ処分を得たのであって，当該特許発明の技術的範囲に属する医薬品について処分があれば必ず延長可能であることになるが，当該特許権の対象である特許発明のいずれかの実施であると解するならば，最初の処分以外については不要となり， 1 特許権につき 1 回しか延長は認められないことになる。これは条文の文言からは一義的に導かれず，様々な解釈があり得る。そして，この延長登録要件の解釈において，延長登録を受けた特許権の効力の及ぶ範囲（特68条の 2 ）を連動させるといういわゆる連動論の採否が争われてきた。特許法68条の 2 は，延長登録を受けた特許権の効力は，「政令で定める処分」の対象となった物（その処分においてその物の使用される特定の用途が定められている場合にあっては，当該用途に使用されるその物）についての当該特許発明の実施以外の行為には及ばないと定めるところ，連動論とは，既に延長登録を受けた特許権の効力の及ぶ同一範囲に重複して延長登録を認めれば，延長期間の予測可能性を害する場合がある等の弊害を生じるため，これを許すべきではないとするものである。

(2)　解釈と運用の変遷

　1987年に延長登録制度が導入されてから20年余りにわたり，特許庁及び裁判所は，延長登録を受けた特許権の効力が及ぶ範囲に認められる延長登録は一つであるべきと解する連動論の立場を採っていた。そして，医薬品医療機器等法の規制のポイントは，医薬品の有効成分と効能・効果であり，延長登録制度の趣旨もこれらについての新薬の発明の保護であると考えられていた。このため，延長登録を受けた特許権の効力が及ぶ範囲は，処分対象と「物」として「有効成分」が共通し「用途」として「効能・効果」が同じである医薬品であると解し，処分対象となった医薬品より広い範囲で効力が及ぶとされたため，これと同一の範囲に属する医薬品についてなされた後続の処分に基づいて再度延長登録を受けることは認められないとされていた。

しかし，新剤型の特許発明について初めて処分を得ても，有効成分と効能・効果が等しい医薬品について先行処分があれば延長登録を得られないという不合理な帰結が，DDS（Drug Delivery System）技術等の製剤発明の進展に伴い顕在化して学説[1]で批判されるようになった。このような判例及び実務を覆したのが，「パシーフカプセル30mg」事件における知財高裁判決[2]及びその上告審[3]（以下「平成23年最判」）である（平成23年最判についての詳細は，前田健・本書⑰論文参照）。平成23年最判は，先行処分の対象医薬品が延長登録出願に係る特許権のいずれの請求項の特許発明の技術的範囲にも属しないときは，先行処分を根拠として特許法67条の7第1項1号の拒絶理由に該当するものではないと判示した。しかしこれは，当該事案の解決に必要な範囲に限った判断であって，特許法67条の7第1項1号の「特許発明の実施」の意義の全体像を示すものではなかった[4]。平成23年最判を受けて改訂された特許庁審査基準は，連動論を前提として，処分により禁止が解除された範囲を，処分の承認書記載事項のうち発明特定事項により特定される範囲であると解する特定事項説を採ったが，本件原審を始め多くの学説，裁判例は，処分説すなわち，処分により禁止が解除された範囲は処分の対象となった医薬品であるとする見解を採っていた。

(3) **本判決の意義**

本判決は，処分説を採用し，特定事項説は採用しないことを明言した点に意義がある。特定事項説は，処分を得ても製造販売できない医薬品にまで禁止が解除されたと擬制する矛盾があるが，処分説は，特許法67条の7第1項1号に忠実な解釈を採り，処分を待つため特許発明の実施をすることができなかった期間を回復するという延長登録制度の趣旨に照らして合理的な立場である。もっとも，本判決は，処分説を採用しつつも，比較対象とする審査事項については修正を加え，特許発明の種類や対象に照らして，医薬品としての実質的同一性に直接関わる審査事項について両処分を比較して判断するとしている。

平成23年最判も，本判決が示した法理に基づくものであって，先行処分が出願理由処分を包含しない一類型を取り出して判示したという関係に立つ[5]。本判決を受けて特許庁審査基準は，これに沿って再度改訂されている。

(4) **存続期間延長登録制度が医薬品等について導入された理由**

存続期間延長登録制度が立法された理由は，そもそも何であるかを考えてみる。特許権の存続期間は，特許権者と公衆との利益の調和点として設けられている特許制度の根幹である。その長さは，発明の種類や価値に応じたものではなく出願日か

306 第1部 判例評釈

ら20年をもって終了するとして一律に定められ（特67条1項），独占できる期間は，出願日から登録までに要した期間の分だけ20年から差し引かれる点で，根本的に不公平を孕んでいる。この不公平を承知の上で，それよりも，陳腐化した発明の独占を認めない点を優先しているのである。存続期間が公衆の利益に大きく影響することから，個別的妥当性（特許権者間の公平）より，画一的処理を優先する制度を採用したといえる。

このような存続期間の趣旨に鑑みれば，存続期間の延長は，本来，制度の根本に反する可能性がある。それにもかかわらず延長登録制度が導入されたのは，医薬品等の製造承認待ちに伴う存続期間の侵食による不公平が甚大であるだけでなく，類型的に生じ，画一的処理や公示制度になじむからであった[6]。法規制により特許発明の実施が妨げられる場合は，医薬品等に限らず，たとえば，建築基準法6条等による建築確認や，食品衛生法52条による営業許可を要する場合など枚挙に遑がない。これらのすべてにおいて，特許権の専用権としての効力の回復を許したのでは，存続期間満了の予測は困難となり，特許制度は成り立たなくなる。

すなわち，存続期間は，元来不公平を孕み，すべての侵食を回復させるわけでもない。そもそも特許法は，あらゆる技術分野における発明を保護する一般法であって，技術の種類によって特別な扱いを許す法律ではない。もちろん，分野に特有の審査基準はあるが，基本となる法律は一つである。その唯一の例外が，医薬品等のみに適用される存続期間延長登録制度なのであり，これが許された理由は，画一的処理が可能で安定した制度を構築できるからである。このような特許制度の根本を考えれば，存続期間延長登録制度は何よりも，明確性，法的安定性を優先すべきであるといえる。

(5) **存続期間延長登録制度の趣旨と特許権の本質**

本判決の原審知財高判（大合議）[7]は，制度趣旨として，「特許権の存続期間の延長登録の制度は，特許発明を実施する意思及び能力があってもなお，特許発明を実施することができなかった特許権者に対して，『政令で定める処分』を受けることによって禁止が解除されることとなった特許発明の実施行為について，当該『政令で定める処分』を受けるために必要であった期間，特許権の存続期間を延長する措置を講じることによって，特許発明を実施することができなかった不利益の解消を図った制度である」と判示する。その前提として，「特許権者は，たとえ，特許権を有していても，特許発明を実施することができず，実質的に特許期間が侵食される結果を招く（もっとも，このような期間においても，特許権者が「業として特許発

明の実施をする権利」を専有していることに変わりはなく、特許権者の許諾を受けずに特許発明を実施する第三者の行為について、当該第三者に対して、差止めや損害賠償を請求することが妨げられるものではない。したがって、特許権者の被る不利益の内容として、特許権の全ての効力のうち、特許発明を実施できなかったという点にのみ着目したものであるといえる。)。」と述べる。平成23年最判の原審「パシーフカプセル30mg」事件知財高判（前掲＊2）や、「オキサリプラチン」事件東京地判＊8も同旨を述べている。これらの判示をみると、存続期間延長制度と特許権の本質との関係について、2件の最判の原審知財高判等においては、特許権の効力について専用権説（特許発明を独占的に実施し得る効力を認める考え方）に立っていることが明らかである。もっとも本判決では、「政令処分を受けることが必要であったために特許発明の実施をすることができなかった期間を回復することを目的とするもの」とのみ判示している＊9ことから、最高裁判決は、必ずしも専用権説に立たずとも解釈することができるとする説もある＊10。

　特許権の効力については、専用権説、排他権説の争いがあり、利用発明（特72条・92条）、中用権（特80条）について異なる説明がなされているが、いずれの立場からでも説明は可能であり、商標権や意匠権と異なり特許法においては実益がないとする考え方もある＊11。最近の研究では、特許権の積極的効力を認める（専用権説）かどうかは理論的に定まるものではなく、実定法の解釈としてどちらがより優れた説明や結論を可能とするかにより決めるべき事項であり、また、知的財産権の効力の性質論は重要な実践的意義をもつことが示されている＊12。そのような中で、存続期間延長制度の趣旨を説明する裁判例が、特許権の効力を専用権として判示していることは、本制度を考える上で大きな意味をもっていると思われる。存続期間延長登録の場面で専用権説をとることには、予測可能性、法的安定性に資するという意義がある。すなわち、専用権説の立場では、処分を待つ期間、特許発明を実施できるという特許権の効力が損なわれていることになるため、これを回復しなければならないことが必然的に導かれ、存続期間を延長するのは、処分を待つために特許発明を実施できなかった期間であることは、法的な帰結となり、裁量の余地はなく、明確な基準を立てることができるからである。

　特許権の効力を排他権であると解する論者は、これらの裁判例が専用権説的な理解に立っていること自体は認め、「旧来の専用権説と排他権説の対立図式に引きずられている」等と批判する＊13。そして、「特許権という権利の第三者に対する効力はあくまで排他権である一方、特許権が保護する利益は、その発明の利用にかかる

308　第1部　判例評釈

市場を独占できる地位である」という説に立ち，このような理解に立っても，本判決の原審知財高判が，特許保護の目的が研究開発のためのインセンティブにあると言及したり，均等物に延長された特許権の効力が及ぶとしたりしている点などは，特許発明の利用の市場を独占できる地位の保護を目的としていると理解できるので，説明が可能であるとする[14]。

　特許権を排他権とする立場に立つ米国特許法では[15]，特許権は，特許権者に特許発明を実施する権利を与えるものとは考えられていないから，米国における存続期間延長制度について，特許発明を実施する効力が妨げられた期間を回復するという趣旨は成り立たない。米国においては，特許権者である先発医薬品メーカーと，特許期間満了後の医薬を販売する後発医薬品メーカーとの双方の利益のバランスを図るための総合的な政策立法の一部として，「薬価競争および特許期間回復法」[16]という2つの法律の一つとして，存続期間延長制度が導入された[17]。

　欧州では，追加保護証明書（Supplement Protection Certificate，略称 SPC）という特許法とは別の制度による保護が与えられている[18]。これは，「基本特許」の出願日から，最初の販売承認日までの期間から5年を差し引いた期間につき，最長5年を限度に延長する制度である（理事会規則13条）。特許権の設定登録日は関係がないため，特許権の侵食された存続期間を回復するという趣旨はなく，独占的であるかどうかにかかわらず，販売規制により製品を販売できなかったという事情に対する救済措置を与えるという制度である。したがって，欧州の制度は，日米のような特許制度の一部をなす制度とは，考え方の根本が異なる。

　このように，米国でも欧州でも，延長登録の要件を立法者が自由に定めることができる法制になっているのに対し，日本では，処分を待つために特許発明を実施できなかった期間を延長することが，立法趣旨から直接導かれる。このことは，変動し得る政策判断を排し，特許制度の趣旨に合致する一貫した判断を可能にするものであり，制度の細部はともかく，基本的には安定的で優れた制度であると考える。

⑹　**存続期間延長登録制度を巡る学説**

　延長登録制度に対する考え方の相違の根本は，以下に見るように，①市場競合を延長登録要件及び延長特許権の効力のメルクマールとする説と，②政令処分を受ける必要から実施できなかった医薬品の独占的実施の回復を基本に据える考え方の2つに大きく分けられる。この他，③延長特許権の効力は，先発医薬品の成果に依拠している範囲に及ぶとする説もある。これらの説は，制度設計としてはいずれも成り立ち得るであろう。①説は，特許権者の利益確保に力点があり，②は現行特許法

の制度趣旨に沿った安定に重きを置き，③は不公正な競争の抑止にポイントがあると思われる。

① 市場競合をメルクマールとする説

新たな市場（需要）を開拓した後行処分について延長登録を認め，延長特許権の効力は，特許権者の製品と市場で競合する範囲に及ぶとする見解がある[19]。この説は，基準とする「新たな需要」の内容が一義的に定まらないという難点がある。この説では，たとえば，製法の違いにより新たな需要の開拓に結びつくことは稀だが，製剤や製法の違いにより大量生産や低廉な価格での供給が可能になれば，先行処分で認められた実施とは質的に異なる需要を喚起するので，そのような後行処分に基づく延長登録が認められるとし，本判決が先行後行処分の実質的同一性を判断するための考慮要素として挙げた要素の相違があっても延長登録を認めない，あるいは逆に要素が同一でも延長登録を認める場合があると説く[20]。しかし，大量生産や低廉な価格などの程度問題を基準としたのでは，判断は極めて不安定となろう。OD錠により咀嚼困難な需要者という新たな需要を捕捉するとも述べられているが，当該普通錠が，その疾病に対する唯一の治療剤であったならば，咀嚼困難な患者であっても普通錠を医院の機器で粉砕するなどの手段により利用し既に需要者であったかもしれない。延長特許権の効力範囲に関するこの説からの反論として，特許法102条1項但書きの推定覆滅の際に，裁判所は特許製品との市場競合製品が何かを判断するのだから，裁判官まして当業者が判断できることに変わりはないと述べる[21]。しかし，判断「できない」のではない。判断が不安定化することがもつ意味は，市場競合品であるかが侵害の成否に直結する延長特許権の効力の問題と，過去の侵害行為が認定された後に，損害賠償額の算定において非侵害品である競合製品を判断することとでは，質的に異なる。侵害の成否は，後発企業が事前に判断しなければならないのであるから不安定では困り，これらを同列に論ずることはできない。広い意味では，対象疾患が同じであればすべて競合するともいい得，延長特許権の効力の及ぶ範囲が広すぎる結果になりかねない。

類似する説として，延長登録制度の趣旨は，特許発明の実施をすることができない期間中に，当該実施に係る市場を独占し利益を回収する機会がおよそなかった不利益を回復することにあるとする学説（独占の機会説[22]）がある。この独占の機会説では，上記の市場競合説とは異なり，先行処分に基づいて，既に独占の機会がなかったことによる不利益を回収するための延長の機会があった範囲には，二度の延長は認めない（連動説）としており，この点で市場競合説のような過度の特許権者

310 第1部 判例評釈

の優遇という弊害は生じない。しかし，メルクマールとして市場独占の機会を用い
る点では，市場とは何かを巡って判断が安定しないという問題が残ると思われる。

　そもそも，市場の競合という観点に基づく判断を徹底することは，現行の特許法
の枠組の中では困難であることが指摘されている＊23。特許権者が先行医薬品を実
施しつつ，これと代替性をもつが新規な需要も取り込める医薬品につき後行処分を
受けた場合，これらの説によれば後行処分により延長登録が認められることになる
が，後行処分を受ける前であっても，先行処分による実施で当該市場の一部につい
ては独占していたにもかかわらず，同じ範囲について延長されることになる。後行
処分に基づく延長期間のほうが長い場合は，特許権者に過大な保護を与え，逆に短
い場合は，後行処分に基づく延長期間の満了後に後発医薬品が参入することにな
り，先行処分による延長期間が継続中であるにもかかわらず事実上短縮される効果
を生じ，特許権者が先行処分を受けるまでの侵食期間の回復が損なわれる。この旨
を指摘する論者は，この点を解決するために，延長期間を代替性のある医薬品群に
ついて最初の承認を受けた期間に揃えることを提案している＊24。傾聴すべき見解
であるが，現行特許法の規定に根拠を求めることは困難であろう。

　このような制度設計が特許制度外にあり得ることは，現にEUのSPC制度が示
している＊25。日本が，現行の延長登録制度を廃止し，新たにそのような制度を導
入するという選択肢はあり得るであろうが，そのようなニーズがあるのか，現行の
特許制度内の延長制度に比して望ましいのかは，慎重な調査と議論を要するだろ
う。

　②　実施できなかった医薬品を基本とし，その実質同一物に広げる説

　本判決及び，延長登録を受けた特許権の効力範囲について判示した「オキサリプ
ラチン」事件知財大合議判決＊26（詳細は，吉田広志・本書**34**論文参照），特許権者
が実施する意思及び能力を有していながら処分を待つために実施できなかった医薬
品（であって，これと実質的に同一の医薬品に対して先行処分がなされていないもの）に
ついて延長登録を認め，その医薬品と実質同一なものの範囲に延長特許権の効力が
及ぶと判示する。前述のとおり，本判決の原審知財高判大合議等＊27は，延長制度
の趣旨が，損なわれた専用権の回復であることを明言しており＊28，延長特許権の
効力が及ぶ範囲が特許発明の技術的範囲のすべてではなく，特許法68条の2により
限定されることの根拠もこの制度趣旨にあるといえるだろう。したがって，処分対
象医薬品と実質的に同一の範囲に一つの延長登録を認め，延長登録を受けた特許権
の効力も，処分対象医薬品と実質同一な範囲に及ぶという裁判例の考え方は，現行

特許法が規定する延長制度の制度趣旨の帰結といえよう。

　ここにおいて，実質的同一の範囲をどのように判断するかが問題となる。延長登録を受けた特許権の効力範囲について，「オキサリプラチン」事件知財大合議判決は，特許発明の内容に照らして判断するが，これに対して，生物学的同等性という医薬品としての同一性を基準とする考え方[29]が対立しているほか，様々な論点がある。詳細は，「オキサリプラチン」事件知財大合議判決についての吉田広志・本書**34**論文に譲る。

③　先発医薬品の成果に依拠していることを根拠とする説

　延長特許権の効力を後発医薬品に対して及ぼすべきであるとする議論の根拠として，先発医薬品の成果に依拠していることを挙げる説がある[30]。後発医薬品メーカーが薬事承認では先発医薬品との実質的同一性を主張し簡易な申請書類により承認を取り，延長特許権の効力範囲の場面では実質的同一物に当たらないと主張するのは二枚舌であると述べられている[31]。

　しかし，他人が資金・労力を投下して得た成果にただ乗りをすることは許されないという発想は，不正競争を許さないという考え方である。特許法の目的である発明の早期公開は，他人の発明による知見を利用して更なる技術進歩を早期に達成することを奨励するためのものであって，試験・研究としての特許発明の実施に特許権の効力が及ばないこと（特69条1項）も，他人の発明という成果の利用（ただ乗り）を認めていることを裏付けている。ただ乗りが許されないのは，それが不正な競争といえる場合であり，後発医薬品の承認申請に先発医薬品の試験データを利用することを不正とは評価できないだろう。そのようなデータの保護は，医薬品医療機器等法によりなされている。

(7)　連動論と非連動論

　本判決の原審は傍論として，延長後の特許権の効力（特68条の2）の解釈と，延長登録の要件との連動論を採らないことを述べていたが，本判決ではこれらに触れていない。連動論については，これをもって否定したと解する見解[32]と，そのような判例の読み方は正確ではないとする見解[33]がある。延長特許権の効力範囲を判示した知財高判（大合議）「オキサリプラチン」事件[34]とその原審[35]が，効力範囲についても本判決と原則として同一の要素により判断したことから，かつてのような連動論ではないものの，処分により禁止が解除された範囲で延長登録を認め，その範囲で侵食期間を回復するという制度趣旨に則って，自ずと両者は一致することが原則となるという解釈がある[36]。また，要件論と効力範囲論の「特許発

312 第1部 判例評釈

明の実施」の範囲の一致を明言していないが，実質同一を調整原理として連動説を指向しているとの理解が可能である*37とも主張されている。

条文の文言からは，連動しないという帰結が導かれるであろうし，これを支持する学説もある*38。しかし，非連動論によると次のような問題が生じる。

延長特許権Aの効力が及ぶ範囲に，重ねて延長特許権Bが登録されると，これら2つの延長特許権は，二重特許の関係に立つことになる。通常の特許権の場合，二重特許を回避するために特許法39条1項は，同一の発明については最先の出願人のみが特許を受けることができるとし，出願人が同一の場合にも適用されるのは，存続期間を延長することになるのが不当だからである*39。上記のように延長特許権の効力範囲が重複すると，重複部分につき存続期間満了日が延長特許権AとBのいずれのものになるのか定める基準は存在せず不明になり，特許権者，第三者の双方にとって，予測可能性を害することになる*40。存続期間による特許権者と第三者との利害調整は，最高裁判決*41により特許制度の根幹とまでいわれる点であって，これが不透明になることは避けるべきである。

(8) 今後の課題

存続期間延長登録の問題は，延長登録の要件と延長登録後の特許権の効力が及ぶ範囲について，連動論の立場においてはもちろん，非連動論を採る場合であっても，総合的に考察しなければならないものである。延長登録後の特許権の効力範囲については，本稿に与えられたテーマを超え，詳細は吉田広志・本書**34**論文に譲るが，本判決後は，ほぼ処分ごとに延長登録がなされる実態があり，それら延長登録後の特許権相互の効力範囲の関係が課題である。延長登録を受けた特許権の効力について判断した判決は，現時点では前述の「オキサリプラチン」事件が唯一の事案であるが，これは，いわゆるパテント・リンケージのために，後発医薬品には承認がなされず，司法審査の機会が奪われている現状の反映であろう。パテント・リンケージとは，医薬品の安定供給を図る観点から，先発医薬品の有効成分の物質特許又は用途特許が存在する場合は，後発医薬品を承認しないとする厚労省通知に基づく運用であり，裁判を受ける権利の保障（憲32条）や，「法律による行政」の法理に違反する疑いが指摘されている*42。延長登録制度の安定的な運用のためには，司法審査の積み重ねが必須であるところ，これを阻む障壁を解消することが，喫緊の課題であると思われる。

〔注〕

＊1 「パシーフカプセル30mg」事件知財高裁判決以前の状況についての詳細は，井関涼

子「特許権の存続期間延長登録と薬事法上の製造承認」同志社法学331号（2009年）83頁。
* 2　知財高判平21・5・29民集65巻3号1685頁参照〔パシーフカプセル30mg事件〕。
* 3　最判平23・4・28民集65巻3号1654頁〔パシーフカプセル30mg事件〕。
* 4　山田真紀・最判解説民事篇平成23年度（上）440頁。
* 5　田中孝一・最判解説民事篇平成27年度（下）479頁，499頁。
* 6　中山信弘「特許権の存続期間」学会年報7号（1984年）60頁，70頁。
* 7　知財高判（大合議）平26・5・30民集69巻7号1952頁参照〔ベバシズマブ事件〕。
* 8　東京地判平28・3・30判時2317号121頁〔オキサリプラチン事件〕（同大合議判決の原審）。
* 9　これは，平成23年最判も同旨である。
*10　中山信弘＝小泉直樹編『新・注解特許法〔第2版〕（中巻）』（青林書院，2017年）1138〜1142頁〔鈴木將文〕，内田剛「特許権の効力である『する権利を専有する』の意義について」学会年報42号（2019年）29頁，41頁。
*11　中山信弘『特許法〔第3版〕』（弘文堂，2016年）320頁。
*12　鈴木將文「知的財産権の効力の性質論に関する覚書」学会年報42号（2019年）153頁。
*13　前田健「特許権の本質と存続期間の延長登録」神戸法学雑誌65巻1号（2015年）1頁，36〜41頁。
*14　田村善之「特許権の存続期間延長登録制度の要件と延長後の特許権の保護範囲について－アバスチン事件知財高裁大合議判決の意義とその射程」AIPPI 60巻3号（2015年）206頁，226頁は，排他権説に立ちつつ，「こと特許権の存続期間の延長登録に限っては，」禁止権の存在だけでは特許権の保護として十分ではなく，禁止権＋（排他権の庇護の下での）実施という二本柱が備わって初めて保護が万全となると法は考え，二本柱の一つが欠けていた時期について存続期間の延長を認めることで，二本柱の期間を回復しようとしていると解している。愛知靖之・判評702号（2017年）24頁，26頁も排他権説に立つ。
*15　Robert P. Merges & John F. Duffy, Patent Law and Policy: Cases and Materials, 3rd ed. p. 48（2002）など。
*16　"Drug Price Competition and Patent Term Restoration Act of 1984（Hatch-Waxman Act）". 井関涼子「特許期間満了後の実施の準備と試験」同志社法学270号（2000年）1頁参照。
*17　詳細は，井関・前掲＊1・105頁以下。
*18　欧州議会理事会規則 No.469/2009（2009年5月6日）に組み入れられた「医薬品及び診断薬のための追加保護証明に関する理事会規則 No.1768/92（1992年6月18日）」井関・前掲＊1・111頁以下。
*19　田村善之「判例研究　特許権の存続期間延長制度の要件と延長後の特許権の保護範囲について」知的財産法政策学研究49号（2017年）389頁，416，428頁。
*20　田村・前掲＊19・417〜418頁。

*21　田村・前掲＊19・428〜429頁。

*22　前田・前掲＊13・8〜12頁，前田健「判批」民商152巻2号（2016年）160頁。

*23　以下の指摘は，想特一三「医薬品特許の特許権存続期間延長制度の目的と公平性の観点から見た制度のあり方について」（Sotoku，通号7号2016年）http://thinkpat. up.seesaa.net/doc/Sotoku07-20161229.pdf（2019年6月2日最終確認）に負う。

*24　想特・前掲＊23・14頁。

*25　EUのSPC（Supplement Protection Certificate）制度については，井関・前掲＊1。

*26　知財高判（大合議）平29・1・20判時2361号73頁〔オキサリプラチン事件〕。

*27　前掲＊7・知財高判（大合議）〔ベバシズマブ事件〕。前掲＊2・知財高判〔パシーフカプセル30mg事件〕，前掲＊8・東京地判〔オキサリプラチン事件〕も同旨。

*28　この点につき大野聖二「後発医薬品と延長登録後の特許権の効力の及ぶ範囲－米国判例法を参考として」渋谷達紀教授追悼論文集『知的財産法研究の輪』223頁，232頁（発明推進協会，2016年）は，第三者も特許発明を実施できないため禁止権も行使できないという不利益が特許権者に生じるとする（想特・前掲＊23も同旨）。しかし，禁止権を行使できない第三者の無断実施とは，製造承認申請のための試験としての実施であろう。これについて特許権を行使できないのは，処分を待つためではなく特許法69条1項により特許権の効力が制限されているからである。最判平11・4・16民集53巻4号627頁〔膵臓疾患治療剤事件〕が，このような試験に特許法69条を適用する根拠の一つとして，特許権者に不利益を生じさせないと述べる点については，禁止権を行使できない不利益が確かにあろうと考えるが，他の理由も相まって特許権の効力が制限されており，少なくとも政令処分による禁止権の侵食とはいえないだろう。

*29　高林龍「延長登録された特許権の効力」IPジャーナル1号（2017年）30頁，36〜37頁。

*30　大野・前掲＊28・231頁。

*31　高林・前掲＊29・37頁において，臨床試験の成績を流用し，短期間で製造承認を得ている医薬品は，先行医薬品と実質的同一性を有する医薬として，改めて期間延長を認める必要はなく，延長特許権の効力を及ぼしてもよいと論じられているのも，同旨と解される。想特・前掲＊23も同旨。

*32　田村善之・平成28年度重判解（2017年）279頁，280頁。

*33　篠原勝美「延長登録を受けた特許権の効力－実務家の視点から」ジュリ1509号（2017年）53頁，57頁。

*34　前掲＊26・知財高判（大合議）〔オキサリプラチン事件〕。

*35　前掲＊8・東京地判〔オキサリプラチン事件〕。

*36　井関涼子・平成28年度重判解（2017年）283頁。

*37　篠原・前掲＊33・55〜56頁。

*38　田村・前掲＊14・226頁，愛知・前掲＊14・28頁。

*39　吉藤幸朔〔熊谷健一補訂〕『特許法概説〔第13版〕』（有斐閣，1998年）197頁は，「67条1項の趣旨に反するからである。」と述べる。なお，特許法39条の審査において

均等論の範囲については考慮しないから，その範囲では重複があり得るという反論があるかもしれない。しかし，クレームは重複しない特許法39条の場合と，同一クレーム内における重複である特許法68条の2の場合を同列に論ずることはできないと考える。

*40　田村善之「特許権の存続期間延長登録の要件について－アバスチン事件最高裁判決の意義－」WLJ判例コラム63号（2016年）1頁，15頁では，「一度も延長されない間は，後発医薬品の予測可能性は保証されていないのだから，一度延長されたとたんに，なぜ急にそれを保護しなければならないと考えるのか」と述べるが，後発品メーカーは監視が可能なので予測できることが理由である。延長登録出願や医薬品の承認申請の情報は公開され，延長登録の出願時期は承認から原則として3ヵ月以内である（特67条の5第3項，特施令3条）等の手続について，井関涼子「存続期間延長登録出願の拒絶要件と延長特許権の効力範囲：『アバスチン（ベバシズマブ）』事件知財高裁大合議判決〔平成26.5.30〕」AIPPI 60巻1号（2015年）20頁，33～34頁。

　　また，田村・同頁では続けて「当初の存続期間満了前はいつ延長されるか分からないという不利益があるからこそ，5年という上限が設定されているのであるから，その枠内での延長は，一度に一挙に5年間延長されようが，何度かに分かれて細切れに延長されようが，後発者は当初から覚悟しておけというのが，法の判断であるというべきであろう。」と述べるが，これは，延長登録があれば，その効力範囲において後発者は常に5年間は参入できないことを意味し，延長期間を定めている特許法67条の7第1項3号を無視するものである。

*41　最判平11・4・16民集53巻4号627頁〔膵臓疾患治療剤事件〕。

*42　篠原勝美「知財高裁大合議判決覚書－オキサリプラチン事件をめぐって－」知管67巻9号（2017年）1323頁，1331頁，篠原勝美「続・知財高裁大合議判決覚書－オキサリプラチン事件をめぐって－」知管68巻3号（2018年）318頁，323頁，篠原勝美「日本型パテントリンケージ制度の諸問題（上）（下）」L＆T80号（2018年）29頁，81号（2018年）9頁。パテントリンケージについての詳細は，桝田祥子「パテントリンケージ：医薬品の安定供給と特許制度に関する一考察－ジェネリック医薬品申請・承認手続きにおける新薬関連特許権の侵害性判断の国際動向－」AIPPI 59巻11号2頁。

■参考文献

〔注〕に掲げたもののほか，
・井関涼子「特許権存続期間延長登録制度の在り方」法時89巻8号（2017年）10頁
・井関涼子「延長登録を受けた特許権の効力－研究者の視点から」ジュリ1509号（2017年）46頁

316 第1部 判例評釈

25 商標無効審判の除斥期間経過後に主張された無効の抗弁と権利濫用——エマックス事件

■最高裁〔三小〕平成29年2月28日判決
〔平成27年（受）第1876号不正競争防止法による差止等請求本訴・商標権侵害行為差止等請求反訴事件〕
〔民集71巻2号221頁〕

東北大学大学院法学研究科教授 蘆 立 順 美

╭─────────────── 事実の概要 ───────────────╮

X（本訴原告・反訴被告，被控訴人，被上告人）は，平成6年11月1日に，米国法人エマックス・インク（以下，「エマックス社」という。）との間で，同社の製造する電気瞬間湯沸器（以下，「本件湯沸器」という。）の日本における独占販売代理店契約を締結し，「エマックス」「EemaX」「Eemax」の文字を横書きしてなる各商標（以下，まとめて「X使用商標」という）を使用して本件湯沸器を販売している。本件本訴は，本件湯沸器を独自に輸入して販売しているY（本訴被告，控訴人，上告人）に対し，X使用商標と同一の商標を使用するYの行為が，不正競争防止法（以下，「不競法」とする。）2条1項1号等の不正競争に該当するとして，その商標の使用の差止め及び損害賠償等を求めたものである。

他方，Y（本訴被告・反訴原告，控訴人，上告人）は，「エマックス」という文字商標（平成17年1月25日出願，同年9月16日登録，指定商品「家庭用電気瞬間湯沸器，その他の家庭用電熱用品類」。以下，「登録商標①」という。）及び「エマックス」と「EemaX」を2段書きした商標（平成22年3月23日出願，同年11月5日登録，指定商品：上記と同じ。以下，「登録商標②」という。また，登録商標①と登録商標②をまとめて「本件各登録商標」という。）について，商標権（以下，まとめて「本件各商標権」という。）を有している。そこで，Yは，反訴として，本件各商標権に基づき，Xに対し，本件各登録商標と類似する商標の使用の差止め等を求めた。これに対してXは，Yの本件各登録商標は商標法4条1項10号に違反して登録されたものであり，

無効審判により無効にされるべきものであるとして，権利行使制限の抗弁（商標法39条が準用する特許法104条の3。以下，「無効の抗弁」という。）を主張した。

なお，XとYとの間には，以下の事実関係が認められる。

Yは，平成14年ごろに本件湯沸器の存在を知り，平成15年12月20日に，Xとの間で，本件湯沸器に関する販売代理店契約を締結した。その後，X・Y間で紛争が生じ，YがXに対して損害賠償請求訴訟を提起したが，平成19年5月25日に，上記の販売代理店契約が同日現在において存在しないことの確認等を内容とする訴訟上の和解が成立した。なお，登録商標①は，上記訴訟提起前に出願されている。また，平成21年7月には，XからYに対して，不正競争防止法に基づく差止め等請求訴訟が提起され，その控訴審において，平成23年7月8日，Yが「エマックス」という商品名を使用しないことを誓約することなどを内容とする訴訟上の和解が成立した。ところがYは，上記和解成立後もX使用商標と同一の商標を使用して本件湯沸器を販売していたため，Xが本件本訴を提起したものである。なお，登録商標②は，上記の不競法に基づく訴訟の係属中に出願されている。また，Xは，本件の第1審が係属していた平成26年6月26日に，本件各商標権について，商標法4条1項10号に該当することを理由とする無効審判を請求した*1。

原審（福岡高判平27・6・17民集71巻2号285頁）は，本訴，反訴とも，第1審（福岡地判平26・9・18民集71巻2号256頁）の判断を是認した。すなわち，①X使用商標は，遅くともXとYが交渉に入った平成15年秋頃までに，Xの商品等表示として需要者の間に広く認識されるに至ったと認め，YがX使用商標と同一の商標を使用する行為は不競法2条1条1号の不正競争に該当するとして，本訴請求の一部を認容し，②X使用商標は，商標法4条1項10号にいう「他人の業務に係る商品若しくは役務を表示するものとして需要者の間に広く認識されている商標」に当たり，X使用商標と同一又は類似の商標である本件各登録商標のいずれについても，商標登録を受けることができない同号所定の商標に該当するから，同法39条において準用される特許法104条の3第1項に係る抗弁が認められ，Xに対する本件各商標権の行使は許されないとして，反訴請求を棄却した。

なお，本件における無効の抗弁主張時，登録商標①については，商標法47条1項が定める除斥期間の経過により無効審判の請求ができなかったため，最高裁では，こうした場合にも無効の抗弁を主張することができるかという論点についての判断が示されているが，第1審及び原審において，除斥期間に関するYからの主張や裁判所の判断はなされておらず，上告受理申立理由においても，この点に関する言及

318 第1部 判例評釈

はない。

判　旨

以下のように述べて，原判決を破棄し，福岡高等裁判所に差し戻した。

(1) 不正競争防止法2条1項1号に基づく請求について

「XがX使用商標を使用して販売している本件湯沸器は，商品の内容や取引の実情等に照らして，その販売地域が一定の地域に限定されるものとはいえず，日本国内の広範囲にわたるものであることがうかがわれる。そして，Xによる本件湯沸器の広告宣伝等についてみると，……Xを広告主とする新聞広告が掲載されたのは……2回にすぎず，Xが平成6年度から平成24年度までに支出した広告宣伝費及び展示会費の額も……多額であるとはいえない。また，Xによる本件湯沸器の販売について……相当数の企業等に対する販売実績があり，販売台数も一定以上にのぼることがうかがわれるものの，具体的な販売台数などの販売状況の総体は明らかでない。そうすると，……Y代表者が知人を介して本件湯沸器の存在を知りXとの間で販売代理店契約の締結の交渉を開始したことを考慮したとしても，これらの事情から直ちに，X使用商標が日本国内の広範囲にわたって取引者等の間に知られるようになったということはできない。」

(2) 商標法に基づく請求について

(a) 4条1項10号を理由とする無効の抗弁について

「商標法47条1項……の趣旨は，同号（同法4条1項10号：著者注）の規定に違反する商標登録は無効とされるべきものであるが，商標登録の無効審判が請求されることなく除斥期間が経過したときは，商標登録がされたことにより生じた既存の継続的な状態を保護するために，商標登録の有効性を争い得ないものとしたことにあると解される（……）。そして，商標法39条において準用される特許法104条の3第1項の規定（以下「本件規定」という。）によれば，商標権侵害訴訟において，商標登録が無効審判により無効にされるべきものと認められるときは，商標権者は相手方に対しその権利を行使することができないとされているところ，上記のとおり商標権の設定登録の日から5年を経過した後は商標法47条1項の規定により同法4条1項10号該当を理由とする商標登録の無効審判を請求することができないのであるから，……商標登録が無効審判により無効にされるべきものと認める余地はない。また，上記の期間経過後であっても……本件規定に係る抗弁を主張し得ることとすると，商標権者は，商標権侵害訴訟を提起しても，相手方からそのような抗弁を主

張されることによって自らの権利を行使することができなくなり，商標登録がされたことによる既存の継続的な状態を保護するものとした同法47条1項の上記趣旨が没却されることとなる。

そうすると，商標法4条1項10号該当を理由とする商標登録の無効審判が請求されないまま商標権の設定登録の日から5年を経過した後においては，当該商標登録が不正競争の目的で受けたものである場合を除き，商標権侵害訴訟の相手方は，その登録商標が同号に該当することによる商標登録の無効理由の存在をもって，本件規定に係る抗弁を主張することが許されないと解するのが相当である。」

(b) 権利濫用について

「商標法4条1項10号……は，需要者の間に広く認識されている商標との関係で商品等の出所の混同の防止を図るとともに，当該商標につき自己の業務に係る商品等を表示するものとして認識されている者の利益と商標登録出願人の利益との調整を図るものであると解される。そうすると，登録商標が商標法4条1項10号に……違反して商標登録がされた場合に，当該登録商標と同一又は類似の商標につき自己の業務に係る商品等を表示するものとして当該商標登録の出願時において需要者の間に広く認識されている者に対してまでも，商標権者が当該登録商標に係る商標権の侵害を主張して商標の使用の差止め等を求めることは，特段の事情がない限り，商標法の法目的の一つである客観的に公正な競争秩序の維持を害するものとして，権利の濫用に当たり許されないものというべきである……。

したがって，商標法4条1項10号該当を理由とする商標登録の無効審判が請求されないまま商標権の設定登録の日から5年を経過した後であっても，当該商標登録が不正競争の目的で受けたものであるか否かにかかわらず，商標権侵害訴訟の相手方は，その登録商標が自己の業務に係る商品等を表示するものとして当該商標登録の出願時において需要者の間に広く認識されている商標又はこれに類似する商標であるために同号に該当することを理由として，自己に対する商標権の行使が権利の濫用に当たることを抗弁として主張することが許されると解するのが相当である。」

「Xによる本件湯沸器の広告宣伝や販売等の状況に照らし，X使用商標が，本件各登録商標に係る商標登録の出願時までに，日本国内の広範囲にわたって取引者等の間に知られるようになったとは直ちにいうことができない。」

なお，本件には，山崎敏充裁判官の補足意見がある。

320　第1部　判例評釈

解　説

(1)　本判決の意義

　商標法（以下，商標法の条文を指す場合には省略する。）39条は，特許法104条の3（いわゆる「無効の抗弁」）を準用している。しかしながら，商標登録の無効審判については，47条1項において除斥期間が定められており，一部の無効理由を根拠とする場合には，（不正競争の目的で登録を受けた場合などが除外されている無効理由もあるが），設定登録から5年を経過した後は無効審判を請求することができないとされている。そのため，商標法特有の論点として，無効審判の除斥期間を経過後に，侵害訴訟において無効の抗弁の主張が許されるかという問題が存在する。本件は，4条1項10号を根拠とする無効の抗弁に対し，無効審判の除斥期間経過後は，同主張は許されないことを明らかにした初の最高裁判決として意義を有する[2]。

　併せて，本判決は，侵害訴訟の相手方が同項10号にいう広知表示の主体である場合には，除斥期間経過後であっても，特段の事情がない限り，商標権の行使は権利濫用にあたるという解釈も示した。この法理は，相手方の属性にあわせた権利行使の可否の判断を可能とする解釈を示したものであるが，以下に見るように，特に先使用権制度との関係から，その妥当性については批判も多い。

(2)　除斥期間と無効の抗弁

(a)　従来の学説及び裁判例

　無効審判の除斥期間の経過後に，無効の抗弁を主張することが許されるか否かについて，従来の下級審裁判例においては，否定説をとると思われるものが多数であるものの，見解の一致はなかった。

　47条1項は，4号1項10号（及び17号）の無効理由については，不正競争の目的で商標登録を受けた場合に，除斥期間の適用がないと規定している。そのため，問題の商標が4条1項10号に違反して登録されたとしても，不正競争の目的で商標登録を受けた場合に該当すると認定して，無効の抗弁を認めた複数の裁判例が存在する[3]。これらの裁判例は，除斥期間経過後の無効の抗弁は認められないことを前提としているように思われるが，不正競争の目的が認定されているため，認定されない場合に関する解釈を明示したものではない。

　また，本件と同様に，一般論として，仮に4条1項15号の無効理由があるとしても，除斥期間経過後に権利濫用の抗弁は認められないとの解釈を示した裁判例（東京地判平19・12・21（平19（ワ）6214号）〔マッキントッシュ〕）も存在するが，結論と

して15号該当性は否定されているため，厳密には傍論である。

　他方，無効の抗弁ではなく，権利濫用として無効理由の存在が主張された事件であるが，東京地判平17・10・11判時1923号92頁〔ジェロビタール〕は，登録から5年を経過した商標であっても，不正競争の目的の有無にかかわらず，4条1項10号違反が存在することが明らかな商標権に基づく請求は，権利濫用であるとの判断を示した。もっとも，結論として無効理由該当性が否定されている。また，東京地判平24・2・28（平（ワ）11604号）〔グレイブガーデン〕も，権利濫用の判断にあたって，47条1項の除斥期間が経過しているからといって，当該商標の商標登録に無効理由が存在するとの事情の考慮が許されないものとされるべき理由はないとし，結論としても，3条1項柱書の要件を欠くとして，権利濫用を認めた。

　他方，学説においては，無効審判手続と侵害訴訟手続が別であり，その効力範囲が異なることや，特許法104条の3の趣旨が，瑕疵ある権利に基づく権利行使を認めないとするものであることなどを根拠として，除斥期間経過後も無効の抗弁は認められるとする見解[4]も存在したが，47条の趣旨等を根拠として，これを否定する見解が多数であった[5]。

⒝　**本判決の評価と射程**

　こうした中，本判決は，除斥期間経過後は，4条1項10号を理由とする無効の抗弁を主張し得ないことを明示した。その理由として，特許法104条の3が，商標登録が「無効審判により無効にされるべきものと認められるとき」という要件を定めていること，及び，除斥期間経過後は無効の抗弁を認めないことが47条1項の趣旨に合致すること，の2点をあげる。47条1項の趣旨について，本判決は，最判平17・7・11裁判集民事217号317頁（本書②事件）を引用し，商標登録がされたことにより生じた既存の継続的な状態を保護するために，商標登録の有効性を争い得ないものとしたことにあるとする。除斥期間経過後に無効の抗弁を認めるのでは，有効な商標権として扱うことを認めた47条1号の趣旨を没却することになるとの理由は，否定説をとる多くの学説等においても示されていたものであり，特許法104条の3の文言との整合性を合わせ考慮しても，妥当な解釈といえよう[6]。

　もっとも，こうした解釈に対しては，権利行使を否定したキルビー事件最高裁判決（最判平12・4・11民集54巻4号1368頁），及び，これを受けて創設された特許法104条の3の規定が，無効審判を経ることを要求していないことと矛盾するとの批判もある[7]。しかし，商標法に関しては，47条により，一定期間経過後は，出願・査定時に無効理由を有していた商標であっても有効な商標権として扱うとの制

322　第1部　判例評釈

度が採用されている以上，47条に規定された無効理由については，無効審判を請求することが要求されていると考える以外にないであろう。そして，権利行使の妥当性の問題は，4条1項10号であれば，47条1項において，不正競争の目的の有無により決することとしたと解するのが適切であるように思われる*8。

　なお，本件判旨は，4条1項10号に関する判断を示したものであるが，上記の理由付けを見る限り，同じく47条において除斥期間が定められている他の無効理由にも妥当するものと考えられる*9。

　また，前述のキルビー事件最高裁判決が示した，無効理由の存在を根拠とする権利濫用の抗弁（以下，「キルビー抗弁」とする。）を，特許法104条の3（無効の抗弁）とは別途主張し得ると考える場合には*10，キルビー抗弁に関しても，除斥期間経過後の同抗弁の主張の可否が問題となるが，104条の3は，キルビー事件最高裁判決を受けて新設されたものであり，両者が実質的に同様の内容を有する抗弁であることから，除斥期間に関する両者の解釈が異なることは妥当ではないと考えられるため，本判決が示した解釈は，キルビー抗弁にも妥当すると解すべきであろう*11。

(3)　エマックス抗弁

　他方，本判決は，除斥期間経過後であっても，相手方が，4条1項10号の広知表示の主体である場合には，その権利行使は権利濫用にあたるとの解釈を示した（以下，この法理を「エマックス抗弁」とする。）。これは，権利濫用の抗弁の主張ができる主体を限定したものであり，無効理由の存在を根拠とするキルビー抗弁とは異なった権利濫用の法理に基づくものと理解できる*12。

　エマックス抗弁を採用する理由として，本判決は，4条1項10号の趣旨が，広知商標との混同の防止を図り，広知商標使用者の利益と商標登録出願人の利益の調整を図ることにあるため，除斥期間の経過後であっても，広知商標使用者に対する差止めは，特段の事情がない限り，商標法の目的の1つである客観的に公正な競争秩序の維持を害することをあげる*13。

　商標権についても，（無効の抗弁やキルビー抗弁とは別に）民法1条3項に基づく一般的権利濫用の法理の採用は否定されず，その場合には，除斥期間の問題は関係しないことになろう。しかし，一般的権利濫用の法理では，事案に表れた諸般の事情が総合的に考慮されるのが通常である。本件が，除斥期間を経過してしまえば広知表示主体の使用がいかなる場合でも侵害とされてしまうのは不合理だと考え，当事者の利益の調整を図るという観点から一般的権利濫用の法理に言及したのだとしても，相手方が，当該商標の出願時に4条1項10号の広知商標使用者に該当すると

いう事情だけでなく，侵害行為時にどのような認知度を有していたのか，あるいは，登録商標はどのような使用がなされているのかなど，様々な事情を考慮する余地があるはずであり，常に広知表示主体への権利行使が不合理だとはいえないであろう[14]。ところが，本判決の補足意見や調査官解説では，エマックス抗弁は，権利濫用事例の類型化を図るものと評価されており[15]，正当に商標が帰属すべき者に対する権利行使を権利濫用とする類型であるという[16]。そうであれば，原則として，広知商標使用者に該当すれば，権利濫用の主張が可能であり，判旨がいう「特段の事情」が認められる場合は，限定されることが前提になっているといえよう[17]。

しかし，エマックス抗弁を，こうした定型的抗弁として理解する場合，次のような問題が指摘されている。

まず，4条1項10号は，不正競争の目的（同項15号の場合は不正の目的）で出願されている場合には，47条の除斥期間の適用はないとされている。こうした要件を充足しない場合でも，10号の広知表示主体に対する権利行使を原則として権利濫用と評価することは，47条の趣旨を害するのではないかという点が挙げられよう。加えて，調査官解説は，4条1項10号は，広知商標使用者を優位にするという規律を定めており，そこから，広知商標使用者への権利行使は許されないと説くが[18]，除斥期間の規定により，一定期間の経過後には，そうした規律よりも，継続的な状態を保護することを優先するとの解釈も不可能ではなく，広知商標権者であることから，当然に除斥期間との問題が発生しないとする理由は，必ずしも明らかではない。

次に，商標法は，出願前の商標使用者との利益の調整について，先使用権（32条）制度を定めているところ，学説においては，エマックス抗弁は，先使用権制度の趣旨を没却するとの批判が強い。4条1項10号の広知表示主体に該当する場合には，32条の周知性の要件も満たすということになるが[19]，エマックス抗弁に基づく場合，先使用権の成立に必要な「不正競争の目的がない場合」であることが要求されず，また，出願時に使用していた商品・役務及び地理的範囲に限定されることなく，商標の使用が可能になるため，先使用権制度の趣旨を没却する危険性があることに加えて[20]，エマックス抗弁の場合，商標権者による混同防止措置請求（32条2項）もなし得ないことになるとの問題も指摘されている[21]。

他方，先使用権のみでは，登録商標と周知商標の併存しか認められず，先使用者の使用範囲も，出願時に使用していた範囲に限定されてしまうことを問題とする見

解もあるが[22]，4条1項10号の広知商標使用者に対して，なぜ限定されない使用を許容すべきであるのかについては，必ずしも明らかではないように思われる[23]。

本判決は，問題の商標が4条1項10号に該当するとした原審の判断を破棄していることからも，エマックス抗弁を提示した実質的意義は乏しい。補足意見も指摘するように，YはXとの間で本件商品の販売代理店契約を締結したが，その後解消していること，両当事者の間では，過去に2度の訴訟が提起され，2度目の訴訟ではYが「エマックス」を商品名として使用しないとする訴訟上の和解が成立していることなどの経緯を考慮し，本件では定型的抗弁としてのエマックス抗弁ではなく，一般的権利濫用の法理に言及することが適切な事案であったように思われる[24]。

(4) 不競法2条1項1号の周知性について

不競法2条2項1号にいう，「需要者の間に広く認識されている」という要件（周知性）は，日本全国で知られている必要はなく，狭小な地域や一部地域で知られているのみで足りるとする見解が通説である[25]。しかし，本判決では，X使用商標が日本国内の広範囲にわたって取引者等の間に知られるようになったということはできないとして，周知性要件の充足が否定された。

もっとも，多くの学説が指摘するように，本判決は，その前提として，X使用商標を使用して販売している本件湯沸器が，商品の内容や取引の実情に照らして，その販売地域が一定の地域に限定されるものとはいえず，日本国内の広範囲にわたるものであると認定しており，特定の地理的範囲での認知度が認められない事案であることを前提として上記の周知性判断に言及したものと理解すべきであろう[26]。したがって，本件の説示について，周知性の基準として，日本国内に広く知られていることが必要であることを示したものと解することは適切ではない[27]。

〔注〕

*1　無効審判においては，平成27年3月31日に，本件各登録商標が4条1項10号に該当すると判断され，無効審決が出されたが，その審決取消訴訟において，本件控訴審判決後である平成27年12月24日に，4条1項10号該当性が否定され，当該無効審決を取り消すとの判決が下された（知財高判平27・12・24（平27（行ケ）10083号・10084号））。

*2　本判決に関する評釈・論説として，清水知恵子・L＆T76号63頁，同・ジュリ1511号100頁，田村善之・WLJ判例コラム115号（文献番号2017WLJCC023），同・知的財産政策学研究52号249頁，鈴木將文・L＆T77号65頁，宮脇正晴・TKC判例速報解説・知的財産法No.115，同・特研65号6頁，小泉直樹・ジュリ1510号8頁，愛知靖之・平成29年度重判解（ジュリ1518号）280頁，生田哲郎＝吉浦洋一・発明114巻6号41頁，中川淨宗・発明114巻10号40頁，木村耕太郎・民事判例15−126頁，三村量一・

L＆T別冊4号79頁，今村哲也・IPジャーナル3号44頁，岩坪哲・知管68巻2号224頁がある。

＊3　東京地判平19・10・25（平19（ワ）5022号）〔モズライトⅡ一審〕，知財高判平20・8・28判時2032号128頁〔モズライトⅡ控訴審〕，知財高判平18・11・6（平13（ネ）10031号）〔FUTURE〕，キルビー事件最高裁判決（最判平12・4・11民集54巻4号1368頁）が示した，無効理由の存在を根拠とする権利濫用の抗弁（以下，「キルビー抗弁」とする。）に関する判断について，東京地判平13・9・28判時1781号150頁〔モズライト一審〕，東京高判平14・4・25（平13（ネ）5748号）〔モズライト控訴審〕。東京地判平17・4・13（平16（ワ）17735号）〔LEGACY CLUB〕も，諸事情を考慮してはいるが，除斥期間が経過しているという事情を，権利濫用を否定する根拠としてあげている。

＊4　髙部眞規子「特許法104条の3を考える」知的財産政策学研究11号135頁，三村量一「商標登録無効の抗弁と除斥期間」中山信弘先生古稀記念論文集『はばたき－21世紀の知的財産法』877頁以下，松井宏記「特許法104条の3の商標法における意義」パテ63巻別冊2号266頁。

　　なお，無効の抗弁は主張できるとの解釈は可能としつつ，登録から5年以上経過したことにより，登録商標が識別力を発揮している場合などもあり得るため，登録後の時間経過による状況の変化を見極めずに一律に抗弁の成立を認めることは妥当ではないとするものとして，小野昌延＝三山峻司『新・商標法概説〔第2版〕』272頁。

＊5　渋谷達紀『知的財産法講義Ⅲ〔第2版〕』481頁，工藤莞司「判批」判評569号（判時1928号）17頁，森義之・商標・意匠・不正競争判例百選67頁，金井重彦ほか編著『商標法コンメンタール』629頁〔栗田昌裕〕，清水節「無効の抗弁」飯村敏明＝設樂隆一編『リーガル・プログレッシブ・シリーズ3知的財産関係訴訟』130～131頁，宮脇正晴「商標法におけるキルビー抗弁・権利行使制限の抗弁（特104条の3抗弁）に関する問題点」パテ63巻別冊2号246～247頁，茶園成樹「無効理由を有する商標権の行使」L＆T43号52～53頁，同「無効審判を請求することができない場合における無効の抗弁の主張の可否」学会年報34号186～187頁，小野昌延＝三山峻司編『新・注解商標法〔下巻〕』1411頁〔村林隆一＝井上裕史〕，飯田圭「商標権の行使と商標登録の無効理由又は不使用取消理由について」牧野利秋ほか編『知的財産法の理論と実務⑶』105頁（しかし，キルビー抗弁については，除斥期間経過後も適用可能とする（同・107頁））。104条の3の新設前に，当然無効の抗弁に関して否定説をとるものとして，田村善之『商標法概説〔第2版〕』313頁。

＊6　鈴木・前掲＊2・65頁，宮脇・前掲＊2・特研8頁，田村・前掲＊2・政策学研究270～271頁，中川・前掲＊2・43頁。なお，茶園・前掲＊5・L＆T52～53頁は，条文の文言は，無効の抗弁の可否において決定的なものではないと位置づけるが，除斥期間を設けた意義が失われることから否定説をとる。

＊7　三村・前掲＊2・86頁。

＊8　田村・前掲＊2・271頁。また，商標法上，先使用者との関係では32条の先使用権制度が，3条の無効理由については，26条の制限規定がそれぞれ用意されており（茶

園・前掲＊5・L＆T53頁），除斥期間経過後の権利行使の妥当性については，これ
らの規定によっても調整を図っていると考えることができる。

*9　鈴木・前掲＊2・65頁，三村・前掲＊2・82〜83頁，今村・前掲＊2・44頁，生田
　　＝吉浦・前掲＊2・43頁。

*10　飯田・前掲＊5・106頁，高部・前掲＊4・135頁。

*11　清水・前掲＊2・L＆T67頁，同・前掲＊2・ジュリ103頁，鈴木・前掲＊2・65
　　頁，田村・前掲＊2・271頁注28），三村・前掲＊2・83頁，今村・前掲＊2・44〜45
　　頁，宮脇・前掲＊2・特研8頁，岩坪・前掲＊2・230頁，本判決前の論稿として，
　　茶園・前掲＊5・L＆T54頁，同・前掲＊5・学会年報187頁，宮脇・前掲＊5・246
　　〜247頁，畑郁夫「権利濫用の抗弁から制限立法への変遷−主としてその系譜的考
　　察」高林龍ほか編『知的財産法学の歴史的鳥瞰』84頁。ただし，反対，飯田・前掲＊
　　5・107頁。

*12　清水・前掲＊2・L＆T67頁，同・前掲＊2・ジュリ103頁，鈴木・前掲＊2・65
　　頁。

*13　本判決の理由付けに従えば，混同を生じさせる商標使用者と出願人との利益調整の
　　規定と位置づけられる4条1項15号についても，同様の抗弁が採用できることとなろ
　　う。

*14　宮脇・前掲＊2・速報解説4頁，同・前掲＊2・特研10頁は，本判決が引用するポ
　　パイ事件（最判平2・4・11民集54巻4号1368頁）においても，権利取得時の態様の
　　みならず，商標権者独自の信用の蓄積の有無などの諸事情が考慮されていることを指
　　定し，正当に商標が帰属すべき者に対する権利行使が問題となった裁判例において
　　も，権利者の主観的悪性や相手の使用状況も重要な事情であることを指摘する。木
　　村・前掲＊2・129頁も参照。なお，中川・前掲＊2・44頁は，エマックス抗弁を，
　　一般的権利濫用の法理と理解し，様々な諸事情を勘案して総合的に判断されるもので
　　あるとして評価している。

*15　清水・前掲＊2・L＆T67頁，同・前掲＊2・ジュリ103頁。

*16　清水・前掲＊2・L＆T68頁，同・前掲＊2・ジュリ104頁。

*17　鈴木・前掲＊2・65頁。本判決の補足意見では，権利者の主観的な悪性や行為の悪
　　性等，諸事情を勘案して総合的に判断されるとの見解が述べられているが，この場合
　　は，定型化の意義は乏しいこととなる（宮脇・前掲＊2・特研11頁）。他方で，補足
　　意見は，本件各登録商標について「10号該当性が否定される場合」に，本件の当事者
　　の交渉経緯に鑑みて，権利濫用が認められる可能性があることに言及しており，判旨
　　は，10号該当性自体で権利濫用が認められることを前提としているように思われる。

*18　清水・前掲＊2・L＆T67〜68頁，同・ジュリ・前掲＊2・104頁。

*19　4条1項10号と32条における「需要者の間に広く認識されている」要件の関係につ
　　いては，田村・前掲＊5・80〜83頁参照。

*20　田村・前掲＊2・WLJ13頁，同・前掲＊2・政策学研究272〜273頁，鈴木・前掲
　　＊2・65〜66頁，愛知・前掲＊2・281頁，宮脇・前掲＊2・特研11頁。

*21　鈴木・前掲＊2・66頁，宮脇・前掲＊2・特研11頁。

25 最高裁〔三小〕平成29年2月28日判決 *327*

＊22 今村・前掲＊2・46頁。

＊23 田村・前掲＊2・政策学研究273頁注32），宮脇・前掲＊2・特研13頁注25）。

＊24 田村・前掲＊2・政策学研究276頁，愛知・前掲＊2・281頁，宮脇・前掲＊2・特研11頁。

＊25 最決昭34・5・20刑集13巻5号755頁〔ニューアマモト〕など。渋谷・前掲＊5・37頁，田村善之『不正競争法概説〔第2版〕』38頁，小野昌延編著『新・注解不正競争防止法〔第3版〕（上巻）』272頁以下〔三山峻司〕，茶園成樹編『不正競争防止法』25頁，愛知靖之ほか『知的財産法』415頁〔金子敏哉〕など。

＊26 田村・前掲＊2・政策学研究265～266頁，愛知・前掲＊2・281頁，宮脇・前掲＊2・速報解説3頁。また，鈴木・前掲＊2・67頁は，不競法においては，Ｘ・Ｙの需要者・販売地域が重なる範囲において，周知性の有無が問題となるから，本判決が，Ｙ側の事情に一切触れずに説示した点を不適切であると指摘する。

＊27 田村・前掲＊2・政策学研究266頁，愛知・前掲＊2・281頁，宮脇・前掲＊2・速報解説2頁。

◆

328 第 1 部 判例評釈

26 **均等論の第 5 要件**──マキサカルシトール事件

最高裁〔二小〕平成29年 3 月24日判決
〔平成28年（受）第1242号特許権侵害行為差止請求事件〕
〔民集71巻 3 号359頁〕

名古屋大学大学院法学研究科教授 **鈴 木 將 文**

事実の概要

Xは，発明の名称を「ビタミンDおよびステロイド誘導体の合成用中間体および
その製造方法」とする特許権の共有者である。Xは，本件特許の特許出願時に，本
件特許に係る特許請求の範囲の請求項13（本件特許請求の範囲）において，目的化
合物を製造するための出発物質等としてシス体のビタミンD構造のものを記載して
いたが，その幾何異性体であるトランス体のビタミンD構造のものは記載していな
かった。また，本件特許の明細書（本件明細書）には，トランス体をシス体に転換
する工程の記載など，出発物質等をトランス体のビタミンD構造のものとする発明
が開示されているとみることができる記載はなく，本件明細書中に，上記発明の開
示はされていなかった。

Yらは，角化症治療薬であるマキサカルシトール原薬の輸入販売，又は，同原薬
を含有するマキサカルシトール製剤を販売している。Yらの（同原薬の）製造方法
は，本件特許請求の範囲に記載された構成と比べると，目的化合物を製造するため
の出発物質等が，トランス体のビタミンD構造のものである点において相違する
が，その余の点について，本件特許請求の範囲に記載された構成の各要件を充足す
る。

Xは，特許権侵害を理由として，Yらの輸入販売等に係る医薬品の輸入販売等の
差止め及びその廃棄を求めて提訴したところ，第一審（東京地判平26・12・24判時
2258号106頁）はYらの製造方法が本件特許発明と均等であることを認めて請求を全

部認容し，さらに控訴審（知財高判平28・3・25判時2306号87頁）はＹらによる控訴を棄却した。そこで，Ｙらが上告受理申立てをした。

判　旨

(1)「出願人が，特許出願時に，特許請求の範囲に記載された構成中の対象製品等と異なる部分につき，対象製品等に係る構成を容易に想到することができたにもかかわらず，これを特許請求の範囲に記載しなかった場合であっても，それだけでは，対象製品等が特許発明の特許出願手続において特許請求の範囲から意識的に除外されたものに当たるなどの特段の事情が存するとはいえないというべきである。」

(2)「出願人が，特許出願時に，特許請求の範囲に記載された構成中の対象製品等と異なる部分につき，対象製品等に係る構成を容易に想到することができたにもかかわらず，これを特許請求の範囲に記載しなかった場合において，客観的，外形的にみて，対象製品等に係る構成が特許請求の範囲に記載された構成を代替すると認識しながらあえて特許請求の範囲に記載しなかった旨を表示していたといえるときには，対象製品等が特許発明の特許出願手続において特許請求の範囲から意識的に除外されたものに当たるなどの特段の事情が存するというべきである。」

解　説

(1)　均等論の5要件

　均等論については，最判平10・2・24民集52巻1号113頁（ボールスプライン事件最判。本判決では「平成10年判決」として引かれている。）が，以下のように5つの要件を提示した。すなわち，「特許請求の範囲に記載された構成中に対象製品等と異なる部分が存する場合であっても，(1)右部分が特許発明の本質的部分ではなく，(2)右部分を対象製品等におけるものと置き換えても，特許発明の目的を達することができ，同一の作用効果を奏するものであって，(3)右のように置き換えることに，当該発明の属する技術の分野における通常の知識を有する者（以下「当業者」という。）が，対象製品等の製造等の時点において容易に想到することができたものであり，(4)対象製品等が，特許発明の特許出願時における公知技術と同一又は当業者がこれから右出願時に容易に推考できたものではなく，かつ，(5)対象製品等が特許発明の特許出願手続において特許請求の範囲から意識的に除外されたものに当たるなどの特段の事情もないときは，右対象製品等は，特許請求の範囲に記載された構成と均等なものとして，特許発明の技術的範囲に属するものと解するのが相当である」。

その後，上記最判を踏まえた下級審判決が蓄積してきたが，第1要件の意義及び位置づけや第5要件の具体的判断基準等について，解釈上の争いがあった。そのような中，本件事案の控訴審判決は，知財高裁が大合議判決によって，特に第1要件と第5要件の解釈や各要件の主張立証責任について解釈の統一を図ったものとして，重要な意義をもつ判決であった（第1要件については，いわゆる解決原理同一説を採り，また主張立証責任に関しては，第1要件ないし第3要件について均等侵害を主張する側が，第4要件及び第5要件について被疑侵害者側が，それぞれ同責任を負うとした。）。本判決は，控訴審判決が解釈を示した論点のうち，第5要件の解釈に焦点を当てて，同要件の趣旨を明らかにしたものである。

(2) **第5要件を巡る問題**

第5要件の意義について，本判決は，ボールスプライン事件最判を引きつつ，「特許権者の側においていったん特許発明の技術的範囲に属しないことを承認するか，又は外形的にそのように解されるような行動をとったものについて，特許権者が後にこれと反する主張をすることは，禁反言の法理に照らし許されない」としている。

第5要件を充足しない場合の具体例に関し，第一に，特許出願人又は特許権者が，拒絶理由又は無効理由を回避するために特許請求の範囲（以下「クレーム」という。）を減縮する補正又は訂正を行った場合において，減縮補正・訂正によってクレームから削られた構成との関係で均等侵害を主張することは，第5要件に反し，許されないと解することについては，異論が見られない。

第二に，上記の場合と異なり，クレームの減縮補正・訂正が，拒絶理由や無効理由の回避でない目的のために行われた場合に関し，その減縮された構成との関係で均等侵害をなし得るかについては，異なる考え方がある。

第三に，クレームに記載された構成と実質的に同一なものとして，出願時に当業者が容易に想到することができるクレーム外の構成を含む物・方法（以下「出願時同効材」という。）[1]との関係で，当該構成を含む被疑侵害物件・方法について均等侵害を主張することが，第5要件違反となるかについては，肯定説と否定説が見られる。

本件事案は，上記の第三の出願時同効材に関する事案であることから，以下，出願時同効材に関する均等論について敷衍する。

(3) **出願時同効材と第5要件**

出願時同効材と均等の第5要件との関係については，第一に，出願時同効材につ

いて，当然に第5要件不充足として均等侵害を否定するか（否定説），それだけでは直ちに第5要件不充足とせず，均等侵害の可能性を認めるか（肯定説）について，異なる見解がある。第二に，肯定説をとった場合に，第5要件不充足（特段の事情が認められる場合）とはいかなる場合かが問題となる。

　まず，第一の論点に係る否定説として，たとえば，愛知靖之教授は，出願時同効材につき，クレーム外の構成をクレームに記載することが当業者にとって容易想到であったにとどまらず，制度上可能であった場合には，均等論の適用を否定すべきであるとしている[2]。また，高林龍教授は，「特許出願時に既に存在していた他の物質・技術に対しては，特許請求の範囲の文言解釈を超えた特別の保護を及ぼさず，文言解釈に柔軟性を持たせることで十分であり，また，その限度でしか権利の拡大を認めるべきではない」旨を主張している[3]。さらに，ボールスプライン事件最判の調査官判例解説において，三村量一元判事は，「特許出願過程において補正等がなされた場合のみならず，出願人が当初から特許請求の範囲をその記載内容に限定して出願したと認められる場合も，特許権者は均等を主張することが許されないというべきである」とし，「当業者であれば，容易に，当初からこれを包含した形の特許請求の範囲により出願することができたはずの事項や，特許出願過程において補正により容易に特許請求の範囲に取り込むことが可能であったはずの事項については，出願人がそのような出願ないし補正をしなかったことが，当該事項を特許発明の技術的範囲から除外したと外形的に解される行動に当たるとして，均等の成立が否定されることになる」と述べていた[4]。

　他方，肯定説として，たとえば設樂隆一判事（当時）は，「当業者が後から明細書を見れば，出願時の技術から置き換えられる部分を探すことが容易想到であったとしても，そのことから直ちに明細書作成者にとって，そのことに気がつくが容易であったとまではいえないのであり，出願時の技術水準において，置換することが容易想到であった場合も，このことから直ちに出願人に明細書作成の過誤があったとして，均等論を否定するのは相当ではない」としていた[5]。

　第一の論点に関する裁判例としては，否定説をとるものは見当たらず[6]，本件事案の一審判決及び控訴審判決を含め，肯定説をとる下級審判決が蓄積している[7]。

　次に第二の論点については，従来，学説上必ずしも正面から議論されてきていないと思われるが，裁判例では，「明細書に他の構成の候補が開示され，出願人においてその構成を記載することが容易にできたにもかかわらず，あえて特許請求の範

332 第1部 判例評釈

囲に特定の構成のみを記載した場合には，当該他の構成に均等論を適用すること
は，均等論の第5要件を欠くこととなり，許されない」とするものがあった＊8。

(4) **本判決の意義と判断内容**

本判決は，最高裁として均等侵害について判断した二つ目の判決であり，具体的
には上記(3)に挙げた出願時同効材に関する二つの論点につき，判断を示した点で，
大きな意義を有する。

まず，上記(3)の第一の論点について，本判決は肯定説を採った。その理由とし
て，出願時同効材に係る構成をクレーム記載しなかったというだけでは，第三者に
対し，その製品等がクレームから除外されたものであるとの信頼を生じさせるもの
とはいえず，出願人において同製品等がクレームに属さないことを承認したと解さ
れるような行動をとったものといい難いとする。さらに，仮に出願時容易想到の構
成をクレームに記載しなかったというだけで当該構成を含む製品等につき均等侵害
を否定すると，出願人に将来予想されるあらゆる侵害態様を包含するようなクレー
ムの記載を強いるに等しくなる一方，第三者は侵害を容易に免れることができるこ
とになり，相当でない旨を理由として挙げている。

次に，第二の論点につき，本判決は，「出願人が，特許出願時に，その特許に係
る特許発明について，特許請求の範囲に記載された構成中の対象製品等と異なる部
分につき，特許請求の範囲に記載された構成を対象製品等に係る構成と置き換える
ことができるものであることを明細書等に記載するなど，客観的，外形的にみて，
対象製品等に係る構成が特許請求の範囲に記載された構成を代替すると認識しなが
らあえて特許請求の範囲に記載しなかった旨を表示していたといえるときには，明
細書の開示を受ける第三者も，その表示に基づき，対象製品等が特許請求の範囲か
ら除外されたものとして理解するといえるから，当該出願人において，対象製品等
が特許発明の技術的範囲に属しないことを承認したと解されるような行動をとった
ものということができる。また，以上のようなときに上記特段の事情が存するもの
とすることは，発明の保護及び利用を図ることにより，発明を奨励し，もって産業
の発達に寄与するという特許法の目的にかない，出願人と第三者の利害を適切に調
整するものであって，相当なものというべきである」と述べた上で，判旨(2)の説示
をしている。

(5) **本判決の検討**

(a) **上記(3)第一の論点について**

本判決が，出願時同効材について均等侵害成立の可能性を肯定したこと，及びそ

の根拠は，いずれも妥当と考える。後述するように，他の主要国においても肯定説が採用されている。

なお，本来の均等論は出願後同効材を対象とすべきであり，出願時同効材については融通性のある文言解釈論で対応すべきであるとの学説*9については，後者により認められる保護範囲が明確でない等の難点があると思われる。

(b)　**上記(3)第二の論点について**

出願時同効材について，第5要件の「特段の事情」が認められるとして，同要件不充足（均等侵害否定）とされる場合に関し，本判決は，「客観的，外形的にみて，対象製品等に係る構成が特許請求の範囲に記載された構成を代替すると認識しながらあえて特許請求の範囲に記載しなかった旨を表示していたといえるとき」がこれに当たるとした。「客観的，外形的」観察及び「表示」を要件とする一方，出願人・特許権者側の主観を問わない立場と解される*10。

本判決は，さらに具体例として，「特許請求の範囲に記載された構成を対象製品等に係る構成と置き換えることができるものであることを明細書等に記載」した場合を挙げている。「など」と述べて例示であることを明示している。控訴審判決も，第二の論点につき本判決と同様の見解を述べつつ（ただし，表現の差異は種々見られる。），出願人が出願当時に公表した論文等でクレーム外の構成による発明を記載していた場合も具体例として挙げていた。本判決が論文公表の場合を例示することを控えたのは，控訴審判決の当該判示につき学説上批判があったことが影響していると思われるが，当該場合につき特段の事情を認める可能性を一切否定する趣旨ではないであろう*11。

(6)　比較法的検討

(a)　**米　　国**

米国では，判例により，Dedication の法理が採用されている。これは，出願人が開示していながらクレームに記載しなかった技術については，社会に提供したものとみなされ，均等侵害の対象と主張することはできないという法理である*12。

わが国では，上記(3)第二の論点に係る本判決の立場につき，Dedication 法理と同一との説明が数多く見られるところである。しかし，両者の間には違いもある。第一に，米国の同法理の根拠は，クレーム制度の趣旨と，特許庁による審査の潜脱を許さない（クレームの記載を狭くすることによって審査を免れた技術について，均等論により権利行使を認めることを防ぐ）こととされており*13，禁反言の原則を根拠とするわが国均等論の第5要件の場合と異なっている*14。

334 第1部 判例評釈

第二に，開示した技術につき不注意でクレームに記載しなかった特許権者には，再発行（reissue）[15]と継続出願（continuing application）[16]という救済手段があることが，上記法理との関連で指摘されている[17]。これは，Dedication法理が特許権者に過度に酷な制度でないことを示すとともに，同法理を認めないと逆にこれらの特別な制度が損なわれるという趣旨の指摘とも思われる。わが国では，これらに対応する制度がそもそも存在せず（ただし，継続出願に対して，より限定的な条件のもとの国内優先権制度はある。），本件判決は，特許権者側の救済措置には特段触れていない。この点は，明細書による開示と権利保護の関係について，検討を要する問題を含んでいると思われ，後述する。

（b）ド　イ　ツ

欧州特許については，欧州特許条約（EPC）69条が特許権の保護範囲はクレームによって決定される旨を定め，さらに同条の解釈に係る議定書2条が均等物に配慮すべき旨を定めている。また，ドイツ特許については，ドイツ特許法14条がEPC69条と同旨を定め，さらに連邦通常裁判所（BGH．最高裁に相当する。）が均等論を認めてきている[18]。

そして，BGHが2011年に出した判決が，明細書に記載されている複数の実施例のうち，クレームに記載されていないものについては，均等侵害を主張することができないとの考え方を示していた[19]。この解釈は，均等侵害成立のための要件[20]のうち，「等価」（Gleichwertigkeit）の要件（当業者は，クレームに開示された技術に導かれて，特許発明による解決原理と同価値をもつものとして，当該置換態様に想到するか）の具体的内容として採用されている。すなわち，上記の場合，一定の技術的効果を実現する複数の可能性の中から，特許権者によって選択の判断（eine Auswahlentscheidung）がなされたことを意味し，当業者はその選択判断に沿って実施をしたときに限って均等侵害が成立するという趣旨である[21]。

その後，BGHは2016年の判決において，明細書に一般的な形で実施例が記載され，クレームではそのうちの具体的実施態様が記載されている場合において，当業者がそれらの記載から，他の実施態様に想到することができたとき，出願人が上記のような選択判断をしたものとは認められない旨を述べた[22]。さらにBGHは，同年の別の判決において，クレームに記載された構成以外の（これに相応する）構成が明細書には記載されていない事案において，当業者であれば別の構成に想到したであろうという理由で出願人による選択判断を認め均等侵害を否定した下級審判決を覆し，選択判断を認めることはできないとしている[23]。

(c) 英 国

英国では，かつては均等論的な考え方がとられた時期もあったが，近年の判決は，文言侵害と異なる均等侵害という考え方はとらず，クレームの記載の厳密な文言解釈ではその範囲に含まれない異形のもの（variant）も，当業者の観点からの目的的解釈で特許権の保護範囲に含まれるという，柔軟な文言侵害認定のアプローチを採用してきていた[24]。

しかし，2017年に出された Actavis v Eli Lilly 事件に係る最高裁判決[25]により，状況が大きく変わりつつある。同事件は，ドイツの項で触れた2016年の BGH 判決の事件のうちの一つ（Premetrex 事件）と同一の欧州特許を巡る同一当事者間の事案である。同判決は，実質上，文言侵害とは別に均等侵害を認めるアプローチを採用した。すなわち，variant に係る特許権侵害の成否は，第一に，クレームの通常の解釈に基づき侵害が認められるか，そうでないとしても，第二に，クレーム記載の発明と重要でない態様（immaterial way(s)）で異なるもの（variant）に該当するため侵害が認められるかという二段階の検討を行うべしとした。

そして，明細書にはより一般的な薬剤（葉酸代謝拮抗薬）が記載されていたのに対して，クレームではそれに対応するものとして特定の物質（ペメトレキセド・ディソディウム）が記載されていたことにより，他のペメトレキセド系物質を含む物は特許の保護対象とならない旨を出願人が意図していたとみなしてよいかという問題について，同判決は，明細書が，種類（class）としてのペメトレキセド塩に言及していないため，明細書とクレームの各記載の対比から特定の結論を導くことはできないとした。そして，もしも明細書に「葉酸代謝拮抗薬」でなく「ペメトレキセド・ディソディウム」が記載されていたとすれば，その場合は，出願人がペメトレキセド・ディソディウムに限定する意図であったことを一層強く示すと解されるであろうとした。さらに，明細書が，ペメトレキセド・ディソディウムと同様の効果をもたらす他の葉酸代謝拮抗薬があることを説明している事実に照らせば，合理的な特許権者が，発明をペメトレキセド・ディソディウムに係るものにあえて限定しようとする説得的な理由を見出し難いなどと述べている。結論として（最高裁として，あくまで暫定的な認定であるが），特許権者は特許の保護対象につきペメトレキセド・ディソディウムを構成の一部とするものに限定しようとしていたと，当業者が判断したとみなすことはできないとして，均等侵害を肯定した。

このように，英国において，均等論が再確認されたうえで，クレームと明細書の記載の差異に関して，ドイツの裁判例と近似する判断が出されていることは注目す

べき状況であり，さらにその判断内容はわが国にとっても大いに参考になるものである。

(7) 結　語

均等論は，いうまでもなく，特許権者の実効的な保護と，特許発明に類似する技術を利用する第三者の利益の保護を調整する法理であるとともに，クレームや明細書等による発明の開示にどのような効果を認めるか（同時に，どのように開示を確保するか）という，特許制度の根幹的課題に深く関係する法理である。そのような基礎的視点から，そもそも均等論をどう位置付けるかについて，なお異なる見解が見られる。たとえば，田村善之教授は，均等論につき（出願時同効材との関係では）「明細書に開示された技術的思想をもって限界線を画する」法理と捉えるべしとする[26]。かかる見解からは，本判決のように，明細書に記載した構成をクレームに記載しなかった場合に第5要件不充足の可能性を広く認めることは，問題があるということになろう。

また，本判決の立場を前提とした場合，出願人にとって，明細書に発明（又は，より抽象的なアイデアを含む意味で，技術的思想）をできるだけ多く記載することは，均等の第1要件や第3要件との関係では望ましい一方，第5要件との関係では特段の事情を認める根拠とされかねず，望ましくないということになるのだろうか。この点は，第5要件の特段の事情が認められるのは，明細書に具体的構成を（クレーム中の構成と代替できるものとして）記載している場合であって，クレームが特定する発明よりも広い技術的思想を明細書に抽象的・一般的に記載しているにとどまる場合は，特段の事情は基本的に否定されると解することができれば，二律背反的状況は生じないと思われる。このような問題を含め，第5要件の特段の事情が認められる具体例につき，上記の主要因の動向も参照しつつ，さらに検討が必要である。

なお，本判決は，あくまで出願時においてクレームに記載されなかった構成を含む物件等に係る均等論第5要件について判断を示したものであり，上記(2)で言及した補正又は訂正がなされた場合の第5要件の成否については一切触れていない。この点も，今後の課題として残されている。

〔注〕

＊1　本稿における「出願時同効材」は，田中孝一「判解」曹時69巻12号187頁，199頁が定義する用語例に従う。論者により，「出願時同効材」は，クレーム外の構成に対応する材（又は技術）のみを指す場合や，当該構成に関する当業者の容易想到性を定義に含まない場合などがある点に注意されたい。

＊2　愛知靖之「出願時におけるクレームへの記載可能性と均等論」中山信弘先生還暦記

念『知的財産法の理論と現代的課題』218頁，228頁。愛知靖之「審査経過禁反言・出願時同効材と均等論－アメリカ法を参照して－」学会年報38号105頁も参照。

＊3　高林龍『標準特許法〔第6版〕』162頁（〔第5版〕以前にも同様の記述がある。）。もっとも，高林教授は，「柔軟な」「融通性のある」文言解釈論についてもボールスプライン事件最判の5要件に「当て嵌めて考察するべき」とされ，出願時同効材について（実質上の）均等論の適用を一切否定するわけではない旨も述べている（高林龍「判批」判評716号21頁，24頁以下）。

＊4　三村量一「ボールスプライン事件最判判解」最判解説民事篇平成10年度112頁，156頁。

＊5　設樂隆一「無効の抗弁導入後のクレーム解釈と均等論，並びにボールスプライン最判の第5要件とFESTO裁判との比較及び出願時同効材等について」学会年報38号251頁，270頁。

＊6　田中・前掲＊1・201頁参照。

＊7　名古屋高判平17・4・27（平15（ネ）277号・655号）〔圧流体シリンダ事件〕，知財高判平18・9・25（平17（ネ）10047号）〔椅子式エアーマッサージ事件〕，知財高判平24・9・26判時2172号106頁〔医療用可視画像の生成方法事件〕，本件事案控訴審判決等。

＊8　知財高判平24・9・26判時2172号106頁〔医療用可視画像の生成方法事件〕。

＊9　前掲＊3参照。同注で触れたように，高林教授は，出願時同効材に関しても均等論の5要件に「当て嵌めて考察するべき」ともされており，あえて区別をする意義及び具体的な差異が問われると思われる。同旨，田村善之・WLJ判例コラム105号10頁（注11）。

＊10　田中・前掲＊1・211頁参照。

＊11　田中・前掲＊1・213頁も同旨。

＊12　Maxwell v. J. Baker, Inc., 86 F.3d 1098（Fed. Cir. 1996）; Johnson & Johnston Associates Inc. v. R.E. Service Co., Inc., 285 F.3d 1046（Fed. Cir. 2002）. 開示の程度について論じた判決として，PSC Computer Products, Inc. v. Fox Conn International, Inc., 355 F.3d 1353（Fed. Cir. 2004）（Dedication 法理を適用するためには，開示されたがクレームされていない対象が当業者に特定可能な程度に具体的な開示が行われていることを要するとした。）。

＊13　285 F.3d 1054-55.

＊14　玉井克哉「判批」IPジャーナル2号40頁，45頁以下も参照。

＊15　35 U.S.C. §251. 原特許の付与から2年以内は，開示の範囲内でクレームの拡張が可能とされる。

＊16　35 U.S.C. §120.

＊17　285 F.3d 1055.

＊18　BGH, GRUR 1986, 803 － Formstein; BGH, GRUR 2002, 515 － Schneidmesser I; BGH, GRUR 2002, 519 － Schneidmesser II.

＊19　BGH, GRUR 2011, 701 － Okklusionsvorrichtung; BGH, GRUR 2012, 45 －

Diglycidverbindung. 川田篤「ドイツにおける均等論の新たな動き－特に審査手続等の経過の考慮の可否－」学会年報38号（2015年）133頁, 146頁以下参照。

＊20　均等侵害成立のためには, 同一効果（Gleichwirkung）, 容易想到性（Auffindbarkeit）及び等価（Gleichwertigkeit）に関する要件が求められる。GRUR 2002, 515 - Schneidmesser I; BGH, GRUR 2002, 519 - Schneidmesser II; BGH, GRUR 2002, 511 - Kunststoffrohteil; BGH, GRUR 2002, 523 - Custodiol I; BGH, GRUR 2002, 527 - Custodiol II.

＊21　GRUR 2011, 705 Rn. 35.

＊22　BGH, GRUR 2016, 921 - Pemetrexed. 本事件で問題とされた特許では, 明細書において, 発明が, メチルマロン酸を減少させる剤（例, ビタミン12）を与えることにより葉酸代謝拮抗薬を利用するものである旨が一般的に記載されていた。そして同発明の実施態様として, 葉酸代謝拮抗薬を利用した薬は記載されず, ペメトレキセド・ディソディウム（Pemetrexeddinatrium）を利用する実施態様のみが記載されていた。一方, 被疑侵害物件は, ペメトレキセド・ディポタシウム（Pemetrexeddikalium）を利用する物であった。BGH は, 明細書において, 具体的にペメトレキセド・ディポタシウムが記載されていないことを理由として, 選択判断がされていないとした。なお, 本判決は, クレーム減縮の補正が行われた場合に選択判断がなされたと認めるべきかについて, 実質的理由（たとえば, 公知技術との区別や, 特許要件非充足の疑いの回避）のための補正の場合はこれを認め, 形式的理由（語句の明確化や, 許されない拡張の回避など）のための補正の場合はこれを否定するという考え方を示している。

＊23　BGH, GRUR 2016, 1254-V-förmige Führungsanordnung. 機械の交換部品に係る発明の特許に関し, クレーム及び明細書では部品の横断面がV字型をしていたのに対し, 被疑侵害物件は横断面がU字型であったという事案である。

＊24　Catnic v Hill & Smith [1982] R.P.C. 183; Improver v Remington [1990] F.S.R. 181; Kirin-Amgen v Hoechst Marion Roussel [2005] R.P.C. 9. See, e.g., David Llewelyn & Tanya Aplin, Intellectual Property: Patents, Copyright, Trade Marks and Allied Rights 253-257 (9th ed. 2019).

＊25　Actavis v Eli Lilly [2017] R.P.C. 21.

＊26　田村善之『特許法の理論』110～111頁。

■参考文献

本判決を論じるものとして, 本文又は注に挙げたもののほか, 以下がある。

　・愛知靖之・新・判例解説 Watch21号259頁, 大友信秀・金沢法学61巻1号1頁, 西井志織・民商153巻6号1029頁等。

27

侵害訴訟の事実審において訂正の再抗弁を主張しなかった特許権者が，上告審において訂正審決の確定を主張することの許否——シートカッター事件

最高裁〔二小〕平成29年7月10日判決
〔平成28年（受）第632号特許権侵害差止等請求事件〕
〔民集71巻6号861頁〕

慶應義塾大学法学部・法学研究科教授　**君 嶋 祐 子**

事実の概要

　(1)　本件は，発明の名称を「シートカッター」とする本件特許権の特許権者Ｘが，ＹによるＹ製品の販売が本件特許権を侵害するとして，Ｙに対してＹ製品の製造譲渡等の差止め及び損害賠償を請求した事例である。

　(2)　本件特許権の唯一の請求項1の記載（この発明を「本件特許発明」といい，その特許を「本件特許」という。）を構成要件に分説すると，次のとおりである。

　　Ａ　第1の刃と，

　　Ｂ　第2の刃と，

　　Ｃ　前記第1の刃と前記第2の刃を設けた本体と，

　　Ｄ　前記本体と可動的に接続されたガイド板とを有し，

　　Ｅ　前記本体が前記ガイド板に対して動くことにより前記ガイド板から前記第
　　　　1の刃または前記第2の刃が出る

　　Ｆ　ことを特徴とするカッター。

　(3)　本件特許出願の経緯

　(a)　**平成22年2月15日**

　Ｘが特許出願。

　(b)　**当初出願発明**

　出願時の特許請求の範囲の記載は，「カッターナイフの刃の横に，ガイド(4)を設けたシートの切断道具であるシートカッター。」であった。

340 第1部 判例評釈

(c) **平成25年7月16日**

Xが特許請求の範囲の記載のみを上記(2)のとおりに補正。

(d) **同年9月27日**

特許権設定登録。

(4) **第1審における経緯**

平成25年12月，XはYに対し，本件訴えを提起した。これに対し，Yは，特許法123条1項1号（新規事項）又は4号（明確性要件違反）の無効理由があるとして無効の抗弁（以下，上記無効理由を併せて「無効理由①」，上記抗弁を「無効の抗弁①」という。）を主張した。

また，Yは，第1審係属中の平成26年1月6日，特許庁において，無効理由①を主張して無効審判を請求したが（以下，「無効審判①」という。），平成26年7月15日，請求不成立審決（以下，「無効審判①審決」又は「別件審決」という。）がされた。Yは，同年8月，無効審判①審決の取消しを求める審決取消訴訟（審決取消訴訟①）を提起した。

東京地裁は，平成26年10月30日，無効の抗弁①を排斥し，差止め・損害賠償を命じる一部認容判決をした。Y控訴。

(5) **原審における経緯**

(a) 平成26年12月26日付けの控訴理由書において，Yは，新規性・進歩性違反を理由とする新たな無効の抗弁（以下，上記無効理由を併せて「無効理由②」，上記抗弁を「無効の抗弁②」又は「本件無効の抗弁」という。）を主張した。

(b) 合計4回の弁論準備手続期日を経て，平成27年11月の原審の口頭弁論終結時まで，Xは，訂正の再抗弁を主張しなかった。

(c) 原審は，平成27年12月16日，無効の抗弁②を容れて，第1審判決中，Y敗訴部分を取り消し，Xの請求をいずれも棄却する判決をした。

(d) 知財高裁は，同日，審決取消訴訟①について請求棄却判決をし，同判決は，平成28年1月6日までに確定した。

(6) **原判決言渡し後の経緯**

Xは，上告及び上告受理の申立てをするとともに，平成28年1月6日，特許請求の範囲の減縮を目的として，訂正審判を請求したところ，同年10月，本件訂正審決がされ，同審決は確定した。最高裁は，上告受理の上，上告を棄却する本判決を言い渡した[1]。

(7) **その他の関連事件の経緯**

本判決では言及されていない関連事件として，次の経緯がある。

(a)　分割特許の異議申立事件

本件特許についてＸがした分割出願について，本件の原審係属中の平成27年５月15日に特許権設定登録がされたが（以下，「分割特許」という。），Ｙは，同年10月５日，分割特許について異議申立てをした。

Ｘは，分割特許の上記異議申立手続において，平成28年５月23日及び取消理由通知後の平成29年１月16日に，分割特許について訂正請求をした。これに対し，特許庁は，平成29年６月19日，分割特許の請求項１ないし４の訂正を認め，請求項２ないし４に係る特許を維持し，削除された請求項１について申立てを却下する決定をした。

(b)　本件特許の第二次無効審判・審決取消訴訟

また，Ｙは，本件の上告審係属中の平成28年２月９日，本件特許について，サポート要件違反，明確性要件違反，実施可能要件違反，分割特許を先願とする39条２項違反等（以下，併せて「無効理由③」という。）を主張して無効審判を請求し（以下，「無効審判②」という。），本件訂正審決による訂正後の特許請求の範囲の記載について，特許庁は，平成29年６月28日，請求不成立審決をした。Ｙは，無効審判②審決の取消しを求める審決取消訴訟（審決取消訴訟②）を提起した。

本判決後の平成30年４月11日，知財高裁は，審決取消訴訟②について請求棄却判決をした。

判　　旨

「１　……原審で本件無効の抗弁が主張された時点では，別件審決に対する審決取消訴訟が既に係属中であり，その後も平成28年１月６日まで別件審決が確定しなかったため，Ｘは，原審の口頭弁論終結時までに，本件無効の抗弁に係る無効理由を解消するための訂正についての訂正審判の請求又は特許無効審判における訂正の請求をすることができなかった（特許法126条２項，134条の２第１項）。

２　所論は，本件の上告審係属中に本件訂正審決が確定し，本件特許に係る特許請求の範囲が減縮されたことにより，原判決の基礎となった行政処分が後の行政処分により変更されたものとして，民訴法338条１項８号に規定する再審事由があるといえるから，原判決には判決に影響を及ぼすことが明らかな法令の違反がある旨をいうものである。

３(1)　特許権侵害訴訟において，その相手方は，無効の抗弁を主張することがで

342 第1部　判例評釈

き，これに対して，特許権者は，訂正の再抗弁を主張することができる。特許法
104条の3第1項の規定が，特許無効審判……を要せずに無効の抗弁を主張……で
きるものとしているのは，特許権の侵害に係る紛争をできる限り特許権侵害訴訟の
手続内で迅速に解決することを図ったものであると解される。そして，同条2項
……は，無効の抗弁について審理，判断することによって訴訟遅延が生ずることを
防ぐためであると解される。以上の理は，訂正の再抗弁についても異ならないもの
というべきである（最高裁平成18年（受）第1772号同20年4月24日第一小法廷判決・民
集62巻5号1262頁＊2参照）。

　また，特許法104条の4……第3号……は，上記のとおり，特許権侵害訴訟にお
いては，無効の抗弁に対して訂正の再抗弁を主張することができるものとされてい
ることを前提として，特許権の侵害に係る紛争を一回的に解決することを図ったも
のであると解される。

　そして，特許権侵害訴訟の終局判決の確定前であっても，特許権者が，事実審の
口頭弁論終結時までに訂正の再抗弁を主張しなかったにもかかわらず，その後に訂
正審決等の確定を理由として事実審の判断を争うことを許すことは，終局判決に対
する再審の訴えにおいて訂正審決等が確定したことを主張することを認める場合と
同様に，事実審における審理及び判断を全てやり直すことを認めるに等しいといえ
る。

　そうすると，特許権者が，事実審の口頭弁論終結時までに訂正の再抗弁を主張し
なかったにもかかわらず，その後に訂正審決等が確定したことを理由に事実審の判
断を争うことは，訂正の再抗弁を主張しなかったことについてやむを得ないといえ
るだけの特段の事情がない限り，特許権の侵害に係る紛争の解決を不当に遅延させ
るものとして，特許法104条の3及び104条の4の各規定の趣旨に照らして許されな
いものというべきである。

　(2)　これを本件についてみると，……Ⅹは，原審の口頭弁論終結時までに，……
訂正審判の請求又は訂正の請求をすることが法律上できなかった……。……原審で
新たに主張された本件無効の抗弁に係る無効理由とは別の無効理由に係る別件審決
に対する審決取消訴訟が既に係属中であることから別件審決が確定していなかった
ためであるなどの……前記1……の事情の下では，本件無効の抗弁に対する訂正の
再抗弁を主張するために現にこれらの請求をしている必要はないというべきである
から，これをもって，Ⅹが原審において本件無効の抗弁に対する訂正の再抗弁を主
張することができなかったとはいえず，その他Ⅹにおいて訂正の再抗弁を主張しな

かったことについてやむを得ないといえるだけの特段の事情はうかがわれない。」
（下線は筆者）

解　説

(1)　本判決の意義*3

　本判決の意義は，第一に，侵害訴訟の上告審における訂正審決の確定の主張を排斥したナイフ加工装置事件最判の法理を，平成23年法改正*4により新設された特許法104条の4の趣旨を踏まえて進展させた点にある。

　第二に，従来の下級審裁判例において，訂正の再抗弁を主張するには，原則として実際に訂正審判請求又は訂正請求（以下，「訂正請求等」という。）を行っていることが必要とされてきたが，本件の事情の下では，控訴審において訂正の再抗弁を主張するためには訂正請求等が不要であったと判示した点にある。

　これにより，訂正請求等ができない事情があるとしても，特許権者は，侵害訴訟において早期に訂正の再抗弁を主張しておかなければ，無効の抗弁を回避できなくなる。結果として，対立当事者構造の民事訴訟の場に，両当事者の主張が早めに提出されることとなり，両当事者に主張立証を尽くさせた上での判断が可能となる。

　講学上は，最高裁として初めて，特許法104条の3第1項の規定に基づく抗弁を「無効の抗弁」とよび*5，また，「訂正により無効の抗弁に係る無効理由が解消されることを理由とする再抗弁」と定義した上で「訂正の再抗弁」という用語を使用した点でも注目される*6。本稿でも，以下，本判決の用語例によるものとする。

(2)　特許権侵害訴訟の裁判例における特許無効と訂正の位置づけ

(a)　キルビー事件最高裁判決*7以前のクレーム解釈——公知技術の参酌と除外

　キルビー事件最判以前のわが国の判例は，明治以来，特許を無効とする審決が確定するまでは，侵害訴訟の裁判所は，特許を有効なものとして取り扱わなければならないとしていた*8。

　もっとも，昭和30年代の最高裁判例以降*9，侵害訴訟の裁判所は，文言上公知技術を包含する（したがって新規性の欠如する）クレームについて，公知技術を除外してクレームの文言以下に減縮して解釈することを認めていた。つまり，登録された特許クレームの文言解釈によって確定される特許発明が一部無効の場合に，特許無効審判や訂正請求等の手続を経ることなく，訂正請求等によって無効理由を回避する訂正が認められた場合と同様に，侵害訴訟の裁判所がクレームを減縮的に解釈して特許権の客体を確定していたのである。この時期には，特許無効審判及びその

344 第1部 判例評釈

審決取消訴訟と，それと並行して請求される訂正審判により，特許無効又は訂正の終局的判断までに長時間を要したため*[10]，侵害紛争を迅速に解決するために，侵害訴訟の裁判所が上記のようなクレームの減縮的解釈をすることで対応していたと解される*[11]。

　さらに，全部無効の場合にも特許権の行使を阻止するために，減縮的解釈の延長線として，特許発明の技術的範囲を明細書に記載された実施例に限定したり（実施例限定説），特許無効かどうかとは無関係に被告が公知技術を実施していることを抗弁として（公知技術の抗弁ないし自由技術の抗弁），特許権の行使を阻止するのを認める説が存した。さらに，特許無効理由があるのを知りながら特許権を行使するのは権利濫用として許されないとする権利濫用の抗弁を認める裁判例や，端的に特許無効の抗弁を認めるべきだとする学説が有力に主張されるようになった*[12]。

　(b)　**権利濫用の抗弁**（キルビー事件最判）**における特許無効と訂正**

　このような裁判例・学説状況の下，平成12年4月11日に，キルビー事件最判は，「特許の無効審決が確定する以前であっても，特許権侵害訴訟を審理する裁判所は，特許に無効理由が存在することが明らかであるか否かについて判断することができると解すべきであり，審理の結果，当該特許に無効理由が存在することが明らかであるときは，その特許権に基づく差止め，損害賠償等の請求は，特段の事情がない限り，権利の濫用に当たり許されないと解するのが相当である」とし，この見解と異なる大審院判例*[13]を，これと抵触する限度においていずれも変更した。

　その上で同判決は，「訂正審判の請求がされているなど特段の事情を認めるに足りない」として，本件特許権の行使について権利濫用の抗弁を認めた原審の判断を正当として是認した。

　キルビー事件最判以降，侵害訴訟の裁判所は，新規性欠如だけでなく，あらゆる無効理由のある特許権について，権利濫用の抗弁の主張を審理判断するようになった。このような権利濫用の抗弁を排斥する特段の事情として，最高裁は，「訂正審判の請求がされている」ことを例示したのである。

　(c)　**特許法104条の3所定の無効の抗弁と訂正の再抗弁**

　キルビー事件最判に基づく権利濫用の抗弁を認める判例実務の定着を見て，平成16年の法改正*[14]により新設された特許法104条の3第1項は，「当該特許が特許無効審判により……無効にされるべきものと認められるときは，特許権者又は専用実施権者は，相手方に対しその権利を行使することができない。」と規定するに至った。

権利濫用の抗弁の下でこれを排斥する特段の事情とされた訂正請求等は，無効の抗弁に対しても，訂正の「対抗主張」ないし「再抗弁」として主張された[15]。

(d) ナイフ加工装置事件最判[16]

特許権侵害訴訟であるナイフ加工装置事件では，被疑侵害者Yから主張された同じ無効理由について，第1審では権利濫用の抗弁を，原審では無効の抗弁を認めて，特許権者Xの請求・控訴を棄却した。Xは，侵害訴訟において訂正の再抗弁を主張しなかったが，第1審で敗訴後，合計4回の訂正審判請求と取下げを繰り返し，上告及び上告受理の申立て後にした5回目の審判請求に対して訂正審決を得て，上告受理申立て理由書の提出期間内に訂正審決が確定したことにより民事訴訟法338条1項8号に規定する再審事由があるとし，原判決には判決に影響を及ぼすことが明らかな法令違反がある（民訴325条2項）と主張した。

最高裁は，一般論は避けながら，「本件については，民訴法338条1項8号所定の再審事由が存するものと解される余地がある」が，「仮に再審事由が存するとしても，……本件においてXが本件訂正審決が確定したことを理由に原審の判断を争うことは，XとYらとの間の本件特許権の侵害に係る紛争の解決を不当に遅延させるものであり，特許法104条の3の規定の趣旨に照らして許されない」とした。

その理由として，最高裁は，特許法104条の3第1項は，特許権の侵害に係る紛争をできる限り侵害訴訟の手続内で迅速に解決することを図ったものとし，同条2項は，無効主張の審理判断によって訴訟遅延が生ずることを防ぐものであるから，「同条2項の規定の趣旨に照らすと，無効主張のみならず，無効主張を否定し，又は覆す主張（以下「対抗主張」という。）も却下の対象となり，特許請求の範囲の減縮を目的とする訂正を理由とする無効主張に対する対抗主張も，審理を不当に遅延させることを目的として提出されたものと認められれば，却下される」とした。その上で，「Xは，第1審においても，被上告人らの無効主張に対して対抗主張を提出することができたのであり，上記特許法104条の3の規定の趣旨に照らすと，少なくとも第1審判決によって上記無効主張が採用された後の原審の審理においては，……訂正を理由とするものを含めて早期に対抗主張を提出すべきであった……」。Xの主張は，「原審の審理中にそれも早期に提出すべきであった対抗主張を原判決言渡し後に提出するに等しく，……本件特許権の侵害に係る紛争の解決を不当に遅延させるものといわざるを得」ないとした。

泉裁判官意見は，多数意見の結論には同調しながら，訂正審決の確定は民訴法338条1項8号所定の再審事由には該当しないとし，また，訂正の対抗主張によっ

346 第1部 判例評釈

て無効の抗弁を妨げるためには，すでに訂正審判を請求しているまでの必要はな
く，訂正審判の請求をした場合には無効部分を排除することができ，かつ，被告製
品が減縮後の特許請求の範囲に係る発明の技術的範囲に属することを主張立証すれ
ば足りるとした。

(e) 共焦点分光分析事件知財高判 ＊17

　特許権者Xらは，平成22年11月16日に特許権侵害訴訟を提起したところ，Yら
は，平成23年12月22日の第1審第6回弁論準備手続期日において，無効理由①等に
基づく無効の抗弁を主張し，同日付けでXらはこれに反論した。X¹は，平成24年
7月3日，訂正審判請求をし，同年9月11日に訂正審決を得て，同月18日，第1審
において，同訂正に基づく訂正の再抗弁を主張した。さらに，Yは，同年11月に特
許無効審判を請求し，翌25年，無効不成立審決が行われたことから，審決取消訴訟
を提起した。その後平成25年8月30日，無効理由①を認めた原判決が行われ，Xら
の請求が棄却された。これに対し，Xらは，控訴を提起するとともに，控訴審で新
たな訂正の再抗弁を主張した。

　知財高裁は，訂正の再抗弁の要件として，原則として適法な訂正請求等を行って
いることが必要であるとし，例外として，「特許権者による訂正請求等が法律上困
難である場合には，公平の観点から，その事情を個別に考察し，適法な訂正請求等
を行っているとの要件を不要とすべき特段の事情が認められるときには，当該要件
を欠く訂正の再抗弁の主張も許される」とした。

　その上で知財高裁は，無効理由①に基づく無効の抗弁は第1審係属中に主張さ
れ，その後X¹は，訂正審判請求をして訂正審決を受けたこと，その2ヵ月後にY
が無効理由①に基づく無効審判請求をし，その審判手続内でも訂正請求が可能であ
ったこと，新たな訂正の再抗弁の訂正内容からも，控訴審に至るまで当該訂正が困
難であったような事情はうかがわれないことから，無効理由①に対抗する訂正の再
抗弁を主張するに際し，これに対応した訂正請求等を行うことが可能であったにも
かかわらず，この機会を利用せず，控訴審において新たな訂正の再抗弁を主張する
に至り，その時点で訂正請求等をできないとしても，これらは自らの責任に基づく
ものといわざるを得ず，適法な訂正請求等を行っているという要件を不要とすべき
特段の事情は認められないとした。

　なお，知財高裁は，訂正請求等が法律上困難である場合の例示として，「特許権
侵害訴訟において被告が無効の抗弁を主張するとともに，同内容の無効審判請求を
行った後に，被告が新たな無効理由に基づく無効の抗弁を当該侵害訴訟で主張する

ことが許され，その無効理由については無効審判請求を提起しないような例外的な場合」の「既存の無効審判請求について訂正請求が許されない期間内」を挙げていた。

シートカッター事件は，ここで知財高裁が例示した「例外的な場合」に該当する事案といえよう。

(3) 裁判例の検討——訂正請求等原則必要説の背景

ナイフ加工装置事件最判，共焦点分光分析事件知財高判及び本判決は，侵害訴訟の早い段階で訂正の再抗弁を主張すべきことを，繰り返し強調し，それを行わなかった特許権者による訂正の再抗弁又は確定訂正審決の主張を封じてきた。

一方で，特許権者は，侵害訴訟で予め訂正の再抗弁を主張することなく，侵害訴訟外で，争点とされた無効理由への防御としては不十分な訂正審判請求（共焦点分光分析事件）や，侵害訴訟の審理が相当進んだ段階での訂正審判請求（ナイフ加工装置事件及び本件）により訂正審決を得た上で，初めて侵害訴訟裁判所にそれを主張している。これらの主張を認めたとすれば，侵害訴訟の第一審，控訴審が訂正前のクレーム解釈を前提に行った審理判断を無駄にすることとなる。知財高裁や最高裁が，繰り返し特許権者に厳しいとも見える判断をした理由として，本判決は，丁寧に特許法104条の3及び104条の4の立法趣旨を説明し，その「趣旨に照らして」特許権侵害紛争の解決を不当に遅延させるものとして許されないとする。

裁判所の厳しい態度にもかかわらず，特許権者が上記のような行動に出る理由としては，次の点が考えられる。

まず，特許権者としては，①侵害訴訟裁判所の無効に関する心証が不明な時点で，自己の権利範囲を減縮し，場合によっては新たな特許無効のリスクを負うこととなる訂正の主張は，回避したいであろう。また，②当事者対立構造の侵害訴訟や無効審判における訂正請求では，訂正後のクレームに関して，侵害紛争の相手方がさまざまな反論をしてくる可能性があり，再反論に失敗した場合には無効判断のリスクがある[18]。これに対し，一方当事者手続である訂正審判には相手方が関与することができないため，自己に有利なクレームの訂正審決を受けることが比較的容易であり，また，それが認められなくても，不本意な訂正や無効判断は回避できる利点がある。

他方，侵害訴訟の被告としては，特許権者が訂正審判を請求するのを封じるために，侵害訴訟の早い段階で，無効審判を請求しておくことが考えられる。しかしながら，本件のように，決め手とならない無効理由について無効審判を請求して，特

許権者が訂正請求をせずに請求不成立審決がされた後，その審決取消訴訟の係属中に，侵害訴訟で重要な無効理由を新たに主張する場合には，特許権者は，特許庁において訂正請求等をする機会を逸し，当事者対立構造の侵害訴訟において訂正の再抗弁を主張せざるを得ない。本判決は，本件の特許権者に，そのようにすべきであったと判示している。

　本判決に先立つ共焦点分光分析事件知財高判も，傍論ながら，本件と同様の事実関係の下で訂正の再抗弁を主張するためには，訂正請求等を不要とする特段の事情が認められるとしていた。

　前述のように，キルビー事件最判以前においては，無効理由を侵害訴訟において主張することはできないとされた一方，クレームの減縮的解釈によって，訂正請求等をすることなく減縮された権利範囲での特許権行使が認められていた。キルビー事件最判以降，権利濫用の抗弁又は無効の抗弁が認められたのに伴い，無効理由を回避するためにクレームを減縮的に解釈するのでなく，相手方に訂正の再抗弁を主張させるようになった。

　この訂正の再抗弁に訂正請求等を必要とするか否かについては，当初見解が分かれたものの，裁判所は，原則として訂正請求等を必要とするようになった[19]。

　その理由として，①審理対象となる特許発明の内容を明確にする必要があること，②訂正の再抗弁を主張して勝訴判決を得た後に，実際には特許庁での訂正手続をせず，無効理由を包含したまま権利の存続を図る「食い逃げ」を防止することなどが説明されている[20]が，いずれもあまり決め手にならないと批判されており[21]，学説においては，不要説も有力である[22]。

　裁判所が原則必要説に立つに至った実質的理由を考えるに当たっては，侵害訴訟において実際に審判される争点を整理しておくことが有益であろう。

　侵害訴訟において，無効の抗弁及び訂正の再抗弁が主張され，裁判所が無効であるとの心証を得た場合は，裁判所は，訂正前のクレームについて，①要旨認定（主張された請求項数分），②無効論（主張された無効理由×請求項数分）③侵害論（被疑侵害品又は方法数×主張された請求項数分）（③は，無効の抗弁を認めるならば判断する必要はないが，両当事者の主張は整理する。）の審理を行う。さらに，訂正後のクレームについても，①' 要旨認定（訂正された請求項数分），②' 訂正要件の審理，③' 無効論（訂正により②の無効理由が解消されるか否か，訂正後のクレームについて新たな無効理由が主張されればその成否も），④' 侵害論（被疑侵害品又は方法数×請求項数分）を行うこととなる。

これに対し，特許庁における訂正審判では，特許権者からの主張のみを聞いて，①，①' 及び②' のみを審理すれば足りる。また，無効審判における訂正請求では，双方審尋により，①，②，①'，②' 及び③' を審理することになる。

訂正の再抗弁の適時提出を要求し，その主張には原則として訂正請求等を必要とする裁判例の立場は，①②及び①'〜④' の主張立証を侵害訴訟の早い段階で行わせ，しかも，①，①' 及び②' については，特許庁審判部による判断を経由することによって，侵害訴訟の裁判所は，③' 及び④' の審理に専念できるようにしたい，ということではなかろうか。

侵害訴訟の事実審において，無効の抗弁が主張され，訂正の再抗弁が主張されない場合において，①〜③の審理の末，無効の抗弁を認めて特許権者の請求を棄却する判決をしたときに，上告審において訂正審決の確定を理由に事実審判決を争うということは，特許庁が特許権者の主張だけを聞いて行った①，①' 及び②' の判断のみで，第一審，控訴審における①〜③の２審級分の審理と判決を水泡に帰し，さらに，訂正後のクレームについて，侵害訴訟裁判所がもう一度①〜③の審理と判断をやり直すということである。また，侵害訴訟の控訴審の審理が進んでから訂正の再抗弁を提出するのも，ほぼ同様に紛争の蒸し返しとなる。

⑷ **訂正審判の特許権侵害紛争における位置づけ**

⒜ **訂正審判の制度趣旨**

特許権は，外延の明らかでない技術的思想すなわちアイデアそのものである発明について，万人に対して権利主張が可能な排他的権利であるから，権利の発生には，特許発明の技術的範囲が明らかになるように，特許法36条所定の記載要件に従い，特許請求の範囲，明細書及び必要な図面を作成して特許を出願し，その出願について適式な審査を経た上で，設定の登録をすることが必要である（特66条１項）。出願当初は，願書に最初に添付した明細書等の記載の範囲でクレームを拡張する補正も認められているが（特17条の２第３項），特許権発生後は，クレーム等を手掛かりに特許発明の技術的範囲を解釈した上でその周辺技術を実施している競業者が不測の特許権主張をされることがないように，訂正請求等においては，クレームの減縮など，特許権の権利範囲を縮小する方向での訂正のみが認められている（特126条１項・５項及び６項・134条の２第１項及び９項）。

訂正審判は，出願審査（及び拒絶査定不服審判）手続では発見されなかった瑕疵により，将来，特許が無効と判断されるのを防止し，有効な特許として権利行使できるようにするために，特許権者に認められた一方当事者手続である[23]。

(b) 訂正審判の特許権侵害紛争における問題点

訂正審判は，特許権者からの請求により特許庁の審判体が審理する一方当事者手続であり，訂正について法的な利害関係を有する第三者は，手続に関与する機会を与えられない。したがって，訂正審判は，特許権者が，将来の特許権を巡る具体的紛争において，本来有効に存続できるはずの特許権について，特許無効を主張されないように準備しておくには有用な制度であるが，紛争の相手方が当事者として手続に関与できないため，具体的な紛争を解決する段階では，手続保障の上で不十分な制度であるといえよう。

特許権侵害訴訟という対立当事者間の具体的紛争を解決するための手続が裁判所に係属した後に，特許権者の主張のみを聞いて，特許権者が裁判所で主張しているクレーム（の記載によって主張する権利範囲）を，侵害紛争の相手方である被疑侵害者を審尋せず，また，訴訟手続を指揮している裁判所の関与もさせずに，特許庁における訂正審決によって変更して，侵害訴訟における審理判断のやり直しをさせるのは，被疑侵害者に対する手続保障の上でも，侵害紛争の迅速な解決のためにも，問題があるというべきである。

その観点から本件をみると，控訴審の最初の段階，すなわち，控訴理由書において，被疑侵害者が無効理由②に基づく無効の抗弁を主張した後，控訴審の裁判所がこれを審理して判決をしたにもかかわらず，特許権者は，控訴審裁判所において訂正の再抗弁を主張せず，審決取消訴訟①の判決確定後に訂正審判請求を行い，侵害訴訟の上告審においてはじめて訂正審決の確定を主張した。本判決がかかる主張を禁じたのは，私人間の具体的紛争を当事者双方を審尋することによって迅速に解決するのを使命とする民事訴訟制度の趣旨に照らせば，首肯できよう。

(5) 本判決への評価と今後の課題

訂正の再抗弁を巡る判例の変遷は，訂正審判の特許権侵害紛争における上記問題点に起因すると解される。現在の法制下では，訂正の再抗弁と，無効審判と訂正請求等の関係について，法制度と最新の判例法理を駆使し，相手方の武器を封じることができたほうが勝てるもののように思われる。現行の訂正審判制度が特許権者のみに手続保障を与える制度であり，これを対立当事者間の紛争を解決するための特許権侵害訴訟中にも利用できるとすれば，特許権者はなるべく訂正審判を使おうとするし，相手方はなるべくこれを封じようとする。結果として，侵害紛争を解決する場である裁判所に，両当事者からの主張が手続の早い段階で提出されず，控訴審や上告審に至ってから真の争点が裁判所の前に明らかになり，裁判所がこれを取り

上げて審理することとすれば，事実審における手続の多くが無駄となってしまう。

　本判決は，特許庁において訂正請求等ができない事情があるとしても，特許権者に早い段階で訂正の再抗弁を主張するように促して，裁判所において両当事者に主張立証を尽くさせることができるような規範を示した点で意義がある。

　もっとも，訂正の再抗弁を主張するには原則として訂正請求等を必要としてきた裁判所が，どのような場合に訂正請求等をしなくても訂正の再抗弁を許容するかについて確立した判例があったとはいえない段階で，特許権者が，審決取消訴訟①の判決確定後に直ちに訂正審判請求をして得た訂正審決の確定を主張するのを排斥したのは，本事件の解決としては，特許権者側に厳しすぎるのではないかとの指摘も多い*24。しかしながら，本件は，共焦点分光分析事件知財高判において，傍論とはいえ，訂正請求等を不要とする例外的場合として非常に具体的に例示された事案に該当し，また，Ｘには特許出願から権利行使まで一貫して特許争訟に詳しい代理人がついていた本件においては*25，本判決がＸに無理を強いたとまでは評価できないと解する。とはいえ，本件の控訴審で無効理由②が主張された時点で，知財高裁は，訂正の再抗弁を出すかどうかを訴訟指揮によって確認すべきであったし，以後同様の事件に遭遇した侵害訴訟の裁判所は，かかる確認をすべきであると解する*26。

　また，裁判所が特許無効の判断をするかどうかがわからない段階で，特許権者が訂正の再抗弁の主張をしたがらないのは，前記(3)に述べたとおり自然なことである。そのため，裁判所が特許無効の心証を得た場合には，当事者に対して心証を開示して，特許権者に訂正の再抗弁を提出する機会を与えるべきであると指摘される*27。高林教授は，無効の抗弁について「訴訟の早期の段階で２，３個以内の無効理由に順序を付したうえで主張するとの運用」を踏まえ，「無効の抗弁に対抗した訂正の再抗弁の主張の数も自ずと限定されることになるだろう」とし，「無効の抗弁のうちで裁判所が採用する方向にある主張に対しては，心証を開示するなどして，かかる無効の抗弁に対する訂正の再抗弁を主張する機会を権利者に与えるなどの工夫をし，これに応じて権利者が訂正の再抗弁を主張しないならば，以後の訂正の再抗弁の主張は一切却下すべきことになる一方で，権利者がこのような場合に訂正の再抗弁を主張するのであるならば，無効の抗弁が特許庁での無効審判請求を要件とせずに主張できるのと同様に，特許庁での訂正審判請求や訂正請求を要件とするまでもないといえるだろう。」とする*28。

　訴訟手続の初期段階で訂正の再抗弁を主張させようとすれば，その段階では裁判

352　第1部　判例評釈

所が特許無効について検討をすることができず，したがって特許無効の判断について心証開示するのは難しいかもしれない。その場合には，無効の抗弁の争点整理が終わった時点で，特許権者側に，裁判所が判断を予定している個々の無効理由について，無効の抗弁が成立する場合に備えて訂正の再抗弁を予備的に主張すべきことを促し，裁判官による全争点についての主張や証拠の検討が終わった時点で，無効の抗弁を認めるべき無効理由について心証開示し，当該無効理由について予備的に主張されていた訂正の再抗弁が成立すると判断する場合には，特許権者に対して，特許庁において訂正請求等をするように促すことも考えられる。

　訂正審判の手続構造に起因する問題点を解決するためには，訂正の再抗弁に関する運用上の工夫が今後も重要であるが，それだけでは限界もあろう。運用上の工夫と並行して，法改正も視野に入れた改善策を検討していくことが重要であると考える。

〔注〕
＊1　なお，上告は，民事訴訟法312条1項又は2項所定の事由なしとして棄却された。最決平29・6・16（平28（オ）501号）。
＊2　以下，「ナイフ加工装置事件最判」という。
＊3　本判決の評釈として，大寄麻代・L＆T78号62頁，高林龍＝三村量一＝上野達弘編『年報知的財産法2017－2018』25頁〔高林龍〕，田村善之・WLJ判例コラム125号（2018WLJCC001），愛知靖之・L＆T80号69頁，吉田広志・民商154巻3号486頁，鈴木將文・平成29年度重判解（ジュリ臨時増刊1518号）274頁，前田健・判評718号15頁（判時2383号161頁），飯村敏明＝星埜正和・L＆T80号36頁，小泉直樹・ジュリ1512号8頁，大寄麻代・ジュリ1526号103頁，平井佑希・AIPPI 63巻4号11頁，平野和宏・知管68巻5号638頁，上田竹志・法セ762号120頁，渡辺森児・リマークス58号118頁。
＊4　特許法等の一部を改正する法律（平成23年法律第63号）による特許法改正。
＊5　高林・前掲＊3・27頁注2）。
＊6　訂正の対抗主張の法的性質については，特許無効の抗弁を阻止する再抗弁とするのが通説であり（岩坪哲「特許無効の抗弁に対する訂正の位置づけ」AIPPI 52巻4号202頁など多数），本判決もその立場を明らかにしたと解される。これに対し，予備的請求原因とする学説として，若林諒「ナイフ加工装置事件最判批」L＆T43号114頁。
＊7　最判平12・4・11民集54巻4号1368頁（以下，「キルビー事件最判」という。）。
＊8　大判明37・9・15刑録10輯1679頁〔導火線製造器械〕，大判大6・4・23民録23輯654頁〔硝子腕輪製造装置〕など。
＊9　最判昭37・12・7民集16巻12号2321頁〔炭車トロ〕は，公知技術を参酌してクレームを解釈すべきとしたが，さらに，最判昭39・8・4民集18巻7号1319頁〔液体燃料

燃焼装置〕，最判昭49・6・28金判420号2頁・裁判集民事112号155頁〔シャッター〕は，文言上は公知技術を包含すると解釈される特許発明の技術的範囲から，公知技術を除外して技術的範囲を確定するのを肯定した。

*10　平成5年の特許法改正までは，無効審判と訂正審判は別個独立の手続だったが，いわゆるキャッチボール現象による手続遅延を解消するため，平成5年法律第26号及び平成15年法律第47号による特許法改正による工夫を経て，平成23年改正により，無効審判請求から同審判審決確定までは訂正審判請求を制限し，無効審判手続における特定の時期にのみ訂正請求ができることとされた。中山信弘『特許法〔第3版〕』（弘文堂，2016年）267頁以下参照。

*11　詳細は，拙稿「特許処分の法的性質－特許無効の抗弁論争に対する一提言－」学会年報21号1頁，11頁以下。

*12　拙稿・前掲＊11・12頁以下及び同稿・脚注34～37記載の裁判例及び学説を参照。

*13　前掲＊8。

*14　裁判所法等の一部を改正する法律（平成16年法律第120号）による改正。

*15　東京地判平19・2・27判タ1253号241頁〔多関節搬送装置〕，知財高判平21・8・25判時2059号125頁〔切削方法〕，東京地判平22・6・24（平21（ワ）3527号）裁判所ホームページ〔液体収納容器〕，知財高判平26・9・17判時2247号103頁〔共焦点分光分析〕（以下，「共焦点分光分析事件知財高判」という。）など。

*16　前掲＊2。

*17　前掲＊15。

*18　田村・前掲＊3・14頁参照。

*19　前掲＊15。

*20　高林・前掲＊3・27頁以下の表現による。より詳細には，松葉栄治「訂正の再抗弁」小泉直樹＝末吉亙編『ジュリスト増刊・実務に効く知的財産判例精選』69頁，72頁以下，愛知・前掲＊3・75頁以下。

*21　愛知靖之『特許権行使の制限法理』29頁，高林・前掲＊3・27頁以下，田村・前掲＊3・13頁以下。

*22　岩坪哲「特許無効の抗弁に対する訂正の位置づけ」AIPPI 52巻4号202頁，ナイフ加工装置最判における泉裁判官意見，高林・前掲＊3・33頁，田村・前掲＊3・14頁など。

*23　具体的争訟を前提としない一方当事者手続であり，出願審査手続と同様に，将来の具体的争訟に備えるための民事行政手続すなわち非訟事件手続として設計されているといえよう（拙著「出願審査手続の法的性質」牧野利秋判事退官記念『知的財産法と現代社会』281頁参照）。もっとも，訂正審判が利用される多くの場面は，本件のように，特許権行使や有効性を巡る紛争の最中であるか，特許権行使の事前準備であることが多い。手続の構造と実際の手続利用の目的が，乖離しているというべきではないか。

*24　田村・前掲＊3・12頁以下，吉田・前掲＊3・504頁以下，愛知・前掲＊3・77頁，渡辺・前掲＊3・121頁など。

354 第1部　判例評釈

*25　本件特許出願が，非常に広範な単一の請求項と簡易な記載の明細書によるものであったにもかかわらず，補正や訂正を経て，有効に存続できたこと，本件特許の分割出願特許も，Yからの異議申立てに対応した訂正を経て存続したことから，Xが本件特許出願により開示した発明のうち，もともと新規性があった構成については，本判決以後も2つの特許権で保護されることとなった。

*26　この点，裁判所としては一方当事者を利するような訴訟指揮はしにくいという意見も聞いたが，訂正の再抗弁の主張時期と要件について裁判例実務が急速に変遷してきた現段階において，最高裁による本判決後は，判例に基づく訴訟指揮として，訂正の再抗弁の主張時期を明確にする訴訟指揮を行うべきである。

*27　高林・前掲＊3・32頁以下，田村・前掲＊3・17頁，吉田・前掲＊3・505頁。

*28　高林・前掲＊3・32頁以下。

28

特許庁職員の過失により質権設定登録が抹消されたことに対する国家賠償と民事訴訟法248条の適用——特許原簿質権登録順序過誤事件

最高裁〔三小〕平成18年1月24日判決
〔平成17年（受）第541号〕
〔裁判集民事219号329頁・判時1926号65頁〕
（差戻高裁判決）知財高判平21・1・14（平18（ネ）10008号）判時2030号93頁
（原判決）東京高判平16・12・8（平15（ネ）3895・平15（ネ）4132号）金判1208号19頁
（第一審判決）静岡地判平15・6・17（平12（ワ）81号）金判1181号43頁

久留米大学法学部教授　**帖　佐　　　隆**

事実の概要

　X（静清信用金庫）は，平成9年8月19日，訴外D（橋梁土木工事を中心的事業目的として設立された会社）に対し，弁済期を平成13年1月5日とする約定で，3億6000万円を貸し付け（本件債権），平成9年9月1日，これを担保するため，Dから，特許第2568987号の特許権（本件特許権）を目的とする質権（本件質権）の設定（設定契約）を受けた。Xは，同月2日，Dによる単独申請承諾書を添付して，特許庁長官に本件質権の設定登録（本件質権設定登録）を申請し，同月3日に受け付けられたが，平成9年12月1日まで，その登録がされなかった。

　なお，上記の本件特許権は，Dにより，平成6年12月14日に特許出願がされ，平成8年10月3日設定登録がされたものであるが，その発明（本件発明）は，発明の名称を「鉄筋組立用の支持部材並びにこれを用いた橋梁の施工方法」とし，橋梁を構成する床版を作るために用いる鉄筋組立体の支持部材及びこの支持部材を用いた橋梁の施工方法に関するものであり，従来の床版が橋台上に渡された橋桁の上で枠組内に鉄筋を組み込むという方法を採り，高所での危険な作業を伴っていたことから，橋桁上での作業を極力少なくし，鉄筋の組立作業を簡単に行うことができるようにした鉄筋組立用の支持部材を提供し，この支持部材を用いた橋梁の施工方法を提供するものである。

356 第1部 判例評釈

加えて，Dは，平成8年3月26日，本件発明を構成する技術の一部を用いたFS床版工法を発表した。同工法は，翌日以降発行の多数の新聞に取り上げられ，また，同月末頃から2週間余の間に多数の企業等からDに対して同工法についての照会や資料請求があった。

一方で，Dは，Xに対する本件質権の設定（設定契約）に先立つ平成9年8月31日，本件特許権を訴外Eに譲渡（譲渡契約を締結）しており，Eは，同年9月12日，Dの単独申請承諾書を添付して，特許庁長官に本件特許権の移転登録（本件特許権移転登録）を申請し，同月16日に受け付けられた。その後，同年11月17日，その登録がされた。

他方で，Eは，平成9年11月に，訴外Fに対し，本件特許権及び関連発明群（①特許第2683604号，②特許願H08－315624，③特許出願予定の工法に係る特許を受ける権利（未出願））を代金4億円で譲渡した。EとFは，本件特許権及び上記①の特許権につき，特許庁長官に特許権の移転登録を申請し，平成9年11月27日に受け付けられ，平成10年2月23日，移転の登録がされた。

本件質権設定登録については，平成9年12月1日に，登録年月日をさかのぼって同年11月17日付けで特許登録原簿の丁区欄に順位1番でその登録がされたが，その後，職権により，①平成9年12月1日に遺漏発見したことを原因とし，登録年月日を平成9年12月1日とする質権の設定登録の追加更正，及び，②平成10年5月15日に遺漏発見したことを原因とし，順位1番に登録すべき職権更正登録の追加更正について，登録年月日を平成10年5月15日とする，といった更正登録がされた。

Fは，平成10年5月，Xに対して本件質権設定登録の抹消登録手続を求める訴えを提起したが，同年7月24日，Fの請求を認容する旨の判決が言い渡され，その後同判決は確定し，本件質権設定登録は，同年10月8日，抹消された。

Fは，Dらと共に本件特許権の事業化に取り組み，FTS床版（FS床版と同一）の技術説明書を作成し，平成10年4月にはスーパーMSG床版という商品名でパンフレットを作成し，その販売営業に鋭意努力した。しかし，同商品は，価格，強度，工期短縮等の点において他の在来工法を用いた類似商品等と比べて市場競争力がないことが判明し，また，本件特許権について，他社からライセンス契約締結等の正式の引き合いもなかったことから，Fは，本件特許権の事業化は採算が合わないものと判断して，これを断念した。そして，Fは，平成12年10月3日までに本件特許権の第5年分の特許料の支払をしなかったため，本件特許権は消滅し，平成13年5月14日，その設定登録が抹消された。

Dは，平成10年3月23日に事実上倒産した。これにより，Dは，本件債権につき，期限の利益を喪失した。

Eは，平成10年11月頃に事実上倒産した。なお，Fは，Eの倒産前に本件特許権等の譲渡代金4億円のうち3億5000万円を支払っており，残金5000万円の代金債務については，Eの倒産後に，Eに対する資材の売掛代金債権及び手形債権と相殺した。

本件は，以上のような事実関係の下，Xが，特許庁の担当職員の過失により本件質権設定登録が受付の順序に従ってされず，本件質権の効力が生じなかったために，本件債権の回収をすることができなくなって損害を被ったと主張して，Y（国）に対し，国家賠償法1条1項に基づき，3億3000万円の損害賠償を求める事案である。

Yは，本件質権設定登録が本件特許権移転登録に後れてされたことにつき，特許庁の担当職員に過失があったことは（最終的には）争わないが，本件特許権は経済的に無価値であったからXには損害の発生がないと主張して，Xの請求を争うほか，過失相殺及び消滅時効を主張した。

第一審判決は，本件質権は，DからEへの本件特許権の本件移転登録がなされた平成9年11月17日の時点において，その設定の効力を主張できなくなったのであるから，Xの有した質権の喪失・消滅という損害は，その時点で発生したことになり，その時点における本件特許権についての質権の価値がXの損害となるとした。

そして，近い時期に行われたEからFの本件特許権を含む特許群の譲渡の価額が上述のとおり4億円であったことから，ここから本件特許権の価格を3億円と見積もった。これに対して質権の価格は，担保権実行による場合の困難性，非効率性，低廉性等の理由からきている取引社会の要請に加え，特許権担保の場合の不動産担保に比しての不安定性や，市場性に欠け，換価も容易でないこと等に鑑み，0.6を乗じるものとした。その結果，第一審判決はこの1億8000万円を損害賠償額として認容した。

これに対し，原判決は，①本件質権設定登録がされていた場合，Fが本件特許権を譲り受けたか，また，Eが本件特許権の譲渡を図ったかについて，いずれも疑問が残ること，②本件質権設定登録がされた状態で本件特許権の譲渡契約の締結が具体的に検討された場合，F，E及びXの間で，譲渡代金のうち相当額をXに支払う旨の合意が成立するに至ったと断定するだけの根拠もないため，本件質権設定登録がされていた場合，本件特許権等についての譲渡契約が実際の譲渡契約と同様に成

本事件における事実関係の時系列的な流れ

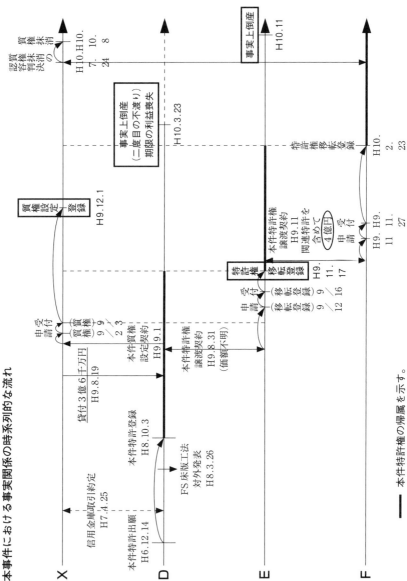

立し，本件質権設定登録を抹消するためにXに相当額が交付されるに至ったものとは認定し難いといわざるを得ないから，本件質権設定登録が本件特許権移転登録に先立ち正しくされていたとしても，Xが本件質権に基づき本件債権の弁済を受けることが可能であったともいい難いこと，の二点を理由に，Xには現実に損害が発生していないとして，Xの請求を棄却した。

　Xは上告受理申立てをした。

判　旨

　「特許庁の担当職員の過失により特許権を目的とする質権を取得することができなかった場合，これによる損害額は，特段の事情のない限り，その被担保債権が履行遅滞に陥ったころ，当該質権を実行することによって回収することができたはずの債権額というべきである。」

　「特許権の適正な価額は，損害額算定の基準時における特許権を活用した事業収益の見込みに基づいて算定されるべきものである」

　「本件特許権は，最終的にはFによる事業化に成功せず，平成12年10月に消滅するに至ったというのであるが，本件債権が履行遅滞に陥った平成10年3月ころには，事業収益を生み出す見込みのある発明として相応の経済的評価ができるものであったということができ，本件質権の実行によって本件債権について相応の回収が見込まれたものというべきである。」

　「Xには特許庁の担当職員の過失により本件質権を取得することができなかったことにより損害が発生したというべきであるから，その損害額が認定されなければならず，仮に損害額の立証が極めて困難であったとしても，民訴法248条により，口頭弁論の全趣旨及び証拠調べの結果に基づいて，相当な損害額が認定されなければならない。」

解　説

(1)　本事件の位置付け等

　本事件は，特許庁職員の過失により質権登録に瑕疵が生じた場合の国家賠償についての事案である。このような場合の国家賠償の算定の根拠，基準時，等，参考になる事案であるが，特異なケースではあり，今後同様の事案はそんなに多くはないと思われる。

　国家賠償法1条1項は，国等の公権力の行使に当る公務員が，その職務を行うに

360 第1部 判例評釈

ついて，故意又は過失によって違法に他人に損害を加えたときは，国等が，これを賠償する責に任ずる旨を規定する。そこで，第一の要件としては故意又は過失が要件となるが，これは第一審段階ではＹも争っていたようであるが，第一審判決は過失を認めている。これは妥当であろう。その後，最高裁判決の前提事実では上述のとおりもはや争っていないとする。

次の要件として「違法に」とあるが，特許登録令37条1項は，申請による登録は，受付の順序に従ってしなければならない旨を規定する。ゆえに登録の順序を違える本件は違法となる。もっとも，規定によるまでもなく当然のことではあるが，申請順でなく，後申請先登録を認めれば，登録を効力発生要件とする法制においてきわめて不合理な結果を招来するからである。

よって，国賠法1条1項における他の要件は充足されるため，損害の発生が認められれば，国家賠償の対象となるが，問題はその損害を立証することが難しいということがある。本件は地裁判決，高裁判決，そして最高裁判決並びに差戻高裁判決とあるが，損害については判断がかなりばらついている。このことからみても，判断が非常に難しいということがいえよう。この損害の問題については後に検討していくこととしたい。

なお，傍論ではあるが，まず特許に関する登録について，登録が効力発生要件である点で（特98条1項1号及び3号），第三者対抗要件である不動産登記（民177条・361条）とは異なることとなる。この点については，裁判所も十分に認識できていないように思われる。たしかに最終的な法的効果については近似することになるかもしれないが，当事者間の譲渡契約や質権設定契約は，権利変動の根拠ではあるのだが，その時点では権利変動は起きておらず，登録をもってはじめて権利変動が起きることになる。この点，判決はやや不正確なようでもあるし，とりわけ第一審判決は完全に誤解があるようである。つまり，ＤからＥへの特許権の移転は，平成9年11月17日の移転登録をもってはじめて成立するのである。これに対し，ＤからＸへの質権設定も，平成9年12月1日の質権設定登録をもって成立するのだが，同日にはＤはもうすでに権利者ではないのだから質権設定のしようがない。ゆえにＤからＸへの質権設定はあり得ないものとなっており，裁判によって抹消となるのは当然であるということになる。

さらにいえば，判決は，「質権の設定」「（特許権の）譲渡」といった文言を使用しているが，この前者は「質権の設定契約」，後者は「（特許権の）譲渡契約」にすぎないため文言を分けるべきなのではないか。ともに，それぞれの時点では効力は

発生していないのであるから，「設定」「譲渡」といった確定的な文言の使用は妥当ではないのではなかろうか。

次に，実務面であるが，このような登録の重要性からみても，また不動産登記制度と比較しても，登録制度を有している以上，申請の受付から実際の登録まで数ヵ月かかるとする実務はやや遅いのではないだろうか。いろいろと事情はあるのであろうが，登録実務は特許の実体審査等の実務とは異なるわけであり，検討の手間や作業量はそこまで多くはなく，実働時間はそんなにかからないのではないか。加えて，特許権の権利変動や質権設定が起きるときというのは，関係者からみれば資金繰りに困り，切羽詰っている場合も多いであろうから（本件がそうであると推測される），権利変動等の確定まで短期間である必要性があるのではないだろうか。そして，そのような状況におかれた権利については本事件にみられるように第二，第三の権利変動（権利変動のための契約）も起きる蓋然性は高かろう。そうなると最初の権利変動が未確定なまま変動等のための法律行為が続くこととなり，権利関係が錯綜することにもなろう。これは当事者の保護に欠くことにはならないだろうか。またそればかりでなく，このような錯綜によって，あるいは未登録のまま次から次へと手続が発生し動いていくことによって，ミスが誘発されやすくなる面もあろう。ゆえに，これら登録実務については迅速に行われるべき必要性があると思われ，関係者の検討を要するのではないかと思われる。

(2) 損害の基準時

次に，本事件において，損害の発生があるかどうか，そして損害発生の基準時について考える。

損害の基準時であるが，第一審判決は，「Xの有する本件特許権にかかる本件質権は，DからEへの本件特許権の本件移転登録がなされた平成9年11月17日の時点において，対抗要件の点から（ママ），その設定の効力を主張できなくなった（ママ）のである……から，Xの有した質権の喪失・消滅という損害は，その時点で発生したというべきである」とし，「その時点（平成9年11月17日）における本件特許権についての質権の価値……を算定し，それがXの損害となる」とする。そして，その「質権の価値」については，厳密には本件特許権（所有権）の価値ではなく，本件特許権の価値と異なる場合がある旨を注意的に説示している。

これに対し，本最高裁判決は，「損害額は，特段の事情のない限り，その被担保債権が履行遅滞に陥ったころ，当該質権を実行することによって回収することができたはずの債権額」になるという。その結果，本件では移転登録に遅れて平成10年

362 第1部 判例評釈

3月頃を基準とすることとなった。

どちらが妥当であろうか。

自然な考え方からすれば，地裁判決のほうが妥当であると思われる。本件は特許庁職員の処分における過失による瑕疵である。その瑕疵ある処分によって権利を失った時点でのその価額こそが，その処分と直接の因果関係がある額なのではないだろうか。よって，原理原則でいえばそのように認定するのが自然であろう。地裁判決が述べるように，「その後の状況の変化」（その後の事情）は関係がない。

しかしながら，本最高裁判決は，これとは異なり，その後の質権実行による債権回収の履行期に回収することができたであろう額であるとする。だが，この考え方は，損害額に事後的な事情を含めるがゆえに妥当ではないのではないかと筆者は考えるのである。

ただ，思うに，本最高裁判決には政策判断が含まれているのではないかと筆者は考える。本件は国家賠償であり，その原資は税金である。損害を被った者の救済を手厚く行うと，その反射的効果として国民の共有財産が失われるという問題がある。ゆえに，損害を被った者に最小限の救済をしさえすれば足り，それ以上の支出をすべきではないと裁判所は考えたのかもしれない。その一方で，回収時が基準とあれば，被害を被った者にとって一応の理解は得られよう。よって，このように考えて，履行遅滞に陥った場合の回収可能額で考えるほうが国家賠償としては適切だということになったのかもしれない。ゆえに，そのように考えるならば，判旨は理解できなくはない。

ただ，レアケースであるが（もっとも本件自体がレアケースであるので，きわめてレアなケースとなるが），仮に本件と同様の瑕疵が生じた場合に，特許権の価値，ひいては質権の価値が瑕疵ある処分の後に高まる場合もあるのではないだろうか。そのような場合にも本判決の射程が及ぶことになると事後的に高まった質権の価値を国家賠償として支払わなければならなくなる。これは妥当なことなのであろうか。事後的に高まった価値相当分を国家が支払うのは不当であるように思われる。よって，本最高裁判決の射程を考えると，必ずしも適切でない場合は出てくるのではないだろうか。

もっとも，本最高裁判決の説示においては，「特段の事情のない限り」という文言が含まれていることにも気づかされる。したがって，このような，質権（特許権）の価値が瑕疵ある処分の後に高まった場合には，この「特段の事情」を発動することも可能な説示にはなっている。よって，このような場合には損害の基準時を

どうするかについて裁量の余地を残しており，結局，常に，損害額を低額とする方向に導かれる可能性はあるといえよう。

そうなると，結局，損害の基準時についても，事例判断となる可能性は残っており，それぞれの事件に応じた独自の判断がなされる可能性は，最高裁判決が出てもなお，若干の確率で存在するといえるであろう。

(3)　損害発生の有無について

次に，損害の発生について考えてみたい。

高裁判決は，損害は存在しないとして棄却している。本件質権登録に瑕疵がなく，質権が付着する特許権であれば，その後のEとFの売買は成立しなかった可能性が高い，などといったあたりを理由としている。

しかしながら，この判断には疑問がある。

このEとFの売買というのも，結局は本件特許権の価値を参酌するために採り上げられているものであって，実際に取引が成立したかどうかを検討するのは問題があり，その取引の成立性は関係がないのではなかろうか。

たしかに，この取引が成立しない可能性はあったと思われる。しかしながら，この取引を参酌しているのは価額の立証のためであり，この取引程度の価値が特許権にあったことを示したい意味での立証であろう。にもかかわらず，成立しなかった可能性を指摘して，一気に損害額をゼロと認定するのは飛躍がすぎよう。

一方で，仮に，この取引が成立しなかったとしても，質権込みで他の取引が成立していた可能性は充分にあろう。もっともその場合の価額はまた異なったものになるかもしれないが，第一審判決も特許権の価値から質権の価値を割り出すのに0.6を乗じているように，額を調整すれば足りるわけである。したがって，本件のそのような事情を抽出して指摘することだけで，まったく損害が発生し得ないとするのは不当であるように思われる。

そして，今論じているのは，特許庁（いうならばY）の過失により生じた瑕疵による損害を論じているのであるから，その後の個別の取引に特化して検討して，損害がないとするのもおかしい。あくまでその後の取引は価額の立証のために参酌している事項にすぎないのである。また，質権付の特許権とは取引をしなかったであろう，ということは，質権の設定登録による瑕疵とは関係のない事項であると思われる。ゆえに，損害が発生し得ないとする高裁判決は飛躍がすぎ，妥当でないように思われるのである。

(4)　損害額について（第一審判決，差戻高裁判決（確定））

364　第 1 部　判例評釈

(a)　第一審判決

　次に，損害額であるが，第一審判決においては，EからFの特許群の売買代金 4 億円から本件特許権に中心的意義があることを見込んで，本件特許権の価値を 3 億円と認めた。次に，求めるものは質権の価値であるから，担保権実行の際の困難性等の観点からの掛け率を乗算し，かつ，その掛け率は不動産担保の相場よりやや抑えた0.6とし，これを乗算した 1 億8000万円を質権の価値とし，その質権の価値を損害額として，認容した。

(b)　差戻高裁判決（確定）

　これに対して，本最高裁判決を受けた差戻高裁判決は次のように説示した。

　「Xが本件質権を取得することができなかった損害の額を算定するためには，本件特許権の適正な価額を，質権実行によって回収することになる平成10年 3 月ころの時点において，本件特許権を活用した事業収益の見込みに基づいて算定することが必要である。」

　「本件特許権を含む FS 床版事業について評価した額を算定した上で，同評価額に対する技術の寄与度を考慮して本件特許権を含む特許網の評価額を算出し，さらに同評価額に対する本件特許権の割合を考慮して本件特許権の有する技術内容に応じた相応の評価額を得て，これをもって上記損害の額と認定するという手法によるのが相当である。」

　つまり，事業の評価額を求めてから特許網，そして本件特許権の評価額を算出して，本件質権に関する損害額を認定するというのである。

　そして，FS 床版事業の価値評価としては，鑑定が実施されたが，インカム・アプローチ，マーケット・アプローチ，コスト・アプローチ，いずれも結果が 3 億円強程度の額となり，概ねこれらが一致することをもって，裁判所は事業の価格を 3 億3000万円とした。

　次に，事業からの収益の 4 分の 1 （25％）を技術の寄与度と想定して技術の価値を算定する方法である「25％ルール」により，特許網の価値を8250万円とした。

　さらに，平成10年 3 月ころ当時の事業収益の見込みにかかる本件特許権の特許網全体に対する割合については，全体を一括して 4 分の 1 （16分の 4 ）という値を採用した。よって，本件特許権の評価額は， 4 分の 1 を乗じた2062万5000円とし，本件質権による回収ができなくなったことによる損害額は，ここから本件質権の回収費用として上記200万円を控除した1862万5000円であると判断した。

　最後に，弁護士費用300万円を加えて，2162万5000円を損害額として認容した（弁

護士費用の消滅時効が主張されていたが認めなかった)。

　(c)　考　　察

　まず，今回，事業価格の算定をはじめに行い，そこからの特許権の価値評価をして，ここから質権の回収費用を控除して損害額が算定されたが，これは，最高裁判決による「特許権の適正な価額は，損害額算定の基準時における特許権を活用した事業収益の見込みに基づいて算定されるべきものである」との説示に拘束されていると解される。

　ゆえに，これを受けて，事業収益の見込みについて鑑定が行われ，鑑定では，関係する経済活動において現れた各種の額や数値に基づいて額の算定が行われたようである。

　結果，事業収益の見込み額だけで３億3000万円程度となり，ここだけで当時の当該特許権の取引価格と同程度となってしまった。

　そのような結果，当該差戻高裁判決による認容額は一審判決に比べればきわめて少額となり，一桁異なる結果となった。これは当該事件において10年近くの時間を裁判に費やしたＸからすれば，やや酷な感がある。

　最高裁判決が拘束する「事業収益の見込みに基づいて算定」の説示により，この差戻高裁の段階においては，特許の検討だけでなく，実際の事業を採り上げ，その事業の価値から計算をすることになってしまったと解される。

　そして，その結果，平成９年ごろの本件特許権についての当事者の取引に係る価額が概ね３億円程度であったことは，損害額の直接の根拠としては採用されなくなってしまった（事業収益を求めるためには一部利用されている）。

　この差戻高裁における算定方法（根拠）にはいくつかの疑問がある。

　まず，最高裁が拘束する「事業収益の見込み」であるが，損害額算定の基準時において，取引当事者が認識する「見込み」と，後世になって確認できたり，当時の関係者が必ずしも認識できていなかったりする数値も含めた諸条件から，数学的計算によって算定するが如き「見込み」があろう。最高裁判決は，必ずしも前者が正しいか後者が正しいかについては述べていないので，この点はなお差戻高裁での審理において裁量の余地があったと思われる。しかし，差戻高裁判決では後者を選択してしまった。これは必ずしも適切でないのではないかと思われる。当事者における特許権の価値への"相場観"がすでにできていたのだから，これを前提とした「事業収益の見込み」は，当時の関係者らにとっては，また別に存在するのではないだろうか。これを無視した点で判決の説示には疑問が残るところである。

366 第1部 判例評釈

　次に，差戻高裁判決は，インカム・アプローチとマーケット・アプローチとコスト・アプローチの3つからFS床版事業の評価額を出しているが，インカム・アプローチについては，事業の展開における各種数値からの計算による算定なのに対し，マーケット・アプローチはEからFの特許権の譲渡価格から（すなわち特許群の4億円の譲渡価格から），コスト・アプローチでは，XからDへの融資額（すなわち特許権に係る質権に対応する額から），FS床版事業の評価額を出している。そして，後者2つのアプローチでは，この<u>特許群の価格</u>や，XからDへの<u>融資額に近似する額</u>をFS床版事業の評価額であるとしている。だが，この論拠がわからない。後に，この事業の評価額を4分の1倍して特許群の価額を導いているのに，なぜ特許群の実際の取引額や質権の設定に対応する額が<u>事業の評価額</u>に近くなるのかが理解に苦しむ。すなわち，"数学的計算によって算定する"方法を採用することが仮に適切であったとしても，本差戻高裁判決が示したインカム・アプローチからの算定の道筋は一応の理解はできるが，マーケット・アプローチからの算定とコスト・アプローチからの算定方法と結果については疑問である。そして，判決はこの三者が近似していることを考慮していると解されるが，後者二つの額が前者と近くなるのであれば，前者のインカム・アプローチからの算定額の結果については疑問が生じてくるのではないだろうか。よって，こういった算定の方法についても疑問である。

　思うに，知的財産の価額，価値評価は，結局いずれも推測の域から出ることはなく，そして，さまざまな算定方法があり，それぞれについてさまざまな理論づけをすることができる。結果，さまざまな価額として計算され得るのである。よって，どれが正解ということはいえないように思われ，そうなれば（本高裁判決のマーケット・アプローチからの算定とコスト・アプローチからの算定には疑問であるだけでなく）インカム・アプローチからの算定も必ずしも正しいとは言い難いのではないか。インカム・アプローチからの値と他の二者の値が近い額になるのであれば，インカム・アプローチからの算定額もかなり疑問のあるものとなるのではないかと思われる。つまり裏を返せば，どのような評価額であっても何らかの理論づけをすることができるのではないだろうかと思われる。

　また，歴史が過ぎ去った後に後世になってから定まる評価額，またはあらゆる考慮要素を採り入れて複雑にシミュレーションしつつ計算して定まる評価額と，歴史のさなかに現実の期待値とともに取り扱われる評価額は異なるように思われる。今回の差戻高裁判決では，事業全体の評価がなされたが，これは事後的に定まった結

果としての値または後知恵の値，あるいは単に理論づけを一見もっともらしくあて
がわれた値にすぎないのではあるまいか。このような後知恵の値，あるいは当時の
状況から離れた値（といってもよいだろう）が採用されてしまったのはXにとっては
酷であるように思われる。

これに対して，XはDから平成9年9月に3億6000万円の担保として質権を設定
され，また，平成9年11月にはEはFに4億円の価額で本件特許権を中心とする特
許群を売却しているのである。そうなると，平成9年秋には関係当事者にとって
は，やはり3億円程度の当該特許権の価値があったと思われ，それは結果としては
期待値で終わった部分もあることとなるが，その期待値込みの価額こそが当時の特
許権の価値であったわけであろう。よって，この差戻高裁の判断は酷な感がある。
後からみればこの見込み額は過大であったということになるのかもしれないが，平
成9年当時は，この見込み額こそが取引価格なのであるから，差戻高裁による損害
額の認定は適切ではなかろう。

当事者が当時3億程度の当該特許権の価値，4億円程度の特許群の価値を見込
んでいたとするのならば，これよりもかなり大きな額の（差戻高裁の例でいえば特許
群の4倍程度か）のFS床版事業の価値を見込んでいたのではないだろうか。これ
は各種数値の精密な検討や事後的な結果からすれば過大であったのかもしれない
が，当時の当事者が考える「見込み」としては正しいものではないだろうか。そし
て，最高裁判決がいう「特許権を活用した事業収益の見込み」とは，その基準時に
おける当事者が考えた「見込み」でもかまわないのではないだろうか。

とはいえ，最高裁判決が「特許権を活用した事業収益の見込みに基づいて算定さ
れるべき」とする以上，差戻高裁では，事業収益を当時の特許権の当事者の取引額
から逆算して認定するわけにはいかないという問題もある。循環論法的な説示とな
るからである。

結局，Xに酷な算定額であると思われるが，最高裁判決の説示に拘束された結
果，このような算定に導かれてしまったということになるのであろう。

(5) 民事訴訟法248条について（最高裁判決の説示）

また，最高裁判決は，2つ目の判示事項として，「Xには特許庁の担当職員の過
失により本件質権を取得することができなかったことにより損害が発生したという
べきであるから，その損害額が認定されなければならず，仮に損害額の立証が極め
て困難であったとしても，民訴法248条により，口頭弁論の全趣旨及び証拠調べの
結果に基づいて，相当な損害額が認定されなければならない。」とした。

368 第1部 判例評釈

　すなわち，本件においては，瑕疵がなければ相当な回収が見込まれたから，損害が発生していることは認められるとして，立証が困難な場合であっても，民事訴訟法248条を適用することによって，その損害額を認定すべきであることを説示したのである。

　民事訴訟法248条は，損害が生じたことが認められる場合において，損害の性質上その額を立証することが極めて困難であるときは，裁判所は，口頭弁論の全趣旨及び証拠調べの結果に基づき，相当な損害額を認定することができる旨を規定する。

　同条の趣旨については一つの論点であるようであり，これについての説がいくつかある*1。一つは，損害額も一つの事実として原告に立証負担があるが，それを軽減させようというもの（立証負担軽減説），二つ目は，損害額は裁判所の評価・裁量の範囲であるから，裁量に委ねようとするものである（法的評価説）。また，これらの折衷説もいわれているようである。立法者がいう立法趣旨は立証負担軽減説であるとされる。

　これに対して，本件最高裁判決では，どの説を採用しているかは，定まらないように思われる。しかしながら，国家賠償においても民訴法248条の適用が可能であることを示した点で意義があろう。また，本判決の評価として，当該法条が「……できる」と裁量の形式で規定されているのに対し，判決が「相当な損害額が認定されなければならない」と最高裁が説示した点に意義があるという見解*2もある。

　これに対して，差戻高裁判決はどう捉えればよいのであろうか。

　裁判所としては，上述のとおり，最高裁判決がいう，「特許権を活用した事業収益の見込みに基づいて算定されるべき」の文言に拘束されることによって，認定方法を決断したと考えられる。もっとも，それは，当時の関係者が考える「見込み」で足りたはずであるが，もろもろの数値を採用して計算する算定方法を採用した。

　裁判所は鑑定を採用し，その鑑定によって得られた見解をもとに損害額を認定している。もっとも，その鑑定の見解については一部理由をつけて修正もしている。その一方で，裁判所としては，民事訴訟法248条を適用したとは述べていない。

　本件でいえば，結局，民事訴訟法248条の趣旨からは遠い本事件特有の事情によって，一応の理由が示されつつ，損害額が認定されたといえよう。

　(6)　おわりに

　以上，本事件の最高裁判決においては，特許庁の担当職員の過失により特許権を目的とする質権を取得することができなかった場合，これによる損害額は，特段の

事情のない限り，その被担保債権が履行遅滞に陥ったころ，当該質権を実行することによって回収することができたはずの債権額になることを示した。今後の実務の参考になるだろう。

しかしながら，判決は，「特段の事情」という留保をつけている。したがって，本最高裁判決の射程は，結局，賠償額を下げる方向にとどまる可能性も高いと思われる。ゆえに，質権（特許権）の価値が登録時よりも履行期のほうが高くなるようなことがあったら，「特段の事情」が発動される可能性はあるのではないだろうか。

したがって，本最高裁判決は，このような事例では，権利者救済にあたり，国家賠償が行われるべきことを示した反面，その救済は最低限度で行えば足りることを示した判決とも解釈し得るのではないだろうか。

とはいえ，損害があると認められる場合は，このような国家賠償の場面であっても民訴法248条が発動できることを示した判決でもある。これも今後の実務の参考となろう。

〔注〕

＊1　古河謙一「判批」平成18年度主判解（判タ臨時増刊23号〔判タ1245号〕）192頁〔193頁〕，石田秀博「判批」受験新報666号25頁〔27頁〕，川嶋四郎「判批」法セ626号121頁〔121頁〕，濱田陽子「判批」法政研究（九州大学）73巻4号173頁〔177頁〕。

＊2　吉田和彦「判批」金判1260号6頁〔7頁〕。

■参考文献■

上記に掲げたもののほか，本件最高裁判決につき，

・諏訪野大「判批」法学研究（慶應義塾大学）79巻8号41頁（差戻前高裁と合体）

・蘆立順美「判批」平成18年度重判解（ジュリ臨時増刊1332号）267頁

・高橋眞「判批」民商134巻6号1035頁

・工藤敏隆「判批」行政関係判例解説平成18年204頁

・鈴木亮「判批」NBL829号16頁

がある。

また，その後の差戻高裁判決につき，

・諏訪野大「判批」法学研究（慶應義塾大学）83巻4号41頁

・星野豊「判批」ジュリ1439号122頁

がある。

370 第 1 部　判例評釈

29 間接侵害成立要件・104条の 3 第 2 項の適用の可否——一太郎アイコン特許事件

知財高裁大合議平成17年 9 月30日判決
〔平成17（ネ）第10040号特許権侵害差止請求控訴事件〕
〔判時1904号47頁〕

金沢大学法学系教授　**大　友　信　秀**

事実の概要

　X（原告・被控訴人）は，コンピュータのアプリケーションとして活用可能な技術に対して特許（以下，「X特許」という。）を有しており，コンピュータ画面上の第 1 アイコンを指定（クリック）した後に第 2 アイコンを指定（クリック）すると，第 2 アイコンの機能説明が表示されることを特徴とする内容となっていた。また，Xの特許は，同機能を有する情報処理装置そのものの特許（いわゆる物の発明に対する特許）と同機能を有する情報処理方法（いわゆる単純方法の発明に対する特許）を対象としていた。

　Y（被告・控訴人）は，ワープロソフト及びグラフィックソフト（以下，「Y製品」という。）を販売していた。

　Xは，YによるY製品の製造，譲渡等，譲渡等の申出（以下，「Y行為」という。）が特許法101条 2 号及び 4 号（現 5 号）の間接侵害に該当すると主張して，Y行為の差止め及びY製品の廃棄を求めた。

　原判決（東京地判平成17年 2 月 1 日，判時1886号21頁，判タ1175号120頁）は，Y行為は間接侵害に該当し，Xの特許に無効理由（進歩性欠如）が存在することも明らかではないためXの請求が権利濫用に当たらないことから，Xの請求を認容した。

　Yは，これを不服として控訴した。

判　旨

知財高裁は，原判決を取り消し，請求を棄却した。

(1)　101条2号該当性

「『Y製品をインストールしたパソコン』は，本件第1，第2発明の構成要件を充足するものであるところ，Y製品は，前記パソコンの生産に用いるものである。すなわち，Y製品のインストールにより，ヘルプ機能を含めたプログラム全体がパソコンにインストールされ，本件第1，第2発明の構成要件を充足する『Y製品をインストールしたパソコン』が初めて完成するのであるから，Y製品をインストールすることは，前記パソコンの生産に当たるものというべきである。」

X特許の発明の課題解決は，「Y製品をインストールすることによって初めて実現されるのであるから，Y製品は，本件第1，第2発明による課題の解決に不可欠なものに該当するというべきである。」

「また，特許法101条2号所定の『日本国内において広く一般に流通しているもの』とは，典型的には，ねじ，釘，電球，トランジスター等のような，日本国内において広く普及している一般的な製品，すなわち，特注品ではなく，他の用途にも用いることができ，市場において一般に入手可能な状態にある規格品，普及品を意味するものと解するのが相当である。本件において，Y製品をヘルプ機能を含めた形式でパソコンにインストールすると，必ず本件第1，第2発明の構成要件を充足する『Y製品をインストールしたパソコン』が完成するものであり，Y製品は，本件第1，第2発明の構成を有する物の生産にのみ用いる部分を含むものでるから，同号にいう『日本国内において広く一般に流通しているもの』に当たらないというべきである。」

「……前記間接侵害の主観的要件を具備すべき時点は，差止請求の関係では，差止請求訴訟の事実審の口頭弁論終結時であり，……Yは，遅くとも本件訴状の送達を受けた日……には，本件第1，第2発明がXの特許発明であること及びY製品がこれらの発明の実施に用いられることを知ったものと認めるのが相当である。」

「以上によれば，Yが業としてY製品の製造，譲渡等又は譲渡等の申出を行う行為については，本件第1，第2発明について，特許法101条2号所定の間接侵害が成立するというべきである。」

(2)　101条4号（現5号）該当性

「『Y製品をインストールしたパソコン』は，そのような（X特許の構成要件を充足

372 第1部　判例評釈

する：筆者注）方法による使用以外にも用途を有するものではあっても，同号（101条4号：筆者注）にいう『その方法の使用に用いる物……であってその発明による課題の解決に不可欠なもの』に該当するものというべきであるから，当該パソコンについて生産，譲渡等又は譲渡等の申出をする行為は同号所定の間接侵害に該当し得るものというべきである。しかしながら，同号は，その物自体を利用して特許発明に係る方法を実施することが可能である物についてこれを生産，譲渡等する行為を特許権侵害とみなすものであって，そのような物の生産に用いられる物を製造，譲渡等する行為を特許権侵害とみなしているものではない。本件において，Yの行っている行為は，当該パソコンの生産，譲渡等又は譲渡等の申出ではなく，当該パソコンの生産に用いられるY製品についての製造，譲渡等又は譲渡等の申出にすぎないから，Yの前記行為が同号所定の間接侵害に該当するということはできない。」

(3)　104条の3の抗弁

「……本件第1発明ないし本件第3発明は，乙18発明及び周知の技術事項に基づいて当業者が容易に発明をすることができたものであるから，本件発明に係る本件特許は，特許法29条2項に違反してされたものであり，特許無効審判により無効にされるべきものと認められるというべきである。したがって，特許権者であるXは，同法104条の3第1項に従い，Yに対し，本件特許権を行使することができないといわなければならない。」

(4)　104条の3第2項適用の可否

「……原審においては，第1回口頭弁論期日が開かれてから第3回口頭弁論期日において口頭弁論が終結されるまで2か月余り，訴えの提起から起算しても4か月足らずの期間である。このように，原審の審理は極めて短期間に迅速に行われたものであって，Yの当審における新たな構成要件充足性及び本件特許の無効理由についての主張・立証は，若干の補充部分を除けば，基本的に，当審の第1回口頭弁論期日において控訴理由書の陳述と共に行われたものであり，当審の審理の当初において提出されたものである。

そして，前記の追加主張・立証の内容についてみると，まず，構成要件充足性に関する部分は，原審において既にYが主張していた構成要件充足性（「アイコン」の意義）に関する主張を，若干角度を変えて補充するものにすぎないということができる。また，本件特許の無効理由に関する部分は，新たに追加された文献に基づくものではあるが，これらはいずれも外国において頒布された英語の文献であり，しかも，本件訴えの提起より15年近くも前の本件特許出願時より前に頒布されたもの

であるから，このような公知文献を調査検索するためにそれなりの時間を要することはやむを得ないことというべきである。

以上の事情を総合考慮すれば，Ｙが当審において新たに提出した構成要件充足性及び本件特許の無効理由についての追加的な主張・立証が時機に後れたものであるとまではいうことができない。」

解　説

(1)　本判決の位置づけ

本件は，知財高裁初の大合議判決であったこと，また，国産のソフトウェアとして著名であった「一太郎」，「花子」を製造するメーカーが被告となり，原判決がこれら製品の差止めを認めたことなどからも注目された。

大合議は，非専用型間接侵害（多機能型間接侵害と呼ばれることが多いが，平成14年改正以前の「のみ型」間接侵害と区別するだけならば非専用型で十分であるので本稿では非専用型と呼ぶ。非専用型間接侵害は，それまでの専用型間接侵害では特許侵害以外の用途が少しでもあればこれに該当しない可能性があり，十分な特許保護がはかれないという問題に対応するために新設された。）の各要件及び特許法104条の3第2項の判断を示したが，そもそも，本件で非専用型間接侵害の成否が問題となった背景には，本件出願当時のプログラム関連発明が置かれた状況の特殊性がある。なお，Ｘ特許の構成要件の判断において，とりわけ「アイコン」の意味が結論を分ける重要な判断対象となっているが，この点については，すでに他の判例批評でも論じられているため，検討対象から除外する（たとえば，山神清和「ソフトウェア特許と間接侵害」知管56巻2号（2006年）199～200頁，愛知靖之「判批」Ｌ＆Ｔ31号（2006年）71頁注2，3参照）。

以下，①本件出願当時のプログラム関連発明が置かれた状況，②非専用型間接侵害の各要件の判断について，③104条の3第2項の判断について，④知財高裁初の大合議判決であったことの意味について検討する。

(2)　本件出願当時のプログラム関連発明が置かれた状況

本件では，Ｘ特許は，プログラム（情報処理方法）を収めた「装置」や情報処理「方法」であった。これは，本件のＸ特許の出願当時プログラム自体を対象とするクレーム記載方法が許されていなかったからである。このため，Ｘ特許の直接侵害は，Ｙのプログラムをユーザーがコンピュータ内にインストールすることが必要となり，本件のように，Ｙのプログラムの製造等がＸ特許の間接侵害に当たるかとい

374　第1部　判例評釈

う問題となった。

　平成9年にソフトウェアを収めた記録媒体を「物」として物の特許として認める記録媒体クレームが「特定技術分野の審査の運用指針」により認められ，平成14年特許法改正により，プログラム自体が特許対象となったことにより，現在では，本件のようにソフトウェア特許に関する間接侵害が問題とされる可能性は小さくなった（中山信弘『特許法〔第3版〕』（弘文堂，2016年）435〜436頁参照。なお，平成9年以前に出願された特許の侵害が問題となる場合は現在でも同様の問題は生じる。この点を指摘するものとして，美勢克彦「判批」判タ1215号（2006年）187頁参照）。本件は，X特許について，そのような背景を理解しつつ侵害判断を行う必要があったことについて注意が必要である。

　⑶　非専用型間接侵害の各要件の判断について

　⒜　不可欠要件について

　101条2号に該当するためには，被疑侵害物件が「特許発明による課題の解決に不可欠のもの」である必要がある。この点については，不可欠であるかどうかを，発明の特徴的部分を有するか又は本質的部分を具現しているかで判断する「本質的部分説」，被疑侵害物件から問題とされている機能を取り除くことができる場合は不可欠であるとする「差止適格説」，両者を相互補完的に捉える「重畳適用説」という考え方がある（吉田広志「多機能型間接侵害についての問題提起−最近の裁判例を題材に−」知的財産法政策学研究8号（2005年）147頁，164〜172頁参照）。

　本判決は，どのような説に沿ったから明示してはいないが，どの説によっても不可欠であることは肯定されるものと考えられる。

　⒝　汎用品要件（日本国内において広く一般に流通しているものを除く）について

　Y製品は，国内で広く一般に流通していたため，文言をそのまま読めば，これに該当するようにも考えられる（上山浩「判批」NBL820号7頁）。これに対して，立法担当者は，本要件を「『日本国内において広く一般に流通しているもの』には，例えば，ねじ，釘，電球，トランジスター等，日本国内において広く普及している一般的な製品が該当する。『広く一般に流通している』ということは，それが特注品ではなく，市場において一般に入手可能な状態にある規格品，普及品であるということであり，そのような物の生産・譲渡等まで間接侵害行為に含めることは取引の安定性の確保という観点から好ましくないため，新たに追加する間接侵害規定の対象外とした。」と説明する（特許庁総務部総務課改正審議室編『平成14年改正産業財産権法の解説』28頁）。

本判決は，上記立法担当者の見解と同様の解釈により，Y製品が101条の汎用品に該当しないとしたが，このような解釈は，「広く一般に流通しているもの」を「広く一般の用に供されるもの」と読み替えることに等しく，立法的な手当てが必要であるとの指摘もある（田村善之「多機能型間接侵害制度による本質的部分の保護の適否−均等論との整合性−」知的財産法政策学研究15号（2007年）212頁）。

(c) インストールと「その物の生産」

インストールという語が，日常的に使用される生産の語の意味には該当しないとするのが自然であろうが，本判決は，汎用情報処理装置であるパソコンは，プログラムがインストールされて初めて特定の機能を有する情報処理装置になるとの理解に基づき，101条の「生産」に該当するとした（茶園成樹「判批」ジュリ1316号18頁，山神・前掲196頁，愛知・前掲68頁，奥邨弘司「判批」特許判例百選〔第4版〕（別冊ジュリ209号）149頁参照）。

(d) 101条4号（現5号）該当性（「間接の間接侵害」否定論の採用）

本判決は，方法の発明に対する特許に関する間接侵害について，非専用型間接侵害とされる範囲が広くなるため，これを制限しようとの考えに基づき（中山・前掲433頁注7は，本件の判断をこのような価値判断から肯定する。），101条4号（現5号）該当性を否定した。

本判決の101条4号に対する判断（間接の間接侵害否定）については，その射程範囲が101条2号（判決文からは101条1号に及ぶことも否定はされていない。）にも及ぶのではないかとの危惧も生ずる（田村・前掲167頁，217頁）。これに対して，本判決の射程が限定されていると考える場合，本判決で101条4号の対象とされ特許が方法の発明に関するものであった点やX特許がプログラムに関する特許であった点に注目すべきとの指摘もある（田村善之『ライブ講義知的財産法』（弘文堂，2012年）309頁）。

しかしながら，判決文には，それら限定について明示されているわけではなく，今後の同種の事件において，本判決の射程範囲が特定されることになるものと思われる。なお，本判決のように間接侵害の間接侵害を否定しなくとも，本件でも論点となった汎用品要件を活用することにより，非専用品型間接侵害の射程を絞り，間接侵害の制度趣旨に資する解釈が可能であるとする考え方が示されており（田村・前掲218頁），要件の客観性等からは同説がより適切であると考える。

(e) 主観的要件

101条4号の主観的要件に対しては，103条の推定が及ばないため，主観的要件を

満たす行為の必要性も指摘されていたが，差止請求との関係では，事実審の口頭弁論終結時までに要件が具備されればよいと考えられており，通常問題になることはない（吉田・前掲162〜163頁，田村・前掲211頁参照）。なお，本判決は，訴状の送達によりこれを満たすことを示した。

(4) 104条の3第2項の判断について

Yが控訴審で提出した証拠に対して，Xは，104条の3第2項が規定する「これが審理を不当に遅延させることを目的として提出されたものと認められる」として，却下されるべきと主張した。同様に時機に後れた攻撃防御方法の提出を禁ずる民事訴訟法157条では，「当事者が故意又は重大な過失により時機に後れて提出した」となっているところ，104条の3第2項にはこの文言はない。特許侵害訴訟における無効理由の提出に対しては，より裁判所の裁量の余地を認める趣旨と考えられる。

本件では，原審の審理期間が短期間であり，Yが控訴審で提出した証拠が外国の文献で外国語によるものであった点等，原審で提出できなかった相当の理由が明白な事例であったため，適用の可否について結論が分かれるような事例ではなく，104条の3第2項の適用を否定したことに問題はなかった（ただし，上述のように，104条の3第2項は，民訴法157条と異なり，当事者の故意又は重過失を要件としていないため，原審からの事情に加え，これにより控訴審の審理が遅延しないことについて強調すべきだったともいえる。）。

(5) 知財高裁初の大合議判決であること

特許権等に関する訴訟について，5人の裁判官による審理及び裁判ができるとする大合議が，平成15年民事訴訟法改正（平成16年4月1日施行）により可能となった（民訴310条の2）。その後，平成17年4月に知財高裁が東京高裁の支部として設置されたが，本件は，この知財高裁の初めての大合議事件であった（判時1904号48〜49頁参照）。

このため，通常の知財高裁の判決に比較して注目を浴びることになったが，知財高裁大合議であっても，高等裁判所であって最高裁判所でないため，その判断について絶対的ということはなく，また，法解釈のみならず事実認定についても扱うため，本判決の射程範囲については慎重な検討が必要であることはいうまでもない（なお，本件では，2号侵害の対象であるXの物の発明に係る特許は有効性を否定されているため，同号に関する説示は傍論である。）。

■参考文献

本文中に掲げたもののほか，江幡奈歩「判批」ジュリ1475号（2015年）13頁，井上雅夫「判批」判評566号（2016年）197頁。

378 第1部 判例評釈

30 サポート要件の明確化と新たな課題
——偏光フィルム製造法事件

知財高裁大合議平成17年11月11日判決
〔平成17年（行ケ）10042号特許取消決定取消請求事件〕
〔判時1911号48頁〕

筑波大学大学院ビジネス科学研究科教授　平　嶋　竜　太

事実の概要

　原告は，「偏光フィルムの製造法」とする発明（以下，「本件発明」と呼称）について特許出願（平成5年10月21日）をして，設定登録（平成14年7月12日，特許3327423号，以下，「本件特許」とする。）されたところ，その後，特許異議の申立て（平成15年法改正前特許法の下での異議申立制度）がなされ，平成6年改正前特許法36条4項及び36条5項1号違反を根拠として本件特許を取り消すとの決定（以下，原決定と呼称）*[1]が平成16年11月26日に下された。そこで，原告が原決定の取消しを請求して出訴したものが本件事案である。本件発明は，ポリビニルアルコール系フィルムを素材として耐久性及び偏光性に優れた偏光フィルムを安定的に加工製造する方法に係るものであって，特許請求の範囲では，当該加工製造方法において使用する素材であるポリビニルアルコール系フィルムの特性として，熱水中での完溶温度（X）及び平衡膨潤度（Y）について，「$Y > -0.0667X + 6.73$，$X \geqq 65$」という2つの数式で特定される範囲のフィルムであることを特定していた。

　本件事案では，原決定の取消事由となった平成6年改正前特許法36条4項及び5項1号に規定される，発明の詳細な説明及び特許請求の範囲の記載要件について争われた。

　すなわち，本件事案の主な争点は，争点①請求項で特定された上述の2つの数式で規定される範囲に対して，発明の詳細な説明では，実施例2点，比較例2点の合計4点の実験データしか記載がなかったところ，平成6年改正前特許法36条4項の

実施可能要件及び36条５項１号のサポート要件を充足するのか否か，争点②サポート要件の充足判断に際して，原告が原決定に至る異議申立手続段階で提出した10点の実験データを記載した実験成績証明書の参酌によって明細書記載外で補足することが許されるのか否か，争点③原決定が結果において平成15年改訂特許庁特許・実用新案審査基準の遡及適用と同様の効果が生じることの妥当性，である。

<hr>

判　　旨

<hr>

　争点①については，実施可能要件につき判断を示すことなく，サポート要件の充足についてのみ判断を示した。まず，サポート要件充足の判断基準の一般論について，以下のように提示した。

　「特許法旧36条５項は，『第３項４号の特許請求の範囲の記載は，次の各号に適合するものでなければならない。』と規定し，その１号において，『特許を受けようとする発明が発明の詳細な説明に記載したものであること。』と規定している（なお，平成６年改正法により，同号は，同一文言のまま特許法36条６項１号として規定され，現在に至っている。以下『明細書のサポート要件』ともいう。）。

　特許制度は，発明を公開させることを前提に，当該発明に特許を付与して，一定期間その発明を業として独占的，排他的に実施することを保障し，もって，発明を奨励し，産業の発達に寄与することを趣旨とするものである。そして，ある発明について特許を受けようとする者が願書に添付すべき明細書は，本来，当該発明の技術内容を一般に開示するとともに，特許権として成立した後にその効力の及ぶ範囲（特許発明の技術的範囲）を明らかにするという役割を有するものであるから，特許請求の範囲に発明として記載して特許を受けるためには，明細書の発明の詳細な説明に，当該発明の課題が解決できることを当業者において認識できるように記載しなければならないというべきである。特許法旧36条５項１号の規定する明細書のサポート要件が，特許請求の範囲の記載を上記規定のように限定したのは，発明の詳細な説明に記載していない発明を特許請求の範囲に記載すると，公開されていない発明について独占的，排他的な権利が発生することになり，一般公衆からその自由利用の利益を奪い，ひいては産業の発達を阻害するおそれを生じ，上記の特許制度の趣旨に反することになるからである。

　そして，特許請求の範囲の記載が，明細書のサポート要件に適合するか否かは，特許請求の範囲の記載と発明の詳細な説明の記載とを対比し，特許請求の範囲に記載された発明が，発明の詳細な説明に記載された発明で，発明の詳細な説明の記載

380 第1部 判例評釈

により当業者が当該発明の課題を解決できると認識できる範囲のものであるか否か，また，その記載や示唆がなくとも当業者が出願時の技術常識に照らし当該発明の課題を解決できると認識できる範囲のものであるか否かを検討して判断すべきものであり，明細書のサポート要件の存在は，特許出願人（特許拒絶査定不服審判請求を不成立とした審決の取消訴訟の原告）又は特許権者（平成15年法律第47号附則2条9項に基づく特許取消決定取消訴訟又は特許無効審判請求を認容した審決の取消訴訟の原告，特許無効審判請求を不成立とした審決の取消訴訟の被告）が証明責任を負うと解するのが相当である。」

これを踏まえて，本件発明の特許請求の範囲にみられる記載上の特徴を有するものについて「パラメータ発明」として，「特性値を表す二つの技術的な変数（パラメータ）を用いた一定の数式により示される範囲をもって特定した物を構成要件とする」との定義付けを行った上で，パラメータ発明のサポート要件充足についての判断基準を以下のように示した。

「……このような発明において，特許請求の範囲の記載が，明細書のサポート要件に適合するためには，発明の詳細な説明は，その数式が示す範囲と得られる効果（性能）との関係の技術的な意味が，特許出願時において，具体例の開示がなくとも当業者に理解できる程度に記載するか，又は，特許出願時の技術常識を参酌して，当該数式が示す範囲内であれば，所望の効果（性能）が得られると当業者において認識できる程度に，具体例を開示して記載することを要するものと解するのが相当である。」

そして，本件発明の場合，詳細な説明において4つの具体例しか記載がなく，サポート要件充足の判断基準に照らしても適合しているとはいえないと判断した。

争点②については，「特許出願後に実験データを提出して発明の詳細な説明の記載内容を記載外で補足することによって，その内容を特許請求の範囲に記載された発明の範囲まで拡張ないし一般化し，明細書のサポート要件に適合させることは，発明の公開を前提に特許を付与するという特許制度の趣旨に反し許されないというべきである。」として，本件事案については，異議申立手続の段階で提出された実験成績証明書を発明の詳細な説明の記載内容を記載外で補足するものとして参酌することは許されないと判断した。

争点③については，サポート要件充足の問題は，あくまで特許法の規定の趣旨から解釈されることを確認した上で，特許庁審査基準の法的性質につき検討し，本件判決での解釈内容が審査基準上具体的に定められていたか否かは影響しないこと，

あるいは，特許法解釈の結論として本件特許出願後の改定審査基準の遡及適用と同様の結果が生じても違法の問題は生じないと判断した。

以上より，本件特許は平成6年改正前特許法36条5項1号違反するとして取り消した原取消決定を支持した。

解　説

(1)　特許法における発明の開示要件——本件判決以前の状況

現行特許法（以下，「法」とする。）は，法1条の目的規定でも明確にされているように，発明の法的保護を付与するとともに発明の利用を通じた産業発展を目指しているのであって，法による保護を付与した発明について積極的に社会へ開示され，幅広い利用や更なる応用がなされるための制度的手当てを整えることが期待されているといえる。このような役割を法的に担う主要な柱の一つが，特許出願書類の公示を活用した発明の開示要件といえる。具体的な法条としては，法36条4項1号を根拠とする実施可能要件と法36条6項1号を根拠とする法36条の各規定が対応している。

法36条自体は，現行特許法の基礎たる昭和34年法以降昭和60年法改正までは基本的な変化はなく，実施可能要件については，平成6年法改正で現行規定に改正された[2]。しかしながら，この改正の趣旨は，実施可能要件についての本質的な考え方自体に変更を加える趣旨ではなかったものとされる[3]。他方，特許請求の範囲に係る記載要件（サポート要件）については，昭和34年法以来昭和62年法改正に至るまで，「特許請求の範囲には，発明の詳細な説明に記載した発明の構成に欠くことができない事項のみを記載しなければならない。」[4]とされ，特許請求の範囲の記載内容としては発明の詳細な説明に記載された発明構成に不可欠なものとすべきことは要請されていたものの，条文構造上，独立した法的要件として理解することは容易とはいい難い構造であった。昭和62年法改正で現行法36条6項1号と同じ，「特許を受けようとする発明が発明の詳細な説明に記載したものであること」とする規定（及び委任省令要件）に改められた。なお，この改正は，従来法の規定をわかりやすくするために独立規定とする趣旨であったとされる[5]。

さらに，上記昭和62年法改正以前条文の「発明の構成に欠くことができない事項のみを記載」という要件については，技術の実装態様の変化（立法者は「ソフト化」なる用語を用いている。）の流れが強まる中での出願人の任意の選択による自由度の高い特許請求の範囲の記載への要請の高まりを受けて，平成6年法改正で，「特許

出願人が特許を受けようとする発明を特定するために必要と認める事項のすべてを記載しなければならない。」（現行法36条5項）となった。この改正を機に，いわゆる機能的クレームや数値限定クレーム，さらにはパラメータクレームといった多様な表現形式を有する特許請求の範囲を有する特許が増加するに至った[6]。

特許庁審査基準では，特許発明の開示要件について，従来，実施可能要件を中心とするものとして捉えられてきたと考えられ，平成5年公表の特許庁審査基準では現行法36条6項1号に対応する規定の要件充足については，特許請求の範囲の記載事項が発明の詳細な説明において形式的に記載されていることをもって足りるとする考え方がとられていたとされる[7]。その後，平成14年の産業構造審議会知的財産政策部会特許小委員会の「中間取りまとめ」が，「特許請求の範囲」の記載要件の見直しによる「裏付け要件」すなわちサポート要件の明確化を提言[8]して，これを受けた平成15年10月の改訂「明細書及び特許請求の範囲の記載要件」の審査基準[9]では，特許請求の範囲における記載要件判断について，従前のように発明の詳細な説明との間の表現上の対応関係を評価対象とする手法から，具体的な記載内容における対応関係も評価対象とする手法へと改められた。

発明の開示要件に係る従前の裁判例としては，実施可能要件を中心とした事例が多く，併せて特許請求の範囲の記載要件につき判断を示した事例[10]がみられるほか，一部には特許請求の範囲の記載要件の充足に限って判断した事例[11]もあった。このため，特許請求の範囲の記載が充たすべき要件の内容として，特許請求の範囲は発明の詳細な説明の記述範囲内で記載すべきことについては，かねてから認識されていたと考えられるものの，特許請求の範囲に係る記載についても，実施可能要件と明確に峻別して，独自の要件を充たすべきものという認識は本件判決以前には一般的には希薄な状況にあったと考えられる。

(2) 本件判決が提示した判断基準と意義

本件判決の争点①に対して判示された判断基準とその意義については，次のように2つに分けて理解する必要がある。

第一に，サポート要件充足判断に係る一般的判断基準の明確化がある。すなわち，特許請求の範囲の記載と発明の詳細な説明の記載を対比した上で，「特許請求の範囲に記載された発明が，発明の詳細な説明に記載された発明で，発明の詳細な説明の記載により当業者が当該発明の課題を解決できると認識できる範囲のものであるか否か，また，その記載や示唆がなくとも当業者が出願時の技術常識に照らし当該発明の課題を解決できると認識できる範囲のものであるか否か」というもので

ある。

　これについては，「特許請求の範囲への記載発明が発明の詳細な説明に記載されていることという対応関係」（以下，「記載の対応関係」とする。）及び「発明の詳細な説明の記載を基にした，特許請求の範囲への記載発明の（当業者による）課題解決可能性の有無」（以下，「記載を基にした課題解決可能性」とする。）についての評価から構成される判断基準*12，又は，「記載の対応関係」及び「（発明の詳細な説明に課題解決可能性に係る記載や示唆がない場合に）当業者の出願時技術常識を基にした特許請求の範囲への記載発明の（当業者による）課題解決可能性の有無」（以下，「当業者技術常識を基にした課題解決可能性」とする。）についての評価から構成される判断基準*13という２つの判断基準から構成されているものと理解することができる。

　このうち，「記載の対応関係」という部分については，平成５年の特許庁審査基準にいう「形式的な記載」に係る関係に相当する部分と解することができる一方で，発明の詳細な説明の記載あるいは当業者の出願時技術常識を基にするという前提の下で，「特許請求の範囲への記載発明の課題解決可能性」を充たすことがサポート要件の充足上要求されることを裁判例として初めて明確にしているものであって，この点が本件判決の最大の特徴といえる。

　そして，この判断基準については，本件事案において問題となった「パラメータ発明」に限定する趣旨は何ら示されていないことからも，特定な類型の発明に限定されることなく，特許発明一般に適用され得る判断基準としての射程を有するものと解されるべきものであって，本件判決では，併せてサポート要件充足の立証責任についても特許出願人及び特許権者にあることを明確に提示している。

　第二に，「パラメータ発明」という特殊な記載形式を有する特許請求の範囲の場合におけるサポート要件充足の判断基準がある。すなわち，「発明の詳細な説明は，その数式が示す範囲と得られる効果（性能）との関係の技術的な意味が，特許出願時において，具体例の開示がなくとも当業者に理解できる程度に記載するか，又は，特許出願時の技術常識を参酌して，当該数式が示す範囲内であれば，所望の効果（性能）が得られると当業者において認識できる程度に，具体例を開示して記載することを要する」というものである。

　これについては，先のサポート要件充足判断に係る一般的判断基準を「パラメータ発明」固有の特許請求の範囲の記載形式に適合させた，いわゆるローカライズド・ルールであると理解することができるであろう。つまり，「パラメータ発明」の場合には，一般的判断基準における「記載の対応関係」については，特許請求の

384 第1部　判例評釈

範囲への記載発明がパラメータによる数式で画された無限の点から成る面たる領域で構成されている以上，そのままでは一般的判断基準の下で当該要件を充足する記載をすること自体がそもそも著しく困難あるいは不可能な場合もあり得ることから，一般的判断基準における「特許請求の範囲への記載発明の課題解決可能性」*14 を充たす記載に対応するものとして，発明の詳細な説明の記載内容としては，「（特許請求の範囲へ記載された）数式が示す範囲と所望の効果（性能）との関係の技術的な意味について具体例を要さずに（当業者による）理解可能な記載」あるいは「数式が示す範囲内で所望の効果（性能）が得られることが，特許出願時技術常識を参酌して（当業者による）認識可能な程度に具体例を開示した記載」となっていることを要求する形へと書き下されているものと考えられる。

　ここで，発明の詳細な説明における記載として具体例の記載がある場合とない場合をかき分けているが，これは，本件判決の一般的判断基準において，「記載を基にした課題解決可能性」と「（記載がなく）当業者技術常識を基にした課題解決可能性」にかき分けている発想と軌を一にするものといえる。もっとも，具体例の記載がない場合には認識可能ではなく理解可能という用語をあえて用いていることから，明細書における記載内容としては，当業者がより深い認識を獲得し得る記載水準となっていることが要求されているものと解されるところに留意すべきである。

　このように一般的判断基準をローカライズしているにすぎないという意味では，これらの判断基準については，前提となっている「パラメータ発明」という特殊なクレーム記載形式を有する特許発明にその適用範囲があくまで限定される射程を有するものとして理解することが原則であると考えられる。もっとも，このようなローカライズがなされる根拠である「パラメータ発明」のクレーム記載形式における固有の特徴，すなわち，一般的判断基準における「記載の対応関係」を充足する形で特許請求の範囲を記載することが本質的に著しく困難又は不可能な場合があり得るという特徴と同質な特徴を有するクレーム記載形式*15 をもつ発明類型についても，拡張的に適用することが背理ではない場合もあり得ると考えられる。

　ただし，注意すべきは，「パラメータ発明」に限って，サポート要件充足の判断基準のハードルを一般的判断基準と比べて，これを緩和した趣旨のものとして理解すべきものではなく，あくまで，クレーム記載形式の特徴に鑑みて適合化，いわばアレンジが施された判断基準にすぎないものと捉えることが適切であろう。

(3)　本件判決の位置付け

　本件判決は，審決取消訴訟系事件としては，知財高裁大合議部による初めての判

決である。

とりわけ，上記(1)で概観したような背景状況の下で，特許請求の範囲に係る記載要件たるサポート要件について，従前は明確とはいい難かった実施可能要件との峻別を行って，その役割機能を明確にしつつ，一般性をもった具体的判断基準を提示した[16]とともに，発明の開示要件充足が端的に問題となり得る特許請求の範囲の記載形式を有する発明類型の1つであるパラメータ発明を前提に，サポート要件の個別的な判断基準（ローカライズされた判断基準）についても提示して，あてはめた判断を提示したという点で，特許法に係る裁判例としては実務上かつ理論上も極めて重要な事例の1つに位置付けられるものである。

本件判決を嚆矢として，特許の有効性について争われる局面において，サポート要件の充足が争点となって，裁判例としても判断を示される事例が急に増加するに至った[17]。すなわち，拒絶査定不服審決及び無効審決についての取消訴訟のみならず，特許法104条の3の侵害訴訟における無効主張においても，サポート要件違反を理由として権利行使を否定した事例[18]もみられる。

その他にも，異議申立手続において新たに提出された実験データの参酌をサポート要件の充足判断に際して補足し得るのか否かという，従前の裁判例では明確に示されてこなかった事項についても積極的な判断を示し，今後の議論への示唆を与えているものといえる。

(4)　本件判決以後のサポート要件を巡る議論状況

(a)　サポート要件と実施可能要件の関係性

上記(1)でも概観したように，本件判決以前は，発明の開示要件としてのサポート要件の存在は実質的には実施可能要件に埋没しており，基本的には，実施可能要件の充足をもって判断されてきたことから，サポート要件と実施可能要件は本来的に近接した法的要件であることは否めない[19]。そこで，一応のところ，サポート要件と実施可能要件の関係性をどのように理解するのかという問題が生じ得る。また，実務的にも両要件を相互にどのように取り扱うべきであるのかという課題として認識され得ることになる。

この問題が顕在化する大きな契機となったのは，フリバンセリン事件知財高裁判決[20]（以下，「フリバンセリン判決」とする。）である。同判決は，医薬用途発明に係る特許発明についての特許出願の拒絶査定不服審判において，医薬用途発明のサポート要件充足については，発明の詳細な説明において，薬理データ又はそれと同視すべき程度の記載がされることにより，その用途の有用性が裏付けられていること

386 第1部 判例評釈

が必要であるにもかかわらず，そのような記載がないことから，サポート要件を充足しないと判断した審決に対する取消訴訟についてのものであって，サポート要件充足判断に際して，常に「薬理データ又はそれと同視すべき程度の記載がないこと」が必要であるとの前提に立ってサポート要件を充足しないとした原審決の判断には理由不備の違法があるとして，原審決を取り消す判断を示したものである。

　この判決を受けて，学説では，サポート要件と実施可能要件の関係性を巡る考え方として，表裏一体説と分離説の対立構図が顕になったものとして捉えるものが現れ，同判決をもって分離説の立場と位置付けた上で，表裏一体説をとったとする本件判決と大きく考え方を異にするものとして，同判決を批判的に捉えるもの[21]，また，表裏一体説の立場を前提としつつ，サポート要件と実施可能要件を本質的に同じ要件と理解して適用することを提案する立場[22]もみられる。実務においても，この問題が相応の関心をもたらす状況にまで至った[23]ともいえる。

　しかしながら，これらの一連の議論自体が依拠する多くの部分は，フリバンセリン判決の読み方自体と本件判決との関係性の捉え方についての誤解に基因するものといわざるを得ないのであって，サポート要件と実施可能要件の一体化を立法論の問題として捉えるのであれば格別，少なくとも現行法の解釈論の問題としてみる限りは，残念ながら，学説によって招来されたほとんど無益な混乱と評価せざるを得ない。以下，そのように断じざるを得ない根拠を簡単に列挙・検討しておく。

　まず，フリバンセリン判決におけるサポート要件の判断に関する一般的な考え方については，「法36条6項1号の規定の解釈に当たっては，<u>特許請求の範囲の記載が，発明の詳細な説明の記載の範囲と対比して，前者の範囲が後者の範囲を超えているか否かを必要かつ合目的的な解釈手法によって判断すれば足り</u>，例えば，特許請求の範囲が特異な形式で記載されているため，法36条6項1号の判断の前提として，『発明の詳細な説明』を上記のような手法により解釈しない限り，特許制度の趣旨に著しく反するなど特段の事情のある場合はさておき，そのような事情がない限りは，同条4項1号の要件適合性を判断するのと全く同様の手法によって解釈，判断することは許されないというべきである。」（下線部著者）としているにとどまり，サポート要件の判断基準については，その趣旨に沿って合目的的な解釈手法であることのみを要求しているにすぎない。ただ，実施可能要件と全く同様の判断手法をとることは特段の事情以外は許されないという留保は明確に付していると解される。さらに，フリバンセリン判決の前提となっている審決に関する検討という文脈で，「要するに，特許明細書の『発明の詳細な説明』には，フリバンセリン類の

性欲障害治療用薬剤としての『有用性を裏付ける薬理データ又はそれと同視すべき程度』の記載がされていないことのみを理由として，法36条6項1号所定の要件を満たしていないとするものである。しかし，『発明の詳細な説明』に『有用性を裏付ける薬理データ又はそれと同視すべき程度』の記載がされていない限り，法36条6項1号所定の要件を満たさないことを肯定するに足りる論拠は述べられていないというべきである。」とする。そして，実施可能要件充足の文脈で薬理データ又はそれと同視すべき程度の記載をすることについては肯定的な見解を提示した上で，「しかし，審決が，法36条6項1号の要件充足性との関係で，『発明の詳細な説明において，薬理データ又はそれと同視すべき程度の記載をすることにより，その用途の有用性が裏付けられている必要があ（る）』と述べている部分は，特段の事情のない限り，薬理データ又はそれと同視すべき程度の記載をすることが，必要不可欠な条件（要件）ということはできない。法36条6項1号は，前記のとおり，『特許請求の範囲』と『発明の詳細な説明』とを対比して，『特許請求の範囲』の記載が『発明の詳細な説明』に記載された技術的事項の範囲を超えるような広範な範囲にまで独占権を付与することを防止する趣旨で設けられた規定である。そうすると，『発明の詳細な説明』の記載内容に関する解釈の手法は，同規定の趣旨に照らして，『特許請求の範囲』が『発明の詳細な説明』に記載された技術的事項の範囲のものであるか否かを判断するのに，必要かつ合目的的な解釈手法によるべきであって，特段の事情のない限りは，『発明の詳細な説明』において実施例等で記載・開示された技術的事項を形式的に理解することで足りるというべきである。」（下線部著者）との判断を示している。

　この点，いわゆる分離説を批判する学説としては，フリバンセリン判決はサポート要件充足の判断基準については形式的判断をもって足りるとしたという理解[24]を前提として，本件判決の判断基準とは真逆の立場を示しているという論を展開した上で，サポート要件自体が空虚な要件に帰するという懸念さえ示す立場[25]もある。しかしながら，おそらく上記学説が根拠としているものと推察される，フリバンセリン判決の「『発明の詳細な説明』において実施例等で記載・開示された技術的事項を形式的に理解することで足りる」という下線部でも示した判示部分とは，サポート要件充足判断の前提として，発明の詳細な説明の記載内容をどのように解釈するのかという意味での「解釈手法」として，発明の詳細な説明の記載事項について（薬理データにまで踏み込むまでもなく）形式的に技術的事項を理解すれば足りるということを述べているにすぎないのであって，サポート要件充足評価自体の問

388 第1部 判例評釈

題として形式的な評価をもって足りるなどということについては全く言及していないのである。このような論を展開する学説は，フリバンセリン判決のいう「形式的」なる文言をまさに形式的に理解して，その述べている真意を理解しない上での批判を述べているにすぎないといわざるを得ない。

　実際に，フリバンセリン判決では，具体的な事案へのあてはめ判断に際しても，本件判決の一般的判断基準を引用してはいないものの，発明の詳細な説明の記載内容を具体的に検討して，特許請求の範囲の記載と比較の上でサポート要件の充足について判断を行っているのであって，その検討内容は，本件判決の一般的判断基準における「記載の対応関係」の充足[26]以上に踏み込んでいるものと理解することができる。ただし，当該明細書については，「発明の詳細な説明に記載された技術的事項が確かであること等の論証過程に解する具体的な記載を欠く」ということについては判決も認めているところであって，それは実施可能要件充足によって担保されるべき事柄にすぎず，サポート要件充足判断の文脈で判断されるべき問題ではないことは認識している。

　このように，フリバンセリン判決は，サポート要件に関する判決ではあるものの，その判断の前提としての発明の詳細な説明の記載内容の解釈・把握手法についての考え方として，実施可能要件充足判断の場合と同一の手法をとることについて否定的な考え方を提示しているものではあるが，サポート要件充足判断基準そのものについてみれば，本件判決の一般的判断基準を否定する考え方を何ら示しているものと理解することはできないといえる。

　その意味で，フリバンセリン判決をもって表裏一体説と分離説なる対立構造が裁判例において生じているとか，本件判決の射程をフリバンセリン判決が制約を課している[27]，さらには問題点が多い[28]，などという認識自体が不十分な判例理解に端を発するといわざるを得ないのであって，このような見解に自体に合理的な根拠を見いだすことは困難といわざるを得ないのである。

　そもそものところ，フリバンセリン判決では，サポート要件と実施可能要件を別個の要件であることを明確に認識しているが，これは条文構造から極めて率直かつ合理的に導出することのできる解釈であって，このような解釈をもって分離説などとして殊更特徴付けるためには，逆に，条文上別個に規定されている要件をあえて一体化して解釈することの合理的根拠や明確な必要性の提示こそが必要とされるものといえるであろう。両要件がいずれも発明の公衆への開示に関する要件であるなどといったという大括りの表裏一体性だけを根拠とするだけでは，一体化して解釈

するということの説得性をもち得るとは到底考えにくい。いうまでもないことであるが，サポート要件とは特許請求の範囲についての記載に関する要件，実施可能要件とは発明の詳細な説明についての記載に関する要件として，それぞれ明確に条文上規定されているのである。出願書類における異なる領域における記載に関するルールを特許法が規定しているという本来の出発点に立ち返って解するべきである。

　以上，検討・批判の対象とした学説の他方で，上記で提示したような問題点を正確に認識して，サポート要件と実施可能要件が明確に異なる要件であること，それぞれが異なる役割機能を有していることを適切に理解しつつ[29]，判断プロセスにおいて極めて近似した検討過程を経る場合が生じ得ることを指摘する学説[30]もみられる。両要件は，それぞれ別個の要件であるとしても，判断過程においては実質的に極めて近似して，場合によっては重複するような現象が起こる[31]ことは，もちろん当然に考えられるのであって，そのような指摘は的確なものである。

　そのような理解を踏まえた上で，両要件における判断プロセスが近似するという現象に直面した際に，その判断基準や判断過程において，何らかの調整や連携をもたせるべきではないのかという発想が生じること自体についてはもちろん否定できないものであるし，さらには，立法論・制度論として両要件を統合する可能性の探求といった考え方が出てくること自体はある意味当然のことと考えられるだろう。

　もっとも，私見としては，特許請求の範囲と発明の詳細な説明はそれぞれにおいて「似て非なる」役割機能を果たしているものと考えることから，両要件に積極的な意味での調整や連携をもたせる必然性はそれほどないと考えるのであって，その観点からも，サポート要件と実施可能要件の関係性を探求するという問題自体には大きな意義を見いだせない。加えて，サポート要件が，本件判決を契機として，独立した要件として認識されるに至った背景としては，相応の実務上の必要性[32]が存在していたはずである。このようなことに鑑みると，サポート要件と実施可能要件の関係性を観念的に追及することの実益は乏しく，むしろ，それぞれの要件充足の判断基準の精緻化こそが実務上も理論上も重要性の高い作業であると考える。

　裁判例において，サポート要件充足の判断に際しては，基本的には本件判決の一般的判断基準を一貫して踏襲して判断している状況にあるといえる。学説にはフリバンセリン判決の判断基準をその後採用した判例がないことを指摘するもの[33]もあるが，これまで検討したように，そもそもフリバンセリン判決自体が本件判決と異なる判断基準をとった事例と位置付けられるとはいい難い[34]ものであることを考えれば，至極当然なことである。また，近時の裁判例でもサポート要件と実施可

能要件は明確に異なる要件であることを適切に確認しているもの*35がみられるのであって，フリバンセリン判決の誤解から生じた学説上の混乱が実務に波及していない点はせめてもの救いであるといえよう。

(b) **サポート要件充足と発明の詳細な説明の記載**

本件判決の一般的判断基準を前提として，多様な発明に係る裁判例が数多く現れている中で，サポート要件充足を巡る固有の問題として，具体的なあてはめによる判断結果が過度に厳格化し得る懸念が挙げられる。

そしてこのような事態が生じる要因の1つとしては，発明の詳細な説明から導出される「課題」の認定手法のブレが挙げられよう。本件判決におけるサポート要件充足とは，発明の詳細な説明の記載あるいは当業者の出願時技術常識を基にするという前提の下で，「特許請求の範囲への記載発明の課題解決可能性」であることから，サポート要件充足判断の前提として，まずは「課題」をどのように認定するのかという事項が基礎となるものといえる。しかしながら，本件判決では一般的判断基準で用いられている「課題」の具体的な認定手法についてまでは明示的に示されていない。このため，「課題」を特許請求の範囲記載の発明に対するものとしては過度に広汎なものとして捉えてしまうことによって，結果的には，発明の詳細な説明の記載の不備によるサポート要件非充足という誤った評価につながることが考えられる。

実際に，そのような懸念が提示されている裁判例*36もみられる。この判決では，本件判決の一般的判断基準を前提としてサポート要件の充足判断を行っているものであるが，「課題」の認定に際して，「当業者が，特許請求の範囲に記載された発明が，発明の詳細な説明の記載又は示唆あるいは出願時の技術常識に照らし，当該発明の課題を解決できると認識できるというためには，当業者が，いかなる場合において課題に直面するかを理解できることが前提となるというべきであるから」として，「課題」の認定に際して，当業者がいかなる場合に課題に直面するのかという観点をとりいれて，発明の詳細な説明の記載を尊重することなく，いわば課題の再設定を一方的に行った上で，それに対応する記載となっていないとしてサポート要件を充足しないと判断している。この点について，学説では，「課題」の認定手法について問題があることが適切に指摘されている*37。

本件判決の一般的判断基準の下でのサポート要件充足判断の前提となる「課題」については，あくまでも発明の詳細な説明に記載されている事項を基礎として認定されることを原則とすべきであって，それをいわば軸として，その課題の解決可能

性という観点から，特許請求の範囲への記載発明と発明の詳細な説明にある記載内容のバランスを評価してサポート要件充足につき判断されるべきものと考えられる。そのため，軸となるべき「課題」自体が，技術常識等の「外部情報」によって適宜修正されてしまう余地を安易に肯定するとすれば，出願書類作成後に予想できない事由によって，課題の「再設定」が任意になされることとなる。さらに，その「再設定後の課題」を基にサポート要件充足が判断されるとすれば，出願人あるいは特許権者としては極めて予測不可能な事態におかれ，適切ではないといえよう。このようなことから，「課題」については，もっとも予測可能性の高く，安定したものとして認定される必要性からも，発明の詳細な説明の記載を基礎としてなされることを原則とすべきものであろう。なお，近時の裁判例では，この点を適切に判示したもの[38]がみられる。

　もう一点として，近時の判例から注目される事項として，発明の詳細な説明に記載された内容（モデル試験や官能試験といった試験等も含めて）について，その記載内容を詳細に検討して，特許請求の範囲への記載発明全体との対応関係の評価が厳格になされる傾向が挙げられよう[39]。このような傾向が顕在化している裁判例は，必ずしも，あらゆる技術分野の特許発明に普遍性をもってみられるものではなく，成分等について数値限定やパラメータで特定した特許請求の範囲を有するものや，食品分野における発明のように課題や技術的効果の評価において数値による特定が困難であるものにおいてみられるようである。個々の判決の結論についての当否の問題は別として，以下のような事案が注目される。

　まず，「トマト含有飲料及びその製造方法」等に関する特許発明のサポート要件充足判断に際して，特許請求の範囲で特定されている糖度，糖酸比，グルタミン酸及びアスパラギン酸の含有量合計の数値範囲にあれば，当該特許発明の課題であるトマト含有飲料の食味改良を解決できたと当業者が理解できるに足りる記載が発明の詳細な説明になされていないとしてサポート要件充足を否定した事例[40]では，記載されていた風味評価試験の内容について，評価要素や試験方法等の具体的内容に踏み込んで検討した上で，判断を示している。

　また，「鋼の連続鋳造用モールドパウダー」に関する特許発明のサポート要件充足を判断した事案[41]では，発明の詳細な説明に記載されたモデル試験では，試験の詳細な条件等が不明であって，特許請求の範囲に記載された成分に関する数式を充たす発明についての課題解決可能性が明らかでないとして，サポート要件を充足しないと判断している。

392　第1部　判例評釈

　さらに，「黒ショウガ成分含有組成物」に関する特許発明のサポート要件を判断
した事案[42]では，特許請求の範囲には「黒ショウガ成分を含有する粒子を芯材と
して，その表面の一部又は全部を，ナタネ油あるいはパーム油を含むコート剤にて
被覆した」と記載されているところから，「黒ショウガ成分を含有する粒子」の表
面の僅かな部分を「油脂を含むコート剤」で被覆することも包含されているとされ
るにもかかわらず，コート剤による被覆の量や程度が不十分である場合には，本件
発明の課題を解決することが困難であろうとの当業者の予測を覆すに足りる十分な
記載が本件明細書になされているものとは認められないとしてサポート要件充足を
否定している。

　このような裁判例の判断傾向自体については，サポート要件のそもそもの趣旨で
ある，発明の開示範囲を超えた独占権の過度の拡大阻止という観点に適合したもの
であると理解することも可能であろう。ただし，その反面で，このような傾向を突
き詰めると，特許請求の範囲への記載発明については，発明の詳細な説明において
「水も漏らさぬほど完璧までに」課題解決の見通しが記載されていない限りは，お
よそサポート要件違反となって，有効な特許権は成り立たないという帰結となり得
るが，果たしてそれで妥当であるのか，という根本的な問題に行き当たるようにも
考えられる[43]のである。いわば，特許請求の範囲の記載に包含される特定の発明
態様について，発明の詳細な説明の記載を基にした課題解決可能性の評価としては
若干不足があるような具体的構成が偶発的に発見された場合には，技術常識等で補
充できない限りはすべからく当該特許発明全体が無効事由を有し得ることになるわ
けである。

　しかしながら，特許法の下では，権利行使の段階でクレーム解釈という作業を行
って権利範囲を画定することを本来的に肯定しており，ある意味では，特許請求の
範囲の記載には，権利付与後の解釈によって調整を行うという道具立てが用意され
ているともいえることから，サポート要件充足について過度に厳格な適用を行うこ
とは，本来的には法的保護に値する技術的価値を備えた発明であっても，特許書類
の記載要件という，ある意味で形式面の理由だけをもって適切な法的保護の付与を
否定するという，特許制度の根幹たる趣旨に悖る結果を招来し得る危険性を秘めて
いることにも十分に留意する必要があると考える。

　(5)　展望——サポート要件の解釈論を巡る課題

　以上，サポート要件について，その役割機能を明確にしつつ，一般性を有する具
体的判断基準を初めて提示した本件判決について検討を行い，その後の問題状況に

ついて簡単に考察を行ってきた。サポート要件の解釈論を巡る課題としては，本件判決で提示された一般的判断基準を基礎とするとしても，「課題」の認定方法の一般化，「解決可能性」で要求される水準の明確化，発明の詳細な説明の記載以外に許容され得る当業者技術常識の範囲の客観化，といった事項における一層の精緻化作業がまずは認識されよう。

　加えて，サポート要件の下で求められる，発明の詳細な説明の記載と特許請求の範囲の記載のバランスの評価という作業において，過度にミクロな瑕疵の発見だけをもって特許全体を無効とする帰結に結び付くとすることの妥当性といった，特許制度全体の意義に立ち返った大局的な考察も必要であると考えられる。

〔注〕

＊１　特許庁異議決定2003－70728号（特許情報プラットフォーム［https://www.j-platpat.inpit.go.jp/］より入手可能）。

＊２　具体的には，当業者が「容易に」実施できる程度に「発明の目的，構成及び効果を記載」という内容から，「容易に」が削除され，当業者が実施できる程度に「明確かつ十分に，記載」という内容となった。

＊３　特許庁編『工業所有権法逐条解説〔第16版〕』112～113頁。

＊４　昭和60年改正特許法36条４項，昭和50年改正前特許法36項５項。

＊５　吉藤幸朔〔熊谷健一補訂〕『特許法概説〔第13版〕』284頁。

＊６　機能的クレームについての文脈であるが，平成６年改正によっても，従前からクレームが有していた構成要件機能は受け継がれていたにもかかわらず，その趣旨に誤解が生じ，結果的に抽象度の高い機能的クレームが氾濫する問題が生じるに至ったとする指摘として，相田義明「抽象的・機能的な表現を含むクレームの諸問題」知管51巻12号1839～1849頁。

＊７　田村明照「特許クレームの社会的インパクトに関する一考察」特技懇205号25～32頁。

＊８　産業構造審議会知的財産政策部会特許小委員会「最適な特許審査に向けた特許制度の在り方について」中間取りまとめ（案）（同委員会第４回配布資料３），記載要件明確化についての検討資料として，同委員会第３回配布資料７も参照。

＊９　特許庁『平成15年10月改訂特許・実用新案審査基準』第Ｉ部第１章2.2.1，また，これに関する，特許庁「『明細書及び特許請求の範囲の記載要件』の審査基準改訂について」も参照。

＊10　例えば，東京高判平14・４・11（平９（行ケ）249号），東京高判平16・６・22（平13（行ケ）182号）等。

＊11　東京高判昭63・３・31（昭56（行ケ）314号），東京高判平15・12・17（平15（行ケ）68号），東京高判平15・12・26（平15（行ケ）104号）等。

＊12　平嶋竜太「特許出願における発明開示と実効的保護の調和」ジュリ1316号23～33頁では，この判断基準について，特許請求の範囲の記載と発明の詳細な説明に現に記載

されている内容との間の包含関係という意味合いから「形式的な包含関係」と認識して呼称していたが,「形式的」という文言が誤解をもたらし得るため,本稿ではこのような用語は避ける。

＊13　平嶋・前掲＊12では,この判断基準について,発明の詳細な説明には記載されていなくとも当業者技術常識を基に実質的な観点から特許請求の範囲の記載との間に包含関係が存するという意味合いから,「実質的な包含関係」と認識して呼称していたが,「実質的」という文言が誤解をもたらし得るため,本稿では,このような用語は避ける。なお,判決文上は,「記載の対応関係」に対応する「発明の詳細な説明に記載された発明で,」なる表現については,1回しか用いられていないが,そもそも特許請求の範囲に記載された発明が発明の詳細な説明に全く記載されていない,あるいは,それぞれに記載されている発明が全く別物であるとするならば,当業者技術常識による課題解決可能性について検討するまでもなく,サポート要件を充足することは期待できないのであるから,「記載の対応関係」については,いずれの判断基準の下でも共通して充たすことが必要とされているものと解される。

＊14　この場合は,「記載を基にした課題解決可能性」と「当業者技術常識を基にした課題解決可能性」を併せた意味である。

＊15　一定の機能という抽象的記載によって発明を特定する,「機能的クレーム」や物性や構造等で特定することが本質的に困難であるために製造方法による特定がやむを得ないとされる「プロダクト・バイ・プロセス・クレーム」のような場合も,そのような記載形式をとることが不可避的であるとすればパラメータ発明についての判断基準が妥当する余地もあり得るかもしれない。ただし,「機能的クレーム」や「プロダクト・バイ・プロセス・クレーム」だからといって類型的にパラメータ発明の判断基準がそのまま適用され得るものとして解するという姿勢はとるべきではないだろう。

＊16　平嶋・前掲＊12では,本件判決をもって,既存の規定について単なる解釈を示したものではなく,新たにサポート要件という要件を「創設的に」再生させたものと捉える方が実態に即していると指摘を行った。

＊17　本件判決後3年までのサポート要件に関する裁判例を分析したものとして,村上聡＝小原深美子「サポート要件の裁判例の現状と今後の課題」知管59巻5号499〜515頁。

＊18　例えば,近時の例として東京地判平30・4・20（平27（ワ）21684号等）。

＊19　後述する,いわゆる「表裏一体説」も,このように近接する要件であるという意味にとどまるだけであれば問題はないといえる。

＊20　知財高判平22・1・28（平21（行ケ）10033号）。

＊21　吉田広志「判批（フリバンセリン判決）」判評631号177〜187頁。

＊22　前田健『特許法における明細書による開示の役割－特許権の権利保護範囲決定の仕組みについての考察』（商事法務,2012年）296〜297頁（特に脚注7）。

＊23　設樂隆一「記載要件－実施可能要件とサポート要件との関係,併せてプロダクト・バイ・プロセス・クレームについて」パテ69巻2号100〜101頁でも,分離説,表裏説という対立的な構造が存することを前提とした議論をしている。

＊24　ここでいう形式的判断とは，特許請求の範囲が発明の詳細な説明の記載範囲内にお
　　　さまっているかについての形式的判断を意味しているものと考えられる。吉田・前掲
　　　＊21・35頁。
＊25　吉田・前掲＊21・35頁。また，前田・前掲＊22・86頁。
＊26　フリバンセリン判決が形式的判断をもって足りると理解する立場が意味するところ
　　　は，たとえば，特許請求の範囲の記載について，発明の詳細な説明へのコピペと述べ
　　　ている（吉田・前掲＊21・35頁）ことから，おそらく本稿でいう「記載の対応関係」
　　　の判断に相当するもので足りると理解していると解される。
＊27　高石秀樹「実施可能要件とサポート要件との関係」知管65巻 5 号698〜704頁。
＊28　前田・前掲＊22・86頁。同箇所が指摘する 2 つの矛盾の第一は，前掲＊25の考え方
　　　とほぼ同様で，明細書記載への形式的追加でサポート要件はいくらでも充足しうると
　　　いう指摘であるが，これは，前掲＊25に対する本文箇所以降でも説くように，そもそ
　　　もフリバンセリン判決の説示に対する認識不足からくるものと考えられる。第二に
　　　は，実施可能要件でも「公開の質」を評価しているにもかかわらず，サポート要件と
　　　の差異が明らかでないとするものと考えられるが，この点も，フリバンセリン判決で
　　　は，特許請求の範囲の記載との対比という文脈で広汎な独占権付与防止を図ることが
　　　サポート要件の趣旨であることを明確に述べているのであって，的確な批判には当た
　　　らないように考えられる。
＊29　末吉剛「実施可能要件とサポート要件とが別個の要件として存在する意義」知管63
　　　巻 3 号311〜322頁，木村耕太郎「サポート要件」ジュリ1443号70〜75頁，大野聖二
　　　「パラメータ特許事件」ジュリ1475号20〜25頁。
＊30　末吉・前掲＊29。
＊31　末吉・前掲＊29は，両要件の共通する領域を精緻に分析する。
＊32　眞寿田順啓「判批（本件判決）」判評571号32頁。また，相田・前掲＊ 6・1841〜
　　　1842頁等で挙げられている問題状況も参照。
＊33　高石・前掲＊27。
＊34　大野・前掲＊29。
＊35　知財高判平29・ 2・ 2（平28（行ケ）10001号）等。
＊36　知財高判平27・11・24（平27（行ケ）10026号）。
＊37　岩坪哲「特許請求の範囲がサポート要件に適合しないとした事例」知管66巻 9 号
　　　1185〜1195頁。
＊38　知財高判平30・ 5・24（平29（行ケ）10129号）。
＊39　以下に挙げた「トマト含有飲料及びその製造方法」に関する裁判例も含めて，この
　　　ような傾向にある裁判例の適切な分析を行っているものとして，東崎賢治＝羽鳥貴広
　　　「サポート要件についての一考察」NBL1130号48〜55頁。
＊40　知財高判平29・ 6・ 8（平28（行ケ）10147号）。
＊41　知財高判平29・10・26（平28（行ケ）10215号）。
＊42　知財高判平29・ 2・22（平27（行ケ）10231号）。
＊43　この点で，前田・前掲＊22・311〜317頁での検討，特に「重要な点については開示

要件を厳しく見る必要は高い一方で，重要でない部分についての開示要件の判断は緩やかでも許される可能性があるのではないか。」（同312頁）との問題認識については，方向性として賛同できるものと考える。また，発明の中心的作用効果との関連性の程度に応じて開示要件の厳格さに差異をつけるという発想（同316～317頁）も興味深い提案ではあるが，未だ漠としており，特許発明の中心的作用効果がいかにして画されるものであるのか，その関連性をどのような判断基準によって導出するのか，均等論における「本質的部分」とはどのように異なるものであるのか，といった点が明らかにされなくてはならないだろう。

31 先願主義と補正・訂正の制限
―― 「新規事項追加の禁止」の根拠と範囲

> 知財高裁大合議平成20年5月30日判決
> 〔平成18年（行ケ）第10563号審決取消請求事件〕
> 〔判時2009号47頁〔ソルダーレジスト〕〕

東京大学先端科学技術研究センター教授・信州大学経法学部教授

玉 井 克 哉

事実の概要

　Yの有する「感光性熱硬化性樹脂組成物及びソルダーレジストパターン形成方法」なる2件の特許（本件特許）に対し，Xが無効審判請求（本件無効審判請求）をしたところ，特許庁は無効審決を行った。Yはその取消しを求める訴えを提起するとともに訂正審判請求を行ったので，知財高裁は審決を取り消す決定を行い，再開された特許庁での審理において，Yが訂正請求を行ったとみなされた（当時の特134条の3第5項。本件訂正）。特許庁は，本件訂正を認めた上で，本件無効審判請求に対し，不成立の審決を行った。その取消しをXが求めたのが本件である。

　本件特許の当初の特許発明は，成分（A）から（D）の4つ，ないし（A）から（E）の5つの構成要件から成る化学物質を特許請求の範囲としていた。そして，Xの主張した無効理由のうち本件で主に問題となったのは，先願明細書の実施例として記載された感光性熱硬化性樹脂組成物（引用発明）がそれに該当する（特29条の2本文），というものであり，本件訂正は，引用発明の具体的な構成を指定し，「ただし，……を除く」とする，いわゆる「除くクレーム」であった。

判　　旨

　請求棄却（無効審判請求不成立審決を維持）。

　1．一　般　論

「『明細書又は図面に記載した事項』とは，技術的思想の高度の創作である発明について，特許権による独占を得る前提として，第三者に対して開示されるものであるから，ここでいう『事項』とは明細書又は図面によって開示された発明に関する技術的事項であることが前提となるところ，『明細書又は図面に記載した事項』とは，当業者によって，明細書又は図面のすべての記載を総合することにより導かれる技術的事項であり，補正が，このようにして導かれる技術的事項との関係において，新たな技術的事項を導入しないものであるときは，当該補正は，『明細書又は図面に記載した事項の範囲内において』するものということができる」。

2．「除くクレーム」の適法性

「特許が無効とされることを回避するために，無効審判の被請求人が，特許請求の範囲の記載について，『ただし，……を除く。』などの消極的表現（いわゆる『除くクレーム』）によって特許出願に係る発明のうち先願発明と同一である部分を除外する訂正を請求する場合がある」。

「このような場合，特許権者は，特許出願時において先願発明の存在を認識していないから，当該特許出願に係る明細書又は図面には先願発明についての具体的な記載が存在しないのが通常であるが，明細書又は図面に具体的に記載されていない事項を訂正事項とする訂正……も，明細書又は図面の記載によって開示された技術的事項に対し，新たな技術的事項を導入しないものであると認められる限り，『明細書又は図面に記載した事項の範囲内において』する訂正であるというべきである」。

3．本件へのあてはめ

本件訂正による訂正後の発明は，「引用発明の内容となっている特定の組合せを除いたすべての組合せに係る構成において，使用する希釈剤に難溶性で微粒状のエポキシ樹脂を熱硬化性成分として用いたことを最大の特徴とし，このようなエポキシ樹脂の粒子を感光性プレポリマーが包み込む状態となるため，感光性プレポリマーの溶解性を低下させず，エポキシ樹脂と硬化剤との反応性も低いので現像性を低下させず，露光部も現像液に侵されにくくなるとともに組成物の保存寿命も長くなるという効果を奏するものと認められ，引用発明の内容となっている特定の組合せを除外することによって，本件明細書に記載された本件訂正前の各発明に関する技術的事項に何らかの変更を生じさせているものとはいえないから，本件各訂正が本件明細書に開示された技術的事項に新たな技術的事項を付加したものでないことは明らかであ」る。

解　説

(1) 本判決の意義

補正や訂正については，明細書等に「記載した事項の範囲内」においてしなければならないとの制限が課されている。「新規事項追加の禁止」などと呼ばれる。本判決は，そのためには「当業者によって，明細書又は図面のすべての記載を総合することにより導かれる技術的事項」との関係で「新たな技術的事項を導入しない」ことを要し，かつそれで足りるとの一般的な準則を定立した上で，いわゆる「除くクレーム」についての判断を行ったものである。具体的な事案は訂正（特126条5項・134条の2第9項）に関わるものであるが，判旨が明示するように，その射程は補正（特17条の2第3項）などにも及ぶ。本判決が定立した「新たな技術的事項」との基準はその後の知財高裁によって一貫して用いられ，判例としてよく機能しているだけでなく，その内容も高く評価すべきものである。特許手続法における重要な判例法を定立した点で，本判決は，知財高裁大合議判決として屈指の意義を有するものだといえる。

(2) 先願主義と新規事項追加の禁止

新規事項追加の禁止は，先願主義の基本的な要請だと考えられる。先願主義とは，独立して複数の者が同一の発明を完成させた場合に出願の先後によって権利者を定めることだと説明されるが（特39条1項。高林龍『標準特許法〔第7版〕』(2017年) 63頁参照)，その1つの意味は，出願人が保護を求める対象たる「発明」が専ら願書の記載によって定まり，それ以外の資料は参照されないことである（本稿では添付文書を含む意味で「願書」の術語を用いる)。先発明主義の下であれば，特許出願手続外の資料，たとえば論文や研究ノートによって発明の内容を認定することができる。しかし，先願主義の下では，願書を離れて「発明」というものはそもそも存在しえないのであり，外在的な資料によって発明を認定することは許されない。願書の記載事項こそが，発明の認定にとってアルファであり，オメガである。その内容を実質的に変更することは，保護対象となるべき「発明」そのものを変更することであるから，許容すべきではない。

ところで，このように先願主義にとって決定的な「発明」が願書の中の何を意味するかについては，2つの考え方がありうる。現行特許法制定当初は，「発明」は特許請求の範囲（以下，本稿では「特許請求範囲」という。）によって決まると考えられていた（特39条1項にいう「発明」の異同は，特許請求範囲によって定まる。高林・前

400 第1部 判例評釈

掲書62〜63頁）。しかし，1970（昭和45）年改正によって拡大先願制度が導入されて以降は，制度上，明細書と図面に記載されたものが先願主義の対象となる「発明」だというべきである（前田・後掲書284〜286頁参照。以下本稿では，明細書と図面を併せて単に「明細書」と呼ぶ。）。明細書は，創作された発明を，出願人が当業者に向けて説明する文書である。今日では，それこそが後願を排除し，最先の出願人を確定する。かつその範囲は，出願時に固定される（特29条の2本文）。かくして，わが特許法は，明細書を基準とする先願主義を採用しているということができる。

　このような意味の先願主義の下では，特許請求範囲というのは，明細書によって公衆に開示した発明の中から，出願人が自ら選択した権利範囲を示すものにすぎない。そして，可能な限り早期に出願を行うことを慫慂される先願主義の下で，サポート要件（特36条6項1号）や明確性（同項2号）などの要件を完璧に充足した特許請求範囲をドラフトすることは，実際問題として難しい。また，いかに先行技術調査を入念に行っても，文献の見落としなどから新規性・進歩性への疑義が出願後に発見されることも避け難いし（特29条1項・2項），未だ出願公開されていない他の出願による先願・拡大先願については，同一人の出願による先願など例外的な場合を除き，出願人が予め知っていることを期待できない。そのように考えると，明細書に記載した内容から特許請求範囲を抽出するという準則を逸脱しない限り補正は自由であり，他に制限を設けるべきではないと考えられる。

　判旨が一般論として述べているのは，まさにこのような趣旨だというべきである。すなわち，明細書というのは文脈なしに単独で存在する文書ではなく，出願時の技術常識に照らして当業者が理解できるように発明を記載する文書である。したがって，「当業者によって，明細書又は図面のすべての記載を総合することにより導かれる技術的事項」が明細書に記載されているのであり，それとの対比で「新たな技術的事項」を導入しなければ，補正・訂正によって特許請求範囲を変更することができる。もっとも，判旨が前提としているのは平成14年改正前の法文であり，そこでは，特許請求範囲も明細書の一部とされていた（同改正については，特許庁総務部総務課制度改正審議室編『平成14年改正産業財産権法の解説』65〜68頁参照）。だが，上のような考え方からすれば，判旨は，特許請求範囲の補正・訂正について，まさに文言どおり妥当する。

　本判決後も，知財高裁は，「出願当初の特許請求の範囲に記載がないことだけから新規事項の追加に該当するとはいえない」とし（知財高判平24・10・10（平24（行ケ）10018号）〔アクティブマトリクス型表示装置〕。補正要件違反により特許無効とした

審決を取消し），また「明細書の実施例に図示されているか否かという形式的な観点から判断すべきではなく，当該明細書又は図面のすべての記載を総合することにより導かれる技術的事項との関係で，第三者に不測の損害を生じる可能性があると推測できるような，新たな技術的事項を導入したか否かを実質的に判断すべきである」と述べて，本判決の趣旨を敷衍している（知財高判平22・7・15（平22（行ケ）10019号）判時2092号128頁〔モールドモータ〕。下線は筆者）。本判決に関与した裁判官からも，従前の裁判例の詳細な分析や比較法的な調査に立脚して，「出願当初において開示がないと信じる第三者が後に不測の不利益を被る可能性」があることが先願主義に悖るものだとし，それを排するのが新規事項追加の禁止の役割だとする見解があるが（杜下・後掲(3)42頁），まさに正鵠を得たものというべきである。

(3)　法改正・裁判例・審査実務の流れと本判決

(a)　旧法下の裁判例との関係

　新規事項追加に関する「明細書に記載した事項の範囲内」という文言は，平成5年改正特許法で導入された。それまでは，明細書の「要旨変更」を伴う補正について出願基準時が補正時に繰り下がるとされていた（改正の経緯などにつき，杜下・後掲(1)50～53頁以下参照）。しかし，改正の前後を通じて東京高裁・知財高裁の判断手法は一貫しており，大きな変化はなかったとされている（杜下・後掲(2)29頁以下，同(3)42頁参照）。また，本判決後の裁判例は，「明細書又は図面のすべての記載を総合することにより導かれる技術的事項」であれば新規事項ではないとする基準を，旧法下の事案にも適用している（知財高判平21・12・25（平20（行ケ）10131号）〔蛇腹管用接続装置〕，東京地判平25・4・19（平20（ワ）38602号），その控訴審知財高判平26・1・29（平25（ネ）10055号）〔無線アクセス通信システム〕，知財高判平28・3・10（平27（行ケ）10015号）〔窒化ガリウム系化合物半導体チップの製造方法〕）。

(b)　審査基準との関係

　これに対し，審査実務には変化が見られた。まず，平成5年改正に際して特許庁が定めた運用指針は，新規事項追加とならないのは「当業者が直接的かつ一義的に導き出せる事項」のみであるとし，それはのちに審査基準に取り入れられた。しかし，「直接的かつ一義的」というのが，明細書に記載した文言そのままであるか，あるいはそれに等しいといえる程度に明確に記載されたものでなければならないとすると，後述するような本判決以降の裁判例の多くとは齟齬する結果となる。当時もこの基準は厳格にすぎるとの批判がなされ，それを受けて，特許庁は，平成15年の審査基準改訂によって「当初明細書等の記載から自明な事項」も許容される，と

の基準によることとした（以上につき，田村明照・後掲397～400頁，杜下・後掲(3)36～37頁，吉田・後掲論文(1)54～55頁参照）。

　この平成15年改正後の審査基準について，本判決は，「例えば，特許請求の範囲の減縮を目的として，特許請求の範囲に限定を付加する訂正を行う場合において，付加される訂正事項が当該明細書又は図面に明示的に記載されている場合や，その記載から自明である事項である場合には，そのような訂正は，特段の事情のない限り，新たな技術的事項を導入しないものであると認められ，『明細書又は図面に記載された範囲内において』するものであるということができるのであり，実務上このような判断手法が妥当する事例が多い」と述べて（下線は筆者），実務的な意義を是認した。だが，この下線部分にも表れているように，本判決は，大量処理の必要な審査の実務においてこの基準によらざるを得ないことを認めてはいても，この基準が普遍的に妥当するとはしていない。

　この相違が端的に現れるのが，本件のような「除くクレーム」である。すなわち，拡大先願を避けるため出願人が一定範囲を特許請求範囲から除外する補正を行った場合，他人の先願の記載を出願人が知る由などないから，その除外が明細書に明示的に記載されていることはもとより，そこから自明だということも期待できない。審査基準の原則からは，許容できないことになる。だが，実務上の必要が高いことが意識されたのであろう，審査基準では，先行技術との一致を避けるため，それと重複部分のみを除くことを「例外的に」許容する，としていた。しかし，そうした理論的な一貫性の欠如を許さず，知財高裁は，「新たな技術的事項」との一般的基準を導入したわけである（相田・後掲102頁参照）。

　かくして，本判決によって何よりもまず審査基準が対応を迫られたのは，この「例外的」だとする点であった。「除く」という補正が消極的記載になっているかどうかで取扱いを変える根拠がないことは本判決の説示するところであり，その後の知財高裁判決もそれを指摘した（知財高判平21・3・31（平20（行ケ）10065号・10358号）〔経口投与用吸着剤〕）。そこで，特許庁は，本判決が上告・上告受理申立ての取下げにより確定し，知財高裁の他の判決によって本判決の基準が判例として定着するのを待って審査基準を変更し，「明細書又は図面のすべての記載を総合することにより導かれる技術的事項」を一般的な定義として加えるとともに，「例外的に」との部分を削除した（産業構造審議会知的財産政策部会特許制度小委員会第4回審査基準専門委員会第（平成22年1月28日）議事録，特許庁『『明細書，特許請求の範囲又は図面の補正（新規事項）』の審査基準の改訂について」（平成22年6月1日）参照）。

(c) 本判決の準則と平成22年改訂後の審査

　本判決が「自明な事項」との基準について前記のような説示をしていたことから，本判決については「基本的に，審査実務を変更するものではない」との見方があった（相田・後掲101頁。同旨，塩月・後掲34頁，吉田・後掲判批68頁。反対，南条・後掲判批91頁。また，美勢・後掲249頁，田村明照・後掲416頁をも参照）。しかしながら，本判決以前から，明細書の記載文言という形式的な側面を重視する審査実務と，開示された発明が実質を重視する裁判所の判断との間には乖離があったとされており（前田・後掲書96～104頁），本判決により審査実務の変更が必要となる旨を説くものもあった（南条・後掲論文80頁）。そして今日，本判決以降の知財高裁等の裁判例を振り返ってみると，後者の見方に軍配を挙げるのが妥当である。すなわち「自明な事項」という判断基準は，新規事項追加とならない場合をいわば第一次近似として表すものではあっても，そのすべてをよく説明するものではない（前田・後掲書106頁参照）。以下，本判決後の裁判例を素材に，その点を検証する。

(4) 本判決の準則の適用——近年の裁判例

(a) 特許請求範囲の拡張・変更——機能的等価物の追加や交換，上位概念化

　明細書で開示された構成に機能的に等価な構成（機能的等価物）を付加したり，元の構成と機能的等価物の両者を含む上位概念で置換すると，特許請求範囲を拡張することになる。また，元の構成を機能的等価物により置換すると，特許請求範囲を変更することになる。もとより，拒絶理由通知がなされた後は減縮を伴う補正・訂正しか許容されず（特17条の２第５項・120条の５第２項・126条１項・134条の２第１項），特に訂正については特許請求範囲の実質的な変更は許されないが（特126条６項・120条の５第９項・134条の２第９項），それらは，新規事項追加とは別の要件である。出願時の技術常識に照らして明細書が開示した事項であれば，特許請求範囲の拡張や変更も，新規事項追加とはならない。

　機械の分野では当業者が予測できる範囲が明確なことが多いから，特許請求範囲の拡張が許容されることが多い（最近の例として，知財高判平30・10・29（平29（行ケ）10142号）〔果菜自動選別送り出し装置〕，知財高判平30・２・28（平29（行ケ）10156号）〔棚装置〕）。たとえば，ネジを「係合部材」，ボールベアリングを「摺動部材」などと抽象化することは，当業者が自明なこととして理解しうる事項である（知財高判平26・11・13（平25（行ケ）10338号）〔卓上切断機〕）。演算処理装置を備える汎用処理装置により楽音を生成できるようにした発明について，「複数」の楽音を「単一」の楽音と補正し，また「楽音」を「音」と補正しても，いずれも明細書の記載

から当業者が理解できる事項であるから新規事項追加に当たらないとされた（知財高判平24・6・27（平23（行ケ）10292号）〔楽音生成方法〕。無効審判請求不成立審決を維持）。また，「シートカッター」を「カッター」に補正することは，「カッターナイフの切断対象物は，シートに限られず，刃を切断しようとする箇所に沿って移動させて切断することができるもの全般に及ぶことは，広く一般的に知られた事項である」から，その切断手段の構成から見て，「シート以外の対象物であっても，刃を切断しようとする箇所に沿って移動させて切断することのできるもの」をも対象とすることは出願当初明細書の記載から自明だとされた（知財高判平27・12・16（平26（行ケ）10198号）〔シートカッター〕）。最近の例では，「指を挿入するための貫通路」という構成を「片手の指を挿入するための」と補正することは，当業者が容易に認識できる範囲であるから許容されるとされ（知財高判平30・3・5（平29（行ケ）10089号・10090号）〔医療用軟質容器〕。無効審判請求不成立審決取消請求を棄却），同様の判断の下に侵害訴訟でも特許権者が一部勝訴している（大阪地判平30・2・15（平27（ワ）8736号））。

　しかし，そうした結論に至るのは，あくまで明細書の記載から当業者が新たな特許請求範囲を理解できる範囲に含まれることが前提である。たとえば，「連結材」が課題解決に必須の構成であり，それを欠く構成が明細書にまったく記載・開示がなく，当業者に何ら自明でもないから，それを削除する分割は新規事項を追加したもので許されないとした例や（知財高判平21・10・28（平21（行ケ）10049号）〔細断機〕），「食い込む」と「破損する」というのは通常の語義では意味がまったく異なるので，両者が共通の意味だと解するための特段の根拠が明細書にない限り，対象にロープが「食い込む」という特許請求範囲を対象がロープにより「少なくとも部分的に破損」すると補正するのは，新規事項追加に当たるとした例がある（知財高判平22・12・28（平22（行ケ）10110号）〔エレベータ〕。拒絶査定不服審決を維持）。また，「内歯揺動型内接嚙合遊星歯車装置」を「揺動型遊星歯車装置」とする補正については，明細書記載の発明が「外歯揺動型遊星歯車装置」に直ちに適用できるものではないときは，新規事項の追加として無効理由があるとされた（知財高判平27・3・11（平25（行ケ）10330号）〔揺動型遊星歯車装置〕。無効審判請求不成立審決を取消し）。同様の例は他にもあり（知財高判平26・2・24（平25（行ケ）10201号）〔育苗ポット〕），同一特許に基づく侵害訴訟における請求棄却をも帰結している（東京地判平26・2・6（平24（ワ）5664号））。

　以上のように，特許請求範囲の拡張や変更は新規事項追加との関係ではそれとし

て問題とならないが，新たに取り入れた範囲が明細書にサポートされていなけれ
ば，新規事項追加となる（そのような例として，他に，知財高判平20・6・5（平19
（ネ）10087号）〔体内脂肪重量計〕，知財高判平20・11・27（平10（行ケ）10168号）〔容
器〕，知財高判平26・8・7（平25（行ケ）10334号）〔半導体装置の製造方法〕がある。
また，特許請求範囲の拡張と減縮を含む多数の訂正が新規事項追加となるとして無効審決
を維持した例として，知財高判平30・10・29（平29（行ケ）10150号）〔果菜自動選別装
置〕がある）。この場合，新たな特許請求範囲の一部は明細書に基礎付けられない
ことになるから，サポート要件を充足しないことにもなるであろう（それを明示的
に指摘した例として，知財高判平28・8・24（平27（行ケ）10245号）〔臀部拭き取り装
置〕）。しかし，本判決以前の裁判例が上位概念化に「非常に厳しい態度を取ってい
る」とされていたことに照らすと（吉田・後掲論文(2)111頁），本判決以降の裁判実務
は，上位概念化などの拡張に寛容だということができる。

(b) 拒絶・無効を回避するための補正・訂正

(イ) 明細書と特許請求範囲の内在的な整合　　新規事項追加の禁止が明細書を基
準とする先願主義の要請だとする本稿の考え方からすると，明細書に記載した内容
を過不足なく特許請求範囲に反映させるための補正・訂正は，許容すべき典型的な
場合である。たとえば，明細書に「ヒドロキシラジカル消去剤」との文言が存在せ
ず，単に「抗酸化剤」と記載されていたとしても，発明の効果として「焼酎粕の液
体分を卓越した極めて強力なヒドロキシラジカル消去活性からなる抗酸化作用を有
する」ことが記載されていた場合，「ヒドロキシラジカル消去剤」と補正しうるこ
とは当然である（知財高判平22・1・20（平21（行ケ）10134号）〔抗酸化剤〕）。

　最近の裁判例には，「撹拌羽」につき具体的な寸法を特許請求範囲に付加する補
正につき，それが当初明細書に記載されておらず自明ともいえないとして却下すべ
きだとし，それを前提に明確性要件違反などの拒絶理由があるとした審決に対し，
多数の当業者が長年にわたって使用している市販品の型番が当初明細書に記載され
ており，補正で付加した寸法がその付属品の寸法と一致するうえ，他に適合するよ
うな撹拌羽根が市販されていたとも認められないとして，補正を許容したものがあ
る（知財高判平30・8・22（平29（行ケ）10216号）〔染毛剤〕。同様，「発明の構成に欠く
ことができない事項のみを記載しなければならない」との旧法の要件を満たすための訂正
が許容されるとして無効審決を取り消したものとして，知財高判平20・5・30（平19（行
ケ）10300号）〔インバータ制御装置の制御定数設定方法〕）。

(ロ) 外在的な拒絶・無効理由の回避　　出願時に既に存在した公知文献等に出願

人が気づかず，新規性や進歩性に欠ける内容を取り込んで特許請求範囲を立ててしまった場合，特許請求範囲を減縮することによって拒絶査定や無効審決を回避しようとするのが通常である。本判決によれば，明細書の記載と出願時の技術常識に照らして「新たな技術的事項」が加わっていなければ，補正・訂正が許容される。

　外在的な無効理由を避ける必要のある類型の１つが，本判決の事案となった「除くクレーム」である。本件では，除外対象となった具体的な化合物（引用発明）について，明細書に明示的な記載がなかったことはもちろん，その構成を示唆する記載もなかった（吉田・後掲判批72頁の分析による。この点で，除外対象につき明細書に記載のあった知財高判平30・１・15（平28（行ケ）10278号）〔ピタバスタチンカルシウム〕とは事案が異なる）。しかし本判決は，除外された残りの特許請求範囲はそのすべてについて発明の目的を達することのできるものであるから明細書記載の「すべての技術的事項」に含まれるのであり，「新規な技術的事項」を導入するものではない，としたのである。

　先に述べたとおり，特許請求範囲というのは出願人が明細書で開示した発明の中から出願人が任意に抽出すればよい。そして，その全範囲を明細書の記載がサポートしているのであれば，「除くクレーム」のような消極的記載によって何を除いても，出願人の自由である。除かれるものが明細書から「自明な事項」である必要がないのは当然であるし，先願や先行文献に記載されたのと同一の物質のみならず，それと等価な一定範囲を「除く」ことや（南条・後掲論文79頁参照），さらには特段の根拠なく何らかの範囲を「除く」ことも許容される。消極的除外後の特許請求範囲が一体でなければならないとか，除外する範囲が十分に小さくなければならない，などという特別な要件は，本判決によって課されていないと見るべきである（吉田・後掲判批72～74頁の判旨の把握は，当を得ないと考える。なお，南条・後掲論文84頁注25も参照）。

　同様の考え方は，新規性・進歩性の欠如を回避するための補正・訂正にも妥当するはずである。たとえば先行技術文献を出願後に発見した場合，そこから当業者に想到が容易な範囲は補正・訂正によって削る必要があるが，限定が小さくなければならないとか，限定した残りの特許請求範囲に一体性が必要だ，などという考え方は，本判決からは導出できない。特許請求範囲というのは明細書に開示した発明から抽出したものでありさえすればよく，その抽出の仕方は，極論すればまったく恣意的であってもかまわない。そう考える方が，判旨に素直である（前田・後掲書334頁参照）。裁判例にも，訂正後の構成については新規性・進歩性欠如による無効理

由が存在しないとして無効審判請求不成立審決の取消請求を棄却したものがある（知財高判平21・7・21（平20（行ケ）10288号）〔動物用排尿処理材〕）。

もっとも，本判決を受けた平成22年改訂後の審査基準は，先願・拡大先願・新規性欠如による拒絶を避けるため引用発明との「重なりのみ」を除く補正が許容されるとしている。進歩性欠如も挙げていない（6～7頁）。これについては，先行技術から容易想到な範囲を避ける補正・訂正は「技術的意義」を含み，したがって許容されないとの趣旨を説くものがある（相田・後掲102頁参照）。しかし，出願時の先行技術を知っている当業者を想定すれば，進歩性欠如をもたらす範囲を避けるべきであることも自明のことであるから，そのことによって「新たな技術的事項」をもたらすとはいえない（南条・後掲判批91頁参照）。明細書によって支えられた範囲内で任意に抽出した範囲を特許請求範囲とすることを許しても，先願主義との関係で差し支えることはない。次項で述べる新たな発明の攫取に当たるのでない限り，補正の許容される範囲を審査基準のように限定する根拠はないというべきである。

なお，本判決後，同一優先日に基く同一人の出願にかかる別件特許との重複を回避するための補正について，「当初明細書には開示も示唆もされていない」との無効審判請求人の主張に対し，知財高裁は，「別件特許と同一となる部分を除くものであって，特許請求の範囲の記載に技術的観点から限定を加えるものではなく，新たな技術的事項を導入するものではない」から適法だとした（前掲知財高判平21・3・31〔経口投与用吸着剤〕）。本判決は先願・拡大先願による拒絶・無効理由について必ずしも出願人が知り得ないことに言及しており，実際にも目的の異なる別発明の実施例がたまたま元の特許請求範囲に含まれていたという事案だったが，そうした事情が判旨の前提でないことを明らかにしたといえる（美勢・後掲249頁）。

(c) 新たな発明の攫取か否か

(イ) 特許請求範囲の限定　新規事項の追加に関してしばしば問題となるのは，特許請求範囲の拡張よりは，むしろ限定である。明細書に記載のない態様で特許請求範囲を限定し，所望の作用効果を増大させるなどして改善をもたらすのを許すということは，開示していない発明を攫取するのを出願人に許すことである。新規事項追加の禁止は，まさに，顕著な作用効果を発揮させる新規な構成を補正・訂正により導入するのを阻止するところに，主要な機能がある。

たとえば，特定の生分解性天然樹脂（A）について明細書に熱分解温度の記載がなく，また熱分解温度と混練温度の関係についても記載がないにもかかわらず「生分解性天然樹脂（A）の熱分解温度よりも僅かに低い混練温度で混練する」を追加

する補正は，新規事項の追加である（知財高判平23・5・23（平22（行ケ）10325号）〔ペレット状生分解性樹脂組成物〕）。同様，明細書においては多種類の化合物を列挙しているのにすぎないのに，特定化合物を必須の構成とする特許請求範囲に訂正するのは，それら物質を優先的に用いられるべきだとする記載も示唆も明細書にない以上は，新たな技術的事項の導入に当たる（知財高判平24・11・14（平23（行ケ）10431号）判時2171号112頁〔液晶用スペーサー〕。訂正を許容して無効審判請求不成立とした審決を取消し）。情報機器による画像処理について「自己のシステムにおける選択機能を機能させずに」行うとすることは，受信者所有のパソコンのような「自己のシステム」に含まれた「選択機能」を用いずに行うことを意味するが，それは新たな技術的事項である（知財高判平23・7・21（平22（行ケ）10373号）判時2134号94頁〔インターネット情報通信システムを介した画像伝達における色変化情報提供方法〕。同種の例として，知財高判平22・10・13（平22（行ケ）10400号）判タ1347号239頁〔インターネットを利用した顧客支援システム〕）。

　しかし，明細書に記載のない要件を追加しても，特段の効果がもたらされず，かつ明細書の記載から当業者がその技術的内容を当然に理解し得るのであれば，当初明細書で開示していない発明を特許請求範囲したことにはならないから，補正・訂正が許容される。たとえば，半導体の加工工程において明細書で２つに分けて記載されている工程につき，特許請求範囲を補正して同一工程で行うとすることは，工程数の削減は常に当業者が関心を払うべき当然に考慮すべきことであるから許容される（知財高判平28・3・10（平27（行ケ）10015号）〔窒化ガリウム系化合物半導体チップの製造方法〕。無効審判請求不成立審決の取消請求を棄却。平成５年改正前の旧法下での「要旨変更」についての判断）。また，具体的に示された実施例との関係では抽象化された概念（中位概念）を用いて特許請求範囲を限定することも，具体的な実施例から当業者が自明な事項として理解できるものであれば，許容される（たとえば，知財高判平30・2・22（平29（行ケ）10093号）〔扁平型非水電解質二次電池〕は，「直線状の２辺が対向する」形状との構成要件を正方形のみを開示した明細書の記載から抽出した訂正が新規事項追加に当たらないとした）。

　この局面でも，機械の分野では，当業者にとって自明な事項が明確で，そのため新規事項追加とならないとされることが多い。たとえば，「内周側が絶縁性樹脂を介して連結された」と減縮する訂正が新規事項追加に当たるとした審決が取り消された（知財高判平22・7・15（平22（行ケ）10019号）判時2092号128頁〔モールドモータ〕。他の例として，知財高判平22・5・27（平21（行ケ）10321号）〔ゲーム情報供給装

置〕，知財高判平22・8・31（平21（行ケ）10403号）〔洗濯機の脱水槽〕，知財高判平23・9・29（平23（行ケ）10072号）〔ゴルフ用クラブの展示用支持装置〕。最後者は，無効審決を取消したものである）。また，中位概念を特許請求範囲に取り込んだものもある。すなわち，船舶の発明において，明細書には操舵機室のみが例示されていたが，「非防爆エリア」というのが船舶分野で一般的に用いられている用語であり，船舶のどの場所がそれに当たるかも当業者にとって自明であったから，特許請求範囲にバラスト水処理装置の配置場所を「非防爆エリア」と記載する補正は，新たな技術的事項を導入するものではないとされた（知財高判平25・9・10（平24（行ケ）10425号）〔船舶〕）。

さらに，最近のものとして，化学分野でも同様の考え方に基づいて補正・訂正が許容された例がある。多数の物質から訂正により15ないし18種類の化合物に限定したことが「顕著な作用効果を奏するとも認め難」く，また「本件明細書の記載と出願時の技術常識に基づいて，当業者に通常期待し得る程度を超える試行錯誤を求めることなく，当該化学物質を製造することができる」とされた（知財高判平30・1・22（平29（行ケ）10007号）〔2－ベンゾイルシクロヘキサン－1，3－ジオン〕。訂正を認めた無効審判請求不成立審決を維持）。

これらの例も，本判決以前の裁判例が中位概念化に厳しく，「実施例をほぼそのまま補正・訂正事項とするもの以外はほとんど認められていない」とされていたのと対比して（吉田・後掲論文(2)112頁），非常に寛容だといえる。

もとより，技術的意義を有する新たな事項を取り込むことが許容されないのは，分野を問わず当然である。たとえば，製氷室を冷蔵室内部に設ける構成しか開示していない明細書の記載から「製氷室が扉の後面に取り付けられる」との構成を特許請求範囲に取り込むことはできないとした例や（知財高判平24・9・26（平23（行ケ）10351号）〔冷蔵庫〕），「縦長の」筐体とするという限定が新たな技術的事項であって許されない，とした例がある（知財高判平28・9・28（平27（行ケ）10229号）〔色彩選別機〕。拒絶査定不服審判請求不成立審決を維持）。微妙な例としては，携帯電話端末の通信機能のみを停止し，その際も端末全体の電源を切らない状態にしておく発明に関し，通信機能を停止してもマイクやスピーカ等の電源が切れず，そのまま機能するようにすることは新規事項を追加するものではないが（知財高判平22・6・22（平21（行ケ）10303号）〔携帯電話端末〕），使用者がマイクやスピーカを適宜選択してそれらの機能を動作させることは自明な事項だとはいえず，新規事項追加に当たる（知財高判平24・1・17（平23（行ケ）10133号）〔携帯電話端末〕），とされた。

㈡　数値限定の付加や数量的範囲の減縮　　特許請求範囲の限定についてしばしば見られるのが，数値限定を付加したりその範囲を減縮する補正・訂正である。むろん，もともと明細書に示されていたと解される数値を特許請求範囲に反映させるのであれば，問題はない（その例として，知財高判平30・9・4（平29（行ケ）10201号）〔美容器〕）。しかし，新たな数値限定については，しばしば問題が生じる。たとえば，「330℃以上840℃以下」という反応温度が記載された特許請求範囲を「330℃以上500℃以下」と補正する場合である。仮に，明細書にはその範囲の反応しか記載されていないとすると，上限を840℃としたままでは，サポート要件を満たさない可能性がある。整合性を保ち拒絶・無効を回避するためには，補正・訂正が必要となる。しかし，それが当初明細書に記載された発明について最適の反応温度を見出したことによるのであれば，もともと開示されていない選択発明を搾取したことに当たるので，許容すべきではない。実際のケースでは，知財高裁は，明細書には500℃以下の実施例しか記載されておらず，かつ「500℃以下」という限定に臨界的意義がないことから，許容されるとした（知財高判平23・3・23（平22（行ケ）10234号）〔無水石膏焼成システム〕。訂正が許容されるとしつつ進歩性欠如により無効審判請求不成立審決を取消し）。

化学や医薬品の分野では，同様の事態がしばしば生ずる。そして，新たな数値限定に技術的な意義がない場合は，許容すべきだとされるのが一般的である。たとえば，樹脂材料の熱溶融時の流動性に関する指標について，明細書の「5～20のメルトフローインデックス」との記載から「15～17のメルトフローインデックス」を特許請求範囲とする補正を行うことは，「この限定によって何らかの新たな技術的事項を導入するものとは認められない」として，許容すべきだとされた（知財高判平23・12・8（平23（行ケ）10139号）〔紙容器用積層包材〕。補正却下・拒絶査定不服審判請求不成立の審決を取消し）。他にも，最近の例として，対象物質の含有下限閾値を加える訂正につき，明細書には当該数値が記載されていたが下限値であることの記載はなかったとの事案で，当該数値以上の含有割合で効果を奏することが開示されていれば明細書記載事項の範囲内だから差し支えないとした判決があり（知財高判平29・7・19（平28（行ケ）10157号）。訂正を認めず無効とした審決を取消し），また，明細書に「0.1～2 ng/ml プラズマ濃度」との記載があったのに対し，特許請求範囲に「1～2 ng/ml プラズマ濃度」と記載することが，下限値「1 ng/ml」に格別の技術的意義が認められず，新規事項追加に当たらないとされた（知財高判平30・7・18（平29（行ケ）10114号）〔ICU鎮静のためのデクスメデトミジンの用途〕。無効審

判請求不成立審決を維持。特許法123条1項5号に関する判断）。

電気・電子の分野にも類例が見られる。「1以上50未満の整数」を「1以上5未満の整数」と訂正しても新規事項追加に当たらないとされたものがある。元の文言が「1～49」を意味していたところを「1～4」と減縮したわけであるが，明細書には1～4の範囲についてのみ記載され，かつ5以上とすることは困難だと当業者が認識できたから，「実施可能な範囲に数値を限定したにすぎず，それを超える技術的意義（臨界的意義など）があるとは認められない」とされた（知財高判平29・12・7（平29（行ケ）10099号）〔透明薄膜電界効果型トランジスタ〕。特許無効審判請求不成立審決の取消請求を棄却）。

数値限定について，測定方法や計算精度の限界から補正を認めた例もある。「熱損失係数が1.0～2.5kcal/m 2・h・℃の高断熱・高気密住宅」との補正が要件を欠くとの審決に対し，知財高裁は，「『熱損失係数』が計算精度の高いものでないことに照らせば，格別の技術的事項を含むとはいいがたい」とし，「課題解決の対象を漠然と提示したものに過ぎ」ないから，発明の開示を十分ならしめ，第三者が被る不測の不利益を防止するとの趣旨に反するものではない，とした（知財高判平22・1・28（平21（行ケ）10157号）判時2089号128頁〔深夜電力利用蓄熱式床下暖房システム〕。無効審決取消し。この判断については，中平・後掲462～463頁参照）。

このように，新たな数値限定に何らかの技術的意義が認められる場合に補正・訂正が許されないということは，当初明細書に数値限定の技術的意義を詳細に書き込んでおくと，補正・訂正が許容され難くなるということである。そして，このことは，数値限定だけではなく，特許請求範囲の限定一般に通ずることである。してみると，本判決は，新規事項追加禁止の趣旨として，第三者の不測の不利益と並び，「出願当初から発明の開示が十分に行われるようにして，迅速な権利付与を担保し，発明の開示が不十分にしかされていない出願と出願当初から発明の開示が十分にされている出願との間の取扱いの公平性を確保する」ことを挙げているものの，それはせいぜい副次的な制度趣旨に留まるというのが，本稿の観察である。

(d) 明細書の補正

先願主義において基準となる「発明」とは明細書に記載されたものであるとの本稿の立場からすれば，明細書の補正については，特許請求範囲よりも厳格な態度で臨むことが要請される。明細書の記載に実質的な変更が加えられれば，とりもなおさず，「発明」を変更することにほかならないからである。もっとも，「拡大先願」（特29条の2）の対象は当初明細書の記載のみであり，補正が加えられたとしても，

補正後の記載がそのまま後願を排除するわけではない。しかし，明細書の記載が変更されれば，そこから発明を抽出して特許請求範囲とすることができ，それは後願を排除する（特39条）のであるから，そのような効果を有しうる補正は，新規事項追加として禁じておく必要がある。知財高裁の裁判例にも，「本件補正のように，具体的な実施例の図面を実質的に変更し，新たな実施例を追加的に変更する補正は，新たな実施例をベースにしてさらに分割出願をすることが可能になるものであるから，これらのことを考慮した上で，慎重に判断すべきである」と述べて，同様の考え方を明示したものがある（知財高判平28・10・27（平27（行ケ）10250号）〔心棒無しホルダー〕。前田・後掲書107頁をも参照）。

　この観点から禁ずべき補正の典型は，当初明細書には漠然とした記載をしておき，後の補正によって具体的な発明を記載するような補正である。たとえば，「竹エキス」の有効成分として「ジベレリン」を明細書に記載することが，それに当たる（知財高判平24・2・15（平23（行ケ）10195号）判時2418号111頁〔竹エキス〕）。また，半導体製造技術における一般的な処理方法が記載されているのみだった明細書を補正して一連の具体的な製造プロセスを記載することは許されない（知財高判平25・12・5（平25（行ケ）10073号）〔光電変換装置〕。同様の判断に出た例として，知財高判平24・5・30（平24（行ケ）10021号）〔真円ロータリーエンジン〕）。同様の観点から訂正再抗弁を容れず，侵害訴訟において特許権者を敗訴させた例もある（東京地判平20・11・28（平18（ワ）20790号）〔現像プレート〕）。

　これに対し，特許請求範囲に反映させるのが許されるような態様であれば，明細書の記載を改めることは許される，というべきである。たとえば，当初明細書が「挽き切り状に切断せしめる」との記載を削除する補正について，知財高裁は，当初明細書の開示内容が「押し切る」に近い操作であったから，そもそも元の記載が適切を欠いていたとして，新規事項追加に当たらないとした。特許請求範囲との不整合を明細書の記載から当業者が容易に認識できるのならば差し支えない，としたのである（知財高判平21・8・31（平21（行ケ）10108号）〔廃材用切断装置〕。無効審判請求不成立審決の取消請求を棄却）。また本判決は，登録商標を用いて特許請求範囲を限定するのを許容したが，その登録商標を明細書で説明する補正は許されるという。

　(5)　まとめ

　新規事項追加の禁止とは，先願主義の趣旨そのものを具現した法制度である。「当業者によって，明細書又は図面のすべての記載を総合することにより導かれる

技術的事項」との関係で新たな技術的事項を導入するものでなければ差し支えない，とする本判決は，その観点から是認しうるものである。また，その後の裁判例を見ても，そうした実質的な観点がますます強調されているということができる。

もっとも，以上に対しては，先願主義とは別に，審査の便宜その他の理由で，実質面を離れた形式的な判断を加味して補正の可否を決めるべきだ，との考え方がある（吉田・後掲論文(1)49～53頁，田村善之・後掲6頁注15）。「当業者が直接的かつ一義的に導き出せる事項」とする旧審査基準はそれに最も忠実なのかもしれず，「自明な事項」を基本とするその後の審査基準の下でも，「重なりのみ」を除く補正だけを例示する点などに（6～7頁，前出），その影響が残っているのかもしれない。

しかし，大量処理の必要な審査の現場での第一次近似としてはともかく，個々の事案に密着して審理判断を行いうる裁判所においては，そうした考え方は採るべきではないし（前田・後掲書331～332頁参照），現に裁判所によって採用されてもいない。必ずしも技術専門家ではない裁判官にとって，明細書の「すべての記載を総合」して考えるのは時として容易ではないと思われるが，現に果敢に取り組んでおり，しかも本判決を契機として，ますますその傾向が強まっている。

先願主義から要請される範囲以上に厳格で形式的な判断を新規事項追加の禁止の下に行い，出願人が公衆に開示した技術的貢献に拒絶査定や無効審決をもって応えることは，適当でない。それこそが本判決の趣旨に沿うものでもなく，近年の判例の傾向でもある。審査の便宜や大量処理の必要を強調し，形式的な判断で一律に補正を却下すべきだとの考え方は，それと一致しない。それが，本稿の結論である（最後に卑見に沿う例を挙げると，知財高判平31・3・26（平30（行ケ）10032号）〔直接法による複合材料部品の製造のための一定の幅を有する新規の中間材〕は，「直接的ないし明示的な記載」が明細書に存在しないことを理由に挙げて訂正が許されないとした審決を取り消している）。

■参考文献
　(1)　本件判批
　相田義明・特技懇252号99頁，奥村直樹＝新谷雅文・ビジネス法務9巻1号53頁，小野寺良文・AIPPI 53巻11号9頁，塩月秀平・ジュリ1475号32頁，高林龍・知管60巻8号1223頁，南条雅裕・特許判例百選〔第4版〕90頁，服部誠・L＆T41号159頁，美勢克彦・平21主判解（判タ別冊29号）248頁，吉田広志・特研47号61頁。
　(2)　関連論文
　杜下弘記「特許法126条3項にいう『記載した事項の範囲内において』の解釈について（1－3・完）」判タ1307号47頁，1308号27頁，1309号36頁。

田村明照「『除くクレーム』に係る知財高裁大合議判決と『新規事項』の審査基準」片山英二先生還暦記念『知的財産法の新しい流れ』（2010年）395頁。

田村善之「新規事項追加禁止の制度趣旨とその判断基準－補正・訂正の要件論」パテ64巻4号（別冊4号）（2011年）1頁。

吉田広志「特許法における補正・訂正に関する裁判例の分析と提言：新規事項追加禁止を中心に（1－2・完）」知的財産法政策学研究21号（2008年）31頁，22号（2009年）87頁。

南条雅弘「試練に立つ除くクレームとする補正の適法性要件」知的財産法政策学研究34号（2011年）57頁。

前田健『特許法における明細書による開示の役割－特許権の権利保護範囲決定の仕組みについての考察』（2012年）。

中平健「補正の新規事項追加への該当性」牧野利秋先生傘寿記念『知的財産権－法理と提言』（2013年）437頁。

小林茂「請求項の記載を変更する補正についての新規事項追加禁止の要件の判断」パテ71巻2号（2018年）109頁。

◆

32 特許法102条2項と権利者による特許発明の実施の要否——ごみ貯蔵機器事件

知財高裁大合議平成25年2月1日判決
〔平成24年（ネ）第10015号特許権侵害差止等本訴・損害賠償反訴請求控訴事件〕
〔判時2179号36頁・判タ1388号77頁〕

学習院大学法学部教授　横 山 久 芳

事実の概要

　Xは，イギリスに本拠地を有し，日本国外における幼児用製品の製造等を業とする会社である。Xは，わが国において，発明の名称を「ゴミ貯蔵機器」とする特許権（以下，「本件特許権」といい，本件特許に係る発明を「本件発明」という。）を有している。

　Xは，平成5年頃から，Aを日本における総代理店とし，平成15年頃には，Aと包括的な販売代理契約（以下，「本件販売代理契約」という。）を締結し，同契約に基づき，Xの製品であるゴミ貯蔵機器と対応するゴミ貯蔵カセット（以下，「X製品」という。）の販売を行っていた。Aは，平成20年4月1日，米国法人Bが日本において設立したYに対し，事業を譲渡した。Xは，平成20年10月に，Yに対し，同年11月27日以降は本件販売代理契約を更新しないことを通知した。その一方で，Xは，同年10月15日，株式会社Cと赤ちゃん向けおむつ処理製品の販売店契約（以下，「本件販売店契約」という。）を締結し，同年11月27日以降は，Cを日本における総代理店とし，Cを通じて，X製品の販売を行っていた。

　Yは，平成20年11月27日以降，X製品の販売を終了したが，同日以降も，ごみ貯蔵カセット（以下，「Y製品」という。）を中国から輸入し，販売していた。そこで，Xは，YによるY製品の輸入・販売行為が本件特許権を侵害すると主張し，Yに対し，Y製品の輸入・販売等の差止め及び廃棄，並びに損害賠償の支払を求めた。

　本件における争点は多岐にわたるが，主たる争点は本件損害額の算定に際して特

416 第1部 判例評釈

許法102条2項を適用できるかという点にある。

　第1審判決（東京地判平23・12・26（平21（ワ）44391号・平23（ワ）19340号））は，Y製品が本件特許権を侵害すると認定した上で，「102条2項が適用されるためには，特許権者が我が国において当該特許発明を実施していることを要する」と判示し，本件においては，「Xは，Cに独占的販売権を付与し，我が国におけるX製品の輸入及び販売等は，Cにおいて担当していたものと認めることができるのであって，Xが我が国において本件特許権を実施していたと認めることはできない」から，同条項に基づき損害額を算定することはできないと述べ，同条3項に基づき，実施料相当額約1814万円，弁護士・弁理士費用300万円の計約2114万円をXの損害額と認定した。これに対し，X及びYは，いずれも原判決を不服として控訴を提起した。知財高裁は大合議を開いて本件を審理し，Y製品が本件特許権を侵害するとの原審の判断を是認した上で，Xの損害額の算定においては，以下のとおり判示して，102条2項の適用を認め，同条項に基づく損害額約1億3461万円，弁護士・弁理士費用1346万円の計約1億4807万円をXの損害額と認定した。

判　　旨

(1) 適用要件

　「特許法102条2項は，民法の原則の下では，特許権侵害によって特許権者が被った損害の賠償を求めるためには，特許権者において，損害の発生及び額，これと特許権侵害行為との間の因果関係を主張，立証しなければならないところ，その立証等には困難が伴い，その結果，妥当な損害の填補がされないという不都合が生じ得ることに照らして，侵害者が侵害行為によって利益を受けているときは，その利益額を特許権者の損害額と推定するとして，立証の困難性の軽減を図った規定である。このように，特許法102条2項は，損害額の立証の困難性を軽減する趣旨で設けられた規定であって，その効果も推定にすぎないことからすれば，同項を適用するための要件を，殊更厳格なものとする合理的な理由はないというべきである。

　したがって，特許権者に，侵害者による特許権侵害行為がなかったならば利益が得られたであろうという事情が存在する場合には，特許法102条2項の適用が認められると解すべきであり，特許権者と侵害者の業務態様等に相違が存在するなどの諸事情は，推定された損害額を覆滅する事情として考慮されるとするのが相当である。そして，……特許法102条2項の適用に当たり，特許権者において，当該特許発明を実施していることを要件とするものではないというべきである。」

「前提となる事実に加え，証拠及び弁論の全趣旨によると，次の事実が認められる。

　a　ＸとＣは，平成20年10月15日，『赤ちゃん向けおむつ処理製品の販売店契約』（以下，『本件販売店契約』という。）を締結した（証拠略）。

　b　本件販売店契約には，以下の規定がある（省略）。

　c　本件販売店契約に基づき，Ｘは，Ｃに対し，Ｘが英国で製造したＸ製カセットを販売（輸出）し，Ｃは，日本国内において，一般消費者に対し，上記Ｘ製カセットを販売している（証拠略）。

　d　Ｘは，Ｃとの間で，おおむね１月ないし２月ごとに定例会議を，１年に１回上層部会議を開催し，Ｘ製品の販売数量の確認，次期販売計画や販促活動の立案，拡販に向けたコンサルティングをし，販売及び販促活動につきＣに対する支援などを行っている（証拠略）。

　e　Ｙは，少なくとも平成21年７月30日から平成23年12月末日までの間，Ｙ製品を中国から輸入し，日本国内において販売した（当事者間において争いのない事実）。

　f　上記のとおり，ＹのＹ製品を輸入，販売する行為は，本件特許権を侵害する。」

「上記認定事実によれば，Ｘは，Ｃとの間で本件販売店契約を締結し，これに基づき，Ｃを日本国内におけるＸ製品の販売店とし，Ｃに対し，英国で製造した本件発明１に係るＸ製カセットを販売（輸出）していること，Ｃは，上記Ｘ製カセットを，日本国内において，一般消費者に対し，販売していること，もって，Ｘは，Ｃを通じてＸ製カセットを日本国内において販売しているといえること，Ｙは，Ｙ製品を日本国内に輸入し，販売することにより，ＣのみならずＸともごみ貯蔵カセットに係る日本国内の市場において競業関係にあること，Ｙの侵害行為（Ｙ製品の販売）により，Ｘ製カセットの日本国内での売上げが減少していることが認められる。

　以上の事実経緯に照らすならば，Ｘには，Ｙの侵害行為がなかったならば，利益が得られたであろうという事情が認められるから，Ｘの損害額の算定につき，特許法102条２項の適用が排除される理由はないというべきである。」

　(2)　推定の覆滅

「上記のとおり，……Ｘは，Ｃを通じてＸ製カセットを日本国内において販売しているといえることからすれば，日本国内において，Ｘ製品の販売から利益を得ているのは，Ｃのみであるとはいえない。また，ＸとＣ間に，強制的な最低購入量の

定めや最低購入量不達成時の経済的な補填の定めがあると認めるに足りる証拠は存在しない。のみならず，本件において，Ｙは，Ｘ製カセットの販売におけるＣの利益額等について具体的な主張立証をしていないことなどに照らすと，ＣがＸ製カセットの販売をしていることをもって，上記推定の覆滅を認めることはできない。」

「Ｙ製品もＸ製カセットと同様，通常，Ｘ製本体とともに，当該用途にのみ使用されるものであること，Ｙ製品とＸ製カセットの価格差は１パック（３個入り）で500円程度（１個当たり約167円）であること（証拠略），Ｘが日本における販売店に指定したＣは，日本国内において『アップリカ』とブランド力において遜色はないと推認されること（弁論の全趣旨）に照らすと，Ｙ製品の販売数に相当する数だけ，Ｘ製カセットの売上げが減少したと解するのが相当であり，『アップリカ』のブランド力，Ｘ製のごみ貯蔵機器に対する競合製品の存在やＸ製本体の不具合等をもって，上記推定の覆滅を認めることはできない。」

解　説[*1]

(1)　本判決の意義

本判決は，特許法102条２項の適用に関し，従来，特許権者が特許発明を実施していることが必要か否かをめぐって裁判例・学説の見解が分かれていた中で，実施が不要であることを明らかにした知財高裁の大合議判決として重要な意義を有するものである。また，本判決は，特許権者と侵害者の業務態様が相違する等の事情は，102条２項の適用の妨げとはならず，同条項の推定を覆滅する事情として斟酌されるべきことを示した点においても意義を有している。

(2)　102条２項の趣旨

102条２項は，侵害者が侵害行為によって得た利益の額を特許権者の損害の額と推定する規定である。102条２項は，現行特許法（昭和34年法律第121号）制定時に導入された規定であるが（当時は102条１項として規定されていた），その制定過程では，民法上の損害賠償とは別に侵害者利益の返還を認める規定の導入が検討されていた。しかし，侵害者利益の全額返還を認めることは侵害者に酷であり，また，損害の填補を目的とする民法の原則を著しく逸脱することになるという理由から，民法上の損害賠償制度の枠内で，損害額の推定規定が導入されることとなった[*2]。

このような立法経緯を踏まえて，判例・通説は，102条２項を，侵害行為によって生じた特許権者の逸失利益に関する法律上の事実推定規定と解している[*3]。特許権侵害に基づく損害賠償の中心は，侵害品の販売による特許権者の製品の売上減

少等の逸失利益の賠償であるが，特許権者がこれを直接立証することには相当の困難を伴うことから，特許権者の立証負担を軽減するために，102条2項が設けられたと解するのである。本判決も102条2項を「損害額の立証の困難性を軽減する趣旨で設けられた規定」と捉えていることから，同条項の趣旨につき，判例・通説の立場を踏襲するものといえる。

(3)　102条2項の適用要件

(a)　本判決以前の状況

102条2項は，条文上，特段の適用要件を課していない。しかし，従前の判例・通説は，102条2項は損害の額を推定するものであって，損害の発生自体を推定するものでないから，特許権者が102条2項の適用を主張するためには，損害の発生事実を主張・立証しなければならないと解していた[4]。そして，従前は，102条2項が侵害者利益を特許権者の損害と推定するものであることから，特許権者は侵害行為がなければ侵害者利益と同種の利益を取得できたことが必要であるとし，そのためには，特許権者が自ら特許発明を実施していなければならないとの見解が多数を占めていた[5]。裁判例でも，特許権者が自ら特許発明の実施を行っていないことを理由に2項の適用を否定したものは数多く存在し[6]，本件の第1審判決もそのような裁判例の1つとして位置付けることができる。

その一方で，102条2項の適用を認めるためには，特許権者が特許発明の実施行為そのものを行っていることは必ずしも必要ではなく，侵害行為と競合する行為を行っていれば足りるとする見解も有力に主張されていた[7]。102条2項は，特許権者の逸失利益の推定規定であるところ，特許権者が特許発明の実施行為そのものを行っていなくても，侵害行為と競合する行為を行っていれば，侵害行為による特許権者の逸失利益が観念できることから，同条項の推定を認めるべきであると解するのである。このような解釈は，平成10年の特許法改正を機にさらに有力なものとなった。同改正により，侵害者の譲渡数量を基礎として特許権者の逸失利益を算定する102条1項が新設されたが，同条項は，特許権者が特許発明を実施していることを要件としておらず，特許権者が競合品を販売している場合にも適用可能と解されたため[8]，同条項と同様に特許権者の逸失利益を推定する102条2項においても，特許権者が特許発明を実施することは不要と解釈すべきであると考えられたのである[9]。近時，裁判例においても，特許権者が侵害品と競合する製品を販売等していれば，102条2項の適用を認めてよいとするものが有力となりつつあった[10]。

このように，本判決以前は，102条2項の適用に関して，主として，特許権者が

420　第1部　判例評釈

特許発明の実施行為を行う必要があるか，それとも侵害行為と競合する行為を行え
ば足りるかという観点から議論がなされていた。

(b)　**本判決の判断内容**

本判決は，102条2項が損害額の立証負担の軽減を図る規定であり，その効果も
推定にすぎないことから，その適用要件を殊更に厳格に解釈する必要はないとし，
同条項の適用を受けるためには，侵害行為がなかったならば利益が得られたであろ
うという事情が特許権者に存在すれば足り，特許権者が特許発明の実施行為を行っ
ていることは不要であると判示した。すなわち，本判決は，従来の通説と同様，
102条2項を適用するためには，特許権者が損害の発生事実を主張立証することが
必要であると解しつつ，同項の効果が推定にすぎないことに鑑み，特許権者は損害
の発生事実として逸失利益の存在を主張立証すれば足りるとしたのである。

本判決は，102条2項の適用要件として，特許権者が特許発明を実施しているこ
とは不要であるとしているものの，具体的にどのような事情が存在すれば，102条
2項の適用要件となる逸失利益が認められることになるのかを明らかにしていな
い。もっとも，本判決は，事案の判断として，XがCを通じてX製カセットを日本
国内で販売しており，XとYが日本市場で競合関係にあることを理由にXの逸失利
益の発生を認めているから，本判決は，従来の有力説が主張するように，少なくと
も特許権者が侵害行為と競合する行為を行っている場合には，102条2項の適用を
認めるものと解することができよう*11。特許権者が単なる競合行為を行っている
にすぎない場合には，特許発明が技術的に重要でないことが多く，また，単なる競
合行為は何人も自由に実施し得るものであって，第三者が同種の競合行為を行え
ば，特許権者の売上げは容易に減少することになるから，侵害者利益をそのまま特
許権者の逸失利益と捉えることが適当でないことが多いと思われるが*12，そのよ
うな事情は推定覆滅の問題として処理されるべきことになる*13。

また，本判決は，「特許権者と侵害者の業務態様等に相違が存在するなどの諸事
情は，推定された損害額を覆滅する事情として考慮される」べきであると述べ，両
者の業務態様の相違が102条2項の適用の妨げにならないことを明らかにしてい
る。両者の実施態様が相違しても，特許権者の提供する財やサービスが侵害者のそ
れと最終的に市場で競合する限りは，侵害行為により特許権者に逸失利益が発生す
ることが見込まれるのであるから，損害額の立証負担の軽減を図った102条2項の
趣旨に鑑みれば，同条項の適用自体は認めたうえで，実施態様の相違は推定覆滅の
場面で考慮することが妥当であろう*14。従前の裁判例でも，実施態様の相違があ

る場合に102条2項の適用を認めたものがあり[15]，本判決はその流れの中に位置付けることができる。

(c) 本判決の射程

本判決が102条2項の適用要件となる逸失利益の範囲に特に限定を設けていないことからすれば，本判決は，特許権者に何らかの消極的損害が観念できれば，102条2項の適用を認める趣旨であると解する余地もある[16]。実際，学説では，特許権者が他者に実施許諾を与え，実施料（ランニングロイヤルティ）を得ているにすぎない場合でも，侵害行為により実施料収入が減少するおそれがあるため，102条2項の適用が認められると解する見解が主張されている[17]。

しかしながら，このように本判決の射程を広く解することには疑問がある。102条2項は，侵害者利益をもって特許権者の逸失利益を推定する規定であるが，このような推定を許容するためには，かつての通説のように，両者の同質性を厳格に要求することは妥当でないとしても，両者の間に合理的な対応関係，すなわち，侵害行為がなければ，特許権者が侵害者利益に対応する利益を上げることができたであろうという関係が存することが必要と考えるべきであろう。具体的には，本件事案のように，特許権者が侵害行為と競合する行為を行っていると評価し得る場合に102条2項の適用を認めるべきである。

この点，侵害者利益と特許権者の逸失利益が一致するという経験則が存在しないにもかかわらず，特許法があえて102条2項の推定規定を設けた以上[18]，102条2項の適用に際して，両者の対応関係を問題とする必要はないという考え方もあり得るところである。しかしながら，法律上の推定規定は，経験則のほかに，立証の難易や当事者間の衡平などの諸要素を考慮して創設されるものであり[19]，102条2項も，侵害行為がなければ特許権者は実施等により侵害者利益に対応する利益を取得し得たという社会的な認識を前提としつつ，特許権侵害訴訟における損害額の立証の困難性に鑑み，立証負担の衡平を期する観点から，侵害者利益を特許権者の損害額と推定することを認めたものと解される[20]。ゆえに，侵害者利益と特許権者の逸失利益との対応関係を問わずに推定を認めることは，侵害者に過重な立証負担を課すことになりかねず，かえって102条2項の趣旨とする当事者の衡平に反することになると思われる[21]。

そもそも，本判決によれば，本件は，特許権者が他者を通じて自ら特許発明を実施していたと評価し得る事案であるから，102条2項の解釈に関係なく，本件に同条項を適用することは可能であったと思われる[22]。にもかかわらず，本判決があ

えて102条2項の適用要件について踏み込んだ判断を示したのは，特許権者が特許発明を実施していなければ，102条2項を適用することはできないとする従来の多数説に従った原審判決を明示的に否定し，かつ，本件事案のように，特許権者と侵害者の業務態様が相違する場合でも同条項の適用を認めるべきことを明らかにするためであったと解される。そうであれば，本判決の射程は，その本来の趣旨を超えて不必要に広く解釈されるべきではないであろう。本判決は，事案の判断としては，特許権者が侵害者と競業関係にあることを理由に特許権者の逸失利益の発生を認めたのであるから，本判決にいう逸失利益の発生は，特許権者と侵害者の（緩やかな）競業関係を前提としたものと理解するのが妥当であると思われる[23]。

(d) 本判決後の状況

本判決後の裁判例は，102条2項の適用に関し，本判決の判断を踏襲し，特許権者による特許発明の実施の有無を問わずに同条項の適用を認めているが，その多くは特許権者が侵害者と競合する商品やサービスを提供していたという事案に関するものである[24]。特許権者が特許発明の実施品はおろか，競合品さえ製造販売していなかったという事例では，102条2項の適用が否定されている[25]。また，裁判例の中には，一般論として，特許権者が侵害行為と競合する行為を行っていることが必要であると説くものもある。例えば，知財高判平30・11・20（平30（ネ）10031号）〔原判決（大阪地判平30・3・12（平26（ワ）7604号））を引用〕〔下肢用衣料事件〕は，「同項（102条2項：筆者注）によって推定される特許権者の損害は，推定の前提事実たる侵害者の利益との同質性の観点から，特許権者の販売利益の減少による逸失利益であると解されるから，上記の事情（侵害者による特許権侵害行為がなかったならば利益が得られたであろうという事情：筆者注）が認められるためには，特許権者が自社製品を販売する等して侵害者の製品と市場で競合していることが必要であると解するべきである」と述べている。上述したところに照らし，妥当なものということができる。

(4) 推定の覆滅

(a) 本判決以前の状況

102条2項は法律上の事実推定規定であるから，同条項の適用が認められた場合でも，侵害者が推定事実の不存在，すなわち，特許権者の逸失利益が侵害者利益よりも低額であることを立証すれば，推定を覆滅させることが可能である。従前は，推定の覆滅を認めるためには，侵害者が特許権者の実際の損害額を明らかにし，その額が侵害者利益よりも低額であることを立証しなければならないと解されてお

り＊26，侵害者が特許権者の実際の損害額を立証することは特許権者自身がこれを行う場合と同様に困難であるから，いったん102条2項の推定が認められると，推定の覆滅がほとんど認められないとされていた＊27。しかしながらこのような運用は，特許権者と侵害者の立証負担の公平を図り，妥当な損害額の算定を行うという同条項の趣旨に照らしても妥当なものといい難い＊28。そこで，近時の裁判例，学説では，特許権者の逸失利益が侵害者利益よりも低額となることを示唆する事情を侵害者が立証した場合には，裁判所が当該事情に対応する限度で推定額の一部につき覆滅を認めるという考え方が有力になっていた＊29。このような考え方は，とりわけ平成10年特許法改正により，損害額の割合的な減額調整を可能とする102条1項が導入されたことに伴い，広範な支持を受けるようになっている＊30。

(b) 本判決の判断内容

本判決は，推定の覆滅のあり方について具体的な解釈を示していないが，「特許権者と侵害者の業務態様等に相違が存在するなどの諸事情は推定された損害額を覆滅する事情として考慮される」と述べていることから，これらの事情がある場合には，推定の一部覆滅を認める趣旨であると解することができるであろう。そもそも本判決のように，102条2項の適用を緩やかに認める場合には，推定額が特許権者の逸失利益と乖離する傾向が強くなるため，推定覆滅の場面で損害額の調整を行う必要性が大きくなる＊31。本判決は，102条2項が推定規定にすぎないことを理由に同条項の適用を緩やかに認めているが，これは，同条項の適用を緩やかに認めても，推定の覆滅の場面で個別事情を考慮しつつ細かな調整を行い，妥当な損害額を算定することが可能になるということを前提としたものといえよう。本判決は，本件事案について推定の覆滅を一切認めなかったが，それは，推定の一部覆滅の考え方自体を否定するものではなく，あくまで本件の事実関係に照らせば，「Y製品の販売数に相当する分だけ，X製品の売上げが減少した」といえるから，推定の一部覆滅を認めるべきではないと判断したものと解すべきである＊32。

(c) 本判決後の状況

本判決後の裁判例は，本判決の判断を前提にしつつ，推定の一部覆滅を認める立場をとっている。例えば，知財高判平26・9・11（平26（ネ）10022号）〔電話番号情報の自動作成装置事件〕は，一般論として，「特許法102条2項の規定により損害の額を算定するに当たっては，第1審被告が得た利益のうちに当該特許発明の実施以外の要因により生じたものと認められる部分があるときは，同項による推定を一部覆滅する事情があるものとして，その分の額を損害の額から減ずるのが相当であ

る」と述べたうえで，当該事案に関して，特許発明の技術的意義がさほど高くなく，被告事業による利益に対する特許の寄与が相当限定的であるとして，65％の減額を認めている。その他の裁判例も，特許権者と侵害者の販売態様の相違や特許権者の製品と侵害者の製品の価格差，他の競合品の存在等の事情がある場合に推定の一部覆滅を認めたものが少なくない*33。上述したところに照らし，妥当なものといえよう。

　なお，特許権者と侵害者の実施態様が相違する等の事情により，推定額を減額調整することが適当である場合でも，具体的にどの程度の金額を推定額から控除すべきかを侵害者が主張立証することは困難なことが多い。特許法は，特許権侵害訴訟において，損害が生じたことが認められる場合において，損害額を立証するために必要な事実を立証することが当該事実の性質上極めて困難であるときは，裁判所は，口頭弁論の全趣旨及び証拠調べの結果に基づき，相当な損害額を認定することができるとする（特105条の3参照）。同条項は，特許権者が損害額の立証を行う場合はもちろん，侵害者が推定覆滅のために立証を行う場合にも妥当するものと解するべきであるから，特許権者が侵害者利益の全部に対応する利益を上げることができたと評価し得ない場合であって，侵害者が102条2項の推定額から控除すべき侵害利益分を直接立証することが困難なときは，裁判所が証拠及び弁論の全趣旨に照らして裁量的に控除すべき侵害利益分を算定し，損害額の減額調整を行うべきである*34。上述の裁判例も，証拠及び弁論の全趣旨に照らし，必要に応じて柔軟に損害額の減額調整を行っているように見受けられる。

(5)　Cの損害賠償請求の取扱い

　本件では，Xだけが損害賠償を請求しているが，Cも，日本国内におけるX製品の独占的な販売権者としてX製カセットを販売しているため，Yに対し損害賠償を請求することが可能であると思われる*35。それでは，XとCの損害賠償請求はどのような関係に立つのであろうか。

　本判決の事実認定によれば，Xは，X製品の日本国内での販売に関して，Cとの間で，頻繁に会議を開き，X製品の販売数量の確認，次期販売計画や販促活動の立案，拡販に向けたコンサルティングをし，販売及び販促活動につきCに対する支援を行っていたとのことであるから，XとCは，単なる輸出業者と販売業者の関係ではなく，互いに協働して日本国内でX製品の販売を行う関係にあるということができる。本判決が，XがCを通じてX製品を日本国内で販売していると認定しているのも，このような評価を踏まえたものということができよう。そうだとすると，X

製品の販売による利益はXとCの協働行為により発生するものであり，Yの侵害行為によるX及びCの逸失利益も両者に不可分的に発生するものというべきであるから，XとCの逸失利益は一体的に102条2項の推定の対象となり，両者の損害賠償請求は不真正連帯債権の関係に立つものと解するのが妥当であると思われる[36]。これによれば，Xのみが訴えを提起した本件訴訟においても，XとCの損害額が一体的に認定され，Xの損害額からCの損害分を控除することは認められないものの，YがXに対して損害賠償を支払えば，Cに追加的に損害賠償を支払う必要はなく，CはXに自己の損害分を求償することになる[37]。

【追記】

脱稿後，知財高判令元・6・7（平30（ネ）10063号）〔二酸化炭素含有粘性組成物事件〕に接した。同判決は，本判決の立場を踏襲したうえで，特許法102条2項の趣旨からすれば，同項の推定は侵害行為により侵害者が得た利益の全額に及ぶとしつつ，侵害者の側で，侵害者が得た利益の一部又は全部について，特許権者が受けた損害との相当因果関係が欠けることを主張立証した場合には，その限度で上記推定が覆滅されると判示した。具体的には，①特許権者と侵害者の業務態様等に相違が存在すること（市場の非同一性），②市場における競合品の存在，③侵害者の営業努力（ブランド力，宣言広告），④侵害品の性能（機能，デザイン等特許発明以外の特徴）などの事情を推定覆滅の事情として考慮することができるとした。また，特許発明が侵害品の部分のみに実施されているという事情も推定覆滅の事情として考慮することができるが，そのような事情が存することをもって直ちに推定の覆滅を認めるのではなく，特許発明が実施されている部分の侵害品中における位置付けや当該特許発明の顧客吸引力等の事情を総合的に考慮して覆滅の可否を判断すべきことを明らかにした。

〔注〕

*1　筆者は，本判決について既に検討を行ったことがある（横山久芳「特許法102条2項の適用に関する一考察－ごみ貯蔵器事件知財高裁大合議判決を素材にして－」学習院大学法学会雑誌50巻1号433頁参照）。本評釈はその検討の成果に基づくものである。

*2　逐条解説〔第20版〕325～326頁参照。

*3　設樂隆一「損害(2)－侵害行為により受けた利益」牧野利秋編『裁判実務大系(9)工業所有権訴訟法』331頁，筒井豊「損害(3)－複数の権利の侵害」牧野編・同上344頁，吉原省三「損害(5)－複数の権利者」牧野編・同上365頁，髙松宏之「損害(2)－特許法102

条 2 項・ 3 項」牧野利秋＝飯村敏明編『新・裁判実務大系(4)知的財産関係訴訟法』
307頁，吉川泉「損害 2 －特許法102条 2 項に基づく請求について」牧野利秋ほか編
『知的財産法の理論と実務(2)』276～277頁，佐野信「損害 2 （特許法102条 2 項・ 3
項）」飯村敏明＝設樂隆一編『リーガル・プログレッシブ 3 ・知的財産関係訴訟』217
頁，吉田和彦「損害賠償」高林龍＝三村量一＝竹中俊子編『現代知的財産法講座Ⅱ知
的財産法の実務的発展』169頁，荒井章光「損害賠償(1)」牧野利秋ほか編『知的財産
訴訟実務大系Ⅱ』 7 頁，牧野利秋＝磯田直也「損害賠償(3)」牧野ほか編・同上40頁，
中山信弘＝小泉直樹編『新・注解特許法〔第 2 版〕(中巻)』1894頁〔飯田圭〕，髙部
眞規子『実務詳説　特許関係訴訟〔第 3 版〕』261頁，高林龍『標準特許法〔第 6 版〕』
284頁など参照。

＊ 4 　吉原省三「特許権侵害による損害賠償請求訴訟の要件事実」石黒淳平先生追悼論集
『無体財産権法の諸問題』186頁，同・前掲＊ 3 ・366頁，筒井豊「損害(1)－推定規定
の適用要件」牧野利秋『裁判実務大系(9)工業所有権訴訟法』326～327頁，設樂・前
掲＊ 3 ・331頁，清永利亮「損害(4)－複数の侵害者」牧野編・同上351～352頁，古城
春実「損害賠償請求」西田美昭ほか編『民事弁護と裁判実務(8)〔知的財産権〕』330
頁，髙松・前掲＊ 3 ・308頁，佐野・前掲＊ 3 ・217頁，荒井・前掲＊ 3 ・15頁，中山
＝小泉編・前掲＊ 3 ・1903頁〔飯田〕など参照。

＊ 5 　高林龍「差止請求及び損害賠償請求の要件事実」牧野利秋編『裁判実務大系(9)工業
所有権訴訟法』54頁，清永・前掲＊ 4 ・351～352頁，新保克芳「権利者，侵害者側が
複数の場合の問題点」西田美昭ほか編『民事弁護と裁判実務(8)〔知的財産権〕』338～
339頁，尾崎英男「判批」大場正成先生喜寿記念『特許侵害裁判の潮流』625頁，古城
春実「損害論の現状と展望」塚原朋一＝塩月秀平編『知的財産権訴訟の動向と課題－
知財高裁 1 周年』79頁など参照。

＊ 6 　東京地判昭37・ 9 ・22判タ136号116頁〔元折式銃事件〕，大阪地判昭55・ 6 ・17無
体集12巻 1 号242頁〔表札事件〕，大阪地判昭56・ 3 ・27判工2305の143の63頁〔ヤー
ンクリアラ装置事件〕，大阪地判昭59・ 5 ・31判タ536号382頁〔包装用箱事件〕，東京
地判平元・10・13判工5473の15頁・37頁〔勾配自在形プレキャストコンクリート側溝
Ⅰ・Ⅱ事件〕，東京地判平 2 ・ 2 ・ 9 判時1347号111頁〔クロム酸鉛顔料事件〕，東京
高判平 3 ・ 8 ・29知財集23巻 2 号618頁〔ニブリング金型機構事件〕，福岡高判平 8 ・
4 ・25（平 5 （ネ）780号）〔円筒型長提灯袋製造装置事件〕，東京高判平11・ 6 ・15
判時1697号96頁〔スミターマル事件控訴審〕，大阪地判平13・10・18（平12（ワ）
2091号）〔掘進機事件〕，東京地判平17・ 3 ・10判時1918号67頁〔トンネル断面のマー
キング方法事件〕，東京地判平24・ 5 ・23〔油性液状クレンジング用組成物事件〕な
ど参照。

＊ 7 　吉原・前掲＊ 4 ・193頁（注13），吉原・前掲＊ 3 ・366頁，筒井・前掲＊ 4 ・327
頁，髙松・前掲＊ 3 ・309～310頁，青柳昤子「判批」特許判例百選〔第 3 版〕191
頁，田村善之「特許権侵害に対する損害賠償額の算定に関する裁判例の動向」知管55
巻 3 号367頁，大渕哲也ほか編『専門訴訟講座(6)特許訴訟（上巻）』372頁〔横山久
芳〕，吉田・前掲＊ 3 ・169頁，中山＝小泉編・前掲＊ 3 ・1925～1926頁〔飯田〕など

参照。

*8　牧野＝磯田・前掲＊3・39頁，中山＝小泉編・前掲＊3・1831頁〔飯田〕など参照。

*9　高林龍「特許法102条2項の再定義」中山信弘先生古稀記念『はばたき－21世紀の知的財産法』466頁参照。

*10　京都地判平11・9・9（平8（ワ）1597号）〔サーマルヘッド事件〕，名古屋高金沢支判平12・4・12（平9（ネ）31号・115号）〔新規芳香族カルボン酸アミノ誘導体の製造方法事件〕，東京地判平21・8・27（平19（ワ）3494号）〔経口投与用吸着剤Ⅰ事件〕，東京地判平21・10・8（平19（ワ）3493号）〔経口投与用吸着剤Ⅱ事件〕，傍論であるが，名古屋地判平10・3・6判タ1003号277頁〔示温材料事件〕など参照。

*11　田村善之「判批」知管63巻7号1118頁，大友信秀「判批」特研56号67頁，駒田泰土「判批」判時2205号159頁，鈴木將文「判批」ジュリ1466号275頁，横山・前掲＊1・446～447頁，高部・前掲＊3・263頁，茶園成樹編『特許法〔第2版〕』303頁〔勝久春夫〕参照。

*12　佐野・前掲＊3・222～223頁参照。

*13　高松・前掲＊3・309～310頁参照。

*14　愛知靖之「判批」Ｌ＆Ｔ63号45頁，中山＝小泉編・前掲＊3・1933～1934頁〔飯田〕，高部・前掲＊3・263頁など参照。

*15　例えば，特許権者が取扱代理店に販売しているのに対して，侵害者は一般消費者に対して販売しているという事案（東京地判平11・7・6判時1698号132頁〔悪路脱出具事件〕）や，特許権者は製造業者であるが販売も行っているのに対して，侵害者は小売業者であり販売のみを行っていたという事案（東京高判平16・9・30（平16（ネ）1367号）〔自動弾丸供給機構付玩具銃Ⅱ事件〕，東京高判平16・9・30（平16（ネ）1436号）〔自動弾丸供給機構付玩具銃Ⅲ事件〕），特許権者は販売のみを行っているのに対して，侵害者は製造，販売の双方を行っていたという事案（東京地判平19・9・19（平17（ワ）1599号）〔キー変換式ピンタンブラー錠事件〕）において，102条2項の適用が認められている。

*16　塚原朋一「特許法102条2項の推定規定の適用要件について」竹田稔先生傘寿記念『知財立国の発展へ』311頁は，「本判決は，……損害の態様を明らかにしないで，何らかの損害（逸失利益）があるということを主張立証すれば足りることを前提にしている」と指摘する。

*17　鈴木・前掲＊11・275頁，森本純＝大住洋「判批」知管63巻9号1391頁，塚原・前掲＊16・320頁，牧野＝磯田・前掲＊3・45頁，金子敏哉「日本法における特許権侵害に基づく損害賠償」学会年報41号93頁（注59）参照。

*18　たとえば，大阪地判昭55・10・31無体集12巻2号632頁〔子供乗物用タイヤーの製造方法事件〕は，「一般に，特許権者は，他人が当該特許権侵害により何ほどかの利得を得た場合，これに因り右利得と同額の損失を生じたとみなければならない合理的な理由はない。損害賠償請求の場合に侵害者の利得額即権利者の損害額とみられるのは特許法102条1項（現102条2項：筆者注）所定の推定規定が存するからにほかなら

428　第1部　判例評釈

ないことはいうまでもない」と述べている。

*19　伊藤眞『民事訴訟法〔第6版〕』381～382頁参照。

*20　たとえば，東京地判平10・5・29判時1663号129頁〔O脚歩行矯正具事件〕は，「侵害行為により侵害行為者が得た利益の額を被害者の逸失利益額と推定することによって，権利者の損害証明の方法の選択肢を増やして被害の救済を図るとともに，侵害行為者に推定覆滅のための証明をする余地を残して，権利者に客観的に妥当な逸失利益の回復を得させる点に，実用新案法29条1項（現29条2項：筆者注）の損害額推定規定が設けられた政策的目的があるものと解される。そして，右推定規定の前提には，権利者と競業関係にある侵害行為者が，侵害行為によってある販売収支実績を現実に上げている以上，権利者も同じ販売収支実績を上げうる蓋然性があるとの推定を裏付ける社会的事実の認識があるものと認められる」と述べている。

*21　この点，102条2項を，経験則に基づく一般的な推定規定ではなく，ある種の擬制を含んだ規定と理解する立場においても，そのような擬制を行うには，合理性ないし衡平性の裏付けが必要になるとの指摘がなされている（森田宏樹「損害論からみた特許権侵害に基づく損害賠償」パテ70号14号（別冊18号）62頁参照）。

*22　森本＝大住・前掲＊17・1386頁参照。本判決の裁判長を務めた飯村敏明氏も，本件事案は「原告が自ら日本国内で販売していると評価できるケースであり，そのような事実を前提とするならば，法的争点を回避することができるケースであったともいえる」と述べている（飯村敏明「特許権侵害と損害額の算定」野村豊弘先生古稀記念論文集『知的財産・コンピュータと法』472～473頁（注10）参照）。

*23　学説上も，本判決の射程を限定的に捉える見解が有力である。匿名「判批」L＆T59号66頁，小泉直樹「判批」ジュリ1456号7頁，愛知・前掲＊14・46頁，牧山皓一「特許法102条2項における『特許権者又は専用実施権者の受けた損害』の解釈についての一考察」パテ67巻3号90頁，横山・前掲＊1・446～448頁，高部・前掲＊3・264頁，飯田圭「ごみ貯蔵器事件知財高特判平成25年2月1日と特許法102条2項の適用範囲」パテ70巻14号（別冊18号）18頁など参照。

*24　知財高判平26・9・11（平26（ネ）10022号）〔電話番号情報の自動作成装置事件〕，知財高判平27・4・28（平25（ネ）10097）〔蓋体及びこの蓋体を備える容器事件〕，東京地判平28・3・28（平26（ワ）1690）〔建築用パネル事件〕，東京地判平28・4・15（平26（ワ）33834）〔バリケード用錘事件〕，知財高判平28・10・19（平28（ネ）10047号）〔電気コネクタ組立体事件〕，知財高判平29・10・5（平28（ネ）10074号・10081号）〔原判決（東京地判平28・6・15（平26（ワ）8905号）を引用〕〔窒化ガリウム系化合物半導体発光素子事件〕，知財高判平30・11・20（平30（ネ）10031号）〔原判決（大阪地判平30・3・12（平26（ワ）7604号））を引用〕〔下肢用衣料事件〕参照。

*25　大阪地判平28・9・29（平26（ワ）10739号）〔臀部拭き取り装置事件〕，著作権に関する事件であるが，東京地判平25・7・19（平23（ワ）785号）〔A FLAMING PHOTO事件〕参照。

*26　逐条解説〔第20版〕325頁，吉原・前掲＊3・365頁，中山信弘編『注解特許法〔第

3版〕（上巻）』1033頁〔青柳昤子〕など参照。

*27　田村善之『知的財産権と損害賠償〔新版〕』9頁参照。

*28　髙松・前掲*3・317〜318頁，吉川・前掲*3・279頁など参照。

*29　裁判例として，前掲*15〔悪路脱出具事件〕（通常実施権者の販売分を考慮し，3分の2の覆滅を肯定），前掲*15〔キー変換式ピンタンブラー錠事件〕（特許発明の寄与度や特許権者と侵害者の実施態様の相違，侵害者の知名度等を考慮し，95％の覆滅を肯定），学説として，髙松・前掲*3・318頁，榎戸道也「判批」特許判例百選〔第3版〕195頁，青柳昤子「判批」特許判例百選〔第4版〕173頁，古城春実「判批」同上177頁，大渕ほか編・前掲*7・378頁〔横山〕，吉田・前掲*7・170〜171頁，高林・前掲*9・474〜475頁，高部・前掲*3・265頁，中山＝小泉編・前掲*3・1977頁〔飯田〕など参照。

*30　高林・前掲*9・466頁参照。

*31　森本＝大住・前掲*17・1392頁，駒田・前掲*11・160頁参照。

*32　田村・前掲*11・1119頁，鈴木・前掲*11・275頁，駒田・前掲*11・160頁，横山・前掲*1・455頁参照。

*33　知財高判平25・11・6（平25（ネ）10035号）〔原判決（大阪地判平25・2・28（平21（ワ）10811号）を引用〕〔回転歯ブラシの製造方法及び製造装置事件〕（特許発明の寄与度が製品の他の特徴に比して低いとし，90％の覆滅を肯定），前掲*24〔蓋体及びこの蓋体を備える容器事件〕（代替品の存在，発明の技術的意義，被告製品の形態や機能などを考慮し，85％の覆滅を肯定），前掲*24〔下肢用衣料事件〕（被告製品の素材や価格，不実施の共有特許権者の存在を考慮し，10％の覆滅及び覆滅後の額から共有特許権者に生じた損害分を控除した額を損害額と認定），著作権に関する事件であるが，東京地判平30・6・19（平28（ワ）32742号）〔一竹辻が花事件〕（顧客層，販売価格，販売態様の相違などを考慮し，30％の推定の覆滅を肯定）参照。

*34　鈴木・前掲*11・275頁，横山・前掲*1・457〜458頁参照。

*35　塚原・前掲*16・316頁参照。独占的通常実施権者は侵害者に対して固有の損害賠償請求権を有し，かつ，その損害賠償請求については102条2項の類推適用を認めるという見解が裁判例・学説上多数である（中山＝小泉編・前掲*3・1906〜1907頁〔飯田〕など参照）。

*36　横山・前掲*1・448頁（注30）参照。

*37　これに対し，本判決は，Cの利益額等をXの損害額の推定を覆滅する事情と捉えているから，Yの侵害行為によりXとCにそれぞれ固有の損害が生じるとの理解に立っているように思われる（森田・前掲*21・64頁参照）。仮にそうだとすると，Cは，自己の損害分について，別途，Yに損害賠償を請求することができることとなるが，その場合のCの損害賠償は，X製品の販売に係る逸失利益の賠償を求めるものであろうから，XとCの損害賠償の内容が重複することとなり，Yに過大な損害賠償義務が生じることになろう（塚原・前掲*16・317頁参照）。

430 第1部 判例評釈

33 FRAND 宣言付き標準規格必須特許と権利行使の制限

①事件／知財高裁大合議平成26年5月16日判決
　　　〔平成25年（ネ）第10043号〕
　　　〔判時2224号146頁〕
②事件／知財高裁大合議平成26年5月16日決定
　　　〔平成25年（ラ）第10007号〕
　　　〔判時2224号89頁〕
　　　知財高裁大合議平成26年5月16日決定
　　　〔平成25年（ラ）第10008号〕
　　　〔裁判所ホームページ〕

関西大学法学部教授 **辰 巳 直 彦**

事実の概要

　第3世代携帯システム（3G）の普及と技術の標準化を目的とする民間団体3GPP の結成団体である ETSI（欧州電気通信標準化機関）は標準化に関わる IPR ポリシーを定めている（フランス法に準拠）ところ，それに基づいて UMTS 規格に準拠した必須特許，又はそうなる可能性が高い旨を ETSI の事務局に通知し，公平，合理的かつ非差別的な条件（Fair, Reasonable and Non-Discriminatory terms and conditions）によるライセンスの許諾を宣言（以下，「FRAND 宣言」という。）した者は，ライスセンスを許諾する用意があることにつき取消不能の保証が求められる。Y（三星電子，被告，控訴人）は，わが国において名称を「移動通信システムにおける予め設定された長さインジケータを用いてパケットデータを送受信する方法及び装置」とする特許権（以下，「本件特許権」という。）につき，ETSI の IPR ポリシーに従って FRAND 宣言をしたところ，X（アップル，原告，被控訴人）が原告製品 iPhone 4 等を日本に輸入販売し出したので，YはXを相手に自らの本件特許権を侵害するものとして生産等の差止めを求める2件の仮処分申立てをした（②事件。下記本件製品2及び4については平23（ヨ）22027号事件，別製品である iPhone 4 S については平23（ヨ）22098号事件）。他方，XはYを相手に本件製品1〜4の日本への輸

入販売につき，(1)本件特許権の技術的範囲に属さないこと，(2)ライセンス契約が成立しており非侵害であること，(3)本件特許権が無効理由を有し，特許法104条の3により権利行使が制限されること，また(4)Ｙの権利行使は権利濫用に当たりＸは損害賠償義務を負わないとの消極確認訴訟を提起した（①事件）。なお，ＸＹ間では比較的長期にわたり，本件特許権につき実施料交渉がなされてきたものの合意には至っていない（争点としては，ライセンス契約により適法に生産販売された特許法101号1号に該当する専用部品を購入して，生産販売された完成品について，特許権の消尽の有無も問題になっているが，これは最後に述べる）。

第一審東京地判平25・2・28（（平23（ワ）38969号）判時2186号150頁）は ①事件につき，本件製品2及び4は特許発明の技術的範囲に含まれ，また，特許権には無効理由を認められないが，Ｙが，Ｘに対し，本件 FRAND 宣言に基づくライセンス契約の締結準備段階における重要な情報を相手方に提供し，誠実に交渉を行うべき信義則上の義務に違反していること等を総合すると，ＹがＸに対し，本件特許権に基づく損害賠償請求権を行使することは，権利の濫用に当たるものとして許されないとし，Ｘの請求を認容した。債権者Ｙによる仮処分申立てに係る②事件についても，第一審東京地決平25・2・28（（平23（ヨ）22027号及び同22098号）裁判所ホームページ）は，同様な理由により差止請求権の行使は権利濫用に当たるとして却下決定した。Ｙは控訴し，仮処分についても抗告した。

判　　旨

(1) ① 事 件

知財高判（大合議）平26・5・16は，(1)製品2及び4が特許発明の技術的範囲に入ること，(2)フランス法を準拠法としてライセンス契約は成立していないこと，(3)本件特許権には無効理由は認められないと判示し，そして，(4)本件特許権に基づく損害賠償請求権の法律関係の性質が不法行為であると解され，法の適用に関する通則法（以下，「通則法」という。）17条によってその準拠法が定められることになるが，本件における「加害行為の結果が発生した地の法」（通則法17条）は，本件製品2及び4の輸入販売が行われた地が日本国内であること，わが国の特許法の保護を受ける本件特許権の侵害に係る損害が問題とされていることからすると，本件には日本法が適用されるとした。その上で以下のように判示し，原判決を変更し，請求を一部認容した。

「(ア)　FRAND 宣言された必須特許（以下，FRAND 宣言された特許一般を指す語と

432 第1部 判例評釈

して『必須宣言特許』を用いる。）に基づく損害賠償請求においては，FRAND 条件によるライセンス料相当額を超える請求を許すことは，当該規格に準拠しようとする者の信頼を損なうとともに特許発明を過度に保護することとなり，特許発明に係る技術の社会における幅広い利用をためらわせるなどの弊害を招き，特許法の目的である『産業の発達』（同法1条）を阻害するおそれがあり合理性を欠くものといえる。」

「すなわち，ある者が，標準規格に準拠した製品の製造，販売等を試みる場合，当該規格を定めた標準化団体の知的財産権の取扱基準を参酌して，必須特許について FRAND 宣言する義務を構成員に課している等，将来，必須特許について FRAND 条件によるライセンスが受けられる条件が整っていることを確認した上で，投資をし，標準規格に準拠した製品等の製造・販売を行う。仮に，後に必須宣言特許に基づいて FRAND 条件によるライセンス料相当額を超える損害賠償請求を許容することがあれば，FRAND 条件によるライセンスが受けられると信頼して当該標準規格に準拠した製品の製造・販売を企図し，投資等をした者の合理的な信頼を損なうことになる。必須宣言特許の保有者は，当該標準規格の利用者に当該必須宣言特許が利用されることを前提として，自らの意思で，FRAND 条件でのライセンスを行う旨宣言していること，標準規格の一部となることで幅広い潜在的なライセンシーを獲得できることからすると，必須宣言特許の保有者に FRAND 条件でのライセンス料相当額を超えた損害賠償請求を許容することは，必須宣言特許の保有者に過度の保護を与えることになり，特許発明に係る技術の幅広い利用を抑制させ，特許法の目的である『産業の発達』（同法1条）を阻害することになる。」

「(イ)　一方，必須宣言特許に基づく損害賠償請求であっても，FRAND 条件によるライセンス料相当額の範囲内にある限りにおいては，その行使を制限することは，発明への意欲を削ぎ，技術の標準化の促進を阻害する弊害を招き，同様に特許法の目的である『産業の発達』（同法1条）を阻害するおそれがあるから，合理性を欠くというべきである。標準規格に準拠した製品を製造，販売しようとする者は，FRAND 条件でのライセンス料相当額の支払は当然に予定していたと考えられるから，特許権者が，FRAND 条件でのライセンス料相当額の範囲内で損害賠償金の支払を請求する限りにおいては，当該損害賠償金の支払は，標準規格に準拠した製品を製造，販売する者の予測に反するものではない。」

「したがって，FRAND 宣言をした特許権者が，当該特許権に基づいて，FRAND 条件でのライセンス料相当額を超える損害賠償請求をする場合，そのよう

な請求を受けた相手方は，特許権者がFRAND宣言をした事実を主張，立証をすれば，ライセンス料相当額を超える請求を拒むことができると解すべきである。

これに対し，特許権者が，相手方がFRAND条件によるライセンスを受ける意思を有しない等の特段の事情が存することについて主張，立証をすれば，FRAND条件でのライセンス料を超える損害賠償請求部分についても許容されるというべきである。……（もっとも）……相手方がFRAND条件によるライセンスを受ける意思を有しないとの特段の事情は，厳格に認定されるべきである。」

「ただし，FRAND宣言に至る過程やライセンス交渉過程等で現れた諸般の事情を総合した結果，当該損害賠償請求権が発明の公開に対する対価として重要な意味を有することを考慮してもなお，ライセンス料相当額の範囲内の損害賠償請求を許すことが著しく不公正であると認められるなど特段の事情が存することについて，相手方から主張立証がされた場合には，権利濫用としてかかる請求が制限されることは妨げられないというべきである。」

そして，裁判所は，本件では特段の事情はいずれも認められないとしつつ，権利濫用には当たらないライセンス料相当額の範囲内の損害として，製品2及び4の売上高に，UMTSに準拠していることが売上げに寄与している割合を乗じ，累積ロイヤルティが過大になることを防ぐためにその上限率として5％を乗じ，UMTS規格の必須特許529個で個別割りして算定した995万5854円と，それに対する遅延損害金の額を超えて損害賠償請求権は存在しないことを確認するとの判決を下した。

(2) ② 事 件

知財高決（大合議）平26・5・16は，FRAND宣言された必須特許に基づく差止請求権の行使を無限定に許すことは，損害賠償請求と同様な理由を挙げて「産業の発達」（特1条）を阻害するとした上で，さらに次のように判示してYによる抗告を棄却した。

「相手方を含めてUMTS規格を実装した製品を製造，販売等しようとする者においては，UMTS規格を実装しようとする限り，本件特許を実施しない選択肢はなく，代替的技術の採用や設計変更は不可能である。そのため，本件特許権による差止請求が無限定に認められる場合には，差止めによって発生する損害を避けるために，FRAND条件から離れた高額なライセンス料の支払や著しく不利益なライセンス条件に応じざるを得なくなり，あるいは事業自体をあきらめざるを得なくなる可能性がある。」

「必須宣言特許についてFRAND条件によるライセンスを受ける意思を有する者

434　第1部　判例評釈

に対し，FRAND宣言をしている者による特許権に基づく差止請求権の行使を許すことは，相当ではない。……他面において，UMTS規格に準拠した製品を製造，販売する者が，FRAND条件によるライセンスを受ける意思を有しない場合には，かかる者に対する差止めは許されると解すべきである。……もっとも，……FRAND条件によるライセンスを受ける意思を有しないとの認定は厳格にされるべきである。」

「本件FRAND宣言をしている抗告人による本件特許権に基づく差止請求権の行使については，相手方において，抗告人が本件FRAND宣言をしたことに加えて，相手方がFRAND条件によるライセンスを受ける意思を有する者であることの主張立証に成功した場合には，権利の濫用（民法1条3項）に当たり許されないと解される。」

<hr>
解　　説
<hr>

(1)　特許技術の標準規格必須化の意義と本件判決の意義

　先端技術分野，特に1T分野においては多数の特許技術の集積によって製品等が生産されることが通常である。その場合に，生産事業者は関係特許を有する他社と多数のライセンス契約を締結して実施権を取得し，合意したライセンス料を支払うことを余儀なくされる。その際に特許権者は特許権を背後とする強い交渉力によって高額のライセンス料を求めることがあり，ライセンス候補者である生産事業者は交渉力の弱さから，お手上げ状態で提示された高額のライセンス料を飲み込まざるを得ないという「ホールドアップ」の問題が生じる。しかも，それが多数累積されることにより，ライセンス料（ロイヤルティ）の総額が膨大となる「ロイヤルティ・スタッキング」の問題も生じ（Mark A Lemley and Carl Shapiro, *Patent Holdup and Loyalty Stacking*, 85 TEX L. Rev 1991 (2007)），結局，当該生産事業者は事業を諦めるか，事業から撤退せざるを得なくなる。ところが，こうした状況は競争を減殺することになり好ましくなく，とりわけ，本件のような通信分野に関わる特許に関しては，特許権は特許発明を業として実施する権利とはいえ，特許権者自らの製品間だけで通信が閉じていたのでは意味がなく，他社製品間と互いに通信ができなければならない。そのために通信分野に関わる特許技術については，特許権者はオープン戦略をとることにより当該特許技術が広く標準的なものとして認められ，多数の会社とライセンス契約を締結して，ライセンス料の支払を受けることによって利益の獲得を目指さなければならない。そこで，上記のような「ホールドアップ」や

「ロイヤルティ・スタッキング」の問題を回避し，かつ，特許権者も自らの特許技術が当該分野において必須標準であることが認められ，多数のライセンス契約から生じるネットワーク効果によって多くのライセンシーからライセンス料を取得できるよう，その特許技術の標準化を図る制度として標準化団体が設立され，その規則に従って標準化団体に参加した特許権者がFRAND宣言をなし，それに応じて申込みのあった者に対しては公平，合理的かつ非差別的な条件によるライセンス（実施権）の許諾を促すことにしている。

　ただ，こうした標準化団体の規則に従って参加特許権者がFRAND宣言をなし，それに応じた申込者にライセンスを許諾する場合であっても，私的自治による交渉によってライセンス契約を締結し，ライセンス料を合意することが前提となる。しかし，ケースによっては，なかなか合意に達しないこともあり，本件のように訴訟に発展することもあり，この場合に裁判所としていかなる判決をすべきかが課題となる。ただ，標準化団体の規則に基づきFRAND宣言をした特許権者は，原則として特許権を行使せずにオープンにライセンス契約を締結して自らの技術が標準規格必須特許として認められることが標準化団体に参加したことの意義でもあるので，ライセンス契約交渉がとりあえず挫折し訴訟となったときであっても，裁判所としては，特許権の無制限の行使を認めることは妥当とはいえない。むしろ特許権者が標準化団体に参加してFRAND宣言をしたことの意義を踏まえつつ，特許法の目的を念頭に置き，さらには一旦挫折した交渉であっても当事者が再度交渉の席につくことを促すことができるような枠組みにおいて判決（本稿では，以下，仮処分決定を含めていうことにする）を下すことが望ましいといえる。こうした点を踏まえて，本判決は，わが国で初めてFRAND宣言をした特許権者の特許権行使について，相手方がライセンスを受ける意思がない等の特段の事情のあるときは別として，ライセンス候補者に対して差止請求は権利濫用として認めず（差止請求権の無制限の行使の弊害と，他の事案における従来の裁判例については，田村善之「FRAND宣言をなした特許権に基づく権利行使と権利濫用の成否(4)」NBL1032号（2014年）34頁），また損害賠償請求も実施料相当額の範囲を超えるものについては権利濫用に当たり認められないが，実施料相当額の範囲内であれば認容されるとして特許権行使につき制限的に解したものである。妥当な判決であり，理論上も実務上も先例となるものといえる。

(2)　権利行使制限の理論構成

(a)　契約成立

436 第1部 判例評釈

FRAND宣言をした特許権者の特許権行使を制限する根拠として，従来から(i)ライセンス候補者との契約の成立，(ii)権利濫用又は(iii)独禁法違反があり得る。

まず，本件事案のような場合における契約成立の有無であるが，FRAND宣言をした特許権者は標準化団体との関係においてライセンス候補者に対し，誠実交渉義務を負うことは疑問の余地はないとして，FRAND宣言をした特許権者と第三者たるライセンス候補者との間にライセンス契約又は第三者のための契約が成立していると解されるかどうかであり，本件原告Xもこれを非侵害の理由のひとつとして主張している。本判決は，当事者に争いがなかったフランス法を準拠法として，ライセンス契約の成立には申込みと承諾が必要であるところ，FRAND宣言はライセンス契約の申込みにはならないこと，また，契約の成立には対価が定まっている必要はないにしても，地理的範囲や期間が定まっておらず契約成立の拘束力の範囲が明確でなく，契約が成立したとする場合の互恵条件・標準化団体の指針・IPRポリシーの成立経緯との矛盾を認定して，ライセンス候補者との間にライセンス契約又はライセンス候補者を受益者とする第三者のための契約の成立を否定している（すなわち，ETSIのIPRポリシーの制定過程では「自動ライセンス」を断念した経緯がある）。

他方，学説には契約についても内部関係である当事者間と，外部関係である第三者に対する効力の準拠法を分けて考えるべきであるとし，本件では後者につき日本での特許発明の利用行為に対する特許権の効力の問題と性質決定して，日本法を準拠法として適用されるとして，ライセンス候補者であるXに対して第三者のための契約が成立しているとする見解もある（田村善之「FRAND宣言をなした特許権に基づく権利行使と権利濫用の成否(2)」NBL1029号（2014年）95頁，同・前掲「成否(3)」NBL1031号（2014年）58頁）。しかし，ライセンス契約又は第三者のための契約が成立しているとすると差止請求権を否定することができるにしても，ライセンス料率等の合意はないのであるから，当事者は，結局，さらに進んでこれらを交渉しなければならないであろうし，また，本判決でいう特段の事情があり，特許権者に制限なく特許権行使が認められるべき場合には契約解約等の込み入った手続を踏まなければならないので，あまり有意義でも実際的でもない。また，契約成立を認めると，その強い拘束力を嫌って特許権者はFRAND宣言をなすことを控えることにもなりかねないので，標準化が必要な分野においては契約成立を認定して対応することは実務的にも妥当でないように思われる。

(b) 権利濫用

これに対して本判決は特許権の行使につき権利濫用の法理を適用して制限する。

この法理によると，特許権行使という特許権の効力の問題として「属地主義」の適用の場面であり，また，損害賠償請求については不法行為の効果として通則法17条により「加害行為の結果が発生した地の法」が準拠法となるところ，わが国の法が適用されることになる。そして，差止請求権については，(i)本判決（仮処分決定）は，FRAND宣言付きの特許権につき特許権者の差止請求権を認めることになるとすると，主としてホールドアップとそれがもたらす弊害を挙げて，それが特許法の目的である「産業の発達」を阻害することとなり権利濫用として認容されないとし，また，(ii)損害賠償請求については，ライセンス候補者の投資とFRAND宣言に対する信頼とともに，自らの意思によりFRAND宣言をした特許権者においてはライセンス料相当額の支払を受ければその予想に反することはないことを挙げ，もし損害賠償請求権について実施相当額を超えて認めるとすれば特許発明にかかる技術の幅広い利用を抑制させ，特許法の目的である「産業の発達」を阻害することになり権利濫用として認められないが，実施料相当額の範囲内であれば認容されるとしている。上述(a)のように契約成立を認めることによって処理するよりは，本判決のように権利濫用の法理によると，裁判所としては，とりあえずは，原則として差止請求権を否定し，他方，合理的なライセンス契約が締結されたとした場合のライセンス料相当額の損害賠償を認める判決をした上で，その後については，相手方がライセンスを受ける意思を有しない等の特段の事情がある場合には，特許権者が特許権を全面的に行使することも認め得るという含みをもたせつつ，特許権者がこれを盾とし，一旦挫折したライセンス契約交渉であっても，再度，相手方をライセンス契約交渉のテーブルに着かせ，誠実に交渉を遂行して合意に至らしめる要因を与え得るといえるので妥当である。

　もっとも同じ権利濫用の適用であっても，原判決はFRAND宣言をした特許権者が契約交渉を中断して契約締結準備段階における重要な情報を相手方に提供し，誠実に交渉を行うべき信義則上の義務（「開示義務」及び「誠実交渉義務」）に違反し，特許権行使をすることを権利濫用として，差止請求権はもとより損害賠償請求権も排斥して特許権行使の全面否定を導き出している。しかし，これではライセンス候補者が当然負担を覚悟していたライセンス料支払を免れて利得を得ることにもなり，ことによってはライセンス候補者に逃げ得を許すことになりかねない。たとえ双方が，再度，ライセンス契約交渉の席に着いたとしても，実際には，一度，特許権行使が否定されたことにより特許権者は交渉力において弱い立場に置かれることから，ライセンス候補者の提示する低いライセンス料率を受け入れざるを得ない

438 第1部 判例評釈

という「リバース・ホールドアップ」が生じ，十分な投資回収をなし得ないおそれ
もあろう。確かに，契約準備段階における交渉破棄に関しては契約準備段階におけ
る信義則上の注意義務違反を理由として，判例上，責任が認められている（最判昭
59・9・18判時1137号51頁）。いわゆる契約成立を信頼した相手方に対する「契約締
結上の過失」による責任であるが，この責任は，学説・判例上，損害賠償責任であ
って（前掲最高裁判決は債務不履行責任とするが，反対に契約が成立した場合であっても
交渉段階での説明義務違反の事案において，最判平23・4・22（民集65巻3号1405頁）
は，不法行為責任はともかく，当該契約上の債務の不履行による賠償責任を負うことはな
いとする），本件のように特許権行使の全面的な否定が，当然，論理的に導き出さ
れるわけではない。しかも，わが国の民法上，誠実に契約の成立に努めるべき信義
則上の「誠実交渉義務」は，代金等を含む契約内容についてほぼ合意に達し，正式
契約の締結日が定められるまでに至った段階，すなわち契約締結交渉が締結直前に
まで至った段階においてはじめて当事者が負担するものであって，本件のように未
だ対価等の重要な事項について合意に達していない場合にまで，この義務を課す根
拠が明らかではなく，その意味で原判決は切れはよいが緻密さに欠け，問題がある
といえる。もっとも本判決においても，当事者間においては，信義則上，「誠実交
渉義務」があるとしており，検討を要するが，Yによる義務違反の有無については
言明はなく，また，「適時開示義務」をも肯定しているものの，ライセンス料相当
額の範囲内の損害賠償請求との関係においては義務違反は認められないとしてい
る。結局，本質的な理由としては特許技術の標準規格化と特許権者によるFRAND
宣言の趣旨の観点から，特許権行使を権利濫用として制限するのが妥当であろう。

（c）**独禁法違反**

　さらには，独禁法違反として特許権行使を制限するということもかねてから検討
されてきたし（知的財産研究所編『標準規格必須特許の権利行使に関する調査研究報告
書（2012年）』及び知的財産研究所編『標準規格必須特許の権利行使に関する調査研究報
告書（Ⅱ）』（2013年）参照。和久井理子『技術標準をめぐる法とシステム－企業間協力と
競争，独禁法と特許法の交差』（商事法務，2011年）158頁以下。また，本判決を踏まえて
の評釈として伊藤隆史「標準規格必須特許の権利行使に対する独禁法の適用可能性」ジュ
リ1476号（2015年）100頁参照），本件原告により一審から主張されている。そして，
今日では本判決を受けて公正取引委員会による「知的財産の利用に関する独占禁止
法上の指針」（平成19年2月28日公正取引委員会）が平成28年1月21日に一部改正さ
れるに至っている（この改正の経緯につき，特に改正案との比較検討については泉克幸

「平成28年公正取引委員会知的財産ガイドラインの一部改正についての一考察」特研61号（2016年3月）6頁以下参照）。これによれば、「第3　私的独占及び不公正な取引制限の観点からの考え方」の1(1)オにおいて、「FRAND宣言をした標準規格必須特許を有する者が、FRAND条件でライセンスを受ける意思を有する者に対し、ライセンスを拒絶し、又は差止請求訴訟を提起することや、FRAND宣言を撤回して、FRAND条件でライセンスを受ける意思を有する者に対し、ライセンスを拒絶し、又は差止請求訴訟を提起することは、規格を採用した製品の研究開発、生産又は販売を困難とすることにより、他の事業者の事業活動を排除する行為に該当する場合がある。上記については、自らFRAND宣言をした者の行為であるか、FRAND宣言がされた標準規格必須特許を譲り受けた者の行為であるか、又はFRAND宣言がされた標準規格必須特許の管理を委託された者の行為であるかを問わない」として、「私的独占」に該当することがあるとし、また、「第4　不公正な取引方法の観点からの考え方」の2(4)において特許権の同様な行為は、「規格を採用した製品の研究開発、生産又は販売を困難とすることにより、当該規格を採用した製品の研究開発、生産又は販売を行う者の取引機会を排除し、又はその競争機能を低下させる場合がある」として、私的独占に該当しない場合であっても公正競争阻害性があるときには、「不公正な取引方法」に該当する（一般指定2項、14号）場合があるとしている。

　このような指針は法的拘束力のないとはいえ、FRAND宣言がなされた特許権の行使について私法上の効力を検討にする場合においても考慮に値する。すなわち、本件のように特許権行使が権利濫用とされる事情の下においては、特許権行使、特に差止請求については独禁法違反により私法上も公序に反するとして否定されてよく、私見は独禁法違反につき直接的な私法上の効力を認めるものであるが、そうした立場からは差止請求は独禁法違反を直接の理由として排斥されてもよい。他方、損害賠償請求については、公正取引委員会指針には特に言及はないものの、本判決はXの独禁法違反の主張に対して、ライセンス料相当額の範囲内の損害賠償請求との関係において、Yに独禁法違反はないと判示している。他方、実施料相当額を超える請求については、差止請求と同様に独禁法違反となり得るとも考えられるが、独禁法との関係は今後さらなる検討が必要とされよう。

(3)　主張立証責任及び特段の事情

(a)　抗弁・再抗弁

　本判決（仮処分決定）はFRAND宣言をした特許権者による特許権行使について制限するが、その際の訴訟上の主張立証責任にも触れている。これについては、(i)

差止請求権については，相手方において，①特許権者がFRAND宣言をしたことに加えて，②相手方がFRAND条件によるライセンスを受ける意思を有する者であることを主張立証すれば権利濫用として許されないとする。特許権者が訴訟を提起した場合を想定すると，これらの要件事実は相手方における「抗弁」という位置づけであろう。他方，(ii)損害賠償請求権については，①相手方において，特許権者がFRAND宣言をしたことを主張立証すれば，実施料相当額を超える損害賠償請求は権利濫用として認められないが，②反対に特許権者において，相手方がFRAND条件によるライセンスを受ける意思を有しない等の特段の事情が存することについて主張立証をすれば，FRAND条件でのライセンス料を超える損害賠償請求部分についても許容されるとする。この場合，①の要件事実は相手方の「抗弁」であり，②は特許権者の「再抗弁」となろう。加えて，③FRAND宣言に至る過程やライセンス交渉過程等で現れた諸般の事情を総合した結果，当該損害賠償請求権が発明の公開に対する対価として重要な意味を有することを考慮してもなお，ライセンス料相当額の範囲内の損害賠償請求を許すことが著しく不公正であると認められるなど特段の事情が存することを相手方が主張立証した場合には，権利濫用としてかかる請求が制限されることは妨げられないとする。これは，このような特段の事情がある場合には，特許権者の実施料相当額の範囲内の損害賠償請求さえもが否定され得ることを認めるもので，①に加えて③の要件事実は相手方の「抗弁」という位置づけとなろう（この点については，「知財高裁詳釈（アップル対サムソン（iPhone事件））」L&T64号（2015年）80頁参照）。

(b) **問 題 点**

ところで，まず問題なのは，相手方が「FRAND条件によるライセンスを受ける意思を有する」とはどのような場合をいうのかということである。この点，本件判決最後で，本件についての意見募集の結果として，ライセンス契約を締結する意思のある実施者（willing licensee）に対しては差止請求権を許すべきではなく，ライセンス契約を締結する意思のない実施者（unwilling licensee）には認容されるべきであるとする意見が比較的多く見られたが，どのような場合であればライセンス契約を締結する意思のない実施者（unwilling licensee）とされるべきかについての判断基準の詳細について，軌を一にする意見は見出せなかったと述べている（本控訴審訴訟においては一般からの意見募集，いわゆる日本版アミカスキュリエが行われ注目に値する。この点，小田真明治「知的財産高等裁判所の大合議における意見募集（『日本版アミカスキュリエ』）について」判タ1405号（2014年）116頁参照）。したがって，これ

は今後の判決の積み重ねが必要とされるであろう。ただ，一般的には特許権者による FRAND 宣言があれば，それを知って信頼した事業者が，まずライセンス契約締結の前に，当該特許発明を実施する事業活動について企画して設備投資をなし，生産ラインを整備し，製品まで生産販売することは，標準規格必須特許を採用する他の事業者との競争において当然にあり得ることであり，本件でも原告Xもそのような者である。こうした FRAND 宣言を知って信頼した事業者が，ライセンス契約を締結する意思のない者とされるのはやはり酷であり，その信頼に反することになるので，FRAND 条件によるライセンスを受ける意思を有する者とは，「FRAND 条件によるライセンスを受ける意思を有することが否定されない者」と解すべきであると思われる（田村・前掲「成否（5・完）」NBL1033号（2014年）40頁は「仮定的な意思」でよいとする）。しかし，こうしてライセンス契約締結に先行して特許発明を実施し始めた事業者であっても，特許権者から交渉の催告があれば，適時に応じて交渉を開始すべきであろう。

　他方，特許権者とのライセンス契約交渉に臨んでいる相手方につき，とりあえずは FRAND 条件によるライセンスを受ける意思を有することが否定されない者であっても，交渉過程で必要な事実の開示，ライセンス条件及びその根拠の提示等において重大な信義則違反がある場合や，事業活動における実施能力や実施状況，経営状態や支払能力等の事情を総合的に考慮し，特許権者にライセンス契約の締結を強いることが酷といえる場合には，相手方において実質的にライセンスを受ける意思を有しないか，又はその他の特段の事情があるとして，特許権者の特許権の全面的行使は否定されないと解すべきであろう。これは，上記(a)(ii)②のように，差止請求権につき本判決は「相手方が FRAND 条件によるライセンスを受ける意思を有しない等」の「特段の事情」としており，相手方において FRAND 条件によるライセンスを受ける意思を有しない場合はもちろん，ライセンスを受ける意思を有する場合でもその他の特段の事情があるときにも，特許権者に実施料相当額を超える損害賠償請求も許されると解されるからである。他方，この点，差止請求権については，特許権者に，このようなその他の特段の事情についての主張立証についての言及はなく問題になるが，私見としては同様に解すべきと考える。もっとも，相手方が特許の有効性，必須性又は侵害の有無を争うこと自体は，相手方が FRAND 条件によるライセンスを受ける意思を有することを否定する根拠にはならないといえる。また本判決において，Xはライセンス料の上限の提示に始まり，複数回にわたって算定根拠とともに具体的なライセンス料率の提案を行って交渉を継続してお

442　第1部　判例評釈

り，個々の特許の必須性や重要性について様々な評価が可能なので，ＸＹ間の交渉過程においてライセンス料率に大きな意見の隔絶が長期に存在したとしても，Ｘにおいて FRAND 条件によるライセンスを受ける意思を有しないことを意味しないと認定している。

　次に検討を要するのが，差止請求権と損害賠償請求権では，「FRAND 条件によるライセンスを受ける意思を有する」ことの主張立証責任につき，前者においては相手方が負い，後者においては反対の事実について特許権者が負うとしているが，これをどのように捉えるかである。本件とは異なり，仮に特許権者が同一訴訟で差止請求と損害賠償請求をした場合，「FRAND 条件によるライセンスを受ける意思を有する」ことの主張立証責任の所在が，差止請求と損害賠償請求とでは逆転することになる。これについては，合理的な理由がどの程度存在するのが疑問なしとしないとする見解（田村・前掲「成否（5・完）」NBL1033号（2014年）41頁）や，裁判所としては特許権侵害に対して差止めをほぼ当然に認めるわが国の制度ないし運用のもとで付加的な主張立証責任を特許権者に課すことに躊躇を覚えたとする見解もある（鈴木將文「判例研究－FRAND 宣言された標準規格特許に基づく権利行使」Ｌ＆Ｔ65号（2014年）55頁）。思うに，「FRAND 条件によるライセンスを受ける意思を有する」という要件につき，私見のように「FRAND 条件によるライセンスを受ける意思を有することが否定されない」場合と解すると，相手方において「FRAND 条件によるライセンスを受ける意思を有する」ことを立証することは困難とはいえない。他方，特許権者が「FRAND 条件によるライセンスを受ける意思を有しない」ことを証明することは直接には無理であり，間接事実を挙げて証明しなければならないという困難を伴うといえる。ただ，それは特許権者が FRAND 宣言し，相手方がそれを知り信頼した以上，その信頼に反してはならないとの前提に立つ以上，特許権者にこうした立証上の負担を課せられることは当然といえる。そうであるとすれば，差止請求と損害賠償請求との平仄を合わせるために，双方について，①相手方は，特許権者による権利行使を制限するために「特許権者が FRAND 条件をしたこと」を「抗弁」として主張立証すれば足り，②これに対して，特許権者が特許権の制限のない行使が認められるためには，相手方において「FRAND 条件によるライセンスを受ける意思を有しない等の特段の事情」を「再抗弁」として主張立証する責任を負うとすべきであろう。

　なお，上記(a)(ii)③において，ライセンスを受ける意思のある相手方が，諸般の事情を総合して考慮した結果，実施料相当額の損害賠償請求を許すことが著しく不公

正であることを特段の事情として主張立証したときには，実施料相当額の損害賠償請求も権利濫用として，差止請求権とともに認められないことになる。特許権者において明確にライセンスをする意思がない場合とか，交渉過程において著しい信義則違反がある場合が該当するものと思われるが，本判決においてはこれに該当する事情はないとしている。もっとも，この点の判示は，特段の事情があるときには特許権者の特許権の行使が全面的に否定されることもあるという含みをもたせつつ，相手方がこれを盾とし，特許権者をライセンス契約交渉のテーブルに着かせ，誠実に交渉を遂行して合意に至らしめる要因を与え得るといえるものといえ，妥当であると考える。

(4) 損害賠償額の算定

FRAND宣言された特許権につき，特許権者に実施料相当額の損害賠償を認める場合にも「ホールドアップ」や「ロイヤルティ・スタッキング」の問題を回避することが標準化団体による技術の標準化の趣旨であり，他方では特許権者に正当な代償と標準化団体に参加し，FRAND宣言をすることの意欲が削がれないように図ることが念頭に置かれるべきである。

そのために，「ホールドアップ」との関係では，特許権者の特許技術が標準化されたことの付加的な増加価値は考慮されるべきではないし，また，「ロイヤルティ・スタッキング」との関係においては，累積ライセンス額の上限が設定されるのが通常のようであり，本件では損害賠償を算定する際においても，そのような取扱いをしている。本判決は，これを５％としているが，当事者がそれを争っておらず，また，本件必須特許の保有者でも５％以内とする意見が多いという事情があり，いずれについてもいくらと評価することは困難であろうが，当該分野の実情を考慮するほかはないと思われる。

もっとも，累積ライセンス額の上限は通常は製品出荷価格に対する割合であるとされているようであるが（加藤恒「標準規格形成における特許権の行使」ジュリ1458号23頁），本判決はUMTSに準拠していることにより寄与している割合をさらに乗じている。しかし，これは本件事情のもとでの判断であって，必ずしも製品出荷価格を前提にすることを否定する趣旨ではないように思われるが，もし実施料相当額を低めに認定する配慮があるとすれば問題であろう。

また，本判決は，必須特許全体に対する本件特許の貢献割合として，必須特許の数529で個数割りして最終的な損害額としている。ただ，この点についても，特許の価値は，それぞれ異なるはずであるから，均等にすべての特許を同価値として個

444 第1部 判例評釈

数割りすることについても問題とはいえる。しかし，個別の特許の価値を割り出し，主張立証することは困難であろう。本判決も個々の特許の価値を評価することを否定するものではないと思われるが，必須特許の価値の証明がないから，各特許の価値を同一とみて個数割りをしたものと理解できよう。

(5) 消 尽 論

(a) **判決要旨**

本件では，本件製品に実装されているベースバンドチップは特許製品の生産にのみ用いる物で，第三者が生産し，譲渡すれば特許法101条1号の間接侵害となる専用品（以下，「1号製品」という。）であるが，特許権者YとI（インテル）との契約によってIにより生産，譲渡され，それを原告Xが購入して完成品である本件製品を生産し，譲渡しており，完成品についての特許権の消尽が生じるか否かも争点となっている。この点，本判決は特許権者YとIとの契約は終了していて問題にならないが，念のためにと傍論ながら，仮にライセンス契約が終了しておらず本件ベースバンドチップがその対象になると仮定したとして次のように述べる。すなわち，特許権者又は専用実施権者が，わが国において，1号製品を譲渡した場合には，当該1号製品そのものについては消尽するが，それを用いた本件製品を生産等することについての特許権は消尽しないとし，その場合でも特許権者が完成品の生産者に黙示的であれ承諾をしている場合には侵害とならないとし，この理は，わが国の特許権者（関連会社などこれと同視すべき者を含む）が国外において1号製品を譲渡した場合についても，同様にあてはまると判示した。

そしてYが，Xによる本件製品の生産・販売につき黙示的に承諾しているかは，承諾の権限を通常実施権者Iに付与しているかどうかについて判断すべきであるとし，YとI間のライセンス契約は，(i)Yが有する現在及び将来の多数の特許権を含む包括的なクロスライセンス契約であり，個別の特許権の属性や価値に逐一注目して締結された契約とは考えられないこと，また，(ii)その対象たる物には，Yの特許権との対比において技術的価値や経済的価値の異なる様々なものが含まれ得，そうした物を用いて生産され得る多種多様な製品のすべてについて，Yにおいて黙示的に承諾していたと解することは困難であること，さらには(iii)本件ベースバンドチップを用いた本件製品の製造には，さらに，多々の技術的にも経済的にも重要な価値を有すると認められる部品が必要で，(iv)本件ベースバンドチップの価格と本件製品との間には数十倍の価格差が存在し，また，(v)本件製品はライセンス契約対象商品には含まれていないことを総合考慮するならば，Yが本件製品の生産を黙示的に承

諾していたと認めることはできないとした。

(b) 学　説

　この点，①学説の中には特許製品の一部が譲渡された場合は，端的に完成品の特許権は消尽して製造行為に新たな許諾を必要としないとする説（吉田広志「用尽とは何か－契約，専用品，そして修理と再生産を通して」知的財産法政策学研究6号（2005年）90頁）があるが，②中間説として，1号製品で，その物以外に発明課題の解決に不可欠なものを要しないときには，特許権の行使を制限すべきであるとする説（小松陽一郎「国内消尽論」村林隆一先生傘寿記念『知的財産権訴訟の今日的課題』（青林書院，2011年）1748頁，三村量一「特許権の消尽－方法の発明に係る特許権及びシステム発明に係る特許権の消尽の問題を中心に」高林龍ほか編『現代知的財産法講座(2)知的財産法の実務的発展』（日本評論社，2012年）116頁）もあり，ただ，当該部材が製品全体に占める経済的価値を重視し，それが小さい場合には特許権者に利得機会がまだ充たされておらず，消尽を認めるべきではないとの説（小泉直樹「消尽」ジュリ1448号（2012年）86頁）も見られる。他方，③消尽の適用を否定して，経済的な価値の点で，特許製品の大部分を占める部品を提供した等の特段の事情がある場合に限り，特許製品の製造について黙示の許諾を認めれば足りるとする説（田村善之『特許法の理論』（有斐閣，2009年）272頁，また，田村・前掲「成否(1)」NBL1028号（2014年）27頁も本判決の黙示の承諾による処理に賛成する）もある（学説については，小泉直樹「部材の譲渡と黙示の承諾」ジュリ1471号（2014年）6頁参照）。

(c) 検　討

　ところで，(i)本件ではYは通信方法の発明についても特許権を有しているが，その方法の発明を使用することのできる部品——本件ベースバンドチップがこれに当たる——が適法に生産・譲渡された場合には方法の発明についての特許権は消尽するのか，そして，これを用いた完成品を生産した場合に，完成品に係る特許権も消尽するのかという問題もある。さらに，(ii)特許法101条に該当する部品といっても，1号又は3号の専用品のほかに，同条4号又は5号の多機能品もあるが，これらの場合，消尽はどのように考えるべきかも検討を要する。

　この点，まず，物の発明についての特許権の（国内）消尽に関しては，特許権者等により特許製品が適法に生産され，譲渡された場合には商品の自由な流通の保障と二重利得の禁止を理由として最判平9・7・1（民集51巻6号2299頁〔BBS事件〕）により判例上認められているところである。他方，方法の発明についての特許権に関しては消尽を否定するのが通説である。確かに，方法の特許は，典型的には工場

446 第1部 判例評釈

内での物の製造方法等のように市場での流通ということが問題にならないものが通
常であるので消尽を問題にする余地は小さい。他方，例えば計量方法についての特
許発明について，それを具現した計量器という製品を生産することが可能であり，
これは第三者が生産し，譲渡すれば特許法101条4号又は5号の間接侵害となる
が，特許権者等が生産し，譲渡した場合には，当該計量器の市場での自由な流通の
保障ということが正面から問題になる。この点，知財高判（大合議）平18・1・31
（判時1922号30頁〔インクタンク控訴審事件〕）は，特許権者等が特許発明に係る方法
の使用にのみ用いる物（特101条4号）又はその方法の使用に用いる物（汎用品を除
く）であって，その発明による課題の解決に不可欠な物（同条5号）を譲渡した場
合には，先のBBS最高裁判決と同様に製品の自由な流通の保障と二重利得の禁止
を理由に挙げて，当該方法の特許は消尽するとしており，私見としては正当と考え
る。他方，この事件の上告審判決である最判平19・11・8（民集61巻8号2989頁〔イ
ンクタンク上告審事件〕）は，インクタンクのリサイクル品の譲渡について，諸般の
事情を総合考慮して特許製品と同一性を欠く特許製品が新たに製造されたと認めら
れるときには，特許権者は特許権を行使することが許されるというべきであるとす
る。すなわち，この最高裁判決は特許発明の実施行為としての「生産」については
消尽は生じないことをも前提とするものと解され，とすれば物の発明か，方法の発
明についての特許権かを問わず，第三者が生産し，譲渡すれば101条の間接侵害と
なり得る物で，市場において流通し得るものを，特許権者又は実施権者が生産し，
譲渡した場合には，その物自体が流通する限りでは特許権は消尽するが，それを使
用して第三者が特許製品である完成品を生産する場合には消尽の範囲外であって，
新たに特許権者の承諾（許諾）が必要であると考えざるを得ない。また，これは
101条1号又は3号の専用品であろうと，同条4号又は5号の多機能品であろうと
問うところではないと考えるべきである。ただ，この場合の承諾は特許権者による
ものはもとより，実施権者に承諾の権限が与えられていれば実施権者による承諾で
もよく，黙示の承諾でも十分であろう。そして私見としては，当該部品が特許発明
の技術的特徴を具現する発明の課題の解決に不可欠なものであって，かつ，経済的
価値において完成品の重要な部分を占め，当該部品の技術的価値及び経済的価値に
照らして特許権者は完成品についての特許発明に対する十分な経済的代償を得てい
ると認められる場合には，特許権者等による黙示的な承諾を認定してよいように考
える（上記最判平19・11・8も総合考慮する事情の中に加工・交換された部材の技術的機
能及び経済的価値をも挙げている。また，小松陽一郎「アップル対サムスン（iPhone）事

件-消尽関係」ジュリ1475号（2015年）56頁参照）。もっとも本件において，詳細な事実を挙げて黙示の承諾を否定したことは妥当な認定であるように考える。

(6) 本件後の事案

　本件後，ブルーレイディスク製品に関するFRAND宣言がなされた標準必須特許のパテントプールを管理・運営する被告が，原告の取引先である小売店に対し，原告のブルーレイディスク製品の販売は特許権侵害を構成し，特許権者は差止請求権を有する旨の通知書を送付したことにつき，FRAND条件によるライセンスを受ける意思を有すると認められる原告に差止請求権を行使することは権利濫用として許されず，原告製品を購入した小売店に差止請求権を行使することも権利濫用として許されないところ，これを行使できるかのように告知したことは虚偽事実の告知に当たり，不正競争防止法2条1項14号（現21号）の不正競争に該当するとした東京地判平27・2・18（判時2257号87頁）が出ており興味深い（本事件は公正取引委員会でも審査され，不公正な取引方法14項（競争者に対する取引妨害）に該当し，独禁法19条に違反するが，違法行為が繰り返されるおそれはなく，また，違法結果が残存し競争秩序の回復が不十分とは認められないとして排除措置は必要ないとして終結している）。ただ，また特許技術が「事実上の標準」であって，他の事業者がそれを使わずには市場に参入できない場合に，どのように考えるべきかは今後検討を要するであろう。このような場合には独禁法的な視点が正面から問題になり得るように思われ，また，特許権者に権利行使を控えさせ，ライセンス契約を促す枠組みが必要であるし，訴訟になった場合には権利濫用によって権利行使を制限することが妥当といえる場合もあると考えるが，今後の検討を待ちたい。さらに，一般的に標準化の問題を離れても，特許権やその他の知的財産権の行使が弊害を生じさせる場合には権利濫用により行使を制限すべきことが妥当な場合があり得ると考える。

■参考文献

　本文中のもののほか，本件判決後のものとして以下のものがある。

・加藤恒「アップル対サムスン（iPhone）事件-FRAND」ジュリ1475号（2014年）50頁。

・前田健「〈判例クローズアップ〉FRAND宣言された必須特許権の行使の制限とライセンス料相当額」法教407号（2014年）46頁。

・高林龍「『FRAND宣言』がされた標準化必須特許に基づく差止め・損害賠償請求の制限」平成26年度重判解（ジュリ臨時増刊1479号）（2015年）271頁。

・鈴木將文「標準必須特許の権利行使をめぐる国際動向とわが国の対応」『知的財産紛争の最前線』別冊L＆T4号（2018年）58頁。

448 第1部 判例評釈

34 オキサリプラティヌムの医薬的に安定な製剤——エルプラット事件

知財高裁大合議平成29年1月20日判決
〔平成28年（ネ）第10046号特許権侵害差止請求控訴事件〕
〔判時2361号73頁〕

北海道大学大学院法学研究科教授 **吉 田 広 志**

―――――――――――― 事実の概要 ――――――――――――

　X（一審原告，控訴人，特許権者）は，本件特許権（3547755号）について存続期間の延長登録の出願をしその登録を受けた。本件延長登録の理由となった各処分は，X製品であるエルプラット50，100，200（製品名。以下まとめて「エルプラット」）が対象とされていた。エルプラットは，オキサリプラチン（オキサリプラティヌムと同義である。）を有効成分として含み，結腸癌や膵臓癌に適用される製剤である。

　本件明細書の特許請求の範囲の請求項1の記載は，分説すると次のとおりである。

> A　濃度が1ないし5mg/mlで
> B　pHが4.5ないし6の
> C　オキサリプラティヌムの水溶液からなり，
> D　医薬的に許容される期間の貯蔵後，製剤中のオキサリプラティヌム含量が当初含量の少なくとも95％であり，
> E　該水溶液が澄明，無色，沈殿不含有のままである，
> F　腸管外経路投与用の
> G　オキサリプラティヌムの医薬的に安定な製剤。

　Y（一審被告，被控訴人）は，本件特許権についてXから専用実施権の設定を受けた訴外Aが製造販売する「エルプラット点滴静注液50mg」（エルプラット50），「エ

ルプラット点滴静注液100mg」（エルプラット100）の各後発医薬品として，Y製品
１，２について，厚生労働大臣から医薬品製造販売承認を得た後に薬価基準収載を
受け，これらの販売を開始した。

またYはその後，Aが製造販売する「エルプラット点滴静注液200mg」（エルプ
ラット200）の後発医薬品として，一審被告製品３についても，厚生労働大臣から
医薬品製造販売承認を得た。

Y各製品の組成・性状は，X製品にオキサリプラチンと等量の濃グリセリン（安
定剤）を添加した以外の点で差異はなく，また効能・効果及び用法・用量について
は，それぞれエルプラット点滴静注液のそれと同一である。

またY各製品は，本件発明の構成要件A，同B，同E及び同Fを充足する構成を
備えている。

判　　旨

(1)　特許法68条の２の趣旨

「（筆者注：法68条の２）は，特許権の存続期間の延長登録の制度趣旨が，『政令処
分を受けることが必要であったために特許発明の実施をすることができなかった期
間を回復することを目的とするものである』（ベバシズマブ事件最判（筆者注：最判平
27・11・17民集69巻７号1912頁〔血管内皮細胞増殖因子アンタゴニスト上告審〕＝アバス
チン事件とも））ことに鑑み，存続期間が延長された場合の当該特許権の効力につい
ても，その特許発明の全範囲に及ぶのではなく，『政令で定める処分の対象となっ
た物（その処分においてその物の使用される特定の用途が定められている場合にあって
は，当該用途に使用されるその物）』についての『当該特許発明の実施』にのみ及ぶ
旨を定めるものである。

同条は，……（筆者注：特許発明を実施することができなかった）その範囲を超えて
延長された特許権の効力を及ぼすことは，期間回復による不利益の解消という限度
を超えて，特許権者を有利に扱うことになり，前記の延長登録の制度趣旨に反する
ばかりか，特許権者と第三者との衡平を欠く結果となることから，前記のとおり規
定されたものである。」

(2)　同法68条の２の範囲

「（筆者注：薬機法）の承認処分の対象となった医薬品における，法68条の２の『政
令で定める処分の対象となつた物』及び『用途』は，存続期間が延長された特許権
の効力の範囲を特定するものであるから，特許権の存続期間の延長登録の制度趣旨

450 第1部 判例評釈

……及び特許権者と第三者との衡平を考慮した上で，これを合理的に解釈すべきである。」

「……本件のように医薬品の成分を対象とする物の特許発明について，医薬品としての実質的同一性に直接関わる審査事項は，医薬品の『成分，分量，用法，用量，効能及び効果』である（ベバシズマブ事件最判）ことからすると，これらの範囲で『物』及び『用途』を特定し，延長された特許権の効力範囲を画するのが相当である。

そして，『成分，分量』は，『物』それ自体の客観的同一性を左右する一方で『用途』に該当し得る性質のものではないから，『物』を特定する要素とみるのが相当であり，『用法，用量，効能及び効果』は，『物』それ自体の客観的同一性を左右するものではないが，前記のとおり『用途』に該当するものであるから，『用途』を特定する要素とみるのが相当である。

なお，医薬品医療機器等法所定の承認に必要な審査の対象となる『成分』は，薬効を発揮する成分（有効成分）に限定されるものではないから，ここでいう『成分』も有効成分に限られないことはもちろんである。

以上によれば，医薬品の成分を対象とする物の特許発明の場合，存続期間が延長された特許権は，具体的な政令処分で定められた『成分，分量，用法，用量，効能及び効果』によって特定された『物』についての『当該特許発明の実施』の範囲で効力が及ぶと解するのが相当である……。」

「……相手方（筆者注：第三者）が製造等する製品（以下『対象製品』という。）が，具体的な政令処分で定められた『成分，分量，用法，用量，効能及び効果』において異なる部分が存在する場合には，……存続期間が延長された特許権に係る特許発明の効力は，政令処分で定められた『成分，分量，用法，用量，効能及び効果』によって特定された『物』（医薬品）のみならず，これと医薬品として実質同一なものにも及ぶというべきであり，第三者はこれを予期すべきである……。

したがって，政令処分で定められた上記構成中に対象製品と異なる部分が存する場合であっても，当該部分が僅かな差異又は全体的にみて形式的な差異にすぎないときは，対象製品は，医薬品として政令処分の対象となった物と実質同一なものに含まれ，存続期間が延長された特許権の効力の及ぶ範囲に属するものと解するのが相当である。」

(3) 同法68条の2によって排他的範囲に含まれる類型

「……医薬品の成分を対象とする物の特許発明において，政令処分で定められた

『成分』に関する差異，『分量』の数量的差異又は『用法，用量』の数量的差異のいずれか一つないし複数があり，他の差異が存在しない場合に限定してみれば，僅かな差異又は全体的にみて形式的な差異かどうかは，特許発明の内容……に基づき，その内容との関連で，政令処分において定められた『成分，分量，用法，用量，効能及び効果』によって特定された『物』と対象製品との技術的特徴及び作用効果の同一性を比較検討して，当業者の技術常識を踏まえて判断すべきである。

　上記の限定した場合において，……医薬品として実質同一なものに含まれる類型を挙げれば，次のとおりである。

　すなわち，〔1〕医薬品の有効成分のみを特徴とする特許発明に関する延長登録された特許発明において，有効成分ではない『成分』に関して，対象製品が，政令処分申請時における周知・慣用技術に基づき，一部において異なる成分を付加，転換等しているような場合，〔2〕公知の有効成分に係る医薬品の安定性ないし剤型等に関する特許発明において，対象製品が政令処分申請時における周知・慣用技術に基づき，一部において異なる成分を付加，転換等しているような場合で，特許発明の内容に照らして，両者の間で，その技術的特徴及び作用効果の同一性があると認められるとき，〔3〕政令処分で特定された『分量』ないし『用法，用量』に関し，数量的に意味のない程度の差異しかない場合，〔4〕政令処分で特定された『分量』は異なるけれども，『用法，用量』も併せてみれば，同一であると認められる場合……は，これらの差異は上記にいう僅かな差異又は全体的にみて形式的な差異に当たり，対象製品は，医薬品として政令処分の対象となった物と実質同一なものに含まれるというべきである（なお，上記〔1〕，〔3〕及び〔4〕は，両者の間で，特許発明の技術的特徴及び作用効果の同一性が事実上推認される類型である。）。

　これに対し，前記の限定した場合を除く医薬品に関する『用法，用量，効能及び効果』における差異がある場合は，この限りでない。なぜなら，例えば，スプレー剤と注射剤のように，剤型が異なるために『用法，用量』に数量的差異以外の差異が生じる場合は，その具体的な差異の内容に応じて多角的な観点からの考察が必要であり，また，対象とする疾病が異なるために『効能，効果』が異なる場合は，疾病の類似性など医学的な観点からの考察が重要であると解されるからである。」

(4)　同法68条の2と70条1項の関係

　「法68条の2は，特許権の存続期間を延長して，特許権を実質的に行使することのできなかった特許権者を救済する制度であって，特許発明の技術的範囲を拡張する制度ではない。したがって，存続期間が延長された特許権の侵害を認定するため

452 第1部 判例評釈

には，対象製品が特許発明の技術的範囲（均等も含む。）に属するとの事実の主張立証が必要であることは当然である。」

(5) あてはめ

「本件明細書の前記記載やこれらの出願経過を総合的にみれば，……『該水溶液が，酸性またはアルカリ性薬剤，緩衝剤もしくはその他の添加剤を含まない』ことをも同等の解決手段として示したものである。

以上によれば，本件発明の特許請求の範囲の記載の『オキサリプラティヌムの水溶液からなり』（構成要件Ｃ）との文言は，本件発明がオキサリプラティヌムと水のみからなる水溶液であって，他の添加剤等の成分を含まないことを意味するものと解さざるを得ない。

これに対し，Ｙ各製品は，オキサリプラチンと注射用水のほか，有効成分以外の成分として，オキサリプラチンと等量の濃グリセリンを含有するものであるから，Ｙ各製品は，その余の構成について検討するまでもなく，本件発明の技術的範囲に属さないものといわざるを得ない……。」

（なお，(1)～(5)の見出しは筆者が便宜的に付与した。）

解 説

(1) 存続期間延長制度の趣旨

本判決は，「医薬品，医療機器等の品質，有効性及び安全性の確保等に関する法律」（医薬品医療機器等法とも。以下，「薬機法」）による処分を受けたために特許権の存続期間が延長（現行特67条4項）された特許権の排他的範囲（同法70条1項・68条の2）について，知的財産高等裁判所が大合議をもってその基準を示した判決である。

特許権は，イノヴェーション開発を促進するインセンティヴとして付与される権利である[1]。特許権者は，排他権の庇護の下に事業を行うことで先行投資回収を目論む。しかし特許権は本質的には排他権であり，特許発明の実施それ自体は法的に保証も強要もされない。他方，排他権を付与しても，それだけで産業が活性化することはない。発明は，利用すなわち実施されて初めて現実の産業を振興させ，また，そこで初めて消費者が新規発明の恩恵を受けることができる。したがって特許法は，発明の利用による産業振興を法目的に掲げつつも，法的な効果としては排他権付与に止まり，実施自体は特許権者（市場）に委ねている。

しかし，医薬品のように，薬機法による製造販売承認（以下，特許法67条4項に従

って「処分」，処分を受けた特許権者の製品を「処分対象医薬品」）を受けるために多大
な費用と時間を要するとしてもなお実施をしたいと望む発明は，それだけ特許権者
にとって実施の可能性と必要性が高く，発明の利用による産業振興という特許法の
法目的に照らせば何らかの方法で特別に保護をすべきである。そこで法は，医薬品
等に限っては所定の要件に従って特許権の存続期間を延長し，排他権の下での実施
を実現させることとした（特67条4項）。

　ところで，特許権は本質的に排他権であるため，特許権設定登録後であって未だ
処分が下りず，薬機法等による規制によって特許発明の実施が実現していないとし
ても，法的には，排他権の期間が目減りしているわけではない[2]。しかし，法的
に目減りがしていないにもかかわらず法が存続期間の延長を認めたということは，
単に第三者の実施を禁止するだけでなく，多額の費用を要する処分を伴う医薬品の
製造販売については，他の発明に比べて，排他権の下での実施が期待でき，かつ，
現実の実施が可能となることによって初めてインセンティヴとして機能する点に着
目したからだと考えるべきである[3]。したがって本稿の理解によれば，延長制度
の趣旨は排他権の下での実施を促進するところにある，ということになる。

(2)　特許法68条の2の「効力が及ばない範囲」

　他方，存続期間の延長は，処分対象医薬品の排他権の下での実施を促進する限度
で認めればよいから，当該医薬品としての実施以外の実施については排他権を延長
する必要はない。元々実施が可能だったからである。したがって，延長登録出願そ
して登録の単位は特許権毎としつつも，延長された特許権の排他的効力は，当該処
分の対象となった物及びその用途についての実施以外の実施には及ばないこととし
た（特68条の2）。

　たとえば，クレイムがいわゆる化合物クレイムであった場合，通説的な理解によ
れば，当該化合物を医薬品として実施しようと，食品として実施しようと等しく排
他権の範囲に含まれる。しかし特許法68条の2によれば，処分対象医薬品の実施以
外の実施（たとえば食品）には及ばない。

　医薬の場合は添付文書においてその用途を特定しなければ販売をすることはでき
ないから（薬機法52条[4]），事実上は特許法68条の2かっこ書は常に適用され，処
分の対象となった物および用途以外について及ばないことになる。

　たとえば，化合物クレイムについて第一の用途（たとえば風邪薬）と第二の用途
（たとえば抗癌剤）が順次発見されたとして，それぞれの用途について製造販売した
ければ，薬機法上の処分は別となるから，それぞれの処分が延長登録の対象とな

454 第1部　判例評釈

り，排他権もそれぞれの用途ごとに延長される（特67条の7第1項1号）[5]。医薬において用途が異なるということは，互いに区別することができる別製品であることを意味するから，それぞれにインセンティヴが必要だからである[6]。

　問題は，延長された特許権の排他権の及ぶ範囲である。薬機法上の処分を受けるためには，薬機法14条所定の事項について特定した上で申請しなければならない[7]。すなわち，医薬品を品目毎にいわばピンポイントに特定する必要があり，クレイムという抽象的な文言によってアイディアを保護する特許法とは異なる建付けとなっている。したがって特許法68条の2の条文上は，延長された特許権の効力は「物」の実施以外には及ばないと定められているものの，延長された特許権の排他的範囲は，ある程度の膨らみをもっていると考えられてきた[8]。さもないと，たとえば特許権者が10mgの錠剤について処分を受けたところ，第三者によって9.9mgの同効品が実施された場合に排他権が及ばなければ，実質的にインセンティヴに欠けるからである。

　従来は，対象製品と実質的に同一なものにまで及ぶとする説（実質同一説），実質同一を超え均等物について及ぶ説[9]（均等説），競合関係が認められる範囲にまで及ぶとする説[10]（競合範囲説）（もっとも，各説において各論者が想定する範囲は必ずしも一致するものではなかろう）などが提唱されていた[11]。

　このうち，実質同一説ないし均等説は，延長登録の可否に関する2つの事件（知財高判平21・5・29判時2047号11頁〔医薬（パシーフ事件）〕[12]，知財高判平26・5・30判時2232号3頁〔血管内皮細胞増殖因子アンタゴニスト（アバスチン事件）〕）の傍論部分で触れられてきたものの，これらはいずれも延長登録の可否を問う事案であり，特許権侵害訴訟において言及された裁判例は本判決の原審を除いて例がなく，本件が初めての例となった[13]。

(3)　本判決における特許法68条の2の範囲とあてはめ

　本判決は，判決文上は，延長された特許権の排他的範囲は処分対象医薬品と「実質同一」まで及ぶとしたうえで，均等説を否定している。

　もっとも，延長された特許権の排他的範囲をどのように解釈しようと，当然の前提として，特許発明の技術的範囲＝クレイムの範囲を逸脱することはできないということを忘れてはならない。特許法67条の2に定められた延長制度は，あくまで特許権の延長制度だからである[14,15]。当然のこととはいえ，この点を明言した本判決は評価に値する。

　そして本判決は，特許法70条1項の解釈として，被疑侵害製品はクレイムに含ま

れないと判断している。その理由は，明細書の詳細な説明中に，有効成分であるオキサリプラチン以外の成分を含まない，という点が本件発明の特徴として明示されており，出願経過においても特許権者がそのように解釈できる主張をしていたと評価されたために，有効成分以外にグリセリンを含む被疑侵害物は，クレイムには含まれないというものである。

　これは，判決も述べるとおり，禁反言の法理である。明細書の詳細な説明においてクレイムを限定するような記述がある場合や，出願経過からそのように解釈できる場合は，それに従って限定的に解釈するという事例は枚挙に暇がなく，本判決の判断は従来の判決に比較してなんら飛躍するものではない*16。

　出願人が，有効成分以外を含有しないという排除的な点を発明の特徴として明示的に強調している以上，薬効成分であろうとなかろうと，それ以外の成分を含む医薬をその権利範囲に含めて考えるのは，出願人の行った発明を超えて排他権を認めることになり，インセンティヴとして過剰である。事案に関する裁判所の判断は妥当であろう*17。本件についていえば，被疑侵害者が，特許権者の明細書を正確に読んでいた，と評価するほかない。

　したがって本判決は，厳密には，特許法70条1項の解釈部分が判決理由となり，同法68条の2の解釈は傍論となる*18が，知財高裁大合議判決ということを考えると，同法68条の2に関する先例としての拘束性は強く働くものと予想できる。

　他方，判旨の部分で引用はしなかったが，本判決は，特許法68条の2の解釈について均等論を援用することを否定しているが，これは妥当な判断である。

　特許の世界において「均等」という語は，「近しい関係にあるもの」同士を示す用語としてやや曖昧に用いられているが，最判平10・2・24民集52巻1号113頁〔ボールスプライン軸受上告審〕における「均等論」を本来的なものと考えれば（以下，「本来の均等論」），それが同法68条の2の排他的範囲の画定に援用できないことは当然である。なぜなら，本来の均等論は，クレイムと被疑侵害物という「範囲とピンポイントの包含関係」を問うているのに対して，同法68条の2で援用するとすれば，処分対象医薬品という「ピンポイントを起点として範囲を創出する」ことになり，広すぎる／広すぎないという評価以前に，両者が全く異質の判断となることは当然だからである。この点，延長された特許権の排他的範囲の解釈として「本来の均等論」が援用できないと明言した本判決は論理的であり意義がある*19。

　もっとも，延長された特許権の侵害の場面で均等論が全く出番が無いかというと，そういうわけではない。前述したように，延長された特許権の侵害判断は，被

疑侵害物が特許法68条の2によって効力が及ばない範囲以外の範囲に包含され，かつ，特許クレイムに包含される（すなわち同法70条1項の判断）といういわば二重の要件が要求されるところ，後者の同法70条1項の範囲に含まれるか否かという判断の場面においては，「本来の均等論」の適用は否定されない[20]。均等論によって拡張された排他的範囲はあくまで特許発明の技術的範囲であり，同法68条の2による制限を受ける以外の制限（すなわち均等論の排斥）を受ける根拠がないからである。細かい点ではあるが，この点を明らかにした本判決には意義がある。

(4) 本判決の類型論について

本判決の特徴は，実質同一と評価できる類型〔1〕～〔4〕を例示しているところにある。これは，これまで判決が少なかった特許法68条の2の解釈について，早い段階で基準を示すことで実務家の予測可能性を高めようとする知財高裁の一つの試みであろう[21]。

たとえば，〔2〕公知の有効成分に係る医薬品の安定性ないし剤型等に関する特許発明において，対象製品が政令処分申請時における周知・慣用技術に基づき，一部において異なる成分を付加，転換等しているような場合で，特許発明の内容に照らして，両者の間で，その技術的特徴及び作用効果の同一性があると認められるとき，とはどういう場合であろうか。

これにはまさに，本件被疑侵害物が該当するように思われる（もちろん本件被疑侵害物は，特許法70条1項の解釈において包含されないが）。一般的な医薬品は薬効成分が第一の特徴であるから，被疑侵害物が第一の特徴を処分対象医薬品と変わるところなく発揮すれば，特許権者のインセンティヴを喪失させるほどのフリーライドが生じていると評価できるからである。

もっとも，延長された特許権の排他的範囲は，決してこの4つの類型に限定されるわけではない。本判決も明言するように，この4類型に含まれない場合は，「多角的な観点」および「医学的な観点」から個別に検討を要するとして，排他権が及ぶ可能性を否定していない。したがって本判決は，特許法68条の2の解釈についてオープンな立場を採っている。この点は評価すべきである。この先，医薬がどのような方向に発展していこうとも，それを受け入れる窓口が用意されているからである。

したがって，本判決はいちおう「実質同一」と述べつつ，それはあくまで枕詞にすぎず，競合範囲説自体を否定するものではないと理解すべきであろう[22]。広狭があることはもちろんとしても，類型〔1〕～〔4〕以外に特許法68条の2の範

囲がどこまで広がるかは，今後の事例次第である。

(5) 試論・延長された特許権の排他的範囲

最後に，本稿の余力の許す範囲で，本判決を基に延長された特許権の排他的範囲のあるべき姿を考えていこう。

特許法68条の2が適用されるとはいえ，問題となっているのはあくまで特許権である。たとえば，処分対象医薬品と競合関係にある製品まで排他権が及ぶという競合範囲説についての一つの疑問は，一般の特許権侵害訴訟において侵害を決する場合，そのような評価を裁判所が行っているかという点である。

現実には，少なくとも差止請求については行っていない。特許権は排他権であるから，侵害判断はあくまでクレイムと被疑侵害物の包含関係の評価によって決し，特許権者がどのような発明を実施しているかは侵害判断とは本来無関係である（損害賠償の算定において意味をもつにすぎない）。

たとえば，化合物クレイムの特許権の下でそれを特許権者が潤滑剤として実施している場合，同じ化合物を洗浄剤として実施している第三者に対して，通説的には差止請求が肯定される。その時に，特許権者の潤滑剤と，侵害者の洗浄剤とが競合関係にあるかどうかは，少なくとも差止請求の可否においては判断されない。当否は別として，それが現在の特許制度である。

すなわち特許制度は，排他権をインセンティヴとして付与し，その下で発明が実施されることを期待する制度であるが，そのインセンティヴと，促進された実施とが見合うかどうかは，侵害判断それ自体に影響を与えない制度を採用しているのである[23]。

にもかかわらず，延長された特許権については特許権者がどのような製品を実施しているかが侵害の成否について影響を与えることを是とするのは，なぜだろうか。

理由の一つとして考え得るのは，本稿が提唱するところの，特許権の延長制度は失われた排他的期間の単なる補填ではなく実施の促進だという点である。大きな費用と時間を要する製造販売承認を受けるほどに強く実施を望む場合に限って延長されるのだと考えれば，およそ実施の見込みがない態様まで延長する必要はない，というのはコロラリーである。

したがって，特許権者が受けた処分が風邪薬であった場合，さらにこれを抗癌剤として実施しようとすれば新たに一から製造販売承認を受ける必要があり，実施には相当のハードルを要するから，当面は実施の見込みがないと判断できよう。した

458 第1部 判例評釈

がって，排他的効力を及ぼしめる必要は無いから，特許法68条の2の効力が及ばない場合に該当すると考えるべきである。

他方，いったん風邪薬で処分を受ければ，用量を増減したり，剤型を変更するための承認の手続は最初の承認申請に比べて簡単であるから[24]，このような製品は特許権者によって更なる処分を受けて実施の見込みがある，と説明できる（なお，ここで想定しているクレイムは化合物クレイムである）[25]。そして，いったん特許権者が処分を受ければ，ジェネリック品ならばより簡単に承認を受けることが可能である[26]。したがって，特許権者の実施を促進するには，排他的な保護が必要となる。

すでに述べたように，延長された特許権の排他的範囲について市場における競合関係によって判断するという思考は，特許権者の製品から排他的範囲を考えるという点で一般の特許権侵害とは異質な判断を要求する[27]から，第三者の予測可能性を担保するのに問題なしとしない。競合関係で考えること自体は是としても，裸の状態から競合関係を考えるより，特許制度が排他権＝インセンティヴとして適当と考えている思考方法を援用するべきであろう。延長登録制度はあくまで特許権の延長であり，条文上も，特許法68条の2は排他的効力の及ぶ場合を定めているのではなく，及ばない場合を定めているにすぎない[28]。すなわち，競合関係のある場合に及ぶ，のではなく，競合関係のない場合には及ばないのである。

では，具体的にはどのように判断するか。たとえば，類型〔1〕〔2〕においては，周知慣用技術を付加等することを含むと考えているが，その基準時を政令処分申請時と明言している。

他方，一般の特許権侵害において，被疑侵害物がクレイム記載の要素をすべて含んだうえで，さらにクレイム記載の要素以外の要素[29]を含んでいた（いわゆる外的付加＝利用発明の形態）としても，一般的には排他的範囲に包含されると判断される。このクレイムの要素以外の要素は，出願時ないし特許権者の製品販売時以降に生み出された新たな要素であったとしても，クレイムに包含されるというのが原則であろう（もちろん本件のように，排除的な記載がある場合は別論である）。だとすれば，類型〔1〕〔2〕において，付加された要素が特許権者の政令処分申請時以降に周知慣用となった要素だとしても，延長された特許権の排他的範囲に包含されると考えるべきであろう[30]。

さらに進んで，付加された要素は周知慣用技術に限られず，新たに生み出された要素まで含むという解釈論も可能であろう。すなわち，処分対象医薬品に対して利用発明になるような形態にまで延長された特許権の排他権を及ぼしめる可能性も検

討されるべきであろう。

なぜなら，一般の特許権が，クレイムに対する利用発明の形態にまで排他権が及ぶと解釈されているのは，そこまで排他権を及ぼしめて初めてインセンティヴとして機能すると考えているからである。

もちろん，クレイム解釈の一般論を活用するということは，延長された特許権の排他的範囲を狭める方向にも作用する。禁反言を適用した本判決はまさにその事例だが，他にも，先述の利用発明類型において，処分対象医薬品に新成分を添加した被疑侵害製品について，その新たな成分の添加について明細書に否定的な記載があったり，新成分を添加したことで明細書記載の発明とは別発明と評価できる場合は，特許法70条1項のクレイム解釈として，侵害を否定することも可能だろう。

あるいは，特許権が化合物クレイムだったとして，当該化合物を風邪薬として実施するために処分を受けた特許権者が，当該化合物を抗癌剤として利用した第三者に対して特許権を行使する場合，特許法68条の2ではなく同法70条1項の問題として，当該化合物クレイムが，抗癌剤に対してまで排他権を及ぼしめるべきかどうかを，たとえば実施可能要件やサポート要件で評価するという手法によって，排他権を制限することも可能であろう。化合物クレイムであっても，少なくとも発明の使用については，明細書に具体的に記載された実施態様に限定されるという説も有力である[31]。本稿はこの説に無条件に賛成するわけではないが，「広すぎる」クレイムの限定手法は，同法70条1項においていくらでも採り得るのである。もちろん，これを同法68条の2の問題として扱ってもかまわない。肝心なのは，延長されたのはあくまで特許権であるという点である[32]。

(6) 結語に代えて

知財高裁の示した類型論は，実務的な目安として確かに意義はある。他方で，競合関係説も含めて，クレイム解釈について屋上屋を架しているともいい得る。延長された特許権の排他的範囲も，これまで我々が積み上げてきたクレイム解釈理論の延長線上で処理できればそれに越したことはないのではないか。

なお本稿は，平成29～32年度科学研究費補助金基盤研究（C）「知的財産訴訟における一元的統御と多元分散的統御の最適化」（課題番号17K03499：研究代表者筆者）の成果である。

〔注〕

＊1　田村善之『知的財産法〔第5版〕』（有斐閣，2010年）180～186頁。

460　第1部　判例評釈

＊2　薬機法によって製造販売が禁止されている期間だったとしても，第三者が権原無く特許発明を実施すれば，特許権侵害に問われることに変わりがない。

＊3　田村善之「血管内皮細胞増殖因子アンタゴニスト（アバスチン事件）最判評釈」平成28年度重判解（ジュリ臨時増刊1505号）（2017）280〜281頁，同「特許権の存続期間延長登録制度の要件と延長後の特許権の保護範囲について」知的財産法政策学研究49号（2017年）400〜401頁。

　　萌芽的には，2010年北海道大学サマーセミナー「医薬品発明の保護」（筆者講演），拙稿「医薬（パシーフ事件）評釈」平成21年度重判解（ジュリ臨時増刊1398号）（2010年）304〜305頁。

＊4　正確には，効分類名の明示は厚生労働省薬務局長通知（平成9年4月25日薬発第606号）「医療用医薬品添付文書の記載要領について」及び「医療用医薬品の使用上の注意の記載要領について」（同薬発第607号）による（参考，薬事医療法制研究会編『やさしい医薬品医療機器等法－医薬品・医薬部外品・化粧品編－』（じほう，2015年）120〜136頁）。

＊5　小栗昌平ら『詳説　改善多項制・特許権の存続期間の延長制度』（発明協会，1988年）189〜197頁。

＊6　延長登録の可否をめぐる一連の判決に係る研究は，田村・前掲＊3・知的財産法政策学研究389〜420頁。

＊7　前掲＊4『やさしい医薬品医療機器等法－医薬品・医薬部外品・化粧品編－』102頁の申請書例を参考。

＊8　膨らみがあること自体はもはや通説的であるが，本判決に関連しながら言及する文献として，田村・前掲＊3・知的財産法政策学研究428頁，前田健「本件評釈」L＆T77号（2017年）75〜76頁，平嶋竜太「本件評釈」平成29年度重判解（ジュリ臨時増刊1518号）（2018年）277頁。

＊9　井関涼子「本件判批」法時89巻8号（2017年）14頁注12に詳しく紹介されている。

＊10　田村・前掲＊3・知的財産法政策学研究428頁，前田・前掲＊8・L＆T79頁。

＊11　各説を簡単にまとめたものとして，前田・前掲＊8・L＆T74〜75頁。

＊12　たとえば，前掲〔医薬（パシーフ事件）〕の傍論部分は，概略，「成分，分量，構造，用途によって特定された物」についての実施にのみ及ぶとする。

＊13　なお，延長登録の可否と，延長された特許権の排他的範囲の範囲の関係については詳しく触れる余力はないが，最判平27・11・17民集69巻7号1912頁〔血管内皮細胞増殖因子アンタゴニスト（アバスチン事件）上告審〕は，両者を連動させない判決だという理解が一般的であるように思われる（参考，田村・前掲＊3・重判解280頁，前田・前掲＊8・L＆T73頁など。萌芽的には，2010年北海道大学サマーセミナー「医薬品発明の保護」（筆者講演））。しかし，なお連動説を支持する見解も示されている（篠原勝美「本件判批」知管67巻9号1327頁。高林龍「本件判批」IPジャーナル1号（2017年）36〜37頁も連動説的な見解を示している。立法論だと断った上で，井関・前掲＊9・法時14〜15頁も連動説を志向する）。

＊14　前田・前掲＊8・L＆T78頁，平嶋・前掲＊8・重判解277頁。

*15 逆にいえば，被疑侵害物が処分対象医薬品と特許法68条の２の関係にあるかどうか
という判断と，クレイムに含まれるかどうかという判断は，どちらを先に行ってもか
まわないことになる（参考，平嶋・前掲＊８・重判解277頁。批判的には，篠原・前
掲＊13・知管1329頁）。もっとも，クレイムに含まれるかどうかの判断を先に行った
ほうが効率的だという見解もある（井関・前掲＊９・法時13頁）。

*16 対して岡田吉美「本件評釈」パテ70巻８号111～112頁は反対の見解を採る。

*17 前田・前掲＊８・Ｌ＆Ｔ78頁。なお，本判決の判断を「実質同一の否定」と捉える
見解もある（篠原・前掲＊13・知管1329頁）が，判決文は「技術的範囲に属さない」
と述べていることからそう読むのは困難であるように思われる。

*18 篠原・前掲＊13・知管1330頁，岡田・前掲＊16・パテ111頁，高林・前掲＊13・IP
ジャーナル35～36頁。

*19 前田・前掲＊８・Ｌ＆Ｔ78頁，篠原・前掲＊13・知管1327頁。別の観点から，田
村・前掲＊３・知的財産法政策学研究446～447頁。

*20 田村・前掲＊３・知的財産法政策学研究428頁，平嶋・前掲＊８・重判解277頁。

*21 平嶋・前掲＊８・重判解277頁。

*22 田村・前掲＊３・知的財産法政策学研究450頁，前田・前掲＊８・Ｌ＆Ｔ77頁。

*23 もちろん，開示した範囲に見合ったクレイムかどうかは，サポート要件ないし実施
可能要件という特許性の可否で判断されるが。

*24 前掲＊４『やさしい医薬品医療機器等法－医薬品・医薬部外品・化粧品編－』79～
85頁。たとえば，新用量医薬品は新有効成分含有医薬品に比べて，承認申請の際に必
要な提出資料が相当に少なくて済む。

*25 クレイムがいわゆる剤型クレイムであったり，用法用量を細かく規定した医薬品用
途発明の場合は別論である。

*26 前掲＊４『やさしい医薬品医療機器等法－医薬品・医薬部外品・化粧品編－』79～
85頁。

*27 この点は実質同一説も同様である。これは，実施例を中心に再クレイム化を行う機
能的クレイムの解釈に似ている。

*28 したがって，条文に忠実に理解すると，特許法68条の２は抗弁に当たり被疑侵害者
に証明責任が課されるように思われるが，これを再抗弁（すなわち証明責任は特許権
者）と捉える見解がある（篠原・前掲＊13・知管1329頁）。

*29 医薬品においては，いわゆる有効成分以外の添加剤がこの典型例であろう。添加剤
は，日本薬局方（第十七改正）の製剤総則に定めがある（薬機法41条）（参考，岡
田・前掲＊16・パテ109頁）。

*30 前田・前掲＊８・Ｌ＆Ｔ77号76頁もそれを示唆する。

*31 前田健『特許法における明細書による開示の役割』（商事法務，2012年）381～382
頁。余談であるが，前田は，物質発明を用途に限定して排他的範囲を解釈すべきとい
うのではなく，開示要件の問題であると強調するが，明細書に記載された用途以外の
用途について開示要件を満たさないとするなら，結局，排他的範囲の解釈においても
記載された用途に限定して解釈されることになるのではないかと思われる。したがっ

462 第1部 判例評釈

て本稿では，用途限定的な説として引用しておく。誤解があればそれは筆者の責任である。

*32 なお本稿では，延長制度について，特許権者と第三者の公平ないし衡平の観点について触れていない。これは，特許権の原則的な存続期間である出願から20年という期間それ自体には，立法的に強い意味が込められていないと考えているからである。

特許権はインセンティヴであるが，本来，必要となるインセンティヴは発明毎に千差万別のはずである。存続期間を一律としたのは，インセンティヴとして適当な期間が個別に算定不可能（田村・前掲＊1・『知的財産法』292頁）であるが故の妥協にすぎない。そして出願から20年という期間も，明確な根拠がなく沿革的に定められたものにすぎない（なぜ，出願から19年ではダメなのか？）。

本稿は，出願から20年という「原則」は，それほど強固な理由があって定められたものではないと考えている。したがって，それを基準として第三者との公平を論じることは生産的とは思えない。この問題において第三者に対して配慮すべきなのは，公平ではなく予測可能性であろう。

35 特許権消滅後の審決取消訴訟の訴えの利益と進歩性判断における引用発明の認定——ピリミジン誘導体事件

| 知財高裁大合議平成30年4月13日判決
〔平成28年（行ケ）第10182号・第10184号審決取消請求事件〕
〔裁判所ホームページ〕

大阪大学大学院法学研究科准教授 青 木 大 也

事実の概要

　被告Yは，名称を「ピリミジン誘導体」とする発明について，平成4年5月28日を出願日とする特許を有していた（以下，請求項1に係る発明を本件発明1と呼称し，本件発明1に関する判旨を中心に検討する）。

【請求項1】（本件発明1）
　式（I）：
【化1】

（式中，
　R^1 は低級アルキル；
　R^2 はハロゲンにより置換されたフェニル；
　R^3 は低級アルキル；
　R^4 は水素またはヘミカルシウム塩を形成するカルシウムイオン；
　Xはアルキルスルホニル基により置換されたイミノ基；
　破線は2重結合の有無を，それぞれ表す。）

464 第1部 判例評釈

で示される化合物又はその閉環ラクトン体である化合物。

　原告X₁（個人）は当該特許につき無効審判を請求し，原告X₂は当該審判請求に請求人として参加したが，無効不成立審決を受けたため，審決取消訴訟を提起した。なお，本件が知財高裁に係属中の平成29年5月28日に，本件特許権は存続期間満了により消滅した。

　本件の争点は，①本案前のものとして，原告らにおける訴えの利益の有無，及び，②本件発明に係る進歩性欠如（無効理由1）の有無と，③サポート要件違反（無効理由2）の有無である。このうち，進歩性欠如については，本件発明が，以下の甲1に記載された発明（甲1発明）と，甲2に記載された発明（甲2発明）に基づいて容易に発明をすることができたかが問題となった。

●甲1発明（主引用発明）

甲1発明の化合物

　本件発明化合物である下記ロスバスタチンと比較すると，以下の点が相違点である。

本件発明化合物（ロスバスタチン）

(1-ⅰ)

Xが，本件発明1では，アルキルスルホニル基により置換されたイミノ基であるのに対し，甲1発明では，メチル基により置換されたイミノ基である点

(1-ⅱ)

R^4が，本件発明1では，水素又はヘミカルシウム塩を形成するカルシウムイオンであるのに対し，甲1発明では，ナトリウム塩を形成するナトリウムイオンである点

● 甲2発明

一般式（Ⅰ）

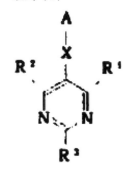

判　旨

1　訴えの利益について

「本件審判請求が行われたのは平成27年3月31日であるから，審判請求に関しては同日当時の特許法（平成26年法律第36号による改正前の特許法）が適用されるところ，当時の特許法123条2項は，『特許無効審判は，何人も請求することができる（以下略）』として，利害関係の存否にかかわらず，特許無効審判請求をすることができる旨を規定していた（なお，冒認や共同出願違反に関しては別個の定めが置かれているが，本件には関係しないので，触れないこととする。この点は，以下の判断においても同様である。）。

このような規定が置かれた趣旨は，特許権が独占権であり，何人に対しても特許権者の許諾なく特許権に係る技術を使用することを禁ずるものであるところから，誤って登録された特許を無効にすることは，全ての人の利益となる公益的な行為で

あるという性格を有することに鑑み，その請求権者を，当該特許を無効にすることについて私的な利害関係を有している者に限定せず，広く一般人に広げたところにあると解される。

そして，特許無効審判請求は，当該特許権の存続期間満了後も行うことができるのであるから（特許法123条3項），特許権の存続期間が満了したからといって，特許無効審判請求を行う利益，したがって，特許無効審判請求を不成立とした審決に対する取消しの訴えの利益が消滅するものではないことも明らかである」。

「被告は，特許無効審判請求を不成立とした審決に対する特許権の存続期間満了後の取消しの訴えについて，東京高裁平成2年12月26日判決を引用して，訴えの利益が認められるのは当該特許権の存在による審判請求人の法的不利益が具体的なものとして存在すると評価できる場合のみに限られる旨主張する。

しかし，特許権消滅後に特許無効審判請求を不成立とした審決に対する取消しの訴えの利益が認められる場合が，特許権の存続期間が経過したとしても，特許権者と審判請求人との間に，当該特許の有効か無効かが前提問題となる損害賠償請求等の紛争が生じていたり，今後そのような紛争に発展する原因となる可能性がある事実関係があることが認められ，当該特許権の存在による審判請求人の法的不利益が具体的なものとして存在すると評価できる場合のみに限られるとすると，訴えの利益は，職権調査事項であることから，裁判所は，特許権消滅後，当該特許の有効・無効が前提問題となる紛争やそのような紛争に発展する可能性の事実関係の有無を調査・判断しなければならない。そして，そのためには，裁判所は，当事者に対して，例えば，自己の製造した製品が特定の特許の侵害品であるか否かにつき，現に紛争が生じていることや，今後そのような紛争に発展する原因となる可能性がある事実関係が存在すること等を主張することを求めることとなるが，このような主張には，自己の製造した製品が当該特許発明の実施品であると評価され得る可能性がある構成を有していること等，自己に不利益になる可能性がある事実の主張が含まれ得る。

このような事実の主張を当事者に強いる結果となるのは，相当ではない」。

「もっとも，特許権の存続期間が満了し，かつ，特許権の存続期間中にされた行為について，何人に対しても，損害賠償又は不当利得返還の請求が行われたり，刑事罰が科されたりする可能性が全くなくなったと認められる特段の事情が存する場合，例えば，特許権の存続期間が満了してから既に20年が経過した場合等には，もはや当該特許権の存在によって不利益を受けるおそれがある者が全くいなくなった

ことになるから，特許を無効にすることは意味がないものというべきである。

　したがって，このような場合には，特許無効審判請求を不成立とした審決に対する取消しの訴えの利益も失われるものと解される」。

　「以上によると，平成26年法律第36号による改正前の特許法の下において，特許無効審判請求を不成立とした審決に対する取消しの訴えの利益は，特許権消滅後であっても，特許権の存続期間中にされた行為について，何人に対しても，損害賠償又は不当利得返還の請求が行われたり，刑事罰が科されたりする可能性が全くなくなったと認められる特段の事情がない限り，失われることはない」。

　「以上を踏まえて本件を検討してみると，本件において上記のような特段の事情が存するとは認められないから，本件訴訟の訴えの利益は失われていない」。

　「なお，平成26年法律第36号による改正によって，特許無効審判は，『利害関係人』のみが行うことができるものとされ，代わりに，『何人も』行うことができるところの特許異議申立制度が導入されたことにより，現在においては，特許無効審判請求をすることができるのは，特許を無効にすることについて私的な利害関係を有する者のみに限定されたものと解さざるを得ない。

　しかし，特許権侵害を問題にされる可能性が少しでも残っている限り，そのような問題を提起されるおそれのある者は，当該特許を無効にすることについて私的な利害関係を有し，特許無効審判請求を行う利益（したがって，特許無効審判請求を不成立とした審決に対する取消しの訴えの利益）を有することは明らかであるから，訴えの利益が消滅したというためには，客観的に見て，原告に対し特許権侵害を問題にされる可能性が全くなくなったと認められることが必要であり，特許権の存続期間が満了し，かつ，特許権の存続期間中にされた行為について，原告に対し，損害賠償又は不当利得返還の請求が行われたり，刑事罰が科されたりする可能性が全くなくなったと認められる特段の事情が存することが必要であると解すべきである」。

2　進歩性について

　「特許法29条1項は，『産業上利用することができる発明をした者は，次に掲げる発明を除き，その発明について特許を受けることができる。』と定め，同項3号として，『特許出願前に日本国内又は外国において』『頒布された刊行物に記載された発明』を挙げている。同条2項は，特許出願前に当業者が同条1項各号に定める発明に基づいて容易に発明をすることができたときは，その発明については，特許を受けることができない旨を規定し，いわゆる進歩性を有していない発明は特許を受

468 第1部 判例評釈

けることができないことを定めている。

上記進歩性に係る要件が認められるかどうかは，特許請求の範囲に基づいて特許出願に係る発明（以下『本願発明』という。）を認定した上で，同条1項各号所定の発明と対比し，一致する点及び相違する点を認定し，相違する点が存する場合には，当業者が，出願時（又は優先権主張日。……）の技術水準に基づいて，当該相違点に対応する本願発明を容易に想到することができたかどうかを判断することとなる。

このような進歩性の判断に際し，本願発明と対比すべき同条1項各号所定の発明（以下『主引用発明』といい，後記『副引用発明』と併せて『引用発明』という。）は，通常，本願発明と技術分野が関連し，当該技術分野における当業者が検討対象とする範囲内のものから選択されるところ，同条1項3号の『刊行物に記載された発明』については，当業者が，出願時の技術水準に基づいて本願発明を容易に発明をすることができたかどうかを判断する基礎となるべきものであるから，当該刊行物の記載から抽出し得る具体的な技術的思想でなければならない。そして，当該刊行物に化合物が一般式の形式で記載され，当該一般式が膨大な数の選択肢を有する場合には，当業者は，特定の選択肢に係る具体的な技術的思想を積極的あるいは優先的に選択すべき事情がない限り，当該刊行物の記載から当該特定の選択肢に係る具体的な技術的思想を抽出することはできない。

したがって，引用発明として主張された発明が『刊行物に記載された発明』であって，当該刊行物に化合物が一般式の形式で記載され，当該一般式が膨大な数の選択肢を有する場合には，特定の選択肢に係る技術的思想を積極的あるいは優先的に選択すべき事情がない限り，当該特定の選択肢に係る具体的な技術的思想を抽出することはできず，これを引用発明と認定することはできないと認めるのが相当である。

この理は，本願発明と主引用発明との間の相違点に対応する他の同条1項3号所定の『刊行物に記載された発明』（以下『副引用発明』という。）があり，主引用発明に副引用発明を適用することにより本願発明を容易に発明をすることができたかどうかを判断する場合において，刊行物から副引用発明を認定するときも，同様である。したがって，副引用発明が『刊行物に記載された発明』であって，当該刊行物に化合物が一般式の形式で記載され，当該一般式が膨大な数の選択肢を有する場合には，特定の選択肢に係る具体的な技術的思想を積極的あるいは優先的に選択すべき事情がない限り，当該特定の選択肢に係る具体的な技術的思想を抽出することは

できず，これを副引用発明と認定することはできないと認めるのが相当である。

そして，上記のとおり，主引用発明に副引用発明を適用することにより本願発明を容易に発明をすることができたかどうかを判断する場合には，①主引用発明又は副引用発明の内容中の示唆，技術分野の関連性，課題や作用・機能の共通性等を総合的に考慮して，主引用発明に副引用発明を適用して本願発明に至る動機付けがあるかどうかを判断するとともに，②適用を阻害する要因の有無，予測できない顕著な効果の有無等を併せ考慮して判断することとなる。特許無効審判の審決に対する取消訴訟においては，上記①については，特許の無効を主張する者（特許拒絶査定不服審判の審決に対する取消訴訟及び特許異議の申立てに係る取消決定に対する取消訴訟においては，特許庁長官）が，上記②については，特許権者（特許拒絶査定不服審判の審決に対する取消訴訟においては，特許出願人）が，それぞれそれらがあることを基礎付ける事実を主張，立証する必要があるものということができる」。

「甲1発明も，……本件発明と技術分野を共通にし，本件発明の属する技術分野の当業者が検討対象とする範囲内のものであるといえる。

また，本件発明1と……甲1発明とを対比すると，……次の【一致点】記載の点で一致し，……近似する構成を有するものであるから，甲1発明は，本件発明の構成と比較し得るものであるといえる」。

「そうすると，甲1発明は，本件発明の進歩性を検討するに当たっての基礎となる，公知の技術的思想といえる。

以上によると，甲1発明は，本件発明についての特許法29条2項の進歩性の判断における主引用発明とすることが不相当であるとは解されない」。

「甲2の一般式（Ⅰ）で示される化合物は，甲1の一般式Ⅰで示される化合物と同様，HMG－CoA還元酵素阻害剤を提供しようとするものであり，ピリミジン環を有し，そのピリミジン環の2，4，6位に置換基を有する化合物である点で共通し，甲1発明の化合物は，甲2の一般式（Ⅰ）で示される化合物に包含される。

甲2には，甲2の一般式（Ⅰ）で示される化合物のうちの「殊に好ましい化合物」のピリミジン環の2位の置換基R^3の選択肢として「$-NR^4R^5$」が記載されるとともに，R^4及びR^5の選択肢として『メチル基』及び『アルキルスルホニル基』が記載されている。

しかし，甲2に記載された『殊に好ましい化合物』におけるR^3の選択肢は，極めて多数であり，その数が，少なくとも2000万通り以上あることにつき，原告らは特に争っていないところ，R^3として，『$-NR^4R^5$』であってR^4及びR^5を『メチ

470 第1部 判例評釈

ル』及び『アルキルスルホニル』とすることは，2000万通り以上の選択肢のうちの一つになる。

また，甲2には，『殊に好ましい化合物』だけではなく，『殊に極めて好ましい化合物』が記載されているところ，そのR³の選択肢として『−NR⁴R⁵』は記載されていない。

さらに，甲2には，甲2の一般式（I）のXとAが甲1発明と同じ構造を有する化合物の実施例として，実施例8（R³はメチル），実施例15（R³はフェニル）及び実施例23（R³はフェニル）が記載されているところ，R³として『−NR⁴R⁵』を選択したものは記載されていない。

そうすると，甲2にアルキルスルホニル基が記載されているとしても，甲2の記載からは，当業者が，甲2の一般式（I）のR³として『−NR⁴R⁵』を積極的あるいは優先的に選択すべき事情を見いだすことはできず，『−NR⁴R⁵』を選択した上で，更にR⁴及びR⁵として『メチル』及び『アルキルスルホニル』を選択すべき事情を見いだすことは困難である。

したがって，甲2から，ピリミジン環の2位の基を『−N（CH₃）（SO₂R'）』とするという技術的思想を抽出し得ると評価することはできないのであって，甲2には，相違点（1−i）に係る構成が記載されているとはいえず，甲1発明に甲2発明を組み合わせることにより，本件発明の相違点（1−i）に係る構成とすることはできない。」

3　サポート要件について

「特許請求の範囲の記載が，サポート要件に適合するか否かは，特許請求の範囲の記載と発明の詳細な説明の記載とを対比し，特許請求の範囲に記載された発明が，発明の詳細な説明に記載された発明で，発明の詳細な説明の記載により当業者が当該発明の課題を解決できると認識できる範囲のものであるか否か，また，その記載や示唆がなくとも当業者が出願時の技術常識に照らし当該発明の課題を解決できると認識し得る範囲のものであるか否かを検討して判断すべきものであると解される（知的財産高等裁判所平成17年（行ケ）第10042号同年11月11日特別部判決参照）」。

「本件発明の課題は，コレステロールの生成を抑制する医薬品となり得る程度に優れたHMG−CoA還元酵素阻害活性を有する化合物，及びその化合物を有効成分として含むHMG−CoA還元酵素阻害剤を提供することである」。

「本件明細書の発明の詳細な説明には，本件発明1の化合物が，コレステロール

の生成を抑制する医薬品となり得る程度に優れた HMG‐CoA 還元酵素阻害活性を有すること，すなわち，本件発明の課題を解決できることを当業者が理解することができる程度に記載されている」。

「原告らは，本件発明１は甲２の一般式（Ⅰ）の範囲に包含されるから，進歩性が認められるためには，甲２の一般式（Ⅰ）の他の化合物に比較し顕著な効果を有する必要があるところ，選択発明としての進歩性が担保できない『コレステロールの生合成を抑制する医薬品となり得る程度』という程度では，本件出願当時の技術常識に比較してレベルが著しく低く不適切である旨主張する。

しかし，サポート要件は，発明の詳細な説明に記載していない発明を特許請求の範囲に記載すると，公開されていない発明について独占的，排他的な権利が発生することになるので，これを防止するために，特許請求の範囲の記載の要件として規定されている（平成６年法律第116号による改正前の特許法36条５項１号）のに対し，進歩性は，当業者が特許出願時に公知の技術から容易に発明をすることができた発明に対して独占的，排他的な権利を発生させないようにするために，そのような発明を特許付与の対象から排除するものであり，特許の要件として規定されている（特許法29条２項）。そうすると，サポート要件を充足するか否かという判断は，上記の観点から行われるべきであり，その枠組みに進歩性の判断を取り込むべきではない。」

解　　説

（1）　はじめに

本判決は，無効不成立審決に対する審決取消訴訟に係る訴えの利益，進歩性に係る判断枠組み，そしてサポート要件に係る判断枠組みについて，知的財産高等裁判所の特別部による判断が下されたものである[1]。以下では，無効不成立審決に対する審決取消訴訟に係る訴えの利益及び進歩性に係る判断枠組みに係る論点を中心に，簡単に検討を加える。

（2）　無効不成立審決に対する審決取消訴訟に係る訴えの利益

（a）　本判決は，判旨１に掲げたとおり，平成26年改正前の特許法の下において，無効不成立審決を受けた審判請求人が審決取消訴訟を提起する場合，たとえ特許権の存続期間が満了し，特許権が消滅していても，原則として訴えの利益が否定されないことを明らかにするとともに，「特許権の存続期間が満了し，かつ，特許権の存続期間中にされた行為について，何人に対しても，損害賠償又は不当利得返還の

472 第1部 判例評釈

請求が行われたり，刑事罰が科されたりする可能性が全くなくなったと認められる
特段の事情が存する場合」には，訴えの利益が失われると判示した。

　本判決はその理由として，平成26年改正前の無効審判は，条文上「何人も」請求
することができるとされていること（旧特許法123条2項。ただし冒認出願や共同出願
違反については別論）から，その公益性を強調し，また特許権消滅後の請求を認め
る特許法123条3項にも言及している。特に前者の理由については，いわゆる客観
争訟としての属性を無効審判に認めるものと指摘され*2，仮に原告自身に特許権
侵害に係る責任の生じる余地がない場合であっても，何人かにそのおそれがあるの
であれば，訴えの利益が認められることになる*3。加えて，被告からの主張に対
する応答として本判決は，訴えの利益を明らかにするうえで，自己の製品の特許権
侵害に係る可能性等，「自己に不利益になる可能性がある事実の主張」を原告に強
いることが適切ではないという点を，実質的理由として指摘している*4。

　一方で，何人も特許権侵害の責任を問われることがない特段の事情がある場合
は，訴えの利益を否定する。そのような場合には，わざわざ裁判所のリソースを投
入してまで決着をつけるべきものとはいえないとの指摘が当たろう*5。この特段
の事情について，本判決は「特許権の存続期間が満了してから既に20年が経過した
場合」を例として挙げるが*6，それ以外にどのような場合が想定されるかは，明
らかではない*7。

　なお，被告の主張にもあるとおり，東京高判平2・12・26無体集22巻3号864頁
〔識別カード〕では，本件同様，無効不成立審決に対する審決取消訴訟係属中に特許
権が存続期間満了により消滅した事例における訴えの利益が問題となったが，裁判
所は，形式的には無効不成立審決が原告無効審判請求人にとって不利なものである
としつつも，それでは訴えの利益を認めるに足りず，「本件審決の取消しによって
回復される実質的な法的利益があることを要」し，「当該特許の有効か無効かが前
提問題となる紛争が生じたこともなく，今後そのような紛争に発展する原因となる
可能性のある事実関係もなく，特許権の存在による法的不利益が現実にも，潜在的
にも具体化しないままに，当該特許権の存続期間が終了した場合等には，当該特許
の無効審判請求は成立しないとした審決の取消しを求める訴えの利益はない」と判
示したうえで，原告が特許コンサルタント業を営む会社であったことなどを認定
し，訴えの利益を否定した。しかし上記裁判例は，平成15年改正前の特許法の下で
の判断であり，当時無効審判については，明文はないものの，その請求には一定の
利害関係が要求されると解されていたことからすると*8，「何人も」無効審判請求

が可能であった平成26年改正前の特許法の下での本判決とは区別することができるだろう*9。

（b）ところで本判決は，傍論として，平成26年改正後の特許法の下における同様の問題についても，判旨に掲げたとおり，概ね何人も，とされていた箇所を，原告の，と書き換える形で，判示している*10。

この点について本判決は，平成26年改正後の特許法123条2項が，利害関係人であることを無効審判請求の要件としている点に注目しており，これを主たる理由として，対応した調整をかけたものと理解される。また，前記(a)で触れた「自己に不利益になる可能性がある事実の主張」を原告に強制するべきではないという実質的理由は，平成26年改正後の特許法においても妥当しよう*11。本判決が原則として広く訴えの利益を認め，かつそれが例外的に否定される特段の事情についても被告特許権者側に主張立証責任を課したと整理されるのであれば*12，上記実質的理由にも配慮しつつ，平成26年改正後の特許法123条2項と整合する規範を導いたものと整理されよう*13。

（3）進歩性に係る判断枠組み

次に，本判決は，判旨2に掲げたとおり，進歩性に係る判断枠組みについて主張立証責任も含めて明らかにしている。その上で，具体的なあてはめにおいて，まず甲1発明を主引用発明とすることを肯定した。しかし甲2発明の認定に関し，甲2発明が一般式で記載されたもので，2000万通り以上の組み合わせがあり得ることを指摘した上で，その中から本件発明と主引用発明との相違点を埋める特定の組み合わせを優先的に選択するとは解されないとして，甲2発明における特定の組み合わせを副引用発明として認定することができないと判示した。

このうち，まず進歩性に係る基本的な判断枠組みについては，特に目新しいものではないとされている*14。

一方で，進歩性判断において刊行物公知の引用発明を検討するに際し，「当該刊行物の記載から抽出し得る具体的な技術的思想でなければならない」としたうえで，「当該刊行物に化合物が一般式の形式で記載され，当該一般式が膨大な数の選択肢を有する場合」について，特定の選択肢に係る技術的思想を積極的・優先的に選択すべき事情がない限り，当該特定の選択肢に係る具体的な技術的思想を抽出することはできないとした点，そしてこれが副引用発明についても同様に解されるとする点は，特定の領域に関するものではあるが*15，引用発明認定の基準に係る一般論として意義があるといえよう*16。議論の構造として，本判決は，主引用発明

474 第1部　判例評釈

と副引用発明を組み合わせによる進歩性判断という類型を採用した場合に，引用発明として認定できるかどうかをまず問うステップを踏むことで，判断の明確化を図っていると評価される*17. *18。この点，従前29条1項3号に係る引用発明が問題となる場合，「特許出願前に頒布された刊行物にある技術的思想が記載されているというためには，特許出願当時の技術水準を基礎として，当業者が刊行物をみるならば特別の思考を要することなく容易にその技術的思想を実施し得る程度に技術的思想の内容が開示されていることが必要である」（東京高判平3・10・1判時1403号104頁〔光学活性置換ベンジルアルコール及びその製造法〕）等といった規範が用いられていたが，本判決における規範との関係は必ずしも明らかではない*19. *20。

　加えて，本判決は進歩性判断に際して考慮される要素についての主張立証責任を明らかにしている。この点についても従前の実務と合致するものとされるが，評価根拠事実と評価障害事実とに分けてこの点を明示したことで，今後の紛争における当事者の訴訟活動の指針になるとの指摘がある*21。

　なお，あてはめを見る限り，問題となった甲2発明は2000万通り以上の組み合わせが想定された上で，結果として副引用発明としての認定が否定されたが，同様の一般式で表されるケースにおいて，どの程度の選択肢があれば「膨大」と整理されるのかについては，明らかではない*22。また，優先的・積極的に選択すべき事情として，本判決のあてはめから逆算すれば，例えば当該特定の組み合わせが実施例として記載されている場合や，「好ましい」等として限定された範囲に当該特定の組み合わせが含まれる場合等が想定されようか*23。

(4)　サポート要件に係る判断枠組み

　最後に，簡単にサポート要件に係る判断枠組みについても言及する。本判決では，サポート要件違反の有無についても争われていたが，この点については，判旨3で掲げたように，本判決はまず，大合議判決である知財高判平17・11・11判時1911号48頁〔偏光フィルムの製造法〕における一般論を引用しており，この点は目新しいところはないであろう。そしてあてはめでは，「コレステロールの生成を抑制する医薬品となり得る程度に優れた」特性を有する化合物等の提供を課題とし，本件発明1の化合物がそれを満たすことが，当業者が理解することができる程度に記載されているとの認定が行われている。

　一方で，被告からは，（被告の主張によれば）進歩性を担保するために必要であるはずの顕著な効果を認めるためには，課題（とその解決方法）において「コレステロールの生合成を抑制する医薬品となり得る程度」というレベル設定では足りない

はずで，サポート要件の判断においてもより高度なものを認定するべきではないか，との主張がなされた。仮にそうだとすると，その高度の課題を解決すると当業者が理解することができる程度の解決方法の記載が必要となるため，サポート要件の充足はより困難になるものと解される[24]。

これに対して本判決は，サポート要件と進歩性要件の趣旨を述べたうえで，「サポート要件を充足するか否かという判断は，上記の観点から行われるべきであり，その枠組みに進歩性の判断を取り込むべきではない」として，被告の主張を退けた。

おそらく同旨を述べていると思われる裁判例として，本件大合議判決の後のものではあるが，知財高判平30・5・24（平29（行ケ）10129号）〔米糖化物並びに米油及び／又はイノシトールを含有する食品〕が挙げられる。この事件で裁判所は，原則として，「記載要件の適否は，特許請求の範囲と発明の詳細な説明の記載に関する問題であるから，その判断は，第一次的にはこれらの記載に基づいてなされるべきであり，課題の認定，抽出に関しても，……同様である」とし，また「サポート要件の適否に関しては，発明の詳細な説明から当該発明の課題が読み取れる以上は，これに従って判断すれば十分なのであって，出願時の技術水準を考慮するなどという名目で，あえて周知技術や公知技術を取り込み，発明の詳細な説明に記載された課題とは異なる課題を認定することは必要でないし，相当でもない」と判示している。

上記に共通するのは，記載要件は記載要件として発明の詳細な説明等の記載で判断し，仮に被告の述べるような疑義がある場合には，進歩性等の別の要件の充足性において検討されるべきとする役割分担の発想であろう[25]。

(5) おわりに

以上のように確認してきたとおり，本判決は大合議判決として，特に，無効不成立審決に対する審決取消訴訟に係る訴えの利益と，進歩性に係る判断枠組みについて，一定の判断を示しており，この点は今後の指針となるであろう。一方で，実際に判断された事項は必ずしも広い射程を有するものでもないようであり，明らかにならなかった周辺領域の議論や，規範のあてはめをめぐっては，今後も議論が続くものと思われる。

〔注〕

＊1　本判決に係る評釈等として，知財高裁詳報・L＆T80号88頁，山田威一郎「本件判批」ぷりずむ16巻189号56頁，加藤浩「本件判批」ぷりずむ16巻190号27頁，生田哲郎

＝佐野辰巳「本件判批」発明115巻8号49頁，井関涼子「本件判批」特研66号60頁，田村善之「本件判批(1)」WLJ判例コラム148号，「同(2)」WLJ判例コラム153号，「同(3)」WLJ判例コラム158号，小泉直樹「本件判批」ジュリ1527号8頁，速見禎祥「本件判批」知管69巻2号275頁，前田健「審決取消訴訟の訴えの利益と進歩性判断における引用発明の認定－ピリミジン誘導体知財高裁大合議判決」L＆T83号16頁，井関涼子「本件判批」平成30年度重判解（ジュリ1531号）258頁がある。

＊2　前田・前掲＊1・21頁，井関・前掲＊1・ジュリ259頁。

＊3　田村・前掲＊1・(1)7頁。

＊4　訴えの利益に関し，職権調査事項でありながら弁論主義が及ぶことを含め，井関・前掲＊1・ジュリ259頁参照。ただし，田村・前掲＊1・(1)11～12頁注12も参照。

＊5　田村・前掲＊1・(1)7頁。また，同7～8頁では，先述の特許権消滅後の無効審判請求を認める特許法123条3項も，その趣旨からすれば，本文のような事実を前提にしてなお無効審判請求を認めるものではないと指摘される。速見・前掲＊1・282～283頁も参照。

＊6　田村・前掲＊1・(1)8頁では，たとえこのような場合であっても，20年経過前に侵害訴訟が提起されている場合等，訴えの利益が認められる場合があると指摘される。

＊7　前田・前掲＊1・22頁では，原告に「自己に不利益となる可能性のある事実」を主張させることが相当でないとの本判決の判示にも鑑み，「具体的な事実認定をしていなくても判断できる事情のみを特段の事情ととらえている」との評価のもと，本文の20年経過以外の事由は想定しがたいと指摘される。

＊8　田村・前掲＊1・(1)4～5頁参照。

＊9　前田・前掲＊1・23頁。

＊10　なお，本判決と同日の知財高判平30・4・13（平28（行ケ）10260号）〔ピリミジン誘導体〕は，平成26年法改正後の特許法が適用される事案であり，実際に本判決の傍論にあたる基準を用いて訴えの利益を肯定しているが，訴えの利益が否定される特段の事情に関しては，簡単にこれを否定するのみである。この事例において原告が「競業する製薬会社」であることを主張していた（それ以外主張されていなかった）点に注目するものとして，田村・前掲＊1・(1)9頁，井関・前掲＊1・ジュリ259頁参照。

＊11　山田・前掲＊1・64頁，井関・前掲＊1・ジュリ259頁参照。

＊12　井関・前掲＊1・ジュリ259頁参照。

＊13　なお，前掲東京高判平2・12・26については，被告が「特段の事情」の具体的な主張立証に成功したゆえの結論であったと整理すると，本判決と整合するものとして理解できると考えられる。前田・前掲＊1・23～24頁参照。

＊14　知財高裁詳報・前掲＊1・96頁，井関・前掲＊1・特研67頁，前田・前掲＊1・26頁参照。

＊15　本判決はあくまで「刊行物に化合物が一般式の形式で記載され，当該一般式が膨大な数の選択肢を有する場合」を明示していることから，刊行物に広範な数値範囲が開示されている中で一部の数値を抽出する等，類似の場合については別論と考えるべきか。速見・前掲＊1・288頁参照。

*16 知財高裁詳報・前掲＊1・96頁参照。

*17 前田・前掲＊1・26頁。加藤志麻子「判批」パテ61巻10号90頁，山田・前掲＊1・65頁も参照。一方で，田村・前掲＊1・(2)11～13頁では，引用発明の認定に係る基準を設けることに反対し，それに至らない抽象的な技術的思想に基づく検討も認められるべきであると指摘される。

*18 なお，田村・前掲＊1・(2)10～11頁では，副引用発明について同様とする点について，主引用発明と副引用発明との組み合わせによる進歩性判断以外にも方法があると考えられることから，たとえ副引用発明として認定できないとしても，進歩性判断において参酌される事情に含まれる余地があるため，その意義には疑問があると指摘される。本判決で明らかにされたことは，あくまで上記のような進歩性判断の類型によって検討する場合に限られると解されようか。

*19 同様と理解するものとして，速見・前掲＊1・286頁。(「従来の基準と整合的にとらえるならば」としつつ) 前田・前掲＊1・25頁も参照。異なると理解するものとして，井関・前掲＊1・特研73～74頁参照。

*20 なお，本判決では「進歩性の判断に際し」との文言が見られるものの，対比対象となるのは29条1項3号に係る「刊行物に記載された発明」であることから，本判決が明らかにした規範は新規性の判断に際しても同様に用いられるとの指摘がある。山田・前掲＊1・65頁，小泉・前掲＊1・9頁，速見・前掲＊1・288頁参照。なお，新規性については別異に解し得ることから留保をつけるものとして，田村・前掲＊1・(2)9～10頁参照。

*21 山田・前掲＊1・67頁参照。

*22 山田・前掲＊1・66頁。なお，この点につき加藤・前掲＊1・35頁では，今後AI技術の進歩により，現時点では「膨大」と評価された「少なくとも2000万通り以上の選択肢」が，いずれに「膨大」と評価されなくなる可能性が示唆されている。同様にAI技術の進歩により，「膨大」と評価されるか否かを問う上記のような基準が意味をもたなくなる可能性を示すものとして，井関・前掲＊1・特研74頁も参照。

*23 速見・前掲＊1・287頁参照。

*24 田村・前掲＊1・(3)4頁参照。

*25 サポート要件で処理する場合と，(新規性や) 進歩性で処理する場合との取扱いの違いを含め，詳細は田村・前掲＊1・(3)5～6頁参照。

■参考文献

　本文に掲げたもののほか，中山信弘＝小泉直樹編『新・注解特許法〔第2版〕（上）』284頁以下〔内藤和彦＝酒井仁郎〕，愛知靖之＝前田健＝金子敏哉＝青木大也『リーガルクエスト知的財産法』43頁〔前田健〕等。

第 2 部

追 悼 の 辞

■日本人（五十音順，敬称略）　　■外国人（アルファベット順，敬称略）

大貫　雅晴	HALEY, John O.
岡田　春夫	賀　湘沙（He, Xiang Sha）
阪口　春男	HEATH, Christopher
角　　和夫	KOPPENSTEINER, Hans-Georg
滝井　朋子	LENZ, Ingeborg
堤　　馨正	MAULANA, Insan Budi
中村　　稔	RAIDL-MARCURE, Elisabeth
畑　　郁夫	STEWART, C.W. Robin
牧野　利秋	WEDLICH, Rainer
	尹　宣熙（YUN, Sunhee）

小野昌延先生を偲んで

GBCジービック大貫研究所代表
前一般社団法人日本商事仲裁協会理事（仲裁担当）兼大阪事務所所長
大 貫 雅 晴

　私は，国際商取引から発生する商事紛争を仲裁や調停により解決する国際
ADR（裁判外紛争解決）機関である日本商事仲裁協会（前国際商事仲裁協会）に
在籍勤務していた。小野昌延先生には，同協会の理事，名簿仲裁人として長
年に亘り貢献していただき，また，同大阪事務所では，企業の国際的知的財
産，国際商事トラブル，紛争の法律相談員として大阪事務所の発展にも随分
貢献していただいた。あるとき，法律相談の後，懇談している中で「最近は
国際商取引問題でも難しい理論に走り勝ちであるが，やはり企業が理解でき
る実務に役に立つ研究が大切だ。」と先生が言っておられたことが今でも印
象に残っており，今でもその言葉を大切にしている。
　個人的な思い出になるが40年以上前のこと，先生が世話役をやっておられ
た某総合商社の国際商取引研究会で勉強しないかとお誘いをうけ研究会に参
加する機会を得た。小野先生は若い世代の人材育成に尽力しておられて，そ
の研究会は若手の第一線の国際関係の弁護士，弁理士，商社マン，外国の弁
護士等が参加しており，大きな刺激，影響をうけた。その時のメンバーとは
現在でも交流があるが，特にその時に知り合ったニュージーランド弁護士ロ
ビン・スチュアート氏とは永年の親友である。彼は当時京都大学大学院に留
学中であったが，小野先生がお世話した海外からの留学生の一人である。こ
の研究会が終了して何年か経過した後に，その当時の研究会のメンバーとと
もに再び研究会を立ち上げた。以来30数年継続しており，現在，関西系企業
法務，弁護士，学者を中心とするメンバーで関西争訟研究会（KDR）として
活発に活動している。

海外からの留学生に関しては，先生は私財を投じて六甲山荘にアジアから
の留学生のための寮を建て，支援活動をしてこられたことは当時新聞にも報
道され，よく知られていることである。その寮のパーティーには何度か参加
させていただいたが，中国，モンゴル，韓国，インドネシア，ドイツ，他の
優秀な人たちと歓談をした思い出がある。先生がその時に，「彼らはアジア
等各国の優秀な人材であり，帰国後，将来は日本との懸け橋になる人材であ
る。」と言われた言葉が印象的であった。

　また，関西を非常に大切にしておられて，関西の国際化に対してはずいぶ
ん熱心で法務省法務総合研究所を関西に誘致することにも尽力をそそいでお
られた。同研究所は，大阪，中之島の検察庁総合ビル２階に設立された。そ
の時も，先生からお誘いを受けていろいろな催しに参加させていただいた。
その後も，その時の縁で同研究所のアジア法整備支援，法律人材育成強化プ
ロジェクトの一環として，中国，ベトナム，カンボジア，モンゴル，ラオ
ス，ミャンマーから派遣された人たちに仲裁，ADR の講義を行った。同研
究所が一昨年（2017年）に東京に移転することになり，通訳ブースを備える
立派な国際会議施設の跡地利用が問題となったが，2018年２月に仲裁施設の
運営や仲裁・ADR の普及啓発などを目的とする一般社団法人日本国際紛争
解決センター（Japan International Dispute Resolution Center, JIDRC）が設立さ
れ，その後同年５月には，同センター大阪事務所が同研究所の跡地に開設，
運営を始めた。同センターの事業目的は，海外，国内の仲裁，ADR 機関が
利用できるグローバルな施設の提供と運営，国際仲裁，ADR などに関する
広報，研究，研修及び，国際仲裁，ADR 等の活性化，担い手となる人材育
成を促進することにある。先生が培ってこられた関西の人材育成，国際化へ
の発展の火は未だ消えていない。

　先生の訃報を知り，ご焼香させていただいたが，そのとき，ご子息から小
野先生の晩年の著書『伝記ブッダ：生きるための救いとは何か？』（ペンネー
ム：吉田恒）を頂戴し，小野先生の思い出とともに興味深く読ませていただ
いた。その本のあとがきには，「……釈尊は，全て生きとし生けるものは苦
のなかにいる。人生は思うままにはならない（苦）というものを直視されま
した。そして『すべてのものは変化する』という真理を基礎に，合理的な体

系を構築されました。そのことから,『日々努力しなければならない』とい
う真理を認識し,それを『実行』されました。釈尊の生き方は,経典の解釈
的相違を超えて,すべて同じです。私に仏教を信じているのかと問われます
と,私はこの釈尊の二つの真理の教えを信じていると答えたいと思います。
そして釈尊の教えが世に広まることを願っています。」と書かれていた。

　私の心に響く言葉である。

アジアの人々との懸け橋

弁護士 **岡 田 春 夫**

　小野昌延先生がお亡くなりになられた。知的財産法の巨星を失い，今更に
その輝きの大きさを再認識しております。

　先生の知的財産法の実務家及び研究者としての偉業は周知であり，あまり
にも大きく，私が触れるには恐れ多く，他の方々にお願いすることにし，私
は，先生とのお付き合いの中で，先生のお人柄を表すうえで，特に印象深か
ったエピソードをお話しできればと思います。それは，『アジア諸国の知的
財産制度－山上和則先生古稀記念』の出版を共同編集させて頂いた時のこと
です。アジア諸国の知的財産制度を紹介する本であったため，アジア各国の
知的財産法の権威の方でご協力頂ける方を探すことから始まりました。先生
は，アジア諸国からの日本への多くの留学生に自宅を下宿として提供され，
援助されておられたこともあり，この多くの留学生が後にそれぞれの国で知
的財産法の大家や政府の高官になっておられました。このため，先生のご紹
介でアジア各国の権威の方を容易に見つけることができ，先生の一言で協力
への快諾を頂けました。

　先生が実務家及び研究者としてご活躍されるなか，アジア諸国と日本の交
流の懸け橋になってこられたことは，先生の素晴らしい人格者としての多面
性を示すよいエピソードと思います。

　このような先生の人格者としてのお人柄は，打ち合わせのため，先生とお
会いさせて頂く私のような後輩への対応にも表れ，先生のお人柄に直接触れ
ることができましたのは，大変幸運であったと思っております。

　アジアの人々との懸け橋となる活動の背後にある先生の壮大な哲学は，当
該本の先生が書かれた前書きの以下の一節によく表れていると思われ，先生

のご遺志を偲んでここに引用させて頂きます。

　　　「真のグローバリズムは，理念として望ましい。しかし日本として
　　は，現実にはそこに行き着くまでの一段階として，むしろ，東アジアと
　　西南アジア及びその周辺国のグループ化が必要である。すなわち，東洋
　　（アセアン＋a）のグループ化が必要である。これを背景に発言しないと，
　　他のアメリカ・ヨーロッパ等を含む場での，アジア諸国の主張は通らな
　　い。」

　今は，知的財産法の発展においてかけがえのない大先生を失ったことを，
ただただ残念に思う気持ちで一杯です。

　先生のご冥福をお祈り申し上げます。

知的財産権関係の第一人者

弁護士 阪 口 春 男

　小野昌延先生にお目にかかったのは，昭和33年7月。当時朝日新聞ビルの7階にあった恩師の角恒三先生の法律事務所であった。

　小野先生は，弁護士になりたての私に対して，「これからの弁護士として一流になるには，専門分野を持ち，その分野で第一人者になることである。」と仰られ，「自分は知的財産権関係の専門家になる。」と宣言された。

　そして，事実その通り実行され，毎日何時間も勉強されていた。

　当時は，多くの弁護士が，「家の明渡訴訟」，「売掛金の回収」，「労使紛争」に全エネルギーを集中していた時代状況の中での宣言であり，60年を経た今日からみれば，小野先生は先見の明があったというべきであろう。

　このような先生に最初に出会ったことが，私の一生の財産になったといっても過言ではない。

　『註解・不正競争防止法』など十数冊の専門書を上梓したこのような先輩がご逝去されたことは，痛恨の極みである。ご冥福をお祈りいたします。

小野昌延先生を偲んで

阪急阪神ホールディングス株式会社代表取締役会長 グループ CEO

角　　　和　夫

　この度，山上和則先生のご依頼により，小野昌延先生の追悼論文集に，追悼文を掲載させていただくことになり，感謝申し上げます。山上先生は，祖父角源泉法律事務所で，父角恒三と同門であられた馬瀬文夫先生の事務所に入所されたご縁で，父恒三の事務所で1955年弁護士のスタートを切られた小野先生の薫陶を受けられたとお聞きしております。

　本来，喜寿記念である『知的財産法最高裁判例評釈大系』に続き，米寿記念論文集の出版準備を進めておられたにもかかわらず，タイトルの変更を余儀なくされましたことは，残念でなりません。

　阪急グループは長年に亘り小野先生に顧問弁護士をお願いし，主に「阪急」名称の保護に関し多大なるお世話になりました。阪急電鉄・阪急百貨店グループで解決いただいた案件は，約200件に上ります。私共のグループは小林一三以来，沿線地域の皆様と共に発展・成長してまいりました。この間，最も重要な経営戦略は如何にお客様に支持・愛される沿線を創り上げるかということだと思います。その意味において，顧客満足度とブランド価値の維持・向上はグループにとって生命線であり，心より感謝申し上げます。

　また，先生の事務所につきましても，1972年4月から2019年2月までの47年間，変わることなく，大阪梅田の阪急ターミナルビルに構えていただきました。御承知の方も多いと思いますが，以前の梅田駅は阪急百貨店の1階部分にありました。というよりは，1910年宝塚線開業の後，1929年に日本で初めて，ターミナルデパートとして阪急百貨店がオープンしました。その後，日本の経済成長と共に，編成両数が長くなり，南は道路，北は国鉄の高架に挟まれ，社運をかけた梅田駅移転工事が1966年神戸線からスタートし，1973

年京都線ホーム完成まで約7年間にわたり施工されました。その時，阪急三番街とターミナルビルが誕生しましたが，今にして思えば今日まで先生にずっと見守っていただいていたような気がいたします。

　三点目の御礼は角源泉が後藤新平の台湾民生長官（後に総督）時代の部下で，台湾で電力関係の仕事をした後，2代目大阪電気局長に就任した当時の御堂筋及び地下鉄御堂筋線の建設に関し，いろいろとお調べいただき，「特許研究第52号」の巻頭言その他でご紹介いただいたことです。事務所に御礼に伺った際，正に喜寿記念紙に写っておられる，優しいお顔でお話を聞かせていただきました。

　父恒三は私が大阪学芸大学（現大阪教育大学）附属池田小学校4年生の時に他界いたしました。労働事件が専門で，阪急の仕事もしておりました関係で，私も阪急に入社し，主に鉄道関係の部門を担当いたしました。父は労使交渉の関係もあり，夜は遅く，朝も遅いという生活で，あまり父との会話は記憶にありませんが囲碁が好きでしたので私も囲碁は生涯の友としております。父とご縁のあった小野昌延先生が他界されましたことは，私にとりましても寂しい限りであります。心よりご冥福をお祈り申し上げます。合掌

その後いかがお過ごしでしょうか
──小野昌延先生を偲ぶ

弁護士 **滝 井 朋 子**

　小野昌延先生が，2018（平成30）年8月6日に亡くなられた。86歳だったとのことである。

　思えば，小野昌延先生と私共夫婦とは，極く若かった時から気の張らないおつきあいをさせていただいてきたのだった。その続きで一声「そちらに移られてその後如何お過ごしですか」とお声かけをしたい気持ちで一杯である。

　小野先輩とお知りあいになった当初は，亡夫・故滝井繁男も私も，未だ京都大学の学生だったと記憶する。亡夫と私とは1957（昭和32）年に共に京都大学法学部に入学し，暫くして，当時於保不二雄教授が大変な御苦労をして立ちあげられたと聞く，法律相談部に参加させていただいていた。小野先生も学生時代はこの部に所属しておられたとのことだが，1955（昭和30）年には既に，司法修習第7期修習の弁護士として登録されていたから，学生の我々から見れば，当時から大先輩であった。しかし暫くして我々も，1961（昭和36）年には京都大学を卒業・司法修習第15期生となり，1963（昭和38）年に同様に大阪弁護士会に登録したので，晴れて小野先生の同職の後輩仲間に加えていただいたのであった。

　このような状況だったから，小野先生と我々夫婦とのおつきあいは，何よりもまず，京都大学の於保教授を共通の師とする，上記の同一の部出身の，かつ同職の先輩後輩として，種々の会合で御一緒させていただいたり，また，こまごまとしたお手伝いをさせていただいたりしたことが中心であった。そのようなおつきあいの中で小野先生が，しみじみとした様子で話され

たのは，御自分が京都大学法学部を2番の成績で卒業されたこと，でき得れ
ばそのお話されていた当時の時点でも京都大学に戻って学者生活に入りたい
と思っているのだということであった。ところがこの点を京都大学の某教授
に相談されたら，「京都大学に戻った，その1番の成績の卒業者がデキが悪
くて困っているのだよ」と話されたとのことで，苦笑いしながら「自分の希
望は諦めた」と話しておられたのが，長年月を経た現在でもよく記憶に残っ
ている。弁護士として立派な業績を残されながらも，学者と見紛う活動をな
されている胸の底には，このような心の軌跡もあったのかと独り納得する思
いがある。

　そうこうして我々も弁護士としての年月を重ねていき，社会の中の裏も表
もひとりでに目に入ってくるようになると，好むと好まざるとに関わらず，
女性が一人前の仕事人と認められるのは至難の技であると認識せざるをえな
い事態に気づかされる。そのような中で，勿論，卒業成績などには全く自信
はないが，勉強でもしなければこの暗闇から抜け出す道はないのではない
か，と思い至らしめられた。そしてその道としては，自分の肉親には理系が
多いことなどからも，知的財産権法関係が適当との結論に至った。この結論
に至って改めて見直してみると，小野先生は正にこの道の大先達であった。
こうした観点からも，改めて先輩小野先生に御相談させていただいたり，教
えていただいたり，時には一緒に仕事をさせていただいたり，という機会が
増えたのである。

　このようにして30年近くが過ぎた頃，一寸した事情から，私共は六甲山に
小さな家を建てることになった。ところが，この話が具体化して場所を確認
したりしていると，偶然に，その近くに小野先生の六甲山の別荘が所在して
いたのであった。すなわち，今度は，小野先生と私共とは，六甲山上での御
近所住まいとなったのである。小野家の方は拙宅より少し奥まで山中に入っ
た木立の中にあり，当方はその手前の自動車行き止まりの所に位置してい
た。そのような関係から，今度は六甲山上でも小野家との行き来が生じた。
尤も当方は，主婦不在でサービス無縁の家庭だから，喜んでお客が来られる

という状態ではなかったが，それでも小野先生は，ドイツから来ていた司法修習生を連れて我が家に泊られたり，神戸大学からの来客と我が家で会ったりされた。それはおそらく，我が家の前までは自動車が入ることができた，という事情によるものであったと思われる。

　この六甲山上での生活では，小野先生の忘れ難い記憶がある。その１つは，先生は竹箒をもってよく落葉掃除をしておられたことである。当方としては，どうせ山の中に住むための家であるのだから，落葉くらいはアクセサリーの一種程度のことと考えて，態々の掃除などはめったにしないのだったが，小野先生はこれを小まめになさっていた。このことを私が言うと，先生は，「実は」と学生時代の話を聞かせて下さった。すなわち，小野先生は，京都大学の学生時代に大学から遠くない東山の大きなお寺に下宿しておられたが，このお寺の広い庭の掃除をすることが毎朝の日課で，これが下宿代であった（と言われたと思う）ので，それが習慣となり，その後も庭掃除は全く苦にならなくなった，とのことであった。この話を聞いて，そういうものかと妙に感心した記憶がある。

　もう１つはこの六甲山の上で経験した大事件と関係する。すなわち，1995年１月７日の阪神淡路大震災発生時には，私は独り滞在していた山の家の寝具の中で，突然の大揺れに打ち起こされた。それまで経験したことのない揺れの大きさだったので恐ろしかったが，程なく，（なるほど，高い所に居るから振れが大きく感じられるのだナ）とひとり納得して，落ちついていた。しかしこの点は，亡夫に，「そんな認識で，よく，知的財産の仕事をしているなどと言えたものだ」と呆れられて恥をかいたことが忘れられない。それはさておき。六甲山上の小野先生宅も被害にあわれた御様子だった。伺うと御家族で右往左往しながらあちこちの点検・手当てをしておられたが，その中で小野先生はローカに膝をついてガムテープ張りをしておられる。何をしておられるのかを尋ねると，「ローカが横に広がって，板と板の間に隙間ができたので，ガムテープを張ってその隙間をふさいでいるのだ」とおっしゃった。なるほど，見るとローカに張ってある長板が横方向に引っ張られて，その間に

少なからぬ間隙が生じていた。小野先生は，この隙間の上に一枚一枚ガムテープを張っておられるのだった。合理的といえば合理的だが，天下の大先生が身をかがめて一つ一つ進めていく仕事とも思えず，思わず感嘆の声を発してしまったのを覚えている。

　晩年の小野先生は，一日おきの透析を欠かせず，苦にしながらも勤勉にこれを実行しておられた御様子だった。そしてその中でも時間の許す際には，大阪弁護士会の知的財産委員会に出席してお目にかかる機会を与えて下さった。このため，割合に近い時期までお目にかかれていた感じがする。最後まで，大先生であることなどは全く意識させずに，大事小事の差別をせずに，なすべきことは一つ一つ誠実に実行するという生き方を貫かれた御一生だったと感じ入っている昨今である。そのことが何故か，大震災直後のローカのガムテープ張りのお姿と重なって思い出され，「先生，その後はいかがお過ごしでしょうか」とお声かけしたい気持ちにさせられるのである。大学者であり大弁護士であられたのに，気取りのない暖かなお人柄であったことを改めて偲ぶ想いである。

小野昌延先生との思い出

弁護士・弁理士 堤　馨正

　私は，現在，弁護士登録10年目の弁護士で，同期5名で事務所を経営しております。晩年の小野先生との交流は，私の事務所の弁護士全員にとってかけがえのない経験でした。

　小野先生は弁護士として60年以上活躍されたわけですから，小野先生と比べると我々はまだまだ若輩者です。我々の事務所と同じビルの我々の事務所の隣の部屋には小野先生のお名前が刻印された看板が掲げられていました。当時我々は，知的財産法の事件は全く扱っていませんでしたが，知的財産法の大家でいらっしゃる小野昌延先生のお名前はもちろん存じ上げておりました。我々は，高名な小野先生とお会いできるかもしれない，と密かに楽しみにしておりました。しかし，小野先生は，他のビルに事務所を構えておられ，我々の事務所が入っているビルの部屋を使用されることはあまりなかったようでした。ですので，我々が小野先生にお会いする機会は長らくありませんでした。

　そんな我々が小野先生と知り合う機会を得たのは，2016年10月でした。小野先生から，小野先生が使用しておられた部屋を，我々に譲りたいと声をかけて頂いたのでした。当時我々は，事務所を拡大する予定でした。ですので，小野先生のお声かけは我々にとって大変ありがたいことでした。我々は，小野先生のお言葉を喜んで受け，小野先生が使用しておられた部屋を譲って頂きました。

　それから，我々は，しばしば小野先生と一緒に食事させて頂くようになりました。その際には，60年以上前に小野先生が弁護士になられた頃のお話や，50年以上前に小野先生がご自身の事務所を設立された頃のお話や，小野

先生が世界的ブランド企業の顧問弁護士としてなされていた仕事のお話をして下さいました。そして，我々にも知的財産法の仕事をするようアドバイスを頂きました。杉村，堤，金の3名は，小野先生の勧めもあって，2018年に弁理士登録もしました。我々の従来の顧問先に我々が弁理士登録したことを伝えると，知的財産法の案件の相談も受けるようになりました。小野先生のお言葉がきっかけで，我々の事務所では現在知的財産法の案件も扱うようになりました。

　小野先生は，亡くなられる直前まで精力的に弁護士業務をされていました。ありがたいことに，小野先生は，小野先生の顧問先からの法律相談に若輩者の我々を同席させても下さいました。我々は，いくつかの案件で小野先生のお手伝いをさせて頂きました。その際に，小野先生から不正競争防止法や商標法の解釈について，直接ご指導頂いたことは我々にとってとてもありがたいことでした。

　小野先生は，亡くなられる直前まで研究活動も熱心にされていました。最終的には実現しませんでしたが，小野先生は，並行輸入に関する書籍の執筆を計画しておられました。我々も判例調査等をお手伝いさせて頂いていたのですが，出版に至らずとても残念です。

　また，小野先生は，弁理士の竹内耕三先生と一緒に，顧問先の企業との勉強会である「小野昌延ブランドマネジメント研究会」の立ち上げも考えておられました。小野先生は，我々のような若輩の弁護士もその研究会に参加するよう言って下さいました。我々は小野先生と一緒に勉強会をさせて頂くのを本当に楽しみにしていたのですが，実現にいたらず本当に残念です。

　小野先生は，亡くなる直前まで，弁護士業務にも研究活動にも精力的に取り組んでおられました。そして，我々のような弁護士経験10年にも満たない若輩者にいろいろお力添えをして下さいました。我々と小野先生とのお付き合いは2年にも満たないものでしたが，弁護士登録10年目のかけだしのような我々が，日本の知的財産法の第一人者でいらっしゃる小野先生と交流できたことはこの上ない喜びであり，宝です。

　小野昌延先生のご冥福を心からお祈り申し上げます。

小野昌延先生のご逝去を悼む

中村合同特許法律事務所　弁護士・弁理士
中 村　　稔

　小野昌延先生が逝去なさった。その訃報に接したとき，巨星墜つ，といっ
た感慨に私はしばらく耽っていた。もう小野先生のような方にお会いするこ
とはありえないだろう，と私は悲しみに沈んでいた。

　はじめて，小野先生の不正競争防止法の注釈書を拝見したとき，それまで
本格的な不正競争防止法注釈書，解説書の類は存在しなかったから，干天の
慈雨のように思われたし，いわば荒野に鍬を入れるような，果敢な精神の持
ち主でなければできない仕事であると感じた。それが，私よりも僅かながら
年少，司法修習生としても二期かそこら遅い，若い大阪の弁護士の著述だと
知って，わが身の怠惰に恥じ入る気持ちをつよくしたのであった。

　小野先生の最初の著作以降，先生の多くの著作を始終参照して，大いにお
世話になった恩恵は計り知れないのだが，それは不正競争防止法，商標法の
案件を取り扱った法曹の誰もが，同じく恩恵にあずかっていると思うので，
あらためて言うまでもない。むしろ私は小野先生の著述の思考方法に感銘を
受けてきたことが私にとっての重大な体験であったと考えている。

　その第一は，小野先生の不正競争防止法の注釈，解釈はまず，不正競業と
いう広い見地からつねに出発し，不正競争防止法を不正競業法の中に位置づ
けているということである。それ故，小野先生の解釈は，どの条文について
も不正競業という基礎に立ち返ったものであり，そのために，私は小野先生
の解釈に納得させられることが多かったのである。

　第二に，小野先生の思考方法には，いつも自由競争，競業の自由という概
念が不正競争の対極にあり，不正競争とは自由競争，競業の自由を阻害し，
自由競争を逸脱する競業行為として捉えられていたように思われる。そうい

う意味で小野先生はいつも根源的な立場から，個々の事案，条文，裁判例などを掘り下げて考え，私たちにすぐれた指針を与えて下さったのであった。

第三に，わが国の不正競争防止法にいわゆる一般条項が欠けていることを指摘なさったのも，小野先生を嚆矢とするのではなかろうか。一般条項については，裁判所が臆病であれば，一般条項の適用を躊躇するであろうし，反面，裁判所が無分別に適用するおそれがある。それ故，よほど見識が高い裁判所でないと一般条項の適切，妥当な適用はできないかもしれない。それだけに小野先生はわが国の裁判所，裁判官の資質をたかく評価していたに違いない。

そのような意味で，私は小野先生に恩義を感じてきたのみならず，深甚な敬意を払ってきたので，先生のご逝去に心からの哀悼の意を表したいと思う。

最後になるが，私が日本商標協会の設立に際し，初代の会長を務めさせて頂いた時期，小野先生が大阪部会を設けて，その面倒をみてくださったことについてのお礼も申し上げたい。

◆

故小野昌延先生を偲ぶ

元大阪地方裁判所所長，弁護士　**畑　　郁　夫**

1．巨星墜つ！

　(1)　畏敬する小野昌延先生の訃報に接し，私は，全く思いもしなかったこととて，驚きと悲しみで茫然としてしまいました（平成30<2018>年8月6日ご逝去）。と同時に，その時真っ先に，いささか古い言葉かもしれませんが，「巨星墜つ！」という感慨が脳裏を走りました。ご高承のとおり，小野先生は戦後我が国の知的財産権法を確立させた草分け的な数少ない実務家兼研究者のお一人であり，特に関西圏で職務に携わる私どもの誇りでありました。

　しかも，小野先生は，格別，象牙の塔で優れた研究者から指導を受け研鑽されたわけではなく，弁護士実務と並行して，全く独力で研究研鑽を積まれてこられた方であり，実務・研究のいずれの面でも本格的な「学者弁護士」でした。

　私は，年来，小野先生が上梓された『商標法概説〔第2版〕』（有斐閣，1989年）等々を座右に置いてきた一人でありますが，いつも思ったのは「小野先生は一体いつの間にこんなに整然と論点を纏めたり，多数の関連裁判例を，恣意を入れず客観的に整序分析された論述ができたりするようになられたのか！」ということで，その都度感服してきたのでした。

　(2)　ここで，改めて小野先生のご略歴を記させて頂きます。先生は昭和7年1月8日兵庫県でお生まれになり，長じて，旧制姫路高校を経て，同24年京都大学法学部に入学，在学中に難関司法試験をパスされた上，同28年に卒業され，すぐ司法修習生（7期）の道を選ばれて，同30年には大阪弁護士会

に弁護士登録され開業されております。お生まれが「早生まれ」であること
もあり，滅多にない超スピードで法曹実務界に飛び込まれたわけです。これ
だけでも，いかに資質に恵まれておられたかが十二分にわかります。また，
昭和46年には京大の法学博士号を取得，その前後には幾多の国内外の斯界要
職を歴任されました（詳細は紙数の都合で省略）。

（3）　更に，小野先生の斯界での名声は早くから外国にも届いており，平成
21年に刊行された小野先生「喜寿」祝賀記念『知的財産法最高裁判例評釈大
系』全3巻・全2129頁（青林書院，2009年）の冒頭序文には，WIPO 事務局長
ガリ氏（英文）及び小野先生が40年間も関係を持たれてきた世界的に有名な
マックスプランク研究所（在ミュンヘン）のシュリッカー博士（独文）という
著名なお二人の序文が寄せられています。なお，この評釈大系は実務家には
欠くことのできない名実ともに重たい当時の知財関係重要最高裁判決をほぼ
網羅し対象とした判例評釈大系です。

実は，本書は，この判例評釈大系の続編であるが，新たに知財高裁大合議
判決も評釈の対象に含めており一層充実した評釈大系になっています。

また，小野先生については，もう一つ記しておきたいことがあります。小
野先生は，いつの頃からか主として東南アジアから関西著名大学に来た若い
留学生に無償で居住の便宜を提供されてきたことです。このことは，ご自分
では余り語られませんでしたので，私はそれとなく伝聞として知っていた程
度でしたところ，なんと，つい最近，私こと在籍事務所の金井美智子弁護士
（前大阪弁護士会筆頭副会長）が何かの話の中で，「私の住む神戸市灘区の住宅地
に小野先生の居宅の一つがありますが，そのお宅には神戸大学に留学してき
た中国の学生が順次交代しながら住んでいました。」と語られ，極めて具体
的で信憑性ある証言をされました。世の中は狭いです。

（4）　そこで，本書出版の経緯ですが，昨年（2018年）3月のこと，かねて
から小野先生を慕ってこられたいわば小野シューレの方々，つまり大阪弁護
士会所属の知財分野ご専門の一部有志弁護士（山上和則・小松陽一郎・松村信
夫・三山峻司の各位）が，上記(3)の「喜寿」祝賀記念判例評釈大系に引き続
き，「米寿」祝賀記念判例評釈大系の刊行を企画されたのです。

ところが，この度の思いもせぬご不幸により，その後，小野先生のご遺族

故小野昌延先生を偲ぶ（畑）　**499**

と青林書院のご了承を得て，急遽，「追悼」祈念の評釈大系続編に切り替え，本書発刊の運びと相成ったのです。

　こうして，今となっては，泉下の小野先生やご遺族に本書を捧げるほかなくなったという次第です。

2．小野先生の知られざるお人柄（ご人格）の深さと広さ

　⑴　ところで，小野先生につきましては，上記1のご紹介だけで「エライ方だったのだなあ！」と思われるのは，実は，まだ早いです。小野先生の場合は，上記のご紹介だけでは「半分エライ」だけになり，半端（ハンパ）になります。以下，残り半分を記させて頂きます。

　⑵　私は小野先生ご逝去後間もない昨年（2018年）8月31日弔問のため梅田阪急ターミナルビル9階の小野先生ご生前の事務所をお訪ねしご焼香とお悔みをさせて頂きましたところ，お立合いされましたご令息小野昌一郎様ほかご遺族からご丁重なご挨拶をお受けし，しかも，退出の際に一冊の書を頂戴しました。

　それは，小野先生が平成19年（2007年）2月にペンネーム「吉田恒」のお名前で上梓された『伝記ブッダ』でした（全341頁，出版文化社）。その「あとがき」によりますと，小野先生はなんと10代の頃にご祖父の妹様のご臨終のお立合いやご実兄の戦死という痛ましい体験をされ，早くも「無常観」を感得され，ひいてはその頃早くもご自分の生きていく実践目標を「日々誠実な努力をし，世間の皆様に尽くすことだ。」と決められたというのです。

　また，小野先生は大学生活4年間，下宿難の折から，母上のご縁により，かの有名な京都鹿ケ谷の「法然院」（単立宗教法人・もと浄土宗法然上人ゆかりのお寺）で庭の掃除をされながら無償で寄宿されたのだそうです。

　私はこの『伝記ブッダ』を読ませて頂くまで小野先生のこのようなご体験や精神生活をお聴きしたことは全くなかったので，これらのことを知りビックリ仰天したのでした。

　小野先生の生来の感受性の深さ豊かさ，誠実そのものの生き方には，ただただ頭の下がる思いです。そして，小野先生の日頃の温厚にしてお優しかっ

たことがここに起因することがよくわかりました。

　かくして，小野先生はどの仏教宗派にも属されずに，10代のお若い頃から長い弁護士生活の道中を通じて自らが感得されたブッダの教えを実践されたのです。

　なんと小野先生は，実は「学者弁護士」と「仏教思想家」との二つの人生を同時に生き抜かれた方だったのです。

　(3)　白状しますと，私の実家にある菩提寺は，小野先生のご生家と同じ兵庫県内にある丹波市にあります。宗派は比叡山天台宗です。しかし，凡人である私は未だに Non believer です。漠然と，仏教の教えは，宗教上の教義というよりは，むしろ人生哲学に近く，あらゆる人々を受け入れ許容する教え・思想だとは思ってきました。これは，日本の多くの家庭がそうであるように，私の育った実家は，仏壇もあれば神棚もあるという家庭であったからでもありますが，とにかく，小野先生のように仏陀の教えを深く感得することができる能力も機会もなかったのです。

　(4)　「神棚」が出てきましたので，ついでに，古くから我が国で受け継がれてきた伝統的な自然信仰ともいえる神道について少し触れさせてください。日本の神道は，神は山川草木のような自然万物に宿っていると考え，漠然と，祖先崇拝や自然崇拝をしてきたものであり，外国の立派な教義のある宗教に比べると，ほとんど「宗教」というに値しないと思います。

　現に，かつて明治時代に来日した西欧的教養を身に付けた日本研究家B．H．チェンバレン著・高梨健吉訳『日本事物誌（Thing Japanese）』はそのように喝破しており，私は，日本固有文化のアイデンティティを考える視点からして，このような西欧の当時の教養ある知識人が「神道は宗教というに値しない」とした見識を率直に受け入れればよいと思っています[1]。

　　＊1　ただし，私は，大方の皆さんの誤解を避ける趣旨で，ここでいう「神道」はいわゆる「国家神道」とは別物として記しております。
　　　　なお，B. H. チェンバレンは，来日後やはり当時来日して活躍したかの高名なアーネスト・サトウと肩を並べた英国人です。

　(5)　脱線を元に戻します。小野先生の深い法律上のご学識及び法律実務家としての実践は，先に述べましたような小野先生の懐の深い無宗派仏教観と

別のものではなく，深く結びついていると思います。換言すると，小野先生の懐の深い無宗派仏教観は，自らの日々の法律家としての思索・実践の規範として深く結びついていると理解できるのです。

3．小野先生との個人的な想い出話を二つだけ

さて，ここまで私は小野先生のことをひたすらに想いを込めて紹介してきましたが，考えてみますと，いささか抽象的と申しますか上位概念的な内容が多過ぎることに気が付きました。そこで，最後に，少し気分を緩めて，具体的な私の個人的な想い出話を二つだけさせてください。

(1)　小野先生との初めての出会い

実は，私が小野先生に最初に直接お目にかかれたのは大阪地裁（21民事部・知財部）の法廷でのことでした。

私は，昭和52年（1977年）春のこと，突然，大阪高裁（6民左陪席）から全く経験のなかった知的財産事件の待っている大阪地裁（21民・知財部）の部総括・裁判長に転属することになり，大慌てで，事件記録を読む傍ら，家鴨の水掻きよろしく，人目につかぬように一生懸命に知的財産（権）法の勉強をしていた頃のことです。

今となっては事案の内容はすっかり忘れていますが，弁護士小野先生が私の担当する法廷に訴訟代理人として出頭されたときのことです。

記憶に残る小野先生の口頭弁論のお話しぶりは，正直申して，決して流暢とはいえず，むしろ訥々と語られたと思います。その時，私が咄嗟に思い出したのは，かつて司法修習生の頃，研修所の特別講義でお聴きしたかの高名な民訴法の大家・兼子一東大教授のお話しぶりでした。世に頭脳明晰といわれる先生方は，ご自分の頭の回転が速いので，早口というか，私のような凡人には論理を飛ばしていると思われる語り口をされます。また，大学の講義というものは，えてして肝心の話の中身より，どうでもよい脱線話を覚えているものです（これは各位も思い当たられませんか？＜笑＞）。

私は小野先生の口頭弁論をまさにこういう風に記憶しているのです。

(2)　「小僧寿し」商標事件（最判平9・3・11民集51巻3号1055頁）のこと

502　第2部　追悼の辞

　このような小野先生との最初の出会いがあった後は，お互いが弁護士・裁判官という立場を意識して，個人的なコンタクトは全くしませんでした。このことは法律実務家各位には容易にご理解頂けることかと思います。

　私が小野先生と親しく話せるようになったのは，後年，裁判所を退官し，身辺整理をし一服して弁護士登録ができた，あの阪神淡路大震災の年（平成7＜1995＞年）以降のことです。

　いつ頃のことでしたか，何かの機会に，私は小野先生の事務所にお訪ねした時のこと，小野先生が，どういうお気持ちからでありましたか，私にいきなり「時に，畑先生は例の小僧寿し商標事件の最判をどう思いますか」とズバリご下問されました。

　この小僧寿し事件というのは，知る人ぞ知る，小野先生が上告人（X・商標権者）側の訴訟代理人として芹田幸子弁護士と共同で力を尽くして上告理由書を書かれた事件ですが，最高裁は，結局，「原判決は一部正当，一部原審高松高裁の判断に誤りはあるが，結論において是認するのが相当」として，上告棄却した事件で，このことは，当時，私も承知しておりました（なお，この最判については，三村量一調査官＜当時＞の調査官解説があるほか，先に記しました小野先生「喜寿」祝賀記念『知的財産法最高裁判例評釈大系Ⅱ巻』426頁登載の上原理子弁護士執筆の評釈等があります。また，下記「氷山」事件も同書198頁に網野誠＝網野友康弁理士執筆の評釈もあります）。

　恐縮ですが，取り敢えず，ここで，この最判の骨子を述べさせて頂きますとおおよそ次のとおりです。

　「被上告人（Y）の使用している『小僧寿し』という文字標章は上告人（X）の保有する商標法上の登録商標『小僧』と共通部分はあるが類似しない」とした事例判決です。そして，その理由中で，両者の類否判断のさいの基準として，先例である最判昭和43年2月27日（いわゆる「氷山」事件）を援用しながら，「商標相互間の外観・観念・称呼の類似は，類否の一応の基準であって，類否判断の結論はその他の点も総合して決すべきであり，かつ，その商品・役務の具体的な取引状況・実情をも視野に容れて判断すべきである。」と説示し，結論の具体的妥当性を図ったもので，実務家として納得のいくもので，この事件の場合，結局，「類似性なし」と判断しているのです

（なお，もし一般論として，実務家は最判をどういう視点から理解すべきかについてご興味ある方は，藤田宙靖『裁判と法律学』（有斐閣・2016年初版の特に第1部第2章「裁判と法解釈」Ⅳ・63頁以下）をご参照ください）。

ただ，小野先生が，その時，口頭で親しく私に強調されたのは，自ら上告理由第3点と第4点でも触れておられるとおり，要は，「上告人（X）が自らの商標を四国地域で全く使用していない事実を理由とするのは，①我が国の登録商標が全国的に効力を有することや，商標法が認めている商標権の財産権的価値を否定することになる。②そもそも商標法は，不正競争防止法のように取引秩序を保護するため具体的な取引の実情ごとに検討すべきことを建前としていない。」ということだったと記憶しております。

実は，私は今でも，このような小野先生の商標法と不競法の立法趣旨の違い等に関するいわば本質論は正論だと思っており，あの時，小野先生はひょっとして私の理解を試されたのかなとも思っています。

私は，こんなこともあって，爾来，この両法の区別はこの種紛争理解の羅針盤として大切ですので，若い初心者（研修生や学生等）には，必ずしも適切な表現とは思っていませんが，わかりやすく「商標法は商品・役務の要録商標をスタティック（静的）に絶対的に保護するのに対し，不競法は商取引をする場合の営業表示をダイナミック（動的）に相対的に保護するものだ」と説明しております。

思えば，小野先生にはご縁を得て，いろいろと教えられ示唆を与えて頂いたことが多く，本当に冥利に尽きます。

4．おわりに

小野先生は，終生，全く秀才，逸材ぶることなく，何人にも温厚に優しく接する方でした。

私は，筆を擱くにあたり，本書ができるだけ多くの方々にお読み頂けますことを願い，ここに改めて故小野先生の御霊に合掌。

（平成31＜2019＞年3月25日記）◆

小野昌延先生を偲ぶ

元東京高等裁判所部総括判事，弁護士
牧 野 利 秋

　練達の実務家であるとともに優れた研究者であられた小野昌延先生が米寿を待たずにお亡くなりになった。あの温顔に，そして先生の新しい御著作に再び接し得ない痛恨の思いは絶えない。以下，私事にわたることもあるがお許し願って，いささかの思い出を述べさしていただき，先生を偲ぶよすがとしたい。

　私が小野先生に連なる知的財産法と縁ができたのは，1967〔昭和42〕年5月，東京地裁で唯一の工業所有権関係事件の専門部であった民事第29部に陪席裁判官として配属されたことに始まる。それまで勉強も経験もしたことのない分野であり，何事にも手探りの状態であったが，不正競争防止法事件の処理については，小野先生の『注解不正競争防止法』（有信堂，1961〔昭和36〕年12月）がほぼ唯一の頼るべき文献であった。同書については，私が修習生のとき大阪での弁護修習の4か月をその事務所で過ごさせていただき法律実務家としての取るべき道を暖かくお教えいただいた色川幸太郎先生が，小野先生の還暦記念論文集『判例不正競争防止法』（発明協会，1992〔平成4〕年6月）に寄せられた「序にかえて」の中に，「その時代はこの法律についても，判例の数は寥々たるものであった。況んや参考に値するような類書も殆ど見当たらぬその時において，こういうカッチリと凝縮した注解書をよくぞものにしたものと感心したことであった。」と的確な評価を与えられ，続けて，「私は同書の公刊後新たな判例学説を見付け次第その都度，煩をいとわずにその要領を同書に書き込みするのが常である」と記されているが，私も，同書を繰り返し拝読し新しい判例などの書き込みをしたことであった。初めて

小野先生のお名前を知り御教示に与るに及んだ同書は記念すべき書として，その後公刊された『営業秘密の保護』（有信堂，1968〔昭和43〕年9月）を含めた幾多の御著作と共に私の書架にある。

　私が小野先生の謦咳に接したのが何時のことであったか，おそらく工業所有権法学会等の総会研究会等の席上で御挨拶申し上げたのが最初であると思われるが，記憶に定かでない。また，私は東京中心の裁判官生活を送ってきたので，先生とお会いする機会は少なかった。にもかかわらず，先生は，私の退官記念論文集『知的財産法と現代社会』（信山社，1999〔平成11〕年3月）に，玉稿「商標事件におけるアンケート調査」を寄稿して下さった。

　また，小野先生は，私が恩師中野貞一郎先生の御配慮によって2003〔平成15〕年1月，大阪大学から法学博士号を授与されたその報告と御礼を申し上げるため，中野先生を当時在籍されていた小野先生の事務所にお訪ねした折，小野先生も喜んで下さり，いろいろとお話を賜った上，学位取得のお祝いだとして，蔵書の中からドイツから持ち帰られた貴重な御本一冊を恵与して下さった。後輩に対する重ね重ねの暖かい御厚意の表れとして有難いことと感謝の念で一杯であった。

　その後，2007〔平成19〕年9月に，小野先生の事務所に，編集幹事役の富岡英次，片山英二，美勢克彦各先生と共にお伺いして，行った小野先生へのインタビューのことも思い出深い。このインタビュー記事は，知的財産研究所発行の季刊誌『知財研フォーラム』72号（2008〔平成20〕年2月号）に，「知財裁判史－訴訟実務パイオニアの証言」の第6回として掲載されている。小野先生のお話は，話題豊富で縦横無尽，暑い夏の日の午後長時間に亘ったが，聞き役をお引き受け下さった滝井朋子先生，松村信夫先生の周到な御準備のお陰で，不正競争防止法，商標法を中心に多くの著作をされるに至った経緯，学位を取得されたきっかけ，工業所有権法学会設立に寄与された御活躍の様子，海外の研究者たちとの交流の状況などのほか，知財事件の処理に未だ不慣れであった当時の裁判所を相手の御苦労話やパーカー並行輸入事件を始め関与された多くの著名事件のことなど，正確な御記憶に基づく興味深いお話の数々を伺うことができた。そのときの終始にこやかでお元気だった御様子が今も目に浮かぶ。

顧みれば，私が小野先生のお名前を初めて知ったときから，早や半世紀余が過ぎた。その間に，私を導いて下さった御恩のある上記の色川幸太郎先生も，中野貞一郎先生も，またお世話になった諸先輩の多くも，すでにこの世を去られた。そして昨年8月，敬愛する小野先生とも幽明界を異にするに至った。無常の感，身に沁むというほかはない。小野先生から賜った御学恩の数々を思い起こし感謝の念を新たにし，謹みて先生の御冥福をお祈りしつつ，この文を終える。

　2019〔平成31〕年3月21日，平成最後の春彼岸の中日

Dr. Ono Remembrance

William R. Orthwein Distinguished Professor of Law Emeritus
(Washington University in St.Louis)
HALEY, John O.

I first met Dr. Ono Shoen in the summer of 1972. Introduced by Professor Dr. Zentaro Kitagawa, under whose direction I was engaged as a Fulbright Research Scholar at Kyoto University, I was the first of many non-Japanese researchers in Japan who benefited from his friendship and support. He served as both mentor and friend. He was the first Japanese bengoshi with whom I worked. Every other week day for six months, I would arrive at his office in the Hankyu Terminal Building when it opened at 10 am, but he insisted that I too return home to Kyoto when he left around 5:30 pm to be with his family. On my first day at work he assigned me a desk next to his but we spent more time in hours-long conversations at lunch, during which he taught me much about the life and work of Japanese attorneys. Indeed I learned far more from him than any benefit he may have derived from me. He explained the political divisions within the legal professions and the emphasis on autonomy. I recall also a lesson in the role of reputation in contracting.

He asked me to write a response to a request from an Italian client seeking to collect the price of a commodity sold to an Osaka firm. The client wanted to know the status of the claim. When I asked the same question to the reply, he responded that the firm should not have sold the items on credit to a less-than reputable buyer. On two occasions he asked that I take the lead in negotiations inasmuch as they were to be conducted in English. The first involved a patent license from a French firm represented by an American lawyer practicing in

Paris. The advantage of having two U.S. lawyers negotiating in English with the French representative and Dr. Ono listening and absorbing every detail was a lesson I have not forgotten.

Our friendship continued over the years. I do not recall a single visit to Osaka without my contacting him in his office or at home. He would often invite me to meet other young non-Japanese researchers he had befriended. And however praise-worthy his published works on Japanese intellectual property, for me his manga-introduction to Buddhism is an even greater treasure. A devoted husband, father, and Buddhist, his was a truly wonderful life.

小野先生への追悼文

中華人民共和国弁護士
賀　　湘沙（He, Xiang Sha）

　小野昌延先生が亡くなられたことを聞きまして，非常に悲しい気持ちで一杯になりました。小野先生は，私たちにとって一生忘れられない先生です。

　1986年に私は，中国政府の国費留学生として，日本の神戸大学大学院研究科法律専攻の修士課程において国際取引法を勉強しました。法学修士学位を得た後，大阪市立大学の博士後期課程で国際取引法を研究し続けて，1993年に博士号を取得しました。同年に帰国してからは，中国でずっと弁護士として活動しております。

　日本留学期間中，小野先生は，私と姉（賀平凡）の学業と生活に多大な援助と世話をしてくださいました。1986年10月6日に，神戸大学大学院の国際取引法専攻の先輩であった謝思敏氏の紹介で，小野先生に初めてお目にかかったのですが，そのとき私は内心では，日本でのお父さんに会った感じがしたものでした。

　学業面において，小野先生は非常に多くの指導とサポートをしてくださいました。小野先生は日本における無体財産法の権威であり，その先生から直々に知的財産法関係の法律知識を教えていただきました。先生のご指導とご援助のおかげで，私は平成4年日本商標協会誌に「外国判決の紹介及び評釈」という論文を発表することができました。

　最初，日本に来て友達もすぐにできなかった私を見て，小野先生は，中国

のことに関心を持っていた女性の弁護士の先生を紹介してくださいました。私はその先生から女性弁護士の経験を見習うことができました。そのおかげで，1993年に帰国した後は，中国の弁護士事務所を設立して，今では，日本の大企業をはじめ数多くの企業に法律サービスを提供することができるようになりました。

　それと同時に，小野先生のご指導のもと，私はずっと日本仲裁協会の仲裁員や中国の深圳仲裁委員会の委員，現代法商研究会の会長として中国の法律業界で活躍することができました。私が中国に帰国した後，小野先生から日本企業の法律業務を紹介していただいたこともありました。

　日本にいたとき，生活面においても，小野先生にはいろいろとお世話になりました。まず，先生は，何年もの間，大阪のアパートを無料で提供してくださいました。また，私が寂しく過ごしているのを見て，先生は資金援助をして，姉も日本で留学することができるようにしてくださいました。小野先生と奥様は，私と姉をよく自宅に招いて美味しい料理を振る舞ってくださいました。家族のように接していただいただけでなく，日本人の生活実態も経験することができました。小野先生のお取り計らいで父母も日本に訪問することができました。父母が日本にいたとき，小野先生とご家族がいろいろな場所を案内してくださり，小野先生の神戸六甲山の別荘にもご招待してくださいました。「一生，小野先生の御恩は忘れない」と父母が言ったことを今も覚えています。

　小野先生のおかげで，姉は優秀な成績で神戸大学の哲学修士学位を取得しました。小野先生の奥様と翠さん（小野先生の娘さん）からは，茶道や華道，日本料理等の日本文化を学びました。今，姉は家族とともにアメリカで幸せに暮らしています。

　小野先生は，私と姉だけでなく，他の留学生も全力で援助されていました。六甲付近に留学生のための寮を建てて，いろいろお世話をしてください

ました。

　小野先生から慈善と愛の心を学び，私は今，自分の能力の範囲内で後輩や中国貧困地域の学生たちの世話をしています。

　小野先生は私と姉の一生に多大な影響を与えた人物であり，最も偉大な貴人です。私たちは，小野先生を永遠に尊敬し，いつまでも先生のことを思い出すでしょう。

Memories of Dr. Ono

Boards of Appeal, European Patent Office
Dr. HEATH, Christopher

I cannot think of Dr. Ono without an immense feeling of nostalgia and gratitude.

When I first met Dr. Ono in person at the Mikage train station, he was wearing *geta* and what looked like a *yukata*, and I thought I had arrived in the wrong century. I had contacted him at the recommendation of one of my former law teachers in Konstanz, Rainer Wedlich, yet at the time I was not interested in intellectual property. Dr. Ono did not mind. He and his wife had decided to build a house for students in Kobe, and one of the rooms was still vacant, while in the others, there were young IP professors from China, Korea and Indonesia. I lived there for a couple of months on and off between 1991 and 1992, and not only did I not have to pay rent – his wife had even bought a little machine for baking bread, and reimbursed me for purchases of food. They had set up a little commune for their students. Dr. Ono and his wife would come for the weekend and discuss with us, or go next door to their other house where Dr. Ono regularly hosted *hanrei kenkyukai* with IP experts from the Kansai region.

His law office in the Hankyu Terminal Building must be known to generations of students. It was very conveniently located, rather small and had an amazingly well-stocked library where I was allowed to work and research. Dr. Ono would often ask me about German unfair competition law, and had all the German commentaries in his office. He could perhaps not read German, but always knew better than I where to look. He explained very well, but you better learnt some

Memories of Dr. Ono (HEATH)   *513*

kansaiben. I felt relieved when I noticed that also many Japanese did not understand him. Clients often came together with an attorney who could then explain what Dr. Ono had said. Once I overheard one of the clients whisper to his attorney: *"ano dai sensei wa nani wo iimashitaka?"*

More difficult problems Dr. Ono often started with *"sorede desu ne..."*. Intellectual property issues were casually explained over lunch, for example that *kaiten sushi* was invented in 1961, and what difference there was between *kaiten sushi* and *mawari sushi*, and what trade mark issues were involved with this or that soy sauce brand. I started to become interested in this field. When a couple of months later I started to work at a Tokyo law firm (not least thanks to his recommendation), I was put straight into the IP department. Learning intellectual property law from Dr. Ono was far more interesting than any course at university could have been.

Discussions with Dr. Ono and his writings on intellectual property law greatly helped me when I arrived at the Max Planck Institute's Asian department, which back then mostly dealt with Japan. I was very proud when Dr. Ono and his wife visited the Institute in 1993 and were treated as guests of honour by Professors Beier and Schricker. Dr. Ono had been at the Institute before, at the end of the 1960s, and subsequently adopted the institute's classification system for his *bunken mokuroku* where Dr. Ono systematically compiled and catalogued all Japanese IP publications between 1945 and 2003 (*Mutai zaisankenhō bunken mokuroku*, 1st volume 1982, 2nd volume 1985, 3rd volume 1992 and 4th volume 2003). As the books (unsurprisingly) did not sell, he bought the whole edition from the publisher and stocked the books in his garage. It was a selfless, time consuming and costly exercise reflecting Dr. Ono's passion for academia, and it was an enormously helpful research tool.

Sometimes, when I mentioned that I had studied with Dr. Ono, people were surprised. They associated him with a bygone era of post-war Japan. Was he still around? Was he not completely out of date? To the contrary, I thought. With his writings, his specialisation on unfair competition and intellectual property in the 1950s and his phD on trade secrets, Dr. Ono was much ahead of his time, just as with his life-long support for foreign students who came to Japan. He may have looked traditional or fallen out of time, but he was not. Rather, he was timeless. He showed the same openness towards men and women, towards foreigners or his own countrymen. Prejudices were alien to him, as I learnt in numerous discussions.

Until about 2012, I regularly visited Dr. Ono who had been most inspiring and helpful for my phD on the Japanese system of unfair competition prevention, and for a number of other research projects. The last time I saw him, he looked rather frail and gave me some books he had pseudonymously written on Buddhism. Perhaps, after more than 50 years in the field of intellectual property law, he had started preparing himself for a different world.

I will not forget his generosity, his intellectual depth, his humanity and humour.

In Memory of Dr. Ono

Emeritus Professor (University of Salzburg),
Austrian and International Commercial and Economic Law and Private Law
Member of the Austrian Academy of Sciences.
Dr. KOPPENSTEINER, Hans-Georg (LL. M., Berkely)

My acquaintanceship with Dr. Shoen ONO dates back to 1973 when I spent several months in Japan supported by a grant of the Japan Society for the Promotion of Science doing research and giving lectures mostly at Kyoto University.

Dr. Ono was introduced to me by Elisabeth Raidl Marcure,
who, back then, pursued post-doctoral studies at Kyoto University but had a keen interest in the actual Japanese legal practice as well.

As soon as I met Dr. Ono in his law office, I assumed that he belonged to the first league of Japanese lawyers in the field of intellectual property law, not least because of his impressive library, which included a number of recent editions of English and German commentaries, case books and other international professional literature, neatly arranged next to a stack of Japanese books.

Later in our conversation I learned that particularly trademark law and competition law were the core area of his work.
It was also in this area where our interests met.

A few years earlier, Dr. Ono had won the Parker Pen case which has become a landmark case, setting the standard for the requirements as regards admissibility of parallel imports of trademark- protected goods into Japan.

It coincided that in the early 70's a number of Japanese companies exporting branded goods via local exclusive distributors into the then European Community were facing increasingly problems when trying to fend off parallel importation of their products within the EC territory, resulting frequently in hefty fines.

Thus, the issue about the criteria for the admissibility of parallel imports of branded goods into Japan and the new legal situation for Japanese exporters due to the creation of the Common Market absorbed quite some time of our discussions back then.

As practicing attorney Dr. Ono pointed out to me some particularities about litigation practices in Japan as well as the low number of court cases there.

He also invited me to an international event organized by the study group of intellectual property law of the Osaka Bar Association.

Even though direct communication between us was not always easy without interpreting assistance, I got from the very beginning the impression of Dr. Ono as a highly educated person with versatile interests and extraordinarily benevolent qualities.

We have not met very often, but have stayed connected over those four decades in several ways.

One such link was that I became the doctoral supervisor for Mr. Christopher Heath, who gained first insights into the Japanese Unfair Competition Prevention Act in Dr. Ono's law office a number of years before he decided to write his PhD thesis about it.

Moreover, Dr. Ono visited me and my wife in Salzburg.

In this context I want to finish with a very personal note about Dr. Ono.

During an invitation for lunch together with my wife in Japan, I remember vividly that Dr. Ono suddenly asked,

"Does your wife like the food?" even though she sat right next to me and directly across from Dr. Ono.

I was very surprised about that behavior and was informed later that according to traditional Japanese custom it would be impolite to speak and look directly at the wife in presence of her husband. This seems, however, to apply only in Japan.

When Dr. Ono visited us later in Salzburg, he had no qualms in conversing directly with my wife.

Another observation that left a lasting impact on me was the contrast between the so-called official appearance and the private appearance of Dr. Ono.

Outside his home he sported a business suit and did not seem to be much inclined to talk about private matters.

Conversely, within his home, clad in a traditional Kimono, shrouded in the esthetic quality of his house and garden, he was totally himself. We will not forget him!

518　第2部　追悼の辞

□

Dr. Shoen ONO – ein unvergeßliches Vorbild

Vorsitzende Richterin am Verwaltungsgericht Hamburg i. R.
LENZ, Ingeborg

Das Schicksal hat es gut mit mir gemeint, als es mich vor einem knappen halben Jahrhundert im Rahmen meiner Ausbildung in die Rechtsanwaltspraxis von Dr. Shoen Ono in Osaka führte. Besser hätte ich es nicht treffen können. Die deutsche Juristenausbildung sieht nach einem mehrjährigen Studium, das mit der ersten juristischen Staatsprüfung abschließt, einen sogenannten Referendarsdienst vor. Darauf folgt die zweite Staatsprüfung. Erst dann darf man in den klassischen juristischen Berufen tätig werden. Der Referendarsdienst ist bei verschiedenen juristischen Organisationen wie z.B. Gerichten, Staatsanwaltschaften, Interessenverbänden und Rechtsanwaltskanzleien zu durchlaufen, um Einblicke und praktische Fähigkeiten in einem breiten Spektrum zu erwerben. 1972 gab es die Möglichkeit in diesem Rahmen zusätzlich eine sechsmonatige Auslandsstation abzuleisten. Der Zweck war in erster Linie internationale Erfahrungen zu sammeln. Um Rechtskenntnisse ging es weniger. Das wollte ich mir nicht entgehen lassen, auch wenn dieser Aufenthalt für meine angestrebte Karriere in der Justiz keinen Vorteil bot. Japan reizte mich als exotisches, weit entferntes Ziel mit einer unvergleichlichen Kultur und Natur. Zudem konnte ich in diesem Land problemlos als junge Frau allein leben.

Japan war mir durch meine Familie schon ein wenig vertraut. Die Männer spielten seit den Vierziger Jahren des vorigen Jahrhunderts, als es in Deutschland noch unbekannt war, begeistert Go. Das führte zu persönlichen Begegnungen. Den Kontakt zu Dr. Ono knüpfte ich jedoch unabhängig davon durch Vermittlung des Goethe Instituts in Kyoto.

Dr. Ono war bereit mich aufzunehmen. Er behandelte mich nicht wie eine Referendarin, sondern wie einen Gast. Soweit ich weiß, war ich die erste Referendarin aus dem Ausland bei ihm. Machen wir eine Zeitreise ins Jahr 1972: Damals waren Deutschland etwa 10% des juristischen Nachwuchses (heute sind es über 50%) weiblich, in Japan sicher noch weniger. In Deutschland begann sich die Berufstätigkeit als Leitbild auch für Ehefrauen und Mütter durchzusetzen. In Japan mündete ein gelungenes Frauenleben in die Ehe, um dann Mann und Familie zu versorgen. Es zeigt die Weltoffenheit von Dr. Ono, dass ich in seiner Praxis einen Platz fand. Er akzeptierte, dass ich in erster Linie Erfahrungen sammeln und Japan kennen lernen wollte, und gab mir umfänglich frei dafür. Diese Großzügigkeit wurde mir erst im Nachhinein bewusst, als mir klar wurde, wie sparsam man in Japan mit dem Urlaub umgeht. Allerdings war er sichtlich überrascht, als ich ihm in einem Gespräch meinen Berufswunsch Richterin mitteilte. Das schien ihm für eine Frau doch sehr ungewöhnlich und kaum erreichbar. Für Japan damals mochte das gelten. Doch aufgeschlossen, wie er war, fand er meine Idee nicht merkwürdig oder unangebracht, sondern er beglückwünschte mich zu meinen hochfliegenden Plänen.

Damals war er Anfang 40. Äußerlich unterschied er sich für mich wenig von anderen Japanern abgesehen von seinem prächtigen Haarwuchs vielleicht. Er machte kein Aufheben von sich. Ich war deshalb höchst überrascht, als mir Mr. Haley, der damals in der Kanzlei mitarbeitete, eröffnete, dass er eine weithin anerkannte und gefragte Koryphäe in seinem Fachgebiet des gewerblichen Rechtsschutzes und des Urheberrechts war. Ein deutscher Rechtsanwalt von vergleichbarem Ansehen hätte sich mit viel Brimborium aufgespielt – nicht so Dr. Ono.

In seiner Kanzlei hatte er mir einen Schreibtisch freiräumen lassen. Ich übersetzte für ihn Artikel aus deutschen Kommentaren zum Wettbewerbsrecht und deutsche Gerichtsentscheidungen ins Englische. Computer und Internet hatten 1972 ihren Siegeszug noch nicht angetreten. In der Kanzlei stand ein Ungetüm von einer Schreibmaschine mit an die 2000 Kanji, wenn ich mich richtig erinnere. Verglichen mit deutschen Schreibmaschinen war sie ein Monstrum.

520 第2部 追悼の辞

Wenn ich im Büro war, gingen wir gemeinsam zum Mittagessen. Oft kamen Bekannte aus fremden Ländern dazu. Herr Dr. Ono interessierte sich für internationale Kontakte und vermittelte mir wertvolle Bekanntschaften. Er war ein Brückenbauer zwischen Menschen. Nie habe ich ein solches Essen bezahlen dürfen. In den verschlungenen Gängen in den Untergeschossen zwischen dem Bahnhof Osaka und seinem Büro drängten sich Unmengen kleiner Restaurants. Dr. Ono liebte gutes Essen. Es machte ihm Freude, mich in die unterschiedlichen Küchenstile einzuführen. Zu Beginn unserer Bekanntschaft wäre ich ein paar Mal beim Durchschreiten einer Tür beinahe mit ihm zusammengestoßen. Der Grund dafür war, dass in Deutschland an einer Türe selbstverständlich Damen den Vortritt haben, in Japan aber die Männer und erst recht der Chef. Er hat herzlich darüber gelacht.

Neben seinem Humor zeichnete ihn seine Fürsorglichkeit aus. Er bekam mit, dass ich in meiner Unterkunft in einem Heim für Studentinnen nicht glücklich war. Zwar lag sie unvergleichlich im Grünen im Norden Kyotos nahe am Kamofluss. Aber ich kam mit den strengen Regeln dort nicht zurecht. Er besorgte mir eine kostenlose Bleibe bei einem Mandanten. Es handelte sich um ein Zimmer im japanischen Stil mit Tatami und Kotatsu mitten in Osaka. Es lag in der zweiten Etage. Aus dem Mah-Jongg Lokal darunter hörte man gedämpftes Klackern der Steine und das Murmeln der Spieler. Nebenan schlief während der Woche die vierzehnjährige Tochter des Mandanten, dem es gelegen kam, dass seine Tochter dort nicht allein war. Ich genoss meine Unabhängigkeit. Verständigen konnte ich mich mit der Familie nur auf Japanisch. Nach ein paar Monaten konnte ich mich in dieser Sprache im Alltagsleben gut zurechtfinden.

Dr. Ono verließ sein Büro stets zur festgesetzten Stunde. Sei das einmal nicht möglich, so rufe er seine Frau an, erzählte er mir stolz mit dem Bemerken, dass die meisten japanischen Männer das nicht für nötig hielten. Die Familie spielte eine tragende Rolle für ihn. Ich hatte das Glück, dass er mich über das japanische Neujahrsfest in sein Haus in Kobe einlud. Die Familie nahm mich herzlich auf. Dr. Ono schien mir im Kreis seiner Familie wie verwandelt. In seinem traditionellen japanischen Gewand wirkte er stattlich, gelöst und entspannt.

Anders als mit vielen Juristen konnte ich mich mit ihm nicht nur über Fachthemen unterhalten, sondern über Gott und die Welt. Er verfügte über ein unerschöpfliches Wissen. Eingegraben hat sich mir eine Unterhaltung über Religion. Er bekannte sich zum Buddhismus. Das genaue Beobachten, das tiefe Nachdenken, um zur Erkenntnis zu gelangen, sei der Schlüssel zum richtigen Leben. Dabei leuchtete sein Gesicht.

Zum Glück habe ich in meinem Leben immer wieder Gelegenheiten gefunden, jungen Menschen in ähnlicher Form beizustehen, wie Dr. Ono damals mir. Damit wollte ich mich für seine Großherzigkeit bedanken. Ich glaube, es hätte ihn gefreut, wenn er es gewusst hätte.

Mit Dankbarkeit und Verehrung betrachte ich sein letztes Porträtfoto: Sein durchgeistigtes Antlitz strahlt mit tiefblickenden Augen und feinem Lächeln zugewandte Weisheit aus.

522　第2部　追悼の辞

□

忘れられない模範である小野先生

ハンブルク行政裁判所の主任裁判官（退官）
インゲボルク　レンツ

　殆ど半世紀前のことになりますが，法曹養成の一環として，大阪の小野昌延先生の法律事務所に導かれたことは，正に幸せな運命であったと思います。これ以上の巡り合わせはあり得なかったでしょう。

　ドイツの法曹養成は，数年間の学習の後，第一次の法律家国家試験を受験し，それに合格すると，法曹試補見習人（Referendardienst）〔訳者注・日本の司法修習生にほぼ当たる〕に従事することが規定されています。その後で第二次の国家試験に合格しなければなりません。こうして，初めて古典的な法曹職に従事することが許されます。

　その試補見習は広い範囲での洞察力の獲得と実務的な能力の習得とを目的として，裁判所，検察庁などの官庁や様々な利益団体（例えば商工会議所）などの機関，及び国内法律事務所で行うべきとされます。

　1972年には，上記のほか，6ヵ月間，外国で修習活動に従事することもまだ可能でした。

　その目的は第一次的に外国での経験を積み重ねることであり，法律知識の習得は二次的なものでした。外国での滞在は，私の目指した法曹としてのキャリアには有益でなくても，私はその機会を失いたくなかったのです。特にユニークな文化と自然がある日本は，自国から距離も遠く，その分，エキゾチックに感じました。それに加え，日本では若い女性でも一人で安心して住むことができると思いました。

　日本は，家族を通じてすでに少し親しみがありました。私の家族の男性た

ちは，碁がドイツでまだ殆ど知られていない1940年代から熱心にそれを打つ習慣がありました。これは様々な日本人との出会いのきっかけになりました。

　しかし，それとは全く関係なく，小野先生との出会いは京都ゲーテ研究所のお世話でなされました。

　幸いにも，小野先生は私をドイツの法曹試補見習人として受け入れることを承知されましたが，彼は私を修習生としてではなく，むしろお客様として扱ってくれました。

　私の知っている限り，彼の法律事務所で，私は外国から来た最初の修習生だったと思います。

　1972年に遡りましょう！　当時ドイツでは，若い世代の法律家のうち，女性はたったの10％しかいませんでした（現在のドイツでは女性は50％以上です）。日本は，きっともっと少ないでしょう。しかし，ドイツでは結婚した女性や母親たちの中でもキャリアの追及を選ぶ女性は模範となりつつありました。それに対し当時の日本では，女性にとって成功した人生は結婚することであり，自分のことを差し置いて主人や他の家族の世話をすることでした。

　小野先生が女性である私を司法修習生として受け入れてくださったことは，彼の先進的な考えを示しました。彼は，私がいろんな経験を積み，日本をよりよく理解できるように，たくさんの時間を与えてくれました。

　後々，日本の仕事文化においてどれだけ休み時間が少ないかを知った時から，私は小野先生の寛容さを本当に身をもって理解しました。ある日，小野先生とお話をしていたときに，私が裁判官になることをキャリアとして目指していると伝えると，彼は私の望みを女性には珍しく，そして達成しにくいとおっしゃいました。当時の日本ではそうかもしれませんでしたが，しかし，考え方が柔軟な小野先生は。私の夢を可笑しいとか不適当として拒絶されることは決してありませんでした。それどころか，とても立派な希望であると褒めてくださいました。

当時小野先生は40代の始め頃であり，他の日本人と比べて，立派な髪の量以外にはそれほど違いは見られませんでした。彼はいつも自然に振舞っておられたので，当時若い法律家として彼の法律事務所で働いていたアメリカ人のヘイリーさん［John O. Haley］から，小野先生は工業所有権及び著作権の分野において日本全国で認められている権威であられると聞いたときにはとても驚きました。同じような権威あるドイツの弁護士であったら，大いに威張っていたでしょう。小野先生はそうではありませんでした。

小野先生は，法律事務所で私のためにわざわざデスクを用意してくれました。私が主に不正競争防止法に関するドイツの解説や裁判所の判決を，小野先生のためにドイツ語から英語に翻訳しました。

1972年当時は，パソコンやインターネットがまだ世界を克服する前の時代でした。小野先生の法律事務所には，その当時巨大な日本のタイプライターがあり，約2000もの漢字を打つことができました。当時のドイツのタイプライターと比べれば，モンスターのように大きかったです。

私が事務所に行くと，先生と一緒にお昼ご飯を食べに連れていってくれました。先生は国際関係に関心を持っておられ，しばしば外国からの知り合いと一緒に出掛けられては，私にとって貴重な方々を紹介してくれました。彼は人間同士のかけ橋をするような人でした。彼はまた，私の食事代を自分で払うことを許しませんでした。大阪駅と小野先生の事務所の間の地下にある曲がりくねった狭い道では，数えられないほど多くのレストランがありました。先生は美味しい食事が大好きでした。私に様々な料理を紹介することは，彼にとって大きな喜びのようでした。先生とお会いした最初の頃，レストランに入る時に，何度も先生とぶつかりそうになりました。ドイツでは，女性を当然に先に入るようにするのがマナーなのですが，日本ではそれが逆であり，ましてや自分の上司に関しては，先に店に入らせるというのが礼儀ですから仕方ありませんでした。しかし，ぶつかりそうになる度に先生は心から笑われました。

彼のユーモアに加えて彼の心配りは，先生を際立たせました。私は京都の

北にある鴨川近くのすばらしい環境の中にある女子学生寮に住んでおりましたが，寮の厳しいルールが耐えられなくなりました。そのことを感じ取った先生は，先生のある依頼者の関係する大阪中心部のアパートの一室を無料で貸してくれるように手配してくれました。その部屋は，あるビルの2階にある，こたつ付きの畳の部屋でした。1階は麻雀の遊び場（雀荘）で，パイの音やお客たちの声が聞こえてきました。私の隣の部屋には，平日，その依頼者の14歳の娘さんが住んでいました。先生の依頼者にも，自分の娘の一人暮らしの問題が解決できたので，都合がよくなりました。

　私は（寮生活の制限から解放されて）自由さを楽しみました。先生の依頼者の（娘とその）家族とは日本語でしか話すことができなかったので，2，3ヵ月もすると，不便なく日本語で日常生活を送ることができるようになりました。

　小野先生は普通，決められた時間に彼の事務所から帰宅しました。それができないときには，奥様に必ず電話をしました。たいていの日本の男性はそれを必要では思っていないのではと告げると，自分は違うということにプライドを持っているようでした。

　小野先生にとって，ご家族はきわめて大切なものでした。彼は，お正月に，神戸にあった自宅に私を招待してくれました。それは，私にはとても幸福なことでした。先生のご家族は私を快く受け入れてくれました。私には，ご家族の周りにいる小野先生は，まるで違う人のように感じられました。着物を着ていた彼から，堂々とした，おおらかで，リラックスした感じが伝わってきました。

　他の法律家と違い，小野先生とは専門的なトピックスについてだけでなく，何から何まで話をすることができました。彼は尽きることのない知識を持っていて，特に宗教についての会話が，私の脳裏に深く刻み込まれています。彼は，敬虔な仏教徒でした。崇高な洞察に達するには，厳密に観測することと深く考えることが必要であり，それが正しい生き方の鍵である，と小野先生は教えてくれました。彼はそうおっしゃった時，先生のお顔は光り輝

いていました。

　幸いにも，私の人生には，何度も若者を支援する機会がありました。そうすることができたのも，当時小野先生が私に似たような形で援助してくださったお陰でした。そのことを通じて，私は，小野先生に心から感謝を表したかったのです。彼がそれを知ったならば，喜んでくださったでしょう。

　私は小野先生の遺影写真を深い感謝の気持ちと尊敬の眼差しで見つめます。彼の表情は深い眼差し，崇高な笑顔，そして輝かしい智慧を放っています。

（訳文・京都産業大学名誉教授　Elisabeth Raidl-Marcure）

Remembering Dr. Shoen Ono

Prof. Dr. MAULANA, Insan Budi (SH.,LLM)

Ever since I came to Japan, I have never seen the brightest and kind-hearted lawyer like Dr. Shoen Ono. He passed away with big smile on his face to meet his Greatest Creator on August 8, 2018. I believe that he rests in peace.

Akira Negishi sensei, a professor specialized in Antimonopoly Law, Faculty of Law, Kobe University recommended me to meet Ono Sensei at his law office, at Hankyu Building, near Hankyu Umeda Station in Osaka in the last February 1990.

Mrs. Ono who wore kimono at that time, accompanied Ono Sensei to interview me about my reasons to study in Japan and what kind of law I want to focus on.

During my two years study of LL.M Program in Kobe, Ono Sensei provided me a free place to stay in Otsukidai, a lovely place near Rokko Cable Shita, where I could see Rokko Island and Rokko Mountain at the same time. It was a luxury house in new areas developed in the early 1990s. The landscape from the house was nice and I cannot forget this moment forever in my life.

Ono Sensei and his wife did not only provided me free stay at beautiful house at Otsukidai, but they also taught me "Intellectual Property and Unfair Business Competition" and delicious meal every weekend, in every time they visited Otsukidai. At that time, I still remember that Ono Sensei and his family lived in an apartment near the Mikage Station, Hankyu.

In 1995 - 1998, every time the odd semester began, I returned to Otsukidai to continue my study in Doctoral program under Prof. Akira Negishi's supervision. As always, Mr. and Mrs. Ono gave their love and kindness to me.

Several years later, Ono Sensei and his family moved to Umeda Tower in Osaka, close to his office. The unique thing I found about him are: he never smokes, drink sake or beer, and he contributes a lot in society, not only in a form of money but also education and other type of charity.

Once in a year I visited to Ono sensei family and stayed at the Umeda Tower as his recommended, discussed and lunch or dinner with his family. My last visit with Mr. Kozo Takeuchi and my eldest son to Ono sensei was 6 April 2018, and he passed away four months later.

Ono Sensei's way of life has changed to my life a lot, to have similar purpose in life; to be a lawyer, lecturer, to write books and to contribute many things to the society. Lastly, One Sensei is destined to be my sample in this life, and I am grateful for it to God.

Jakarta, 29 March 2019

Dr. Ono and His Vast Legacy as a Lawyer, Academic, and Benefactor

Professor Emerita (Kyoto Sangyo University), Dr. iur.,
RAIDL-MARCURE, Elisabeth

It was in the spring of 1972 when I first met Dr. Shoen Ono and his family.

Back then, I was doing research at Kyoto University as an Austrian exchange student. Eager to grasp the basics of the Japanese private and commercial law as well as to improve my Japanese language skills, I aspired to find a niche as a lawyer or legal expert in business transactions between Japan and Europe.

My academic advisor Professor Masamichi Okuda recommended that I also participate in a seminar on issues of American, Japanese and German sales contract law conducted by his colleague Professor Zentaro Kitagawa. There I met Inge Lenz, who was then practicing in Dr. Ono's Law Office. Shortly before she left for Germany to move on with her legal career, she asked whether I might take on occasional translation work in the field of industrial property law. For various reasons, I did not feel ready yet. But finally she convinced me that Dr. Ono would be really interested in a meeting. So one Sunday in early spring, we made a visit together to Dr. Ono's residence.

When we arrived, Dr. Ono, garbed in an impressive kimono, and his wife with a cordial expression, flanked by two smiling young daughters, welcomed us at the entrance. I was genuinely overwhelmed with positive emotions.

The entrance was unusually spacious with a Japanese rock garden and a sitting room suite where the little son was racing around on his small tricycle undeterred by our arrival.

Before his wife treated us to her delicious tempura, Dr. Ono sat down with us and spoke mostly about issues of trademark law and unfair competition. In particular, I remember his detailed explanation on the Parker Pen Case centering on the issue whether the Japanese sole importer and owner of the Parker trademark registered in Japan would be entitled to combat parallel imports of genuine Parker pens. Dr. Ono, representing the parallel importer, argued that the essential functions of a trademark, namely guarantee of origin and quality, are safeguarded by the import of genuine goods and that exercising national trademark rights for blocking such imports is an abuse of rights. The reasoning of the court's decision was in line with Dr. Ono's arguments.

This judgment triggered a flood of parallel imports bringing down the then existing artificially high price level for numerous foreign branded goods in Japan.

As a whole, I was immediately taken by Dr. Ono's straight talk. Even though he was undoubtedly proud of Japan and her achievements, he did not shy away from pointing out deficiencies in the Japanese legal system and practice in comparison to western countries. Especially, I remember his critical remarks about the ineffectuality of the enforcement procedures back then.

I quickly arrived at the conclusion that doing some translation work for Dr. Ono would enable me to acquire additional precious knowledge about the law and its practice in Japan, especially in the field of industrial property.

And so it did. Dr. Ono familiarized me with a multitude of new terms, concepts, techniques, issues and, of course, essential legal provisions, including international treaties pertaining to intellectual property rights (IPRs).

The trips from slow‒life Kyoto to Osaka's bustling Umeda area where Dr. Ono's office was situated, became gradually more frequent.

The content of my work was interesting and occasionally also quite challenging for me.

Towards the end of my scholarship period I had to prepare a presentation in Japanese about my studies. A publication on the legal consciousness of the Japanese, the gap between legal regulations and social norms, partly experienced even by myself, and my basic studies inspired me to write about "Contract Law and Contract Reality in Japan". When I asked Dr. Ono whether he might have time to browse through my prepared manuscript, he invited me to dinner at his home and kindly gave me a number of suggestions for its improvement until late that evening, even though he had to catch a plane for a business trip to Korea the next morning. I was deeply touched by his cordiality as well as by the hospitality of his wife.

Fueled by Dr. Ono's outstanding personality, I finally decided to aim for the Austrian lawyer's license.

When I came first from Austria to Japan, I had only 3 months of "court practice" and the required judicial state exams behind me. So I needed another 9 months training at Austrian courts, then at least 3 years at domestic law offices and, moreover, the passing of a rather practically oriented special lawyer exam. Altogether 5 years of legal training were required back then. But for up to 1 year I had a wider range of choices, among them, to work in a foreign law office.

Fortunately Dr. Ono enabled me to work in total for over one year in his office. In addition, he introduced me to the legal sections of two trading companies.

During the years I did my legal training in Austria, Dr. Ono happened to come to Europe for several business trips, mostly accompanied by special staff of his clients. I felt very honored when he offered me to take part in contractual negotiations in Germany, Switzerland, the Netherlands, Spain and England. I was lucky that I always got a special leave to participate in these highly intriguing negotiations.

While in England, I learned that Dr. Ono had left in the early 1960s for London with the ambition to study there for a full year. However, after a few months his mother fell severely ill and he rushed back home. Her illness turned out to be long-term, so he ultimately decided to forsake that goal.

In spring 1980, I passed the Austrian lawyer exam. In the autumn of the same

532 第2部 追悼の辞

year I finally married and went back to Japan with my American husband whom I had befriended 8 years earlier, briefly before I first met Dr. Ono and his family.

Perhaps because I had developed over the years a family-like relationship with the Onos, Dr. Ono felt critical of my heart's choice.

But gradually he seemed to become more accommodating and finally even invited us together for New Year's visits.

In any event, when I think of those past 45 years during which I have known Dr. Ono and his family, I cannot help but express deep thankfulness for his trust to have allowed me to feel part of his family and as such enabling me to leave, at least subjectively, my *gaijin*-status behind me and call Japan my second home.

After my appointment to the Faculty of Law at Kyoto Sangyo University in 1984, I continued working for Dr. Ono and his clients − albeit on a reduced level.

At any rate, we planned to work on a joint publication on German regulations on the compensation for inventions by employees because Dr. Ono deemed the actual Japanese practice unsatisfactory.

However, at least during the last 10 years or so, my contacts with Dr. Ono shifted almost completely to the personal plane.

Either way, Dr. Ono was still working hard until July 2018. In addition to his regular office work, he continued to write on IPRs, but he turned increasingly towards publishing spiritual works with a focus on Buddhism under the name of his maternal grandfather.

Since Dr. Ono worried about a Japanese society increasingly dominated by materialism and egoism, he also endeavored to draw younger people to Buddhism via the Manga-format in 3 small volumes.

Another almost missionary concern of Dr. Ono was to raise awareness in Japan and East Asia for the importance of IPRs. For thar purpose, he authored easy text books with a well thought through structure requiring no prior knowledge and helped to establish lectures as well as taught courses on IPRs at several universities.

In the 1990s, Dr. Ono shifted the focus of his academic and material support to legal students and young foreign lawyers from South East Asia, Korea and China. He had a house built near the Rokko Campus of Kobe University where students could live rent-free. A number of them later became lawyers and scholars specialized in IPRs.

Among his last projects I know of, was to carry on his law office in partnership with several young lawyers and a female patent attorney.

Dr. Ono seemed to be constantly active and planning ahead.

Very symbolic for these qualities was his cane, attached to a wheel.

It could be interpreted as an indication of constant activity to combat the hardships of age – he had to endure dialysis for over 15 years and keep a strict diet due to diabetes – or simply as the Buddhist wheel of continuous change.

Buddhism was also high on the agenda when my sister visited last spring. Asking Dr. Ono for a concrete example of how Buddhism has transformed him, Dr. Ono smilingly answered : "I have not gotten angry even though you arrived late today."

DR SHOEN ONO – OBITUARY ESSAY

New Zealand lawyer
STEWART, C. W. Robin

Dr. Shoen Ono was one of the three most influential men in my life. The other two were my father, and the Right Honorable Peter Gordon, Minister of Labour in the early 1970 Muldoon New Zealand government. Dr. Ono was instrumental in altering my career and ensuring that my time in Japan from 1977 to 2001, with a short break between 1981 and 1984, was fruitful and successful. I will always be infinitely grateful for the advice, encouragement and introductions that Dr Ono gave me, and for his directing my professional life into commercial law, especially intellectual property rights. It was he who enabled me to have a successful legal career in Japan, and who more than any other person, through his willingness to engage with a young man from New Zealand, made my life and living in Japan so complete and fulfilling. I really admired and respected his concise, clear thinking, his courage to challenge accepted norms and new technology, and his all embracing, warm personality.

I was fortunate to be introduced to Dr. Ono by a fellow foreign student before completing my intensive Japanese language studies at Osaka University of Foreign Studies. From March 1977 when I commenced a research fellowship at Kobe University and later while studying for my Masters of Law at Kyoto University at Dr Ono's instigation, Dr. Ono and his wife generously allowed me to live in their former family home at Koyoen until 1981. During my stay in Japan right up until 2001, they frequently invited me into their homes at Mikage and Umeda Tower, summer house on the top of Mount Rokko and the foreign students domitory they established in Rokko. Dr. and Mrs. Ono had a wonderful

DR SHOEN ONO - OBITUARY ESSAY (STEWART)   535

warm relationship and obviously enjoyed each other company and respected each other's opinion. We had many happy times together and I especially treasure these times. Dr. Ono was always a wonderful conversationalist with an extremely broad range of interests besides law and inevitably had a well thought out and stimulating opinion on whatever we discussed. However, at a practical level, he hated seeing me cleaning out the gutters from the roof of their Mt Rokko summer house (meters above the ground) and generally stayed away when this had to be done!!

I arrived in Japan in October 1976 on a Japanese Ministry of Education Scholarship (Monbusho Shogakin) ostensibly to study terrorism by interviewing red army participants; however, Dr Ono very quickly disabused me of this naive idea and convinced me that the only law to study and practise was commercial law - where the client was a corporation and capable of paying its attorney's fees. Once my scholarship had finished in October 1978, Dr. Ono not only became my guarantor for ensuring my continued residency in Japan but also my mentor for developing my interest in intellectual property rights and international contract law. He arranged a study group on international licensing agreements among Japanese trading companies and other legal firms and associations and invited me to participate in this group. He also kindly introduced me to Mr. Koji Hirokawa in June 1978 and Mr. Kazunori Yamagami in June 1980, both leading Osaka attorneys in the field of international law, both having studied in the United States, both of whom kindly engaged me on an ad hoc basis in their respective legal offices until 2001 and both of whom treated me as part of their offices and ensured I was included in all office events that took place, introducing me to some very fine Japanese cuisine. Further Dr. Ono arranged for me to assist various of his own clients, in particular Familiar, Glico and Hankyu Department Store among others, with their legal contracts in English. As a result of these introductions I learnt first hand about the workings of Japanese corporations and made some wonderful lifelong friends and contacts. Dr. Ono always made time for me to consult with him at his office whenever I needed guidance on, or confirmation of, the advice I was giving, and would make sure I

536 第2部 追悼の辞

met whoever he was seeing that day especially if he thought they could help my development in the international contract law field.

Through his encouragement, I enrolled in the Masters of Law course at Kyoto Unversity with Professor Kitagawa, submitted a thesis on "The Improvement Clause in International Licensing Agreements" and graduated with an LLM in March 1980. Dr. Ono further arranged for me to present this thesis in summary to a meeting of the Japanese Industrial Property Rights Association, which was published in their 1981 journal. Throughout my time in Japan, Dr. Ono gave me many opportunities to mix with the top legal minds in the Kansai area and to extend my understanding of both the Japanese legal system and culture. He would spend many hours explaining to me the relationship and backgrounds of the various clients I met and prepared work for, giving me an invaluable insight into corporate Japan, its values and the way business was conducted in Japan. It made me realize that the Japanese attitude to contract law disputes was infinitely more refined and sensible than that of the Common Law legal system as it saved face for both parties, was pragmatic about unforseen future changes in circumstances, and meant the parties could continue as equals to their mutual benefit without unnecessarily bringing the disputed contract to an end.

It always surprised me that a man who as a child was brought up in Japan during the bleakness of the Second World War and the American occupation and whom you would have expected to be prejudiced, was so totally without bias of any kind and assisted an array of American, European, Korean, Chinese and Indonesian legal students among others. He had a boundless curiosity and seemed to be fascinated by what other cultures and religions had to offer; while always remaining quintessentially Japanese. Further, he made you arduously justify and defend any position you took, but he never made you feel foolish or ignorant.

When I returned to New Zealand, I was delighted to have Dr. Ono to stay for a few days in 2002 when he came to Christchurch to attend a legal conference.

Once again, he was fascinated by New Zealand's different flora and fauna; but I doubt he thought much of the food.

Dr Ono's was a life lived to its full potential. He will have touched upon so many people's lives. He certainly left this world a better place for his having been here. It was a privilege to have known him.

Dr. ONO - A Magnanimous Mentor

Ret. Head of the Department for Public Order
At the Administrative District Office (Landratsamt) Konstanz
WEDLICH, Rainer

It is with great pleasure that my wife Cornelia and I think of Dr. Shoen Ono to whom we became acquainted during our stay in Kyoto from 1973 to 1975.

Already before our arrival, Dr. Ono had started to introduce foreign students to his professional work.

He invited me, back then a German legal trainee (Referendar), to visit him in his office several times a month. There, he provided me with insights into the cases he was actively involved in. Dr. Ono showed exceptional patience and personal engagement for all necessary explanations. He repeatedly gave me the chance to participate in negotiations with representatives of international companies in traditional ryokans. Even today, I vividly remember how Dr. Ono in one case during negotiations found a solution for an extreme complicated situation, thereby at least temporarily saving the relationship between the business partners.

Dr. Ono showed himself very generous to reward my humble contribution- the more so since it was me who profited most.

Not only did Dr. Ono make the effort to introduce me to the Japanese legal system, but he also felt the need to show us his appreciation for Japanese society, history and culture. We were and still are very thankful to Dr. Ono for all this. He invited us to make a trip with his family to Mikatagoko and Tojimbo.

It was particularly important to him to show us the Temple of Eiheiji. We recall this occasion where he spoke in detail about his student years living in a Zen-temple in Kyoto.

We were very happy to have him as a guest in Freiburg on his visit to Germany in 1976.

While working with the local administration in Southern Germany, one of the law students I was supervising in practical training was Christopher Heath. Hearing about my experiences at Dr. Ono's law office he developed a keen interest in Japanese law and decided to gather some experience as a lawyer trainee in Japan as well. So, it was only natural that I contacted Dr. Ono who kindly agreed to help Mr. Heath to achieve his goals. May I add, his stay in Japan had a decisive impact on Mr. Heath's later career focussing on intellectual property law and writing his PhD thesis on the Japanese Unfair Competition Prevention Law.

Dr. Ono remains in our memory as friendly, humble, open-minded for new ideas and generous in supporting young people.

小野昌延先生の思い出

漢陽大学法學專門大學院教授
(HANYANG UNIVERSITY, School of Law)
尹 　 宣 　 熙 (Prof. Dr. YUN, Sunhee)

　小野昌延先生とのご縁は，1980年代半ばまでさかのぼります。日本工業所有権法学会学術大会でご挨拶をするようになったのが直接のきっかけで，大阪梅田近くに行く機会があれば，小野先生の事務所である小野昌延法律事務所に伺うようになりました。小野先生は私に，商標法と不正競争防止法についての話をはじめとして，韓国の特許局時代の局長たちの話まで聞かせてくださいました。私のよく知っている小野先生は，弁護士というより学者としての小野先生でした。

　小野先生は，私に知的財産権法を熱心に研究して韓国の第一人者になりうる一つの方法として，大学院生の私に日本工業所有権法学会への会員加入を勧めてくださったほか，1992年定期学術大会で発表の機会を与えてくださったり，日本著作権法学会や工業所有権法研究所（AIPPI）などの学会誌に寄稿して，自分の存在をアピールできるように後押ししてくださり，また，小野昌延先生の古稀記念論文集（青林書院，2002年）にも寄稿することができるようご配慮頂きました。小野先生は，私に知的財産権関連の有名な日本の学者だけでなく，世界各国の学者はもちろん，実務家も紹介してくださいまして，私が学者になって何をすべきかについての羅針盤になりました。

　小野昌延先生は留学生のために，経済的な負担がかかるにもかかわらず，神戸を一目で見下ろすことのできる静かな町である神戸大月台にゲストハウスを設け，そのゲストハウスを韓国，中国，インドネシア，ドイツなどの留

学生に宿舎として提供し，週末には小野先生が直接留学生とパンを作って朝食をとったりしました。私は初めのころ京都に住んでいましたが，1990年から帰国するまでの３年ぐらいは大阪に住みながら小野先生のゲストハウスに私一人の部屋を一つ用意して頂きました。週末には小野先生と一緒に作ったパンと牛乳をたっぷり入れた紅茶を飲んだことは今でも鮮明に覚えています。

　また，先生はご家族との海外旅行を楽しんでいました。それと関連した私の思い出といえば，1980年代のある日，小野先生が韓国の京畿道利川（キョンギド・イチョン）の陶磁器で有名な匠人に会いに行くときに“一切れでもよいので本物を触ってみたい”とおっしゃったこと，ソウルの外国人通りである梨泰院のある店で陳列されているルイヴィトンの偽物を見て，本物に見える，本物よりもよく作った製品があるとおっしゃったことです。後にわかりましたが，その時期，韓国は何でも本物のように作っている偽物の王国だったようです。

　帰国後，私は大学教授になり，学生たちを連れて関西地方の企業と神戸大学，また弁護士及び弁理士事務所を訪ねるときには，先生の配慮で神戸大月台ゲストハウスを多くの学生たちの宿として提供してくださったり，関連企業に頼んで見学ができるよう配慮してくださったり，いろいろとお世話になることばかりでした。

　主に知的財産権関連学会への参加や業務のため東京に出張する機会が多かった私に，小野先生は東京ばかりでなく大阪にも来るようにおっしゃってくださいました。日本出張やセミナーがあった際に，東京からご挨拶のお電話を差し上げると，その度に30〜40分程度お話をして頂きましたし，関西のほうにも寄って帰国しなさいと，神戸大月台のゲストハウスや大阪のゲストハウスに泊まって行きなさいとおっしゃってくださったこともありました。先生の子どもが読んで大事にしていた英語の童話の本を，私の娘にくださったこともありました。

私が家族と小野先生を訪ねる際には，小野先生は家族のように喜んでくだ
さって，神戸大月台のゲストハウスと大阪のゲストハウスに滞在しながら先
生と多く語り合いました。留学生時代の夏には，先生は週末には神戸六甲山
にある別荘で生活をしていましたが，私が家族と一緒に遊びに行ったときに
は，猪が家の近くまで降りてきているのを見て驚いたこともありました。特
に昨年（2018年）の旧正日にソウルから家族そろって大阪の梅田ゲストハウ
スに行って泊まったこと，先生と奥さんにお会いしたことが昨日のことのよ
うに思い出されます。そのときからあまり経っていないのに今回の悲報に接
して今でも信じられません。その時も先生はまだやる気一杯で，やりたいこ
とが一杯でした。緊張感なしに気楽に過ごしている自身を反省しながら帰り
ました。

　先生は，奥さんにもやさしい人でした。紅茶が大好きな奥様のために茶碗
に牛乳と砂糖を入れて溶かしてくださるほど優しい方でした。また子どもの
将来についても関心を持っていました。業務だけではなく，家庭においても
家族皆様に必要な人になるために努力していた先生の生き方は，私が学びた
いモデルでした。

　これからは先生がそばにいらっしゃることはありませんが，先生はどこで
も他人のことに先だって配慮しながらに楽しく暮らせるのは違いないと思い
ます。先生がいらっしゃる場所がどこであれ，その周りが明るく活気溢れる
ところに変化していくと私は信じています。
　先生とお会いできて幸せでした。先生のご冥福をお祈りいたします。

あとがき

　本書を刊行するにあたり，発起人になることをご快諾下さったのは，厚谷襄児，江口順一，加賀山茂，木棚照一，小松一雄，斉藤博，鈴木將文，諏訪野大，滝井朋子，竹田稔，谷口安平，土肥一史，中山信弘，根岸哲，畑郁夫，牧野利秋，宮脇正晴，盛岡一夫の18名の諸先生方（50音順）である。

　今までに，小野先生には，還暦記念『判例不正競争法』（発明協会，1992年），古稀記念『知的財産法の系譜』（青林書院，2002年），喜寿記念『知的財産法最高裁判例評釈大系［Ｉ］〜［Ⅲ］』（青林書院，2009年）が献本されてきた。

　事務局のメモによれば，2017年3月6日に，小野先生の事務所で米寿記念論文集の打ち合わせを行い，その際，先生からは，「最高裁判例評釈を続けてほしい，知財高裁大合議判決も取り上げてほしい」，とのご意向であった。そして，小野先生の88歳のお誕生日が2020年1月8日なので，2019年10月を刊行目標にしようということとなり，出版準備の作業を続けていたところ，2018年8月6日突然にご逝去なされてしまった。ただただ無念の気持ちでいっぱいであったが，その後，関係者と話し合い，偉大な先生に対し，是非とも追悼論文集に切り換えて刊行しようということになった。本の構成としては，①小野先生と個人的に親しい内外の方々に「追悼文」をお願いすること，②「判例評釈」については，小野先生は常々，若手の知財学者等を育てたいとのお気持ちが強かったので，若手の知財学者に執筆を依頼しようということにした。

　その結果，「追悼文」は21編頂戴し（巻頭言の2編を含む），「判例評釈」は35編（一部は執筆者のご都合により事務局で担当）となった。

　ご寄稿いただいた追悼文からは，先生の多大な業績とそのお人柄が非常によく伝わってくる。いろいろなエピソードも紹介されているが，そのなかで，小野先生が，外国からの留学生を自費でサポートされてきた六甲山の私設寮のお話が何度もでてくる。小野先生の奥様やご家族の心からの「おもてなし」も留学生にはありがたかったであろう，と容易に想像される。

　ここに，毎日新聞社のご協力を得て，1990年7月14日の新聞記事を掲載さ

あとがき

東南アジアからの留学生を応援
弁護士が神戸にオープン

3億円私設寮

法律書1万冊も提供

小野昌延弁護士

近畿各地の大学で法律を学んでいる東南アジアからの留学生を援助しようと、大阪弁護士会所属で神戸大学講師の小野昌延（しょうえん）弁護士が、神戸市灘区に住宅二棟を建設、留学生寮（五室）と関連宿泊施設としてオープンさせた。約三億円の資産をとされる土地建物は学生に無料で開放され、小野弁護士が約二十年かけて集めた東南アジア各国の法律専門書など約一万冊も提供されている。法律を学ぶ留学生を対象とした民間の私設寮は例がなく、関係者からも「日本と各国の貿易関

係法律など」を熱知した留学生を育てることは素晴らしい国際交流」と熱い期待を寄せている。

小野弁護士は工業所有権法が専門で、特許庁工業所有権審議会委員を務めたこともある。約十年前から東南アジア各国への日本の技術移転問題を調べているうち、日本企業が現地の法律事情に明るくないことからトラブルに巻き込まれるケースを多く体験。国際技術取引法に詳しい弁護士の必要性を感じるとともに、各国には五人が居室に入れ、住宅二棟を建設。このほど完成した。留学生寮となる建物には五人が居室に入れ、各国の貿易関係法律書など一万冊が

建築のほか外国人留学生寮の建設を思い立った。
そして三年前、神戸市灘区の六甲台の一区画（約四三〇平方が）を購入、鉄筋二階建ての二棟を建設、このほど完成した。留学生寮となる建物には五人が居室に入れ、各国の貿易関係法律書など一万冊が

揃っている。
現在はインドネシアの弁護士で、神戸大学大学院で国際技術取引法を学んでいるインサン・ブディ・マウラナさん（30）が入居、今年秋からも帰国の留学生が二人の入居が決まっている。
入居中のインサン・ブディさんは「本棚だけでなくベッド、机、本棚などを備えるほか住居は本当にありがたい。小野弁護士と専門が同じなので、すぐに相談できて留学生の環境として理想的」と話す。小野弁護士は「留学生がやがて母国に帰り日本の法律事情に詳しい弁護士として活躍してくれることと語り、子育てしながら物価が高くて生活が苦しい中、物心両面でおおしく生活してくれるとこちらが教えられることも多い」と話している。

新興住宅街で東南アジアからの留学生用に建てられた
寮（右）とゲストハウス（左）＝神戸市灘区

せていただく。この記事で紹介されているインドネシアのインサン・ブディ・マウラナ弁護士は、「今日ではインドネシアの知財の父」といわれている。他の多くの留学生も母国で大いに活躍されており、小野先生の崇高な志が見事に開花したもので、これは誰もまねができない。

　もう一点、小野先生は、『註解　不正競争防止法』（有信堂、1961年）の出版を嚆矢として多数の著書・論文を発表してこられたが、ペンネーム「弁護士・法学博士　吉田恒」（よしだ　こう）として、2007年に『伝記ブッダ』（漢字にはカナが打ってあり、あとがきには膨大な文献が紹介されている）、『伝記マンガ

ブッダ（悟り編）』，『伝記マンガ　ブッダ（教え編）』（いずれも出版文化社）の３冊を刊行しておられることはあまり知られていないと思われる。そのなかで，「現在の科学と両立しうる唯一の宗教は仏教である」とのアインシュタインの言葉を紹介され，プロフィールに，「すべてのものは変化する」「日々努力しなければならない」というブッダの２つの真理を信ずる，とされている。

　小野先生の学問に対する非常な情熱，あの暖かい人柄，温厚で崇高な笑顔の源はここにあるのかもしれない。

　発起人の諸先生，並びに，玉稿を賜わった執筆者の各先生方に対して，衷心より感謝の意を表し，小野先生の御霊前に謹んで献本させていただきます。

　付言すると，小野先生のご逝去から満１年の2019年８月６日付けで本書を上梓するという極めて迅速な運びとなりましたのは，斯界の最前線でご活躍中のお忙しい学者の諸先生方による多大なご協力の御蔭であり，重ねて深甚の謝意を表する次第です。

　末筆ながら，30年以上にわたり小野先生の編著書を出版され，本書の刊行に終始ご尽力いただいた青林書院編集部の宮根茂樹氏らに対し，ここにあらためて御礼申し上げます。

　　令和元年６月

　　　　　　　　　　　　事　務　局
　　　　　　　　　　　　山　上　　和　　則
　　　　　　　　　　　　小　松　　陽一郎
　　　　　　　　　　　　松　村　　信　　夫
　　　　　　　　　　　　三　山　　峻　　司

小野昌延先生追悼論文集

続・知的財産法最高裁判例評釈大系
（平成17年1月1日～平成30年4月30日）
——〔含〕知財高裁大合議判決評釈／追悼の辞

2019年8月6日　初版第1刷発行

編　者　小野昌延先生追悼論文集刊行事務局

発行者　逸　見　慎　一

発行所　東京都文京区　株式　青林書院
　　　　本郷6丁目4－7　会社

振替口座　00110-9-16920／電話03(3815)5897～8／郵便番号　113-0033

印刷／星野精版印刷　落丁・乱丁本はお取り替え致します。
© 2019　Printed in Japan
ISBN978-4-417-01768-4

JCOPY 〈出版者著作権管理機構 委託出版物〉
本書の無断複製は著作権法上での例外を除き禁じられています。複製される場合は，そのつど事前に，出版者著作権管理機構（電話 03-5244-5088，FAX 03-5244-5089，e-mail:info@jcopy.or.jp）の許諾を得てください。